KB176263

〈장미를 들고 있는 마리 앙투아네트〉 비제 르 브룅 작. 베르사유 궁전미술관 소장.

〈푸른 망토를 입은 왕비〉 비제 르 브룅 작. 베르사유 궁전미술관 소장.

〈슈미즈 차림의 마리 앙투아네트〉 비제 르 브룅 작. 다름슈타트 성 박물관 소장.

〈프랑스 왕비 마리 앙투아네트〉 비제 르 브룅 작. 빈 미술관 소장.

〈왕비와 그녀의 아이들〉 비제 르 브룅 작. 왼쪽은 맏이 마리 테레즈, 왕비가 품에 안은 아이는 막내 루이 샤를, 오른쪽은 둘째 루이 조제프이다. 베르사유 궁전미술관 소장.

빈의 벨베데르 궁전 합스부르크 가문과 부르봉 가문, 두 왕가를 하나로 잇는 세기의 결혼으로, 1770년 4월 21일, 열네 살의 황녀 마리 앙투아네트를 태운 화려한 마차는 프랑스를 항해 여행을 떠났다.

쇤브룬 궁전 합스부르크 황제 가족의 '여름 별궁'.

▲마리아 테레지아 여제와 가족들의 초상화 로트링겐 공과 결혼하여 19년 동안 16명의 아이를 낳은 마리아 테레지아. 앙투아네트는 15번째로 태어나 열네 살까지 빈의 합스부르크 집안에서 지냈다.

◀앙투아네트가 아홉 살 때 그린 아버지, 프란츠 폰 로트링겐 공

▶일곱 살 때의 앙투아네트

▲〈스피넷을 연주하는 마리 앙투아네트〉 프란츠 바겐쉰 작. 마리 앙투아네트는 음악을 좋아했다. 스승이기도 하였던 작곡가 그루크와는 프랑스 왕비가 된 뒤로도 가깝게 지냈다. 빈 미술사미술관 소장.

◀발레 〈사랑의 승리〉 한 장면 장남인 황태자 요제프 2세 혼인식 때 상연된 작품. 왼쪽은 동생 막시밀리안, 오른쪽이 열 살 때의 마리 앙투아네트.

▶ 스피넷 신왕궁 고악기 컬렉션.

▲〈승마복의 마리 앙투아네트〉 열다섯 살 때 마리 앙투아네트는 자신의 붉은 승마복 차림을 그리게 하여 어머니에게 보냈다. 빈 미술사미술관 소장.

◀〈오스트리아 대공비 마리 앙투아네트〉 조제프 뒤크뢰 작. 결혼하기 전 프랑스로 보내진 파스텔 작품. 베르사유 궁전미술관 소장.

▶〈대공비 마리 앙투아네트〉 왼쪽 그림과 같은 시기(12세)에 그려진 초상화. '대공 비'는 당시 합스부르크 왕가 자손들에게 대공·대공비라는 칭호를 썼다.

뒷날 루이 16세가 되는 왕태자 루이 오키스트
1970년 4월 21일 빈의 벨베데르궁을 떠난 앙투아네트
를 태운 마차가 5위 14일 베르사유궁 근처인 콩피에
뉴 성 정원에 도착하자, 루이 왕태자가 나가 맞았다.

◀콩피에뉴 성 정원

콩피에뉴 성 오스트리아 대공비 마리 앙투아네트가 미래의 국왕 루이 16세가 처음 만난 콩피에뉴 성.

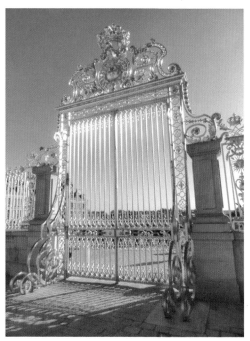

▲베르사유 궁전 철책문 문 꼭대기에 왕가의 문장이 장식되어 있다.

▶왕비의 장미 왕비는 장미꽃과 장미꽃 향기를 좋아하였다.

정원에서 본 베르사유 궁전

거울 회랑 루이 14세를 찬양하는 천정화, 357개의 거울, 54개의 샹들리에, 24개의 촛대에 3천 개의 촛불이 밝혀졌다.

만찬을 위한 방 루이 15세 때부터 이곳에서 만찬이 열려 많은 사람들이 지켜보는 가운데 왕의 가족들이 식사를 했다.

왕실예배당 아치형 천정 장식은 성부와 성자와 성령을 표현하였다. 2층에 왕의 거실이 있어 왕실 가족들이 예배에 참석하였다.

▲귀인의 방에서 하프를 연주하는 마리 앙투아네트

◀귀인의 방 잠자리에서 일어난 왕비는 오후가 되면 귀부인들이 기다리는 이 방으로 화려한 옷을 입고 나타났다.

왕비의 침실 루이 14세 왕비부터 역대 왕비들은 이곳에서 기상, 취침, 알현 의식을 치렀다.

▲루이 16세와 왕비 마리 앙투아네트, 그 아이들

▶정장 차림의 루이 16세(25세때) 할아버지 루이 15세가 세상을 떠난 뒤 열아홉 살의 나이로 왕위를 물려받았다.

▶공주 마리 테레즈와 왕태자 루이 조제프를 데리고 프티 트리아농의 정원을 산책하는 마리 앙투아네트. 베르트뮐러 작.

▼선천적인 병으로 혁명이 일어나기 전 여덟 살의 나이로 죽은 루이 조제프(오른쪽)와 혁명 뒤에도 살아남은 마리 테레즈. 비제 르 브룅 작.

왕비가 좋아했던 진주와 꽃무늬 장식의 덮개 달린 세브르 식기 루브르 미술관 소장.

복숭아 모양의 향수 그릇 검은 옻칠을 한 바탕에 금박으로 풀잎과 꽃장식을 그려 넣었다. 베르사유 궁전미술관 소장.

왕비의 극장
1779년 지어진 왕비를 위한 소극장. 마리 앙투아네트는 이곳에 왕족과 친한 친구들을 불러 많은 공연을 즐겼다.

세브르 도자기
루이 16세가 마리 앙투아네트의 오빠 요제프 2세에게 보낸 녹색 식기 세트. 알록달록한 꽃과 과일, 월계수 무늬가 들어가 있다. 호프부르크 왕궁 도자기박물관 소장.

World Book 240

Stefan Zweig

MARIE ANTOINETTE

BRIEF EINER UNBEKANNTEN

마리 앙투아네트/모르는 여인의 편지

슈테판 츠바이크/양원석 옮김

Stefan Zweig

동서문화사

디자인 : 동서랑 미술팀

마리 앙투아네트/모르는 여인의 편지
차례

마리 앙투아네트

모르는 여인의 편지

Marie Antoinette

마리 앙투아네트

주요 인물

마리 앙투아네트 : 오스트리아 여제 마리아 테레지아의 딸. 열네 살 때 정략
　결혼하여 뒷날 루이 16세의 왕비가 된다.

루이 16세 : 루이 15세의 손자. 호인이지만 아둔하여, 왕자다운 그릇이 못되
　었다. 혁명이 일어난 뒤 왕비에 앞서서 기요틴 처형된다.

악셀 폰 페르센 : 스웨덴 백작이자, 마리 앙투아네트의 애인. 왕비구출에 성
　실한 노력을 기울인다.

메르시 : 파리 주재 오스트리아 대사로, 여제의 심복. 마리 앙투아네트 후견
　인 역할을 하는 성실한 인물.

요제프 2세 : 오스트리아 황제로 마리 앙투아네트의 오빠, 누이동생 감독 역
　을 자임. 프리드리히 대왕의 계몽전제주의에 이끌려, 어머니인 마리아 테
　레지아를 탄식하게 한다.

프로방스 백작 : 루이 16세 동생으로 뒷날의 루이 18세. 왕위를 엿보며 책략
　하는 야심가.

로앙 추기경 : 프랑스 명문귀족. 화려한 것을 좋아하고, 자신도 모르는 사이
　에 목걸이 사건에 연루되어 왕비의 몰락에 한몫한다.

드 라모트 부인 : 희대의 사기꾼. 남편과 짜고 호인인 로앙 추기경을 이용하
　여 일생일대의 사기극을 벌인다.

오를레앙 공작 : 혁명파에 동정적인 왕족. 자택인 팔레 루아얄을 시민을 위
　해 개방한다.

라파예트 : 입헌군주제를 주장하는 귀족 그룹의 지도자. 한때는 국민군 사령
　관으로서 큰 권력을 휘두른다.

드 바츠 남작 : 모험가 귀족으로, 담대하게 위험을 무릅쓰고 탕플 탑에 잠입
　왕비를 구출하려 시도한다.

미쇼니 : 감옥 총감독에 해당하는 혁명파로, 본디는 레모네이드 상인. 왕비
　에게 동정적이며, 구출계획을 때때로 돕기도 한다.

머리글

마리 앙투아네트 이야기를 쓰는 것은 마치 원고와 피고가 서로 어긋나는 논쟁을 벌이며 100년이나 끌어온 재판을 다시 진행하는 일과 같으리라. 왕권을 무너뜨리려는 혁명은 마리 왕비를, 오로지 그녀의 여성성을 격렬하게 공격해야만 했다.

진실과 정략이 한 지붕 아래 사는 일은 드문 법이다. 선동을 목적으로 어떤 인물이 그려질 때, 여론의 친절한 앞잡이로부터 정의는 기대할 수 없다. 마리 앙투아네트를 기요틴으로 보내려는 자들은 여러 신문, 팸플릿, 서적을 통해 모든 악덕, 온갖 도덕적 타락, 저열한 풍자를 이 '오스트리아 암컷'에게 덮어 씌워 밑바닥까지 끌어내렸다. 정의의 집이라는 법정에서조차도 국가 검사가 격앙하여 '미망인 카페'*¹를 역사의 유명한 패륜녀 메살리나, 아그리피나, 프레데군디스와 비교했다. 그 뒤 1815년, 다시 부르봉 집안 한 사람*²이 프랑스 왕관을 썼을 때 또 한 번 커다란 변화가 일어난다. 왕조에 아첨하기 위해, 마귀같이 그려 놓았던 그림을 가장 빛나는 유화물감으로 덧칠한 것이다. 이 시기 마리 앙투아네트 묘사에는 그윽한 향내와 성스러운 빛이 감돈다. 마리 앙투아네트의 순결한 미덕이 옹호되고 그녀의 희생정신, 너그러움, 흠잡을 데 없는 영웅 정신 등을 찬양하고 기리는 시와 산문, 찬가가 쏟아져 나왔다. 그리고 귀족들은 눈물로써 화려하게 짜인 에피소드 베일로 '순교 왕후'의 거룩한 얼굴을 감쌌다.

영혼의 진실은 언제나 양극단 중간쯤에 있었다. 마리 앙투아네트는 왕권주의 성녀도 아니었고 혁명의 '매춘부'도 아니었다. 매우 평범한 성격에 뛰어나게 영리하지도 어리석지도 않으며, 불도 얼음도 아니고, 특별히 선을 베풀 힘도 없을뿐더러 악을 행할 작은 의지 또한 없는, 어느 시대에서나 볼 수

---

*1 루이 16세 처형 뒤 왕비를 경멸하여 부른 이름.
*2 부르봉의 왕정을 복고한 루이 18세.

있는 평범한 여성이었다. 마성(魔性)적인 것이나 영웅적인 행동을 추구하는 의지도 없기 때문에 비극의 대상이 되기에는 적당치 않은 인물이다. 그러나 역사라는 이 위대한 창조주는 충격적인 드라마를 만들기 위해 영웅적 인물을 주인공으로 삼을 필요는 없다. 비극의 긴장은 등장인물의 남다른 성격에서뿐만 아니라 한 인간과 그의 운명과의 부조화에서도 일어난다. 대단히 강한 인간, 영웅, 천재는 충돌 속에서 천부적으로 자기에게 주어진 사명보다 너무나 좁고 적대적인 주위 세계와 만난다. 예컨대 세인트헬레나의 좁디좁은 감방에서 질식할 것 같았던 나폴레옹, 또는 귀머거리라는 감옥에 갇혀 있었던 베토벤을 들 수 있다. 이처럼 충돌은 위대한 인물이 자기에게 맞는 기준과 분출구를 찾지 못할 때 언제 어디서나 일어나는 법이다.

그렇지만 평범한 또는 천성적으로 나약한 인물이 엄청난 운명의 수렁에 빠져들었을 때, 또 자신을 짓누르고 억압하는 개인적인 책임 속에서도 비극은 발생한다. 나는 이런 형태의 비극을 보다 인간적이고 통절한 비극으로 생각한다. 비범한 인간은 무의식적으로 비범한 운명을 추구하므로, 자신의 차원을 초월하려는 그의 본성은 영웅적으로 사는 것, 또는 니체의 말을 빌리면 "위험하게" 사는 것이 유기적으로 걸맞다. 그런 사람은 자신에게 내재된 강한 요구로 완강하게 세계에 도전한다. 그리고 보면 천재적인 인물은 내면의 소명이 마지막 힘을 발현하고자 불의 시련까지도 갈망하므로 자신의 수난에 궁극적인 책임이 있다. 폭풍우가 갈매기를 다루듯 그의 세찬 운명은 그를 보다 강하게, 보다 높게 밀어 올린다. 반면, 평범한 성격은 본디부터 평화로운 생활을 따르도록 되어 있어서, 큰 긴장은 원하지 않으며 필요로 하지도 않을뿐더러, 오히려 조용하게 그늘 속이나 바람이 잔잔한 따뜻한 운명의 품속에서 살고자 한다. 그래서 격변에 처해 눈에 보이지 않는 손이 다가와 그를 흔들면 경계하며 겁을 먹고 달아난다. 그런 사람은 세계사적인 책임을 지려 하지 않고 두려워한다. 그가 스스로 수난을 찾는 게 아니라 수난이 억지로 그에게 가해진다. 내면에서가 아니라 외부에서 타고난 것보다 더 위대한 존재가 되라고 강요한다.

나는 영웅이 아닌 사람, 보통 사람이 겪는 이런 수난이 눈에 보이는 의미가 없다 하여 진정한 영웅의 비장한 고뇌보다 하찮다고 여기지는 않는다. 어쩌면 더 감동적일 수도 있다. 왜냐하면 평범한 사람은 그런 수난을 혼자 참고 버티어 이겨내야만 하며, 예술가들처럼 고통을 작품이나 다른 지속적인 어떤 형태로 바꿀 수 있는 축복받은 구원을 얻고 있지 못하기 때문이다.

그러나 운명은 더러 그런 평범한 사람도 뒤집어엎을 수 있고, 주먹을 휘둘러 강압적으로 평범함을 넘어 나아가도록 몰아가기도 하는데, 마리 앙투아네트의 삶이 바로 역사의 그러한 예시이다. 38년이란 생애 가운데 초반 30년 동안 이 여인은 특수한 세계 안에서 평범한 길을 걸었다. 한 번도 그녀는 선악의 평균치를 넘지 않았다. 만약 쾌활하고 구김살 없는 그녀의 유희 세계 안으로 혁명이 밀어닥치지만 않았더라면, 미미한 이 합스부르크 집안 여인은 모든 시대 수많은 여인들처럼 그저 그렇게 무심히 살아갔으리라. 춤추고 수다 떨고 연애하고 웃고 화장하고 사람들과 만나고 자선도 하고 아이도 낳고 마지막에는 사람들 마음속에 자취도 남기지 않고 조용히 임종의 침상에 누웠으리라. 그리하여 왕비로서 장렬하게 입관하고 국상이 치러졌을 것이다. 또한 마리 아델라이데, 아델라이데 마리, 안나 카타리나, 또는 카타리나 안나와 같은 비정하고 차가운 글자를 새긴 묘비가 아니라 고타*3연감에 실려 있는 수많은 다른 황녀들처럼 평범하게 인류의 기억에서 사라졌을 것이다.

후세 사람은 결코 그녀의 모습, 그녀의 사라진 혼에 대해 묻고 싶은 욕망을 느끼지 못했을 터이고 아무도 그녀가 어떤 사람이었는지 알지 못했을 것이며—이 점이 가장 중요하다—시련이 없었더라면 프랑스 왕비 마리 앙투아네트 자신 또한 결코 자기가 어떤 사람이었는지 알지도 느끼지도 못했으리라. 이것은 본인의 행복이기도 하고 불행이기도 하지만 평범한 인간은 운명이 묻기 전에는 자신에 대해 물음을 던질 호기심을 갖지 못하며 그런 호기심을 느끼지조차 못하기 때문이다. 평범한 사람은 자기의 가능성들을 사용치 않고 내부에서 잠자게 한다. 실제로 몸을 지킬 필요가 생기기 전에는 사용하지 않는 근육처럼 위축해 둔 채 약해지도록 내버려 둔다. 평범한 인물이 자신은 가능할지도 모르는 무언가가 되기 위해서는, 그리고 어쩌면 스스로 예견하고 느꼈던 것 그 이상이 되기 위해서는 먼저 자기 밖으로 나와야만 한다. 그 목적을 위해 운명이 쥐고 있는 게 바로 '불행'이라는 채찍이다.

예술가가 자신의 창조력을 확인하기 위해 온 세계를 담을 만한 비장한 주

---

*3 지명.

제 대신 의도적으로 매우 사소한 주제를 찾듯, 운명 또한 이따금 보잘것없는 주인공을 찾는다. 부서지기 쉬운 재료에서도 극도의 긴장을, 또한 나약하고 불만스러운 인물에서도 위대한 비극을 전개할 수 있음을 보여 주고자. 그런 비극, 이러한 원치 않았던 인물을 다룬 가장 아름다운 비극들 가운데 하나가 마리 앙투아네트이다.

역사는 얼마나 대단한 기술로, 얼마나 대단한 허구력으로, 또 얼마나 엄청난 긴장으로 이 평범한 인물을 그 드라마에 등장시켜 만들어 나아갔던가! 그다지 이야깃거리가 풍부하지 못한 주인공을 둘러싼 주위의 법칙들은 얼마나 교묘하게 대비해 놓았는지 모른다.

역사는 악마 같은 간계로 이 여인을 망쳐 놓았다. 어린아이일 때 벌써 궁정을 집으로 선물 받았고, 채 성숙하기도 전인 10대 때 이미 왕관을 썼다. 아직 어린 나이에 기품과 부의 모든 선물을 아낌없이 무더기로 쌓아 주었으며, 게다가 이런 선물의 값어치에 의문을 품지 않는 경박한 마음까지 주었다. 오랫동안 역사는 이 지각없는 여자를 호강만 시켜 버릇없고 유약하게 만들어 마침내 그녀는 감각이 무디어져 매사 무관심해졌다. 그러나 그토록 빠르고 쉽게 행복의 절정으로 끌어 올렸던 만큼 운명은 그 뒤 이 여인을 그보다 더, 교활할 만큼 잔인하게 천천히 몰락시켰다. 이 드라마는 이런 극단적인 상황들을 멜로드라마틱하게 서로 대치시켜 이 황녀를 수백 칸 궁에서 처참한 감방으로, 왕좌에서 단두대로, 유리와 금으로 만든 의장마차에서 초라한 박피공(剝皮工) 수레로, 호사로움에서 궁핍으로, 온 세상의 총애에서 증오로, 승리에서 비방으로 점점 깊고 가혹하게 맨 밑바닥까지 내몰았다.

호강으로 유약함에 빠져 있다가 갑자기 기습을 당하자 이 미미한 인간, 평범한 인간, 세상물정 모르는 인간은 낯선 힘이 자기를 어떻게 하려는지 이해하지 못했다. 억센 주먹이 자기를 짓누르는 것을 그저 어렴풋이 느낄 뿐이었다. 사나운 기세를 떨치는 맹수의 발톱이 고통 받는 살 속에서 감지될 뿐이었다. 마지못해 당할 뿐 이 모든 고통에 익숙지 않은 순진무구한 한 인간은 저항하거나 의지를 발휘할 엄두조차 내지 못하고 그저 신음하고 도피하며 벗어나려 애쓸 뿐이었다.

그러나 모든 것을 알고 있는 불행의 손길은 목표물로부터 극도의 긴장, 마지막 가능성을 앗아내기 전에는 물러나지 않는 예술가의 가차 없는 비정함처럼 마리에게서 좀처럼 떠나려 들지 않았다. 이 연약하고 무력한 영혼을 망치질로 단련해 딱딱하고 견고하게 만들어 놓기 전까지는, 부모와 선조들이 그녀의 혼에 불어넣은 모든 위대함을 억지로 끌어내 버리기 전에는 떠나려 하지 않았다. 또 아직 한 번도 자기가 누구냐고 물어본 적 없는 이 여자는 고통 한가운데서 깜짝 놀라 벌떡 일어서는 순간 변화한다. 외부의 힘이 끝을 고하는 바로 그때, 시련이 없었더라면 가능치 않았을 무언가 새로운 것, 위대한 것이 그녀 안에서 시작됨을 느낀다.

반쯤은 자랑스럽고 놀랄만한 말이 그녀 입에서 홀연히 흘러온다. "불행 속에서 비로소 사람들은 자기가 누구인지 알게 됩니다." 바로 고통을 통해서 자신의 하찮고 평범한 생(生)이 뒷날 어떤 본보기가 되리라는 예감이 그녀를 엄습한 것이다. 그리고 더 높은 의무를 인식하면서 그녀의 성격은 그 자체를 초월해 성장한다. 반드시 사라질 형태가 부서지기 직전 예술 작품, 영원한 예술 작품이 이루어진 것이다.

마리 앙투아네트, 이 평범한 인간이 생의 마지막 순간, 마침내 비극의 본보기에 이르고 어떤 운명처럼 위대해졌기 때문이다.

어린 소녀를 결혼시키다

합스부르크 집안과 부르봉 집안은 유럽의 패권을 두고 수백 년 동안 독일, 이탈리아, 폴란드 곳곳 수많은 전장에서 싸워왔으나, 마침내 둘 다 지쳐버리고 만다. 마지막 순간이 되어, 이 오랜 적수는 자신들의 끝없는 반목질시가 다른 왕가에 길을 터주는 결과만 가져오게 함을 깨달았다. 이미 섬나라 영국에서는 이교도 민족이 세계 제패를 향해 손을 뻗었고, 신교를 믿는 마르크 브란덴부르크*¹는 강대한 왕국으로 성장했으며, 절반이 이교도국인 러시아는 세력권을 끝없이 확장해나갈 준비를 하고 있었다. 두 집안의 국왕과 외교관들은—늘 그렇듯이 너무 늦게야—중간에서 벼락 권세가들만 덕을 보게 하는 숙명적인 전쟁 놀음을 자꾸 벌일 게 아니라 평화를 유지하는 편이 좋지 않을까 스스로 묻기에 이르렀다.

루이 15세 궁정에서는 외상 슈아죌과 마리아 테레지아 고문 카우니츠가 동맹을 맺었다. 그들은 이 동맹이 단순히 두 전쟁 사이의 휴식으로 끝나지 않고 오래 지속될 수 있도록 합스부르크와 부르봉 두 왕가 사이에 혈연관계를 맺자고 제안했다. 합스부르크 집안에는 언제라도 결혼할 수 있는 왕녀가 수두룩했고, 이번에도 어떤 나이든 마음대로 고를 수 있는 후보가 줄을 서 있었다. 처음에 대신들은, 비록 나이가 할아버지뻘이나 되고 몸가짐이 의심스러울 정도를 넘어서긴 했지만, 루이 15세를 합스부르크 집안의 왕녀와 맺어 주려고 생각했다. 그러나 '가장 그리스도교적인 국왕'*²께서는 애첩 퐁파두르 부인 침상에서 일어나면 어느새 또 다른 애첩 뒤바리 부인의 침상으로 달아나는 위인이었고, 두 번째 아내를 저세상으로 보낸 요제프 황제 역시 루이 15세의 과년한 세 딸 중 하나와 결혼하고 싶은 마음은 전혀 없어 보였다. 이제 가장 자연스럽게 남은 방법은 제3의 결합, 즉 루이 15세의 손자이자

---

*1 프로이센.
*2 프랑스 국왕의 존칭.

장차 프랑스 왕위를 계승할, 성년이 되어 가는 황태자를 마리아 테레지아의 딸과 약혼시키는 일이었다.

1766년, 열한 살이던 마리 앙투아네트는 이미 정식으로 추천받은 것과 마찬가지였다. 오스트리아 대사는 5월 24일 여제에게 똑 부러지는 어조로 이런 편지를 썼다. "폐하께서는 이번 일이 이미 확실하게 성사된 것으로 여기서도 무방하다고 국왕께서 분명하게 언명하셨습니다."

그러나 외교관이란 족속들은 쉬운 일은 어렵게 만들고, 또 가장 중요한 관심사는 어김없이 교묘하게 지연시키는 것을 자랑으로 삼지 않으면 모름지기 외교관이 아니라고 생각하는 모양이다. 양쪽 궁정 사이에 음모가 끼어들어 한 해가 가고 두 해가 가고, 3년째가 되자, 마리아 테레지아는 자기가 증오를 품고 '괴물'이라 부르는 이웃나라 프로이센의 프리드리히 대왕이 결국은 마키아벨리적인 간계를 써서 오스트리아 권위 확립에 결정적인 영향을 미칠 이 계획마저 좌절시키지 않을까 하는 두려운 마음이 들었다. 당연한 노파심이었다.

그래서 그녀는 프랑스가 반쯤 해 놓은 이 약속에서 발을 빼지 못하도록 애교와 열정과 술책을 총동원했다. 직업 중매쟁이처럼 끈덕지게, 외교적 수완에 강인하고 불굴의 끈기를 발휘하면서, 왕녀의 장점을 파리에 거듭 보고하게 했다. 외교관들에게는 온갖 의례와 선물을 퍼부어 그들이 베르사유에서 확실한 결혼 신청을 받아오도록 획책했다. 어머니로서보다는 여제로서, 자식의 행복보다는 '왕가의 권력' 확장을 중시하는 그녀는, 사신이 경고를 보내와도 아랑곳하지 않았다. 자연은 황태자에게 모든 선물을 거부했다, 즉 황태자는 아무런 재능도 없고 지능이 낮으며 못생겼을 뿐만 아니라, 둔감하기까지 하다는 보고였다. 왕비만 된다면 굳이 행복해질 필요가 있을까? 마리아 테레지아가 협정과 편지로 조급하게 재촉하면 할수록 노회한 국왕 루이 15세는 우위에 서서 더욱 신중히 몸을 도사렸다. 3년 동안 그는 어린 왕녀의 초상과 소식을 보내게 하고 원칙적으로는 결혼계획에 뜻이 있음을 밝혔다. 그러나 결정적인 청혼의 말을 꺼내어 자신을 속박하는 짓은 하지 않았다.

아무것도 모르는, 이 중요한 국사의 담보인 앙투아네트는 그사이 열한 살, 열두 살, 열세 살이 되어 감에 따라 화사하고 우아하게 자라나 누가 봐도 날씬하고 예쁜 모습으로 형제자매, 친구들과 어울려 쇤브룬 궁 정원과 방에서 즐겁게 뛰어다니며 놀았다. 공부나 책, 교양 따위에는 그다지 관심을 두지 않았다. 천성적인 애교와 쾌활한 말괄량이 기질로 교육담당 가정교사와 신부들을 마음대로 다루는 방법을 터득하고 있어서 공부시간도 멋대로 빼먹을 수 있었다. 나랏일에 분주한 탓으로 자식들에게 일일이 마음 쓸 여유가 없었던 마리아 테레지아는, 어느 날 미래의 프랑스 왕비가 열세 살이 되도록 독일어, 불어도 제대로 쓸 줄 모르고, 역사와 일반교양에는 수박 겉핥기 정도 지식조차 없는 것을 알고 깜짝 놀랐다. 음악 방면에서도 다름 아닌 글루크*3에게 피아노 교습을 받았는데도 신통치가 않았다. 막바지에 이르러 이제까지 하지 못한 교육을 다시 시켜, 놀며 세월을 보낸 게으른 앙투아네트를 교양 있는 숙녀로 만들어 놓아야만 했다. 미래의 프랑스 왕비는 품위 있게 춤추고 훌륭한 악센트로 프랑스어를 하는 일이 특히 중요했다. 그런 목적을 위해 마리아 테레지아는 서둘러 무도의 대가 노베르에게 부탁하고, 빈에 와 있는 프랑스 극단 배우 두 명을 고용하여 한 명은 발음을, 한 명은 노래를 가르치게 했다. 그러나 프랑스 대사가 이 사실을 부르봉 집안 궁정에 보고하자 곧바로 베르사유에서 분노를 담은 경고가 날아들었다. 프랑스의 왕비가 될 여자가 희극배우 나부랭이에게 가르침을 받아서는 안 된다는 것이었다. 급히 새로운 외교 협상이 시작되었다. 베르사유에서는 황태자 신부로 천거된 사람의 교육은 이미 자신들 문제라고 여겼기 때문이다. 오랫동안 교섭이 오간 끝에 오를레앙 주교의 추천으로 베르몽이라는 신부가 교육담당으로 빈에 파견되었다. 그가 처음으로 이 열세 살짜리 대공녀에 대해 믿을 만한 보고를 했다. 그는 이 아이가 매력적이며 호감이 간다고 느꼈다. "왕녀는 사랑스러운 외모와 상상할 수 있는 한의 우아한 자태를 겸비하고 있습니다. 더 자라면 귀한 공주님으로서 바랄 수 있는 모든 매력을 갖추시게 되리라고 기대해도 좋습니다. 성격과 마음씨는 나무랄 데 없이 탁월합니다."

그렇지만 이 정직한 신부는 학생의 실제 지식과 배움에 대한 열의에 대해서는 매우 신중하게 표현했다. 사실 놀기만 하면서 자랐고, 주의가 산만하고 제멋대로이며 변덕스럽고 활발한 성격인 어린 앙투아네트는, 이해는 빠르지만 진지한 문제에 대해서는 골몰하는 구석이라곤 조금도 보이지 않았다.

---

*3 독일의 작곡가.

"오랫동안 사람들이 생각해 왔던 것보다는 이해력이 높습니다. 그렇지만 유감스럽게도 그 이해력은 열두 살이 되도록 집중하는 것에는 익숙해지지 않았습니다. 조금 게으른 반면 매우 경솔해서 가르치는 데 어려움이 많습니다. 저는 6주 동안 문학의 기본부터 가르쳤는데, 잘 이해하고 바르게 판단하지만 대상을 깊이 탐구하게 할 수는 없었습니다. 분명 그런 능력이 있다고 생각되는데도 말입니다. 왕녀를 교육하는 일은, 동시에 재미를 느끼도록 해야 함을 깨달았습니다."

이렇게 지능은 높은데도 생각하려 들지 않고 깊이 있는 대화는 지루해하며 피하려 드는 이 태도에 대해서는 10년, 20년이 지난 뒤에도 모든 정치인들이 거의 같은 말로 고충을 호소한다. 마음만 먹으면 할 수 있는데도 아무것도 진정으로 하려 들지 않는 성격이 지닌 위험성이 열세 살 소녀 속에 이미 숨김없이 드러난다.

그러나 프랑스 궁정에서는, 첩이 정치를 좌우하게 된 이래, 여성의 진가보다는 겉으로 드러나는 자태를 더 높이 평가했다. 마리 앙투아네트는 예쁘고 당당하며 품위 있는 성격을 갖추고 있다—그만하면 충분했다. 그리하여 마침내 1769년, 마리아 테레지아에게 오랫동안 고대하던 루이 15세의 편지가 왔다. 이 편지에서 국왕은, 엄숙하게 미래의 루이 16세인 손자를 대신해 어린 왕녀에게 청혼한 다음, 결혼 날짜를 이듬해 부활절로 정하면 어떻겠느냐고 제안했다. 마리아 테레지아는 뛸 듯이 기쁜 마음으로 승낙했다. 오랜 세월 근심으로 마음을 졸이다가 비극적인 체념 속에 살아온 이 여인에게 다시 한 번 빛나는 순간이 찾아온 것이다. 그녀에게는 이로써 제국의 평화, 나아가서 유럽의 평화가 보장된 것만 같았다. 전령과 급사를 보내 각국 궁정에 합스부르크가와 부르봉가가 오랜 적대 관계에서 벗어나 영원히 혈연을 맺은 친척이 되었음을 엄숙하게 알렸다. "다른 나라는 싸우게 하고, 그대 행복한 오스트리아는 결혼하라." 합스부르크가의 오랜 가훈이 다시 한 번 확인된 것이다.

외교관들의 임무는 성공적으로 끝났다. 그러나 그것은 아무것도 아니라는 사실이 밝혀졌다. 합스부르크 집안과 부르봉 집안을 설득하여 서로 양해시키는 것과 루이 15세와 마리아 테레지아를 화해시키는 것은, 이 거국적인 축제를 거행할 때 프랑스와 오스트리아 궁정과 왕가의 의례를 통일해야 하는 예상치 못한 어려움에 비하면 아이들 장난에 지나지 않았다. 양쪽의 궁내 대신과 의전을 시시콜콜 따지는 자들에게는, 이 엄청나게 중요한 결혼식 축전 의정서의 모든 조항을 조목조목 작성하는 데 꼬박 1년의 여유가 있었지만, 그 복잡한 예절을 따지는 데는 열두 달밖에 안 되는, 번개 같이 지나가는 1년에 불과했다. 프랑스 왕위 계승자와 오스트리아 왕녀의 결혼—이 얼마나 온 세계를 뒤흔드는 의전상 문제가 터져 나올 수 있는 초유의 사건인가! 하나하나 세부 사항은 또 얼마나 심사숙고해야 할 문제들인가! 수백 년 묵은 서류를 연구해야 하고, 돌이킬 수 없는 실책을 저지르지 않도록 해야 할 문제인가! 베르사유와 쇤브룬 궁에서는 관습과 예식의 신성한 수호자들이 밤낮으로 머리에 김이 나도록 심사숙고하고, 외교사신들은 밤낮없이 초대장 하나하나를 협의했으며, 급사는 제안과 또 거기에 대한 대안을 들고 화살처럼 양쪽을 오갔다. 그도 그럴 것이, 한번 생각해 보라. 이 성대한 의식에서 서열을 뽐내려는 유럽 명문가들 가운데 하나라도 체면이 손상되는 일이 있다면 일곱 번의 전쟁보다 더 나쁜 재앙이 돌발할지 모르지 않는가.

라인 강 동서에서는 가히 박사 학위 논문에 필적하는 수많은 논문들이 작성되었다. 그 문제는 이를테면 이런 것들이었다. 결혼 서약서에 어느 쪽 이름을 먼저 쓸 것인가, 오스트리아 여제 이름인가, 아니면 프랑스 국왕 이름인가. 누가 먼저 서명할 것인가. 어떤 예물을 주고받고 지참금은 얼마로 정할 것인가. 누가 신부를 데려가고 누가 신부를 맞이할 것인가. 오스트리아에서 국경까지 왕녀의 결혼행렬을 뒤따르는 신하, 귀부인, 무관, 근위기병, 신분이 높은 시녀, 낮은 시녀, 이발사, 고해 신부, 의사, 서기, 궁정 비서관, 세탁부는 몇 명이 적당한가. 그리고 국경에서 베르사유까지 이 프랑스 왕위 계승자의 신부를 모셔올 행렬은 얼마만큼 인원이 적당한가. 그러나 양쪽 가발 쓴 학자들이 오랫동안 근본 문제의 기본선조차 합의를 보지 못하는 가운데, 양쪽 궁정 신하와 귀부인들은 벌써 데려가는 것이든 맞이하는 것이든 결혼행렬에 참석하는 명예를 얻기 위해 마치 천국의 열쇠라도 빼앗으려는 듯이 격론을 벌이면서, 케케묵은 고문서까지 몽땅 들춰내어 자신의 권리를 지키고자 했다. 의전관들은 갤리선을 젓는 노예들처럼 죽도록 일하고도 1년이 지나도록 우선순위와 참석권 따위의 그지없이 중요한 문제들을 마무리 짓지 못했다. 이를테면 마지막 순간이 되어, 알자스 귀족을 인견하는 문제는 '더 이상 처리할 시간적 여유가 없는 번거로운 의례문제를 배제하기' 위해 프로그램에서 삭제되었다. 만일 국왕이 명령을 내려 결혼 날짜를 정하지 않았더라면 오스트리아와 프랑스 의례 집행 위원들은 오늘날까지 결혼식의 '올바른' 형식에 대해 합의를 보지 못했을 것이고, 따라서 왕비 마리 앙투아네트도 없었고 어쩌면 프랑스 혁명도 일어나지 않았을지도 모른다.

프랑스든 오스트리아든 절약이 절실히 필요한데도, 결혼식은 양쪽 모두 온갖 호사와 사치를 다해 장려하게 준비되었다. 합스부르크 집안은 부르봉 집안에 뒤지려 하지 않았고, 부르봉 집안은 부르봉 집안대로 합스부르크 집안에 뒤지려 들지 않았다. 빈에 있는 프랑스 사절단을 위한 궁이 손님 1500명을 수용하기에는 너무 좁은 것으로 밝혀져 서둘러 일꾼 수백 명을 동원하여 증축을 서두르는 한편, 베르사유에서는 같은 시간에 특별 오페라 홀이 결혼식전용으로 준비되었다. 궁중을 드나드는 상인, 왕실 재단사, 보석상, 의장마차 제조업자에게는, 이쪽이나 저쪽이나 좋은 시절을 만난 셈이었다. 왕녀를 데려오기 위해 루이 15세는 파리 궁정을 드나드는 상인 프랑시엥에게 전례 없이 호화로운 마차를 두 대 주문했다. 값비싼 목재에 반짝이는 유리, 내부는 비로드를 씌우고 외부는 그림으로 잔뜩 장식했으며, 상부는 왕관 모양의 아치 지붕을 씌운 호화판인 데다 용수철이 기막히게 훌륭해 가볍게 살짝만 당겨도 탄력있게 굴러가는 그런 마차였다. 황태자와 궁신들을 위해서는 새 예복을 지어 값비싼 보석을 잔뜩 박았고, 그 시절 가장 훌륭한 다이아몬드 '대(大) 피트'가 루이 15세의 혼례용 예모를 장식했다.

마리아 테레지아 또한 사치스럽게 딸의 혼수를 장만하였다. 메헬렌에서 특별히 짠 매우 섬세한 레이스, 극상품 리넨, 비단, 보석 등이었다. 마침내 정식 청혼사절로서 뒤르포르가 빈에 도착했다. 구경이라면 만사를 제쳐 놓는 빈 사람들에게 더할 나위 없는 볼거리였다. 예술 작품 같은 유리마차 두 대를 포함한 마흔여덟 대 육두마차가, 온갖 꽃으로 장식된 길을 지나 천천히 위엄 있게 궁성을 향해 나아갔다. 구혼사절을 수행하는 백십칠 명의 친위병과 하인들의 새 제복에만 금화 10만 7천 두카텐이나 들었다. 전체 경비는 무려 35만 두카텐 이상이 들었다. 그때부터 축제가 잇따라 열렸다. 공식적인 청혼의식, 복음서와 십자가상, 그리고 타는 듯한 촛불 앞에서 마리 앙투아네트가 오스트리아에서의 모든 권리를 포기하는 장중한 의식, 궁정과 대학의 축하 인사, 열병식, 극장의 봉축행사, 벨베데레 궁에서 열린 3천 명의 초대와 무도회, 리히텐슈타인 궁에서 열린 천오백 명을 위한 답례 초대와 만찬회가 이어지고, 마지막으로 4월 19일에 성아우구스티누스 교회에서 '대리권에 의한' 혼인 체결식이 열렸다. 여기서는 오스트리아 황태자 페르디난트가 프랑스 황태자를 대리했다. 그리고 정성어린 가족 만찬이 있었고 21일에는 엄숙한 작별, 마지막 포옹을 나눴다. 그러고는 경외심으로 가득한 사람들의 행렬을 지나 프랑스 국왕이 보낸 의장마차를 탄, 오스트리아 왕녀였던 마리 앙투아네트는 자기 운명을 향해 달려갔다.

딸과의 작별은 마리아 테레지아에게 참으로 가슴 아픈 일이었다. 노쇠하고 지친 이 여제(女帝)는 합스부르크 집안의 권력을 키우는 데 둘도 없는 행운이 될 이 결혼을 성사하기 위해 여러 해 동안 애써 왔다. 그러나 막상 마지막 순간에 이르자, 그녀 자신이 딸의 운명을 정해주고 나서는 그것이 걱정되기 시작했다. 그녀의 편지와 생활을 깊이 관찰해 보면 오스트리아 황제의 유일하고도 위대한 군주인 이 비극적인 지배자가, 왕관을 그저 무거운 짐으로서 이고 있을 뿐임을 알 수 있다. 끊임없이 이어지는 전쟁 속에서 그녀는 잡다하게 구성된 이른바 인공적인 제국을, 무한한 노력을 기울여 프로이센과 터키, 동방과 서방에 대해 통일국가로서 지켜왔지만 겉으로 보기에는 안전이 보장된 듯 보이는 지금에 와서 갑자기 용기가 꺾이는 것이었다. 온 힘을 다하고 모든 정열을 바쳐 온 이 제국이 후대에 이르면 붕괴하여 산산조각 나고 말리라는 기묘한 예감이 이 존경할 만한 여인의 가슴을 죄어왔다. 거의 예언자 같은 형안(炯眼)을 지닌 정치가인 그녀는 우연으로 맺어진 두 민족의 혼합체가 얼마나 허술하게 결합되어 있는지, 그리고 얼마나 조심스럽고 신중하게, 얼마나 현명하게 방어적인 태도를 취해야만 그 생명을 연장할 수 있는지 잘 알았다. 그러나 그녀가 이토록 세심하게 시작한 일을 도대체 누구에게 계승시켜야만 할 것인가? 자기 자녀들에게서 맛본 깊은 환멸은, 그녀 안에 카산드라*⁴의 정신을 일깨웠다.

---

*4 예언력을 지니고 있지만 그 예언을 아무도 믿어주지 않는 숙명을 지닌 그리스 신화의 여성.

자녀들은 모두 그녀의 본질 가운데 가장 본연의 힘인 끈질긴 인내력, 서서히 확실하게 계획을 세우고 관철하는 의지, 포기할 줄 알고 현명하게 자제할 줄 아는 능력이 없음을 알고 있었다. 대신 그녀의 남편 로트링겐 혈통(마리아 테레지아의 남편 프란츠 슈테판은 로트링겐공)에서 뜨겁고 불안한 피가 자녀들 혈관 속에 흐르고 있음이 확실했다. 때문에 그들은 하나같이 순간의 쾌락을 위해서라면 무한한 가능성 따위는 언제라도 파괴해버리고도 남을 자들로, 성실하지 않고, 믿음이 없으며, 덧없는 영화만 좇는, 하잘 것 없는 소인들이었다. 아들이며 공동 통치자인 요제프 2세도 황태자 특유의 초조함에 사로잡혀, 몇십 년에 걸쳐 그녀를 괴롭히고 조롱해 온 프리드리히 대왕에게 알랑거리며 달라붙고, 경건한 가톨릭교도인 그녀가 반그리스도적이라고 증오하는 볼테르에게 추파를 던졌다. 왕관을 물려주려고 마음먹었던 또 한 자녀, 마리아 아말리아 또한 파르마로 시집가자 곧 경박한 행동으로 온 유럽을 놀라게 한다. 두 달도 못 되어 재정이 파탄에 빠지게 하고 나라 질서를 흔들어 놓고 정부들과 정신없이 놀아난 것이다. 그리고 나폴리에 있는 다른 딸도 그녀에게 그리 명예롭지 않음은 마찬가지였다. 여러 딸 가운데 그 누구도 진지함이나 도덕적인 엄격함을 보여주지 못했다. 이 위대한 여제가 개인적인 생활을 모두 내던지고, 모든 기쁨, 모든 가벼운 향락을 희생하여 이룬 대사업, 희생을 치르고 의무에 충실한 노력을 거듭해 쌓아올린 대사업도, 이제는 아무런 의미 없이 끝나버리는 듯 느껴졌다. 마음 같아서는 수도원으로라도 달아나고 싶은 심정이었지만, 덤벙거리는 아들이 경솔한 실험을 시도하다가 자신이 이뤄놓은 모든 것을 머지않아 무너뜨리고 말 것만 같은 불안, 그 확실한 예감 때문에, 이 노령의 여전사(女戰士)는 더는 들고 있기 힘들어진 왕홀을 다시 한 번 바짝 움켜쥐었다.

　인간에 대한 통찰력이 뛰어난 이 여인은 귀여운 딸 마리 앙투아네트에 대해서도 객관적으로 판단내렸다. 막내딸의 장점—성품이 아주 순하고 인정이 많으며, 활달하고, 영리하고, 꾸밈이 없는 참으로 인간적인 성질—은 알고 있었지만, 동시에 그 미숙하고 경박하며, 놀기만 좋아하고 산만한 점의 위험성도 잘 알았다.

　자식과 더욱 정을 나누고, 에너지가 넘치는 말괄량이 소녀를 이제나마 왕비감으로 만들어내기 위해, 그녀는 마리 앙투아네트를 떠나기 전 두 달 동안 자기 방에서 재웠다. 긴 대화를 통해 높은 지위에 오를 마음의 준비를 시키고, 하늘의 축복을 얻고자 딸을 데리고 마리아첼(빈의 서남쪽 160km 산속에 있는 유명한 순례지)까지 순례도 다녀왔다. 그러나 이별의 순간이 조금씩 다가옴에 따라 여제는 점점 더 불안해졌다. 어떤 어두운 예감, 다가오고 있는 재앙의 예감에 마음이 어지러워진 그녀는 그 암흑의 힘을 물리치려고 온 힘을 기울였다. 떠나기 전, 그녀는 마리 앙투아네트에게 상세한 지침서를 주고, 이 부주의한 딸에게서 매달 그 지침서를 꼼꼼히 읽겠다는 맹세까지 받아냈다. 그리고 공식서한 말고도 루이 15세에게 개인적인 편지를 써서, 이 열네 살 소녀가 아직 어린애처럼 철없는 점을 너그럽게 봐 주시기를 당부했다. 그런데도 그녀의 불안은 여전히 가시지 않았다. 마리 앙투아네트가 베르사유에 도착하기도 전에 벌써 그녀는 그 지침서에서 조언을 구하라는 훈계를 되풀이했다.

"사랑하는 딸아, 매월 21일에는 반드시 행동지침서를 읽어야 한다. 어미의 이 소원은 꼭 지키도록 하여라, 부탁이다. 이 어미의 걱정은 오로지, 네가 기도와 독서를 게을리하여 부주의와 게으름에 빠지지 않을까 하는 것뿐이다. 그렇게 되지 않도록 명심하여라……그리고 멀리 떨어져 있어도 마지막 숨을 거둘 때까지 너로 인해 마음 졸이는 이 어미를 잊지 마라."

온 세상이 딸의 승리를 환호하고 있을 때, 이 늙은 여인은 교회에 가서 그녀 혼자만이 예감하고 있는 재앙을 막아 주십사 신께 기도했다.

장엄한 기마행렬—역참마다 340필이나 되는 말을 교체해야 했다—이 수많은 축전과 환영을 뒤로하고 천천히 북부 오스트리아와 바이에른을 지나 국경에 가까이 다가가는 동안, 켈과 스트라스부르 사이에 있는 라인 강 줄기의 한 섬에서는 목수와 벽지기술자들이 기묘한 집을 짓느라 여념이 없었다.

이곳이 베르사유와 쇤브룬 궁내 대신들의 마지막 카드였기 때문이다. 신부를 인도하는 의식을 오스트리아 영내에서 치러야 할지 아니면 프랑스 영내에서 치러야 할지 한없이 논의한 끝에, 그들 가운데 재치 있는 한 사람이 마치 솔로몬 대왕 같은 해결책을 내놓았다. 곧 프랑스와 오스트리아 사이를 흐르는 라인 강 줄기, 사람이 살지 않는 조그만 모래섬에 이 화려한 인도식을 위해 임시로 목조 건물을 짓자는 것이었다. 이 건물이야말로 중립성의 기적이라 할 만한 것으로, 마리 앙투아네트가 아직 오스트리아 왕녀 신분으로 발을 디딜 대기실 두 개는 라인 강 오른쪽 기슭에, 의식이 끝난 뒤 프랑스 황태자비가 되어 떠날 대기실 두 개는 라인 강 왼쪽 기슭에, 그리고 그 중앙에 왕녀가 최종적으로 프랑스 황태자비로 변신하는 장엄한 인도의식이 열릴 커다란 홀을 설계했다. 대주교 궁에서 가져온 값비싼 장식용 천으로 서둘러 지은 나무벽을 가리고, 스트라스부르 대학에서는 천개(天蓋)를, 부유한 스트라스부르 시민들은 아름다운 가구를 빌려주었다.

일반 시민에게는 물론 이 호화롭고 신성한 장소를 들여다보는 일이 금지되어 있었다. 그러나 어디서나 은화 몇 닢만 쥐어주면 파수꾼도 눈감아 주었다. 마리 앙투아네트가 도착하기 며칠 전, 젊은 독일 대학생 몇 명이 호기심을 참지 못해 반쯤 지어진 이 건물 속에 몰래 숨어들었다. 특히 그 가운데 유난히 키가 크고, 거침없는 정열적인 눈길과 남자다운 이마 위에 천재의 섬광이 번뜩이는 한 청년이, 라파엘로의 밑그림을 모방하여 지은 고블랭 직물을 넋이 나간 듯 한참 동안 바라보고 있었다. 방금 스트라스부르 대사원에서 고딕 정신의 계시를 받고 온 청년은, 그 직물을 보고 똑같은 애정을 느끼며 고전 예술을 이해하고 싶은 폭풍 같은 욕구에 사로잡혔다. 감격한 그는 뜻하지 않게 자신 앞에 펼쳐진 이탈리아 거장들 미의 세계를, 자신보다 언변이 못한 친구들에게 설명해 주었다. 그러다가 그는 갑자기 입을 다물고 기분이 언짢아져 버렸다. 방금까지 불타오르던 눈길 속에 굵고 짙은 눈썹이 화난 것처럼 흐려졌다. 이 벽장식 태피스트리에 그려진 그림이 결혼 축제와는 도무지 어울리지 않는 전설, 즉, 재앙을 품은 결혼의 가장 전형적인 보기인 이아손과 메디아와 글라우케의 이야기*5를 담고 있음을 깨달았기 때문이다.

"아니, 이게 무슨 변고란 말인가!" 이 천재적인 젊은이는 둘러선 학우들이 놀라는 것은 아랑곳하지 않고 커다란 소리로 외쳤다. "이렇게 경솔해도 된단 말인가! 이 방에 첫발을 들여놓을 젊은 왕비에게 세상에서 가장 끔찍한 그 옛날의 결혼식을 보게 하다니! 도대체 프랑스 건축가, 실내장식가, 벽면장식가 가운데 그림이 어떤 의미를 표현한다는 것, 인간의 감각과 감정에 작용해 인상을 주고 예감을 불러일으킨다는 사실을 아는 사람이 단 한 사

---

*5 아르고 호(號)의 영웅 이아손을 둘러싼 메디아의 피비린내 나는 복수를 내용으로 하는 그리스 신화.

람도 없단 말인가? 이건 마치 그 아름답고 생기발랄하다는 신부를 맞이하러 흉측한 괴물을 국경으로 보내는 것과 같지 않은가?”

친구들은 흥분한 청년 괴테를 겨우 진정시켜 거의 끌다시피 하여—이 젊은 학생이 바로 괴테였다— 건물 밖으로 데리고 나왔다.

곧 ‘대하(大河)처럼 현란하고 호화롭게 흐르는’ 혼례 행렬이 밀어닥치자, 잘 꾸며놓은 이 공간은 명랑한 이야기, 즐거운 생각으로 가득 차올랐다. 불과 몇 시간 전에 한 시인의 예언자다운 눈이 이 오색찬란한 직물 속에서 이미 숙명의 검은 실마리를 보았으리라고는 꿈에도 알지 못한 채.

마리 앙투아네트의 인도(引渡)는 그녀와 고국 오스트리아를 이어주는 모든 사람, 모든 사물과의 결별을 구체적으로 보여주어야만 했다. 이 점을 위해서도 의전관들은 특별한 상징을 생각해냈다. 곧 고국의 수행인들은 한 사람도 그녀와 함께 국경선을 넘어서는 안 될뿐더러, 예식이 요구하는 바에 따라 왕녀는 고국의 제품은 실오라기 하나라도 몸에 걸쳐서는 안 되며, 심지어는 구두 한 켤레, 양말 한 짝, 셔츠 한 장, 리본 한 개라도 지녀서는 안 된다는 것이었다. 마리 앙투아네트가 프랑스 황태자비가 되는 순간부터 오직 프랑스산 옷감만이 그녀를 감쌀 수 있다. 오스트리아 쪽 대기실에서 이 열네 살 소녀는 오스트리아 수행원들 앞에서 알몸이 되어야만 했다.

아직 꽃을 피우기 전인 섬세한 소녀의 육체가 한순간 어두운 방에서 실오라기 하나 걸치지 않은 채 빛났다. 그 다음에는 프랑스 실크로 만든 셔츠와 파리산 페티코트, 리옹산 양말, 궁정 제화공이 지은 구두, 레이스, 튈*6이 온 몸을 휘감았다. 뭔가 기념품이 될 만한 것은 단 한 개도 지녀서는 안 되었다—반지 한 개, 십자가 한 개조차도—머리핀 한 개나 늘 매었던 리본 하나를 지니고 간다고 해서 예법의 세계가 무너지기라도 한단 말인가? 익숙하게 보아 온 얼굴들도 이제부터는 주위에서 하나도 볼 수 없게 되었다. 느닷없이 낯선 세계로 끌려갔다는 느낌에 사로잡힌 이 어린 소녀가, 이 요란한 허식의 소동에 놀라 아이다운 울음을 터뜨린 것은 그리 놀라운 일이 아니었다. 그러나 곧 평정을 되찾아야만 했다. 정치적인 결혼에 감정의 흥분은 허

---

*6 얇은 망사천.

용될 수 없기 때문이다. 저 건너 다른 방에는 벌써 프랑스 쪽 수행원들이 기다리고 있는데, 젖은 눈으로 겁에 질려 새로운 수행원들을 대하는 것은 부끄러운 일이다. 신부 들러리 슈타렘베르크 백작이 결정적인 걸음을 내딛을 그녀에게 손을 내밀었다. 그리하여 프랑스 옷을 입고 마지막으로 오스트리아 시종들의 수행을 받으면서, 마리 앙투아네트는 마지막 2분 동안 아직 오스트리아 왕녀로서 부르봉 집안 파견사절들이 그지없이 호화찬란하게 차려 입고 기다리고 있는 홀로 들어갔다.

루이 15세의 결혼대리인이 엄숙한 인사말을 하고, 의정서를 낭독한 뒤— 모든 사람들이 숨을 죽인 가운데—장엄한 식전이 시작됐다. 그 의식은 미뉴에트처럼 하나하나 계산되어 미리 연습해서 익힌 것이었다. 방 한가운데 있는 탁자는 국경을 상징했다. 이쪽에는 오스트리아 사람들, 저쪽에는 프랑스 사람들이 서 있었다. 먼저 오스트리아 쪽 신부 들러리 슈타렘베르크 백작이 마리 앙투아네트의 손을 놓자 프랑스 쪽 신부 들러리가 그 손을 잡아 떨고 있는 소녀를 데리고 장중한 걸음으로 천천히 탁자 옆을 돌았다. 이 절제된 몇 분 동안 프랑스 쪽 수행원들이 미래의 왕비를 향해 다가오는 것과 박자를 맞춰 오스트리아 쪽 수행원들은 천천히 뒷걸음질해 출입문 쪽으로 물러갔다. 그리하여 마리 앙투아네트가 자신의 새로운 프랑스 시종들 한가운데 선 바로 그 순간, 오스트리아 시종들은 벌써 방에서 나가고 없었다.

이 의례의 비의(秘儀)는 소리 없이, 모범적으로, 그리고 무시무시할 정도로 엄숙하게 거행되었다. 다만 마지막 순간에 이르러 겁에 질린 작은 소녀는 이 냉랭한 장중함을 더는 견디지 못하고 말았다. 그래서 앞으로 그녀의 말상대가 될 드 노아유 백작 부인이 정중하게 궁정식으로 무릎을 구부리며 하는 인사에 침착하고 태연하게 답해야 함에도, 도움을 청하듯이 흐느끼며 그녀의 두 팔 안에 몸을 던지고 만 것이다. 양쪽을 대표하는 높으신 양반들이 아무도 생각지도 못했던, 고독한 심정이 드러나는 아름답고 감동적인 몸짓이었다. 그러나 감정이란 것은 궁중 법도의 세계에서는 계산되어 있지 않다. 밖에는 이미 유리마차가 대기했고, 스트라스부르 대사원에서는 종소리가 요란하게 울리고 예포가 터졌다. 요란한 환호성 속에서, 마리 앙투아네트는 아무런 근심걱정 없었던 소녀시절의 물가를 영원히 떠났다. 이제 여자로서의 운명이 시작된 것이다.

마리 앙투아네트의 파리 입성은 오랫동안 축제 분위기를 까마득하게 잊고 있었던 프랑스 시민들에게는 잊을 수 없는 축제가 되었다. 수십 년 동안 스트라스부르는 왕비 후보의 모습을 보지 못했을 뿐더러, 이 어린 소녀만큼 매력적인 왕비를 맞는 일은 아마 처음이었으리라. 잿빛을 띤 금발에 날씬한 몸매의 이 소녀는 유리마차에서 생기발랄한 푸른 눈으로, 멋진 알자스 민속 의상을 입고 시골과 도시에서 쏟아져 나와 이 호사스러운 행렬을 둘러싸고 환호하는 헤아릴 수 없이 많은 군중을 향해 미소를 뿌렸다. 마차 앞에서는 흰옷을 입은 어린이들 수백 명이 꽃잎을 뿌리며 나아가고, 개선문이 세워지고, 집집마다 문에 꽃이 장식되고, 도시 광장 분수대에서는 포도주가 흘러나오고, 소가 통째로 꼬챙이에 꿰어져 구워지고, 거대한 광주리에 담긴 빵이 가난한 사람들에게 나누어졌다. 어둠이 내리자 집집마다 불을 밝혔고, 대사원 탑에서는 빛의 뱀이 불길처럼 춤을 추고, 성스러운 성당은 불그스레한 레이스 세공품처럼 투명하게 타올랐다. 라인 강 위에는 불타는 오렌지 같은 제등으로 치장한 크고 작은 무수한 배들이 다채로운 횃불을 밝힌 채 미끄러져 가고, 숲의 나무들 사이에서는 화려한 유리구슬이 불빛을 반사하여 오색영롱하게 빛나고 있었다. 섬에서는 화려한 불꽃놀이에 화룡점정처럼 신화 속 인물 한가운데 황태자와 황태자비 이름의 이니셜을 엮은 글자가 누구나 볼 수 있도록 반짝거리고 있었다. 호기심 많은 군중은 밤늦도록 강둑과 길을 따라 걸어다녔다. 어디서나 경쾌한 음악소리가 흥청거리고 가는 곳마다 처녀 총각들이 어울려 즐겁게 춤을 추었다. 이 금발 처녀와 더불어 오스트리아에서 행복의 황금시대가 도래한 것만 같아, 찌푸린 얼굴로 화를 내고 있었던 프랑스 백성은 다시 한 번 밝은 희망으로 가슴이 부풀어 올랐다.

그러나 이 장대한 그림에도 조그만 균열이 감춰져 있었다. 영접실에 있었던 고블랭의 태피스트리에 새겨져 있었던 것과 마찬가지로, 여기서도 운명은 재앙의 징후를 상징적으로 짜 넣고 있었던 것이다. 이튿날, 마리 앙투아네트가 출발하기 전 미사에 참석하려 했을 때, 성당 정면 입구에서 성직자들에 앞서서 인사를 한 사람은 존경하는 대주교를 대신하는 대주교의 조카인 보좌신부였다. 넘실거리는 보랏빛 승복을 입고 어딘가 유약하게 보이는 이 세속적인 성직자는 우아하고 열정적인 인사말을 했는데—학술원이 그를 회원 대열에 세운 것도 나름대로 까닭이 있었다—다음과 같은 입에 발린 찬사에서 절정을 이룬다. "황태자비 전하께서는 온 유럽이 오래 전부터 경탄하고 있을 뿐만 아니라, 후세에도 영원토록 존경받으실 여황제를 빼다 박으셨습니다. 어머니이신 마리아 테레지아의 영혼이 이제 부르봉 집안 영혼과 하나가 된 셈입니다." 인사가 끝난 뒤, 일행은 푸른 미광이 감도는 사원으로 엄숙하게 들어갔다. 젊은 신부는 젊은 왕녀를 제단으로 안내하여 반지를 낀 섬세하고 화사한 손으로 성체 현시대(聖體 顯示臺)를 들어 올렸다. 프랑스에서 그녀에게 가장 먼저 환영인사를 한 이 루이 로앙 공이 바로, 뒷날 목걸이 사건의 희비극적인 주인공이요, 그녀의 가장 위험한 상대, 가장 숙명적인 적이 된다. 지금 축복을 내리며 그녀 머리 위에서 움직이고 있는 손은 나중에 그녀와 왕관과 명예를 오욕과 모멸 속에 내던지게 하는 바로 그 손이다.

마리 앙투아네트는 반쯤 고향이라고 할 수 있는 이 알자스 지방 도시 스트라스부르에 오래 머물 수 없었다. 프랑스 국왕이 기다리는데 잠시라도 지체하는 건 예의가 아니었다. 신부 행렬은 물결처럼 환호하는 군중을 뚫고, 개선문과 꽃으로 장식된 성문을 몇 개나 지나, 첫 목적지인 콩피에뉴 숲을 향했다. 그곳에는 왕실 가족이 타고 온 마차들이 거대한 성처럼 늘어서서 새로운 가족의 일원을 기다리고 있었다. 정신(廷臣)들과 시녀들, 장교, 근위병, 북재비, 나팔수가 모두 번쩍거리는 새 옷을 입고 계급에 따라 다채로운 모습으로 늘어서 있었다. 5월의 햇살을 받아, 숲 전체가 이 아른거리는 색채의 희롱에 환하게 빛났다. 양쪽에서 울리는 팡파르가 혼례 행렬의 도착을 알리자 루이 15세는 손자며느리를 맞이하기 위해 의장마차에서 내렸다. 마리 앙투아네트는 많은 사람을 경탄시킨 특유의 가벼운 걸음걸이로 서둘러 왕 앞에 다가가서 더없이 우아하게 무릎을 꿇고(괜히 무도의 대가 노베르에게 가르침을 받은 게 아니었다) 미래의 시할아버지에게 인사를 올렸다. '사슴 정원'*7 이래, 싱싱한 여인의 육체에 대해서는 일가견을 가지고 있어서 우아한 아름다움에 매우 민감한 국왕은 무척 흡족한 마음으로, 이 식욕을 돋우는 젊은 금발 소녀에게 정이 철철 넘치게 몸을 굽혀 안아 일으키고는 두 뺨에 입을 맞췄다. 그리고 난 뒤에 비로소 왕은 왕녀에게 미래의 남편을 소개했다.

---

*7 루이 15세가 만든 일종의 하렘.

키가 5피트 10인치(178cm)나 되는 황태자는 꿔다 놓은 보릿자루처럼 어색하고 어정쩡한 모습으로 서 있다가, 이때 비로소 졸음이 가득한 근시의 눈을 들어 덤덤하게 예법에 따라 신부 뺨에 형식적으로 키스했다. 의장마차에 올라탄 마리 앙투아네트는 할아버지와 손자, 즉 루이 15세와 미래의 루이 16세 사이에 앉았다. 늙은 왕이 오히려 신랑 역할을 하는 듯이 흥분하여 지껄일 뿐만 아니라 심지어 약간 치근거리기까지 하는 데 비해, 미래의 남편은 지루한 듯이 입을 다물고 구석에서 몸을 웅크리고 있었다. 저녁이 되어 약혼한 두 사람, '대리권에 의해' 이미 결혼한 두 사람이 각기 다른 방으로 자러 갈 때도, 이 음울한 구혼자는 이 매력적인 아가씨에게 다정한 말 한마디 건네지 않았다. 그리고 일기에 결정적인 이 날을 무미건조하게 단 한 줄로 요약해서 '황태자비 회견'이라고만 기록했다.

36년 뒤, 바로 이 콩피에뉴 숲에서 프랑스의 다른 통치자, 나폴레옹이 또다른 오스트리아 왕녀 마리 루이즈를 아내로 맞이하기 위해 기다리게 된다. 약간 살이 찌고 지루할 정도로 조용한 마리 루이즈는 앙투아네트만큼 예쁘지도 발랄하지도 않은 여자였던 듯하다. 그러나 정력적인 남성인 이 구혼자는 그에게 결정된 신부에게 홀딱 빠져 즉각 맹렬하게 자기 소유로 만들어 버렸다. 그날 저녁 때만 해도 그는 대주교에게 빈에서의 결혼식으로 남편의 권리가 주어지는 것인지 묻고는, 그 대답을 기다리지도 않고 결론을 내려버린다. 이튿날 아침에는 벌써 두 사람은 침대 속에서 함께 아침식사를 했다. 그러나 마리 앙투아네트가 콩피에뉴 숲에서 만난 것은 연인도 남편도 아닌, 단순한 정략의 신랑일 뿐이었다.

두 번째 결혼식, 그들의 진짜 결혼식은 5월 16일, 베르사유에 있는 루이 14세 교회당에서 열렸다. 프랑스 왕가의 이러한 행사, 궁정과 국가에 관한 행사는, 집안의 가족적인 일인 동시에 고귀하고 절대적인 의식이어서, 일반 민중에게는 구경하는 것은 말할 것도 없고, 문 앞에 서 있는 것조차 허용되지 않는다. 교회 안에 들어갈 자격이 있는 것은 오직 귀족뿐, 그것도 분가(分家)가 적어도 백 개는 넘는 귀족뿐이었다. 교회 안에서는 빛나는 봄 햇살이 색색의 화려한 스테인드글라스에서 비쳐들고, 수놓은 금란(錦欄), 은은하게 빛나는 비단, 선택받은 몇몇 명문가 사람들이 펼치는 상상도 할 수 없는 호화로움이, 마치 구세계의 마지막 횃불인 양 다시 한 번 압도적으로 환한 빛을 내뿜었다. 랭스의 대주교가 혼례를 주관했다. 그가 금화 열세 개와 결혼반지에 축복을 내리자 황태자는 마리 앙투아네트 넷째손가락에 반지를 끼워 주고 금화를 건네주었다. 그리고 두 사람은 무릎을 꿇고 축복을 받았다. 오르간 소리와 더불어 미사가 시작되었고, 주기도문을 욀 때는 은의 천개(天蓋)가 젊은 부부 머리 위에 받쳐졌다. 그런 다음 먼저 국왕이, 이어서 모든 혈족이 신중하게 서열에 따라 결혼증서에 서명했다. 몇 번이나 접은 엄청나게 긴 문서가 완성되었다. 지금도 빛바랜 양피지에 열다섯 살짜리 어린 소녀 손으로 힘겹게 삐뚤삐뚤 서툰 글씨로 써 놓은 '마리 앙투아네트 조제파 잔'이라는 네 단어와, 그 옆에 떨어진─또 한번 모두가 불길한 징조라고 수군거렸지만─커다란 잉크 얼룩을 볼 수 있다. 이것은 서명한 모든 이름 가운데 유독 그녀의 이름 옆에만 펜이 말을 듣지 않았는지 잉크가 튄 것이다.

의식이 끝나자 일반 백성들에게도 왕가의 축제를 함께 기뻐할 수 있는 은혜가 베풀어졌다. 헤아릴 수 없이 많은 군중이─파리 시민 절반은 되는─베르사유 정원 안으로 밀려 들어왔다. 오늘날 시민에게도 분수와 폭포, 나무 사이의 길과 잔디밭을 공개하는 바로 그 베르사유 정원이다.

가장 볼 만한 구경거리로 한밤에 불꽃놀이가 열릴 예정이었다. 그 어느 궁정에서도 볼 수 없었던 가장 성대한 불꽃놀이가 되리라는 것이었다. 그러나 불꽃놀이의 운명은 하늘에 달린 것, 오후가 되자 불운을 예고하듯 구름이 몰려와 주위가 컴컴해지더니, 번개가 번쩍거리고 무시무시한 소나기가 쏟아졌다. 군중은 불꽃놀이는 구경도 못하고 허둥지둥 파리 시내로 되돌아갔다. 수만 명이 폭풍우에 쫓겨 흠뻑 젖어 오한에 떨며 소리를 지르면서 길을 뛰어 피신하고, 정원에서는 비에 나무들이 뒤흔들려 이리저리 휘어지는 동안, 무수한 촛불로 빨갛게 비춰진 새로 지은 오페라하우스 창문 안에서는 어떤 폭풍우에도, 어떠한 세상의 소동에도 꿈쩍도 하지 않는 모범적인 의식으로서 성대한 혼례 만찬이 시작되었다. 처음이자 마지막으로 루이 15세는 위대한 선왕 루이 14세의 호사를 능가하려고 시도한 것이다. 선발된 귀족 6천 명이 온갖 애를 써서 입장권을 손에 넣었는데, 그렇다고 물론 함께 식사를 할 수 있는 것은 아니었다. 오로지 스물두 명의 왕족들이 포크와 나이프를 어떻게 입으로 가져가는지 회랑에서 경외심 가득 찬 눈으로 구경할 수 있을 뿐이었다. 6천 명의 구경꾼들은 이 위대한 장면의 숭고함을 방해하지 않기 위해 모두 숨을 죽였다. 다만 대리석 복도에서 80인조 오케스트라만이 왕가의 잔치에 부드럽고 나지막한 음악을 연주하고 있을 뿐이었다. 잔치가 끝나고 왕족 전원은 프랑스 근위병들의 경례를 받으면서 엄숙하게 머리를 숙이고 늘어선 귀족들 사이를 지나서 나갔다. 이것으로 공식 축전은 끝나고 신랑인 황태자가 해야 할 의무는 다른 모든 남편의 그것과 하나도 다를 게 없었다. 국왕은 오른손에는 황태자비를, 왼손에는 황태자를 잡고 어린아이 같은 부부(두 사람의 나이를 합쳐도 겨우 서른이 될까 말까 했다)를 침실로 이끌었다. 의례는 신방까지 비집고 들어왔다. 왜냐하면 프랑스 왕 말고는 왕위계승자에게 잠옷을 건네줄 수 없고, 갓 결혼한 여자로서 가장 서열이 높은 부인, 이 경우에는 샤르트르 공작부인밖에 황태자비에게 잠옷을 건네줄 수 없기 때문이었다. 그러나 침대 가까이 다가갈 수 있는 것은, 신혼의 두 사람을 제외하면 단 한 사람, 랭스의 대주교뿐이었다. 그는 침대 축복을 내리고 성수(聖水)를 뿌렸다.

마침내 모두 이 둘만의 오붓한 공간에서 나갔다. 루이와 마리 앙투아네트는 결혼식을 올린 뒤 처음으로 단둘이 남았다. 침대의 천개(天蓋)가 바스락거리는 소리를 내며 두 사람 머리 위로 내려왔다. 눈에 보이지 않는 비극의 비단 커튼이 내려진 것이다.

침실의 비밀

그런데 그 침대에서는—아무 일도 일어나지 않았다. 어린 새신랑이 첫날 밤을 치른 다음 날 아침 일기에 '리엥'*¹이라고 써놓은 것에는 지극히 숙명적인 이중의 의미가 있다. 궁정의 의식도 대주교가 신방 침대에 내린 축복도, 황태자의 타고난 고약한 장애에 대해서는 속수무책이었다. 결혼은 그 참된 의미에서는 이루어지지 않았던 것이다. 그날도, 그 다음 날도, 그 몇 년 뒤에도, 마리 앙투아네트는 '무능한 남편'을 만난 것이다. 처음에는 열여섯 살이나 된 황태자가 이 매력적인 소녀 앞에서 불능이었던 것은 단지 부끄러움과 무경험 또는 '늦되어서'(요샛말로 하자면 소아성 발육부전) 그렇게 되었다고들 했다. 경험이 풍부한 어머니는 앙투아네트에게 결혼생활의 환멸을 딛고 넘어서려면 정신적인 압박을 받고 있는 사람을 불안케 해서는 안 된다고 주의를 줬다. 1771년 5월에는 편지를 써서 '너무 걱정하지 말라'고, 딸에게 애정과 애무를 권하는 한편, '열의가 너무 지나치면 모든 것을 망치게 되고 만다' 그러면서 지나치게 조급하게 굴지 말라는 조언까지 할 정도였다. 그러나 이런 상태가 1년, 2년이나 계속되자 여제는 젊은 신랑의 '매우 기묘한 행동'에 점점 불안해지기 시작했다.

황태자의 선한 마음은 의심할 수 없었다. 그가 날이 갈수록 우아한 아내에게 흠뻑 빠져들고 있음은 확실히 알 수 있었고, 밤이면 밤마다 어김없이 찾아와 헛된 노력을 계속했으나 마지막 결정적인 사랑의 행위에 이르면 그는 어떤 '저주받은 주술', 불가사의한 숙명적 장애에 사로잡혀 버렸다. 무지한 앙투아네트는 '서툴고 미숙한' 탓일 뿐이라고 생각하고, 무경험 때문에 '황태자의 불능에 대해 나라 안에서 떠도는 고약한 소문'을 스스로 단호히 부정하기까지 했다. 그러나 어머니가 그 일에 끼어들었다. 그녀는 자신의 시의(侍

---

*1 아무 일도 없었다.

醫) 판 스비텐을 불러 '황태자의 기이한 무력감'에 대해 상의했다. 의사는
어깨를 으쓱해 보이며 그렇게도 매력적인 젊은 여성이 황태자의 몸을 뜨겁
게 할 수 없다면 어떠한 치료약도 효과를 볼 수 없다고 말했다. 마리아 테레
지아는 파리로 연거푸 편지를 보냈다. 마침내 이 방면에서는 경험이 풍부한
정도가 아니라 너무나도 통달한 루이 15세가 손자를 심하게 질책하게 되었
다. 프랑스 궁정의 시의 라손에게 사정을 털어놓고, 이 비극적 사랑의 주인
공을 진찰하게 했다. 그 결과 황태자의 불감증은 정신적인 게 아니라 사소한
기관의 결함(포경)에서 비롯하였음이 밝혀졌다.

"포피(包皮)의 소대(小帶)가 포피를 강하게 눌러, 삽입하려 할 때 심한
통증을 일으켜서 폐하의 충동은 사그라진다고 합니다. 그 포피가 지나치
게 닫혀 있으므로 성기의 끝이나 머리가 확대하기 위해 늘어날 수가 없고
발기에 필요한 만큼 딱딱해지지 않는 것으로 짐작됩니다." (스페인 대사의
비밀 보고)

이제 사람들이 문간방에서 야유조로 수군거리는 표현대로 '그가 남자로서
큰소리 칠 수 있도록 하기 위해' 외과의를 불러 수술을 해야 할 것이냐에 대
해 회의가 거듭되었다. 그동안 경험 있는 여자들로부터 성교육을 받은 마리
앙투아네트도 남편에게 외과 치료를 받게 하려고 최선을 다했다. ("사소한
수술을 받을 결심을 하도록 노력하고 있어요. 그 일에 대해선 이미 이야기했
고 저도 필요하다고 생각하고 있어요." 1775년 어머니에게 보낸 편지). 그러
나 루이 16세—황태자는 그 사이 왕이 되었지만, 5년이 지나도록 여전히 남
편 구실을 못하고 있었다—는 우유부단한 성격 때문에 과감하게 행동에 옮
길 결심이 서지 않았다. 그는 주저하고 망설이며 시도하고 또 시도해 보았
다. 이렇게 계속 시도만 하다가 포기하는 이 끔찍하고 지긋지긋하며 우스꽝
스러운 상태는 2년이나 더 계속되었다. 결국 무려 7년이나 되는 세월동안
계속해서 마리 앙투아네트의 모멸을 사고, 온 궁정의 비웃음거리가 되고, 마
리아 테레지아를 격분시키고, 국왕의 품위를 떨어뜨리는 결과가 되었다. 마
침내 요제프 황제가 이 용기 없는 매제를 설득해 수술받게 하려고 몸소 파리
로 왕림했다.

그러고 나서야 비로소 이 비극적인 사랑의 카이사르는 루비콘 강을 건너는 데 성공했다. 그러나 그가 마침내 정복한 영혼의 나라는 이미 7년에 걸친 우스꽝스러운 싸움으로 인해 이미 황폐해진 뒤였다. 7년이라고 하면 2천 밤으로, 그동안 마리 앙투아네트는 여자로서 아내로서, 최대의 굴욕을 맛보았던 셈이다.

이 미묘하고 신성하기 짝이 없는 침실의 비밀을 건드리지 않고 그대로 넘어갈 수는 없었을까? (다감한 마음을 지닌 사람들은 이렇게 물을지도 모른다) 왕이 불능이라는 사실이 밖으로 드러나지 않도록 덮어두든가, 부부생활의 비극은 모르는 척 슬그머니 넘어가든가, 아니면 '어머니가 되는 행복은 얻지 못했다'고 에둘러 수군대는 정도로 충분하지 않았을까? 성격을 묘사하기 위해서는 그런 내밀한 속사정까지 자세히 밝히는 것이 정말 불가피한 일일까? 그렇다. 그것은 불가피한 일이었다. 왕과 왕비 사이에서, 왕위 계승권자와 궁정 사이에 서서히 싹터 멀리 세계사에까지 미치게 되는 모든 긴장관계, 종속, 예속, 적대의 관계는 솔직하게 그 본질에 다가가지 않으면, 이해하지 못한 채 끝나버리기 때문이다. 사람들이 보통 생각하는 것 이상으로 많은 세계사적인 사건이, 침실이나 제왕의 침대를 덮고 있는 휘장 그늘에서 시작되었다. 그러나 이 부부의 희비극 경우만큼, 가장 개인적인 계기와 정치적, 세계사적인 효과의 논리적 연결이 명명백백한 경우는 거의 찾아볼 수 없다. 마리 앙투아네트 자신이 자기의 근심과 기대의 주요점이라고 했던 비밀을 모호하게 얼버무리는 서술은, 어떠한 성격 묘사라 하더라도 성실한 것이라고 할 수 없다.

그렇다면 루이 16세가 여러 해에 걸친 성적불능을 솔직하고 성실하게 털어놓고 이야기하는 것은 정말로 비밀을 폭로하는 게 될까? 절대로 그렇지 않다. 생리학적인 사정을 논의하기를 일체 피한 것은 성적인 일에 대해 병적으로 도덕군자처럼 고상한 태도를 취한 19세기만의 이야기이다. 18세기만 하더라도 그 이전 어느 시대와 마찬가지로 국왕의 결혼생활 수행능력 유무나 왕비의 임신능력 유무는 단순히 개인적인 문제가 아니라 정치적이며 국가적 문제로 여겨졌다. '왕위 계승' 문제가, 나아가서는 한 나라의 국운이, 그것에 좌우되었기 때문이다. 침대는 세례반이나 관(棺)과 마찬가지로 명백하게 인간생활의 일부를 형성하고 있었다. 마리아 테레지아와 마리 앙투아네트 사이에 끊임없이 오갔던 편지는 국가 문서 담당과 서기의 손을 거치기는 했지만, 그 속에서 그 시절 오스트리아 여제와 프랑스 왕비는 이 별스러운 결혼생활의 자세한 속사정과 불행을 조금도 거리낌 없이 털어놓고 이야기했다. 마리아 테레지아는 딸에게 동침의 이점을 달변으로 이야기하고, 또 어떠한 기회도 놓치지 말고 능숙하게 두 사람의 마음을 합치는 데 이용하라고 여자다운 세심한 충고를 아끼지 않았다. 또한 딸은 딸대로 달마다 있을 것이 있었는지 없었는지, 남편의 불능이 '조금 나아진 것' 등을 낱낱이 보고하고 마침내 개가를 올려 임신한 사실을 알린다.

한번은 심지어 《이피게니에》의 작곡자 글루크까지, 급사보다 빨리 출발할 수 있다는 이유로 그런 내밀한 뉴스를 전달하는 역할을 분부 받았다. 18세기까지만 해도 사람들은 자연스러운 일을 참으로 자연스럽게 받아들일 줄 알았던 것이다.

그러나 그 비밀스러운 무능을 속속들이 아는 사람이 어찌 어머니뿐이었겠는가! 실제로 시녀들은 물론 궁녀들, 신하들, 장교들까지 이 일에 대해 수군거렸다. 그리고 시종들이 알게 되고, 베르사유 궁의 세탁부들도 알고 있었다. 심지어 식탁에서까지 왕은 갖가지 노골적인 농담을 참고 견뎌야만 했다. 그 밖에도 이 부르봉 집안의 왕에게 생식 능력이 있고 없고는 왕위계승이라는 면에서 매우 중요한 정치적 문제이기 때문에, 외국의 궁정도 하나같이 이 문제에 깊은 관심을 보냈다. 프로이센, 작센 및 사르데냐 대사들의 보고에는 이 미묘한 문제가 상세히 논의되어 있었다. 그 중에서도 가장 열성적이었던 스페인 대사 아란다 백작은, 그 생리학적 현상을 가능한 한 정확하게 확인하기 위해 시종들을 매수해 왕의 침대 시트까지 조사하도록 했다. 유럽 어디에나 영주와 국왕들은 서면으로 또는 구두로 이 미숙한 동료를 비웃었다. 베르사유뿐만 아니라 온 파리와 프랑스에서, 국왕이 결혼생활에서 얻은 수치는 공공연한 비밀이 되었다. 골목골목마다 이 일이 화제가 되어, 손에서 손으로 돌려 보는 팸플릿처럼 퍼져나갔다. 모르파가 대신에 임명되었을 때는 다음과 같은 짓궂은 노래가 퍼져 세상 사람들을 즐겁게 했다.

모르파는 무능했는데

국왕께서는 더 유능하다고 생각하였다네.
대신님 알아차리고
말하기를 "폐하, 폐하께서도
제 생각으로는
그만큼 하실 수 있으실 텐데요."

반 농담처럼 들리는 말에도 실제로는 위험하고 숙명적인 의미가 담겨 있다. 이 불능의 7년이 왕과 왕비의 성격을 정신적으로 규정하고, 이 사실을 모르면 이해할 수 없는 정치적 결론을 이끌어내고 있기 때문이다. 한 부부의 결혼생활의 운명이 이 경우에는 세계의 운명과 연결되어 있었다.

그 은밀한 결함을 모르면 무엇보다도 루이 16세의 심적 태도를 이해하지 못한 채 끝나게 된다. 왜냐하면 왕의 인품은 남성으로서의 결함에서 비롯된 열등감의 모든 전형적인 특징들을 임상적으로 명료하게 보여주고 있기 때문이다. 정신적인 억압을 받고 있던 왕은, 사생활에서 창조적인 행위를 할 힘이 전혀 없었기 때문에, 공적인 생활에서도 마찬가지로 힘을 잃었다. 그는 사람들 앞에서 어떻게 처신해야 할지 몰랐고, 의사표현을 할 줄도 몰랐다. 하물며 자신의 의지를 관철하는 것은 생각지도 못할 일이었다. 남몰래 굴욕을 느끼고 있던 왕은 궁정의 사교는 딱할 정도로 소심하게 피해버렸고, 특히 여자들과의 교제에서는 달아나기 바빴다. 본바탕은 정직하고 성실한 이 사나이는 자신의 불행이 궁정 모든 사람들에게 알려져 있음을 알았고, 내막을 아는 사람들이 비웃듯이 웃으면 행동이 더욱 위축되어버렸다. 더러 억지로 권위를 내세워 남자다운 척해 보이려고 애도 썼다. 그럴 때면 언제나 정도가 지나쳐서 거칠고 무뚝뚝하고 난폭해져 버렸다. 아무도 그렇게 여기지 않는데 자기 혼자만 힘이 있는 척 행동하는 전형적인 방식이었다. 그러나 자유롭고 자연스러우며 자신 있는 태도를 보여주는 데는 한 번도 성공하지 못했다. 그러니 위엄 있는 태도는 말할 것도 없었다. 침실에서 남성 역할을 못했기 때문에 다른 사람들 앞에서 왕의 역할도 할 수 없었다.

그가 개인적 취미로 더할 나위 없이 남성적인 사냥과 육체적인 중노동을 즐겼다는 사실은—그는 전용 대장간을 만들었는데 그가 쓰던 선반(旋盤)이 오늘날까지 남아 있다—그의 임상학적 인간상과 결코 모순되는 것이 아니며, 오히려 그 사실을 뒷받침해 준다. 남자답지 못한 사람이 더욱더 남자다움을 과시하려 들고, 남모르게 약점을 가진 사람이 사람들 앞에서 강한 척하기를 즐기며 큰소리치고 싶어 하는 법이기 때문이다. 승마로 땀 흘리고, 몇 시간이고 멧돼지를 쫓아 숲 속을 달리거나, 모루 위에서 지칠 때까지 근육을 쓰는 노동을 하면, 순수하게 육체적인 힘의 의식이 그 남모르는 약점을 보상해 준다. 비너스에게 서비스를 제대로 못하는 사람은 헤파이스토스*²라도 된 듯 안심한다. 그러나 루이는 예복을 입고 대신들 앞에 나서는 순간 그 힘은 단지 근육의 힘일 뿐 마음에서 우러나온 것이 아님을 느끼고 금세 당황하게 된다. 그가 웃는 일은 좀처럼 없었고 진정으로 행복해 하거나 만족하는 모습 또한 보기 드물었다.

그러나 이 남모르는 열등감이 가장 위험한 형태로 나타나는 것은, 성격학적으로 보면 아내에 대한 정신적 관계에서이다. 왕비의 행동은 여러 가지로 그의 취미와 맞지 않는 점이 많았다. 그는 아내가 여는 모임이 못마땅했을 뿐만 아니라, 끊임없이 소란스럽게 법석대는 오락이며 낭비벽, 왕비답지 않은 경박함에도 화가 났다. 진정한 남편이라면 그럴 때 금방 못마땅한 버릇을 고칠 방책을 찾았을 것이다. 그렇지만 밤마다 수치를 느끼고 어쩔 줄 몰라 하며 우스꽝스러운 무능력자의 정체를 드러내는 아내 앞에서 날이 밝았다고 하여 남편의 권위를 내세울 수 있을까? 남성으로서 무력한 탓에 루이 16세는 아내에게 언제까지나 속수무책일 수밖에 없었다. 뿐만 아니라 굴욕감을 느끼는 상태가 오래 계속될수록 그는 더욱더 비참해져서 완전한 종속, 아니 예속과 같은 상태에 빠져 버렸다. 아내는 원하는 것은 뭐든지 남편에게 요구할 수 있고, 남편은 그때마다 그녀가 끝없이 해달라는 대로 해줌으로써 남모르는 죄책감에서 벗어나려 했다. 당당하게 그녀의 생활에 간섭하거나 그녀의 공공연한 어리석은 행동을 저지할 의지력이 그에게는 없었다. 의지력이란 결국 육체적 능력의 정신적 표현이다. 이 비극적인 무능으로 인해 모든 권력이 어떻게 젊고 부박한 아내의 손안에 들어가고, 또 그것을 그녀가 어떻게 경박하게 흩뿌리는지를 대신들과 어머니인 여제, 그리고 온 궁정이 절망

---

*2 불과 대장간의 신으로 추남이다.

적인 눈길로 바라보고 있었다. 그러나 결혼 생활에서 한번 정해진 힘의 평행 사변형은, 경험적으로 말하면 정신적인 상태로 굳어져 언제까지나 변하지 않는 법이다. 루이 16세가 진정한 의미의 남편이 되고 아이들 아버지가 되었을 때도, 프랑스 주군인 그가 계속 마리 앙투아네트의 종노릇을 면하지 못한 것은, 오로지 제때에 남편 노릇을 못했다는 단 하나의 이유 때문이었다.

루이 16세의 성적불능은 마리 앙투아네트의 정신적 발전에 숙명적인 영향을 끼쳤다. 같은 장애라도 성별이 다른 남녀인 경우, 남성과 여성의 성격에 서로 정반대 현상을 불러온다. 남성은 성적인 폭발력이 장애에 부딪치면 억압과 조바심이 일어난다. 여성은 수동적인 헌신의 마음자세가 어떤 소용도 없게 되면 아무리 해도 과도한 흥분이나 자제심의 상실, 즉 불안정하고 활기를 주체 못하는 상태가 표면에 나타나지 않을 수 없다. 마리 앙투아네트는 타고난 성질이 본디 지극히 평범했다. 많은 아이를 낳고 키우는 데 적합하고, 제대로 된 남편을 만나 섬기며 살기를 원하는 여자다운 여자, 다정다감한 여자였다. 그러나 운명은, 정을 느낄 줄 알고 그럴 의지도 있는 바로 그 여자에게 비정상적인 결혼생활에 빠져 남자 아닌 남편과 살 것을 요구했다. 아무튼 그녀는 결혼 당시 겨우 열다섯 살이었다. 그때는 아직 자신을 속상하게 하는 남편의 무능이 그 자체만으로 정신적인 부담이 되지는 않았으리라. 여자가 스물두 살까지 계속 처녀였다는 사실만으로는 생리적으로 부자연스럽다고 말할 수만은 없을 테니까! 그러나 이 특별한 케이스에서 그녀 신경을 뒤흔들고 위험할 정도로 지나치게 자극한 것은, 정략결혼에 의한 남편이 진정한 결혼생활이라고 할 수 없는 그 7년 동안 아무것도 하지 않은 채 순결한 상태에 머물러 있도록 한 것이 아니라, 거칠고 정신적 억압에 시달리는 남편이 2천 일을 두고 밤이면 밤마다 그녀의 젊은 육체에 끊임없이 헛된 노력을 계속한 일이었다. 몇 년 동안이나 그녀의 성은 이런 불만스럽고 수치스럽고 모욕을 주는 방식으로 무익한 자극을 받기만 할 뿐, 충족된 적은 끝내 단 한 번도 없었다.

따라서 지나치게 자극당하고 있는 그녀의 숙명적인 상태, 즉 늘 저쪽으로 갔다가 이내 이쪽으로 옮겨 다니며 결코 만족하지 않고, 마음 내키는 대로 쾌락에서 쾌락을 쫓는 생활은 바로, 남편이 성적으로 끊임없이 흥분시켜 놓고는 만족을 주지 못하기 때문에 생기는, 임상적으로 말해 전형적인 결과였다. 그것을 확인하기 위해 굳이 신경과 의사를 귀찮게 오라 가라 할 필요는 없었다. 결혼한 지 7년이 지나도록 여전히 정복당하지 못한 이 여성은, 진심으로 감동하고 안심하고 있는 것이 아니어서 주위가 항상 움직이며 떠들썩하지 않으면 견딜 수가 없었다. 그리하여 점차, 처음에는 단순히 어린아이처럼 즐거운 놀이에 지나지 않았던 것이, 점점 병적이고 발작적이며, 온 궁정이 스캔들로 여기는 광란의 소동으로 바뀌었다. 마리아 테레지아와 모든 친구들이 총동원되어 노력했으나 도저히 어떻게 할 수가 없었다.

왕이 발휘할 수 없는 남성적 능력은 거친 대장간 일이나 사냥의 정열, 요컨대 위엄이 있고 피로를 동반하는 근육운동으로 대치되었지만, 왕비에게는 올바른 자리에 놓이지 못해 어디로 가야 할지 모르는 감수성이 여자들과의 다정다감한 우정, 젊은 기사들에 대한 교태, 의상, 도락 등 불충분한 감정 충족에서 돌파구를 찾아낸 것이었다. 밤마다 그녀는 여자로서 굴욕을 느끼게 하는 슬픈 장소일 뿐인 부부의 침대를 피해 남편 아닌 남편이 사냥의 피로로 잠에 곯아떨어져 있는 동안 새벽 네 시, 다섯 시가 되도록 오페라극장의 가장무도회, 도박장, 만찬, 수상쩍은 사교장을 전전하면서 놀고, 타인의 정열로 자신의 몸을 달구었다. 자격 없는 남편을 만난 탓에 왕비로서 어울리지 않는 이러한 경박한 행동을 하게 된 것이다. 그러나 그것이 정말로 즐거운 일이 아니고, 마음속 환멸을 춤과 오락으로 얼버무리려는 것에 지나지 않았음은, 그녀가 때로 드러내는 우울한 순간을 보면 알 수 있었다. 그것을 가장 강하게 밖으로 드러낸 것은 친척인 샤르트르 공작부인이 사산(死産)했을 때 그녀가 부르짖은 말이었다. 그때 그녀는 어머니에게 이렇게 써 보냈다. "끔찍하고 무서운 일이기는 하지만, 저는 최소한 그만큼이라도 되어 보았으면 좋겠어요." 사산이라도 좋으니 아이를 가져 보았으면 좋겠다는 것이다! 그저 이 가혹하고 한심한 상태에서 벗어날 수만 있다면! 한 남자의 평범한 진짜 아내가 될 수만 있다면! 결혼한 지 7년이 지났는데도 여전히 처녀를 면치 못하다니. 광적으로 오락을 추구하는 그녀의 이면에 이러한 여자로서의 절망이 도사리고 있음을 이해하지 못하는 사람은 마리 앙투아네트가 마침내 아내가 되고 어머니가 되었을 때 일어난 기묘한 변화를 설명할 수도 이해할 수도 없으리라. 신경이 갑자기 눈에 띄게 안정되어, 지금까지와는 다른, 제 2의 마리 앙투아네트, 즉 그녀 인생의 제2부에서 볼 수 있는 침착하고 의지 강하며 대담한 마리 앙투아네트가 탄생한다. 그러나 이런 변화도 이미 때가 늦었다. 어린 시절과 마찬가지로 결혼생활에서도 결정적인 것은 최초의 경험이다. 아주 작은 장애라 해도, 영혼의 가장 섬세하고 예민한 바탕에 영향을 미치면, 몇 십 년 세월도 그것을 지워주지 못한다. 감정의 가장 깊은 곳에 남아 있는 이러한 눈에 보이지 않는 상처는 결코 완치되지 않는 법이다.

그러나 이러한 사정은 모두 사적인 비극에 지나지 않고, 오늘날에도 여느 집의 닫힌 문 안에서 날마다 일어나는 불행과 같다고 할 수 있을지 모른다. 하지만 이 부부에게만은, 이 괴로운 결혼생활이 가져다주는 숙명적인 결과는, 사적인 생활의 틀을 훨씬 넘어선 것이었다. 남편과 아내는 왕과 왕비이고, 그들은 아무리해도 세상사람들의 주목이라는, 사물을 왜곡시키는 오목거울 속에서 벗어날 수가 없기 때문이다. 그래서 보통 사람들에게는 언제까지나 비밀일 수 있는 일이 그들에게서는 화젯거리와 비판의 대상이 되었다. 별나게 야유를 즐기는 프랑스 궁정은 물론 이 불행을 확인하고 안타깝게 여기는 것만으로 만족하지 않았다. 마리 앙투아네트가 남편의 불능을 어떻게 해서 벌충하는지 끊임없이 코를 킁킁거리며 탐색했다. 그들은 자부심이 강하고 요염하며 젊고 아름다운 아내, 몸 안에서 젊은 피가 끓어오르는 정열적인 여인을 눈앞에 보면서, 이 천사 같은 최고의 연인이 비참한 남편의 손에 떨어져 버렸음을 알고 있었다. 그렇게 되자, 시간이 남아돌고 호기심도 많은 사람들은 모조리, 그녀가 누구를 상대로 남편을 기만하는지, 오직 그 일 하나를 알아내기 위해 공연히 바빠졌다. 그런데 실제로는 이야깃거리가 될 만한 게 하나도 없어서, 오히려 왕비의 명예가 야비한 소문의 도가니 속에 빠져 버렸다. 로잔이니 코와니니 하는 신하와 멀리 말을 타고 나가기만 해도, 할일 없는 수다쟁이들은 그 상대를 곧 그녀의 정부로 지목해 버렸다. 시녀들과 기사들을 데리고 아침에 정원을 산책하면 곧바로 도저히 상상도 할 수 없는 난잡한 소동을 벌이며 놀았다는 소문이 나도는 지경이었다. 환멸한 왕비의 애정 생활이 어떻지에 대한 생각이 끊임없이 온 궁정 사람들 머릿속에 달라붙어 떨어지지 않았던 것이다. 입방아가 그치지 않았고, 노래와 괴문서,

팸플릿이 만들어져 퍼져가고, 음탕한 시의 소재가 되었다. 처음에는 시녀들이 부채로 입을 가리고 이 딱정벌레 같은 시구들을 몰래 주고받았다. 그러다가 나중에는 날개소리를 내며 뻔뻔스럽게 날아올라, 인쇄가 되어 백성들 손에 넘어갔다. 그 뒤 혁명적인 선전이 시작되었을 때 자코뱅파 언론인들은 마리 앙투아네트를 모든 방종의 사례, 파렴치한 범죄자로 단정하는 데에 수고스럽게 증거를 찾아 모을 필요도 없었다. 검사는 그녀의 가느다란 목을 기요틴 밑에 밀어 넣기 위해 정사에 관한 비방이 잔뜩 담긴 판도라 상자에 손을 한번 집어넣는 것만으로 충분했다.

이 경우, 결혼생활상 장애에서 비롯된 결과는 당사자의 운명이나 불운, 불행을 넘어서서 세계사에까지 영향을 미쳤다. 왕의 권위가 무너진 것은 바스티유 감옥 파괴에서 시작된 게 아니라 베르사유에서 이미 시작되었던 것이다. 왕이 불능이라는 소문과 왕비가 성적으로 만족하지 못하고 있다는 악의에 찬 거짓말이 베르사유 궁에서 그토록 빨리, 그토록 널리 퍼져나가 온 백성들이 알게 된 것은 우연이 아니라, 가족 내의 정치적인 내밀한 배경에 의해서였다. 즉 궁전 안에는 마리 앙투아네트의 환멸스러운 결혼생활에 개인적 관심을 보내는 인물이 네댓 명 있었는데, 그들은 모두 아주 가까운 친족들이었다.

루이 16세의 이 우스꽝스러운 생리적 결함과 외과수술에 대한 공포로 정상적인 결혼생활뿐만 아니라 정상적인 왕위계승 순위까지 무너지게 되면, 특히 왕의 두 동생에게 더할 나위 없이 반가운 일이 된다. 그렇게 되면 자신이 왕좌에 오를 수 있는 뜻하지 않은 기회가 열리기 때문이다. 사실 루이 16세 바로 아래 동생 프로방스 백작이 나중에 루이 18세가 되어 자기 목적을 달성하지만, 어떤 우여곡절을 거친 일인지는 하느님만이 알고 있을 뿐이다. 그는 스스로 왕홀을 쥐지 못한 채 평생 동안 제2인자로서 왕좌 뒤에 서 있어야만 하는 운명에 만족할 수가 없었다. 형에게 후계자가 생기지 않으면, 왕위를 직접 잇지는 못하더라도 섭정이 될 수는 있었다. 그는 조바심을 억제할 수 없었다. 그러나 그 역시 형과 마찬가지로 남편 노릇이 의심스러운 사람으로, 자식이 없었기 때문에, 둘째 동생인 아르투아 백작에게는 두 형의 생식 능력 결함이 유리하게 작용했다. 그의 아들들이 합법적인 왕위 계승자가 될 수 있기 때문이다. 그래서 두 사람은 마리 앙투아네트의 불행을 둘도 없는 행운으로 여기며, 그 끔찍한 상태가 지속될수록 자신들의 계승권이 그만큼 더 확실해진다고 쾌재를 불렀다.

그런데 마침내 7년 만에 마리 앙투아네트가 남편을 갑자기 어엿한 남성으로 만드는 기적을 실현시켜, 왕과 왕비의 부부 관계가 완전히 정상화하자, 그 억누를 길 없는 분노를 끝없이 불태우게 된다. 이 무서운 타격에, 모든 기대가 산산조각 나버린 프로방스 백작은 마리 앙투아네트를 결코 용서하지 않았다. 정당한 방법으로는 그의 소유가 될 수 없는 것을 편법을 써서라도 손에 넣으려고 시도했다. 루이 16세가 아버지가 된 뒤부터는 그의 동생과 친척들이 가장 위험한 적이 되었다. 이처럼 혁명은 궁정 안에 유력한 원조자를 얻어, 왕족의 손이 혁명을 향해 문을 열어주고 최상의 무기를 손에 쥐어 준 셈이었다. 이 침실 에피소드 단 하나가 어떤 외적인 사건보다도 강하게, 안에서부터 권위를 쳐부수고 무너뜨린 것이다. 겉으로 나타나는 공공연한 운명을 부르는 것은 거의 언제나 내밀한 운명이고, 세계적 사건의 대부분은 개인의 내적 갈등의 반영이다.

아주 작은 계기에서 엄청난 결과를 불러오는 것은 언제나 역사가 간직하고 있는 위대한 비결의 하나이며, 한 개인의 일시적 성적 장애로 온 세계가 뒤흔들리는 일은, 이때가 마지막이었던 것도 아니다. 세르비아 알렉산더의 임포텐츠, 그를 거기서 구해낸 여인 드라가 마신에 대한 그의 성적 예속, 두 사람의 암살, 카라조르제비치의 즉위, 오스트리아와의 적대관계, 그리고 세계대전으로 이어지는 일련의 사건들 또한 가차없이 논리적으로 이어져 일어나는 눈사태와 같은 것이다. 역사란 거미줄처럼 붙잡고 놓지 않는 운명의 그물을 짜내고 있다. 정교하게 조합된 역사의 톱니바퀴 장치 속에서는, 아무리 작은 톱니바퀴도 무서운 힘을 발휘한다. 그와 마찬가지로 마리 앙투아네트의 생애에서도 아무것도 아니었던 것이 강력한 것으로 변모하여, 결혼한 지 처음 몇 해 동안 밤마다 겪었던 우스꽝스러운 체험이, 그녀의 성격을 형성하는 데 힘을 미쳤을 뿐만 아니라, 세계의 형성에까지 힘을 미친 것이다.

그러나 이 불안한 먹구름도, 아직은 아득히 멀리서 조금씩 모여들고 있을 뿐이었다. 미숙한 남편을 악의 없이 놀리고, 작은 심장을 두근거리면서, 호기심에 빛나는 밝은 눈에 미소를 띠고, 옥좌의 계단을 올라가게 될 줄 알고 있었다—그리고 그 끝에는 단두대가 기다리고 있었다—열다섯 살 소녀의 어린애다운 감각으로, 이런 결과와 분규는 얼마나 거리가 먼 일이었을까? 그러나 신들은 처음부터 암흑의 운명을 내린 자에게 어떤 경고와 신호도 주지 않는다. 신은 그로 하여금 아무런 기미도 알아채지 못한 채 천진하게 그 길을 걸어가도록 내버려 두고, 운명이 내부에서 성장하여 그를 향해 맞서게 된다.

베르사유 데뷔

　오늘날에도 베르사유는 여전히 전제 정치의 가장 거대하고 도전적인 제스처를 보여주는 듯한 인상을 준다. 수도를 벗어난 전원 한가운데 거대한 왕궁이, 눈에 보이는 이렇다 할 계기가 전혀 없이 인공으로 쌓은 언덕 위에 우뚝 서서 수 백 개의 창문을 통해 인공 운하와 인공 정원너머 하늘을 말없이 바라보고 있다. 여기에는 상업과 교통발달을 촉진하는 물은 흐르지 않는다. 도로와 철도가 교차하는 것도 아니다. 이 궁전은 전적으로 한 위대한 군주의 한순간 기분이 굳어져, 그 무의미하고 거대한 장관을 사람들의 놀란 눈앞에 펼쳐보였다.

　바로 이것이 루이 14세의 전제적 의지가 원한 바였다. 그는 자신의 자부심과 자기를 신격화하려는 취지에, 번쩍이는 제단을 세우려 한 것이다. 단호한 독재자이고 권력욕이 강한 인간인 그는, 분열한 국토에 통일의 의지를 강요하는 데 성공하여, 왕국에는 질서를, 사회에는 좋은 기풍을, 궁정에는 의례를, 신앙에는 통일을, 언어에는 순수함을 지키도록 명령했다. 이 국민적 통일화의 의지는 그 개인에게서 비롯된 것이었다. 그러므로 모든 영광은 그 개인에게 돌아가야만 했다. '짐이 곧 국가이다'. 내가 사는 곳이야말로 프랑스 중심이고 세계의 배꼽이다. 자신의 지위가 이렇게 완전히 구속되고 있지 않음을 구체적인 형태로 보여주기 위해 태양왕은 일부러 궁전을 파리에서 떨어진 곳으로 옮겼다. 궁전을 완전한 허허벌판 속에 지음으로써, 프랑스 국왕은 자기 권력의 뒷받침 또는 배경으로서, 도시와 시민과 대중을 필요로 하지 않음을 강조한 것이다. 팔을 뻗어 명령만 하면, 늪과 모래 속에서도 정원과 숲, 폭포와 동굴, 더 없이 아름답고 장대한 궁전이 홀연 모습을 드러낸다. 왕이 마음대로 선택한 이 천문학상의 한 점에서부터 그의 왕국의 태양이 떠올랐다가 가라앉았다. 베르사유는, 국민은 아무것도 아니고 오직 국왕이 모두임을 프랑스의 눈에 확실하게 보여 주기 위해 건설된 것이었다.

그러나 창조력은 언제나, 창조력이 가득한 사람에게만 이어진다. 계승되는 건 왕관뿐, 그 안에 봉인되어 있는 권력과 존엄은 계승되지 않는다. 루이 15세, 루이 16세와 함께 광대한 궁전, 위대한 기초를 쌓은 왕국을 상속받은 것은, 편협하고 감정이 약한 향락적인 정신, 더 이상 형성되지 않는 정신이었다. 대(代)가 바뀌어도 외적으로는 아무런 변화가 없었다. 국경도, 언어도, 풍습도, 종교도, 군대도 그대로였다. 루이 14세의 단호한 손길이 너무나 강력하게 각인시켜 놓았기 때문에 백년이 지나도 사라질 것 같지 않았던 그 형식에도 내용이 사라지고 창조적 경향의 불타는 듯한 소재도 사라지게 된다. 루이 15세 시대에도 베르사유는 그 모습을 바꾸지 않았다. 다만 그 의미가 바뀌었을 뿐이다. 화려한 제복을 입은 3, 4천 명의 하인이 변함없이 복도와 정원에 넘쳐났고, 마구간에서는 말 2천 필이 여전히 묶여 있으며, 모든 무도회, 접대, 가장무도회에서는 예법이라는 인공의 기계가 기름칠이 잘되어 언제나 새것처럼 매끄럽게 돌아갔다. 사방이 거울로 된 방, 금빛으로 번쩍이는 방들에서는 금란이나 주름 잡은 비단으로 지어 보석을 박은 호화로운 의상으로 치장한 기사들과 귀부인들이 여전히 거닐었다. 아직도 이 궁정은 그즈음 유럽에서 가장 유명하고 세련되고 가장 개화한 궁정이었다. 그러나 이 모든 것은 비록 예전에는 용솟음치듯 충만한 권력의 표현이었으나, 지금은 그저 공허한 몸짓, 영혼을 잃은 무의미한 움직임으로 변해버렸다. 또 다른 루이가 왕이 되기는 했으나, 그는 더 이상 지배자가 아니라 여인을 섬기는, 중요치 않은 하인이나 마찬가지였다. 그 역시 대주교, 대신, 장군, 건축가, 시인, 음악가들을 궁정에 불러 모으기는 했지만, 그 자신이 루이 14세가 아닌 것과 마찬가지로, 그들도 보쉬에,*1 튀렌,*2 리슐리외,*3 망사르,*4 콜베르,*5 라신,*6 코르네유*7가 아니었다. 창조하기보다는 향락을 누리기만 원하고, 창조된 것에 의지와 정신의 유연히 피가 통하기보다는, 그것에 기생

*1 뛰어난 신학자이자 주교.
*2 근대 프랑스의 가장 유명한 군인.
*3 재상.
*4 궁정건축가.
*5 정치가.
*6 프랑스의 극시인.
*7 프랑스의 극작가.

하는 것밖에 생각하지 않으면서 지위에만 눈독을 들이는 약삭빠른 책모가들이었다. 이 대리석 온실에서는 이제 어떠한 대담한 계획도 나오지 않고, 단호한 개혁도 이루어지지 않으며, 문학 작품도 태어나지 않았다. 다만 음모와 사교(社交)의 습지식물만이 무성할 뿐이었다. 이제 모든 것을 좌우하는 것은 업적이 아니라 음모이고, 공적이 아니라 편파적인 비호였다. 아침 접견 때 퐁파두르 부인이나 뒤바리 부인 앞에서 허리를 가장 깊이 굽히는 사람이 가장 높은 자리에 올라갔다. 행동 대신 말이, 실질 대신 외관이 중요하게 여겨졌다. 이 사람들은 서로 영원히 동종교배(同種交配)를 되풀이하면서 국왕, 정치가, 설교가, 장군으로서의 역할을 지극히 우아하게, 그러나 아무런 목적도 없이 연기해 보이고 있을 뿐이다. 그들은 모두 현실을 잊고, 프랑스를 잊고, 자기 자신, 자신의 입신출세, 자신의 만족만을 생각한다. 루이 14세가 그 시절 유럽 최고의 광장으로 생각했던 베르사유는 루이 15세 시대에는 귀족 애호가들의 사교극장으로 전락했다. 물론 세계에서 가장 인공미를 자랑하는 사치스러운 극장이기는 했지만.

　이 거대한 무대에 갓 데뷔하는 여배우처럼 머뭇거리는 걸음걸이로 열다섯 살 소녀가 처음 모습을 드러냈다. 그녀가 첫 무대에서 연기한 것은 황태자비, 왕위계승자의 아내라는 작은 단역에 지나지 않았다. 그러나 관객인 귀족들이 조그만 금발 오스트리아 왕녀에게 뒷날 베르사유의 주역, 즉 왕비 역할이 주어지리라는 것을 알고 있었기 때문에, 그녀가 도착하자마자 곧 호기심에 불타는 시선으로 모두들 그녀를 쳐다보았다. 첫 인상은 훌륭했다. 이토록 매력적인 소녀가 이곳에 등장한 것은 처음 있는 일이었다. 세브르*8산 도기 같은 황홀하도록 날씬한 조그만 몸매, 채색한 도자기 같은 피부색, 그리고 생기 넘치는 푸른 눈, 어린아이처럼 순진무구하게 깔깔거릴 줄 알고 더없이 우아하게 미소 지을 줄도 아는 민첩하고 건강한 입매, 나무랄 데 없는 몸가짐, 날개라도 단 듯한 우아한 걸음걸이, 보는 사람의 마음을 빼앗는 춤추는 모습을 보여주면서도, 과연 여제의 딸은 달라서 사방이 거울인 회랑을 꼿꼿한 자세로 당당하게 활보하며 좌우에 공평하게 인사를 보내는 모습에는

─────────────

*8 파리 서남쪽 교외의 노시. 도자기로 유명하다.

참으로 자신감이 드러나 있었다. 프리마돈나가 없을 때는 주역을 맡을 수도 있는 귀부인들은 어깨가 좁고 아직 성숙하지 않은 이 소녀야말로 패배를 모르는 라이벌임을 알아보고 남몰래 화를 내며 어찌할 바를 몰라 했다. 그러나 단 한 가지, 엄격한 궁정사회가 일치단결해 인정하지 않을 수 없었던 몸가짐의 결점은, 열다섯 살 난 소녀가 이 신성한 어전에서 긴장하지 않고, 천진난만하고 느긋하게 행동하고 싶어 하는 주의할 만한 소망을 가지고 있다는 것이었다. 타고난 말괄량이인 이 조그만 소녀 마리 앙투아네트는 손아래 시동 생들과 노느라고 치맛자락을 휘날리며 뛰어다녔다. 장차 왕비가 될 사람에게 반드시 요구되는 삭막하고 딱딱한 절도와 얼어붙는 듯한 자세에는 아직 익숙해질 수가 없었다. 그러면서도 중요한 때에는 나무랄 데 없는 태도를 보여줄 줄도 알았다. 사실 그녀는 프랑스만큼이나 야단스러운 스페인—합스부르크식 예법 속에서 자랐지만, 궁정과 쇤브룬에서는 장엄해야 할 순간에만 장엄한 몸가짐을 하면 되었다. 접견을 할 때는 마치 예복을 꺼내듯이 예법을 꺼내와서, 손님이 나간 뒤 하인이 문을 닫는 순간, 숨을 돌리며 그것을 벗어던지는 것이다. 그리고 나면 긴장을 풀고 편안하고 가족적인 분위기에서 아이들은 신나게 떠들며 뛰어놀 수 있다. 쇤브룬에서도 의례를 따르기는 했지만 신을 대하는 종처럼 의례를 섬기지는 않았다. 그러나 이곳, 거드름만 피우는 이 케케묵은 궁정에서 생활은 생활하기 위해 있는 게 아니라 오직 위엄을 갖추기 위해 있는 것이었다. 서열이 높을수록 지켜야 할 규정도 그만큼 많았다. 그러니 자발적인 행동은 결코 용납되지 않고, 자연스러운 태도를 취하는 것은 어떠한 경우에도 불가능하다. 그런 짓을 하면 미풍양속에 돌이킬 수 없는 과실을 범하는 일이 된다. 이른 아침부터 한밤까지, 한밤부터 이른 아침까지 언제나 예법, 예법, 또 예법, 그렇지 않으면 이 극장 안에서 이 극장을 위해 살아가는 것만이 생존 목표인 완고한 신하들이 툴툴거리며 불평을 늘어놓았다.

마리 앙투아네트는 베르사유의 이 소름끼치는 엄숙함, 이 의례를 중시하는 정신을, 어린 소녀였을 때도 왕비가 된 뒤에도 도무지 이해할 수 없었다. 이곳의 모든 사람들이 고개를 끄덕이거나 발 한 번 내딛는 일 하나에도 끔찍한 중요성을 부여하여 좀처럼 이해되지 않았다. 그리고 그 뒤에도 끝내 이해하지 못한 채 끝나고 만다. 본디부터 제멋대로이고 고집이 세며, 특히 모든 것에 대해 한없이 솔직한 성격인 그녀는 모든 속박을 싫어했다. 순수한 오스트리아인인 그녀는 자기가 생각한 대로 살아가고자 했고, 이렇게 거드름을 피우거나 중요한 척하는 짓거리들은 도저히 참을 수가 없었다. 어렸을 때 공부가 하기 싫어 살그머니 도망쳤듯이 여기서도 기회만 있으면 엄격한 시녀 드 노아유 부인—그녀는 야유조로 '에티켓 부인'이라고 불렀다—를 피해 달아나려 했다. 너무 어린 나이에 정략에 의해 팔려온 이 어린아이는 무의식적으로 그렇게 함으로써 지위가 부여하는 호사스러운 생활 속에 단 한 가지 허용되지 않는 것, 즉 몇 년 동안의 진정한 어린 시절을 원했다.

그러나 황태자비는 이미 어린아이일 수 없었고, 또 어린아이여서도 안 되었다. 모두가 힘을 합쳐, 그녀에게 무엇에도 흔들리지 않는 위엄을 유지할 의무가 있음을 일깨워주었다. 교육은 주로 위선적인 수석 궁녀 외에 세 사람의 시고모들, 즉 루이 15세의 딸들이 맡았다. 혼기를 놓치고 신에 매달린 이 고약한 노처녀들의 부덕에 대해서는 어떠한 독설가도 감히 의심할 수가 없었다.

마담 아델라이드, 마담 빅투아르, 마담 소피, 이 운명의 세 여신은 겉으로는 매우 친절하게, 남편이 제대로 구실을 해주지 못하고 있는 마리 앙투아네트를 떠맡았다. 그러나 마리 앙투아네트가 그녀들의 구석진 규방에서 배운 것은 궁정에서의 게릴라전 전술이었다. 그곳에서 험담을 하고, 음험한 심술을 부리고, 남몰래 음모를 꾸미는 기술, 상대를 따끔하게 비꼬는 기술을 배웠다.

어린 철부지 앙투아네트는 처음에는 이 새로운 가르침이 재미있어서 이겨자처럼 톡 쏘는 재담을 아무런 악의 없이 무턱대고 따라 나불거렸다. 그러나 그녀의 타고난 솔직함은 이러한 악의적인 심술을 순순히 받아들일 수 없었다. 마리 앙투아네트는 결국 자신을 꾸미는 방법, 자기감정을—증오이든 애착이든—숨기는 방법을 터득하지 못했고, 그것 때문에 불행을 자초했다. 그리고 곧 그녀는 올바른 본능에 이끌려 시고모들의 후견에서 벗어났다. 솔직하고 개방적인 그녀에게 불성실한 것은 모두 꺼림칙했던 것이다.

드 노아유 백작 부인 또한 이 새로운 여학생을 상대로 그다지 성공을 거두지 못했다. 열다섯, 열여섯 살 소녀의 자유분방한 기질은 '절도' 있게 조목에 따라 빈틈없이 짜여 있는 하루 일과를 끊임없이 어겼다. 그러나 일과는 한 가지도 변경할 수 없었다. 마리 앙투아네트는 자신의 하루를 이렇게 묘사했다.

"아침 아홉 시 반에서 열 시 사이에 일어나 옷을 입고 아침기도를 드립니다. 그러고는 아침을 먹고 시고모들한테 가는데 보통 거기서 국왕을 뵙죠. 그러고 나면 열 시 반 정도 됩니다. 열한 시 정각에는 머리를 다듬으러 갑니다. 정오 전에는 작위나 이름 없는 사람들을 제외하고는 누구나 내 방에 들어올 수 있습니다. 나는 그들 앞에서 연지를 바르고 손을 씻습니다. 그러고 나서 남자들이 물러가고 여자들만 남게 되면 옷을 갈아입지요. 열두 시에는 교회에 갑니다. 국왕이 베르사유에 계실 때는 국왕과 남편, 시고모들과 함께 미사에 참석합니다. 국왕이 안 계시면 황태자하고 둘이서만 가는데 시간은 언제나 똑같아요. 미사가 끝난 뒤에는 공식 오찬을 들지요. 우리 둘 다 식사를 무척 빨리 하기 때문에 한 시 반이면 끝납니다.

이어서 나는 황태자 방으로 가는데 전하께서 바쁘시면 내 방으로 돌아와 책을 읽거나 글을 쓰거나 소일을 합니다. 국왕 폐하를 위해 옷을 한 벌 짓고 있는데 생각처럼 잘 되지 않아서, 신의 도움을 얻어 2, 3년 안에는 완성되기를 바라고 있습니다.

세 시에는 다시 시고모들에게 갑니다. 국왕께서는 이 시간엔 꼭 그곳에 와 계시죠. 네 시에는 신부님이 오시고, 다섯 시에는 피아노 선생이나 음악 선생이 와서 여섯 시까지 있어요. 여섯 시 반에는 산책을 가지 않으면 보통 시고모들에게 갑니다. 그 시간에는 거의 언제나 남편도 함께 갑니다. 일곱 시부터 아홉 시까지는 여러 가지 놀이를 하지만 날씨가 좋으면 산책을 가기도 해요. 그럴 때는 내 방이 아닌 시고모들 방에서 놀이가 벌어지죠. 아홉 시에 저녁을 드는데 국왕께서 베르사유에 안 계시면 시고모들이 우리 방에 오셔서 함께 식사를 합니다. 국왕께서 오실 때는, 야식을 먹은 뒤 시고모들 방에 가서 보통 열 시 사십오 분에 오시는 국왕을 기다립니다. 나는 그 사이에 커다란 장의자에 누워 국왕이 오실 때까지 잠을 자요. 국왕께서 오지 않으시면 우리는 열한 시 정각에 잠자리에 듭니다. 이게 나의 하루 일과지요."

이 일과표에는 오락을 위한 시간은 별로 많지 않다. 그런데 그녀의 초조한 마음은 바로 그것을 원했다. 그녀의 몸 안에서 끓는 젊은 피는 여전히 마음껏 발산하고 싶어 했다. 그녀는 깔깔거리며 뛰놀고 흥겹게 법석을 떨고 싶었다. 하지만 그럴 때는 '에티켓 부인'이 즉시 엄하게 손가락을 치켜세우고 이것도 저것도 모두, 즉 마리 앙투아네트가 원하는 것은 모두 황태자비라는 지위에 어울리지 않는다며 경고했다. 전에는 선생이었고 지금은 고해 신부이며 강론자인 베르몽 신부는 그녀 때문에 더욱 곤경을 겪고 있었다. 사실 마리 앙투아네트는 아직도 배워야 할 게 너무나 많았다. 그녀의 교양은 표준에 훨씬 못 미쳤기 때문이다. 열다섯 살 때 이미 독일어는 거의 반은 잊어버렸고, 불어도 아직 완전히 습득했다고 할 수 없었다. 글씨는 한심스러울 정도로 서투르고 문장은 뜻이 안 통할뿐더러 문법상의 오류로 가득 찬 형편이었다. 편지는 아직도 신부의 도움을 받아서 써야 했다. 신부는 매일 한 시간씩 그녀를 위해 책을 읽어 주고 강제로라도 스스로 책을 읽도록 했다. 마리아 테레지아가 편지마다 거의 빠뜨리지 않고 무엇을 읽었느냐고 물어오기 때문이었다. 그녀는 딸이 날마다 오후에 책을 읽고 글을 쓴다는 보고를 그다지 믿지 않았다. 그래서 이렇게 주의를 주었다. "부디 네 머리를 훌륭한 독서로 채우도록 하여라. 독서는 다른 누구보다도 너에게 꼭 필요한 것이다. 나는 두 달 전부터 신부님의 독서 목록을 기다리고 있는데 네가 독서를 게을리하고, 당나귀나 말이 네 독서 시간을 빼앗고 있지 않은지 걱정이다. 이번 겨울에는 책 읽기를 소홀히 해서는 안 된다. 음악도 그림도, 춤도 또는 다른 예술에서도 무엇 하나 제대로 하는 게 없으니까 말이다."

안됐지만 마리아 테레지아의 불안한 생각은 적중했다. 작은 앙투아네트는 베르몽 신부를 소박하면서도 교묘한 방법으로 완전히 구슬리는—황태자비에게 강요하거나 벌을 줄 수는 없는 노릇이다—방법을 터득하고 있어서, 독서 시간은 언제나 잡담 시간이 되어 버리고 말았다. 그녀는 아주 조금만 공부하거나, 아니면 전혀 하지 않았고, 어머니의 충고도 그녀가 진지하게 공부하도록 만들지는 못했다. 너무 일찍 강요된 결혼생활 탓에 모든 것이 순조롭고 건전하게 발달할 수 없었다. 이름만 부인일 뿐 실제로는 아직 어린애인 마리 앙투아네트는, 위엄 있게 품위와 지위를 대표해야 하는 입장에 있는 한편, 아직 학생용 의자에 앉아 초등학교 교육 중에서도 아주 기초적인 지식을 뒤늦게 배우는 형편이었다. 때로는 어엿한 귀부인으로 대접받고 때로는 어린아이처럼 야단을 맞았다. 시녀들은 신분에 맞는 태도를, 시고모들은 음모를,

어머니는 교양을 그녀에게 요구했다. 그러나 그녀의 어린 마음은 그대로 어리게 살고 싶은 생각으로 가득했다. 나이와 지위, 자신의 의지와 타인의 의지 사이에서 생겨난 모순 속에서 자라며, 원래는 쑥쑥 자랐을 마리 앙투아네트의 성격 속에, 뒷날 그녀의 운명을 재앙의 구렁텅이로 몰아넣게 되는, 자유를 구하는 억제할 수 없는 불안과 조바심이 싹튼 것이다.

외국 궁정에 있는 딸의 지위가 얼마나 위험하고 위태로운지, 마리아 테레지아는 훤히 알고 있었다. 게다가 어리고 불성실하며 경박한 딸이, 음모의 올가미와 궁정 정치의 함정을 결코 본능적으로 능숙하게 피하지 못하리라는 것도 알고 있었다. 그래서 그녀는 휘하의 외교관들 가운데 가장 유능한 인물인 메르시 백작을 신뢰할 만한 지도자로서 딸려 보낸 것이다. 그녀는 백작에게 감탄스러울 정도로 솔직하게 편지를 보냈다. "내가 두려워하는 점은 딸아이에게는 젊은 피가 지나치게 넘쳐난다는 것, 그 아이를 둘러싼 주위의 지나친 아첨, 그 애의 태만함과 진지함의 결여라오. 나는 경을 전적으로 신임하고 있으니 그 애가 결코 악인들 손아귀에 떨어지지 않도록 잘 지켜주기 바라오."

여제로서는 메르시보다 더 나은 적임자는 고를 수 없었으리라. 그는 벨기에 사람이었으나 여제에게는 참으로 헌신적이었다. 궁정인이되 간신은 아니고, 냉정하게 생각하되 차가운 사람은 아니며, 천재는 아니지만 명석하고, 부유하며 야심이 없는 이 독신의 인물은, 평생 동안 여제에게 충성을 다해 봉사하는 것밖에 생각하지 않는 사람이었다. 이 남자가 온갖 비술을 다해 감격하지 않을 수 없을 만큼 충실하게 보호자 역할을 맡아준 것이다.

겉보기에는 베르사유 궁정에 주재하는 여제의 대사였지만, 사실 그는 어머니의 눈이자 귀이고 도움의 손길이었다. 그의 자세한 보고 덕분에 마리아 테레지아는 쇤브룬 궁에서 망원경으로 들여다보듯이 딸을 관찰할 수 있었다. 어머니는 딸이 하는 한 마디 한 마디, 딸이 읽는다고 할까, 아니 읽지 않는다고 하는 편이 나을 책 한 권 한 권, 입고 있는 옷 한 벌 한 벌까지 알고 있었고, 하루하루를 어떻게 보내는지, 아니면 아무 하는 일 없이 보내는지, 누구와 이야기를 하고 어떤 실수를 저질렀는지까지 모두 알고 있었다. 메르시가 자기의 피보호자 주위에 촘촘한 그물을 참으로 교묘하게 쳐두었기 때문이다.

"저는 왕녀를 모시는 수행원들 가운데 세 사람을 포섭했습니다. 베르몽이 매일 왕녀를 관찰하고 또 뒤르포르 후작부인을 통해 시고모들과 하는 잡담도 하나도 놓치지 않고 듣고 있습니다. 그 밖에도 황태자비께서 국왕폐하 곁에 계실 때 일어나는 모든 일을 알 수 있는 방법과 수단도 여러 가지가 있습니다. 게다가 저 자신도 철저히 관찰하고 있으니, 왕녀께서 무엇을 하시고 어떤 말씀을 하셨으며, 또 무슨 말을 들으셨는지 하루 가운데 제가 알지 못하는 시간은 단 한 시간도 없습니다. 그리고 저는 언제나 폐하를 안심시키는 데 꼭 필요한 정도까지만 조사하고 있습니다."

이 충직한 신하는 자신이 듣고 정탐한 것을 숨김없이 진실 그대로 보고했다. 그때는 상대의 우편물을 가로채는 일이 외교의 으뜸가는 기술이었기 때문에, 마리아 테레지아밖에 읽을 수 없는 이 내밀한 보고는 특별한 급사가 직접 마리아 테레지아에게 전했다. '친전(親展)'이라고 써서 봉인했기 때문에 재상도 요제프 황제도 그 편지는 읽을 수 없었다. 천진한 마리 앙투아네트는 이따금, 쇤브룬 궁에서 자신의 생활을 왜 이토록 빨리, 그리고 정확히 세부에 이르기까지 알고 있는지 이상하게 여겼지만, 아버지처럼 다정한 백발의 신사가 어머니의 은밀한 스파이이고, 신기하게 모든 것을 알고 주의를 주는 듯한 어머니의 편지가 사실은 바로 메르시의 요청과 동조에 의한 것인 줄은 꿈에도 몰랐다.

메르시로서는 어머니 권위를 빌리지 않고는 달리 이 망아지 같은 소녀를 다스릴 방법이 없었다. 우방이라고는 하지만 외국 궁정 대사인 그가 왕위계승자 아내에게 품행상의 지시를 내릴 수 있는 권리는 없었다. 또 미래의 프랑스 왕비를 교육하거나 훈계하는 무엄한 짓을 할 수도 없는 처지였다. 그래서 그는 무언가 목적을 달성할 필요가 있을 때는 언제나 마리 앙투아네트가 가슴을 설레며 뜯어보는 사랑으로 가득한, 준엄한 편지를 주문했다. 이 불성실한 어린아이는 이 세상 어느 누구에게도 복종하지 않았지만 어머니의 목소리—비록 글자 속에서 들려오는 것에 지나지 않지만—를 들을 때면 신성한 외경심을 느꼈고, 더 없이 매서운 꾸중 앞에서도 공손하게 머리를 숙였다.

이렇게 끊임없는 감시 딕분에, 마리 앙투아네트는 처음 몇 년 동안 가장 큰 위험, 즉 그녀 자신의 존재를 뾰족하게 드러내는 위험에서 보호받을 수 있었다. 또 하나 더욱 강한 정신, 어머니의 위대하고 선견지명이 뛰어난 지성이 그녀를 대신해 생각해주고, 결연하고 성실한 눈이 그녀의 경박한 태도를 지켜봐 주었다.

그리고 여제인 마리아 테레지아가 국가정책을 위해 너무나도 어린 생명을 희생양으로 삼았다는 부담감을, 어머니의 편지로 세심하게 배려해 보상하려 했다.

마음씨가 곱고, 인정 많으며, 골치 아프게 생각하는 것을 싫어하는 어린아이인 마리 앙투아네트는, 본디 자기 주변 사람들에 대해 처음부터 아무런 반감도 갖고 있지 않았다. 그녀는 자기를 다정하게 쓰다듬어 주는 시할아버지 루이 15세를 매우 좋아했고 노처녀들과 '에티켓 부인'과도 그럭저럭 사이좋게 지냈다. 선량한 고해 신부 베르몽에게는 신뢰를, 어머니의 조용하고 친절한 친구 메르시 대사에게는 어린아이답게 존경심 담긴 호의를 품고 있었다. 그러나 그들은 모두 늙고 근엄하고 신중하며 장중하고 위엄 있는 사람들이었다. 열다섯 살인 그녀는 누군가와 스스럼없는 친구가 되어 즐겁고 허물없이 지내고 싶었다. 선생이나 감독, 훈계자가 아닌 놀이 친구를 갖고 싶었다. 그녀의 젊음이 청춘을 갈망했다. 그렇지만 이 무정하고 엄숙하며 차가운 대리석 집에서 도대체 누구와 즐겁게 지낼 수 있단 말인가? 여기서 누구하고 놀 수 있단 말인가? 실은 나이에 걸맞은, 진짜 놀이 친구라 할 만한 또래가 한 명 있기는 했다. 불과 한 살 위인 그녀의 남편이었다. 그러나 무뚝뚝하고 서투른 그 친구는 젊은 아내가 아무리 신뢰를 보여도 뚱해져서 당황해버렸고, 그렇게 당황한 탓에 더욱 거칠게 젊은 아내를 피해 버렸다. 그도 이렇게 일찍 결혼하고 싶은 마음은 눈곱만큼도 없었기 때문에, 이 외국 소녀의 비위를 맞출 결심을 하기까지는 꽤 오랜 시간이 걸렸다.

이제 남은 사람은 남편의 남동생들, 프로방스 백작과 아르투아 백작뿐이었다. 열네 살과 열세 살인 이 두 시동생들을 상대로 마리 앙투아네트는 때때로 어린아이답게 장난치며 놀았다. 의상을 빌려다 몰래 연극놀이도 했다. 그러나 '에티켓 부인'이 다가오는 즉시 모든 것을 감춰야만 했다. 황태자비가 놀이를 하는 현장을 들켜서는 안 되니까!

그러나 이 분방한 아이에게는 즐겁게 지내기 위해, 애정을 쏟기 위해, 무언가가 필요했다. 그래서 한번은 대사에게 빈에서 강아지를 한 마리 데려와 달라고 청하는가 하면, 또 한 번은 프랑스 왕위계승자의 아내가—기절초풍할 노릇이다—시중드는 어린 시녀 둘을 자기 방에 데려와서 아름다운 옷이야 어떻게 되든 말든 그들과 함께 방바닥에서 뒹굴며 법석을 떠는 광경을 엄격한 가정교사에게 들킨 적도 있었다.

처음부터 마지막까지 마리 앙투아네트 내면에 숨어 있는 자유롭고 자연스러운 인간은 결혼으로 생긴 주변 세계의 부자연스러움과, 무거운 스커트 버팀쇠, 답답한 코르셋으로 대표되는 부자연스러운 근엄한 태도와 맞서 싸웠다. 말과 행동이 가볍고 야무지지 못한 이 빈 출신 아가씨는 수천 개의 창문이 있는 장엄한 베르사유 궁전에서 언제까지나 자신을 이방인으로 느끼고 있었다.

말 한마디를 둘러싼 전쟁

"정치에 간섭하지 말고, 남의 일에 끼어들지도 마라." 마리아 테레지아는 처음부터 딸에게 거듭 말했다. 그러나 애초부터 불필요한 훈계였다. 어린 마리 앙투아네트에게 이 세상에 오락보다 중요한 것은 없었기 때문이다.

철저하게 심사숙고하거나 조직적인 사고를 해야 하는 상황에 부딪히면 자기애에 빠져 있는 이 젊은 여자는 말할 수 없이 지루해 했다. 최초 몇 해가 지나 그녀가 곧 음모의 게릴라전 소용돌이에 휘말리게 된 일은 완전히 그녀의 의지에 반하는 일이었다. 루이 15세 궁정에서는 선이 굵은 선왕(先王)의 국가 정책을 대신하여, 야비한 게릴라전이 벌어지고 있었다.

마리 앙투아네트는 베르사유에 도착하자마자 베르사유가 두 파로 갈라져 있음을 알았다. 왕비가 죽은 지 오래되어 여자로서 최고 지위와 모든 권력은 으레 국왕의 세 딸에게 돌아가야 했다. 그러나 음모를 좋아하고 신앙심만 내세우는 이 세 여자는 서툴고 단순하며 잔소리가 심했기 때문에, 미사를 드릴 때 맨 앞줄에 앉고 접견 때 윗자리를 차지하는 것 말고는 달리 자신들의 지위를 이용할 줄 몰랐다. 만사가 지루하고 늘 짜증나는 노처녀 얼굴만으로는, 오로지 쾌락만, 그것도 감각적으로 천박하기 짝이 없는 형태의 쾌락만 좇는 부왕에게 아무런 영향력도 행사하지 못했다. 어떤 권력도 영향력도 없고, 작위에 대한 권한을 지니고 있는 것도 아니어서, 아무리 하찮은 말단 신하도 그들의 환심을 사려고 애쓰지 않았다. 따라서 모든 영광과 명예는 처음부터 그런 것과는 거리가 먼 여자에게 돌아갔다. 그 여자가 바로 국왕의 마지막 애첩 뒤바리 부인이었다. 최하층 출신으로 과거가 분명치 않고, 소문에 따르면 사창가를 거쳐 왕의 침실에 이르렀다는 이 여인은, 자신이 궁정의 일원임을 입증하는 증명서를 얻어내기 위해 의지박약한 정부(情婦)를 졸라서 귀족 뒤바리 백작을 매수했다. 이 사람은 또 얼마나 친절한 남편이었는지, 서류상으로 결혼한 날 영원히 자취를 감추고 말았다. 어쨌든 그의 이름이 과거 매춘부였던 이 여자에게 궁정에 들어갈 수 있는 자격을 주었다. 그리고 다시 한 번, 전 유럽이 보는 앞에서 수치스러운 익살극이 연출되었다. '가장 그리스도교적인 국왕'이 이미 익히 알고들 있는 애첩을 미지의 귀부인으로서 정식으로 접견해 궁정에 소개한 것이다. 마침내 이 접견에 의해 합법적으로 인정받은 애첩은 커다란 궁전에서 살게 되었다. 이 사실에 격분한 공주들과는 불과 방 세 개를 사이에 두었고, 특별히 마련된 계단이 국왕의 방과 통하고 있었다. 그녀는 충분히 시험이 끝난 자신의 육체와, 늙은 호색가를 고무시키는, 그녀가 데려온 귀엽고 상냥한 아가씨들의 아직 시험하지 않은 육체로 루이 15세를 완전히 속박했다. 이제 그녀의 살롱을 거치지 않고는 국왕의 은총을 받을 길이 없었다. 권력을 쥐고 있는 것이 그녀였기에 으레 모든 신하들은 그녀에게 모여들었고, 외국 군주들이 보낸 사신들은 경외심에 가득 차 그녀의 방 앞 대기실에서 기다렸으며, 왕과 제후들은 어김없이 선물을 보내게 되었다. 그녀는 재상도 마음대로 갈아치울 수 있었고 작위를 마음대로 뿌릴 수도 있었다. 자기를 위해 궁전을 몇 개나 짓게 할 수도 있고 국왕의 재산도 마음대로 쓸 수 있었다. 피둥피둥한 목덜미에는 묵직한 다이아몬드 목걸이가 번쩍거렸고, 추기경들과 제후들, 영달을 탐하는 모든 사람이 공손하게 입을 맞추는 두 손에는 커다란 반지가 반짝거리고, 탐스러운 갈색 머리 위에서는 눈에 보이지 않는 왕관이 빛났다.

왕의 은총은 비합법적으로 침대를 지배하는 이 여자에게 송두리째 내려졌으며, 이제까지 베르사유 그 어느 왕비한테서도 전례를 찾아볼 수 없는 아첨과 경의가 이 뻔뻔스럽고 교만하고 무례한 정부 앞에서 앞다투어 쏟아졌다. 국왕의 까다로운 세 딸들은 뒷방에 들어앉아서, 그 뻔뻔스러운 창녀가 온 궁정을 치욕의 늪에 빠뜨리고, 아버지를 웃음거리로 만들며, 정부를 무능하게 만들고, 그리스도교적인 가정생활을 모조리 파괴해 버릴 거라고 떠들며 욕설했다. 그들은 마지못해 유지하고 있는 단 한 가지인 부덕(婦德)—우아함이나 재능, 품위는 갖추지 못했다—에서 모든 증오를 짜내어 자신들 어머니를 대신해 왕비의 명예를 누리고 있는 바빌론의 창녀를 증오했다. 그들은 아침부터 밤까지 그녀를 비웃고 경멸하며 창피를 주는 일밖에 생각하지 않았다.

그러한 때 뜻밖에 반가운 행운이 굴러들어 왔다. 바로 외국의 왕녀 마리 앙투아네트가 궁정에 나타난 것이다. 이제 겨우 열다섯 살이지만 미래의 왕비라는 지위를 생각하면 모름지기 궁정에서 첫째가는 여자였다. 그녀를 뒤바리에게 맞서는 으뜸패로 내세워 어부지리를 얻을 수 있다는 사실은 이 세 노처녀에게 더없이 반가운 일이었다. 그리하여 그녀들은 처음부터 이 분별 없고 물정 모르는 소녀를 부추기는 일에 들어갔다. 이 아이를 앞세우고 그들은 뒷전에 서서 그 더러운 짐승을 해치우게 하자는 생각으로 노처녀들은 애정깊은 모습으로 어린 왕녀를 끌어들였다. 마리 앙투아네트는 아무것도 모른 채 몇 주일 지나지 않아 격렬한 싸움의 소용돌이에 휘말리게 된다.

마리 앙투아네트가 궁정에 도착했을 때는, 뒤바리 부인의 존재에 대해서도, 그 특별한 지위에 대해서도 모르고 있었다. 풍기가 가장 엄격한 마리아 테레지아 궁정에서는 첩이라는 게 무슨 말인지도 전혀 몰랐다. 앙투아네트는 다만 첫 만찬에서 다른 귀부인들과는 달리 호사스러운 장신구로 단장한, 가슴 풍만한 부인이 호기심에 찬 얼굴로 자꾸만 자기를 쳐다보고, 사람들이 그녀를 '백작 부인'이라 부르는 소리를 들었을 뿐이다. 그녀가 바로 뒤바리 백작 부인이었다. 그러나 곧 애정을 담아 순진한 왕녀를 떠맡은 시고모들이 어찌나 철저하게 계획적으로 계몽을 해놓았던지 마리 앙투아네트는 몇 주일도 되지 않아 어머니에게 그 '멍청하고 건방진 여자'에 대해 편지를 썼다.

그녀는 친절한 시고모들이 함부로 입에 담는 고약하고 심술궂은 말들을 모조리 흉내 내어 생각 없이 조잘거렸다. 지금까지 너무도 따분한 나머지, 그런 류의 센세이션을 고대하던 궁정에서는 갑자기 흥미진진한 관심거리가 생긴 셈이었다. 왜냐하면 마리 앙투아네트가 왕궁에서 공작새처럼 뽐내고 돌아다니는 무례한 침입자를 철저하게 무시하기로 생각했기—아니, 오히려 시고모들이 그녀에게 그런 생각을 불어넣었기—때문이다. 예법에 따르면 베르사유 궁에서는 서열이 낮은 부인은 자기보다 서열이 높은 부인에게 먼저 말을 걸 수 없기 때문에, 서열이 높은 부인이 말을 건넬 때까지 공손하게 기다려야만 했다. 왕비가 없으니 두말할 것도 없이 황태자비가 가장 서열이 높았고 따라서 그녀는 이 권리를 효과적으로 이용했다. 황태자비는 쌀쌀한 미소를 지으면서 도전하듯이 뒤바리 백작 부인에게 말을 걸지 않고 기다리고 또 기다리게 했다. 몇 주일, 몇 달을 두고 그녀는, 자신의 말 한마디를 들으려고 초조하게 기다리는 상대를 실컷 괴롭혔다. 수다쟁이들과 아첨꾼들이 눈치 채지 못할 리가 없었으니, 그들은 이 결전에 악마적인 흥미를 느꼈고, 시고모들이 용의주도하게 지펴 놓은 불길에 온 궁정이 유쾌하게 몸을 녹이는 셈이었다. 뒤바리 부인이 분노를 삭이지 못하는 모습으로 귀부인들 사이에 앉아, 열다섯 살 작고 무례한 금발머리 소녀가 쾌활하게, 아니 어쩌면 짐짓 쾌활한 척하면서 다른 귀부인들과 끊임없이 잡담을 나누고 있는 모습을 바라보아야만 하는 광경을, 사람들은 손에 땀을 쥐면서 쳐다보았다. 뒤바리 부인이 옆에 있을 때면, 마리 앙투아네트는 약간 앞으로 나온 합스부르크 집안 특유의 입술을 꼭 오므리고는 한 마디도 하지 않고, 다이아몬드가 휘황하게 번쩍거리는 백작 부인을 마치 유리창을 대하듯 무시해버렸다.

뒤바리 부인은 본디 나쁜 사람은 아니었다. 순수한 평민인 그녀는 하층 계급의 모든 장점을 지니고 있었다. 즉 벼락출세한 사람들의 너그러움이 있었고 자기에게 호의를 품는 모든 사람에게는 거리감 없이 상냥하게 대했다. 허영심 때문에 그녀는 아첨하는 자에게는 누구나 친절을 베풀었다. 뭔가를 부탁하는 사람들에게는 그들이 누구든 후하게 들어주었다. 때문에 결코 악녀도 질투심 강한 여자도 아니었다. 그러나 뒤바리는 눈 깜짝할 사이 어마어마하게 출세한 까닭에 권력이 무엇인지 어렴풋하게라도 느껴 볼 틈 없이, 그저 그것을 감각적으로, 눈에 보이는 형태로 즐기려고 했다. 우쭐한 마음으로 자신에게 어울리지 않는 영광에 푹 잠겨 있고 싶을 뿐이었다. 무엇보다 그 걸맞지 않은 영광이 그녀에게 어울리는 것으로 인정받기를 원했다. 귀부인들 가운데서 맨 앞줄에 앉고 싶었고 가장 아름다운 다이아몬드를 갖고 싶었으며 가장 호사스러운 옷, 가장 좋은 마차, 가장 빠른 말을 원했다. 그녀는 그 모든 것을 의지 약하고 성적(性的)으로 자신에게 완전히 종속된 남편에게서 힘들이지 않고 얻어낼 수 있었다. 그녀가 요구하는 것은 거절당하는 적이 한 번도 없었다. 그러나 불법으로 권력을 얻은 누구에게나 일어나는 희비극으로, 나폴레옹 같은 인물조차 그런 운명을 당했듯이, 정당한 권력에 의해 승인받는 일이 그런 자들의 최종적인, 가장 최후의 야심이다. 그리하여 뒤바리 백작 부인도 모든 제후가 떼를 지어 모여들고 모든 신하들이 떠받드는 가운데 원하는 것은 모두 이루었으나, 그럼에도 한 가지 소원이 남아 있었다. 그것은 궁정 퍼스트레이디로부터 자신의 존재를 인정받는 것, 합스부르크 가문 왕녀로부터 진심으로 다정하고 친절한 대접을 받는 것이었다. 그러나 이 '빨강머리 계집아이'(그녀는 어찌 할 수 없는 분노에 사로잡혀 마리 앙투아네트를 이렇게 불렀다), 아직 불어도 제대로 못하고, 자기 남편을 제대로 남자 구실을 하게 만드는 우스꽝스럽도록 하찮은 일도 못해내는 열여섯 살 풋내기가, 언제나 입술을 꼭 다물고 자신을 온 궁정 안에서 묵살할 뿐만 아니라, 궁정에서 가장 세력 있는 자신을 공공연하게, 부끄러운 줄도 모르고 웃음거리로 만들려고 하는 뻔뻔스러운 행동을 일삼고 있으니, 그것만은 절대로, 절대로 참을 수가 없었다!

호메로스에 나오는 듯한 이 서열 다툼은 규정에 따르면 말할 것도 없이 마리 앙투아네트가 유리했다. 그녀 신분이 더 높고 백작 부인은 황태자비보다 새카맣게 아래이기 때문에, 제 아무리 가슴에 700만 프랑이나 되는 다이아몬드가 번쩍거려도, 이 '귀부인'과 이야기할 필요가 없었다. 그러나 뒤바리의 배후에는 실질적인 권력이 있었다. 그녀는 국왕을 완전히 손안에 쥐고 있었다. 이미 도덕적으로 몰락의 밑바닥까지 와 있는 루이 15세는 국가나 가족, 신하나 세계는 아랑곳하지도 않았고, 뒷날 어려움을 겪게 되든 말든 그저 제 한 몸의 안락과 쾌락만 좇을 뿐이었다. 모든 것을 될 대로 되라 내버려 둔 채 궁중의 풍기나 도덕 같은 건 어떻게 되든 알 바 아니었다. 그러지 않으면 자신부터 모범을 보여야 한다는 것쯤은 잘 알았다. 이미 정치는 지나칠 정도로 충분히, 그리고 오랫동안 해 왔으니, 마지막 남은 몇 년은 자신만을 위해 즐기면서 살겠다는 것이었다. 자기 주위나 뒷일은 어떻게 되든지 그는 오로지 자기만을 위해 살고 싶었다. 그런데 이렇게 갑자기 터진 여자들의 전쟁이 그의 평화를 교란시켰으니 괘씸하지 않을 수 없었다! 쾌락주의 원칙에 충실한 그는 그런 전쟁에 끼어들기를 결코 원하지 않았다. 그러나 뒤바리는 날이면 날마다 그런 어린 것한테 모욕당하고 온 궁정 사람에게 웃음거리가 되는 일은 참을 수 없다느니, 국왕이 자신을 비호하여 명예를 지켜줘야 국왕의 명예도 선다느니 하면서 귀찮게 졸라댔다. 마침내 국왕은 이 수선과 눈물에 질려서 마리 앙투아네트의 수석 시녀인 드 노아유 부인을 불렀고, 마침내 일이 어떻게 돌아가고 있는지 사람들까지 알게 되었다. 처음에는 손자며느리에 대해 좋은 말만 늘어놓았으나, 점점 여러 가지 말이 나오기 시작했다. 황태자비는 눈에 보이는 것에 대해 조금 경솔하게 말하는 것처럼 생각되니, 그런 태도는 화목한 가족 사이에 좋지 않은 영향을 준다고 황태자비에게 주의를 주는 편이 좋겠다는 내용이었다. 시녀는 이 경고를 곧 (왕이 의도한 대로) 마리 앙투아네트에게 보고했다. 마리 앙투아네트는 시고모들과 베르몽에게 그 이야기를 했고, 베르몽은 또 오스트리아 대사 메르시에게 얘기했다. 메르시는 두말할 것도 없이 깜짝 놀라—동맹, 동맹의 위기다! —황급히 빈으로 급사를 보내 사건의 전모를 보고했다.

경건하고 신앙심 깊은 마리아 테레지아에겐 얼마나 난처한 상황이었을까! 빈에 자신이 만든 그 유명한 풍기위원회를 두어 이런 여자들을 가차 없이 매질하고 갱생시설로 넘기던 그녀가, 자신의 딸에게는 그런 여자에게 예의를 지키라고 명령해야 한단 말인가? 그렇다고 국왕을 적대할 수도 없는 노릇이었다.

그녀 안에 있는 어머니, 엄격한 가톨릭교도, 정치가라는 요소는, 더 없이 괴로운 모순에 빠지고 말았다. 결국은 노련한 외교관 입장에 서서 사건을 모두 내각에 맡김으로써 그녀는 이 문제에서 슬쩍 빠져버렸다. 그녀는 직접 딸에게 편지를 쓰지는 않고, 재상 카우니츠에게 명하여 메르시에게 이번 문제에 대한 정치적인 해법을 마리 앙투아네트에게 제시하라는 훈령을 내리게 했다. 그리하여 한편으로는 도덕적인 입장을 지키고, 그러면서도 어린 마리 앙투아네트에게는 어떻게 처신해야 할지를 일러준 셈이 되었다. 카우니츠는 이렇게 설명했다. "국왕께서 사교계에 받아들인 사람을 무시하는 것은 국왕의 사교계를 모욕하는 일입니다. 국왕께서 신임하는 사람들은 모두 그런 인물로 간주해야 합니다. 그 누구도 그 신임이 정당한지 부당한지를 감히 검토하려 들어서는 안 됩니다. 군주의 선택은 어떤 이의 없이 존중되어야 합니다."

그런 것은 너무나 잘 알고 있었다. 그러나 마리 앙투아네트는 시고모들의 부추김을 받고 있었다. 이 편지를 읽어 주자, 그녀는 특유의 태평스러운 태도로 메르시에게 "네, 네." "알겠어요." 건성으로 대답했지만, 속으로는 '늙다리 카우니츠, 얼마든지 지껄여 보라지, 하지만 내 개인적인 일에는 아무리 재상이라도 간섭하지 않았으면 좋겠어.' 이렇게 생각했다.

그 '멍청한 여자'가 얼마나 끔찍하게 화를 내고 있는지 알고 나서는, 이 오만한 어린 소녀는 이 일이 전보다 곱절이나 더 재미있어졌다. 그래서 아무 일도 없었던 듯 짓궂고도 즐거운 마음으로 이 공공연한 침묵을 이어나갔다. 날마다 무도회에서, 파티에서, 카드놀이에서, 심지어 국왕의 식탁에서도 왕의 애첩을 만나 그 옆에 다가갈 때마다, 그녀가 어떻게 기다리다가 눈을 흘기며 마침내 흥분으로 몸을 떠는지를 지켜보았다. 그래, 기다려라, 마지막 심판의 날까지 기다리려무나. 어쩌다가 눈길이 그쪽을 향하면 언제나 경멸하듯 입술을 비틀며 냉랭하게 고개를 돌렸다. 뒤바리와 국왕, 카우니츠, 메르시, 그리고 마리아 테레지아까지 애타게 기다리고 열망하는 그 한마디 말은 끝내 건네지 않았다.

이제 전쟁은 공공연하게 선포되었다. 닭싸움처럼 신하들은 두 여자 주위에 모여들었다. 한 여자는 까무러칠 정도로 격분해 두 눈에 눈물을 글썽였고, 또 한 여자는 입가에 경멸하는 듯한 웃음을 엷게 띠고, 둘 다 단호히 입을 다물고 있었다. 마지막까지 의지를 관철하는 것은 프랑스의 합법적인 지배자인 여성인지, 아니면 비합법적인 쪽인지, 모두들 궁금해 했고 내기까지 하며 야단들이었다. 베르사유에 수십 년 이래 최고의 구경거리가 생긴 것이다.

마침내 국왕이 노하고 말았다. 이 궁정에서는 눈썹만 꿈틀해도 모든 사람이 절대적으로 복종하고, 확실한 의사를 전하기도 전에 모두가 굽실거리며 그가 뜻하는 방향으로 달려가는 상황에 익숙한 프랑스 왕은 이때 처음으로 저항을 감지했다. 다 자라기도 전인 어린 계집아이가 감히 자신의 명령을 공공연하게 무시한 것이다. 이 불손한 고집쟁이를 불러 놓고 호되게 꾸짖는 것보다 간단한 방법은 없다. 그러나 도덕심을 잃어버린 이 철면피 같은 왕의 마음속에도 마지막 부끄러움은 남아 있었다. 성인이 된 손자의 아내에게 시할아버지 애첩에게 말을 걸어주라는 명령을 내리는 건 사뭇 거북한 일이었다. 난처해진 루이 15세는 마리아 테레지아가 고심 끝에 쓴 방법과 똑같은 조치를 내렸다. 즉 사사로운 일을 국가적 사건으로 비약시킨 것이다. 프랑스 외무성으로부터 협의를 위해 와달라는 요청을 받은 오스트리아 대사 메르시는, 그 장소가 알현실이 아닌 뒤바리 백작 부인 방이라는 데 깜짝 놀랐다. 이 묘한 장소가 선택된 이유를 메르시는 여러 가지로 추측했는데, 아니나 다를까 예상한 대로 일이 벌어졌다. 대신과 몇 마디 채 나누기도 전에 뒤바리 백작 부인이 들어와 진심을 담아 인사한 뒤, 사람들이 자기가 황태자비에게 적의를 품었다고 생각하는 건 매우 부당하며, 오히려 비열한 중상모략을 받고 있는 사람은 바로 자기라고 털어놓았다.

선량한 메르시 대사에게는 여제의 대리인인 자기가 이토록 갑작스럽게 뒤바리의 신임을 받게 되는 것은 난처한 일이었다. 그래서 이런저런 외교적인 이야기를 늘어놓고 있는데, 벽에 걸린 비밀문이 소리 없이 열리더니 루이 15세가 나타나 친히 이 미묘한 대화에 끼어들었다.

"지금까지 경은 여제의 대사였으나 이제부터 당분간은 짐의 대사가 되어줘야겠소, 부탁이오."

왕은 메르시에게 이렇게 말하고 마리 앙투아네트에 대한 의견을 솔직하게 털어놓았다. 그녀를 매력적이라고 생각하지만 아직 어리고 지나치게 활발한 데다 아내를 다스릴 줄 모르는 남편을 만나, 여러 가지 음모와 손아귀에 빠져 다른 사람들(자신의 딸인 시고모들을 가리킨다)로부터 그릇된 조언을 듣고 있으니 황태자비가 태도를 바꾸도록 전력을 기울여주기를 부탁한다는 이야기였다. 메르시는 즉각 이 일이 정치 문제화되었음을 알았다. 이 솔직하고 명확한 부탁은 무슨 일이 있어도 수행해야만 했다. 왕은 전면적인 항복을 요구하고 있었다. 메르시는 물론 이 사태를 급박하게 빈에 보고하면서, 자신이 맡은 일의 난처함을 조금이라도 줄이기 위해 뒤바리 초상에 약간 호의적인 덧칠을 했다. 그녀가 그렇게까지 고약한 사람은 아니며, 그녀의 요구는 오로지 황태자비가 단 한 번이라도 좋으니 공식석상에서 자기에게 말을 걸어달라는 사소한 일에 불과하다고 덧붙였다.

동시에 그는 마리 앙투아네트를 찾아가 직접 담판을 벌이는 강경 수단도 마다하지 않았다. 대사는 그녀를 위협하며, 프랑스 궁정에서 이미 지위가 높은 인물이 몇 명이나 독약으로 제거되었다고 귀띔한 뒤, 이번 일로 합스부르크 집안과 부르봉 집안 사이에 불화가 일어날지도 모른다고, 특별히 역설했다. 그리고 가장 강력한 으뜸패를 내밀었다. 어머니가 평생을 바친 업적인 동맹이 그녀의 행동 하나로 깨지기라도 한다면 모든 책임은 그녀에게 있다고 말한 것이다.

사실, 이 대포는 즉각 효과를 나타내기 시작했다. 마리 앙투아네트는 겁을 먹고, 두 눈에 분노의 눈물을 글썽이면서 대사에게 이러이러한 날 트럼프 놀이에서 뒤바리한테 말을 걸겠다고 약속하기에 이르렀다. 메르시는 안도의 한숨을 내쉬었다. 천만다행으로 동맹이 살아남게 된 것이다!

이제 궁정 안에서는 일류 궁정극에 대한 기대로 가득 차올랐다. 그럴듯한 연극 줄거리가 은밀하게 입에서 입으로 퍼져나갔다. 오늘밤 드디어 황태자비가 뒤바리에게 말을 건넬 것이다! 조심스럽게 무대 배경이 설치되고 대사까지 미리 준비되었다. 메르시와 마리 앙투아네트가 합의한 바로는 저녁 모임에서 트럼프 놀이가 끝날 때쯤 메르시가 뒤바리 백작 부인에게 다가가 간단한 대화를 나눈다, 그러면 우연인 듯이 황태자비가 지나가다가 대사에게 다가가 인사를 하고, 그 틈에 애첩에게도 몇 마디 말을 건네기로 한 것이다. 계획은 완벽하게 세워졌다. 그러나 유감스럽게도 이 예정된 저녁 공연은 성공을 거두지 못했다. 그렇게 미워하는 적수가 공공연하게 승리를 거두는 일을 시고모들이 그냥 두고 볼 리가 없었다. 그들은 화해의 이중주가 시작되는 순서가 오기 전에 미리 철의 장막을 치기로 계획했다. 저녁이 되자 마리 앙투아네트는 계획을 훌륭하게 실행하기로 착하게 마음먹고 모임에 나갔다. 막이 올라가고, 메르시가 먼저 프로그램에 따라 연기를 시작했다. 우연인 듯 뒤바리 부인에게 다가가 대화를 시작한 것이다. 그 사이에 마리 앙투아네트는 약속한 대로 장내를 돌기 시작했다. 자리를 옮겨가면서 한 사람씩 차례로 이야기를 해나가는 동안, 어쩌면 불안과 흥분과 분노 때문에 마지막 대화를 조금은 지연시켰을지도 모른다. 이제 앙투아네트와 뒤바리 사이에는 마지막 한 사람만이 남아 있었다. 2분, 1분만 더 있으면 그녀는 틀림없이 메르시와 애첩이 있는 곳에 이르게 될 것이다. 그러나 이 결정적인 순간에, 세 시고모 중 주모자인 마담 아델라이드가 불의의 습격을 감행했다. 그녀는 마리 앙투아네트에게 빠른 걸음으로 다가가서 명령하듯이 말했다. "이제 갈 시간이 됐어요. 갑시다! 빅투아르의 방에서 왕을 기다려야 합니다."

뜻하지 않은 일에 놀란 마리 앙투아네트는 용기가 꺾이고 말았다. 당황한 나머지 감히 안 가겠다는 말을 못했고, 기다리는 뒤바리에게 아무 말이나 한 마디 던질 만한 기지도 없었다. 그녀는 얼굴이 빨개져서 어쩔 줄 몰라 하며, 달음질치듯이 그 자리를 떠났다. 모두가 기다렸고, 이미 주문해둔 말, 외교적 수단을 동원해 간신히 쟁취한 말, 사자간(四者間)에 약속했던 그 말은 결국 불발로 끝나고 말았다. 모두가 아연해했다. 모처럼 꾸몄던 무대는 허사로 끝났다. 화해는커녕 모욕감만 키웠을 뿐이었다. 궁정의 짓궂은 사람들은 두 손을 비비면서 기뻐했고, 하인들 방에서까지 뒤바리가 허탕 친 이야기를 하면서 킬킬거렸다. 당사자인 뒤바리는 입에 거품을 물었고 루이 15세는—이것이 더욱 예사롭지 않은 일이었는데—정말로 분노하기 시작했다. 그는 노기를 감추지 못하는 얼굴로 대사에게 말했다. "메르시 경, 유감스럽게도 경의 제안은 영향력을 발휘하지 못한 것 같구려. 이젠 짐이 직접 관여해야겠소."

프랑스 국왕은 노기등등해 위협했고, 뒤바리는 자기 방에서 미친 듯이 날뛰었다. 오스트리아와 프랑스 동맹이 송두리째 흔들리고 유럽의 평화가 위기를 맞이했다. 대사는 바로 이 고약한 사태의 악화를 빈에 보고했다. 이제는 '일곱 번 빛나는 빛'인 여제가 나서야 할 차례였다. 마리아 테레지아가 직접 개입할 수밖에 없게 된 것이다. 이 생각 없고 고집 센 아이를 다룰 수 있는 건 오직 그녀뿐이었기 때문이다. 마리아 테레지아는 이 사건에 매우 큰 충격을 받았다. 딸을 프랑스로 시집보낼 때, 진정으로 딸만은 정치라는 혼탁한 일로부터 멀리 떼어놓으리라 결심했고, 그래서 처음부터 대사에게 이런 편지를 썼다.

"분명히 밝혀두지만, 나는 내 딸이 공적인 일에 어떠한 영향력을 가지게 되는 건 바라지 않소. 거대한 제국을 지배하는 일이 얼마나 무거운 짐인지 내가 체험했기 때문이오. 게다가 아직 어리고 경솔해서 진지한 노력은 전혀 하기 싫어하는(게다가 지식도 전혀 없지 않소) 것을 잘 알고 있다오. 그러므로 프랑스처럼 내리막길을 걷고 있는 왕국을 통치하는 일에 아무것도 좋은 기대를 품을 수가 없구려. 만일 내 딸이 이런 사태를 조금도 개선하지 못하거나 오히려 더욱 악화시킨다면, 나는 딸아이보다 차라리 어느 대신이 그 책임을 져야 한다고 생각하오. 그러니 그 애에게 정치나 국사에 대해 이야기할 결심이 서지 않는구려."

그러나 이때—이 무슨 숙명일까!—이 비극적인 노부인은 자신을 배신하지 않을 수 없었다. 몇 달 전부터 정치 문제로 심상찮은 근심거리를 안고 있었기 때문이다. 빈에서는 의심스럽고 불미스러운 일이 진행되고 있었다. 몇 달 전부터 그녀가 인간 탈을 쓴 악마의 사자라고 증오하는 프리드리히 대왕과, 철저하게 불신하기는 마찬가지인 러시아 예카테리나 여제로부터 폴란드를 분할하자는 난처한 제안이 들어와 있었고, 카우니츠와 그녀의 공동 통치자인 요제프 2세가 그것을 열렬하게 찬성한 일이 그 이후 그녀의 양심을 뒤흔들어 놓았다.

"모든 분할은 그 기본에서부터 부당하며, 우리에게도 해롭다. 본인은 이 제안은 아무리 생각해도 유감스럽다. 사람들 앞에 나서는 일이 한없이 부끄럽다."

그녀는 즉각 이 정치적인 의도의 본질을 꿰뚫어보았다. 바로 그것은 도덕적인 범죄, 아무 저항력도 없고 죄도 없는 한 국민에 대한 약탈 행위임을 간파한 것이다.

"우리가 늘 보호해 주었다고 자처해 온 무고한 자들을 무슨 권리로 약탈한단 말인가?"

그녀는 진지하고 순수한 분노에 사로잡혀, 자신의 도덕적 고려가 약점으로 해석되는 것을 개의치 않고 그 제안을 거부했다.

"우리는 파렴치하다는 말보다는 차라리 약하다는 말을 듣겠다."

그녀는 고귀하고 현명한 말을 했다. 그러나 마리아 테레지아는 이미 오래 전부터 단독 통치자가 아니었다. 그녀는 오스트리아 국체가 불안정하고 인위적이라는 것을 깨닫고, 오로지 유지와 보존만을 생각했으나, 그녀의 아들이자 공동 통치자인 요제프 2세는 전쟁과 영토 확장, 개혁만을 꿈꾸었다. 그는 어머니의 영향력에 맞서기 위해 어머니 숙적인 프리드리히 대왕의 눈치를 살피며 추종하고 있었다. 노년에 접어든 그녀를 더욱 실의에 빠뜨린 일은 그녀가 자랑으로 여겼던 충복 카우니츠가 떠오르는 별 같은 아들 편으로 기우는 것을 보아야 하는 일이었다. 과로하고 지친 채, 어머니로서 통치자로서 모든 희망을 잃어버린 마리아 테레지아는 그저 국가권력을 내동댕이치고만 싶었다. 그러나 책임감이 그녀가 그렇게 하도록 내버려두지 않았다. 그녀는 예언자처럼 확실하게―이 상황은 마찬가지로 지쳐 있으면서도 똑같이 권력에서 손을 뗄 수 없었던 프란츠 요제프[*1]와 신기할 정도로 닮았다―, 이

---

*1 오스트리아 황제. 1830~1916. 재위는 1848~1916.

성급한 개혁자의 불안한 정신 때문에 지금 겨우 유지되고 있는 제국 전역에 금세 소요가 퍼질 것을 예감했다.

그래서 이 경건하고 정직한 여인은 마지막 순간까지 자신이 최고로 생각하는 가치, 곧 명예를 위해 싸웠다. 그녀는 이렇게 썼다.

"내 일생 동안 이렇게 마음 졸여 본 적이 없음을 고백합니다. 나의 모든 국토에 부당한 요구가 제시되었을 때, 나는 마땅히 정의와 신의 도움에 의지할 수 있었습니다. 그러나 이번 경우는 정의가 내 편에 있지 않을 뿐더러, 의무, 정의, 공정이 나의 적으로 돌아섰기에 평정한 마음이 될 수 없습니다. 지금까지 타인이나 나 자신을 속이거나, 표리부동을 용납한 적은 한 번도 없었건만, 오히려 불안하고 질책을 받는 듯한 심정이 들 뿐입니다. 군주가 다른 군주에게 보여줄 수 있는 진정한 힘이자 가장 큰 보석인 성실과 믿음은 영원히 사라지고 말았습니다."

그러나 프리드리히 대왕은 양심이 무딘 사람이었다. 그는 베를린에서 이렇게 비웃었다.

"예카테리나 여제와 나는 둘 다 노련한 강도들이지만, 그 신앙심 깊은 여자는 고해 신부와 과연 어떻게 결말지을 것인가?"

그는 요제프 2세에게 재촉도 하고 위협도 하면서, 오스트리아가 이에 따르지 않으면 전쟁은 피할 수 없다는 말까지 했다. 마침내 마리아 테레지아는 양심의 상처와 영혼의 고통 속에서 눈물 흘리며 양보했다.

"나는 일을 혼자 수행할 만한 힘이 없기 때문에 말할 수 없이 비통한 심정으로 그들과 같은 길을 가기로 했소."

그리고 '똑똑하고 경험 있는 남자들이 모두 그렇게 충고하는 까닭에'라고 방어선을 쳐두고 서명했다. 그러나 마음속 깊이 자신도 공범임을 알고 있었다. 그녀는 이 비밀조약과 그 결과가 만천하에 드러날 날을 생각하고 몸서리를 쳤다. 프랑스에서는 뭐라고 말할 것인가? 프랑스가 동맹 관계를 고려해 폴란드에 대한 이 날강도 같은 행위를 못 본 척해줄 것인가, 아니면 그녀 자신도 정당하지 않다고 느끼는(그녀는 점령 명령서에서 '정당'이라는 단어를 손수 삭제했다) 이 요구를 논란 삼으려 들 것인가? 모든 것은 오직 루이 15세 마음이 우호적인지 냉담한지에 달려 있었다.

이런 걱정과 괴로움 속에 양심과 맹렬하게 싸우고 있었을 때, 메르시의 경고 서한이 날아들었다. 국왕이 마리 앙투아네트 때문에 매우 격노하여, 대사에게 공공연히 그 불쾌감을 표명했다는 것이다. 빈에서는 단순한 프랑스 대사 로앙 공이 여전히 감쪽같이 속은 채 오락 모임과 사냥에 파묻혀 있어서, 폴란드에 대해서는 아무 눈치도 못 채고 있었다. 마리 앙투아네트가 뒤바리와 말을 섞으려 들지 않는 탓에, 폴란드 분할이 국가적인 대사건을 불러올 뿐만 아니라, 종국에는 전쟁이 터질지도 모른다—마리아 테레지아는 기겁하고 놀랐다. 안 될 말이다, 쉰다섯 살인 내가 나라 때문에 이렇게 고통스러운 양심의 희생을 바쳐야 하는 판국인데, 나의 자식, 아무것도 모르는 열여섯 살 난 딸이, 교황보다 더 교황다워질 필요가 어디 있고, 어머니보다 더 도덕적일 필요가 어디 있단 말인가. —그리하여 그녀는 전에 없이 격렬한 어조로 편지를 썼다. 어린 딸의 반항을 단호하게 꺾어버리기 위해서였다. 물론 폴란드나 국책에 대해서는 한 마디도 언급하지 않고(노쇠한 여제에게는 너무나 가혹한 일이었으리라) 그 문제를 아주 하찮은 일로 다뤄 이렇게 썼다.

"어버이 중의 어버이인 국왕에게 말을 건네는 일이 얼마나 두렵고 어려운 일인지 정말 잘 안다! 네가 말을 건네야 한다고들 이야기하는 사람들에 대해서도 마찬가지겠지! 그렇지만 그저 '안녕하세요?' 한마디 하는데 뭐 그리 두려울 게 있겠느냐? 옷에 대해, 사소한 일에 대해 한마디 하는 게 그렇게 불쾌한 일이냐? 아니, 어쩌면 그보다 더한 일이 있느냐? 노예상태에 빠져버렸기 때문에, 아무래도 이성뿐만 아니라 의무까지 너를 설득할 힘을 잃어버린 것 같구나. 나도 이제 더는 입을 다물고 있을 수만은 없다. 메르시의 보고를 들으니 국왕이 원하고, 너의 의무이기도 한 것을 알고도 감히 말을 듣지 않다니! 내게 무슨 사리에 맞는 변명을 할 수 있겠느냐? 결코 할 수 없을 것이다. 너는 뒤바리를, 궁정에서 국왕의 상대로 허락받은 다른 사람들과 똑같이 대우해야 한다. 국왕의 으뜸가는 신하인 너는, 네 지배자가 원하는 바를 무조건 실행한다는 태도를 몸소 온 궁정에 보여주어야만 한다. 물론 굴욕을 요구하거나 허물없는 태도를 바라는 거라면 나나 어느 누구도 너에게 그런 일을 하라고 권하지 않을 게다. 그렇지만 그저 말 한마디를 하는 일이 그렇게도 어렵단 말이냐? 그것도 그 여자를 위해서가 아니라 너의 지배자이자 은인이신 시할아버지를 위해서 말이다."

이 포격은(논거는 그다지 훌륭하다고 할 수 없지만) 마리 앙투아네트의 기운을 꺾었다. 그녀는 걷잡을 수 없이 제멋대로 굴면서 반항적이기는 했지만, 어머니의 권위에 저항한 적은 아직 한 번도 없었다. 합스부르크 집안의 훈육이 또다시 승리를 거둔 셈이다. 마리 앙투아네트는 그래도 형식적으로 조금의 반항심을 보였다.

"싫다고 하지는 않겠어요. 그 여자와 절대로 말을 하지 않겠다는 것도 아니에요. 다만 정한 날 정한 시간에 그 사람과 이야기를 하고 싶지 않을 뿐이에요. 그 여자가 그것을 미리 알고 모두에게 알려 승리감에 취해 있으라고요?"

그러나 사실 그녀의 저항은 마음속에서 이미 무너져 있었고, 이 말은 마지막 퇴각전에 지나지 않았다. 항복 조약서에는 이미 도장이 찍혀 있었다.

1772년 정월 초하루, 이 용맹스러우면서도 우스꽝스러운 여자들의 전쟁은 마침내 종결되었다. 마리 앙투아네트는 굴복했고, 뒤바리 부인은 개가를 올렸다. 이번에도 사뭇 연극적인 무대가 마련되었고 또다시 엄숙하게 온 궁정 사람들이 증인이자 관객으로 초대되었다. 국왕에게 올리는 거창한 신년 하례가 시작되었다. 귀부인들은 서열에 따라 한 사람씩 차례로 황태자비 앞을 지나갔다. 그 속에 대신의 부인인 에귀용 공작부인이 뒤바리 부인과 함께 있었다. 황태자비는 에귀용 공작부인에게 몇 마디 말을 건 뒤, 고개를 마담 뒤바리 쪽으로 약간 돌렸고, 그녀를 정면으로 향한 것은 아니지만 약간 좋게 보자면 그녀를 향했다고 볼 수 있을 정도로―사람들은 한 마디도 놓치지 않으려고 마른 침을 삼켰다―황태자비는 모두가 기다리고 기다리던 말, 그것을 둘러싸고 치열한 투쟁이 벌어진 말, 전대미문의 운명을 좌우하는 위력을 지닌 말을 뱉어냈다. "오늘은 베르사유에 사람들이 많이 왔군요."(Es sind heute viele Leute in Versailles.) 이 일곱 단어를, 정확하게 일곱 단어를 마리 앙투아네트가 마침내 입에 올린 것인데, 궁정에서의 이 대사건은, 땅덩어리를 하나 얻어 내는 것보다도 더 중요하고, 오래전부터 필요했던 모든 개혁보다 더욱 사람들의 마음을 놀라게 했다―황태자비가 마침내, 드디어 국왕의 애첩에게 말을 걸었다! 마리 앙투아네트는 항복했고 뒤바리 부인은 승리의 월계관을 썼다. 이것으로 모든 일이 해결되었고 베르사유는 기쁨에 취했다. 국왕은 두 팔을 활짝 벌려 황태자비를 맞이하며 잃어버렸던 자식을 되찾은 듯이 포옹했고, 메르시는 감격해서 감사를 표했으며, 뒤바리는 공작새처럼 뻐기며 홀에서 홀로 활보하는 한편, 시고모들은 화가 나서 펄펄 뛰었다. 온 궁정이 흥분해서 신음과 감탄 소리를 냈고, 다락에서부터 지하실에 이르기까지 온통 수다를 떨어댔다. 그 모든 것이 단지 마리 앙투아네트가 뒤바리에게 건넨 "오늘은 베르사유에 사람들이 많이 왔군요."라는 말 때문이었다.

그러나 이 진부한 일곱 단어에는 더욱 깊은 의미가 있었다. 이 단어들에 의해 커다란 정치적 범죄가 확정되었고, 폴란드 분할에 대한 프랑스의 암묵적 양해가 획득된 것이다. 의지를 관철한 것은 뒤바리뿐만 아니라, 프리드리히 대왕과 에카테리나 여제도 마찬가지였다. 굴욕을 당한 것은 마리 앙투아네트뿐만 아니라 한 나라 전체가 이와 같은 꼴을 당한 것이다.

마리 앙투아네트는 졌다. 그녀는 자신의 젊고 어린애처럼 억제할 수 없는 자부심이 뼈아픈 타격을 입은 것을 알고 있었다. 그렇게 난생 처음 고개를 숙였지만, 기요틴의 이슬로 사라지기 전까지 다시는 고개를 숙인 적이 없었다. 마음 약하고 경솔한 아이, '착하고 다정한 앙투아네트'는 명예에 관한 일에서는 자신감에 찬 확고부동한 정신을 지니고 있음이 이번 기회에 홀연 드러났다. 그녀는 격분해서 메르시에게 이렇게 말했다.

"한 번은 그 여자에게 말을 걸었지만 이번으로 끝내기로 결심했어요. 그 여자가 또 내 목소리를 듣는 일은 없을 거예요."

자신의 어머니에게도 양보는 이번뿐이며, 더 이상의 희생은 기대해도 소용없으리라는 점을 분명히 보여주었다.

"저는 언제라도 편견과 반항심을 버릴 겁니다. 물론 그렇게 믿으셔도 좋지만, 단, 사람들이 제게 지나치게 심한 요구를 하거나 명예에 반하는 일을 하라고 할 때는 그럴 수 없습니다." 이 편지를 읽은 어머니는 자신이 품고 있던 병아리가 처음으로 스스로 움직이기 시작한 것에 몹시 화를 내며 호되게 꾸짖었다.

"나나 대사가 언젠가 너의 명예에 반하거나 예절에 조금이라도 어긋나는 충고를 할 거 생각한다면 그야말로 이 어미를 잘못 본 것이다. 그 몇 마디 안 되는 말 때문에 그토록 흥분하는 것을 보니 무척 염려스럽구나. 게다가 두 번 다시 말을 걸지 않겠다고 하니 걱정이 되어 경련이 날 지경이다."

그러나 그것은 아무 도움도 되지 않았고, 몇 번이나 거듭해서 "왕궁의 다른 모든 여자에게 하듯이 뒤바리에게도 말을 걸어야 한다. 너는 국왕과 나에게 그렇게 해야만 하는 의무를 지고 있다." 이렇게까지 써 보냈으나 허사였다. 뒤바리를 친절하게 대해 국왕의 총애를 받아야 한다고 메르시와 다른 사람들이 끊임없이 설득해도 막무가내였다. 새롭게 얻은 자의식에 부딪치면 모든 것이 산산조각 나버리는 법이다. 합스부르크 집안 특유의 얇은 입술은 마지못해 단 한 번 열렸지만, 그 뒤 또 무쇠처럼 굳게 닫혀 어떠한 위협과 유혹으로도 다시는 그 봉인을 뜯을 수가 없었다. 그녀는 뒤바리에게 일곱 단어를 말했다. 그리고 저주받은 이 여자가 여덟 번째 말을 듣는 일은 끝내 없었다.

뒤바리 부인이 오스트리아 왕녀이자 프랑스 황태자비에게 개가를 올린 일은, 1772년 정월 초하루 한 번뿐이었다. 루이 왕과 마리아 테레지아 같은 막강한 동맹자를 두고 있었으니 추측건대 이 궁정의 귀부인 창녀에게 그럴 마음만 있었다면, 미래의 왕비에게 다시 싸움을 속행할 수도 있었으리라. 그러나 전투에 따라서는 싸움이 끝난 뒤에 승자가 적의 힘을 인식하고, 자신이 이긴 것에 놀라, 스스로 전장을 물러나서 강화를 맺는 편이 현명하지 않을까 생각하는 자도 있는 법이다. 뒤바리는 자신의 승리를 그저 기뻐하기만 한 것은 아니었다. 본디 선량하고 보잘것없는 이 여자는 처음부터 마리 앙투아네트에게 적의 같은 것은 품지 않았다. 자존심에 심한 상처를 받아 그런 조그마한 보상을 원했을 뿐이었다. 이제는 만족하고 있을 뿐만 아니라, 너무나도 공공연하게 승리를 얻었기 때문에 부끄럽고 불안한 생각마저 들었다. 왜냐하면 아무리 그녀라 해도 자신의 권력이 위태로운 지반, 즉 급격하게 노쇠해가는 노인의 통풍 걸린 발 위에 얹혀 있다는 것쯤은 알 만한 머리는 있었기 때문이다. 예순두 살 이 노인이 뇌졸중으로 쓰러지기라도 하는 날에는, 당장 내일이라도 이 '빨강머리 계집아이'가 프랑스 왕비가 될지도 모른다. 그렇게 되면 '체포장'이라는 바스티유행 여권에 즉각 사인이 되고 말 판이다. 그래서 뒤바리 부인은 마리 앙투아네트에게 승리를 거두자마자 그녀와 화해하기 위해 필사적인 노력을 기울인다. 그녀는 분노에 설탕을 뿌리고 자존심을 누르며 황태자비의 파티에 몇 번이나 나가서, 그녀가 말 한 마디 건네지 않아도 결코 언짢은 내색은 하지 않고, 기회가 있을 때마다 수다쟁이들을 통해 자신이 황태자비에게 얼마나 호의를 가졌는지 거듭 알렸다. 그리고 지난날의 적을 애인인 왕 앞에서 두둔하려고 온갖 방법을 쓰다가, 마지막에는 대담하기 짝이 없는 수단까지 동원하기에 이르렀다. 호의만으로는 마리 앙투아네트의 호감을 살 수 없어서 물질로 그녀의 마음을 사려 한 것이다. 궁정 사람들은 마리 앙투아네트가 값비싼 장신구에 완전히 넋을 잃을 정도로 탐닉한다는 사실을 알고 있었다―유감스럽지만 뒷날의 악명 높은 목걸이 사건이 보여 주듯이 그것은 이미 너무나 잘 알려져 있었다. 그래서 뒤바리는 어쩌면 선물을 미끼로 황태자비를 유혹할 수 있을지 모른다고 생각했다―10년 뒤에 로앙 추기경도 이와 똑같은 사고과정을 거친 일은 의미심장하다―목걸이 사건에도 똑같이 등장하는 큰 보석상 베메르가, 7만 루블이나 하는 다이아몬드 귀걸이를 가지고 있었다. 아마 마리 앙투아네트가 이 귀걸이에 대해 이미 은밀하게, 또는 공공연하게 감탄하여 이야기한 적이 있었고, 뒤바리는 그녀가 그것을 탐낸다는 말을 들었으리라. 어느 날 뒤바리는 한 시녀를 통해 그 다이아몬드 귀걸이를 정말 갖고 싶다면, 자신이 루이 15세에게 그것을 선물하도록 간청할 용의가 있다고 속삭였다. 그러나 마리 앙투아네트는 이 뻔뻔스러운 제안에 아무 대답도 하지 않고, 경멸하듯이 고개를 돌리고 쌀쌀맞게 상대를 지나쳤다. 아니, 땅 위의 모든 왕관에 박힌 보석을 몽땅 준다 해도 마담 뒤바리는 자신이 공공연하게 모욕을 준 여인의 입에서 여덟 번째 단어를 듣는 일은 영영 일어나지 않았으리라. 열일곱 살 소녀의 마음속에 새로운 자부심, 새로운 확신이 싹텄기 때문이다. 그녀는 이미 타인의 호의와 은혜로 보석을 손에 넣을 필요가 없었다. 자기 이마 위로 왕비의 관이 다가오고 있음을 벌써부터 느끼고 있었던 것이다.

파리 정복

어두운 밤이면 베르사유를 에워싸는 언덕 위에서 파리의 빛나는 가로등이 왕관처럼 하늘 높이 아치를 그리는 것을 뚜렷하게 볼 수 있다. 파리는 그토록 왕궁에 가까이 있었다. 스프링이 장치된 가벼운 일두마차로는 두 시간, 걸어도 여섯 시간이 채 걸리지 않는 길이다—그러므로 황태자비가 결혼식에서 이틀, 사흘, 또는 나흘째에, 장차 자기 것이 될 왕국의 수도를 방문하는 것만큼 자연스러운 일은 달리 없었다.

그러나 의례가 지닌 본디 의미, 아니 오히려 그 무의미함은 바로, 생활의 온갖 형태 속에 있는 자연스러움을 억압하고 왜곡하는 데 있다. 마리 앙투아네트에게, 베르사유와 파리 사이에는 예식이라는 눈에 보이지 않는 견고한 울타리가 둘러쳐져 있었다. 프랑스 왕위계승자는 특별히 통고한 뒤에, 그리고 그보다 앞서 국왕 허락을 얻은 뒤에야 비로소 왕비와 함께 장엄하게 수도에 첫발을 들여놓을 수 있었다. 그런데 마리 앙투아네트의 바로 그 장엄한 수도 입성을 친족들은 할 수 있는 한 뒤로 미루려고 애썼다. 편협한 신앙심을 가진 늙은 시고모들, 뒤바리, 그리고 야심가인 두 동생 프로방스 백작과 아르투아 백작은 모두 서로 견원지간이었지만, 마리 앙투아네트의 파리행을 막으려는 이 동아줄에는 다 같이 힘을 합쳐 허겁지겁 달려들었다. 그녀에게 승리를 허용하면, 그로 인해 그녀의 미래 서열이 너무나도 뚜렷이 확인될 게 두려웠기 때문이다. 이 궁정의 총신들은 몇 주일, 몇 달이 가도록 허구한 날 이런저런 구실과 난관을 만들어냈다. 그리하여 여섯 달, 열두 달, 스물네 달, 서른여섯 달, 1년, 2년, 3년이 흘렀지만 마리 앙투아네트는 여전히 베르사유의 황금빛 창살 속에 갇혀 있었다. 마침내 1773년 5월, 마리 앙투아네트는 더는 참지 못하고 공공연하게 공격에 나섰다. 그녀가 희망을 이야기해도, 의전담당관은 그때마다 무슨 이유가 있는 듯이 고개를 옆으로 흔들 뿐이어서, 그녀는 루이 15세에게 직접 호소했다. 왕은 그런 부탁이 별스러운 것이 아닌데다 모든 예쁜 여자들에게는 약했으므로, 매력적인 손자며느리에게 선선하게 그러라고 승낙함으로써 친족 패거리들을 모두 화나게 해버렸다. 심지어는 화려한 파리입성 날짜까지 마리 앙투아네트에게 선택을 맡겼다.

마리 앙투아네트는 6월 8일로 결정했다. 국왕이 최종적으로 허가를 내리자 기세등등해져서, 3년 동안 자기를 파리로부터 멀리 떼어놓았던 얄미운 궁전 규칙을 조금 골탕 먹이고 싶어졌다. 사랑에 빠진 약혼자들이 가족들 몰래, 교회 축복을 받기 전에 미리 정열의 하룻밤을 보내고, 쾌락을 금단의 열매로 장식하는 것은 흔히 있는 일이지만, 마리 앙투아네트도 그처럼 공식적으로 파리에 들어가기 전에 몰래 파리를 방문하자고 남편과 시동생들을 부추겼다. '성대한 파리입성' 몇 주 전, 그들은 가면을 쓰고 변장한 뒤 밤늦게 의장마차를 타고 금단의 도시 파리, 메카를 향해 달려가서 오페라극장의 무도회에 참석했다. 이튿날 아침 아무 일도 없었던 듯 태연히 새벽 미사에 나타났기 때문에 이 불법적인 모험은 들키지 않고 감쪽같이 끝났다. 그리하여 난처한 일은 전혀 일어나지 않았고, 마리 앙투아네트는 혐오스러운 궁중 예법에 대해 최초의 복수를 성공리에 끝낸 셈이었다.

파리라는 낙원의 열매를 몰래 맛본 뒤였으므로 공식적인 성대한 입성은 더욱더 효과가 컸다.

프랑스 국왕에 뒤이어 하늘의 왕도 엄숙하게 승낙하는 듯이 6월 8일은 구름 한 점 없이 화창한 날씨였고, 엄청난 군중이 구경하러 몰려나왔다. 베르사유에서 파리에 이르는 길은 온통 이리저리 물결치는 사람들과 깃발과 화환으로 색색이 엮은 울타리로 변했고, 모든 것이 일제히 환성을 지르며 모자를 흔들어댔다. 성문에는 파리총독인 브리삭 원수가 호화로운 의장마차를 기다리고 있다가, 이 평화로운 정복자들에게 열쇠를 은쟁반에 받쳐 공손하게 내밀었다. 그다음에는 오늘은 특별히 화려하게 차려입은 중앙시장의 여자들이 나와 (뒷날 그녀들은 마리 앙투아네트를 얼마나 다른 방법으로 환영하게 되는지!) 왕가를 찬양하면서 그해 처음 수확한 과일과 꽃을 바쳤다. 그와 아울러 앵발리드 궁, 시청, 그리고 바스티유에서 축포가 우렁차게 울려 퍼졌다. 궁정 의장마차는 조용히 전 시가를 통과하여, 튈르리 강변을 따라 노트르담 사원으로 향했다. 사원, 수도원, 대학, 어디서나 황태자 부부는 축하 인사를 받고, 오늘을 위해 특별히 세워진 개선문 몇 개를 지나 깃발이 숲을 이룬 사이를 지나갔다. 누구보다 가장 열렬하게 환영한 것은 황태자 부부를 기다리고 있던 민중이었다. 거대한 도시 모든 거리에서 수만 명, 수십만 명의 사람들이 젊은 부부 모습을 보려고 물결처럼 모여들었다.

그리고 상상 밖으로 매력적이고 스스로도 황홀경에 빠져 있는 이 여성을 본 순간, 뭐라 말할 수 없는 열광의 소용돌이가 일어났다. 사람들은 박수치고 환호하며 손수건과 모자를 흔들었다. 아이들과 여자들은 바로 옆까지 밀어닥쳤다. 마리 앙투아네트는 튈르리 궁의 발코니에서 열광하는 엄청난 무리를 보고 그저 경악할 뿐이었다.

"맙소사, 웬 사람들이 이렇게 많을까!"

그때 그녀 옆에 서 있던 브리삭 원수가 몸을 굽혀 순수한 프랑스식 기사도를 발휘해 이렇게 대답했다.

"마담, 이런 말씀을 드리면 황태자 전하께서는 못마땅하시겠지만, 여기 있는 20만 명은 전부 마담한테 반한 것입니다."

마리 앙투아네트가 처음 민중을 접한 이때의 인상은 엄청난 것이었다. 천성적으로 생각이 깊지는 않지만 재빠른 이해력을 지닌 그녀는 모든 것을 언제나 직접적인 개인적 인상, 감각적이고 확실한 직관만으로 파악했다. 몇 분 동안, 살아 있는 거대한 숲처럼 깃발을 흔들고 소리를 지르며 모자를 흔드는 이름 없는 대중이 뜨거운 파도처럼 소리지르며 밀려오는 것을 보고서야, 비로소 그녀는 운명의 손이 밀어올린 자기 지위의 영광과 위대함을 예감할 수 있었다. 지금까지 베르사유에서는 '황태자비'로 불렸지만, 그것은 수천 개나 되는 칭호 중의 하나였고, 수없는 귀족의 계단 안쪽에서 상부에 고정된 한 위계에 지나지 않는, 공허한 말, 차가운 개념에 불과했다. 그런데 이제 마리 앙투아네트는 처음으로 '프랑스 왕위계승자의 아내'라는 단어 속에 담긴 불타는 듯한 의미와 자랑스러운 약속을 감각적으로 파악했다. 그녀는 깊은 감동에 사로잡혀 어머니에게 이렇게 썼다.

"지난 화요일 평생 잊지 못할 축제를 경험했어요. 우리의 파리 입성 말이에요. 우리는 사람들이 생각해 낼 수 있는 모든 경의를 다 받았어요. 그러나 저를 가장 깊이 감동시킨 건 무거운 세금에 시달리면서도 우리를 보고 진심으로 기뻐한 민중의 사랑과 정열이었어요. 튈르리 궁의 정원에서는 사람들이 너무 많이 모여들어 45분 동안이나 앞으로도 뒤로도 움직일 수 없었지요. 그리고 이 산책을 끝내고 돌아오는 길에도 30분가량이나 오도 가도 못하고 서 있었습니다. 어머니, 그 순간에 그들이 우리에게 보여주었던 사랑과 환희의 폭발을 어떻게 그려야 할지 모르겠군요. 돌아오기 전에 민중에게 손으로 인사를 했는데 그들은 그것도 몹시 기뻐해 주었어요. 우정을 이렇게 쉽게 얻을 수 있는 우리의 지위가 얼마나 다행인가요! 그런 우정보다 더 귀한 것은 세상에 없으니까요. 저는 그것을 생생하게 느꼈고 앞으로도 결코 잊지 않을 겁니다."

이것은 마리 앙투아네트가 어머니에게 보낸 편지에서 읽을 수 있는, 최초의 진정한 개인적 발언이다. 쉽게 감동하는 그녀의 천성은 강렬한 인상에 금세 압도되었다. 민중이 이유도 없이 이렇게 뜨겁게 애정을 보여주는 것에 아름다운 감동을 느꼈고, 마음속에서는 감사하는 마음, 관대한 마음이 용솟음쳤다. 그러나 마리 앙투아네트는 이해력이 빠른 만큼 잊어버리는 것도 빨랐다. 그 뒤 몇 번의 방문이 거듭된 뒤, 그녀는 이제 그 환호를 당연한 경의로, 자신의 지위와 신분에 마땅히 주어지는 것으로 생각하게 되어, 평소에 선물을 받을 때와 마찬가지로 어린아이처럼 분별없이 기뻐하기만 했다. 그녀는 그 열광적인 대중의 환호에 둘러싸여, 이 미지의 민중에게 사랑받는 것이 그저 즐겁기만 했다. 그녀는 그날 이후, 이 2천만 명의 사랑을 당연한 권리로서 누릴 뿐, 그 권리에는 의무가 뒤따른다는 것, 그리고 아무리 순수한 사랑일지라도 보답 받았다고 느끼지 못하면 결국 식어버린다는 것은 예감하지 못했다.

첫 여행에서 마리 앙투아네트는 일찌감치 파리를 정복해버렸다. 그러나 동시에 파리도 마리 앙투아네트를 정복한다. 그날부터 그녀는 이 도시에 마음을 빼앗기고 말았다. 그녀는 유혹의 도시, 끝없는 향락의 도시 파리를 몇 번이나 방문하는데, 곧 빈도가 지나칠 정도가 되었다. 때로는 낮에 시녀들을 모두 거느리고 거창한 행렬을 지어 가는가 하면, 밤에는 측근만 몇 데리고 극장이나 무도회에 가서, 위태로운, 또는 위태롭지 않은 놀이에 열중하곤 했다. 이제야 궁중 달력의 단조로운 시간표에서 풀려나, 아직도 어린애티를 벗지 못한 이 야성적인 소녀는 궁정식 인사와 음모, 딱딱한 의식으로 지고 새는, 창문이 백 개나 되고 대리석과 돌로 지은 상자 같은 베르사유 궁전이 얼마나 끔찍하고 지루한지, 매일 아침 미사와 밤의 양말 뜨기를 함께 해야만 하는 심술궂고 무뚝뚝한 시고모들이 얼마나 지겨운 존재였는지를 깨달았다. 밝은 공기와 자유는 전혀 없고, 무서울 정도로 거드름만 피우는 하찮은 궁정이, 영원히 변하지 않는 자세와 언제나 똑같은 판에 박은 듯한 행동을 요구하고는, 조금이라도 발을 잘못 내디디면 어김없이 경악을 부르는 이 영원한 미뉴에트가, 무엇에도 속박 받지 않고 흘러가는, 생명으로 넘치는 파리에 비하면, 끔찍한 미라처럼 너무나도 인위적으로 보였다.

그녀는 온실에서 자유로운 대기 속으로 빠져나온 것만 같았다. 거대한 도시의 혼란 속에서는 인파 속에 모습을 감추고 그 속에 숨어들 수 있었다. 시간표의 가차 없는 시곗바늘에서 벗어나 우연을 즐길 수 있었다. 베르사유에서는 거울을 위해서만 살아가는 데 비해, 여기서는 자기 자신의 삶을 살고 즐길 수 있었다. 그리하여 일주일에 두세 번, 화려하게 차려입은 부인들을 태운 마차가 밤의 파리를 향해 달려갔다가 새벽녘에 돌아오곤 했다.

그러면 마리 앙투아네트는 파리에서 무엇을 보았을까? 처음 며칠은 호기심에서 곳곳의 명소와 박물관, 큰 상점 같은 곳들을 구경하거나 민중의 축제에 참석하고, 한 번은 미술 전람회에도 가 보았다. 그러나 그 뒤 20년 동안 그녀가 파리에서 교양의 욕구를 보여주는 것은 그것으로 완전히 끝이었다. 그녀는 오락의 장소에만 심취하여 정기적으로 오페라, 코미디프랑세즈, 이탈리아코미디, 무도회와 가장무도회에 참석하고 도박장에도 갔다. 오늘날 돈 많은 미국 여성이 말하는 '밤의 파리, 환락의 도시 파리'였던 것이다. 그 가운데 그녀의 마음을 가장 끈 것은 오페라극장의 무도회였다. 가면의 자유야말로 지위에 속박된 그녀에게 허락된 유일한 자유였기 때문이다. 눈에 가면을 쓰면 황태자비로서는 생각도 할 수 없는 농담도 몇 마디 할 수 있었다. 미지의 신사들을—지루하고 무능한 남편은 궁전에서 자고 있다—유혹하여 몇 분 동안 유쾌한 이야기를 나눌 수 있었다. 페르센이라는 이름의 젊고 매력적인 스웨덴 백작에게 아무런 거리낌 없이 말을 걸고, 시녀들이 또 다른 남자를 칸막이 관람실 안으로 데려올 때까지 잡담을 할 수 있었다. 뜨겁고도 유연한 육체를 마음껏 해방시켜 녹초가 될 때까지 춤을 출 수도 있었다. 그곳에서는 마음 놓고 웃어도 되었다. 아, 파리에서는 하고 싶은 대로 멋진 삶을 즐길 수 있다! 그러나 그녀는 그러한 세월 내내 시민의 집을 찾아간 적은 한 번도 없었고, 의회나 학술원 회의에 참석한 적도, 자선병원이나 시장을 둘러본 적도 없었다. 요컨대 서민의 일상생활을 경험해 보려는 노력은 단 한 번도 해본 적이 없었던 것이다.

마리 앙투아네트는 파리에서 이렇게 흥겹게 오락에 빠져 언제나 부박한 향락을 쫓는 좁고 화려한 세계 속에 안주한 채, '선량한 백성'에 대해서는 열광적인 인사를 받아도 미소 지으면서 적당히 응하면 충분하다고 생각했다. 그러면 민중은 몇 번이고 열광하면서 울타리처럼 에워쌌고, 밤에 극장을 갔을 때 관람석 난간에 나가면 귀족과 부유한 시민계급도 환호하지 않던가. 그녀가 밤에 파리로 가는 것은 사람들이 하루 일에 지쳐서 집으로 돌아갈 때였고, 새벽에 돌아오는 것은 또 '민중'이 다시 일하러 나가는 여섯 시여서, 자신의 유쾌한 무위(無爲)와 요란스러운 놀이가 언제 어디서나 인정받고 있는 듯한 느낌이 들었다.

그렇다면 이 경거망동과 내키는 대로 살아가는 생활의 어디가 부당하단 말인가? 자신이 행복하고 아무런 근심도 없으므로, 마리 앙투아네트는 어리석은 청춘의 소용돌이에 몸을 맡긴 채, 온 세상이 모두 즐겁고 근심이 없으려니 여겼다. 궁정은 거들떠보지도 않고 파리에 놀러 가면 평민처럼 될 수 있다고, 물정 모르는 그녀는 믿고 있었지만, 실제로는 20년 동안 유리 소리를 내고 깃털이 장식된 호화로운 마차를 타고, 진정한 민중을, 진정한 파리를 그냥 지나쳐 버린 것이다.

파리의 환영에서 받은 강렬한 인상으로 마리 앙투아네트 내부에서 무언가 변화가 일어나기 시작했다. 자부심은 언제나 타인의 감탄으로 강화된다. 젊은 여성이 수천 명에게 아름다움을 인정받으면, 자신의 아름다움을 깨달아 더욱 아름다워진다. 베르사유에서 지금까지 늘 이방인, 불필요한 존재로 느끼고 위축되어 있었던 소녀도 또한 그랬다. 그녀의 본질 속에 숨어 있었던, 스스로도 놀랄 정도의 젊은 자부심이 머뭇거리는 내성적인 태도를 완전히 몰아냈다. 대사와 고해신부, 시고모들과 친척들의 보호와 감독을 받으면서 시녀들 앞에서도 허리를 굽히던 열다섯 살 소녀는 사라졌다. 이제 마리 앙투아네트는 오랫동안 요구되었던 고귀한 몸가짐을 단번에 배우게 되어, 내면으로부터 긴장하게 되었다. 시종들 앞을 지날 때처럼 궁중의 모든 귀부인들 앞을, 우아하고 경쾌한 걸음걸이로 당당하게 지나갔다. 그녀의 모든 것이 달라졌다. 개성이 발휘되기 시작하고 필적까지 돌변했다. 여태까지는 커다랗게 어린아이처럼 유치하고 어설프게 썼지만, 이제 아주 여성스럽게 섬세한 글씨를 우아한 편지지에 쓰게 되었다. 물론 타고난 성급함과 변덕, 경박하고 무분별한 점이 필체에서 사라질 수는 없었지만 표현에 일종의 독립성이 보이기 시작했다.

이제 샘솟는 청춘의 감정으로 가득 차서 불타오르는 듯한 이 소녀는 개인적인 생활을 누리며 누군가를 사랑할 만큼 성숙해졌다고 할 수 있었다. 그러나 아직도 진정한 남자가 아닌 남편에게, 그리고 정치의 손에 의해 묶여 있었고, 제 마음 속 정열을 알아채지 못한 채 사랑을 바칠 상대도 찾지 못한 열여덟 살 소녀는 자기 자신에게 반하고 말았다. 아첨이라는 달콤한 독이 그녀의 핏줄 속에 흘러들어 피를 뜨겁게 데웠다. 사람들이 감탄하면 할수록 더욱 찬란하게 만들고 싶었고, 법률에 의해 왕비가 되기 전부터 여자로서, 그 우아한 아름다움으로 궁정을, 온 도시를, 왕국을 정복하고 싶었다. 힘이라는 것은 한 번 자각하고 나면 다음에는 그것을 시험해보고 싶은 욕구를 느끼게 하기 마련이다.

자신의 의지를 타인에게, 곧 궁정과 도시에 밀어붙일 수 있을지 어떤지 가늠해 보려는 이 젊은 여자의 첫 시도는 다행히 예외적이라고 할 만큼 좋은 기회를 만났다. 거장 글루크가 《이피게니에》를 완성해서 파리에서 공연하기를 희망하고 있었던 것이다. 음악을 무척 애호하는 빈 궁정으로서는 그 성공 여부가 일종의 체면이 걸린 문제였다. 마리아 테레지아, 카우니츠, 요제프 2세 등은 황태자비가 글루크를 위해 길을 터줄 것을 기대했다.

그러나 예술적 가치에 대한 마리 앙투아네트의 안목은 미술이나 문학은 물론이고 음악에 대해서도 결코 뛰어난 수준이 아니었다. 그녀는 어느 정도 소박한 취미는 있었지만 자신의 힘으로 음미할 수 있는 정도는 아니었다. 새로운 유행이라면 무엇이든 두말없이 따르고, 많은 사람이 인정하는 것이라면 무엇이든 감격하지만, 그 흥미는 짚불처럼 잠시밖에 유지되지 않는 표피적인 호기심일 뿐이었다. 책은 끝까지 읽은 적이 없고 중요한 이야기는 교묘하게 회피해 버리는 마리 앙투아네트는 사물을 제대로 판단하는 데 절대적으로 필요한 성격적 전제조건인 진지함, 외경심, 노력, 사려가 부족하여, 사물을 깊이 파고들어 이해할 수가 없었다. 예술은 삶의 장식 이상이 아니었고 하나의 오락에 지나지 않았기에 그녀는 아무 노력도 필요하지 않은 예술 감상밖에 몰랐다. 예술을 진정하게 감상할 줄 몰랐던 것이다. 다른 것도 마찬 가지였지만 음악에 대해서도 진지하게 노력하지 않았으므로 거장 글루크에게서 받은 피아노 수업도 별로 진전이 없었다. 클라브생*1을 연주할 때도 무대 위의 여배우나 아주 가까운 모임에서 가수가 노래하는 것처럼 거의 장난에 가까웠다. 자기와 같은 오스트리아 태생의 모차르트가 파리에 와 있는 것도 전혀 알지 못했던 그녀였으므로 《이피게니에》의 새로움이나 장대함을 느끼고 이해하는 것은 어림도 없는 일이었다.

그러나 마리아 테레지아에게서 늘 글루크에 대한 찬양의 말을 들은 그녀는, 얼핏 까다로워 보이지만 무례하고 밝은 그 남자가 정말 재미있어서 호감을 느꼈다. 게다가 파리에서는 이탈리아 오페라와 프랑스 오페라가 음흉한 일을 꾸며 이 '야만인'에게 저항하고 있어서 그녀는 이 기회를 이용해 자신의 힘을 보여 줘야겠다고 생각했다.

그녀는 당장 궁정 음악가들이 '상연 불가'라고 단언한 이 오페라를 채택해서 지체 없이 연습을 시작하게 했다. 완고하고 성급하며, 대예술가 특유의 광적인 고집을 지닌 글루크를 싸고도는 것은 물론 그녀에게 쉬운 일이 아니었다. 글루크가 연습 때 응석받이 여가수들을 사정없이 윽박지르면, 그녀들은 징징 울면서 왕가의 애인들에게 달려가 투정을 늘어놓았다. 글루크는 그런 엄격함에 익숙하지 않은 음악가들을 사정없이 몰아붙여 오페라극장 안에서는 폭군처럼 굴었다. 그의 고함소리는 닫힌 문 안에서 마치 싸움이라도 벌어진 것처럼 시끄럽게 울려퍼졌다. 그는 또 열 번도 넘게 모든 걸 내팽개치고 빈으로 돌아가겠다며 으름장을 놓기도 했다. 황태자비의 비호를 생각해서 겨우 물의를 일으키지 않고 넘어갔다. 드디어 초연(初演)이 1774년 4월 13일로 결정되어, 궁정에서는 이미 좌석과 의장 마차를 예약했는데, 가수 한 사람이 앓아눕는 바람에 서둘러 대역을 내세우게 되었다. 그러자 글루크는 그렇게 할 수 없다면서 공연 연기를 명령했다. 낭패한 사람들은 궁정이 이미 모든 할당을 다 끝낸 지금에 와서 그런 소리를 하면 어떻게 하느냐고 한사코

---

*1 피아노의 전신

그에게 매달렸다. 단 한 사람의 가수가 잘하고 못하는 것만으로 작곡가가, 그것도 평민인데다 외국인인 작곡가가 궁정의 조치와 존귀한 분들의 계획을 뒤집을 수는 없다는 것이었다. 그런 것은 그에게 무관심한 일이다. 예절없는 이성이 소리를 질렀다. 만족할 수 없는 상태로 상연할 바에야 차라리 악보를 전부 불구덩이에 처넣어 버리는 게 낫다고 고집을 부렸다. 그가 시퍼런 기색으로 자신의 비호자인 마리 앙투아네트에게 달려가자, 그녀는 이 거친 사내가 재미있어서 즉각 '선량한 글루크'를 편들었다. 궁정 마차는 해약되고 귀족들의 분노를 샀지만 초연은 19일로 연기되었다. 게다가 마리 앙투아네트는 경시총감에게 명령하여, 고귀한 양반들이 궁정 예법을 모르는 악사 녀석한테 분개하여 야유의 휘파람을 부는 일이 없도록 손을 쓰게 했다. 그녀는 같은 나라 사람인 글루크 일에 발 벗고 나서서 그의 문제를 공공연히 자신의 문제로 만들어 버렸다.

마침내 《이피게니에》의 초연은 성공했는데, 그것은 글루크의 성공이라기보다는 마리 앙투아네트의 성공이었다. 그러나 신문이나 청중의 반응은 차가웠다. 그들은 이 오페라가 '몇 군데 상당히 뛰어난 부분도 있지만 대체적으로 매우 진부하다' 생각했다. 예술의 세계에서는 늘 일어나는 일이지만, 무지한 청중이 장대하고 대담한 것을 단번에 이해하는 일은 아주 드물었다. 그러나 마리 앙투아네트는 온 궁정 사람들을 초연에 끌고 갔다. 여느 때 같으면 천체(天體)의 음악을 위해 사냥을 포기하지는 않았을 것이고, 뮤즈의 여신을 전부 합친 것보다 쏘아 잡은 노루 한 마리를 더 소중하게 여기는 그녀의 남편조차 이때는 함께 가지 않을 수 없었다. 바람직한 분위기가 쉽게 조성될 것 같지 않자 마리 앙투아네트는 아리아가 끝날 때마다 칸막이 객석에서 눈에 띄는 박수를 보냈고, 시누이나 시동생을 비롯한 온 궁정도 예의상 함께 박수를 칠 수밖에 없었다. 갖가지 음모가 계획되어 있었지만 그날 저녁은 음악사상 한 사건이 되었다. 글루크는 파리를 정복했고 마리 앙투아네트는 파리와 궁정에 군림할 뜻을 공개적으로 처음 관철한 것이다. 그것은 그녀 자신이 거둔 첫 승리였고 전 프랑스에 대한 이 젊은 여자의 첫 시위였다. 몇 주일 뒤, 그녀가 자기 힘으로 획득한 이 권력은 왕비라는 칭호에 의해 더욱더 견고해진다.

국왕 서거 새 왕 만세

1774년 4월 27일 사냥에 나섰던 루이 15세는 갑자기 허탈감에 사로잡혀, 심한 두통을 느끼자 자신이 좋아하는 트리아농 궁으로 돌아왔다. 밤이 되어 시의들이 왕의 발열을 확인하고 뒤바리 부인을 병상으로 불러들였다. 이튿날 아침에는 불안한 빛을 띤 시의들이 왕을 베르사유 궁으로 옮기도록 지시했다. 가차 없는 죽음조차 보다 더 가차 없는 의례를 따르지 않을 수 없기 때문이었다. 프랑스 국왕은 국왕용 장식 침대가 아닌 곳에서는 중병에 걸릴 수도 죽을 수도 없는 존재였다.

"폐하! 폐하께서는 베르사유에서만 앓아누우셔야 합니다." 베르사유에서는 곧바로 의사 여섯 명과 외과의 다섯 명, 약제사 세 명 등, 모두 열네 명이 병상을 둘러싸고 한 시간에 여섯 번, 한 사람 한 사람이 맥을 짚었다. 그러나 진단이 내려진 것은 완전히 우연 덕분이었다. 밤이 되어 하인이 등불을 걸었을 때, 의사 가운데 한 사람이 그 끔찍한 붉은 반점을 발견한 것이다. 천연두다! 그 소리는 당장 온 궁정에 퍼졌고, 전염될지도 모른다는 공포가 거대한 궁전을 돌풍처럼 휩쓸었다. 며칠 뒤에는 감염자가 몇 사람 나왔지만 왕이 죽고 나면 자신들의 지위가 어떻게 될 것인가 하는 불안이 어쩌면 더 강했을지도 모른다. 딸들은 참으로 깊은 신앙심으로 하루 종일 왕의 곁을 떠나지 않고 간호했고, 밤에는 뒤바리 부인이 헌신적으로 병상을 지켰다. 그러나 왕위 계승자인 황태자와 황태자비는 전염될 위험이 있다하여, 가문의 계율에 따라 병실 출입이 금지되었다. 왕이 앓아누운 지 사흘째 되는 날부터, 두 사람의 생명은 전보다 더욱더 소중한 것이 되었다. 이제 궁정은 강력한 분할선에 의해 뚜렷이 두 파로 갈라졌다. 루이 15세의 병상 옆에서는 낡은 세대, 어제의 권력, 즉 시고모들과 뒤바리 부인이 병자를 지켜보면서 몸을 떨고 있었다. 그들은 신열에 떨고 있는 입술이 숨을 거두는 동시에 자신들의 영광도 끝나리라는 것을 분명하게 알았다. 다른 방에는 떠오르는 세대, 곧 미래의 루이 16세와 미래의 왕비 마리 앙투아네트, 형 루이가 아이를 낳지 못할 경우 마찬가지로 미래의 왕위 계승자가 될 수 있는 프로방스 백작이 모여 있었다. 이 두 장소 사이에는 운명이 가로막고 서 있었다. 누구도 일찍이 영광으로 빛났던 낡은 태양이 가라앉는 방에 들어서는 것을 허락받지 못했고, 또한 권력의 새로운 태양이 떠오르는 다른 방에도 들어갈 수 없었다. 그 사이에 있는 '황소의 눈'이라는 커다란 대기실에는 수많은 신하들이 모여들어 어느 쪽에 희망을 걸어야 할 것인지, 죽어가는 왕에게 걸어야 할지 아니면 새로 등장할 왕에게 걸어야 할지, 일몰(日沒)인지 아니면 일출(日出)인지 결정하지 못한 채 불안하게 동요하는 표정으로 기다리고 있었다.

그 사이에도 병마는 치명적인 위력을 휘둘러, 쇠약해지고 모조리 소진되어 버린 왕의 육체를 침식하고 있었다. 무서울 정도로 부풀어올라 온몸에 발진이 돋아난 상태에서도 살아 있는 육체는 한 순간도 의식을 잃지 않고, 끔찍스러운 분해의 과정을 거쳤다. 딸들과 뒤바리 부인에게는 엄청난 용기가 필요했다. 창문을 열어 놓았지만 왕의 방에는 페스트 같은 악취가 진동했기 때문이다. 이윽고 시의들까지 한쪽으로 물러섰다.

그들은 육체를 단념했다. 그러자 이번에는 다른 싸움, 죄 많은 영혼을 둘러싼 싸움이 시작되었다. 놀랍게도 사제들이 병상에 다가가서 고해를 듣고 성찬식을 베풀기를 거부한 것이다. 임종을 맞이한 왕은 너무나 오랫동안 믿음 없이 지낸 데다 욕망에만 젖어 있었기 때문에 먼저 진심으로 뉘우치는 마음을 보여주어 걸림돌부터 들어내지 않으면 안 된다, 즉 오랫동안 그리스도교의 계율을 어기며 함께 지내온 침상을 떠나지 않고 절망 속에 간호하고 있는 정부(情婦)부터 내보내야 한다는 것이었다. 마지막으로 혼자가 되는 이 두려운 시간에 진심으로 사랑하는 단 한 사람을 쫓아내는 것은 왕으로서 좀처럼 결단 내릴 수 없는 일이었다. 그러나 지옥불에 대한 공포가 점점 더 거세게 왕의 목을 졸라왔다. 왕이 목이 메어 뒤바리 부인에게 이별을 고하자, 그녀는 곧 마차에 태워져 사람들 눈에 띄지 않도록 가까운 뤼에유 별궁으로 보내졌다. 왕의 병이 회복되면 다시 돌아오도록 그곳에서 기다리게 한 것이다.

그리하여 확실하게 참회의 뜻을 보여주자 비로소 고해와 성찬식이 시작되었다. 이때 처음으로, 그때까지 38년 동안 궁정 안에서 가장 한가했던 사람, 즉 왕의 고해신부가 왕의 침실에 들어섰다. 그가 들어가자 곧 방문이 닫혔다. 대기실에 있던 호기심 많은 신하들은 정말 애석하게도 '사슴의 정원'에서 지은 왕의 죄상들(꽤나 흥미진진했으리라)을 들을 수 없었다. 그러나 그들은 스캔들을 즐기는 심술궂은 기분에서, 루이 15세 같은 사람이 죄와 방탕을 낱낱이 고백하는 데는 얼마나 시간이 걸리는지, 하다못해 그것만이라도 알고 싶어서 방 밖에서 시계를 들고 정확하게 시간을 쟀다. 꼭 16분 뒤 마침내 다시 문이 열리고 고해 신부가 나왔다. 그러나 여러 가지 징후로 보아 루이 15세가 아직 최종적인 사면을 허락받지 못했음을 알 수 있었다. 교회는, 38년에 걸쳐 죄 많은 심정을 참회로 씻지도 않은 채, 자식들 눈앞에서 오욕과 육체의 쾌락만 탐닉해 왔던 국왕에게 이 비밀 고백보다 한층 더 깊은 겸허를 요구했다. 왕은 자신을 지상 최고 권력자로 여기고, 또 스스로 종교상의 율법을 초월하는 존재라 예사로 생각해 왔기 때문에, 교회는 왕이 지고한 신 앞에서 특별히 깊이 머리를 숙일 것을 요구했다. 죄 많은 왕은 공개적으로, 즉 모든 사람 앞에서 모든 사람에 대해 왕의 위엄에 걸맞지 않은 품행에 회오의 뜻을 밝혀야만 했다. 그렇게 해야 비로소 왕에게 성찬을 베풀 수 있다는 것이었다.

이튿날 아침 놀라운 장면이 펼쳐졌다. 그리스도교국 최고의 전제군주가 신하들이 모인 자리에서 그리스도교도로서 참회하는 장면이었다. 궁전 모든 계단에 무장한 근위병들이 늘어서고 예배당에서 임종의 방까지는 스위스 친위병이 정렬했다. 성체 그릇을 받든 고위 성직자가 천개 밑을 엄숙한 걸음으로 들어서자 북소리가 무겁게 울리기 시작했다. 대사제와 그의 시종 뒤에는 타오르는 촛불을 손에 든 황태자와 두 동생, 공자, 공녀들이 문 앞까지 성체를 따라갔다. 문지방 앞에서 그들은 무릎을 꿇었다. 그리고 왕의 딸들과 계승권이 없는 공자들만이 고위 성직자들과 함께 임종의 방에 들어섰다.

모두 마른 침을 삼키며 숨을 죽이고 있는 가운데 왕에게 인사하는 추기경의 낮은 목소리가 들리고, 열어젖힌 문을 통해 성찬을 베푸는 모습이 보였다. 그것이 끝나자 추기경은—외경심을 품은 경악과 커다란 두려움으로 가득한 순간이었다—대기실 문지방으로 걸어 나와, 모여 있는 모든 조정 신하들에게 소리 높여 이렇게 말했다.

"여러분, 국왕의 위탁으로 모든 분에게 전합니다. 국왕은 하느님께 가한 모욕과 국민에게 보여준 나쁜 본보기를 용서해줄 것을 하느님께 비셨습니다. 하느님이 다시 건강의 은총을 내려주실 때는 속죄하고, 신앙을 지키며 국민의 무거운 운명의 짐을 가볍게 덜어줄 것을 약속하셨습니다."

침대에서 낮은 신음소리가 들렸다. 국왕은 바로 곁에 있는 사람들만 알아들을 수 있는 목소리로 이렇게 말했다.

"내 입으로 직접 그런 말을 할 수 있는 힘이 있었으면 좋으련만……."

그 뒤에 일어난 것은 온통 끔찍한 일뿐이었다. 한 인간이 죽는 것이 아니라 부풀어 올라 거무튀튀하게 썩은 살이 분해되어 간 것이다. 그러나 루이 15세 육체는 부르봉 집안 조상의 힘을 모두 한데 모은 것처럼, 멈출 줄 모르는 궤멸에 대해 거인처럼 저항했다. 이 며칠 동안은 모든 사람들에게 소름끼치는 나날이었다. 시종들은 끔찍한 악취에 진이 빠졌고 딸들이 마지막 힘을 짜내어 간호했다. 의사들은 포기하고 벌써 물러가 버리고 없었다. 온 궁정이 이 무서운 비극이 얼른 끝나기를 초조하게 기다렸다. 저 아래에는 며칠 전부터 의장마차가 준비를 갖추고 있었다. 전염을 피하기 위해 신왕 루이 16세는 왕이 숨을 거두면 지체 없이 모든 신하를 거느리고 슈아지로 옮겨가도록 결정되어 있었다. 기수들은 이미 말에 안장을 얹었고 짐도 꾸려져 있었으며, 밑에서는 시종과 마부가 이제나저제나 기다리고 있었다.

모든 사람들 눈은 죽어 가는 왕의 창가에 세워진 작은 촛불의 타오르는 불꽃만 주시했다. 이 촛불은 모든 사람에게 알려 주는 신호로 왕이 세상을 떠나는 순간 *꺼도록* 되어 있었다. 그러나 늙은 부르봉의 거대한 육체는 그 뒤 하루를 더 버텼다. 마침내 5월 10일, 화요일 오후 세 시 반에 촛불이 꺼졌다. 수군거리던 소리가 즉각 웅성거림으로 변했다. 방에서 방으로—솟구치는 물결처럼—소문이, 외침소리가, 불어제치는 바람이 퍼져갔다.

"국왕께서 서거하셨다, 신왕 만세!"

마리 앙투아네트는 남편과 함께 작은 방에서 기다리고 있었다. 어느 순간 그 신비스러운 함성이 들려왔다. 소리는 점점 높아져서 방에서 방으로 뭔가 알아들을 수 없는 말들이 파도처럼 가까이 밀려왔다. 그러자 문이 폭풍이라도 불어친 것처럼 활짝 열리더니 드 노아유 부인이 들어왔다. 그녀는 무릎을 꿇고 왕비가 된 마리 앙투아네트에게 첫인사를 올렸다. 그리고 차례차례 사람들이 몰려왔다. 마침내 궁정 모든 신하들이 찾아왔다. 너도나도 충성을 맹세하기 위해 서둘러 다가서서 저마다 얼굴을 내밀고 축하인사를 늘어놓으면서 먼저 인정을 받고자 했다. 북이 울리고 사관들이 칼을 휘둘렀다. 수백 명의 입에서 "국왕 서거, 신왕 만세!" 외침이 울려 퍼졌다.

마리 앙투아네트는 황태자비로 들어갔던 방을 왕비가 되어 나섰다. 사람들이 안도의 한숨을 내쉬며 푸르죽죽해져서 알아볼 수도 없게 된 루이 15세의 주검을 될 수 있는 대로 눈에 띄지 않게 매장하려고 미리 준비해 둔 관에 서둘러 넣는 동안, 마차는 새 왕과 새 왕비를 태우고 베르사유 궁전 뜰에 줄지어 있는 금빛 문을 빠져 나갔다. 민중이 길가에서 두 사람을 향해 환호하는 모습은, 마치 옛 왕과 함께 묵은 고난도 끝을 고하고, 새로운 지배자와 함께 새로운 세계가 시작되기라도 하는 듯했다.

늙은 수다쟁이 마담 캉팡이 꿀처럼 달콤하면서 눈물로 젖은 회상록에 쓴 바로는, 루이 16세와 마리 앙투아네트는 루이 15세가 서거했다는 통지를 받았을 때 무릎을 꿇고 앉아 흐느끼면서 "신이여, 우리를 지켜주소서. 우리는 나라를 다스리기엔 너무 젊습니다. 너무나 젊습니다." 부르짖었다고 한다. 이런 감동적인 에피소드는 어린이 교과서에나 싣기 딱 좋은 것이다. 그러나 애석하게도 마리 앙투아네트에 대한 대부분의 에피소드와 마찬가지로 그 날조는 매우 서툴고 비심리학적이라는 작은 결함을 지니고 있었다. 냉혈한인 루이 16세는 온 궁정이 1주일 전부터 시계를 손에 들고 이제나저제나 기다렸던 사건에 마음이 흔들릴 리가 전혀 없었고, 마리 앙투아네트 또한 시간이 건네주는 이 선물을 다른 어떤 선물과 마찬가지로 태연하게 받아들였을 뿐, 이 에피소드가 전하는 눈물겨운 감동은 그다지 어울리지 않는다. 그렇다고 그녀가 권력욕에 들떠 있었다거나 정권을 쥐고 싶어 좀이 쑤셨다는 이야기는 아니다. 마리 앙투아네트는 엘리자베트 여왕, 예카테리나 여제, 마리아 테레지아 같은 인물이 되려고 꿈꾼 적은 단 한 번도 없었다.

그러한 인물들이 되기에 그녀의 정신적 에너지는 매우 부족했고 정신의 폭은 너무나 좁았으며 성격은 몹시 게을렀다. 평범한 사람들이 대개 그렇듯이, 그녀의 소망 역시 자신의 분수를 넘지 못했다. 이 젊은 여자는 세계에 각인시키려는 정치적 이념도 없었고 더더구나 타인에게 압제를 가해 굴복시키고 싶은 마음은 아예 없었다. 단지 자주독립을 지키려는 강렬한 본능, 종종 어린아이처럼 철없이 드러내는 반항적인 본능만은 어릴 때부터 갖고 있었다.

남을 지배하려고도 하지 않았지만 타인의 지배나 영향을 받는 것도 결코 바라지 않았다. 왕비라는 것은 그녀에게는 자유 이상의 뜻이 없었다. 3년이 넘게 후견과 감독을 받은 뒤 겨우 행동을 속박하는 자가 없어진 지금, 그녀는 무한한 자유를 느꼈다(엄격한 어머니는 수천 마일이나 떨어져 있고, 굴종적인 남편이 쭈뼛거리며 항의해도 대수롭지 않게 여기며 무시해 버리기 때문이다.) 왕위 계승자의 아내에서 왕비라는 결정적인 한 계단을 올라선 그녀는, 드디어 모든 사람 위에 서서 자기 자신의 방자함 말고는 누구의 말에도 귀를 기울일 필요가 없게 된 것이다. 시고모들의 쓴 소리도 이젠 그만이고, 오페라극장의 무도회에 가도 좋을지 국왕에게 여쭈어볼 필요도 없다. 증오하는 적, 뒤바리의 불손도 이제 끝이다. 내일이라도 '그 여자'는 영원히 추방되어 만찬회에서 그 다이아몬드를 과시하는 일도, 그녀의 손에 키스하려고 왕후(王侯)들이 규방으로 몰려드는 일도 두 번 다시 없을 것이다. 마리 앙투아네트는 자랑스럽게, 그리고 수줍어하는 척도 하지 않고 자기 것이 된 왕관에 손을 내밀었다.

"지금의 나의 신분은 태어날 때부터 하느님이 주신 것이긴 하지만" 그녀는 어머니에게 보낸 편지에서 이렇게 썼다. "유럽에서 가장 아름다운 왕국을 위해 당신의 막내딸인 저를 선택하신 하느님의 섭리에 경탄하지 않을 수 없습니다."

이 말 속에서 환희의 원음보다 훨씬 증폭된 높은 소리가 울리고 있음을 알아듣지 못하는 자는 별로 없다. 마리 앙투아네트는 자기 지위가 위대함을 느꼈을 뿐 거기에 따르는 책임은 느끼지 못했기 때문에 거리낌 없이 활짝 편 얼굴로 왕좌에 오른 것이다.

왕좌에 올랐을 때 벌써 아래쪽에서 환호하는 소리가 들려왔다. 두 지배자는 어떠한 일도 한 것이 없었다. 어떠한 약속도 하지 않고 아무것도 실행하지 않는데도, 민중은 그들을 감격의 환호로 맞이했다. 국왕의 고혈을 짜내던 애첩은 추방되고, 늙고 냉담한 도락자인 루이 15세는 묻혀버리고, 소박하고 검소하며 겸손 경건한 젊은 왕과, 매력적이고 사랑스러우며 젊고 관대한 왕비가 프랑스를 지배하게 된 지금, 영원히 기적을 믿는 대중은 그야말로 황금시대가 열리는 게 아닐까, 몽상들을 했다. 모든 진열창에는 민중이 더욱 새로운 기대를 걸고 사랑하는 신왕 부처의 초상이 눈부시게 장식되었다. 두 사람의 몸짓 하나하나가 감격을 자아냈고, 불안 때문에 긴장해 있던 궁정도 기쁨을 되찾았다. 무도회와 퍼레이드가 다시 열리고, 밝은 희망과 새로운 생명력이 넘쳐나는 청춘과 자유가 지배하게 되었다. 사람들은 늙은 왕의 죽음을 안도의 한숨과 함께 맞이했고, 프랑스 방방곡곡 탑에서 울려퍼지는 종소리는 마치 무슨 축제의 신호인 양 기쁜 듯이 싱그럽게 널리 퍼졌다.

루이 15세의 죽음에, 암울한 예감에 사로잡혀 진정으로 마음의 동요를 느끼며 망연자실한 사람은 온 유럽에 오직 한 사람, 여제 마리아 테레지아뿐이었다. 그녀는 군주로서 30년에 걸친 경험으로 왕관이 얼마나 무거운 짐인지 잘 알고 있었고, 어머니로서는 딸의 약점과 결점을 너무도 잘 파악하고 있었다. 그녀는 경솔하고 분방한 딸이 좀 더 성장하여, 낭비욕의 유혹을 이길 수 있게 되었을 때 왕좌에 오르기를 진심으로 바라고 있었다. 어두운 예감이 노부인의 가슴을 무겁게 짓눌러 왔다.

"나는 그 소식을 듣고 마음이 매우 동요되고 있소."

통지를 받은 그녀는 자신의 충실한 대사에게 편지를 보냈다.

"그리고 그보다 더욱 걱정되는 건 바로 딸아이의 운명이라오. 좋은 운이 펼쳐질지, 아니면 매우 불행해질지, 둘 중 하나일 테니까. 왕과 대신들과 국가의 입장을 생각하면, 나로서는 지금 안심할 수 있는 상황이 아니라오. 게다가 딸아이는 저토록 어리니! 그 아이는 지금까지 진지한 노력을 기울여 본 적이 한 번도 없었고, 앞으로도 결코 그러지 않을 거요. 한다 해도 아주 예외에 지나지 않겠지요."

그녀는 딸의 그 의기양양한 편지에 침울한 기색으로 이렇게 답장을 썼다.

"네가 얻은 새로운 지위에 축하의 말은 하지 않겠다. 그것은 비싼 대가를 치르며 얻은 것이고, 네가, 훌륭하신 시할아버지의 자비와 관용 덕분에 지난 3년 동안 보내온 평안하고 오점이 없는 생활, 너희 두 사람에게 프랑스 국민의 동의와 사랑을 안겨준 생활, 바로 그 생활을 앞으로도 계속해 이어 나가겠다고 결심하지 못할 때는 더욱더 비싼 대가를 치르게 될 것이다. 국민의 동의와 사랑을 받는 것은 오늘 네 지위에 큰 이점이 된단다. 하지만 지금은 그 지위를 유지하면서, 국왕과 국가의 안전을 위해 올바르게 사용하는 방법을 배우는 게 중요하다. 너희 둘은 아직도 어린데 너무나 큰 짐이 이 어미는 걱정이구나……. 지금 내가 충고할 수 있는 것은, 무슨 일이든 필요 이상으로 서둘러서는 안 된다는 것뿐이다. 모든 것을 자신의 눈으로 똑똑히 보고, 아무것도 바꾸려 하지 말고, 모든 것이 전개되는 대로 맡기도록 해라. 그렇지 않으면 혼란과 음모가 끊이지 않을 것이다. 그러면 너희들은 혼란 속에 빠져 헤어나지 못할지도 모른다.”

수십 년에 걸친 경험과 시련에 단련되어 예언자의 눈을 지니게 된 여제는, 멀리 떨어져 있으면서도 가까이 있는 딸보다 프랑스의 불안한 상황을 더욱 잘 꿰뚫어보고 있었다. 그래서 그녀는 무엇보다 먼저 오스트리아와의 우호관계와, 그것을 통해 세계 평화를 지켜야 한다고 두 사람에게 간곡하게 부탁한다.

“우리 두 군주국이 눈앞의 문제들을 처리하는 데 필요한 것은 오직 평화뿐이란다. 우리가 긴밀한 협조를 유지해 나가면, 아무도 우리 일을 방해할 수 없을 터이고, 유럽은 행복과 평화를 누릴 수 있을 게다. 우리 국민만이 행복해지는 게 아니라 다른 나라의 국민들도 모두 행복해질 것이다.”

그러나 그녀는 또, 딸의 개인적인 경솔함과 쾌락을 쫓는 성향을 엄하게 훈계했다.

“너의 이런 점들이 가장 걱정된다. 진지한 문제를 피하지 말고 특히 지나친 낭비를 하는 일이 없도록 늘 주의해야 한다. 우리의 모든 기대를 넘어선 이 행복한 출발이 언제까지나 이어지고, 국민을 행복하게 함으로써 너희 두 사람도 행복해질 수 있다는 것, 모든 것은 거기에 달려 있다.”

어머니의 간곡한 호소에 감동한 마리 앙투아네트는 약속과 다짐을 거듭했다. 그녀는 진지한 활동에 자신이 약함을 인정하고 고치리라 맹세했다. 그러나 나쁜 예감으로 마음이 흔들리던 어머니의 걱정은 그것만으로 가라앉지 않았다. 마리아 테레지아는, 그 왕관이 행복을 가져다줄 것이고 그래서 딸이 행복해지리라는 것을 믿을 수가 없었다. 온 세상이 마리 앙투아네트를 에워싸고 환호하며 선망하는 동안, 그녀는 충신인 메르시 대사에게 어머니로서의 한숨을 써 보냈다.

“그 애의 가장 행복한 날들은 모두 지나가 버렸다는 생각이 드는구려.”

국왕 부처의 초상

즉위하고 나서 처음 몇 주일 동안은 언제나 동판조각가, 화가, 조각가, 메달주조가들이 매우 바쁘게 마련이다. 프랑스에서도 이제는 '더는 사랑받는 왕이 아닌' 루이 15세 초상은 어느새 치워지고, 꽃으로 화려하게 장식한 새 왕 부부의 초상이 그 자릴 대신했다. '국왕 서거, 새 왕 만세'였다.

숙련된 메달주조가라면 루이 16세의 유순하고 우둔해 보이는 얼굴에 제왕 다움을 새겨 넣는 데 특별한 기술은 필요하지 않았다. 짧고 탄탄한 목덜미를 제외하면, 신왕의 얼굴은 결코 품위 없지는 않았기 때문이다. 균형 잡힌 넓은 이마, 대담할 정도로 우뚝 솟은 강한 코, 촉촉하고 육감적인 입술, 모양 좋게 두둑한 턱, 이렇게 전체적으로 둥그스름한 느낌인 데다 당당한 옆얼굴은 매우 호감을 불러일으켰다. 그럼에도 가장 먼저 수정할 필요가 있는 것은 눈이었다. 극도의 근시여서, 안경을 끼지 않으면 세 발짝도 움직이지 못할 정도이고 상대가 누구인지 알아보지도 못한다. 거기서 조각사의 끌은, 속눈썹이 무겁고 몽롱한 소 같은 눈에 살짝 위엄을 곁들이기 위해, 선을 상당히 거칠게 깎아 깊이를 더해주지 않으면 안 된다. 몸집이 둔중한 루이는 아무래도 자세가 좋지 않았다. 예복을 입은 모습이 단정하고 당당해 보이도록 하고자 궁정화가들은 매우 고심해야 했다. 루이 16세는 젊은 시절부터 살이 쪄서 둔한 데다, 근시 때문에 우스꽝스러울 정도로 동작이 어색하고, 키가 6피트나 되고 체격이 곧은 데도, 공식 행사 때는 언제나 한심스러운 모습(거의 세상에서 가장 꼴사나운 풍채였다)으로 나타났기 때문이다. 그는 베르사유 궁의 번쩍번쩍 빛나는 나무 모자이크로 세공한 마루 위를 '쟁기질하는 농부처럼' 볼품없이 어깨를 흔들면서 걸었다. 춤도 출 줄 모르고 공놀이도 할 줄 몰랐다. 조금만 빨리 걸으면 자기 칼에 제 발이 걸리기 일쑤였다. 가련한 루이는 그러한 육체적인 약점을 스스로도 잘 알고 그 미숙함 때문에 어쩔 줄 몰라 했고, 어쩔 줄 몰라 하다가 더욱 둔해지는 악순환의 연속이었다. 그런 형편이니, 누구나 프랑스 왕은 동정심이 드는 멍청이라는 첫인상을 느꼈다.

그러나 루이 16세는 결코 멍청하지도 편협하지도 않았다. 다만 근시로 인해 겉모습이 왜곡된 것처럼, 정신적으로는 내성적인 점(결국은 성적불능에서 오는) 때문에 몹시 억압받고 있었을 뿐이다. 이 병적으로 소심한 지배자에게 대화는 언제나 정신적 긴장을 의미했다. 그는 자신이 생각이 느리고 둔함을 잘 알고 있어서, 말이 재깍재깍 입에서 튀어나오는 영리하고 재치있는 사람들에게 말할 수 없는 두려움을 느끼기 때문이었다. 루이 16세는 정직한 사람이어서, 그들에 비해 자신의 미숙함이 부끄러워 견딜 수가 없었다. 그러나 생각을 정리할 여유를 주고, 빨리 결정하라, 대답하라 다그치지만 않으면, 특별히 탁월하다고는 할 수 없지만 정직하고 솔직하며 건강한 오성을 발휘하여, 요제프 2세*1와 페티옹*2 같은 상대까지 놀라게 한 일이 있었다. 무엇보다 신경질적이고 소심한 면을 극복하면, 그의 행동은 완전한 정상이다. 그러나 그는 일반적으로 이야기하는 것보다는 책 읽고 글쓰기를 좋아했다. 책은 말이 없고 사람을 압박하지 않기 때문이다. 루이 16세는(믿지 않을지도 모르지만) 독서를 좋아해서 책을 많이 읽었다. 역사와 지리에는 통달했고, 영어와 라틴어를 배우려고 끊임없이 노력했는데 거기에는 뛰어난 기억력이 도움 되었다. 서류와 가계부는 나무랄 데 없이 잘 정리되어 있었다. 그는 매일 밤, 곡선을 띤 명료한 필체로 인쇄한 듯이 깨끗하게, 일상의 사소한 일들('사슴 여섯 마리를 쏘다' '하제를 투여하다')을 일기에 썼는데, 그 일기는 세계사적으로 중요한 사건은 모조리, 아무것도 알지 못하고 그냥 넘어가 버린 점에서 보는 이를 안타깝게 한다. 그는 요컨대, 평범하고 자주성 없는 지성의 본보기라 할 만한 인물로, 타고난 성격으로만 보면 신뢰할 수 있는 세관원이나 관리에 적합하며, 어떤 일 뒤에서 뭔가 순수하게 기계적이고 하찮은 소임을 하는 데 알맞기 때문에, 무슨 일이든 시키면 하지만, 단 하나 지배자 역할만은 적합하지 않은 사람이었다.

그러나 루이 16세의 기질에 처음부터 도사리던 숙명은 피 속에 납이 섞여

---

*1 마리 앙투아네트의 오빠, 신성로마제국의 황제.
*2 프랑스 혁명시대의 정치가. 처음에는 자코뱅파로 1791년 파리 시장이 되었으나, 나중에 지롱드파의 지도자가 된다.

있다는 것이었다. 단지 단단하고 무거운 것이 혈관 속을 둔중하게 흘러서 그는 무슨 일이든 가볍게 할 수 없었다. 성실한 노력을 거듭하는 이 인물은, 뭔가를 하거나 생각하고, 또는 단순히 느끼는 데만도 언제나 물질적인 저항, 즉 자기 내부에서 졸음과 같은 상태를 극복해야만 했다. 그의 신경은 늘어져 버린 고무줄처럼 팽팽하게 늘어나거나 줄어들지도 않고 진동도 하지 않았다. 전기처럼 불꽃이 튀는 일도 없었다. 이렇게 타고난 무딘 신경 때문에, 루이 16세는 강렬한 감정의 도선에서 모두 차단되어 있었다. 사랑(정신적인 의미에서나 생리적인 의미에서나), 기쁨, 쾌락, 불안, 고통, 공포 등 감정의 모든 요소는 코끼리 피부처럼 단단한 냉담함을 뚫고 들어갈 수가 없고, 직접적인 생명의 위험조차 그를 그 무감각으로부터 깨울 수 없었다. 혁명파가 튈르리 궁에 몰려 와도 그의 맥박은 1초도 빨리 뛰지 않았고, 기요틴에 오르기 전날 밤에도 그의 쾌락의 두 기둥인 수면과 식욕을 위협할 수 없었다. 그는 권총이 가슴을 찔러도 놀라지 않았을 것이고, 그의 흐릿한 눈에서 분노가 활활 타오르는 일도 없었을 것이다. 그를 경악시킬 만한 것은 아무것도 없었다. 적어도 외면적으로 그의 육체를 움직인 것이라고는 오직 자물쇠 만들기나 사냥 같은 매우 투박한 일뿐이었고, 그에 비해 섬세하고 예민하고 우아한 것, 즉 예술, 음악, 무용은 그의 감정세계에 결코 다가갈 수 없었다. 뮤즈나 신에게도 그의 둔한 감각을 움직일 만한 힘은 없었다. 에로스도 마찬가지였다. 루이 16세는 20년 동안, 조부가 아내로 정해준 여성 말고는 다른 여자에게는 끝내 한눈을 판 적이 없었다. 실제로 화가 날 정도로 욕망이 없는 그는, 쉽게 모든 것에 만족했는데, 그와 마찬가지로 아내와도 만족스럽고 행복한 생활을 보냈다. 그래서 운명이 하필이면 이렇게 완고하고 둔감한, 동물 같은 성질을 지닌 인간에게, 역사적으로 이 세기 가장 중요한 결정을 요구하고, 이토록 관조적 성격을 지닌 인간을 가장 무서운 세계적 파국 앞에 내세운 것은 악마 같은 악의라고 해도 무방하리라. 왜냐하면, 행위가 시작되어 공격하거나 방어하기 위해 의지의 근육이 팽팽하게 긴장해야 할 바로 그때, 육체적으로 건장한 이 남자에게는 참으로 한심하게도 기개가 사라져 버리기 때문이다. 루이 16세에게는 어떠한 결단도 번번이 끔찍한 당혹을 의미했다. 그는 평화, 평화, 오로지 평화만 원하여, 그저 양보하고 그저 남이 하자는 대로 할 줄밖에 몰랐다. 상대가 몰아세우거나 공격하면, 그는 누구에게나 요구하는 대로 들어주마 약속하고, 다음 상대에게도 마찬가지로 줏대 없이 그것과 모순되는 내용을 약속해버렸다. 그에게 다가가기만 하면 이미 그것만으로도 그를 굴복시킨 것이나 다름없었다. 이 가련한 약점 때문에, 루이 16세는 몇 번이나 죄 없이 죄를 지고, 의도는 성실하지만 불성실한 결과를 초래하여 아내와 대신들에게 농락당하고, 지혜와 절도를 잃은, 이름뿐인 왕으로 전락했다. 건드리지 않고 가만히 내버려 두면 행복하게 살 수 있건만, 현실적으로 정치를 할 수밖에 없게 되자 자포자기하여 어이없는 일을 저질러버렸다. 만약 혁명이, 악의 없고 둔감한 이 사람의 짧은 목을 기요틴에 걸지 않고, 어딘가 텃밭 딸린 작은 농가와 조금의 일거리를 주었다면, 프랑스 대주교 손으로 머리에 프랑스 왕관을 씌워주는 것보다 행복해졌을 것이다. 그는 어떠한 자긍심도 쾌락도 위엄도 없이 20년 동안 완전히 무관심 속에서 머리에 왕관을 이고 있었던 것이다.

아무리 아첨 잘하는 궁정 시인도, 이렇게 마음 약하고 남자답지 않은 남자를 위대한 제왕이라 찬양할 수는 없는 노릇이다. 그에 비해 예술가들은 모두 앞다투어, 왕비를 모든 형식과 언어로 찬미하고 대리석, 테라코타, 질그릇, 파스텔, 아름다운 상아 소품, 우아한 시로 그녀의 모습을 그리고자 했다. 그녀의 얼굴, 그녀의 거동은 그야말로 완전히 시대의 이상을 반영하고 있었기 때문이다. 섬세하고 날씬하며, 우아하고 사랑스럽고, 오락을 즐기고 요염한 열아홉 살 여성은, 처음부터 로코코의 여신, 유행과 당대에 인기를 끌던 취향의 모범적인 전형이었다. 아름답고 매력적이라 인정받고 싶은 여자는 마리 앙투아네트와 닮으려고 애썼다. 그러나 마리 앙투아네트의 얼굴은 실제로는 그다지 두드러진 미인도 아니었고, 특별히 인상이 강한 편도 아니었다. 아름답게 빚은 매끄러운 달걀 같은 얼굴에는 어딘지 모르게 불균형을 이룬 곳이 몇 군데 있었다. 합스부르크 집안의 특징인 두터운 아랫입술, 약간 납작한 이마를 지닌 그 얼굴이 사람의 마음을 끄는 것은, 정신적 분위기나 무언가 개성적이고 인상학적인 특징이 있어서가 아니었다. 아직 형태가 완성되기 전의, 자기 자신에게 호기심을 품은 소녀 같은 얼굴에서는, 아름다운 광택의 에나멜이 뿜어내는 차갑고 공허한 것이 느껴졌다. 그 얼굴에 일종의 당당한 위엄과 결연함이 깃드는 것은, 그로부터 한참 뒤 여자로서 한창 나이를 맞이한 뒤의 일이다. 눈물을 흘리다가도 유흥과 오락이 시작되면 금세 반짝반짝 빛나는 눈, 표정이 시시각각 변하는 부드러운 눈만이 생생하게 감정이 살아 있음을 보여주었다. 근시 때문에 그리 깊지 않은 엷은 푸른색 눈동자는 사람의 마음을 움직이는 아련한 정취를 띠고 있었다. 그러나 이 파르스름한 달걀형 얼굴 어디에서도 의지의 팽팽한 긴장에서 나오는 엄격한 성격의 선은 볼 수 없었다. 다만 부드럽고 유순한 성질, 기분대로 움직이고, 몹시 여성스러우며, 언제나 본능적 감정에만 따르는 성질이 느껴질 뿐이었다. 그리고 모든 사람들이 마리 앙투아네트에게 무엇보다 감탄하는 것은 상냥하고 애교가 많은 점이었다. 이 여성이 지닌 진정한 아름다움은 바로 본질적인 여성스러움이었다. 반짝이는 붉은 빛을 띤 엷은 금발의 풍성한 머리채, 도자기처럼 하얗고 매끄러운 살결, 느긋하고 유연한 자태, 상아처럼 매끄럽고 부드러운 팔의 완벽한 곡선. 잘 가꾼 아름다운 손, 이러한, 이제 겨우 꽃봉오리가 터질 듯 말 듯한 처녀 특유의 꽃향기 같은 여성스러움이었지만, 그 매력은 너무나도 덧없이 승화되어버려, 초상화를 통해서는 그 전모를 엿보기가 쉽지 않다.

그것은 그녀의 초상화 가운데 몇 개 되지 않는 뛰어난 작품도, 우리에게 그녀의 가장 본질적인 성격, 그녀의 가장 개성적인 인상을 보여주지 않기 때문이다. 그림은 거의 언제나 인간의 부자연스럽고 거북한 포즈밖에 그려내지 못한다. 마리 앙투아네트의 가장 본질적인 매력은, 다른 사람은 흉내 낼 수 없는 우아한 몸짓에 있다는 것은 모두 한결같이 인정하는 점이다. 마리 앙투아네트는 발랄한 몸짓을 취할 때 비로소 그 몸에 타고난 음악성이 드러났다. 그녀가 예쁜 다리를 옮겨 사방이 거울인 방에 늘어선 사람들 앞을 사뿐사뿐 지나갈 때, 잡담을 하기 위해 안락의자에 요염하고 나긋나긋하게 몸을 기댈 때, 벌떡 일어나 계단으로 달려가서 빠르게 오르내릴 때, 타고난 우아한 몸짓으로 눈부시게 하얀 손을 내밀거나 여자 친구들의 허리를 다정하게 껴안을 때, 그녀의 자태는 아무런 노력을 하지 않아도 여성의 육체적 직관에 의해 완전한 매력을 자아냈다.

"똑바로 서면" 평소에는 냉정한 영국인 호레이스 월폴은 이렇게 썼다. "그녀는 미의 입상(立像)이고, 몸을 움직일 때는 우아함 그 자체다."

그녀는 실제로 용감한 여인족인 아마존처럼 말을 타고 공놀이를 했다. 그녀의 유연하고 민첩한 몸이 움직이기 시작하면, 언제나 기량뿐만 아니라 관능적인 매력에서도 궁정의 가장 아름다운 부인들을 능가했다. 그녀에게 완전히 매료된 월폴은, 그녀의 춤이 때로는 리듬에 맞지 않다는 사람들의 평가를, 그렇다면 음악이 잘못된 거라고, 참으로 예법에 맞는 말로 물리쳤다. 마리 앙투아네트는 본능적으로—여자는 누구나 자신의 아름다움에 대해 잘 알고 있다—운동을 좋아했다. 그녀는 천성적으로 잠시도 가만히 있지 못했다. 조용하게 앉아 있거나 귀를 기울여 듣고, 책을 읽고, 경청하거나 생각에 잠기는 것, 어떤 의미에서는 잠을 자는 것조차, 그녀에게는 견딜 수 없는 인내심의 시련이었다. 그냥 여기저기 돌아다니면서 이런 저런 일에 손을 댔다가는 끝을 맺지 못한 채, 언제나 뭔가 하고 있으면서 동시에 다른 일에 손을 댄다. 그러나 스스로 진지하게 노력해야 하는 일은 하지 않았다. 시간은 멈추지 않는다는 것을 느끼고, 오로지 시간을 쫓아가서 따라잡고 추월하려 들 뿐이다. 식사에도 긴 시간을 들이지 않고 과자나 간단히 조금 집어먹을 뿐이고, 잠도 오래 자지 않고 생각도 오래 하지 않고, 그저 자꾸만 무위의 생활을 되풀이할 뿐이었다. 마리 앙투아네트가 그렇게 보낸 왕비로서의 20년은, 자신의 주위를 빙글빙글 도는 영원한 운동으로 변해, 외적으로나 내적으로나 아무런 목표도 없이, 인간적으로도 정치적으로도 완전한 공전으로 끝나고 만다.

이렇게 절제를 하지 못하는 태도, 스스로 통제하지 못하고, 큰 힘의 사용법을 그르쳐 낭비해버리는 방식이야말로, 어머니가 마리 앙투아네트에게 가장 노여워한 점이었다. 나이가 들어 인간에 대한 통찰력을 지닌 어머니는, 나면서부터 재능과 생명력을 부여받은 딸이 내면에서 백 배나 많은 것을 이끌어낼 수 있음을 잘 알고 있었다. 자신의 본디 모습으로 돌아가려고 마음만 먹으면 제왕에 어울리는 권력을 지니게 될 텐데도, 숙명적으로 안일만 구하며 자기 정신수준 이하의 생활을 보내고 있었다. 순수한 오스트리아 여성인 그녀는 많은 재능, 너무나 많은 일을 할 수 있는 재능을 지니고 있었지만, 유감스럽게도 그 타고난 재능을 진심으로 활용하거나, 그것을 더욱 심화하고자 하는 의지는 눈곱만큼도 없었다. 그녀는 재능을 가볍게 털어버리고는, 그것으로 자신의 기분도 털어버리는 것이다.

"그녀가 처음에 먹는 마음은 언제나 옳다." 요제프 2세는 이렇게 평가했다. "만약 그 마음을 계속 유지하면서 좀 더 깊이 생각한다면 훌륭한 여자가 될 텐데."

그런데 그 '좀 더 깊이 생각한다'는 일만도 이미 그녀의 변덕스러운 기질에는 무거운 짐이었다. 문득 떠오르는 것 말고, 생각하는 일은 어깨를 짓누르는 것만 같아서 견딜 수가 없다. 쉽게 변하고 되는 대로 아무렇게나 하는 그녀의 성질은, 정신적인 긴장이라면 어떤 종류도 거부했다. 그저 놀기만 하면서 모든 것을 쉽게만 하고 싶고, 노력을 하거나 실제로 일하는 것은 끔찍하게 싫어했다. 오로지 입으로만 지껄이고 머리는 사용하지 않았다. 누가 이야기를 하면 건성으로 적당히 흘려듣는다. 사람의 마음을 끌어당기는 사랑스러움과 반짝이는 경쾌함으로 매력적인 대화를 즐길 때, 어떤 생각이 떠올라도 그것이 형태를 갖추기 시작하면 이내 내팽개치고 만다. 무엇이든 끝까지 이야기하는 법도 없고 끝까지 생각하거나 글을 읽는 법도 없다. 뭔가에 진득하게 매달려 거기서 실제적인 경험의 의미와 실질을 흡수하려 하지 않는다. 그래서 그녀는 책과 공문서 같은, 인내력과 주의력이 요구되는 진지한 것은 좋아하지 않고, 무슨 일이 있어도 편지를 써야 할 때는 조급하게 휘갈겨 쓴 듯한 글씨로 처리해버렸다. 어머니에게 보낸 편지에서조차 얼른 끝내버리고 싶어 하는 마음이 역력하게 보일 때가 종종 있었다. 뭐든 번거로운 것은 질색이고, 머리를 어둡고 무겁고 우울하게 만드는 것은 모조리 사절이었다. 그녀에게는, 자신이 이렇게 사고를 싫어하는 것을 잘 이해해주는 사람은 현명한 인물이고, 노력을 요구하는 인간은 좀스럽고 귀찮은 인물이었다. 그래서 이성적인 조언자들에게서 단숨에 달아나, 인상 좋은 남자들이나 마음 맞는 여자들에게 달려가 버렸다. 사고와 계산과 절약 따위에 방해받지 않고 오로지 즐기기만 하면 된다고 그녀는 생각했고, 그녀를 에워싸고 있는 것도 모두 그런 사람들뿐이었다. 오로지 관능 속에 잠겨 깊이 생각하지 않는 것, 그것이 그 시대 전체의 도덕이고 18세기의 도덕이었다. 운명은 그녀를 그 시대의 상징적인 여왕으로 만들었고, 그녀는 분명 그 시대와 함께 살고 그 시대와 함께 죽어 갔다.

극단적일 정도로 어울리지 않는 이 부부보다 성격적으로 더욱 날카롭게 대립하는 부부를 만들어내는 것은 어떤 소설가라도 불가능한 일일 것이다. 마리 앙투아네트와 루이 16세는 말초 신경, 맥박, 기질의 극단적인 진동에 이르기까지 모든 성질과 특질에 있어서 그야말로 정반대였다. 한쪽은 둔중한데 다른 한쪽은 경쾌하고, 한쪽은 딱딱한데 한쪽은 나긋나긋하며, 한쪽은 곰팡내가 나는데 한쪽은 끓어오르고, 한쪽은 둔감한데 한쪽은 불안할 정도로 신경이 예민했다. 정신적인 면에서는, 남편은 우유부단한데 아내는 너무 성급하게 결단을 내리고, 남편은 심사숙고하지만 아내는 자유롭게 네, 아니오를 대답한다. 남편은 신앙심이 투철하나 아내는 세속을 좋아하고, 남편은 겸손하고 겸허하되 아내는 애교만점에 오만하며, 남편은 소심하나 아내는 제멋대로, 남편은 절약가이나 아내는 낭비벽이 심하고, 남편은 지나치게 진지한 반면 아내는 절도 없이 놀기를 좋아하고, 남편은 무겁게 흐르는 깊은 흐름이라면 아내는 거품이나 춤추며 날뛰는 파도였다. 남편은 혼자 있을 때 가장 편한데 아내는 언제나 시끌벅적한 무리 한가운데 있었다. 남편은 동물적으로 둔감하게 즐기면서 많이 먹고 독한 술을 마시기를 좋아하나, 아내는 술은 입에도 안 대고 음식은 아주 조금 재빨리 먹어치웠다. 남편의 본령은 잠이고 아내의 본령은 춤이며, 남편의 세계는 낮이고 아내의 세계는 밤이었다. 따라서 이 부부의 생활을 가리키는 시곗바늘은 해와 달처럼 서로 엇갈려서 돌고 있었다. 루이 16세가 잠자리에 드는 밤 열한 시가 되어서야, 마리 앙투아네트는 겨우 타오르기 시작하여 오늘은 도박장, 내일은 무도회, 언제나 다른 곳으로 나간다. 그가 아침에 일어나 몇 시간이고 사냥을 하며 말을 타고 돌아다닐 때 그녀는 이제 겨우 침대에서 일어나려는 참이다. 습관, 취향, 하루 일과 어느 한 가지도 공통되는 게 없었다. 실제로 마리 앙투아네트와 루이 16세는 그들 인생 대부분을 따로 살았다. 거의 언제나 잠자리를 따로 했던 것처럼(마리아 테레지아는 이 점을 탄식했다).

그렇다면 사이가 나빠서 툭하면 싸움질에 신경을 곤두세우며 간신히 헤어지지 않고 유지하는 결혼생활이었을까? 천만에! 전혀 그렇지 않았다. 그 반대로, 아주 편안하고 만족스러운 결혼생활이었다. 그리고 알다시피 뼈아픈 결과를 가져오게 되는 결혼 초기 남편의 성적불능이 없었다면 완전히 행복한 결혼이었다고까지 할 수 있으리라. 왜냐하면 긴장이 일어나려면 양쪽 모두에게 힘이 필요하고 의지와 의지가 맞서야 하며 격렬함에는 격렬함으로 대항해야만 하는데, 이 두 사람, 마리 앙투아네트와 루이 16세는 모든 마찰과 긴장을 피했기 때문이다. 남편은 몸이 게을렀고, 아내는 정신이 게을렀던 것이다.

"나의 취미는 남편의 취미와는 달라요." 마리 앙투아네트는 어느 편지에서 가볍게 펜을 끼적거렸다. "그는 사냥과 기계적인 일 말고는 아무 관심이 없어요……. 제가 대장간에 간다면 별로 우아하지 않으리라는 건 인정하시겠지요. 전 불카누스*³도 아니고, 비너스 역할을 한다면 나의 다른 어떤 성향보다도 남편 마음에 더 들지 않을걸요."

루이 16세 역시 어지러울 정도로 요란스러운 아내의 도락은 자기 취미와는 전혀 어울리지 않는다고 생각했다. 그렇지만 이 무기력한 남자에게는 강경하게 간섭할 의지도 힘도 없었다. 따라서 절도를 모르는 아내의 행동을 봐도 그저 사람 좋은 미소만 지을 뿐이고, 마음속으로는 그토록 자자한 찬사를 들을 만큼 매력적인 아내를 둔 것을 자랑으로 여겼다. 그의 둔한 감정에도 약동하는 힘이 있음을 알 수 있을 정도로, 이 우직한 남편은 자기 나름의 방법으로—즉 둔중하고 성실하게, 자기보다 총명하고 아름다운 아내에게 맥없이 굴복하여, 자신의 열등의식이 아내의 빛을 가리지 않도록 옆으로 살짝 비켜서 있었다. 그녀도 이 편한 남편을 좀 깔보는 편이지만 악의는 없었다. 앙투아네트도 남편에게 동정적인 호의를 품고 있어서, 예를 들자면 털이 북슬북슬한 커다란 세인트버나드를 상대하는 느낌이었다. 이 종류의 개는 으르렁거리거나 툴툴거리는 법이 없이 슬쩍 눈짓만 해도 언제나 다소곳이 따르기 때문에 사람들이 가끔씩 긁어 주고 쓰다듬어 주는 개였다. 시간이 흐름에 따라 그녀도 이 둔한 사람에게 점점 화를 낼 수가 없었다. 고마운 마음에서라도 그럴 수 없었던 것이다. 남편은 아내가 기분 내키는 대로 무슨 짓을 하든 내버려두었고, 아내가 자기와 함께 있기를 원하지 않는다고 느끼면 민감하게 순순히 물러갔으며, 예고도 없이 아내 방에 들어오는 행동도 전혀 하지 않았다. 자신은 검약하면서도 아내의 빚은 언제나 선뜻 갚아 주고, 아내의 청이라면 뭐든지 허락하고 심지어는 애인까지 허락하는 이상적인 남편이었다. 마리 앙투아네트는 루이 16세와 함께 살아가면 살아갈수록 여러 가지 결점이야 있지만 그 뒤에 숨어 있는 그의 크게 존경할 만한 성격에 점점 경의를 표하게 되었다. 외교정책으로 맺어진 혼인이 점차 진정한 우정으로, 마

---

*3 불과 대장간의 신.

음 통하는 행복한 공동생활로 바뀌어 갔다. 어쨌든 그 시대에 볼 수 있는 대부분 왕후의 결혼생활보다는 서로 마음이 통했다.

오로지 사랑이라는 위대하고 성스러운 단어만은 이 경우 사용하지 않는 편이 나을 것이다. 남자답지 않은 루이 16세에게는 진정한 사랑을 하기에는 심장의 에너지가 모자랐고, 그에 대한 마리 앙투아네트의 마음에도 너무나 많은 연민과 겸손과 배려가 뒤섞여 있었으니, 이런 미적지근한 혼합물을 사랑이라고 부를 수는 없으리라. 신경이 섬세한 이 여인은 의무감과 정략에서 육체적으로 남편을 따를 수 있었고, 또 그렇게 해야만 했다. 그러나 게으르고 둔감한 남편, 이 폴스타프*4가 원기발랄한 아내를 성적 긴장감으로 넘치게 만들거나 만족시켜 주었으리라 가정해 보는 건 전혀 의미 없는 일이다. 파리를 방문한 요제프 2세는 냉정하고 객관적으로 판단하여 빈에 간결하게 보고한 적이 있다.

"그 애는 남편에게 애정이 조금도 없습니다."

그녀는 그녀대로 어머니에게 보낸 편지에 루이의 세 형제 중에서는 신이 자기 남편으로 정해준 사람이 그래도 가장 마음에 든다고 썼다. 무심코 써버린 '그래도'라는 말은 그녀가 의식적으로 표현하고자 한 것보다 많은 것을 이야기하고 있다. 그것은 더 나은 남편을 만날 수는 없으니까 이 예의바르고 점잖은 남편이 '그래도' 대용품으로서는 가장 좋다는 정도의 의미였다. 이 한마디 말에서 두 사람 사이의 뜨뜻미지근한 온도를 분명히 잴 수 있다. 그러나 마리 앙투아네트가 조금만 더 위장을 잘하거나 정신적으로 기지를 발휘했더라면, 마리아 테레지아도 결국은 딸의 유연한 결혼관에 그런대로 만족했을지 모른다. 파르마에 사는 다른 딸에 대해서는 훨씬 더 고약한 소문이 들려오고 있었다. 그러나 마리 앙투아네트는—이 점을 마리아 테레지아는 용서하지 않았다—형식을 지키는 것을 잊어버렸고 그럼으로써 남편의 명예를 지켜주는 것도 잊었다. 다행히도 이런 경솔한 언사를 제때에 알아차려 문제 삼은 사람이 어머니였다. 마리아 테레지아 정치상의 친구인 로젠베르크 백작이 베르사유를 방문한 적이 있었다. 마리 앙투아네트는 이 세련되고 멋있는 노신사가 마음에 들어 신임했다. 그녀는 빈으로 돌아간 백작에게 쾌활하게 수다를 떠는 편지를

*4 셰익스피어의 극중 등장인물.

보냈는데, 거기서 그녀는 슈아죌 공작이 알현을 청했을 때 자신이 은근히 남편을 얼마나 바보로 취급했는지에 대해 이야기했다.

"내가 국왕 양해를 얻지 않고는 슈아죌 공을 만나지 않았다는 것쯤은 아실 테지요. 그러나 내가 국왕의 허가를 부탁한다는 인상을 주지 않으려고 얼마나 교묘한 방법을 썼는지 아마 상상도 못 하실 거예요. 나는 슈아죌 씨를 만나고 싶은데 아직 날짜를 정하지 못하고 있어요, 이렇게 말했지요. 내가 너무나 요령 있게 말해서 그런지 그 '딱한 양반(르 포브르 옴므)'은 내가 공을 만날 수 있는 가장 좋은 시간을 스스로 찾아내 주었답니다. 내 생각으로는, 이 문제에서는 그저 아내로서의 권리를 크게 이용했을 뿐이에요."

마리 앙투아네트는 별 생각 없이 '르 포브르 옴므'라고 써버리고, 아무 거리낌 없이 편지를 봉인했다. 재미있는 일화를 하나 이야기했을 뿐이라 생각했고 '르 포브르 옴므'라는 말은 그녀의 마음속 어법에서는 '딱한 호인'이라는 정말 정직하고 선량한 의미였다. 그러나 빈에서는 공감과 연민과 경시가 뒤섞인 이 말을 다른 의미로 읽었다. 프랑스 왕비가 사적인 편지에서 그리스도교국의 최고 군주인 프랑스 국왕을 공공연하게 '딱한 양반'이라고 부르며 남편에게 군주로서 경의를 표하지 않을 때는, 얼마나 위험한 무분별이 도사리고 있는지를 곧바로 알아차린 것이다. 이대로 뒀다가는 이 경솔한 딸이 가든파티나 가장무도회에서 랑발 집안이나 폴리냐크 집안사람들, 그리고 젊은 귀족을 상대로, 프랑스 지배자를 대관절 뭐라고 부르겠는가! 곧 빈에서는 엄숙하게 협의하여, 수십 년 동안 황제 문서실에서 공개를 허락하지 않았을 정도로 강경한 편지를 마리 앙투아네트에게 보냈다.

"로젠베르크 백작에게 보낸 네 편지가 나를 얼마나 놀라게 했는지, 도저히 그냥 넘어갈 수가 없구나." 늙은 여제는 의무를 망각한 딸을 심하게 질책했다. "그 무슨 말버릇이고 경박스런 태도냐! 그토록 착하고 그토록 온화하며 헌신적이던 왕녀 마리 앙투아네트의 마음씨는 대체 어디로 갔단 말이냐? 그 편지에서는 음모와 졸렬한 증오, 비웃음과 악의밖에 찾아볼 수 없구나. 그런 음모는 퐁파두르와 뒤바리 같은 여자들이나 할 만한 짓이지, 왕녀, 그것도 관용과 예절을 숭상하는 합스부르크—로트링겐 가문의 어엿한 왕녀가 할 짓은 아니다. 지난겨울, 네가 유흥에 정신이 팔려 그 우스꽝스러운 유행과 겉치레에 넋을 잃게 된 뒤부터, 너의 빠른 성공과, 사람들이 네 주위에서 아첨을 늘어놓으며 떠받드는 것을 보고 나는 늘 두려움을 느끼고 있단다. 국왕이 내키지 않으면서도 관대한 마음으로 네 뜻을 따라주거나 묵인해주고 있을 뿐이라는 사실을 번연히 알면서도, 국왕을 제쳐놓고 정신없이 이런저런 유흥에만 빠져있는 것에 대한 나의 당연한 불안은 전에도 몇 번인가 편지에서 이야기한 바 있다. 네 이번 편지는 나의 그런 불안을 분명하게 뒷받침해주는구나. '딱한 양반'이라니, 아니, 이게 무슨 망발이냐! 국왕께서 그렇게 잘해 주시는 데에 대한 감사와 존경은 도대체 어디에 있느냐. 여기에 대해서는 스스로 반성하도록 너에게 맡기마. 할 말이야 아직도 많지만 이만 하마……. 그렇지만 앞으로 또 그와 같은 적절치 않은 짓을 한다면 너를 너무도 사랑하는 마음에서 그냥 있지 않을 것이다. 나는 네가 너무나 경솔하고, 격해지기 쉬우며, 분별심이 전혀 없다는 것을 잘 알고 있기 때문에, 유감스럽게도 그런 마땅찮은 언동은 전보다 더욱더 많이 보게 될 것 같구나. 그것은 지금도 예견할 수 있는 일이다. 네 행복은 눈 깜짝할 사이에 끝나버리고, 너의 잘못으로 엄청난 불행을 맞게 될지도 모른다. 그것은 모두 진지한 일을 하지 못하게 만드는 저 무서운 쾌락에 대한 네 욕망 때문이다. 너는 도대체 무슨 책을 읽고 있느냐? 그러면서 너는 무슨 일이고, 더없이 중대한 문제와 대신의 발탁 같은 데도 감히 끼어드는 것이냐? 신부와 메르시는 너를 행복하게 해주고자 할 뿐, 비열한 아첨꾼 흉내는 내지 않으면서, 너를 즐겁게 해주거나 네 약점만 이용하려 들지 않는다는 사실 때문에 너에게는 별로 탐탁지 않은 존재가 된 모양이더구나. 언젠가는 이런 일들을 이해할 날이 오겠지만, 그때가 되면 이미 늦다. 오로지 내가 그런 꼴을 보지 않을 수 있도록 되도록이면 빨리 나를 불러 주십사 하느님께 기도하고 있다. 나는 더 이상 너에게 도움이 되지 못한 채 자식을 잃고, 그 불행한 모습을 지켜보는 것만은 도저히 견딜 수 없을 테니까. 나는 마지막 순간까지 내 자식을 간절한 마음으로 사랑할 것이다."

　　그저 우쭐한 기분에 내뱉은 '딱한 양반'이라는 농담조의 한마디를 가지고 이토록 법석 떠는 건 지나친 확대해석이 아닐까? 지나친 노파심이 아닐까? 그러나 마리아 테레지아는 이때 우연한 말 한마디가 아니라 하나의 불길한 징후를 보았던 것이다. 이 한마디로 마리아 테레지아는 루이 16세가 결혼

생활에서도 그렇고 궁정 전체에서도 얼마나 존경 받지 못하고 있는지를 한 순간에 깨달았다. 그녀의 마음은 불안해졌다. 국가에 있어서, 군주를 경시하는 풍조가, 가장 견고한 대들보라 할 수 있는 군주 자신의 가정을 좀먹어 들기 시작하면, 과연 다른 기둥과 버팀목들이 폭풍우에도 끄떡없이 서 있을 수 있을까? 위기에 처한 군주제가 군주 없이 존속할 수 있겠는가? 피로도, 가슴으로도, 머리로도 왕의 의지를 느끼지 않는 단역들 사이에서 어떻게 왕좌가 지탱될 수 있단 말인가? 지나치게 소심하고 우유부단한 남자와 지나치게 분별 없는 경박한 여자, 이런 불안한 조합으로 위협이 떼 지어 다가오는 시대에 맞서 어떻게 왕좌를 지켜가겠는가? 여제는 사실 딸에게 화를 내고 있는 게 아니었다. 그저 딸을 걱정하고 있을 뿐이었다.

게다가 실제로 그 두 사람에게 어떻게 화를 낼 수 있겠는가? 어떻게 그들을 심판할 수 있겠는가? 그들을 고발한 국민의회조차 이 '딱한 양반'을 폭군, 악인이라고 부르는 데는 몹시 주저했다. 결국 이 두 사람에게는 악의는 눈곱만큼도 없고, 대부분 평범한 사람들과 마찬가지로 모진 마음이나 잔혹함, 야심이나 지나친 허영심마저도 없었다. 그러나 애석하게도 그들의 장점 또한 시민적인 중용을 넘어서는 것은 아니었다. 다시 말해, 정직한 사람의 선량함, 절도 없는 관용, 적당한 친절 같은 점이 그들의 장점이었다. 그들 자신과 마찬가지로 아주 평범한 시대에 태어났더라면 그들도 명예를 지키고 그럭저럭 괜찮은 역할을 끝까지 해냈을 것이다. 그러나 마리 앙투아네트도 루이도, 극적으로 격앙되어 가던 시대에 맞서 자기들 내면도 함께 변화하면서 똑같이 고양된 정신을 유지해 가는 방법을 알지 못했다. 그들은 영웅적으로 강하게 살기보다는 깨끗하게 죽는 것밖에 몰랐다. 운명의 손에 쫓기는 자는 누구나 스스로 주인이 되어 그 운명을 지배할 줄 모른다. 어떠한 패배에도 나름대로 의미와 죄과가 있기 마련이다. 마리 앙투아네트와 루이 16세에 대해서는 괴테가 다음과 같이 현명한 판결을 내린 바 있다.

도대체 무슨 이유로 빗자루로 쓸어내듯이
한 국왕을 그렇게 쓸어내 버렸단 말인가?
진정한 왕들이었을 텐데
그들이 모두 아직 의연했다면

로코코 왕비

　오스트리아 숙적 프리드리히 대왕은, 오랜 적수인 마리아 테레지아의 딸 마리 앙투아네트가 프랑스 왕비 자리에 오른 순간, 불안에 사로잡히기 시작했다. 그는 프로이센 대사에게 거듭 편지를 보내 왕비의 정치적 계획을 신중하게 정탐하라고 명령했다. 사실 그에게는 위험이 큰 상황이었다. 마리 앙투아네트가 조금이라도 그럴 의사가 있다면, 프랑스 외교의 끈을 한 손에 모조리 틀어쥐어 온 유럽이 마리아 테레지아, 마리 앙투아네트, 그리고 러시아 예카테리나, 이 세 여성 지배 아래 놓이게 될 형국이었다. 그러나 프로이센에는 다행이지만 그녀 자신에게는 불행하게도 마리 앙투아네트는 그 같은 장대한 세계사적 사명에는 털끝만큼도 관심이 없었다. 시대를 이해할 생각은 하지 않고 오직 시간을 지루하지 않게 보낼 궁리만 했다. 왕관도 마치 장난감을 쥐듯이 아무렇게나 거머쥔 것이었다. 그녀는 자기에게 굴러들어온 권력을 이용하지 않고 오로지 즐기려고만 했다.

　이 점이 처음부터 마리 앙투아네트가 저지른 운명적인 실책이었다. 그녀는 왕비로서가 아니라 아내로서 승리하기를 원했다. 여자로서의 그 사소한 승리를, 뒷날 남을 세계사적인 위대한 승리보다 중요하게 생각했다. 놀면서 세월을 보내는 그녀는 왕비의 이념에 정신적인 내용을 부여할 줄 모르고 다만 완성된 형태로밖에 주지 못했기 때문에, 그녀의 손안에 들어가면 위대한 사명은 한때의 유희로, 높은 지위는 배우의 역할로 축소되고 말았다. 마리 앙투아네트에게 왕비라는 것은, 경박한 15년 동안 오로지 궁중에서 가장 우아하고, 가장 요염하고, 가장 옷을 잘 입고 세련된 여성, 무엇보다 궁정에서 가장 만족스러운 여성으로 추앙받는 것, 자신을 세계의 중심으로 생각하는, 지나치게 고귀한 교육을 받은 사교계의 지도적인 여성임을 의미했다. 20년 동안 그녀는 일본의 꽃길처럼 나락 위에 지어진 베르사유라는 사설무대 위에서 자기도취에 빠져, 우아함에 있어서 흠잡을 데 없는 로코코 왕비의 역할을 프리마돈나로서 연기해나갔다. 그러나 이 사교희극의 레퍼토리는 너무나 빈약하여 아주 잠깐의 애교, 얄팍한 음모가 조금 있을 뿐이고, 정신은 참으로 보잘것없고 춤만 잔뜩 들어 있는 정도였다. 이런 연극과 유희에서 그녀에게는, 왕이 되기에 딱 어울리는 상대역도, 적의 역할을 할 진정한 영웅도 없이, 언제나 똑같은 공연에 지루한 속물 관객들만 있을 뿐이었다. 그럼에도 금빛 격자문 밖에서는 백만을 헤아리는 민중이 왕비의 행차를 기다리고 있었다. 그러나 이 눈먼 여인은 자기 역할을 그만두지 않았다. 싫증도 내지 않고 끊임없이 새롭게 부질없는 것들을 생각해내면서 자기의 어리석은 마음을 속이고 있었다. 파리에서 이미 베르사유의 정원을 향해 천둥 같은 함성이 무섭게 몰려오고 있는데도 그녀는 정신 차리지 않았다. 혁명이 억지로 그녀를 이 좁디좁은 로코코 무대에서 세계사 속 위대한 비극의 무대 위로 끌어올려 놓았을 때에야 비로소 그녀는 무서운 과오를 저질렀음을 깨닫는다. 운명에 의해 영웅적인 역할을 연기할 만한 힘과 강한 정신이 주어졌는데도, 지나간 20년 동안 시녀나 사교계 부인 같은 너무나도 보잘것없는 역할밖에 선택하지 않았던 것이다. 뒤늦게 이런 잘못을 깨달았을 때는 이미 늦어버렸지만, 그래도 아주 늦은 것은 아니었다. 왜냐하면, 그녀가 왕비역을 살아서가 아니라 죽어서 연기하게 되고 만 순간, 다시 말해 목가극(牧歌劇)의 비극적 결말에 가서야 그녀는 비로소 진정한 모습으로 돌아오기 때문이다. 연극이 현실이 되어 왕관을 빼앗겼을 때, 비로소 마리 앙투아네트는 진정한 왕비가 된다.

마리 앙투아네트는 거의 20년 동안 하찮은 것을 위해 본질적인 것을, 향락을 위해 의무를, 경박한 것을 위해 중대한 것을, 작은 베르사유를 위해 프랑스를, 도락의 세계를 위해 현실 세계를 희생시켜왔는데, 그러한 생각을 한, 아니 생각을 잘못한 과오, 그 역사적인 과오는 참으로 이해하기 어렵다. 그 어리석음을 감각적으로 이해하고 싶다면, 프랑스 지도를 펴고 마리 앙투아네트가 왕비 자리에 있었던 20년 동안 움직였던 좁은 생활반경을 더듬어보면 알 수 있다. 그 결과에 정말 입이 딱 벌어지지 않을 수 없다. 그 범위가 워낙 좁아서 보통 지도에는 겨우 조그만 점 하나로밖에 표시되지 않기 때문이다. 전부 다 돌아도 몇 시간밖에 걸리지 않는, 우스꽝스러울 정도로 작은 구역 안에 있는 여섯 개의 궁전, 베르사유, 트리아농, 마를리, 퐁텐블로,

생크루, 랑부이예 사이를 권태롭게만 살아온 황금 팽이가 쉴 새 없이 맴돌았던 셈이다. 마리 앙투아네트는 악마 중에서도 가장 하찮은 악마, 즉 쾌락의 악마에 의해 갇힌 이 오각형을 공간적으로도, 정신적으로도 벗어나고 싶다는 욕구를 단 한 번도 느낀 적이 없었다. 한 세기 거의 5분의 1에 해당하는 세월 동안 이 프랑스 지배자는 자신의 왕국을 알아야겠다, 자신을 왕비로 떠받드는 각 지방을 둘러봐야겠다, 해안을 씻어내는 바다, 산, 성채, 도시, 성당, 광대하고 다양한 국토를 봐야겠다는 소망을 단 한 번도 품은 적이 없었다. 하는 일 없이 보내는 시간에서 한 시간만 할애하여 신하나 백성 한 사람이라도 찾아보거나, 신하들을 생각만이라도 해본 적이 단 한 번도 없고, 평민의 집에 들어가 본 적도 없었다. 그녀를 에워싸는 귀족사회 밖에 있는 이러한 진정한 세계는 모두 사실상 그녀에게는 존재하지 않았던 것이다. 파리 오페라극장 주변에는 빈곤과 불만이 가득한 도시가 펼쳐져 있고, 중국 오리와 살찐 백조와 공작이 있는 트리아농 궁의 연못 저편, 궁정 건축기사가 구경거리로 설계한 아담하고 고상한 농촌 마을 저편에서는, 진짜 농가가 허물어져 가고 헛간은 텅 비어 있었다. 그녀의 정원에 있는 금빛 격자문 뒤에는, 수백만 명 백성들이 굶주림 속에 일하면서 한 가닥 희망을 품고 살고 있었다. 마리 앙투아네트는 그러한 사실을 끝내 알지 못했다. 어쩌면 그렇게 세상의 모든 비극과 비참함을 모르거나, 알려고 하지도 않는 삶을 살았기에, 로코코 문화에 그러한 매력적인 우아함, 경쾌하고 아무런 근심도 없는 아름다움을 부여할 수 있었던 건지도 모른다.

세상의 엄격함을 모르는 사람이 아니면 그토록 즐거운 마음으로 유희를 즐길 수 없다. 그러나 국민을 잊어버린 왕비였기에 그토록 고귀한 놀이에 빠져들 수 있었던 것이다. 한번이라도 의문을 품었다면 마리 앙투아네트도 세상 돌아가는 것에 눈을 떴을지 모르지만, 그녀는 의문을 품으려고도 하지 않았다. 시대에 한 번만 눈길을 주었어도 쉽게 이해할 수 있었을 것을 이해해볼 생각조차 하지 않았다. 한쪽에 동떨어져서 번거로움을 피해 밝고 젊게만 살고 싶어했다. 그녀는 도깨비불에 홀려 끝없이 뱅글뱅글 돌면서, 궁정이라는 꼭두각시 인형극 속에서 부자연스런 문화의 한복판에 안주해 생애의 결정적인, 돌이킬 수 없는 세월을 헛되이 보내버리고 만 것이다.

역사상 가장 중대한 과제 앞에 너무나도 경솔하게 나선 것, 유약한 마음으로 가장 치열한 세기의 대결 속에 발을 들여놓은 것은 그녀의 죄과, 부정할 수 없는 죄과이다. 물론 부정할 수는 없지만 용서할 수는 있다. 아무리 강한 성격의 소유자라 하더라도 도저히 저항할 수 없는 유혹이었으니 그녀로서는 무리도 아니라고 할 수 있기 때문이다. 어린이 방에서 신방의 침대로 곧장 끌려와 궁정 뒷방에서 아직 채 준비도 되지 않고 정신적으로 눈을 뜨기도 전에, 하룻밤 새 꿈결처럼 최고 권력 자리에 오른 그녀, 악의도 없고, 특별히 강하지도 특별히 예민하지도 않은 이 영혼은 갑자기 태양 주위에서 도는 유성처럼 찬사가 자신의 주위에서 온통 춤추는 것을 느꼈다. 게다가 18세기라는 이 시대는 젊은 여성을 유혹하는 데 있어, 얼마나 악마처럼 절묘한 솜씨를 갖고 있었던가! 교묘한 추종의 독약을 조합하는 데는 이골이 나 있고, 아무것도 아닌 일로 기쁨에 젖게 만드는 재주는 가히 천재적이 아니던가! 인생을 쉽게 사는 기술과 여성 존중의 고급스러운 훈련에 얼마나 뛰어난 기술을 보여주었던가! 영혼을 유혹하여 미약하게 만드는 것이라면 질릴 만큼 경험을 쌓아온 신하들은 경험도 없고 자기 자신에게 아직 호기심을 가지고 있는 그녀의 소녀 같은 마음을, 처음부터 잽싸게 자기들 마력의 권내에 끌어들였다. 마리 앙투아네트는 왕비 자리에 오른 첫날부터 한없는 신격화의 향연 속에 떠다녔다. 그녀가 말하는 것은 무엇이든 현명한 것으로 추앙받고, 뭔가 행동하면 그것은 곧 법이 되었으며 원하는 것은 모두 이루어졌다. 변덕을 한번 부리면 그 다음날엔 벌써 유행이 되어 있었다. 어리석은 짓을 해도 온 궁정이 감격해서 그것을 따라했다. 그녀 곁에 있는 것이 허영심이 강한 야심가들에게는 태양이고, 그녀가 눈길 한 번 주는 것이 곧 선물이었으며, 그녀의 미소는 사람들을 행복하게 했고, 그녀가 등장하면 축제가 되었다. 접견을 할 때면 모든 귀부인은 늙으나 젊으나, 신분이 높거나 낮거나, 한결같이 단 1초 만이라도 왕비 관심을 끌기 위해, 한마디 찬사를 보낼 기회를 얻기 위해, 그도 아니면 자기를 못 보고 지나치지 말고 한 번이라도 보게 하기 위해, 미친 듯이 온갖 우스꽝스럽고 멍청한 노력을 다했다. 한편, 길에 나서면 백성들이 떼지어 늘어서서 진심에서 우러나오는 환호를 보냈고, 극장에 가면 장내를 가득 채운 관중들은 모두 자리에서 일어났다. 거울 앞을 지나갈 때면, 거기에는 화려하게 치장해 승리의 기쁨으로 넘쳐나는 젊고 아름다운 여성의 아무런 근심도 없는 행복한 모습, 궁정에서 가장 아름다운, 따라서 —그녀는 궁정을 세계로 착각하고 있었다—세계에서 가장 아름다운 여자의 모습이 비치고 있었다. 남성의 목마른 추앙, 감탄 섞인 여성의 질투, 국민의 복종, 게다가 자기 자신의 자부심이라는 강렬하고 감미로운 온갖 감정의 정수를 합성한, 마음이 녹아드는 행복의 미주(美酒) 앞에서, 어린애 같은 마음과 평범한 힘으로 어떻게 저항할 수 있단 말인가? 모든 것이 이렇게도 경박한데 어떻게 자기만 경솔해지지 않을 수 있으랴. 돈은 지폐를 타고 얼마든지 흘러오고, '지불한다'는 한 마디를 종이 위에 휘갈겨 쓰기만 하면, 두카텐 금화 수천이 굴러오고, 값비싼 보석과 정원과 궁전이 마법처럼 나타나는데 어떻게 경솔해지지 않을 수 있겠는가? 행복의 산들바람이 달콤하고 부드럽게 불어와 신경의 긴장을 모조리 녹여주는데 어떻게 경솔해지지 않을 수 있겠는가? 이러한 진동이 하늘에서 전해져 내려와 빛나는 젊은 어깨에 들러붙을 때, 어떻게 근심을 날려 보내고 경박해지지 않을 수 있단 말인가? 그러한 유혹이 손짓하는데 어떻게 발밑의 대지를 잃어버리지 않겠는가?

이러한 경박한 인생관은 역사적인 관점에서 볼 때 의심할 여지없이 그녀의 죄과이지만 동시에 그녀가 살아간 시대 전체의 죄과이기도 하다. 마리 앙투아네트는 그녀가 살았던 시대 정신에 완전히 휩쓸려 들어감으로써 18세기의 전형적인 대표자가 되었다. 고대문화가 지나치게 세련되고 섬세하게 꽃피운 로코코, 우아한 손은 게을러지고, 정신은 도락 속에서 유약해진 이 세기는, 몰락하기 전에 한 인간의 형태를 통해 자기 모습을 표현하고자 했다. 왕과 남성으로는 역사의 그림두루마리 속에서 이 여성의 세기를 대표할 수 없었다. 이 세기는 하나의 여성, 한 사람의 왕비 모습을 통해서만 구체적으로 그려질 수 있었고, 마리 앙투아네트가 이 로코코 여왕의 이상형이었다. 근심 없는 사람들 중에서도 가장 근심 없고, 낭비가들 중에서도 가장 낭비가이며, 멋지고 애교 있는 여자들 중에서도 가장 우아한 멋쟁이이자 애교덩어리였던 그녀는, 18세기 풍속과 삶의 형식을 자기 한 몸 안에 그야말로 기록처럼 잊을 수 없는 형태로 선명하게 표현했다. 스타르 부인은 그녀에 대해 이렇게 말했다.

"예의 속에 더 이상의 우아함과 친밀함을 담는 일은 불가능하다. 그녀에게는 어떤 사교성이 갖춰져 있어서, 자신이 왕비임을 결코 잊지 않으면서도 언제나 잊고 있는 것처럼 행동한다."

마리 앙투아네트는 매우 섬세하고 깨지기 쉬운 악기를 연주하듯이 자기 삶을 연주했다. 그녀는 후세에까지 인간적으로 위대했다는 말은 듣지 못했지만, 자기 시대의 특징을 여실히 보여 주는 존재는 될 수 있었다. 그리고 내면의 힘을 무의미하게 낭비하기는 했지만 그래도 하나의 의미는 실현했다. 즉 18세기는 그녀 안에서 완성되었고 그녀와 함께 끝난 것이다.

로코코의 여왕이 베르사유 궁전에서 아침에 눈을 떴을 때 머릿속에 가장 먼저 떠오른 관심사는 무엇이었을까? 파리나 고향에서 온 소식이었을까? 군대가 승리했는지 아니면 영국에 선전포고를 했는지, 이런 것을 알리는 사신의 편지였을까? 아니, 결코 그런 것이 아니었다. 마리 앙투아네트는 보통 새벽 네댓 시가 되어 돌아왔기 때문에 몇 시간밖에 자지 않았다. 차분하지 않은 성격 때문에 별로 많은 휴식이 필요치 않았다. 그래서 일찌감치 중요한 의식으로 하루가 시작된다. 의상실 소속 수석 시녀가 아침 단장을 위해 내의 몇 가지와 세수수건, 손수건 등을 갖고 들어오고, 그 곁에는 침실 수석 시녀가 따랐다. 시녀는 인사를 하고 의상실에 있는 모든 의상을 조그만 견본으로 만들어 핀으로 꽂아 둔 둘로 접은 책을 그녀 앞에 내민다. 마리 앙투아네트는 오늘 어떤 옷을 입어야 할지 결정해야 한다. 얼마나 어렵고 책임이 막중한 선택이었을까? 무엇보다 철철이 새 예복 열두 벌, 유행 의상 열두 벌, 의식용 의상 열두 벌이 규정되어 있었다. 거기에 그것과는 별도로 해마다 수백 벌의 옷이 새로 지어진다(유행의 여왕이 같은 옷을 몇 번 입는다는 수치를 생각해 보라!). 게다가 양재사, 의상실 침모들의 한 무리가 일하는, 눈에 보이지 않는 병기창에서 실내복, 조끼형 코르셋, 레이스 스카프, 목도리, 모자, 외투, 허리띠, 장갑, 양말, 내의 따위를 내왔다. 선택은 언제나 오랜 시간이 걸린다. 마침내 마리 앙투아네트가 오늘 입을 의상, 즉 알현 때 입을 예복, 오후에 입을 실내복, 저녁용 정장 등의 견본이 핀으로 고정된다. 이렇게 첫 번째 관심사가 해결되면 견본을 끼운 책은 치워지고, 선택한 의상이 실제로 들어온다.

이처럼 옷이 중요했기에 가장 뛰어난 유행 디자이너인, 신적인 존재 베르탕 양이 재상보다 왕비에게 더 큰 위력을 행사한 것은 놀라운 일이 아니었다. 재상이야 한 다스라도 바꿀 수 있지만 베르탕은 한 사람밖에 없고 그 누구도 대신할 수 없었다. 그녀는 최하층 평민 출신으로 평범한 장신구 여공에 지나지 않으며, 거칠고 자신만만하며 억지가 세고, 우아한 예의범절 같은 건 모르는 천박한 여자이지만, 최고급 양재 기술자로서 왕비의 마음을 완전히 사로잡아버렸다. 그리고 진짜 혁명이 일어나기 18년 전에, 그녀 때문에 베르사유 궁에서 혁명이 시도된다. 베르탕 양은 평민 여자는 왕비의 내실에 들어가는 것을 금하는 의례 규정을 깨뜨렸다. 그 전문분야에서는 예술가라고 할 수 있는 이 여자는, 볼테르를 비롯한 당대의 시인과 화가 가운데 그 누구도 끝내 할 수 없었던 일을 이룩했다. 그것은 왕비와 단독 접견하는 특전이었다. 그녀가 일주일에 두 번 새로운 디자인을 가지고 나타나면, 마리 앙투아네트는 귀부인들을 모두 물리치고 이 존경스러운 예술가와 함께 밀실에 들어가서, 어제의 것보다 더 우스꽝스러운 유행을 짜내기 위해 은밀히 의논했다. 물론 사업에 능란한 재단사가 자신의 금고를 위해 이런 승리를 맘껏 이용했음은 두말할 것도 없다. 그녀는 마리 앙투아네트를 교묘히 유도하여 실컷 돈을 쓰게 만들고 나면, 다음에는 온 궁정과 모든 귀족한테 바가지를 씌우기 시작했다. 생토노레에 있는 가게에 왕비 전속 의상 담당자라는 간판을 대문짝만하게 내걸고 기다리던 손님들에게 거만하게 말을 툭 던졌다.

"지금까지 왕비님과 함께 일하고 오는 길이랍니다."

곧 일개 연대만 한 재봉사들과 자수공들이 이 양재사 밑에서 일하게 되었다. 왕비 복장이 멋지면 멋질수록 다른 귀부인들도 뒤지지 않으려고 필사적이었기 때문이다. 왕비가 아직 입어보지 않은 모델을 지어달라며, 이 불성실한 마술사를 막대한 금화로 매수했다. 의상의 사치가 질병처럼 퍼졌다. 정국의 불안, 의회와의 충돌, 영국과의 전쟁도, 베르탕이 유행시킨 새로운 벼룩 갈색이나 폭넓게 펼쳐지는 스커트에 받쳐 입는, 대담하게 휘어진 코르셋, 또는 리용에서 처음으로 생산된 실크 색조에 비하면, 허영심에 들뜬 궁정 사회를 흥분시키는 데는 훨씬 못 미쳤다. 자부심 강한 부인들은 이 과장된 유행을 놓고 하나하나 흉내 내는 일을 의무로 여겼다. 어떤 남편은 한숨을 쉬며 이렇게 탄식했다.

"프랑스 여자가 자신을 우스꽝스럽게 보이기 위해 이토록 많은 돈을 쓴 적은 일찍이 없었다."

그러나 마리 앙투아네트는 이러한 세계의 여왕이 되는 것이야말로 자기 의무라고 느꼈다. 즉위한 지 석 달 뒤에는 이미 이 어린 왕녀가 우아한 세계의 마네킹 인형, 모든 의상과 헤어스타일의 모델이 되어버렸고, 모든 살롱과 궁정에 그녀의 승리가 개가를 올렸다. 물론 그 물결은 빈까지 도달했고 그곳에서 유쾌하지 않은 반향이 돌아왔다. 자식이 좀 더 고귀한 사명을 완수해주기를 바랐던 마리아 테레지아는 유행하는 복장을 하고 요란스럽게 치장한 딸의 초상을 보고 화가 나서, 이것은 여배우 초상이지 프랑스 왕비의 초상이 아니라고 하며 대사에게 돌려보냈다. 그녀는 딸에게도 화를 내며 주의를 주었으나, 이번에도 역시 헛일이었다.

"너도 알다시피, 나는 언제나 유행은 절도 있게 따라야지 지나치게 추종해서는 안 된다고 생각한다. 젊고 아름다운 여자, 우아한 왕비에게 그런 한심한 일은 전혀 필요하지 않다. 오히려 소박한 복장이 더욱 잘 어울리며 왕비 지위에 더욱 걸맞다고 할 수 있다. 왕비가 선도하면 세상 사람들은 조그마한 실수까지 따라하려고 애쓰게 된다. 그러나 귀여운 왕비를 사랑하고 그 행동 하나하나를 지켜보고 있는 나로서는 그런 작은 경솔함도 그냥 넘길 수가 없구나."

아침의 두 번째 관심사는 헤어스타일이었다. 다행히 이 분야에도 뛰어난 예술가가 늘 대기하고 있었다. 이름은 레오나르 씨, 그 창조의 샘은 마를 일이 없고 그 누구도 흉내 낼 수 없는 무궁무진한 로코코의 피가로[1]다. 명사 레오나르는 매일 아침 파리에서 빗과 머리향수와 향유를 가지고 육두마차를 타고 와서, 왕비의 머리에 나날이 새롭고 고귀한 예술을 시도한다. 대건축가 망사르의 이름을 딴 예술적인 지붕[2]이 집집마다 세워져 있듯이, 그는 내로라하는 지체 높은 부인들의 이마 위에 죄다 머리카락 탑을 세우고, 거꾸로 선 머리 위에 상징적인 장식으로 만들어 붙였다. 거대한 머리핀과 단단한 포마드를 듬뿍 사용하여, 머리를 뿌리부터 프로이센 척탄병 모자의 약 두 배 높이로 양초처럼 똑바르게 이마 위에 세운 다음, 눈 위 50센티미터 되는 공중에 이 예술가 특유의 조형적인 세계를 펼쳤다. 이 '푸프' 스타일 또는 '케

---

*1 〈피가로의 결혼〉의 주인공으로 이발사.
*2 '망사르드 지붕'이라 불리는 뾰족한 지붕.

자코스' 스타일(보마르셰의 팸플릿에 따라 그렇게 불렀다) 위에 과일, 정원, 집, 배, 출렁이는 바다 같은 풍경과 파노라마, 온갖 색채의 화려한 쇼를 빗으로 전개했을 뿐만 아니라, 유행에 대담한 변화를 주기 위해 그러한 조형미술품에 일상의 사건을 하나하나 상징적으로 표현했다. 이러한 벌새만 한 두뇌를 점령하고, 대체로 텅 빈 여자들의 머리를 가득 채우는 것이라면 뭐든지, 머리 위에 보란 듯이 장식하지 않으면 성에 차지 않았다. 글루크의 오페라가 선풍을 일으키면, 레오나르는 당장 검은 상장 리본과 다이아나 여신의 반달을 곁들인 이피게니에 스타일을 만들어냈다. 국왕이 천연두 예방 접종을 맞으면 이 화제성 있는 머리단장은 곧바로 '종두(種痘) 스타일'로 나타났다. 미국에서 일어난 봉기가 화제가 되면 자유형 머리가 곧 그날의 승리자가 된다. 그러나 더욱 비열하고 어리석은 일이 일어났다. 기근이 들어 파리의 빵 가게가 약탈당했을 때 이 부박한 궁정 사교계에서는 이 사건을 '폭동모자'라는 머리형으로 과시하는 것으로밖에 생각하지 않았다. 텅 빈 머리 위에 지은 건조물은 점점 더 높아져서 우스꽝스러움만 더해 갔다. 이 머리카락 탑은 튼튼한 기초와 가발 덕분에 점점 높이 치솟았다. 마침내 귀부인들은 이런 머리를 하고는 마차에 앉을 수 없게 되어 치마를 걷어 올리고 마차 바닥에 꿇어앉아야만 할 정도가 되었다. 그렇게 하지 않으면 그 값비싼 머리카락의 건물이 마차 천장에 부딪쳐버리기 때문이었다. 어마어마하게 차려입은 귀부인들이 드나들 때마다 허리를 굽힐 필요가 없도록 궁전의 문도 점점 높아졌고, 극장의 칸막이 천장도 반원형으로 올라갔다. 이 끔찍한 머리 꼭대기 때문에 귀부인들의 애인들이 얼마나 심한 곤경을 치렀는지에 대해서는 그 시절 풍자작품에서 재미있는 일화들을 읽을 수 있다. 그렇지만 여자들은 유행이라면 어떤 희생이라도 치를 용의가 있었고, 왕비는 왕비대로 공공연하게 이 모든 어리석은 짓을 주도하거나 앞장서지 않으면 진정한 왕비가 아니라고 철석같이 믿었다.

그러자 다시 빈에서 메아리가 돌아왔다.

"신문에 자주 오르내리는 문제점에 대해 언급하지 않을 수 없구나. 네 머리 매무새 말이다! 모근에서부터 36인치나 올리고 그 위에다 또 깃털이니 리본을 단다고들 하더구나."

딸은 '사랑하는 어머니'에게 변명했다. 그녀는 여기 베르사유에서는 그런 머리가 워낙 눈에 익어서 온 세상이—그러나 마리 앙투아네트가 온 세상이라고 말할 때는 언제나 궁중에 있는 백 명의 귀부인만을 뜻한다—별난 일이라고 생각하지는 않는다고 했다. 레오나르 선생은, 전능하신 주께서 이 유행에 제동을 걸 마음이 생길 때까지 신이 나서 자꾸자꾸 높이 쌓아올렸다. 그리고 이듬해에 머리에 이고 다니던 탑을 제거하게 되는데, 그것은 두말할 것도 없이 더욱 값비싼 유행, 즉 타조 깃털 장식의 유행에 자리를 내주기 위한 것이었다.

세 번째 관심사는, 옷은 늘 바뀌는데 장신구도 꼭 그에 따라 바꿔야만 하는지에 대한 것이었다. 하지만 그건 안 될 말이었다. 왕비는 다른 여자들보다 더 큰 다이아몬드, 더 굵은 진주가 필요했다. 그녀는 시동생 부인들과 궁정 어떤 귀부인들보다 더 많은 반지와 머리띠, 팔찌와 목걸이, 머리장식, 보석, 구두장식, 그리고 프라고나르*3의 그림이 있는 부채 가장자리에 어울리는 다이아몬드 장식이 필요했다. 시집올 때 빈에서 다이아몬드를 많이 가지고 왔고 또 결혼식 때 루이 15세로부터 왕가의 패물을 상자째로 받기는 했으나 날마다 더 아름답고 더 값진 새 보석을 살 수 없다면 무엇 하러 왕비가 되었겠는가? 마리 앙투아네트는—이는 베르사유에서는 누구나 다 아는 사실이지만, 누구든 그 사실을 입에 올리거나 수군거려서는 이롭지 않다는 것을 곧 알게 된다—보석에 빠져 있었다. 독일에서 이주해 온 유대인 뵈메르와 바상쥐라는 노련하고 민활한 두 보석상이 비로드 천에 매혹적인 귀걸이, 반지, 버클 등 새 작품을 받쳐 보여주면 그녀는 도저히 버틸 수가 없었다. 게다가 이 착한 남자들은 왕비가 보석을 쉽게 구입할 수 있도록 아낌없이 배려해주었다. 그들은 프랑스 왕비를 존경하는 방법을 알아내어 두 배쯤 비싼 값을 매기는 대신 외상으로 주었고, 필요하면 그전에 판 다이아몬드를 반값으로 되돌려 받았다. 마리 앙투아네트는 그러한 고리대금업자를 상대하면 품위가 손상된다는 것을 모르고, 여기저기 빚을 졌다. 필요한 경우에는 절약가인 남편이 도와줄 것을 알았던 것이다.
그런데 벌써 빈에서 더욱 강경한 경고문이 날아왔다.

---

*3 로코코 시대의 유명한 화가.

"파리에서 오는 소식은 한결같구나. 네가 또다시 25만 리브르짜리 팔찌를 샀고 그 때문에 네 재정 상태가 혼란에 빠져 빚더미에 올라앉은 데다, 그것을 메우기 위해 다이아몬드들을 헐값으로 팔아치웠다는 이야기뿐이다……. 그런 이야기를 들으면 무엇보다 네 장래가 걱정되어 마음이 찢어지는 것 같다. 너는 대체 언제쯤 철이 들 테냐?" 어머니는 절망적으로 딸에게 호소했다. "군주의 아내가 그렇게 치례를 하는 것은 품위를 떨어뜨리는 일이다. 그것도 하필 이런 시기에 그렇게까지 낭비를 일삼는 것은 더더욱 한심한 일이다. 나는 그러한 낭비의 정신을 너무도 잘 알기 때문에 잠자코 있을 수가 없구나. 너를 몹시 사랑하기 때문에, 또 너 스스로를 위해서 하는 이야기일 뿐 네 비위를 맞추려 함이 아니다. 그런 경박한 행동 때문에 네가 처음 왕비가 되었을 때 얻은 명성을 잃어버리지 않도록 주의하여라. 국왕이 매우 검소함은 널리 알려진 사실이니까 모든 책임이 네 한 사람의 어깨에 돌아가게 될지도 모른다. 그런 소용돌이를, 그런 파국을 나는 보고 싶지 않다."

다이아몬드에도 의상에도 큰돈이 들었다. 즉위 직후부터 너그러운 남편이 아내에게 연금을 두 배로 올려 주었는데도 가득했던 돈궤의 어딘가에 구멍이 난 것이 틀림없었다. 그 안은 늘 놀랄 만큼 비어 있었기 때문이다.

그렇다면 어떻게 돈을 마련했을까? 경박한 자들을 위해 다행히도 악마가 도박이라는 천국을 만들어주었다. 마리 앙투아네트 이전에는 궁정에서 도박을 당구나 무도와 같은 무해한 저녁 오락으로 생각하고 있었다. 돈을 조금씩 거는 위험하지 않은 랑스크네*4를 했던 것이다. 마리 앙투아네트는 자신을 위해 타인을 위해, 악명 높은 파라오 게임, 카사노바로부터 온갖 사기꾼들의 정선된 활약의 장인 이 트럼프 게임을 발견했다. 국왕이 도박행위는 종류를 불문하고 징계하겠다고 거듭 엄명을 내렸으나 왕비 패거리들은 눈 하나 깜짝하지 않았다. 왕비의 살롱에는 경찰이 발을 들여 놓을 수 없는 까닭이었다. 국왕 자신이 금화가 잔뜩 쌓인 도박판을 막으려 했지만 이 경박한 일당은 전혀 아랑곳 하지 않았다. 국왕이 없는 곳에서 몰래 도박을 계속하며, 문지기에게 국왕이 오면 즉시 경보를 울리라는 분부를 내려두었다. 경보가 울리면 카드는 마술처럼 테이블 밑으로 사라지고 잡담이나 나누고 있었던 것

---

*4 트럼프 놀이의 일종.

처럼 보였다. 왕이 가버리면, 모두들 착하고 우직한 왕을 웃음거리로 만들며 다시 승부를 이어나갔다. 승부가 활기를 띠고 판돈이 커지도록 하기 위해 왕비는 돈을 가지고 오는 사람이면 누구라도 녹색 테이블에 끼어드는 것을 허락했다. 그래서 온갖 약삭빠른 상인들과 뚜쟁이들이 몰려들었고, 곧 왕비의 사교계에는 사기도박이 판친다는 추문이 파다해졌다. 그것을 모르는 사람은 단 한 사람, 쾌락에 눈이 어두워 아무것도 알려고 하지 않는 마리 앙투아네트뿐이었다. 그녀가 한 번 기세를 타면 아무도 말릴 수 없었다. 그녀는 날마다 새벽 세 시, 네 시, 다섯 시까지 승부를 계속하여, 만성절 전날에는 밤을 꼬박 새운 스캔들로 궁정을 발칵 뒤집어 놓는 일까지 있었다.

그러자 또 빈에서 메아리가 돌아왔다.

"도박이란 의심할 여지없이 가장 위험한 오락이다. 나쁜 친구를 부르고 좋지 않은 평판을 불러일으키기 때문이다…… 또 이겨야겠다는 정열에 지나치게 사로잡히게 된다. 그러나 제대로 계산해 보면 결국 우롱당하는 것 말고는 아무것도 아니다. 점잖게 게임을 해서는 계속 이길 수 없기 때문이다. 그러니 사랑하는 딸아, 부디 그런 유혹에 넘어가지 않도록 해라. 그런 정열은 단결에 뿌리쳐야만 한단다."

그러나 옷과 화장과 도박에 보내는 시간은 겨우 한나절, 반 저녁에 불과했다. 그런데 또 하나의 다른 관심사는 시계바늘이 문자판 위를 두 번 돌 정도의 시간을 들 수가 있다. 그 관심사란 어떻게 즐겁게 시간을 보낼 것인가 하는 것이었다. 승마나 사냥 같은, 옛날부터 내려오는 제후들의 오락에 빠지는 일도 있었다. 그러나 남편은 죽을 만큼 지루한 사람이어서 좀처럼 남편을 따라 가는 일은 없고, 그 대신 쾌활한 시동생 아르투아 백작이나 다른 기사들을 택하는 일이 잦았다. 때로는 재미로 당나귀를 타는 일도 있었다. 그다지 고상하다고는 할 수 없었지만 당나귀 녀석이 말을 안 듣고 고집을 부리면 정말 매력적으로 굴러 떨어져 궁정 사람들에게 속옷 끝자락과 예쁜 다리가 보였다. 겨울이면 따뜻하게 감싸 입고 썰매를 타러 나갔고, 여름밤에는 불꽃놀이, 시골무도회, 정원에서의 조촐한 야간 연주회를 즐긴다. 테라스에서 몇 걸음 내려서면 몇몇 친구들과 어둠 속에서 유쾌하게 재잘거리며 농담을 주고받을 수 있다―물론 모든 명예 속에 그래도 인생의 위험을 그 밖의 다양한 것처럼 즐길 수 있다. 그래서 어떤 심술궂은 신하가 여왕의 야간 모험에 대해 '서광(曙光)의 출현'이라는 시를 썼다 한들 그게 뭐 어쨌다는 건가? 관대한 남편인 국왕은 그 정도 풍자로 화를 내는 사람은 아니니 오히려 제법 재밌거리가 되었다. 그녀는 혼자 있는 것도, 밤에 책이나 남편을 상대하며 거처에 있는 것도 질색했고 언제나 들떠서 돌아다니며 쾌락에 쫓겼다. 새로운 유행이 시작되면 누구보다 먼저 마리 앙투아네트가 열을 올렸다. 아르투아 백작이 영국에서 경마를 들여오자—경마는 프랑스를 위해 그가 세운 단하나의 업적이었다—당장 왕비가 영국을 숭배하는 수십 명의 멋쟁이들에게 에워싸여 관람석에 앉아 돈을 걸고, 신경을 긴장시키는 이 새로운 놀이에 빠진 모습을 볼 수 있었다. 그러나 짚불 같은 그녀의 감격도 보통은 오래 가지 않았다. 어제까지만 해도 푹 빠져 있었던 일이 다음 날이면 벌써 지루해지고 말았다. 다만 끊임없이 오락을 바꾸어대면 의심할 여지없이 그 침실의 비밀에서 비롯된 그녀의 신경증적 불안을 달랠 수 있었다. 쉴 새 없이 바뀌는 즐거움 가운데 그녀가 가장 좋아하고 오랫동안 빠져 있었던 단 하나의 환락은, 또한 분명히 그녀 명성에 가장 위험한 즐거움이기도 했다. 그것은 바로 가장무도회였다. 여기에는 마리 앙투아네트도 오랫동안 열을 올렸다. 가장무도회에서는 이중의 즐거움을 맛볼 수 있었기 때문이다. 즉 왕비라는 것에서 오는 즐거움과, 검은 비로드 가면 덕분에 사람들이 왕비인 줄 모르는 가운데 애정 깊은 직전까지 가는, 즉 도박할 때처럼 단순히 돈만 거는 게 아니라 여자로서 자기 자신을 건다는 또 다른 즐거움이 있었다. 달의 여신 아르미테스로 가장하거나 교태가 흐르는 도미노 가면을 쓰면, 예법이라는 얼음처럼 차가운 의례의 높은 곳에서 낯설지만 따뜻한 인간들의 잡다한 혼잡 속으로 내려간다. 다정한 숨결 속으로, 유혹 근처로, 위험 속으로 발을 반쯤 들여놓았다는 기분을 떨림과 함께 뼛속까지 느낄 수가 있고, 가면 뒤에 숨어서 30분쯤 우아하고 젊은 영국 신사의 팔에 기대거나, 매력적인 스웨덴 신사 한스 악셀 폰 페르센*5에게 몇 마디 대담한 말을 걸며, 매우 마음에 들지만 정말

*5 Hans Axel von Fersen (1755. 9. 4.~1810. 6. 20.) : 스웨덴의 정치가이자 군인, 스웨덴 명문 귀족이자 왕실 고문관인 프레드릭 악셀 폰 페르센 후작의 아들로 백작의 지위를 받았다. 스웨덴 국왕 구스타브 3세의 최측근으로 스웨덴을 위해 외교를 담당했으며 많은 유럽 국가간의 우호를 다졌다. 프랑스 왕비 마리 앙투아네트의 총신이자 연인으로 알려져 있으며 루이 16세와 좋은 관

유감스럽게도 한 나라의 왕비이기 때문에 정절을 지키도록 강요당하고 있음을 보여줄 수도 있었다. 나중에 이 사소한 농담이 베르사유의 말 많은 사람들 입에 올라 참으로 천박한 염문으로 날조되어 모든 살롱에 퍼져 나간 것과, 언젠가 궁정 의장마차를 타고 가다가 도중에 바퀴가 망가져서 오페라하우스까지 스무 걸음쯤 되는 거리를 삯마차를 타고 갔을 때, 지하신문이 이 어리석음을 경박한 모험이라고 거짓 보도를 해버린 것을 마리 앙투아네트는 전혀 알지 못했다. 아니, 알려고 하지도 않았다. 어머니는 또 다시 소용없는 경고를 보냈다.

"국왕과 동행했다면 나도 입을 다물고 있겠지만, 언제나 국왕은 동반하지 않고 파리의 가장 고약한 젊은 사람들하고만 어울리고, 게다가 매력적인 왕비가 그 패거리 가운데 가장 연장자라니! 신문과 잡지도 전에는 내 딸의 고결함과 고운 마음씨를 칭송했기에 나도 즐겁게 읽었으나, 지금은 완전히 돌변해 버렸구나. 경마와 도박과 밤을 새는 이야기뿐이니 이젠 신문도 보고 싶지 않다. 내가 자식에게 애정을 쏟고 있는 것을 익히 아는 세상 사람들이 그런 이야기를 하고 있는데도 어떻게 손을 써볼 도리가 없구나. 그런 이야기가 내 귀에 들어오지 않도록, 사교계에 나가는 것을 피하게 되어 버렸다."

사람들이 자기를 이해하지 못한다는 사실조차 이제는 이해할 수 없게 되어 버린 이 무분별한 여인에게는 그 어떤 간곡한 훈계도 효력을 발휘하지 못했다. 도대체 왜 인생을 즐기면 안 된단 말인가, 인생에 그것 말고 도대체 어떤 의미가 있다는 건가? 그리고 그녀는 어머니의 경고에 대해 메르시 대사에게 기겁을 할 만큼 솔직하게 대답했다.

"어머니는 대체 뭘 원하시는 거죠? 난 따분해질까 겁나 죽겠는데."

"난 따분해질까 겁나 죽겠는데."

이 말로 마리 앙투아네트는 시대와 그 사회 전체 모토를 핵심적으로 표현한 셈이었다. 18세기는 막바지에 와 있었고 그 의의를 다했다. 왕국의 기초는 다져지고, 베르사유 궁전이 건축되고, 의례가 완성되었다. 이제 궁정은

계를 유지했다. 외교관답게 사교적이고 활달한 성격으로 그 당시의 풍습에 따라 다른 왕족이나 귀족들처럼 사교계에 진출하여 여러 연인을 뒀으나 결혼을 해서 가정을 꾸리는 것은 원치 않았다. 그는 평생 마리 앙투아네트의 기사로 그녀를 사랑하며 살았다고 전해진다.

사실 더 이상 할 일이 없었다. 전쟁이 없으므로 장군들은 군복을 입은 옷걸이에 불과했다. 이 세대가 이미 신을 믿지 않게 되었으므로 대주교들은 보랏빛 승복을 입은 정중한 신사가 되었다. 진정한 국왕도 옆에 없고 교육을 시킬 왕자도 없었으므로 왕비는 발랄한 사교부인이 되어 버렸다. 그들은 모두 힘차게 몰려오는 시대의 파도 앞에 아무것도 모른 채 지루하게 서 있을 뿐이었다. 더러는 호기심에 찬 손을 그 파도 속에 집어넣어 반짝이는 조약돌을 몇 개 건지기도 했다. 손가락 주위에 가벼운 물보라가 튀면 아이들처럼 웃으면서 그 무시무시한 물과 장난을 쳤다. 물결이 시시각각 거세지고 높아지는 것을 느끼는 사람은 아무도 없었다. 그리고 마침내 위험을 깨달았을 때는, 이미 달아나도 허사였고 승부에서는 이미 패배하고 인생이 끝난 뒤였다.

트리아농 성

　마리 앙투아네트는 하늘거리는 손으로 뜻밖의 선물이라도 받는 것처럼 왕관을 거머쥐었다. 그녀는 아직 너무 어려서, 인생에 까닭 없이 주어지는 것은 아무것도 없으며, 사람들이 운명으로부터 받는 모든 것에는 은밀한 값이 매겨져 있음을 몰랐다. 그녀는 그 값을 지불해야하는 것은 생각지도 않았다. 그녀는 다만 왕비의 지위에 따르는 온갖 권리를 받기만 할 뿐, 치러야 할 의무는 쳐다보지도 않고 팽개쳐 두었다. 그리고 인간으로서 결합할 수 없는 두 가지를 하나로 합치려고 했다. 즉 지배하면서 향락을 누리는 것이다. 왕비로서 모든 사람이 자신이 원하는 대로 따라주기를 바라면서, 자기는 그때그때 내키는 대로 행동하고 싶어 했다. 지배자로서의 절대 권력과 여자로서의 자유, 둘 다를 원하면서 젊은 폭풍 같은 생명을 갑절로 누리고자 했다.

　그러나 베르사유에서는 자유로울 수 없었다. 주위에 거울들이 걸려 있고 등불이 환하게 켜져 있는 회랑을 걸으면 한 발자국도 남에게 숨길 수가 없었다. 몸짓 하나하나가 규정되고 말 한마디 한마디가 배신의 바람에 실려 퍼져나갔다. 홀로 있는 것도 단 둘이 있는 것도 불가능하고, 느긋하게 쉴 수도 긴장을 풀 수도 없었다. 국왕은 한 치의 오차도 없이 규칙적으로 움직이는 거대한 시계의 중심이었고, 출생에서 죽음에 이르기까지, 일어나서 잠자리에 들기까지 생활하는 행위 하나하나, 하물며 사랑의 시간까지도 국사(國事)로 바뀌어 버렸다. 모든 것을 종속시키는 지배자가 여기서는 모든 자에게 종속되고, 자기 자신에게는 결코 종속될 수 없었다. 그러나 마리 앙투아네트는 통제당하는 것은 뭐든지 싫어했다. 그래서 왕비가 되자 곧 그녀는 말 잘 듣는 남편에게 왕비 역할에서 벗어날 수 있는 은신처를 달라고 늘 요구했다. 루이 16세는 반은 약한 마음으로, 반은 여성을 존중하는 정신으로 그녀에게 여름별궁 트리아농을 결혼 선물로 주었다. 프랑스라는 강대한 왕국에 이어서 그녀가 받은, 비록 작지만 진정한 자기 것이라고 할 수 있는 왕국이었다.

마리 앙투아네트가 남편에게서 받은 트리아농 성은 그 자체로는 대단한 선물이 아닌 장난감에 지나지 않았지만, 그것이 그녀의 무위의 생활을 10년 넘게 달래주며 마음을 사로잡았다. 이 작은 궁전의 건축자는, 그곳을 왕족이 상주하는 집으로 생각하지 않고, 잠시 기분을 전환하는 집, 별장, 휴식처로 지었기 때문에, 엿보는 사람이 없는 사랑의 보금자리가 되어, 루이 15세는 애첩 뒤바리를 비롯하여 그때마다 기분 내키는 상대와 함께 이곳을 자주 이용했다. 유능한 기술자가 아래위를 자동으로 오르내리는 식탁을 발명하여, 다 차려진 식탁이 지하 주방에서 곧장 식당으로 올라와, 하인이 식사장면을 엿볼 수 없도록 되어 있었다. 그렇게 안락의 즐거움을 더욱 보태준 대가로, 유능한 기술자 라포렐로는 별장 전체에 든 비용 73만 6천 리브르 말고도 1만 2천 리브르의 특별 사례를 받았다. 베르사유 정원 한쪽에 있는 이 성은, 아직 루이 15세가 연출한 정사(情事)의 열기가 채 가시기도 전에 마리 앙투아네트에게 넘어간 것이다.

이로써 그녀에게는 장난감이 생겼다. 게다가 그 장난감은 프랑스식 취미가 만들어낸 가장 매혹적인 것의 하나로, 섬세한 선도 그렇고 완전한 균형미도 그렇고, 그야말로 우아하고 젊은 왕비에게 딱 어울리는 보석함 같은 것이었다. 간소하며 조금은 고풍스런 건축 양식, 부드러운 녹색의 정원 속에 하얗게 빛나는 궁전, 완전히 격리되어 있으면서도 베르사유에 가까운 궁전, 애첩의 소유였다가 이제는 왕비 소유가 된 이 궁전은 오늘날의 여느 개인주택보다 크지도 않고 그보다 더 쾌적하거나 호화롭다고도 할 수 없었다. 기껏해야 방이 일고여덟 개, 대기실, 식당, 크고 작은 객실, 침실, 목욕탕, 작은 도서실(이 방은 이곳에는 거의 어울리지 않았다. 왜냐하면 모든 자료가 한결 같이 전하는 바에 따르면 마리 앙투아네트는 잠깐잠깐 훑어본 소설책 몇 권을 제외하면 평생 책이라곤 펼쳐 본 적이 없었기 때문이다)이 있을 뿐이었다. 왕비는 이곳에서 보낸 세월 동안 이 작은 성의 내부 시설을 별로 고치지 않았다. 확고한 취향을 발휘하여, 아주 친근한 효과를 주도록 꾸며진 방들에 호화롭거나 훌륭한 것, 현란하기만 하고 값비싼 것은 들여놓지 않았다. 반대로 그녀는 모든 기준을 섬세하고 밝고 절제된 것에 두었다. 그것은 아메리카가 아메리고 베스푸치의 이름을 따서 명명된 것처럼, 부당하게도 루이 16세 양식이라고 불리는 새로운 양식이었다. 실은 이 섬세하고 경쾌하고 우아한 여인의 이름을 따서 마리 앙투아네트 양식이라고 불렀어야 하는 것이다. 왜냐하면 금방이라도 부서질 듯 우아한 이 양식의 어디에도 비만하고 육중한 루이 16세와 그의 촌스러운 취미를 떠올리게 하는 데가 없고, 오늘날까지도 그 방들을 장식하고 있는 초상화의 주인공, 경쾌하고 우아한 여성만 연상시킬 뿐이기 때문이다. 침대에서 분첩에 이르기까지, 클라브생*1에서 상아부채에 이르기까지, 긴 의자에서 소품에 이르기까지, 하나같이 전혀 눈에 띄지 않도록 극도로 정선된 재료만 사용하여, 겉으로는 쉽게 깨질 듯 보이면서도 속은 견고하였다. 고대적인 선과 프랑스적인 우아한 미를 조화시킨 양식, 오늘날의 우리도 이해할 수 있는 이 양식은 그 이전 어떠한 양식과도 달랐고, 프랑스에서는 여성이, 세련된 취미가 풍부한 여성이 멋진 승리를 거두었음을 분명히 가르쳐주고 있다. 그리고 극적이고 호화로운 루이 14세 양식, 루이 15세 양식을 대신하여 안락함과 음악성을 보여주고 있다. 따라서 궁전의 중심은 거만한 반향을 느끼게 하는 알현실이 아니라, 잡담을 하거나 느긋하게 마음을 터놓고 대화를 즐기는 살롱이 되었다. 차가운 대리석은 조각을 새겨 금박을 입힌 나무벽으로 바뀌고, 답답한 비로드와 두껍고 묵직한 수자직 비단은 하늘하늘하게 반짝이는 비단으로 바뀌었다. 아련한 크림색, 분홍색, 담청색 같은 연하고 부드러운 색이 온 천지를 온화하게 뒤덮었다. 이 예술은 여인과 봄을, 우아한 축제와 편안한 모임을 목표로 했다. 여기서는 장대함이나 극장 같은 위압감을 강요하는 게 아니라, 강제적이지 않은 수수한 스타일을 지향하고, 왕비의 권력을 강조하기보다는 젊은 여성의 우아함이 그녀를 에워싸는 모든 것에서 응수하는 것이었다. 이 값비싸고 사랑스러운 액자 안에서 비로소 클로디옹*2의 우아한 작은 조각상, 와토나 파테르*3의 그림, 보케리니의 청아한 음악, 그리고 그 모든 18세기의 뛰어난 예술작품들은 진정으로 그녀의 올바른 척도였다. 커다란 불안이 바로 눈앞에 닥쳐왔을 때 태어난 이 비할 데 없는 예술, 행복한 평화에서 비롯되는 이 유희적 예술은, 바로 이곳에서 비로소 정당하고 순수하게 그 가치를 발휘했다. 트리아농 궁전이야말로 영원히, 이 고도로 세련된 예술의 꽃을 담는 가장 기

---

*1 하프시코드.
*2 우아한 스타일을 지닌 당시의 유명한 조각가.
*3 둘 다 로코코의 대표적 화가.

품 있고 가장 섬세한, 그리고 절대로 깨지지 않는 그릇인 것이다. 세련된 향유의 문화가 이곳에서 하나의 집, 한 사람의 인간의 모습을 빌려 예술로서의 형태를 완전히 갖춘 것이다. 그리고 오늘날에도, 마리 앙투아네트의 방 대리석 난로 위에 놓인 작은 추시계를 보면, 로코코의 절정과 최후를 동시에 뚜렷하게 읽을 수 있다.

이 트리아농은 미니어처의 세계, 유희의 세계였다. 창문에서 밖을 내다봐도 도시가, 파리가, 국토가, 요컨대 살아있는 세계가 보이지 않는다는 것은 상징적이다. 이 작은 성은 10분이면 한 바퀴 돌 수 있지만, 그래도 그 좁은 공간은 마리 앙투아네트에게는 2천만 신민들이 있는 프랑스 전체보다 중요하고 생활상 필요했다. 여기서는 그 누구에게도 의무를 지지 않고, 의식이나 예법에도 구속되지 않으며, 관습에도 거의 얽매이지 않는 자유를 느낄 수 있었기 때문이다. 얼마 안 되는 이 땅덩이 위에서는 어느 누구도 아닌 오직 그녀만이 명령할 수 있다는 사실을 확실히 알리기 위해, 그녀는 남편의 이름이 아니라 자신의 이름, 즉 '왕비의 이름으로' 모든 지령을 공포하여, 여자의 왕위계승을 인정하지 않는 잘리어 왕조의 헌법을 엄수하는 궁정을 분노케 했다. 하인들은 왕가의 붉은색, 흰색, 푸른색 제복을 입는 대신 그녀가 정한 붉은색과 은색 제복을 입었다. 남편조차도 이곳에 올 때는 언제나 손님 자격으로 왔다. 게다가 이 남편은 배려심 있고 편안한 손님이어서 초대하지 않았는데도 오거나 마땅치 않은 시간에 나타나는 일은 절대로 없었고, 아내가 정한 가법(家法)을 엄격하게 지켜주었다. 그러나 이 단순한 남편은 이곳에 오면 커다란 성에 있을 때보다 편안하게 쉴 수 있기 때문에 즐겨 찾곤 했다. '왕비의 명에 의해' 여기서는 엄격함이나 요란한 것은 모두 사라졌다. 궁정의 생활방식도 이곳에는 발을 들여놓지 못했고, 모자도 쓰지 않은 채 느슨하고 가벼운 옷차림으로 잔디에 앉아 즐거운 시간을 보낼 때면 계급도 어디론가 사라지고 완전히 부드러운 분위기가 되어 때로는 품위마저 사라지고 없었다. 왕비는 이곳에 있는 것이 편안했다. 그녀는 급기야 저녁이면 마지못해 베르사유로 내키지 않는 발길을 옮겨야 할 정도로 이 해이한 생활방식에 익숙해져 버렸다. 이런 시골풍 자유를 한번 맛본 뒤로는 궁정이 더욱더 서먹해지고, 왕비로서의 의무도 지루하게 느껴져서 온 하루를 이 즐거운 비둘기장에만 머무르는 일이 잦아졌다. 가능하다면 언제까지나 트리아농에만 있고 싶었다. 늘 자기 뜻대로 행동해 온 마리 앙투아네트는 마침내 정말로 이 여름 별궁에 완전히 이사해 버렸다. 침실이 마련되었으나 물론 방에는 싱글베드 하나만 준비되었으므로, 비대한 국왕은 방에 들어서면 몸 둘 곳이 없었다. 이때를 기점으로 하여 다른 모든 일과 마찬가지로 부부 사이 밤일까지도 국왕 요구에 따르는 것이 아니라, 시바의 여왕이 솔로몬을 찾아가듯이 마리 앙투아네트가 기분 내킬 때만 착한 남편을 찾아가게 되었다(물론 어머니는 '침대를 따로 쓰는' 일에 대해 호되게 나무랐다). 국왕은 단 한 번도 그녀 침대의 손님이 되지 못했다. 트리아농은 마리 앙투아네트가 미의 여신 비너스에게만, 그리고 쾌락에만 바쳐진 누구도 침범할 수 없는 행복한 왕국이었다. 그녀는 온갖 의무를, 물론 부부의 의무까지도 쾌락의 범주에 넣은 적이 결코 없었다. 그곳에서 그녀는 어떠한 것에도 방해 받지 않고 자기 자신에게만 몰입해 갔다. 추앙과 존경은 받되 구속은 받지 않는 젊은 여자로 머물고 싶었다. 그리고 온갖 나태와 방종과 나라, 남편, 궁정, 시간, 또 세계도, 그리고 때로는—아마 이것이 가장 행복한 순간이었으리라—자기 자신마저 잊고 싶었다.

아무것도 할 일이 없는 이 영혼은 트리아농을 얻음으로써 마침내 일거리를 갖게 되었다. 거듭거듭 새로워지는 장난감을 손에 넣은 것이다. 마리 앙투아네트는 재단사에게 잇달아 옷을 짓게 하고 궁정에 출입하는 보석상에게 계속 새 장신구를 주문한 것처럼, 자기 왕국을 꾸미기 위해 계속 새로운 것을 주문했다. 재단사, 보석상, 발레 교사, 음악 교사, 댄스 교사 그리고 건축기사, 원예사, 화가, 실내장식가 등, 이 미니어처 왕국의 새로운 대신들이, 그녀의 지루한, 너무나 지루한 시간을 가득 채워 주는 동시에 국고를 막대하게 축냈다. 마리 앙투아네트가 가장 관심을 쏟은 것은 정원이었다. 물론, 베르사유의 역사적인 정원과는 어떠한 점에서도 비슷해서는 안 되었기 때문이다. 그것은 그 시대에 가장 현대적이고 가장 유행에 앞서며, 가장 개성적이고 가장 아름다운 정원, 즉 진정한 로코코 정원이어야만 했다. 마리 앙투아네트는 그러한 소망을 품음으로써 또다시 의식적이든 무의식적이든 이 시대의 변화된 미의식을 따른 셈이었다. 사람들은 정원사의 왕인 르노트르(프랑스 정원예술의 대가로, 베르사유를 비롯하여 많은 궁전 정원을 조성했다)가 창시한 자로 그어 놓은 듯한 잔디밭, 면도칼로 잘라 놓은 듯 반듯반듯한 생나무 울타리, 제도 책상에서 냉정하게 산출해낸 장식—태양왕 루이 14세가 왕국, 귀족, 여러 계급, 국민뿐만 아니라 신이 창조한 풍경까지 강제로 자기가 원하는 형태로 만들어버렸음을 과시하는 그런 것들에 진작 싫증나 있었다. 녹색 기하학을 질릴 정도로 보았기 때문에 '자연의 학살'에 지쳐 있었던 것이다. '사회'의 아웃사이더 장 자크 루소는, 이 시대 바람직하지 않은 문화 경향에 대해 해결법을 제시했는데, 조경에 대해서도 《신(新)엘로이즈》에서 '자연공원'을 요구했고 그것이 바로 실마리였다.

그런데 분명한 것은 마리 앙투아네트가 《신 엘로이즈》를 읽은 적이 없다는 사실이다. 그녀는 장 자크 루소를 기껏해야 음악소품 〈마을의 예언자〉의 작곡가로 알고 있었다. 그러나 루소의 사상은 시대를 풍미하고 있었다. 후작과 공작들은 자연을 옹호하는 이 고귀한 사람(사생활에서는 '도착된 인간'이지만)의 이야기를 듣고 눈물지었다. 그들이 루소에게 감사하는 점은, 모든 자극적인 수단 끝에, 그가 다행히 또 하나 최후의 자극을 생각해내 주었기 때문이다. 그것은 소박성의 유희, 순박함의 왜곡, 자연스러움의 꾸밈이었다. 이러한 상황에서 마리 앙투아네트도 마땅히 '자연스러운' 정원, 소박한 풍경을 갖고 싶어 했다. 그것도 새롭게 유행하는 자연스러운 정원 중에서도 가장 자연스러운 정원을. 그래서 그녀는 가장 인공적인 방법으로 가장 자연스러운 정원을 고안해 달라고, 그 시절 가장 세련된 예술가들을 불러 모았다.

그녀의 의도는 이 '영국—중국식 정원'—이것이 이 시대 유행이었다! — 속에 단순히 자연뿐만 아니라 자연 전체의 모습을, 몇 평방킬로미터 소우주 속에 전 우주를 장난감처럼 축소해 표현하는 것이었다. 그러려면 그 비좁은 땅에 모든 것을 집어넣어야 한다. 프랑스와 인도와 아프리카의 나무, 네덜란드 튤립, 남국의 목련, 연못과 작은 강, 산, 동굴, 낭만적인 폐허와 시골 농가, 그리스 신전과 동양의 풍경, 네덜란드 풍차, 동서남북의 가장 자연스럽고 진기한 것 등, 모두 인공적이면서도 가능한 한 가장 순수한 것들이 갖춰져야 했다. 뿐만 아니라 건축가는 처음에 이 손바닥만 한 땅에 불을 뿜어내는 화산과 중국식 탑까지 지을 생각이었으나 다행히 그러면 예산이 너무 많이 든다는 사실을 알았다. 왕비의 성화에 수백 명 일꾼들은 건축가와 화가의 계획에 따라 가능한 한 회화적으로, 의도적으로 방만하게, 참으로 자연스럽게 만들어낸 풍경을, 마술처럼 현실 풍경 속에 나타나게 하느라 정신없이 일했다. 맨 먼저 순수하게 목가적인 정경에 없어서는 안 될 부속물, 조용히 서정적으로 졸졸 흘러가는 시냇물을 초원 사이에 만들었다. 물은 마를리에서 2천 피트짜리 파이프로 끌어와야 했기 때문에, 이 파이프에는 물과 함께 엄청난 돈이 흘러가야 했지만, 중요한 것은 굽이굽이 휘돌아가는 이 물줄기가 아름답고 자연스럽게 보여야 한다는 점이었다. 시냇물은 고요히 찰랑거리면서 인공 섬이 있는 인공 연못 속으로 흘러들어, 유연하게 몸을 굽히고 우미한 다리 밑을 지나, 백조의 하얗게 반짝거리는 깃털을 우아하게 실어 날랐다. 인공으로 이끼를 심고, 인공으로 사랑의 동굴을 만들고, 낭만적인 누각을 배치한 바위산은, 마치 아나크레온*4의 시에서 막 빠져나온 듯했다. 이토록 감동적이고 소박한 풍경이 실은 무수한 채색 밑그림으로 미리 그려져 있었음은 어디를 봐도 눈치챌 수 없었다. 전체의 설계에서 스무 개나 되는 석고 모형이 만들어지고, 연못과 시냇물에는 거울을 잘라 사용하고, 초원과 나무는 그리스도 탄생의 모형을 만들 때처럼 이끼를 채우고 채색한 것으로 표현되었다. 그러나 그 정도로도 아직 끝이 아니었다. 왕비는 해마다 새로운 욕망에 사로잡혀 자기 왕국을 한결 공을 들여 보다 더 자연에 가까운 구도로 미화하려고, 묵은 계산서가 지불될 때를 기다리려 들지 않았다. 장난감이 생겼으니 계속 가지고 놀겠다는 생각이었다. 이 정원 속에는 또, 사랑스러움을 더하기 위해 작지만 값비싼 물건들이 마치 우연히 떨어진 것처럼 보이도록 (그러나 사실은 그녀의 낭만적인 건축사 손으로 미리 정교하게 효과를 계산하여) 배치되었다. 이 시대 신(神)인 사랑의 신에게 헌납된 신전이 작은 언덕 위에 솟아있고, 개방된 고대식 원형 홀에는 부샤르동*5의 가장 아름다운 조각품 가운데 하나를 볼 수 있었다. 그것은 헤라클레스의 곤봉으로 멀리까지 적중하는 활을 깎고 있는 사랑의 신 아모르상(像)이었다. 동굴, 즉 사랑의 동굴은 바위틈에 워낙 교묘하게 만들어 놓았기 때문에 그곳에서 희롱하고 있는 한 쌍의 연인들은, 누군가 다가오면 곧 알아차려 정사의 현장이 발

*4 술과 연애를 찬양했던 기원전 6세기의 그리스 서정시인. 후세에 그를 모방한 것을 아나크레온풍 이라 함.
*5 프랑스의 궁정조각가.

각되는 일이 없었다. 작은 숲에는 여러 갈래 길들이 이리저리 얽혀 있고 초원에는 희귀한 꽃들이 수를 놓은 듯 피어있으며, 좀 더 나아가면 주위를 감싸는 푸른 수풀 속에 하얀 팔각형의 작은 음악당이 빛나고 있는 게 보였다. 이 모든 것들이 나란히 또는 사이사이에 섞여서 정취 있게 어우러져 있었기 때문에, 사실 그 우아한 풍경 속에서 인공적인 손길은 전혀 느낄 수가 없었다.

그러나 유행은 더욱 진정한 것을 추구한다. 자연을 더욱 빈틈없이 자연스럽게 하고, 무대장치에 매우 정교하게 사실성을 주기 위해, 모든 시대를 통해 가장 많은 돈을 들인 이 전원극(田園劇)을 실제처럼 보이게 하는 데 적합한 단역(端役)들을 끌어다 놓았다. 농부, 농촌 아낙네, 소와 송아지, 돼지, 토끼, 양을 모는 처녀 목동, 풀 베는 사람, 수확하는 사람, 양치기, 사냥꾼, 세탁부, 치즈 만드는 사람들을 데려다 놓은 것이다. 그들은 풀을 베고 세탁을 하고 거름을 주고 젖을 짜면서 이 인형극을 쉴 새 없이 생생하게 연기했다. 국고를 더 많이 축내는 새로운 일거리가 또 하나 있었다. 마리 앙투아네트 명령으로, 놀이를 좋아하는 커다란 어린이들을 위해 실물 크기의 인형무대를 상자에서 꺼내와 트리아농 궁 옆에 배치한 것이다. 이것이 바로 외양간, 건초더미, 광, 헛간, 닭장, 비둘기집까지 갖춘 유명한 촌락(아모)이었다. 위대한 건축가 미크와 화가 위베르 로베르가 전형적인 농가를 그대로 모방한 여덟 채의 농가를 초가지붕, 양계장, 거름 더미까지 똑같이, 밑그림 그리고 설계하고 건축했다. 이 새로운 모조품이 거액을 쏟아 부어 조성한 자연 한복판에 설치되고, 절대로 가짜처럼 보이지 않도록, 바깥쪽에는 현실 속에서 가난으로 무너져가는 비참한 오두막까지 그대로 모조되었다. 망치로 두드려 벽에 금을 내고 회칠한 벽은 낭만적으로 부수어 떼어냈으며, 지붕 널빤지도 몇 군데 제거했다. 위베르 로베르는 오래되어 썩은 느낌이 나도록 재목에 인공으로 갈라진 자국을 그려 넣고 굴뚝은 시커멓게 그을려 놓았다. 그 대신 겉으로는 퇴락한 집들이지만 안에는 거울과 난로, 당구대와 푹신한 소파 등, 온갖 쾌적한 설비가 갖춰져 있었다. 왕비가 심심해서 장 자크 루소 놀이, 이를테면 시녀들과 함께 손수 버터를 만들고 싶어졌을 때, 왕비의 손가락이 절대로 더럽혀져서는 안 되기 때문이었다. 그녀가 자신의 흰 소와 누렁 소를 보러 외양간에 가면, 물론 미리 눈에 보이지 않는 손이 벌써 외양간

바닥을 마룻바닥처럼 반짝반짝하게 닦아 놓았다. 흰 소의 몸뚱이는 꽃처럼 하얗게, 누렁 소는 마호가니처럼 윤이 나는 갈색이 될 때까지 브러시로 손질되었고, 거품이 이는 우유는 농가에서 쓰는 더러운 통이 아니라 세브르 공장에 특별히 주문해 왕비의 이니셜을 박은 도기 항아리에 받았다. 오늘날에는 허물어져서 퇴락한 모습을 보여주고 있는 이 촌락은, 마리 앙투아네트에게는 한낮의 극장이고, 간소한, 그리고 간소하기 때문에 자극적이라 할 수 있는 전원극이었다. 그때 프랑스 전국에서는 농민들이 이미 도당을 짜고, 무거운 세금에 시달리는 현실 때문에 농민대중이 격앙하여 마침내 불안정한 상태의 개선을 요구하며 봉기하고 있었다. 왜냐하면 이 포템킨*6 같은 무대장치에는 어리석은 거짓 안락이 지배하고 있었기 때문이다. 목동이 푸른색 리본을 맨 양들을 목장으로 몰고 가고, 왕비는 시녀가 받쳐주는 양산 속에서 세탁부가 졸졸 흐르는 시냇물에 리넨을 헹구는 광경을 구경했다. 아, 이 소박함을 어떻게 표현하면 좋을까! 얼마나 도덕적이고 얼마나 쾌적한가! 이러한 낙원 같은 세계에서는 모든 것이 청결하고 매력적이며, 그곳에서의 생활은 암소 젖에서 흐르는 우유처럼 맑고 깨끗했다. 사람들은 얇은 모슬린으로 지은 시골풍의 간소한 옷을 입고(물론 그 천에는 수천 리브르나 드는 그림이 그려져 있었다), 천진난만한 즐거움에 빠져, 권태로 인한 경박한 마음으로 '자연을 즐기는 취미'에 열중했다. 낚시를 하고 꽃을 꺾고, 꼬불꼬불한 길을—혼자 걷는 일은 극히 드물었다—산책했다. 풀밭 위를 달리고, 착한 단역인 농부가 일하는 모습을 바라보고, 공놀이를 하며, 반들반들한 마루 대신 꽃밭에서 미뉴에트와 가보트를 추고, 나무 사이에 그네를 매고, 중국식으로 원을 지어 놀고, 집과 그늘진 가로수 길에서 숨바꼭질을 했다. 또 기분전환을 위해 승마를 하면서 흥겹게 놀고, 이 자연의 극장 한가운데서 연극 공연을 열도록 하거나, 심지어는 왕비 스스로 연기하는 모습을 사람들에게 보여주기도 했다.

이 정열은 왕비 마리 앙투아네트가 발견한 마지막 정열이었다. 처음에 그녀는 오늘날까지 남아있는, 우아한 균형에 매력적인 자그마한 개인극장을 지어—이 기분풀이를 위한 비용은 14만천 리브르밖에 안 들었다—이탈리아

---

*6 러시아의 장군으로, 예카테리나 여제를 맞이하기 위해 인공적인 촌락을 조성했다.

와 프랑스 배우들에게 연극을 시킬 계획이었다. 그러나 즉흥적으로 대담한 결심을 하고 자신도 무대 위로 뛰어올랐다. 측근의 쾌활한 무리도 연극 놀이에 함께 열광하여 시동생 아르투아 백작, 폴리냐크 부인, 궁정 신사들이 참여했다. 국왕까지 여배우 노릇을 하는 아내에게 찬사를 보내기 위해 몇 번 성으로 건너왔다. 그리하여 트리아농의 즐거운 카니발은 1년 내내 이어졌다. 어느 때는 남편을 위해 축제를 베푸는가 하면 시동생을 위해, 또 외국 제후들에게 자신의 마법 왕국을 보여 주고 싶어 끊임없이 축제를 벌였다. 그런 때는 감춰둔 수천 개 작은 등불의 불꽃들이 아름다운 색유리에 반사되어 자수정이나 루비, 토파즈처럼 어둠속에서 반짝거렸고, 소리 내며 타오르는 불꽃이 하늘을 가로질렀으며 가까운 곳에서는 감미로운 음악이 흘러나왔다. 수백 명이 즐길 수 있는 연회가 열리고, 여흥과 춤을 위해 임시무대가 세워지고, 소박한 풍경이 이러한 사치의 세련된 배경으로 이용되었다. 실제로 '자연' 속에 있으면 지루하지는 않았다. 마리 앙투아네트가 트리아농에 숨어 버린 것은 명상에 잠기기 위해서가 아니라 더욱 유쾌하게, 더욱 거리낌없이 즐기기 위함이었다.

트리아농의 최종적인 결산서는 1791년 8월 31일이 되어서야 제출되었다. 총 1,649,529리브르였지만, 기록되지 않은 자질구레한 개별금액까지 합치면 실제로는 2백만 리브르가 넘었다—이것만 보면 물론 다나이스의 항아리(다나오스의 딸 다나이스들은 구멍이 뚫린 항아리에 물을 긷는 형벌을 받았다) 같은 국왕의 재정적인 실정에 비하면 물 한 방울에 불과하지만, 파탄에 이른 재정이나 백성들의 비참한 생활을 생각하면 과도한 지출이 틀림없었다. 뒷날 혁명 재판소에서 '카페 미망인'은 "소(小)트리아농에 막대한 금액이, 어쩌면 내가 원했던 것 이상으로 돈이 들었던 것은 사실입니다. 뜻하지 않게 나도 모르는 새 점점 많이 지출하게 된 것입니다." 하고 인정하지 않을 수 없었다. 그러나 정치적인 의미에서도 왕비는 일시적인 자기 기분을 위해 비싼 대가를 치른 셈이었다. 온 궁정 대신들을 베르사유에 하는 일도 없이 남겨 두고 감으로써 궁정의 존재 의미가 사라져버린 것이다. 왕비에게 장갑을 건네주는 시녀, 엄숙하게 침실용 변기를 대령해 주는 시녀 등, 수많은 시녀와 내관들, 수천 명의 호위병과 시종과 신하들이 맡은 일을 잃었는데 도대체 무엇을 하면 좋단 말인가? 그들은 하릴없이 온종일 베르사유 궁의 대기실에 앉아 있었다. 그리고 계속 돌지 않으면 녹스는 기계처럼 무관심하게 방치된 궁정사람들 마음속은 불만과 독기가 스며들어 점점 위험한 존재가 되어갔다. 사태는 곧, 귀족들이 은밀하게 서로 짜고 궁정의 축제를 기피하기에 이르렀다. 건방진 '오스트리아 여자', 자신의 '작은 쇤브룬', '작은 빈'에서 실컷 즐겨보라지, 하는 심보였다. 합스부르크 집안에 뒤지지 않는 유서 깊은 이곳 귀족들은 접견 때 냉정하게 고개만 잠깐 까딱해 주는 대접을 받기에는 자부심이 너무 강했다. 왕비가 베르사유를 떠난 뒤부터, 왕비에 반대하는 프랑스 귀족들의 태도는 점점 더 노골적으로 드러났다. 레비 공작은 이 상황을 손에 잡힐 듯이 이렇게 묘사해 놓았다.

"경박스럽게 놀기만 하면서 오랫동안 최고의 권력에 도취해 있던 왕비는 자제하는 것을 달갑게 여기지 않았다. 의례와 다양한 의식은 왕비에게는 지루하고 짜증 날 뿐이었다. 인간이 모든 편견에서 해방된 계몽의 세기에는 지배자라고 해도 관습이 만드는 불쾌한 질곡에서 벗어나야 한다는 것, 요컨대 백성의 충성은 국왕 일가가 지루하기만한 신하들에게 에워싸여 보내는 시간이 얼마나 되는지에 따라 가늠할 수 있다고 생각하는 게 얼마나 우스꽝스러운 일인지, 사람들은 왕비에게 증명해 보여주었다……왕비의 기분이나 어떤 음모 때문에 왕비에게 선택된 몇몇 총신을 제외한 모든 사람들이 궁중에서 내쫓겼다. 지위나 공적, 명망, 고귀한 출신 따위는 이제 왕가의 모임에 참석할 수 있는 이유가 되지 않았다. 다만 일요일에, 미리 소개받은 사람만이 아주 잠깐 왕족을 만날 수 있었을 뿐이다. 그러나 그런 사람들도 대부분, 아무런 치사도 들을 수 없는 이 불필요한 수고에 이내 흥미를 잃고 말았다. 멀리서 찾아가도 별로 대우받지 못하는 어리석은 짓임을 깨닫고 집어치운 것이다……. 이전에는 유럽 각지에서 세련된 생활양식과 예의를 배우려고 사람들이 기꺼이 찾아왔던, 루이 14세의 영광어린 무대 베르사유가, 지금은 마지못해 들어갔다가 될 수 있는 대로 서둘러 떠나버리는 작은 시골도시가 되고 말았다."

마리아 테레지아는 이러한 위험 또한 멀리서 일찌감치 예견했다.

"딱딱한 격식이 지루하고 공허하다는 것은 나도 익히 알고 있다. 그렇지만 내 말을 들어라, 그렇다고 해서 그것을 소홀히 하면 이 사소한 부담보다

휠씬 더 큰 영향을 주는 불쾌한 일이 많이 발생하게 된다. 특히 너희 나라처럼 국민들이 활발한 경우에는 더욱 그렇다."

그러나 마리 앙투아네트가 이해하려 들지 않는 한, 아무리 사리를 따져 이야기해도 의미가 없었다. 베르사유에서 겨우 30분 거리에서 생활하는데 왜 이렇게 야단들이람! 그러나 실제로는 이 2, 3마일 때문에 마리 앙투아네트는 궁정에서도 국민에게서도 평생 떠나 버린 것이다. 만약 그녀가 베르사유에 머무르면서 프랑스 귀족들과 전통적인 관습 속에 있었더라면, 위기의 순간에 왕자와 제후, 귀족의 군대가 그처럼 그녀 곁을 떠나지는 않았으리라. 한편으로 오빠 요제프 황제처럼 민주적으로 민중에게 다가갔더라면 수십만 파리 시민, 수백만 프랑스 민중은 그녀를 신처럼 떠받들었을 것이다. 그러나 철저한 개인주의자였던 마리 앙투아네트는 귀족에 대해서도 민중에 대해서도 호감을 살 행동은 하지 않고 그저 자기밖에 몰랐다. 그리고 트리아농이라는 단 하나의 상습적 변덕 때문에 제1, 제2, 제3 계급 모두에게 인망을 잃어버렸다. 너무 오랫동안 홀로 행복 속에 잠겨 있고자 했기 때문에, 불행할 때도 고독했을 뿐만 아니라, 어린애 장난감 같은 트리아농의 대가로서 왕관과 생명까지 지불하지 않을 수 없었다.

새로운 사회

마리 앙투아네트가 즐거운 자신의 집에서 살게 되자 당장 맹렬한 기세로 비질이 시작되었다. 먼저 늙은 사람들부터 쓸어내 버렸다. 늙은이들은 따분하고 보기 흉했다. 그들은 춤도 출 줄 모르고 사람을 즐겁게 할 줄도 모르면서, 언제나 조심하라, 신중하게 생각하라는 잔소리만 늘어놓았다. 끝없이 제지당하고 훈계만 듣는 일에 그녀는 황태자비 시절부터 이미 진저리가 났다. 그래서 늘 딱딱거리는 교육담당 에티켓 부인 노아유 백작 부인은 딱 질색이었다. 왕비가 교육 받을 필요가 어디 있단 말인가, 하고 싶은 대로 하면 된다! 어머니가 딸려 보낸 고해 신부이자 조언자인 베르몽 신부는 적당히 물러가 있으라! 정신적인 긴장을 주는 사람은 모두 멀리 사라져라! 인생을 고지식하게만 받아들여 여흥의 즐거움을 놓치는 일이 없는 유쾌한 자들만, 젊은이들만 오라! 놀이 친구들이 높으신 양반인지, 일류가문 출신인지, 건실하고 나무랄 데 없는 성격의 소유자인지 따위는 문제도 아니고, 특별히 똑똑하거나 교양 있을 필요도 없다—교양 있는 사람은 융통성이 없고 똑똑한 사람은 심술쟁이다—, 재치가 번뜩이고, 재미있는 일화를 들려줄 줄 알고, 파티 때 멋지게 보이기만 하면 그로써 충분하다. 즐거움, 즐거움, 즐거움, 이것이야말로 마리 앙투아네트가 측근들에게 요구하는 가장 중요하며 유일한 것이었다. 그리하여 그녀는, 마리아 테레지아가 탄식하면서 하는 말을 빌리면 '온 파리에서 가장 악질이고 가장 젊은 사람들', 오빠 요제프 2세가 화가 나서 투덜거린 대로 '자칭 사교계'에 빠져 있었다. 그들은 얼핏 난잡해 보이지만 실제로는 무섭도록 탐욕이 강한 자들로, 왕비의 유흥 선생 노릇을 하는 하찮은 봉사로 막대한 돈을 뜯어내고, 멋지게 놀아주며 익살을 부리는 동안에 은밀하게 어마어마한 연금을 자기 호주머니 속에 쑤셔 넣었다.

단 한 명의 지루한 사람이 이따금 나타나서 난잡한 자리를 잠시 동안 깨뜨리곤 했다. 그러나 그에게 나가라고 말하는 것은 아무래도 껄끄러운 일이었다. 왜냐하면—하마터면 잊어버릴 뻔했지만—그 사람은 바로 이 쾌활한 여인의 남편인 데다 프랑스의 지배자였기 때문이다. 아름다운 아내에게 푹 빠져 있는 너그러운 왕 루이는 미리 허락받고 이따금 트리아농으로 건너와 젊은 사람들이 즐겁게 노는 모습을 바라보고는, 사람들이 너무 아무렇지도 않게 관습의 한계를 짓밟거나 지출이 터무니없이 늘어나면 조심스럽게 제재를 시도하기도 했다. 그럴 때면 왕비는 웃고 그 웃음으로 모든 일이 다 처리되어버렸다. 유쾌하게 구경하고 있는 자들도, 왕비가 최고의 관직을 주는 사령장에 반드시 아름다운 필체로 '루이'라고 정직하고 순순히 서명하는 왕에 대해 일종의 우월감 섞인 연민을 느꼈다. 이 호인은 결코 그녀를 오래 방해하지 않고, 언제나 한두 시간 머물다가 책을 읽거나 자물쇠를 만들기 위해 서둘러 베르사유로 돌아갔다. 어떤 때는 너무 오랫동안 머무는 일이 있어서, 유쾌한 친구들과 함께 파리에 가고 싶어 조바심이 난 왕비는 추시계를 몰래 한 시간 빠르게 돌려놓기도 했다. 국왕은 이 유치한 속임수에 넘어가 여느 때 같으면 열한 시에 잠자리에 드는 것을, 어린 양처럼 얌전하게 열 시에 잠자리에 들었고, 귀족 악당들은 어깨를 흔들며 웃어댔다.

국왕의 위엄이라는 개념이 그런 장난으로 더 높아질 리는 물론 없었다. 하지만 트리아농은 이토록 매사가 서툴고 세련되지 못한 남자를 어떻게 다뤘어야 할까? 그는 어떤 일화 한 토막 이야기할 줄도 모르고, 웃을 줄도 몰랐다. 배가 아프기라도 한 듯이 쩔쩔매면서 유쾌한 무리 속에 수줍게 앉아서, 남들은 자정이 넘어 이제야 제대로 흥이 나는 판에 하품하면서 졸고 있었다. 그는 가장무도회에도 가지 않았으며 도박도 하지 않고 여자의 비위도 맞출 줄 몰랐다. 실제로 선량하고 지루한 그런 남자가 환영받을 리 없는 것이다. 로코코 왕국인 트리아농의 사교계, 경박과 방종이 지배하는 이 전원에서 그는 전혀 어울리지 않는 인간이었다.

그래서 국왕은 이 새로운 사교계의 일원이 될 수 없었다. 겉으로는 무관심해 보이는 태도 뒤에 야심을 숨기고 있는 왕의 동생 프로방스 백작 또한 이 젊은 멋쟁이들과 어울려 품위를 손상시키지 않는 편이 현명하다고 생각했다. 그러나 왕비가 놀러갈 때는 궁정의 남자가 한 사람은 동반해야 하므로 결국 루이 16세의 막냇동생 아르투아 백작이 수호자 역을 맡았다. 경솔하고 부박하며 무례하지만 유연하고 능란한 그는 마리 앙투아네트와 똑같은 불안에 시달리고 있었다. 지루해지거나 골치 아픈 일에 휘말리지 않을까 하는 불안이었다. 난봉꾼에다 빚지는 데 선수이고, 재미있는 멋쟁이에 허풍선이인 아르투아는 대담하다기보다는 뻔뻔스럽고 정열적이라기보다는 일시적인 충동에 따라 움직이며, 새로운 스포츠, 새로운 유행, 새로운 오락이 있는 곳으로 늘 앞장서서 유쾌한 무리를 이끌고 갔다. 그래서 그는 왕과 왕비와 온 궁정의 빚을 합친 것보다도 많은 빚을 지게 되었다. 그러나 바로 그런 인간이기에 그는 마리 앙투아네트와 매우 잘 어울렸다. 그녀는 이 뻔뻔하고 변변찮은 사람을 그다지 중히 여기지 않았다. 말 많은 자들이 이내 두 사람의 관계에 대해 이러쿵저러쿵 소문을 퍼뜨렸지만, 그녀는 결코 그를 좋아하지 않았다. 그는 단지 그녀를 보호하고 있었을 뿐이었다. 노는 데 미친 시동생과 형수는 곧 떼어 놓을 수 없는 단짝이 되었다.

아르투아 백작은 마리 앙투아네트가 매일 밤낮으로, 들뜬 나태함이 있는 시골로 원정갈 때 이끌고 다니는 근위병들의 사령관이었다. 이 부대는 워낙 소규모여서 간부가 끊임없이 바뀌었다. 관대한 왕비는 근위병들이 저지르는 모든 잘못, 빚을 지거나 불손한 짓을 하고, 도전적이고 지나치게 버릇없는 행동을 하거나 정사와 스캔들을 일으키는 것은 모두 용서했지만 누구든 자기를 지루하게 만들면 즉시 총애를 거둬갔기 때문이었다. 한때는 노병답게 솔직하고 꾸밈없는 쉰 살의 스위스 귀족 브장발 남작이 활개를 쳤으나 곧 쿠아니 공작에게로 총애가 기울었다. 그는 '늘 변함없이 가장 특별한 대우를 받는, 가장 좋은 의논상대'였다. 이 두 사람과 야심가인 기느 공작과 헝가리의 에스테르하지 백작을 더한 네 사람에게, 왕비가 홍역을 앓는 동안 간호하라는 인상적인 임무가 내려졌다. 이를 계기로 궁정에서는, 만약 왕의 경우라면 간호하는 네 사람의 시녀는 누가 될까 짓궂은 질문이 나오기에 이르렀다. 마리 앙투아네트가 좋아하는 폴리냐크 백작부인의 애인 보드레유 백작은 늘 그 지위를 고수했다. 누구보다 현명하고 세련된 리뉴 공자(公子)는 비교적 뒤로 물러나 있는 편이었는데, 트리아농에서의 지위를 이용해 막대한 국가 연금을 받아 챙기지 않은 유일한 인물인 동시에, 노년이 된 뒤에도 회상록에서 왕비에 대해 추억하면서 외경심을 잃지 않았던 유일한 인물이었다. 이 전원의 하늘에서 명멸한 별 가운데 '미남' 디옹과 미친 듯이 격렬한 정열의 소유자인 젊은 로잔 공작이 있었는데, 그 두 사람은 본의 아니게 순결을 지키고 있던 왕비에게는 한동안 상당히 위험한 존재가 되었다. 이 로잔은 메르시 대사가 필사적으로 노력한 덕분에 왕비로부터 단순한 공감 이상의 감정을 얻어내기 전에 겨우 멀리 물리칠 수 있었다. 한편 아데마르 백작은 하프에 맞춰 멋지게 노래하고 연극도 잘 했다. 그것만 잘하면 브뤼셀과 런던의 대사 자리는 충분히 얻어낼 수 있었다. 그러나 다른 사람들은 오히려 프랑스에 남고 싶어서, 일부러 물을 휘젓고 다니며 궁정에서 가장 짭짤한 벼슬자리를 낚아 올렸다. 이러한 신사들은, 리뉴 공자를 제외하고는 하나같이 진정한 정신적 지위를 지니지 못했고, 왕비의 우정으로 얻는 우위를 정치적으로 크게 이용하려는 야심도 품지 않았다. 트리아농에서 활약한 이러한 가면의 영웅들은 어느 누구도 역사의 진정한 영웅이 아니었던 셈이다. 마리 앙투아네트도 그들 중 단 한 사람도 진심으로 존경하지 않았다. 젊고 요염한 그녀가, 왕비 지위에 걸맞지 않을 만큼 친밀한 사교를 허락한 상대는 여러 명 있었지만 그 누구에게도—이것이 결정적이다—정신적으로도 여자로서도 완전히 자기를 바치지는 않았다—그들 가운데 단 한 사람—단 한 사람이어야 할 운명이고, 또 실제로 단 한 사람이 되는 인물, 한번 그녀의 마음을 사로잡은 뒤 영원히 놓치지 않는 그 남자는 아직 그늘 속에 숨어 있었다. 그리고 단역들의 화려한 활약은 아마도 그 인물의 접근과 출현을 더욱 교묘하게 숨기는 역할만 했을 뿐이었다.

끊임없이 바뀌는 이러한 신뢰할 수 없는 기사들보다, 왕비에게는 여자 친구가 더욱 위험한 존재가 되고 있었다. 여자들 사이에서는 은밀하게 혼합된 감정들이 숙명적으로 화를 부른다. 성격으로 말하면 마리 앙투아네트는 매우 자연스러운 인품에, 헌신의 욕구와 애정이 넘치는 여자답고 온화한 여성이었지만, 그 욕구는 최초 몇 해 동안 굼뜨고 둔감한 남편에게 아무런 응답도 받지 못하고 있었다. 솔직한 성품인 그녀는 자신의 정신적 긴장을 누군가 다른 사람에게 털어놓고 싶었으나, 그것은 관습상 남성, 즉 남자친구일 수는 없었다, 또는 아직 안되기 때문에, 마리 앙투아네트는 어쩔 수 없이 처음부터 여자친구를 찾아야만 했다.

여자 친구에 대한 마리 앙투아네트의 우정에 어떤 정이 섞여 있었던 것은 무척 자연스러운 일이다. 열여섯, 열일곱, 열여덟 살의 마리 앙투아네트는 이미 결혼했다—아니, 그보다 사실은 형식상으로는 결혼했으나, 심적으로는 기숙사 친구들과 우정을 쌓아갈 전형적인 나이, 전형적인 정서 속에 있었다. 어린 나이에 진심으로 사랑하는 교육자인 어머니로부터 떨어져서 서투르고 둔감한 남편 곁에 놓였던 그녀는 그때까지, 꽃에는 으레 향기가 따르듯이 젊은 처녀라면 누구나 갖고 있는, 누군가를 깊이 신뢰하며 모든 것을 내맡기고 싶은 마음 한 번 쏟아본 적이 없었다. 손을 잡거나 팔짱을 끼고 걷고, 한구석에서 킥킥거리고, 방에서 방으로 맹렬한 기세로 달려가고, 서로를 열렬하게 사모하는 따위의 순수한 행위, 이 소박한 '사춘기 징후'는 그녀의 어린 육체 안에서 아직 싹트기 전이었다. 열여섯, 열일곱, 열여덟, 열아홉, 스무 살이 되어서도 마리 앙투아네트는 여전히 풋풋한 어린 사랑에 빠지는 것이 허락되지 않았다. 그렇게 폭풍 같은 격앙 속에 경험한 것은 성이 아니라 그 수줍은 예감이고 도취였다. 그런 까닭에 여자 친구에 대한 마리 앙투아네트의 관계도 처음에는 매우 정감 어린 게 아닐 수 없었다. 그리고 왕비답지 않은 이 태도를 궁정은 당장 심하게 왜곡하고 말았다. 닳을 대로 닳아 삐뚤어져 버린 궁정은 자연스러움을 이해하지 못하고, 곧 왕비에게 동성애 경향이 있다고 수군대기 시작했다.

"사람들은 제가 여성이나 애호가들에게 지나치게 특별한 애정을 기울인다고 말합니다."

마리 앙투아네트는 자기 감정을 솔직하고 밝게 어머니에게 써 보냈다. 자부심에 찬 그녀의 솔직함은 궁정을, 여론을, 세상을 경멸했다. 그녀는 아직 천 개의 혀를 가진 비방의 위력을 몰랐다. 그래서 마침내 사람을 사랑하고 신뢰할 수 있게 되었다는 뜻밖의 기쁨에 인도되어 자신이 절대적으로 사람을 사랑할 수 있음을 여자 친구들에게 증명하고 싶어 모든 조심성을 희생시키고 만 것이다.

처음 왕비의 눈에 든 드 랑발 부인은 비교적 행운의 선택이었다. 프랑스 최고 가문 출신이지만 금전욕이나 권력욕이 없고, 섬세하고 감상적인 성격의 부인은 그다지 총명하지는 않은 대신 음모술수를 좋아하지 않았다. 그리 중요한 존재는 아니었지만 공명심이 없어서 왕비의 호의에 진정한 우정으로 보답했다. 그녀의 품행은 흠잡을 데 없었고, 그 영향력은 왕비의 사적인 생활권에만 한정되어 있어서 친구나 가족을 위해 후원을 부탁하지도 않았고 국사나 정치에 끼어들지도 않았다. 그녀는 도박장을 열지 않았고, 마리 앙투아네트를 쾌락의 소용돌이 속으로 깊이 몰아넣지도 않았다. 조용히 눈에 띄지 않게 충성을 다한 그녀의 우정은, 마지막에 가서 영웅적인 죽음으로 증명되었다. 그러나 어느 날 밤 그녀의 힘은 불이 꺼지듯이 사라져 버렸다.

1775년 무도회에서 왕비는 미지의 한 젊은 여인에게 눈길이 멎었다. 그녀의 겸손한 우아함은 사람 마음을 끌기에 충분했고, 푸른 눈은 천사처럼 맑았으며 자태는 소녀처럼 부드러웠다. 이름을 묻자 쥘 드 폴리냐크 백작부인이라고 했다. 이번에는 랑발 공비의 경우처럼 서서히 우정으로 승화한 인간적 공감이 아니라, 갑작스럽고 정열적인 관심, 첫눈에 반한 사랑, 일종의 열애였다. 마리 앙투아네트는 이 낯선 여인에게 다가가 왜 그동안 궁정에 나타나지 않았느냐고 물었다. 폴리냐크 백작 부인은 자기는 신분에 맞는 체면을 유지할 만큼 생활이 넉넉하지 못하다고 솔직하게 대답했다. 그 솔직함이 왕비의 마음을 사로잡았다. 이 매력적인 여인 속에는 참으로 순수한 영혼이 깃들어 있는 게 틀림없었다. 그때로서는 최악의 수치였던 돈이 없다는 말을 그녀는 첫 마디에 감동스러울 만큼 스스럼없이 털어놓은 것이다. 이 여자야말로 내가 오랫동안 찾았던 이상적인 친구가 아닐까? 마리 앙투아네트는 곧바로 폴리냐크 백작 부인을 궁정으로 불러들였고 모든 사람들이 시샘할 만큼 눈에 띄는 총애를 퍼붓기 시작했다. 왕비는 공공연히 그녀와 팔짱을 끼고 다녔고, 그녀를 베르사유에서 생활하게 하면서 어디든 함께 데리고 다녔다. 심지어 이 둘도 없는 친구 곁에 있고 싶어서 온 궁정을 이끌고 말리에 다녀오기까지 했다. 몇 달 사이에 영락한 귀족 부인은 마리 앙투아네트와 온 궁정의 주인이 되고 말았다.

그러나 유감스럽게도 이 섬세하고 순결한 천사는 하늘에서 내려온 것이 아니라, 뜻밖의 이 호의를 자신을 위해 맘껏 이용하려는, 빚더미에 올라앉은 가정 출신이었다. 곧 여러 명의 재무대신은 속을 삭이느라 염불을 외어야만 했다. 먼저 40만 리브르의 빚을 갚아 주고, 딸에게는 지참금으로 80만 리브르를 주었으며, 사위에게는 해군대위 계급과 함께 1년 뒤에는 7만 두카텐의 연금이 나오는 토지를 주고, 부친에게는 은급을, 사람 좋은 남편에게는—실제로는 오래전부터 정부가 남편 자리를 차지하고 있었지만—공작 작위와 프랑스에서 가장 실속 있는 봉록의 하나인 우편국을 맡겼다. 폴리냐크의 동서인 디안 드 폴리냐크는 나쁜 소문에도 불구하고 궁정 시녀가 되었고 쥘 백작 부인 자신은 왕자들의 가정교사가 되었다. 부친은 연금 말고도 대사가 되어 온 가족이 돈과 명예에 푹 파묻힌 데다, 마치 요술방망이에서 나오듯이 친구들에게까지 은총이 쏟아졌다. 마침내 왕비의 이런 기분을 위해, 폴리냐크 집안 하나에만 국고에서 해마다 50만 리브르나 되는 돈이 지출되었다.

"이렇게 짧은 기간에 이토록 많은 돈이 한 집안을 위해 지출된 것은……유례가 없는 일입니다."

당황한 메르시 대사는 빈에 이렇게 소식을 전했다. 맹트농*¹과 퐁파두르조차, 천사처럼 다소곳이 눈을 내리뜬 총희, 이렇게 겸손하고 선량한 폴리냐크 부인만큼 많은 돈을 쓰게 한 적은 없었다.

이 소용돌이에 휘말리지 않은 사람들은, 품위도 가치도 없이 착취만 일삼는 이 일가를 위해 자신의 이름과 지위와 명성을 함부로 남용하는 왕비의 끝없는 관용을 이해할 수 없어, 그저 어안이 벙벙한 채 구경만 했다. 타고난 지성, 내적인 힘, 솔직함, 그 어느 면에서도 왕비가, 그녀가 매일 만나고 있는 그 하찮은 인간들보다 백배는 더 훌륭하다는 사실은 누구나 다 알고 있었다.

그러나 성격 사이의 긴장관계를 결정하는 것은 힘이 아니라 재간이며, 정신적 우월이 아니라 의지의 우월이다. 마리 앙투아네트는 태만했으나 폴리냐크 일가는 야심에 불타올랐고, 그녀는 비약적이지만 상대는 끈기가 강했다. 왕비는 혼자였으나 상대는 무리를 지어 계획적으로 왕비를 모든 사람들로부터 떼어놓으려고 했다. 그들은 왕비를 즐겁게 해줌으로써 왕비를 꼭 붙들었다. 가련하고 늙은 고해 신부 베르몽이 옛 제자인 왕비에게 '남녀 친구들의 품행과 평판에 지나치게 관대하다' 경고하고, 뜻밖일 정도로 대담하게 '천박한 행동과 나쁜 습관, 흠이 생기거나 땅에 떨어진 평판이야말로, 당신의 친구가 될 수 있는 수단이 되고 말았다' 비난해도 아무 소용이 없었다. 서로 팔짱을 끼고 달콤하고 다정하게 이야기를 나누는 데 도대체 무슨 충고

---

*1 루이 14세의 애인

가 필요하겠는가. 매일 치밀하게 깔리는 타산적인 책략에 무슨 지혜인들 소용이 있겠는가! 폴리냐크와 그 일당은 왕비를 즐겁게 만들어 지루함을 잊게 해줌으로써 그녀의 마음을 여는 마법의 열쇠를 손에 넣었다. 그리고 몇 년 뒤, 마리 앙투아네트는 이 냉정하게 계산하는 일당이 조종하는 대로 완전히 그들에게 예속되고 만다. 폴리냐크의 살롱에서는 서로 품앗이로 지위와 일자리를 청탁해주고 수입이 많은 지위와 연금을 주고받으면서, 각자 다른 사람의 행복을 위해 애써주는 척했다. 그런 식으로 아무것도 눈치채지 못하는 왕비의 손을 통해, 가뜩이나 고갈되어 가는 국고에서 마지막 황금의 물줄기가 몇몇 사람의 손안으로 흘러가 버리고 말았다. 대신들도 그런 물줄기를 막을 힘이 없었다.

"왕비께서 입을 열도록 하는 수밖에 없소."

대신들은 어느 청원자에게나 어깨를 으쓱해 보이며 그렇게 대답할 뿐이었다. 왜냐하면 프랑스에서 계급과 작위, 직위와 연금을 주는 것은 오로지 왕비 손에 달려 있었고, 그것을 보이지 않는 곳에서 조종하고 있는 것이 제비꽃 빛깔의 눈동자를 가진 여인, 아름답고 얌전한 폴리냐크였기 때문이다.

마리 앙투아네트를 에워싼 무리는 이렇게 끊임없이 이어지는 쾌락으로, 어느새 가까이 다가갈 수 없는 불가침의 울타리를 둘러치고 말았다. 궁정 사람들은 곧 그 사실을 깨닫고, 그 울타리 뒤에는 지상 낙원이 있다는 것을 알고 있었다. 그곳에는 감투가 피어 있고, 연금이 흘러나가며, 단순한 농담 한마디, 쾌활한 말 한마디로 다른 사람들은 수십 년 동안 꾸준히 업적을 쌓아야 얻을 수 있는 총애를 따냈다. 그 축복의 피안에는 유쾌함과 태평함과 환희가 영원히 지배하고, 왕비의 총애가 꽃피우는 이 낙원 안에 들어간 자에게는 지상의 모든 은총이 기다리고 있었다. 따라서 울타리 밖으로 추방되어 트리아농에 들어가지도 못한 채, 울타리 안에 있는 자들처럼 탐욕스러운 손을 결코 황금의 비와 연관시키지 못하고 있는 오래된 가문의 귀족들, 공훈을 쌓은 세대들이 모조리 들고 일어나 격분한 것도 놀라운 일이 아니었다.

우리가 왜 영락한 폴리냐크 가문보다 하찮은 존재란 말인가? 오를레앙가, 루앙가, 노아유가, 마르생가 사람들은 불만을 터뜨렸다. 이제야 겸손하고 착실한 젊은 국왕을, 애첩에게 멋대로 휘둘리지 않는 왕을 섬기게 되었나 했는데, 퐁파두르와 뒤바리가 없는 지금 마땅히 우리에게 돌아와야 할 것을 이제는 또다시 왕비가 총애하는 여자에게 구걸해야 한단 말인가. 몇 세기 전 이 땅에 정착하여 태어나면서부터 귀족인 우리를 제쳐두고, 듣도 보도 못한 새파란 애송이나 수상쩍은 여자들에게 에워싸여 있는 젊은 오스트리아 여자로부터 이렇게도 수모를 당하고 냉대를 받고 참아야만 한단 말인가. 내쫓긴 사람들은 더욱 결속을 다져 날이 가고 해가 갈수록 그 전열이 증강되었다. 그리고 이윽고, 베르사유의 황폐해진 창문으로 증오에 찬 수백 개의 눈동자가 아무 물정도 모르고 태평하기만 한 왕비의 유희의 세계를 들여다보고 있었다.

오빠가 누이를 방문하다

1776년과 1777년 카니발에서 마리 앙투아네트의 유흥을 향한 정열은 날카로운 상승곡선의 정점에 이르렀다. 사교에 급급한 왕비는 경마, 오페라극장의 무도회, 가장무도회에 빠짐없이 나타나서 동이 트기 전에 귀가하는 적이 없었다. 그렇게 계속 부부의 침상을 회피하면서 새벽 네 시까지 도박판에 앉아 있었다. 그녀가 잃은 돈과 빚은 이미 세상의 분노를 불러일으키고 있었다. 좌절한 메르시 대사는 빈에 연거푸 절망적인 보고를 보냈다.

"왕비 폐하께서는 외적인 위신을 완전히 잊으셨습니다." 그녀에게 그 사실을 깨우쳐주는 일은 거의 불가능해 보였다. "갖가지 오락들이 워낙 쉴 새 없이 쏟아지기 때문에 왕비 폐하와 진지한 이야기를 나눌 틈을 마련하는 게 쉬운 일이 아닙니다."

그해 겨울처럼 베르사유가 어수선했던 적은 없었다. 한 달 동안, 왕비가 하는 일, 아니 정확하게 말해 왕비의 오락들은 변하지도 않고 줄어들지도 않았다. 대사는 마치 악령이 이 젊은 여인을 사로잡고 있는 것만 같다고 보고했다. 이 결정적인 해처럼 그녀가 무섭도록 평정을 잃고 흔들리는 생활을 보낸 적은 한 번도 없었다.

게다가 새로운 위험이 등장했다. 1777년, 마리 앙투아네트는 이제 프랑스에 처음 왔을 때처럼 순진한 열다섯 살짜리 어린아이가 아니라, 아름답게 활짝 피어나 다른 사람 마음을 유혹하기도 하고 자신의 마음도 유혹당하는 스물두 살 여인이었다. 만약 그녀가 베르사유 궁정의 에로틱하고 지나치게 자극적이며 관능적인 분위기 속에서 완전히 무관심하고 냉랭한 태도를 유지했다면 오히려 더 부자연스러웠을 것이다. 그녀와 나이가 같은 친척, 친구들은 모두 오래전부터 아이가 있고, 진짜 남편이 있거나 적어도 연인이라도 있었다. 오직 왕비 혼자만이 불행한 남편의 미숙함 때문에 그들 속에 끼어들 수가 없었다. 누구보다도 아름답고, 주위 누구보다도 강한 욕구를 가진 동시에, 누구보다도 추앙받는 그녀만이 아직 누구에게도 마음을 바쳐 보지 못한 것이다. 그녀는 강렬한 애정의 욕구를 여자 친구에게 돌리고 끊임없이 사람들과 어울림으로써 마음속 공허함을 지우고자 했으나 모두 헛일이었다. 누구나 마찬가지지만, 이렇게 자연스럽고 정상적인 여인에게도 천성이 점차 그 권리를 주장하기 시작한다. 젊은 기사들과 함께 있으면 마리 앙투아네트도 무관심하고 확고했던 처음의 태도를 점점 잃어 갔다. 아직 가장 위험한 것은 두려워했지만 그래도 위험과의 유희를 그만두지 않았고, 게다가 자기 의지를 배신하는 자신의 피에 대해 명령을 내릴 수도 없었다. 그녀는 갑자기 얼굴이 빨개지거나 창백해지고, 무의식적으로 마음에 드는 젊은 기사들 옆에 있을 때면 몸을 떨기도 했다. 당황하여 눈물을 글썽이면서도 자꾸만 되풀이해서 그 기사들의 은근한 농담을 듣고 싶어 했다. 로잔의 회상록에는 여태까지 화를 내던 왕비가 갑자기 자기를 가볍게 포옹을 하다 말고 스스로 자기 행동에 놀라 금세 부끄러워하며 달아나 버렸다는 주목할 만한 장면이 묘사되어 있는데, 그것은 아마도 거짓 없는 사실이리라. 왜냐하면 젊은 페르센 백작을 향한 왕비의 노골적인 열정에 관한 스웨덴 대사의 보고에도 똑같은 흥분 상태가 그려져 있기 때문이다. 남자구실을 못하는 남편 때문에 계속 소박을 당하며 희생해야 하는 스물두 살 마리 앙투아네트가 자제심의 한계에 도달한 것은 틀림없는 사실이었다. 그녀는 어떻게든 해보려고 노력했지만, 아니, 어쩌면 바로 그것 때문에 눈에 보이지 않는 긴장을 더는 견디지 못했는지도 모른다. 사실 메르시 대사는 이 임상적인 소견을 보완하려는 듯이 그녀의 돌발적인 '신경증적인 태도', 이른바 '기울증'에 대해 보고했다. 그녀 자신의 기사들이 그런 지경까지는 가지 않도록 조심스럽게 배려해 주었기 때문에, 한동안은 마리 앙투아네트도 결혼생활의 명예를 정말로 실추시키는 짓은 하지 않았다. 로잔과 페르센 두 사람은 왕비의 지나치게 공공연한 관심을 알아차리고 황급히 궁정을 떠났다. 그러나 왕비가 달콤한 유희를 벌이고 있는 젊은 총아들 가운데 누군가가 기회를 노리고 대담하게 손을 뻗는다면 그녀가 내면적으로 간신히 유지하고 있는 정절을 쉽게 정복할 수 있으리라는 것은 의심할 여지가 없었다. 그러나 마리 앙투아네트는 다행히 지금까지는 추락 일보직전에서 자신을 붙들어놓는 데 성공해 왔다. 그러나 지금은 내적인 불안과 함께 위험이 다시 커져가고 있었다. 유혹적인 불빛 주위로 나비한 마리가 점점 더 가까이, 점점 더 요란스럽게 팔랑거리면서 날아들었다. 잘못된 날갯짓과 유혹에 여인은 끝내 구원할 수 없는 파멸의 요소로 추락했다.

어머니가 딸려 보낸 감독자 메르시도 그런 위험을 알고 있었을까? 그렇다고 봐도 무방할 것이다. 그가 로잔이나 디옹, 에스테르하지를 경계하듯이 한 말에서, 경험 풍부한 늙은 독신자인 메르시가 왕비 자신보다 더 긴장 상태의 궁극적 원인을 잘 알고 있었음을 짐작할 수 있다. 왕비는 자신의 갑작스런 흥분 상태와 잠재울 길 없이 거칠게 나타나는 불안 상태가 얼마나 위험한지 깨닫지 못하고 있었다. 메르시는 프랑스 왕비가 남편에게 상속자를 낳아 주기 전에 누군가 다른 애인의 제물이 되어버린다면 도대체 어떤 파국이 찾아올지 충분히 이해하고 있었다. 그는 빈으로 거듭 편지를 보내 이제는 요제프 황제께서 몸소 베르사유로 행차하여 직접 감독을 해주십사고 청했다. 조용하고 침착한 관찰자인 그는 왕비를 왕비 자신으로부터 구출해야 할 때는 바로 지금뿐이라는 것을 알았던 것이다.

요제프 2세의 파리 여행에는 세 가지 목적이 있었다. 첫째, 매제인 국왕과 남자 대 남자로서 여전히 수행되지 않고 있는 그 미묘한 문제에 대해 진지하게 대화를 나누는 것. 둘째, 오빠의 권위로 도락에 빠진 누이동생을 꾸짖고, 쾌락에서 헤어나지 못하는 정치적, 인간적인 위험을 깨우쳐 주는 것. 세 번째는 프랑스와 오스트리아 두 왕가 사이에 맺은 국가적 동맹을 인간관계로 굳히는 일이었다.

그에게 부과된 이 세 가지 임무 위에 요제프 2세는 임의로 네 번째 임무를 추가했다. 그는 세상의 이목을 끄는 이번 방문을 기회로, 자신을 더욱 더 부각시켜 자기 한 몸에 가능한 한 많은 존경을 얻고 돌아오고 싶었다. 그는 고결하거나 재능이 넘치는 정도는 아니었지만 어리석지는 않았고, 특히 허영심이 강해서 몇 년 전부터 전형적인 황태자병에 단단히 걸려 있었다. 성인이 되었는데도 여전히 마음대로 자유롭게 통치하지 못한 채, 명성을 떨치는 어머니 그늘에 가려 정치 무대에서 단순히 제2인자 역할만 하고 있다는 것, 그의 불만스러운 표현에 따르면, '마차의 다섯 번째 바퀴'라는 사실에 그는 분노하고 있었다. 그는 사려분별에서도 도덕적인 권위에서도, 자신을 가리고 있는 위대한 여제에게 미치지 못한다는 것을 알고 있었기 때문에, 자신이 연기하는 이의적(二義的)인 역할에 특별히 눈에 띄는 의미를 부여하고자 했다. 어머니가 이미 영웅적인 지배관을 유럽에 구현해 보였으므로, 자기는 자기대로 민중의 황제, 현대적이고 박애적이며 편견 없고 계몽적인 국부(國父)의 역할을 해 보이겠다고 생각한 것이다. 그는 노동자처럼 쟁기질을 하고, 간소한 평복을 입고 군중 속에 섞이기도 하고, 간이 군용침대에서 잠을 자거나 시험 삼아 슈필베르크 성에 조용히 틀어박히기도 했지만, 실은 동시에 그러한 과시적인 소박함이 될 수 있는 대로 세상에 널리 알려지도록 손을 썼다. 그러나 요제프 2세는 지금까지는 그러한 친근한 칼리프*¹의 역할을 겨우 자기 국민들 앞에서만 보여줄 수 있었다. 그런데 파리 여행이 드디어 그가 넓은 세계무대에 등장할 기회를 제공한 것이다. 몇 주 전부터 요제프는 자신이 보여줄 겸양의 역할을, 생각할 수 있는 모든 세부사항까지 익혀 두었다.

요제프 황제의 의도는 절반의 성공을 거두었다. 그는 역사를 속일 수는 없어서, 그의 장부에는 역사의 손으로 수많은 과오, 시기상조로 도입방법이 서툴렀던 개혁들, 숙명적이었던 경솔한 처사들이 기록되었고, 그나마 그가 요절했기 때문에 오스트리아는 그때 이미 다가와 있었던 파멸을 면할 수 있었던 건지도 모르는 일이다. 그는 역사보다는 사람들이 쉽사리 믿는 전설을 자기편으로 만들었다. 오랫동안 자비로운 민중 황제를 칭송하는 노래가 불려왔고, 수많은 통속 소설에는 소박한 외투를 걸친 무명의 귀족이 따뜻한 손길로 선행을 베풀고 평민 출신의 소녀를 사랑한 이야기가 그려졌다. 무엇보다 유명한 것은 이런 종류 소설에서 늘 사용되는 결말이다. 미지의 인물이 외투를 벗어젖히면 사람들의 놀란 눈에 번쩍거리는 제복이 비치는 것이다. 귀족은 의미심장한 한마디를 남기고 떠난다.

"이름을 내세울 만한 인물은 아니오. 나는 요제프 황제(요제프 카이저라는 가장 흔한 이름에 빗댄 것인 듯하다)요."

싱거운 농담이기는 하지만, 일반적으로 생각하는 것보다는 본능적으로 훨

---

*1 이슬람 지배자.

씬 더 재치 있는 말이다. 한편으로는 겸손한 척하면서 그 겸손에 상응하는 충분한 칭찬을 받기 위해 모든 것을 다 하는 요제프 황제의 역사적인 성질을 거의 천재적으로 희화(戱畵)화한 말이기 때문이다.

그의 파리 여행은 그런 점에서 특징적인 본보기였다. 요제프 2세는 물론 황제로서 파리에 가는 게 아니라 팔켄슈타인 백작이라는 이름으로 가는 것이었다. 그는 사람들의 이목을 끌고 싶지 않았다. 그래서 아무도 이 미행(微行)을 모르게 하는 데 가장 큰 중점을 두었다. 그 누구도 그에게 '무슈' 말고 다른 호칭으로 불러서는 안 되며, 그것은 프랑스 국왕도 예외가 아니라는 것, 궁전에 머무르지도 않고 간소한 삯마차만 이용하겠다는 내용이 장문의 문서로 규정되었다. 그러나 물론 유럽의 모든 궁정은 그의 도착 일정을 소상히 알고 있었다. 슈투트가르트 같은 곳에서는 뷔르템베르크 공작이 심술궂은 타격을 가해, 여관 간판을 모조리 치우도록 명령했기 때문에 이 민중 황제께서는 별수 없이 공작의 궁전에서 묵어야 했다. 그러나 이 신판(新版) 하룬 알 라시드*2는 융통성이 없을 만큼 완고하게, 이미 온 세상이 다 아는 미행을 마지막 순간까지 고집했다. 그는 흔히 볼 수 있는 삯마차로 파리에 들어가서 이름 없는 '팔켄슈타인 백작'으로 오늘날 포요 호텔의 전신인 드 트레비유 호텔에 들었다. 베르사유에서는 더 형편없는 방 하나를 얻어 마치 텐트에서 자는 것처럼 야전용 침대에서 외투만 덮고 잤다.

그의 계산은 적중했다. 사치에 빠져있는 국왕만 보아온 파리 민중에게 이런 지배자는 화제가 되지 않을 수 없었다. 구빈원에서 가난한 사람들에게 나눠주는 죽을 먹고, 학술원 회의와 의회 토의에 참석하고, 뱃사람, 상인, 농아학교, 식물원, 비누공장, 그리고 직공들을 방문하는 군주는 처음 본 것이다. 요제프는 파리에서 많은 것을 보는 동시에, 또 사람들에게 자기를 보여주는 것도 즐거웠다. 친근한 행동으로 모든 사람을 기쁘게 했고, 그것에 대해 사람들이 보내는 열광적인 갈채에 자신은 더 큰 기쁨을 느꼈다. 이렇게 진심과 거짓을 이중으로 연기하면서, 이 이상한 성격의 소유자는 자신의 분열을 끊임없이 의식하고 있었다. 그리하여 파리를 떠나기 전에 자기 동생에게 이렇게 편지를 썼다.

---

*2 아라비아 아바스 왕조의 칼리프. 이 명군은 미행으로 유명했다.

"네가 나보다 나은 인물이기는 하지만, 사기를 치는 데는 내가 너보다 한 수 위다. 그런데 이 나라에서는 그러지 않을 수가 없구나. 나는 계획적으로, 겸손하고 소박하게 행동하면서 그것을 고의로 과장하기도 했다. 나는 이곳에서 정말 거북할 정도로 열광을 받았고, 매우 만족한 마음으로 이 왕국을 떠난다. 유감스러운 일은 하나도 없다. 이미 내 역할은 이것으로 충분하기 때문이다."

이러한 개인적인 성공과 더불어 요제프는 예정했던 몇 가지 정치적 목적도 달성했다. 특히 앞서 말한 복잡미묘한 문제에 대한 매제와의 논의는 놀랄 만큼 순조롭게 진행되었다. 성실하고 명랑한 루이 16세는 깊은 신뢰로 처남을 영접했다. 요제프 황제는 일찍이 옛날 프리드리히 대왕에게 "나는 매부와 매제가 세 사람인데 모두가 형편없기 이를 데 없는 자들이다. 베르사유에 있는 것은 저능아이고, 나폴리에 있는 것은 얼간이이며, 파르마에 있는 것은 천치다" 이렇게 말한 적이 있고, 프리드리히 대왕은 그 이야기를 온 파리에 퍼뜨리도록 대사인 골츠 남작에게 지령을 내렸지만 아무 소용이 없었다. 이 '고약한 이웃'인 대왕의 조바심은 허사로 끝났다. 루이 16세는 허영심에 민감하지 않았고, 중상의 화살을 쏴도 그 우직하고 선량한 성품에 부딪치면 그냥 튕겨져 나갈 뿐이었다. 처남과 매부는 솔직하게 마음을 터놓고 이야기를 나누었다. 알고 보니 요제프 2세도 루이 16세에게 인간적인 존경을 느끼지 않을 수 없었다.

"이 사람은 약하기는 하지만 바보는 아니다. 그는 학식도 있고 판단력도 있지만 육체적으로도 정신적으로도 무감각할 뿐이다. 분별 있는 이야기는 하지만 더욱 깊은 교양을 쌓으려는 진정한 욕구도 호기심도 없다. 창세기에서 말하는 '빛이 있으라(창세기 제1장 제3절)'는 아직 그에게는 일어나지 않았으며, 물질이 아직 원초 상태에 있다."

며칠 뒤 요제프 2세는 루이 16세를 완전히 손안에 넣고 말았다. 두 사람은 모든 정치적 문제에서 서로 의견을 솔직하게 나눴다. 그리고 요제프 황제가 매제에게 그 은밀한 수술을 받도록 마음을 움직이는 데 쉽게 성공했음은 거의 의심할 여지가 없었다.

마리 앙투아네트에 대한 요제프의 입장은 책임이 컸던 만큼 더욱 어려웠을 것이다. 누이는 복잡한 심정으로 오빠의 방문을 기다렸다. 혈육과, 그것도 가장 신뢰가 두터웠던 사람과 솔직하게 이야기를 나눌 수 있는 일은 기뻤지만, 늘 그랬듯이 황제가 누이동생에게 엄격히 훈계하는 태도로 나올까 봐 불안하기도 했다. 얼마 전에도 마치 여학생처럼 꾸중을 들었기 때문이다.

"너는 무슨 일에 간섭하고 있는 거냐?" 그는 편지에 써 보냈다. "너는 대신을 내쫓고, 다른 대신은 시골 영지로 추방하고, 궁정에 돈이 드는 새로운 관직을 몇 개나 만들어냈다더구나! 네가 무슨 권리로 궁정과 프랑스 왕정 문제에 간섭을 하는지 한번이라도 너 자신에게 물어본 적이 있느냐? 네가 뭘 안다고 그런 일에 감히 끼어드는 것이냐. 네 의견이 어떤 점에서, 특히 국사 문제에서 중요하다고 망상을 한단 말이냐? 각별히 깊은 지식이 필요한 국사에 말이다. 너는 온종일 화장이니 오락이니 부질없는 일 말고는 아무 것도 생각하지 않고, 책도 읽지 않으며, 한 달에 15분도 이성적인 대화를 나누거나 다른 사람 이야기를 듣지도 않고, 뭔가를 깊이 사고하거나 끝까지 철저하게 생각하지 않는 너는, 내가 확신하는 바로는, 자신이 한 말과 행동이 어떤 결과를 불러올지 결코 생각하지 못하는 예쁘기만 한 어린아이나 다름없다!"

트리아농에서 총신들에게 에워싸여 어리광만 부리고 버릇이 없어진 마리 앙투아네트는 이런 엄격한 훈계에 익숙하지 않았다. 시종이 갑자기 팔켄슈타인 백작이 파리에 도착하여 내일이면 베르사유에 나타날 거라고 보고했을 때, 그녀의 가슴이 얼마나 뛰었을지 충분히 짐작할 수 있다.

그러나 상황은 그녀가 예상했던 것보다는 순조로웠다. 외교가인 요제프 2세는 느닷없이 벼락을 때리는 짓은 하지 않았다. 오히려 그 반대로, 누이의 아름다움을 매우 칭송하면서 자기가 또 한 번 결혼한다면 누이와 꼭 닮은 여자를 고르겠다고 말하며 마치 애인처럼 구는 것이었다. 마리아 테레지아가 미리 대사에게 다음과 같이 써 보낸 것은, 이번에도 어김없이 적중했다.

"나는 요제프가 그 애의 처신에 대해 지나치게 엄격히 비난할까봐 걱정하지는 않소. 오히려 그 애는 예쁘고 매력적인데다 대화에 재치와 훌륭한 태도를 적절히 활용할 줄 알기 때문에, 틀림없이 오빠에게 칭찬을 듣고, 그래서 요제프도 더욱 으쓱해질 거라고 생각하오."

그 말대로 아름답고 사랑스러운 누이는 오빠를 다시 만나는 것을 기뻐하면서, 존경하는 태도로 오빠의 말에 귀를 기울이는 한편, 매제는 허물없이 친절하게 대하고, 자신은 파리에서 연출한 겸손희극에서 대성공을 거두었으니, 걱정하고 있던 현학자도 결국 입을 다물고 말았다. 이렇게 꿀을 듬뿍 발라주면 까다로운 곰도 얌전해지게 된다. 그의 첫인상은 오히려 호의적이었다.

"그녀는 사랑스럽고 품위가 있었다. 아직 어느 정도 어리고 생각이 좀 모자라기는 하지만 예절과 덕성을 갖춘 본바탕은 충분히 갖춰진 데다, 사물을 이해하는, 일종의 진정한 재능을 가지고 있어서 때로는 나도 놀라지 않을 수 없었다. 첫 마음의 움직임은 언제나 올바르기 때문에, 그것을 따라가서 좀 더 깊이 생각하되, 많은 것을 충동질하는 주위 사람들 말을 듣지만 않는다면, 더 바랄 게 없을 텐데. 그 애는 쾌락에 대한 욕망이 매우 강하다. 사람들이 그 약점을 알고 그 약점에 매달려 놓아주지 않는 것이다. 그 애는 언제나 그런 면에서 자기 비위를 맞출 줄 아는 사람들 말에만 귀를 기울인다."

그러나 요제프 2세는 누이가 베푸는 다양한 파티에 얼핏 흡족한 듯한 기분으로 참석하면서도, 기묘하게 밝은 정신은 동시에 날카롭고 정확한 관찰을 소홀히 하지 않았다. 무엇보다도 그는 마리 앙투아네트가 '남편에게 전혀 애정을 느끼고 있지 않다'는 것, 남편을 적당히, 무관심하게, 아내답지 않게 무시하는 태도로 대한다는 것을 확인했다. 또 그에게는 '골빈 애송이들'인 고약한 친구들, 특히 폴리냐크 일족의 정체를 파악하는 것은 그리 어려운 일이 아니었다. 다만 한 가지에 대해서만은 안심해도 될 것 같았다. 누이가 젊은 기사들을 상태로 온갖 교태를 다 부리면서도 지금까지 정절을 지키고 있다는 것, 이렇게 도덕이 퇴폐한 가운데서도, 도덕적인 관점에서 말하면 누이의 처신이 소문만큼은 아니라는 것—그는 조심스럽게 '적어도 지금까지는'이라는 유보 조건을 덧붙였다—을 알고, 요제프 2세는 확실히 안도하는 기색이었다. 아마도 그는 더욱 끔찍한 상태를 예상하고 있었으리라. 물론 그 점에 대해 보고 들은 것에서, 앞으로도 안심할 수 있으리라 생각하는 것 같지는 않았다. 그래서 두세 가지 강하게 경고해 두는 것도 나쁘지 않을 거라고 생각했다. 그는 몇 번인가 어린 누이를 꾸짖고, 격렬하게 언성을 높이기도 했다. 이를테면 '남편에게 아무짝에도 쓸모없다'고 대놓고 비난하거나, 친구인 귀메네 백작 부인의 오락실을 '진짜 도박장'이라고 불렀을 때가 그렇다.

그렇게 공공연하게 비난당하자 마리 앙투아네트도 화가 났다. 남매 사이에 이런 식으로 대화가 오가는 동안, 때로는 격렬한 응수가 오가는 일도 있었다. 젊은 누이의 어린애 같은 반항심은 오빠의 지나친 간섭을 거부했다. 그러나 그녀의 솔직한 성품은 오빠의 비난이 얼마나 정당한지, 또 성격적으로 약점을 지닌 자신에게는 그러한 감독자가 붙어 있지 않으면 어쩌나 곤란한지 동시에 느끼기도 했다.

두 사람의 대화는 결정적으로 타결의 실마리를 찾지 못하고 끝난 것 같았다. 요제프 2세는 나중에 편지에서 마리 앙투아네트와 돌벤치에서 나눈 대화를 떠올려보라고 주의를 주기는 했지만, 그때의 대화에서 가장 근본적이고 중요한 이야기를 털어놓을 마음은 명백하게 없었다. 두 달 동안 프랑스 전역을 다 돌아본 그는, 이 나라에 대해서 국왕보다도 더 많이 알고, 누이동생이 직면할 위험에 대해서도 동생보다 더 잘 알게 되었다. 그러나 또한 경솔한 누이에게는 무슨 말을 해도 한쪽 귀에서 한쪽 귀로 흘러나가 버리고, 다음 순간에는 특히 자신이 잊고 싶은 것은 뭐든지 깨끗하게 싹 잊어버린다는 것도 알게 되었다. 그래서 그는 조용히 관찰하고 생각한 것을 정리하여 교훈집을 쓰고, 일부러 마지막 작별을 나눌 때, 자기가 떠난 뒤에 읽어보라고 30쪽에 달하는 그 기록을 누이에게 넘겨주었다. 글로 쓴 것은 오래도록 남는 법이니, 종이에 쓴 이 경고가 자신이 없어진 뒤에도 그녀 곁에 남아 있으리라고 생각한 것이다.

이 《교훈》은 지금까지 남아 있는 기록 가운데 마리 앙투아네트의 성격을 가장 잘 담아내고 있다. 요제프 2세가 조금도 비위를 맞출 필요가 없는 상황에서 선의를 가지고 쓴 것이기 때문이다. 형식은 조금 과장스럽고 오늘날의 취향에서 보면 지나치게 도덕군자 같은 모습에 살짝 과한 느낌은 있지만, 아울러 매우 능란한 외교적 수완을 보여 주고 있다. 왜냐하면 독일 황제는 프랑스 왕비에 대해 직접 이러저러하게 행동하라고 지시하는 것은 지혜롭게 피하고 있기 때문이다. 그는 교리 문답서처럼 질문을 나열해 놓고, 생각하는 것을 귀찮아하는 누이를 깊이 생각하게 만들고, 자기를 인식하고 스스로 대답하게 했다. 그러나 의도적이지 않게 질문은 고발이 되고, 얼핏 아무렇게나 나열한 것처럼 보이는 질문들은, 마리 앙투아네트가 저지른 완전한 과오의 목록이었다. 요제프 2세는 누이에게 무엇보다 먼저, 이미 얼마나 많은 시간이 헛되이 흘러가버렸는지를 돌이켜 보게 했다.

"너는 성인이므로, 이제는 '어린아이니까'라는 변명은 통하지 않는다. 더 이상 머뭇거리기만 하면 앞으로 무슨 일이 일어나고, 네가 어떻게 될 것 같으냐?"

그리고 그는 놀라운 통찰력으로 스스로 이렇게 대답했다.

"불행한 여자가 되고 왕비로서는 더욱 불행해질 것이다."

그는 질문 형식으로 누이의 경솔함을 하나하나 열거해 나갔다. 특히 왕에 대한 그녀의 태도에는 날카롭고 차가운 섬광이 번뜩이게 했다.

"정말로 모든 기회를 다 찾아보았느냐? 국왕이 네게 열어 보이는 감정에 응답했느냐? 국왕이 너와 이야기할 때 네가 냉담하고 건성으로 대한 것은 아니냐? 때때로 지루해하거나 재미없어하는 듯이 보인 것은 아니냐? 네가 그런 태도를 취하는데 어떻게 천성이 그토록 무덤덤한 남편이 네게 접근하여 진심으로 너를 사랑해주기를 바랄 수 있겠느냐?"

그녀가 국왕에게 복종하지 않고, 국왕의 미숙함과 약점을 이용하여 모든 성과와 관심을 국왕을 대신하여 자기 쪽으로 집중시키고 있음을—겉으로는 질문하고 있는 것 같지만 실제로는 날카로운 견책이었다—사정없이 꾸짖는 질문이었다.

"국왕에게 정말 필요한 존재가 되는 방법을 알고 있느냐?"

그는 더욱 엄하게 물었다.

"그 누구보다 너만큼 국왕을 성실하게 사랑하고 국왕의 명성과 행복을 진심으로 원 하는 사람은 없다는 것을 국왕에게 확신시킬 수 있겠느냐? 국왕의 힘을 빌려 자신을 빛나게 하려는 욕망을 억눌러 본 적이 있느냐? 국왕을 이용하여 공을 세웠다는 인상을 피하기 위해 국왕이 소홀히 하는 일을 솔선해서 해본 적이 있느냐? 너는 국왕을 위해 희생하고 있느냐? 국왕의 결함과 약점에 대해 묵묵히 침묵을 지키고 있느냐? 국왕의 허물과 결점을 변호하고, 그것을 암시하는 듯한 행동을 하는 자가 있으면 즉각 침묵을 명하느냐?"

요제프 황제는 계속해서 광기에 사로잡힌 듯한 유흥의 모든 항목을 한 페이지, 한 페이지 열거해 갔다.

"네 사교상의 관계와 교우 관계를 모든 점에서 한 점 나무랄 데 없는 인물들로 국한하지 않는다면, 네가 악습을 묵인하거나, 아니면 너 자신까지 그것에 동조하고 있는지도 모른다는 의심이 어느새 일어나서, 그것 때문에 여론이 형성될지도 모른다. 아니, 반드시 그렇게 되리라는 것을 한번이라도 깊이 생각해 본 적이 있느냐? 좋지 않은 친구들을 상대로 도박을 하면, 그로 인한 영향 때문에 초래될 무서운 결과를 깊이 생각해 본 적이 있느냐? 네 눈앞에서 일어난 일들을 떠올려 보아라. 국왕도 도박에 손을 대지 않는데 네가 모든 왕족 가운데 유일하게 그 악습을 지지한다면, 결국 자극적인 작용을 미치게 된다는 점을 잊지 마라. 오페라극장의 무도회와 관련된 모든 난처한 사건들, 그 일에 대해 네 스스로 나에게 이야기해준 발칙한 모험을 조금이라도 떠올려 보아라. 나는 모든 오락 가운데 그것이 가장 온당치 못한 것이라고 말하지 않을 수가 없구나. 특히 무도회에 나갈 때의 네 태도부터 마땅치 않다. 시동생이 거기까지 동행하는 건 아무런 의미도 없기 때문이다. ―그런 곳에서 누군지도 모르는 사람한테 타인인 척해 보이는 일에 도대체 무슨 의미가 있단 말이냐? 가면을 쓴다 해도 너는 사람들에게 널리 알려져 있고, 그들은 네가 들을 만한 이야기가 아닌데도 너를 즐겁게 해주기 위해, 조금도 나쁜 마음으로 말한 것이 아니라고 네가 믿도록 일부러 그런 말을 하고 있음을 정말 모른단 말이냐? 장소 자체도 이미 평판이 아주 나쁜 곳이다. 그런 데서 대관절 뭘 찾고 있느냐? 가면은 품위 있는 대화를 방해하고 거기서는 춤도 출 수 없는데 무엇을 위해 왕비로서 그런 적절치 않은 모험을 한단 말이냐? 무엇 때문에 고삐 풀린 한량들과 수상쩍은 탕녀들, 얼굴도 모르는 낯선 자들과 한데 어울려 음담패설을 듣거나, 그것과 비슷한 이야기를 나누는 것은 대체 무엇을 위한 것이냐? 그건 안 될 말이다. 천부당만부당한 짓이다. 솔직하게 말하지만, 너를 사랑하고 품위 있는 생각을 지닌 모든 사람이 가장 노여워하는 것은 바로 그 점 때문이다. 국왕을 밤새도록 베르사유에 홀로 내버려 두고 파리의 불량배들과 어울리다니!"

요제프는 절박하게 어머니의 해묵은 교훈, 즉 독서에 몰두하라는 것, 하루에 두 시간은 독서하며, 그 두 시간은 나머지 스물두 시간을 더욱 지혜롭고 합리적으로 만들어 준다는 점을 끈질기게 되풀이했다. 그 긴 훈계 속에서 별안간 전율하지 않고는 읽을 수 없는 예언적인 한마디가 튀어 나왔다. 요제프 2세는 '이 점에 대해 내가 하는 말을 듣지 않는다면 나는 무서운 사태를 예견한다'고 말했는데, 그것은 다음과 같았다.

"나는 지금 너 때문에 두려움에 떨고 있다. 그런 상태로는 무사히 끝나지 않을 것이기 때문이다. 네가 그런 일들에 대처하지 않는다면 혁명은 잔혹한 것이 될 것이다."

'혁명은 잔혹한 것이 될 것이다', 이 불길한 말이 여기서 처음으로 등장했다. 다른 의미에서 쓰였다 하더라도 참으로 예언적인 발언이 아닐 수 없었다. 그러나 마리 앙투아네트는 만 10년이 흐르고 나서야 비로소 그 말의 의미를 이해하게 된다.

어머니가 되다

　역사적으로 볼 때 요제프 2세의 방문은 마리 앙투아네트 생애에서 사소한 에피소드에 지나지 않는다. 그러나 실제로는 가장 결정적인 전환을 가져왔다. 몇 주일 뒤에 벌써, 미묘한 침실 문제를 두고 황제 요제프와 루이 16세가 나눈 대담의 성과가 나타났기 때문이다. 격려를 받은 국왕이 새롭게 용기를 내어 부부생활의 의무에 임한 것이다. 1777년 8월 19일 마리 앙투아네트는 빈에 '조금 나아졌다'고 보고했다. 그녀의 '(처녀인)상태는 아직 변함이 없었다'. 즉 대공세는 아직 성공하지 않았지만 "저는 그래도 성공을 믿어 의심치 않아요. 조금 호전되었다고 할 수 있으니까요. 국왕은 전보다 다정다감해졌고, 그것은 국왕에게는 매우 중대한 변화입니다." 이렇게 편지에 썼다.

　8월 30일, 드디어, 마침내 승리를 알리는 팡파르가 울려 퍼졌다. 7년에 걸친 에로스의 전쟁에서 패배만을 수없이 거듭해 온 '게으른 남편'이 완전히 무방비상태인 요새를 공략한 것이다.

　"저는 생애 최대의 행복에 잠겨 있어요."

　마리 앙투아네트는 서둘러 어머니에게 보고했다.

　"제 결혼이 완전하게 수행된 지 벌써 1주일이 지났어요. 새로운 시도가 계속되어 어제는 첫날보다 더욱더 완벽해졌어요. 처음에는 어머니께 곧 급사를 보낼까 생각했지만 사람들 이목을 끌고 입에 오르내릴까 겁이 나는 데다, 누구보다 먼저 제가 이 일에 대해 완전한 확신을 가지고 싶었어요. 아직 임신했다고는 생각하지 않지만, 지금은 적어도 곧 임신할 거라는 희망이 있어요."

　어쨌든 이 영광스러운 사태의 변화가 비밀로 오래 지켜질 수는 없었다. 누구보다도 사정을 꿰고 있던 스페인 대사는 본국 정부에 이 운명적인 전환이 이루어진 날짜(8월 25일)까지 보고할 수 있었는데, 거기에 그는 이렇게 덧붙였다.

"이 사건은 흥미롭고 공적으로도 중요하기 때문에, 모르파, 베르젠, 두 재상과 개별적으로 이 일에 대해 회담한 바, 두 분 모두 그 사실을 똑같이 확인해 주었습니다. 게다가 국왕이 그 일을 숙모들 가운데 한 사람에게 이야기하면서 매우 솔직하게 '나는 이런 종류의 즐거움을 무척 좋아합니다. 이렇게 오랫동안 그 즐거움을 몰랐다는 것이 유감입니다'라고 말한 것은 확실합니다. 폐하께서는 지금 전보다 훨씬 쾌활해지셨고 왕비의 눈에는 여느 때보다 자주 검은 기미가 생기십니다."

그러나 젊은 아내가 유능한 남편에 대해 최초의 환성을 지르기에는 아직 너무 이르다는 것이 밝혀졌다. 이 '새로운 쾌락'이 루이 16세에게는 사냥만큼 열성적으로 지속되지 못했기 때문이다. 열흘 뒤, 마리 앙투아네트는 어머니에게 다시 하소연하지 않을 수 없었다.

"국왕은 동침하는 것을 좋아하지 않아요. 하지만 그가 이러한 결합을 적어도 완전히 포기하지는 않도록 애쓰고 있습니다. 가끔 제 곁에서 밤을 보내는 일도 있지만 더 자주 그렇게 하자고 그를 괴롭혀서는 안 된다고 생각해요."

어머니는 이 소식이 별로 달갑지 않았다. 그 점을 매우 '본질적'이라고 생각했기 때문이다. 그러나 남편을 몰아세우지 않으려는 딸의 분별심 있는 태도에는 찬성이었다. 다만 딸에게도 남편이 잠자리에 드는 시간을 따르도록 하라고 권고했다. 빈에서 애타게 기다리고 있는 임신 소식은 이런 미적지근한 결혼생활에서는 아직 아득히 먼 일이었다. 4월이 되어서야 애태우고 있던 이 여인은 자기의 간절한 소망이 이루어졌음을 느꼈다. 최초의 임신 징후가 나타나자 마리 앙투아네트는 당장 어머니에게 급사를 파견하려고 했지만, 궁정 시의는 왕비의 판단이 맞다고 확신하면서도 일단은 만류했다. 5월 5일에는 신중한 메르시가 확실하다며 보고했고, 7월 31일 밤 열 시 반에 왕비가 첫 태동을 느끼고, 8월 4일에 임신 사실이 궁정에서 정식으로 발표되었다.

"그로부터 아기가 자주 움직여서 얼마나 기쁜지 모릅니다."

왕비는 마리아 테레지아에게 그렇게 편지를 썼다. 그녀는 뒤늦게나마 제대로 남편 구실을 한 왕에게 아버지가 되었다는 사실을 자연스러운 표현으로 알리는 일이 마냥 즐겁기만 했다. 그녀는 남편에게 가서 우울한 얼굴로 마치 모욕이라도 당한 듯이 말했다.

"폐하, 무엄하게도 제 배를 발로 마구 차는 폐하의 신하에 대해 하소연을 좀 해야겠나이다."

고지식한 왕은 얼른 알아듣지 못하다가, 이윽고 자랑스러운 듯이 빙그레 웃더니 예기치 못했던 자신의 능력에 어리둥절해 하면서 아내를 끌어안았다.

그때부터 갖가지 공식적인 의식이 벌어지기 시작했다. 교회에서는 감사의 찬미가가 울리고, 의회는 축사를 보내고, 파리 대주교는 산모와 아기가 무사하기를 비는 기도회를 열었다. 태어날 아기를 위해 모든 점을 신중하게 고려하여 유모를 선발하고, 가난한 사람들에게 나눠 줄 10만 리브르를 준비했다. 온 세상이 이 중대사를 긴장하여 지켜보고 있었는데, 그 가운데 특히 산과의 (産科醫)가 가장 긴장하고 있었다. 그에게 이 해산은 일종의 도박이었다. 황태자가 태어나면 4만 리브르 연금이 굴러들어오지만 공주가 태어나면 1만 리브르밖에 안되기 때문이다. 온 궁정이 오랫동안 보지 못했던 이 구경거리를 흥미진진하게 기다리고 있었다. 수백 년 동안 신성하게 지켜온 관습에 따르면, 프랑스 왕비의 해산은 결코 개인적인 가정사가 아니었다. 그 출산은 오랜 규칙에 따라 모든 공자와 공녀들이 입회한 가운데 온 궁정의 감독 아래 이루어져야 했다. 왕실에 속하는 모든 사람과 최고 서열의 고위 관직자들은 출산할 때 산실에 들어갈 수 있는 권리가 있었는데, 이 야만적이고 비위생적인 특권을 포기할 생각을 하는 사람은 물론 아무도 없었다. 모든 지방, 아무리 먼 성에서도 호기심에 불타는 사람들이 달려왔다. 작은 도시 베르사유에는 가장 작은 다락방까지 사람들로 가득 차 버리고, 많은 사람들이 한꺼번에 몰려드는 바람에 식료품 값이 세 배로 뛰었다. 그러나 왕비는 이 초대하지 않은 손님들의 구경거리를 오랫동안 기다리게 했다. 드디어 12월 18일 밤, 온 궁 안에 종소리가 울려퍼졌다. 진통이 시작된 것이다. 가장 먼저 랑발 부인이 산실에 뛰어들고, 뒤이어 시녀들이 흥분해서 쫓아 들어갔다. 세 시 정각에는 국왕과 공자, 공녀들을 깨웠고, 시동과 근위병들은 말을 타고 파리와 생크루를 향해 질주했다. 왕의 혈통을 잇는 자, 또는 공자 공녀의 신분을 지닌 자 전원을 입회인으로 제 시간에 불러오기 위해서였다. 마치 경종(警鐘)을 울리거나 위급을 알리는 대포라도 쏘아야 할 것 같은 소동이었다.

시의가 왕비의 진통이 시작되었음을 큰 소리로 알린 지 몇 분 뒤에 귀족들이 떼를 지어 우르르 몰려들었다. 좁은 방을 빼곡하게 채운 구경꾼들은 침대 주위에 서열에 따라 죽 늘어놓은 안락의자에 앉았다. 앞줄을 차지하지 못한 사람들은, 진통을 겪고 있는 여인의 신음 하나 몸짓 하나도 행여나 놓칠세라 의자나 소파 위에 올라가기까지 했다. 밀폐된 방안 공기는 50여 명이 내쉬는 숨결과 식초와 향료의 독한 냄새로 점점 탁해졌다. 그러나 아무도 창문을 열려고도 자리를 뜨려고도 하지 않았다. 이 공개된 고뇌의 장면이 장장 일곱 시간 동안 계속된 끝에, 드디어 열한 시 반에 마리 앙투아네트는 아기를 분만했다—아! —딸이었다. 왕녀는 경건하게 옆방으로 옮겨져 첫 목욕을 한 뒤 양육 담당 유모의 손에 넘겨졌다. 자부심에 가슴이 벅찬 국왕은 뒤늦게야 자신의 허리가 이룩한 경탄할 만한 업적을 보기 위해 그 뒤를 따라갔다. 왕에 이어 온 궁정 사람들이, 들어올 때처럼 호기심이 이끄는 대로 우르르 나가려고 했을 때, 갑자기 산파의의 날카로운 명령이 떨어졌다.

"환기하고 더운 물을 가져오시오! 사혈(瀉血)을 해야겠소."

피가 머리로 올라 왕비가 기절하고 만 것이다. 탁한 공기 때문에, 또 어쩌면 50명의 호기심 찬 구경꾼들 앞에서 고통을 참느라 긴장해서 질식한 것이리라. 왕비는 베개에 머리를 묻은 채 꼼짝도 하지 않고 숨을 쌕쌕 몰아쉬고 있었다. 사람들은 깜짝 놀랐고 국왕은 손수 창문을 열어 젖혔다. 모두가 놀라서 우왕좌왕, 이리저리 뛰었다. 그러나 아무리 기다려도 더운물은 오지 않았다. 신하들은 출산에 대비해 중세적인 의식은 모조리 생각해 두었으나, 이런 경우 가장 기본적인 조치인 더운물을 준비하는 것만은 생각지 못했던 것이다. 외과의는 더 이상 기다릴 수가 없어서 준비도 없이 사혈을 감행했다. 절개한 발의 혈관에서 피가 솟구쳤다. 그제야 왕비가 눈을 떴다. 그녀가 살아난 것이다. 안도의 환호성이 터져 나오고, 사람들은 서로 껴안고 축하하면서 기쁨의 눈물을 흘렸다. 요란한 종소리가 방방곡곡 울려 퍼지며 이 기쁜 소식을 알렸다.

여자의 고통은 끝나고 어머니의 행복이 시작되었다. 비록 완전한 기쁨은 아니어서, 축포가 황태자의 탄생을 맞이하는 백한 번이 아니라 왕녀를 위해 스물한 번밖에 울리지 않았지만, 베르사유와 파리는 온통 환호성에 파묻혔다. 유럽 모든 나라를 향해 파발마가 달렸고, 전국 가난한 사람들에게 하사금이 분배되었으며, 죄수들은 구류와 감옥에서 해방되었다. 100쌍의 젊은 약혼자들이 국왕의 부담으로 새 옷을 선물 받아 결혼식을 올리고 지참금까지 받았다. 산욕을 치르고 일어난 왕비가 노트르담 사원에 참배했을 때, 이 100쌍의 신혼부부는—경무대신은 일부러 특별히 용모가 뛰어난 사람들만 뽑았다—행복한 듯이 줄을 서서 기다리다가 선물을 하사한 왕비에게 감격의 인사를 드렸다. 파리 시민을 위해서는 불꽃놀이와 축제 조명이 켜지고 분수에서는 포도주가 넘쳐났으며, 빵과 소시지가 배급되었다. 코미디프랑세즈가 무료로 개방되어 국왕 전용 로열박스는 숯쟁이들에게, 왕비의 좌석은 어부의 아내들에게 할당되었다. 가난한 사람들에게도 축제에 참여할 기회를 준 것이다. 지금은 모두가 즐겁고 행복해 보였다. 아버지가 된 루이 16세는 더욱 쾌활하고 자신감 있는 남자가 될 것이고, 어머니가 된 마리 앙투아네트도 행복하고 진지하고 양심적인 여성이 될 것이다. 커다란 장애물은 제거되었고 결혼생활은 확실하고 강고하게 다져졌다. 아기의 부모, 궁정, 그리고 온 나라가 얼마든지 기뻐해도 되는 날이었다. 실제로도 축제와 갖가지 오락을 마음껏 즐겼다.

그러나 오직 한 사람만은 완전히 만족하지는 못하고 있었다. 바로 마리아 테레지아였다. 외손녀가 태어남으로써 사랑하는 딸의 입장이 나아지기는 했지만 아직 충분히 군건한 것은 아니라고 생각했기 때문이다. 그녀는 여자로서, 정치가로서, 사적인 가정의 행복은 제쳐두고 오직 왕조의 계승만 생각하고 있었다.

"우리에게는 절대적으로 황태자가, 왕위 계승자가 필요하다."

그녀는 딸에게 지금은 무슨 일이 있어도 침대를 따로 써서는 안 되며 경거망동해서도 안 된다고 염불처럼 거듭 경고했다. 새로 임신이 되지 않은 채 한 달 한 달 시간이 흘러가자, 마리아 테레지아는 딸이 부부의 밤을 유익하게 보낼 줄 모른다고 화를 냈다.

"국왕은 일찍 주무시고 일찍 일어나는데 왕비가 정반대 생활을 하니 어떻게 좋은 소식을 기대할 수 있겠느냐? 그런 식으로 엇갈리는 생활을 하다간 진정한 성과를 바랄 수가 없다."

어머니의 간섭은 날이 갈수록 점점 더 심해졌다.

"나는 지금까지는 삼가왔다만 이제부터는 주제넘지만 나서지 않을 수가 없구나. 왕가의 핏줄을 잇지 못하는 것은 범죄나 다름없다."

그녀는 살아 있는 동안 딸이 후계자를 낳는 것을 보고 싶었다.

"나는 애가 탄다. 내 나이쯤 되면 오래 기다릴 수 없는 법이다."

그러나 합스부르크 집안의 혈통을 잇는 미래의 프랑스 국왕을 보는 마지막 기쁨은 그녀에게 주어지지 않았다. 마리 앙투아네트의 다음 임신은 결실을 보지 못한 채 끝나고 말았다. 마차 창문을 닫으려고 갑자기 몸을 움직인 게 원인이 되어 유산해버린 것이다. 오랫동안 열망하며 초조하게 기다리던 손자가 태어나기 전에, 아니 그 낌새도 보이기 전에, 마리아 테레지아는 1780년 11월 29일 폐렴으로 쓰러졌다. 이미 오래전 인생에 환멸을 느껴 온 이 노부인은 그래도 인생에 두 가지 소망을 걸고 있었다. 하나는 프랑스 왕좌를 이어받을 외손자를 보는 것이었으나, 운명은 그 소망을 들어주지 않았다. 그러나 신은 이 경건한 부인의 또 다른 소망, 사랑하는 자식이 어리석음과 무분별 때문에 불행에 빠지는 것을 보지 않았으면 하는 소망만은 들어주었다.

마리아 테레지아가 세상을 떠난 지 1년이 지난 뒤에야 마리 앙투아네트는 그토록 바라던 아들을 낳았다. 첫 출산 때 실신 소동을 고려하여 이번에는 산실에서의 요란한 관람은 취소되고 아주 가까운 왕족들만 입회가 허가되었다. 이번 출산은 쉽게 끝났다. 그래도 왕비는 새로 태어난 아기를 데리고 나갈 때 아들인지 딸인지 물어볼 힘도 남아 있지 않았다. 그때 국왕이 그녀의 침대로 다가왔다. 평소에는 좀처럼 흥분하지 않는 왕의 뺨에 눈물이 흘러내리고 있었다. 그는 격앙되어 높이 울리는 목소리로 말했다.

"황태자가 입장하길 원하오."

환성이 터져 나오고, 문이 장엄하게 양쪽으로 열리더니 구름처럼 모여든 신하들의 환호성 속에, 첫 목욕을 하고 포대기에 싸인 아기—노르망디 공—가 기쁨에 넘치는 어머니의 품에 안겼다. 이제 드디어 성대한 황태자 탄생 의식을 마음껏 펼칠 수 있게 된 것이다. 그러나 세례의식을 집전한 사람은 이번에도 마리 앙투아네트의 숙명적인 적, 결정적인 순간에는 언제든지 그녀의 앞길을 가로막는 로앙 추기경이었다. 재밌고 유쾌하게도 '가슴' 부인이라 불리는 훌륭한 유모가 선발되었고, 멀리서 은은하게 울리는 축포 소리에 온 파리가 이 경사를 알게 되었다. 공주가 태어났을 때보다 훨씬 더 성대한 축제가 연이어 열렸다. 모든 동업조합이 악대와 함께 대표자를 베르사유에 보내, 오색찬란한 길드의 행진이 아흐레 동안이나 이어졌다. 각 계급마다 그 나름 독특한 방법으로 새로 태어난 미래의 국왕에게 인사를 드리려 했기 때문이다. 굴뚝청소부가 의기양양하게 끌고 가는 굴뚝 꼭대기에는 어린 굴뚝청소부가 몇 명 올라앉아 유쾌한 노래를 불렀다. 푸주업자들은 살찐 황소를 몰고 왔다. 가마꾼이 멘 금빛 가마 속에는 유모와 어린 황태자의 모습을 한 인형이 앉아 있었다. 구두장이들은 조그만 유아용 구두를, 양복장이들은 황태자의 미래의 연대가 입을 제복 모형을 만들어 왔고, 대장장이들은 모루를 들고 와 박자에 맞추어 두들겨댔다. 국왕이 아마추어로서 자신들 일에 관심 있음을 알고 있는 자물쇠공 우두머리는 특별한 궁리를 했다. 매우 정교한 비밀 자물쇠를 선물받은 루이 16세가 마치 전문가 같은 호기심을 보이며 그것을 열자, 그 속에서 강철로 절묘하게 세공한 어린 황태자상이 튀어 나왔다. 그리고 중앙시장의 여인들—몇 년 뒤 왕비를 입에 담을 수 없이 상스러운 음담패설로 조롱하게 되는 바로 그 여인들은, 검은 비단옷을 고상하게 차려입고 라 아르프*¹의 식사(式辭)를 낭독했다. 성당에서는 미사가 올려지고, 파리 시청에서는 상인들이 성대한 연회를 열었다. 영국과의 전쟁, 빈곤 등, 불쾌한 일은 모두 잊어버렸다. 한 순간 지상에는 불화도 불만도 사라지고, 미래의 혁명가와 공화주의자들까지 시끌벅적하고 완고한 왕권주의에 취해 있었다. 나중에 자코뱅당 당수가 되는 콜로 데르부아는 그즈음 리옹의 보잘것없는 배우에 지나지 않았지만, '덕성으로 모든 사람의 마음을 정복한 고귀한 왕비'를 기리는 독특한 시를 쓰기도 했다. 나중에는 루이 카페의 사형판결에 서명하게 되는 그가, 이때는 경외심에 가득 차서 하늘을 우러러 기도한 것이다.

프랑스인의 행복을 위해
우리의 위대한 루이 16세는
테레지아의 혈통과
영원히 맺어졌네.

---

*1 1739~1803. 극작가, 비평가.

이 행복한 결합에서
아름다운 새싹이 움텄네.
우리의 마음에
지고한 행복을 불어넣기 위해,
아, 하늘같은 수호자여
앙투아네트의 생명을 지켜주소서.

국민은 여전히 지배자들과 이어져 있었고, 이 아기는 온 프랑스를 위해 태어났으며, 그 탄생은 전 국민의 축전이었다. 길모퉁이에는 바이올린 연주자와 나팔수가 등장했고, 모든 도시와 마을에서 사람들은 놀이를 하거나 서툰 솜씨로 바이올린과 피리를 연주하면서 북을 두드리며 노래하고 춤췄다. 마침내 이렇게도 훌륭하게 의무를 다한 왕과 왕비를 모든 사람들이 사랑하고 칭송했다.

이것으로 숙명적인 마력은 결정적으로 깨진 셈이었다. 마리 앙투아네트는 이후에도 두 번 더 어머니가 될 수 있었다. 1785년에 둘째 아들, 즉 미래의 루이 17세를 낳았다. 활발하고 건강한 그 아이는 '진짜 농부 아들'이었다. 1786년에는 넷째이자 막내인 소피 베아트릭스를 낳았으나 겨우 열한 달 만에 죽었다. 어머니가 되는 동시에 마리 앙투아네트에게 최초의 변화가 찾아왔다. 아직 결정적인 변화는 아니지만 결정의 발단인 것은 틀림없었다. 임신을 할 때마다 그것만으로 여러 달 동안 무의미한 향락에서 멀어졌고, 애정 어린 마음으로 아이들과 노는 것이 녹색의 '도박 테이블'에서 한심한 놀이를 하는 것보다 훨씬 더 즐거웠다. 그때까지 경박한 교태로 발산하던 강렬한 애정의 욕구가 마침내 정상적인 분출구를 찾은 것이다. 이제 자각을 향한 길이 활짝 열려 있었다. 조용하고 행복한 세월이 몇 년만 더 계속되었더라면 사랑 가득한 눈동자를 가진 이 아름다운 여인도 차분해져서, 무의미한 혼란에서 빠져나와 아이들이 자라나는 모습을 만족스럽게 지켜보았을지도 모른다. 그러나 운명은 더 이상 그녀에게 그렇게 지켜볼 수 있는 시간을 주지 않았다. 마리 앙투아네트의 내면에 자리 잡은 동요가 끝나는 바로 그 순간, 세상의 동요가 시작된 것이다.

인망을 잃은 왕비

황태자의 탄생은 마리 앙투아네트에게 권력의 절정을 의미했다. 그녀는 왕국에 왕위 계승자를 안겨줌으로써 또 한 번 왕비가 되었다. 대중의 열광적인 환호는, 프랑스 국민이 온갖 환멸을 겪으면서도 마음속에 전통적인 왕가에 대한 애정과 신뢰를 얼마나 무궁무진하게 간직하고 있는지, 지배자에게는 이 국민들을 자신에게 묶어두는 것이 얼마나 쉬운 일인지, 그녀에게 다시 한 번 가르쳐주었다. 이제 그녀는 트리아농에서 베르사유와 파리로, 로코코의 세계에서 현실 세계로, 경박한 무리로부터 귀족에게로, 백성에게로 돌아가기 위해 결정적인 한 걸음만 떼어놓기만 하면 모든 것을 얻게 될 판이었다. 그러나 산욕의 자리를 털고 일어난 그녀는 아무런 망설임도 없이 또다시 예전의 경박한 향락의 생활로 돌아갔다. 백성들의 축제가 끝나자 트리아농에는 다시 사치스러운 숙명적인 축제가 시작되었다. 그러나 이제는 무한한 인내심도 한계에 도달하여 행복의 분수령을 넘어서고 말았다. 이제부터 물은 아래쪽으로 심연을 향해 흘러들어갔다.

한동안 겉으로 사람들 눈에 띄는 일은 아무것도 일어나지 않았다. 베르사유 궁은 점점 더 조용해져 갈 뿐, 알현 때 나타나는 신사 숙녀들의 수가 점점 줄어들고, 그 소수 사람들마저 인사할 때 노골적으로 냉담함을 드러냈다. 아직은 형식을 지키고 있었으나 형식을 위한 형식일뿐 더는 왕비를 위한 것이 아니었다. 궁중 법도대로 무릎을 굽히고 왕비의 손에 키스는 하지만, 더 이상 왕비가 한 마디 말이라도 걸어 주는 은총에 연연하지 않았다. 그들의 시선은 음울하고 서먹서먹했다. 마리 앙투아네트가 극장에 들어설 때도 1층 좌석과 2층 칸막이석에 자리 잡은 관중들은 전처럼 열광적으로 기립하지 않았고, 거리에서도 오랫동안 익숙하게 들어왔던 "왕비 전하 만세!" 소리가 어느덧 그쳐 버렸다. 아직 공공연한 적의는 드러내지 않았지만, 이전에는 마땅히 존경을 표하며 기분 좋은 생기를 불어넣던 따뜻함이 사라져버린 것은 분명했다. 국왕의 아내이므로 복종하고 섬기기는 하지만 더는 그녀의 호의를 사기 위해 충성을 맹세하진 않았다. 그녀의 뜻에 드러내 놓고 거역하지는 않지만 그녀에게 헌신하지도 않았다. 공식적으로 대항하진 않지만, 그 대신 침묵했다. 그것은 완고하고 악의적으로 마음을 허락하지 않는 침묵, 모반의 침묵이었다.

이 은밀한 모반의 총사령부는 왕가가 소유한 네댓 개의 궁전에 분산되어 있었다. 뤽상부르, 팔레루아얄, 벨뷔 궁 및 베르사유로, 그 전부가 왕비의 거성인 트리아농을 적으로 돌리고 단결해 있었다.

이 증오의 합창대를 지휘하는 것은 늙은 시고모 세 명이었다. 그들은 그 어린 계집아이가 자신들이 가르치는 심술궂은 학교에서 달아나, 왕비가 되어 자기들 위에 군림하도록 커 버렸다는 사실을 아직도 잊지 못했다. 자신들이 아무런 역할도 할 수 없는 것이 화가 난 그들은 벨뷔 궁으로 물러나고 말았다. 마리 앙투아네트가 승승장구하던 최초 몇 년 동안 그들은 완전히 소외되어 자신들의 방에 권태롭게 앉아 있었다. 아무도 그들을 걱정해주지 않았다. 근면한 사람들은 작고 하얀 손안에 모든 권력을 쥐고 있는 젊고 매력적인 지배자에게만 어른거리며 환심을 사려고 아우성치고 있었기 때문이다. 그러나 마리 앙투아네트가 점점 백성의 사랑을 잃어감에 따라 벨뷔 궁의 문이 열리는 일이 잦아졌다. 트리아농에 초대받지 못한 모든 귀부인들, 버림받은 '에티켓 부인', 자리에서 밀려난 대신들, 못생겼기 때문에 늘 정숙할 수밖에 없었던 여자들, 경시당하는 기사들, 하선당한 해적처럼 새롭게 벼슬자리를 찾는 낙오자들 등, '새로운 변화'를 혐오하고 오랜 프랑스 전통과 신앙심, 그리고 '미풍양속'을 안타까운 마음으로 그리워하는 모든 사람이, 무시당한 세 여인의 살롱에서 정기적으로 모임을 가졌다.

벨뷔 궁에 있는 세 시고모의 방은 비밀리에 독약 약국이 되어 악의에 찬 궁정 험담, '오스트리아 여자'의 최근 바보짓과 그녀의 인사성에 관한 풍문이 한 방울 한 방울 증류되어 병에 담겼다. 여기에 온갖 험담의 거대한 무기고이자 악명 높은 '비방의 아틀리에'가 개설된 것이다. 신랄한 짧은 시가 지어져 낭독되고 거기에 활기를 북돋아 이윽고 온 베르사유가 시끌벅적 댔다. 음흉한 수작으로 세월의 수레바퀴를 거꾸로 돌려놓고 싶어 하는 자, 권세를 잃고 좌절에 빠져 내쳐진 자 등, 모든 살아 있는 송장, 과거 세계의 가면과 미라, 끝장 난 구세대들이 복수를 하기 위해 모조리 이곳에 모여 있었다. 그러나 쌓이고 쌓인 이 증오의 독은 그들이 위선적으로 동정을 보내는 '가엾고 선량한 국왕'을 향하지는 않고, 오직 젊고 발랄하고 행복한 왕비, 마리 앙투아네트만을 겨냥하고 있었다.

이가 빠져서 깨물 재간도 없이 그저 거품이나 내뿜는 과거의 위인들보다 더욱 위험한 것은 아직 한 번도 권좌에 오르지 못한 채 이대로 그늘 속에 묻혀 있고 싶지 않은 새로운 집안이다. 베르사유는 배타적이고 무심한 태도 때문에, 현실의 프랑스와 단절되어 나라를 흔들고 있는 새로운 조류를 전혀 눈치 채지 못했다. 지적인 시민 계급은 잠에서 깨어나 장 자크 루소의 작품으로 자신들의 권리를 알게 되고, 이웃나라 영국의 민주적인 정치체제를 목격하고 있었다. 미국 독립 전쟁에서 돌아온 사람들은, 미국에서는 자유와 평등의 이념에 의해 신분 구별이 철폐되었다는 소식을 전해 주었다.
그런데 프랑스에서는 궁정의 완전한 무능 때문에 정체(停滯)와 타락만을 볼 수 있었다. 루이 15세가 사망했을 때 국민들은 하나같이, 이제야말로 수치스러운 애첩 천하가, 떳떳치 못한 비호의 횡포가, 종말을 고하기를 기대했다. 그런데 그 기대는 배신당하고, 새로운 여자들, 즉 마리 앙투아네트와 그녀를 배후에서 조종하는 폴리냐크 부인이 지배권을 거머쥔 것이다. 계몽된 시민 계급은 주변국가들이 모두 강국으로 발전해 가고 있는데, 프랑스의 정치적 우위가 흔들리고, 부채는 늘어나고, 육해군은 힘을 잃고, 식민지를 상실해 가는 것을 인식하고, 분노가 끓어오름을 느꼈다. 그리고 이 무감각의 통치에 종지부를 찍으려는 의지가 자라고 있었다.

로코코 극장에 벼락이 치다

1785년 8월 첫 몇 주간, 왕비는 매우 바빴다. 그러나 정치적 상황이 특별히 어려워졌다거나 네덜란드 봉기가 프랑스와 오스트리아 동맹을 아주 위험한 시험대 위에 올려놓았기 때문은 아니었다. 왕비에게는 세계라는 드라마틱한 무대보다도 트리아농의 로코코식 소극장이 더 중요했다. 이번에 왕비가 크게 흥분한 이유는 처음으로 공연하는 연극 때문이었다. 사람들은 보마르셰가 쓴 희극 《세비야의 이발사》 공연을 손꼽아 기다렸다. 호화로운 배우들이 세속적인 인물을 고결하고 거룩하게 표현하겠지! 고귀한 아르투아 백작이 몸소 피가로 역을, 보드레유가 백작 역을, 왕비가 쾌활한 하녀 로지네 역을 맡게 된 것이다!

보마르셰 원작이라니? 10년 전 루이 16세의 임포텐츠를 온 세상에 떠들어댄 비열한 놈이 아닌가? 〈프랑스 왕위에 대한 스페인 가문이 갖는 권리〉 팸플릿을 발견했다고 말했으나 사실은 직접 썼지. 그것을 마리아 테레지아에게 넘겨주어 분노를 산 그 악명 높은 카롱 보마르셰 말인가? 왕비의 어머니 마리아 테레지아 여제가 사기꾼이라 했고 루이 16세가 어리석은 악당이라 불렀던 바로 그 사람이 아닌가? 비엔나에서 여제의 명령에 따라 파렴치한 공갈범으로 체포되어 성 라자레 감옥에서 그때 흔했던 곤장형을 받았던 그 사람이 아닌가? 그렇다, 바로 그 사람이다! 즐거운 일에 빠지면 마리 앙투아네트는 끔찍하게 기억력이 나빴다. 비엔나에서 재상 카우니츠가 그녀의 어리석음이 "점입가경(點入佳境)이다" 말한 것도 과장은 아니었다. 활동적이고 천재적인 그 모험가는 왕비를 조롱하고 그녀의 어머니를 분노케했을 뿐만 아니라 희극 작가라는 그의 명성은 왕실 권위에 가공할 만한 굴욕을 안겨줬다. 문학사와 세계사는 150년이 지난 오늘날까지 겨우 시인 한 사람에게 국왕이 비참하게 참패한 일을 기억하고 있다. 다만 그 국왕의 아내만이 4년밖에 지나지 않았는데 벌써 그 사실을 새카맣게 잊어버리고 있었다.

1781년 보마르셰의 새로운 희극 《피가로의 결혼》을 읽은 후각이 예민한 검열관은 이 작품에서 떠들썩한 저녁 극장의 들뜬 분위기에 불을 지르고 체제 전체를 송두리째 폭파할 수도 있는 화약 냄새를 맡았다. 각료회의는 만장일치로 상연을 금지했다. 그러나 명성이나 돈 문제라면 눈에 띄게 활동적인 보마르셰는 작품을 공연할 수 있는 길을 백방으로 찾았다. 결국에는 마지막으로 결단을 내려달라며 국왕 앞에서 직접 작품을 낭독하는 데 성공했다. 선량한 국왕이 아무리 둔감하더라도 이 희극에 담긴 선동적 요소를 못 알아볼 정도로 모자라지는 않았다. "작가는 국가에서 존중되어야 하는 것은 모두 우스꽝스럽게 만들어 놓았군" 이렇게 언짢아하며 비판했다. "그렇다면 이 작품은 공연될 수 없단 말인가요?" 재미있는 연극을 국가의 안녕보다 중시하는 왕비가 실망해서 물었다. "안 돼, 절대로 안 돼. 어림도 없지." 국왕이 말했다.

　판결은 내려진 셈이었다. 가장 그리스도교적인 국왕, 프랑스 전제군주가 《피가로의 결혼》 공연을 원하지 않았다. 그의 결정에 어떤 반대도 있을 수 없었다. 국왕에게 있어 문제는 끝났다. 그러나 보마르셰는 달랐다. 그는 돛을 내릴 생각을 하지 않았다. 국왕은 지폐와 공문서 위에 그려져 있을 뿐, 군주는 왕비가 지배하고, 왕비 위에는 폴리냐크 일파가 있다는 사실을 너무도 잘 알고 있었기 때문이다. 그렇다면 최고 법원인 폴리냐크에 접근하자! 보마르셰는 살롱을 다니며 상연금지 되었기에 더욱 유명해진 이 작품을 열성적으로 낭독했고 그즈음 변질된 사회의 두드러진 특성이었던 은밀한 자기파괴 충동에 사로잡혀 있었던 귀족 전체는 감격해서 이 희극을 감싸고돌았다. 그 이유는 첫째 귀족들 자신을 조롱했기 때문이요, 둘째 루이 16세가 그 희곡을 적당치 않다고 보았기 때문이었다. 폴리냐크 부인의 애인이었던 보드레유는 무엄하게도 국왕이 금지한 작품을 자신이 후원하는 극장에서 상연토록 했다. 하지만 그걸로는 부족했다. 누가 봐도 국왕은 부당하고 보마르셰는 정당해야 하며 이 희극은 국왕의 거처에서 공연되어야 했다. 그가 금했기 때문에 더욱 그래야만 한다. 폴리냐크의 미소가 남편 위신보다 더 중요한 왕비는 분명히 알고 있었으리라. 배우들은 은밀히 연기 연습을 했다. 입장권이 나누어졌고 극장 앞에는 마차가 잔뜩 밀려들었다. 그제야 국왕은 자기 존엄성이 위협당하고 있음을 깨달았다. 그 작품 공연은 금지하지 않았던가! 자신의 권위가 땅에 떨어질 판이었다. 루이 16세는 공연 시작 한 시간을 앞두고 상연을 금지시켰다. 조명은 꺼지고 무대 장치는 집으로 도로 가져가야 했다.

루이 16세는 다시 한 번 이 문제가 처리된 줄 알았다. 그러나 왕비를 둘러싼 뻔뻔스러운 패거리들은 자기들이 힘을 합치면 왕관을 쓴 허약한 사람보다 더 강하다는 것을 증명해 보일 기회가 왔다는 사실이 마냥 즐거웠다. 국왕에게 부담을 주기 위해 아르트와 백작과 마리 앙투아네트를 보냈다. 뚜렷한 주견이 없던 남편은 아내가 요청하자 곧 고개를 끄덕였다. 자신이 패배했음을 감추기 위해 몇 군데 도전적인 부분을 고치도록 요구했을 뿐이었다. 하지만 그런 구절들은 이미 누구나 외다시피 알고 있었다. 1784년 4월 17일 테아트르 프랑세에서 《피가로의 결혼》이 상연되었다. 보마르셰가 루이 16세를 누르고 승리를 거둔 것이다. 국왕이 상연을 금지했었고 공연이 실패했으면 좋겠다는 희망을 내보였다는 사실 때문에 반정부주의 귀족들은 그날 밤 흥분의 도가니에 빠졌다. 사람들이 너무나 많이 밀려와 문짝이 찌그러지고 쇠 난간이 부러졌다. 구세대들은 도덕적으로 자신들의 목을 따는 이 작품을 광적인 갈채로 환영했다. 그들은 깨닫지 못했지만 이 갈채는 최초의 공공연한 반역 혁명의 번갯불이었다.

마리 앙투아네트는 그런 상황에서 보마르셰의 희극을 멀리하고 최소한의 품위, 예법, 이성만이라도 지켰어야 했다. 무례하게도 자기 명예에 먹칠을 하고 국왕을 파리의 웃음거리로 만든 보마르셰를 악당이라 부르며 체포한 마리아 테레지아 딸이며 루이 16세 아내인 여자가 몸소 그의 작품 배역을 맡았다는 사실을 뽐내고 다니지는 못하게 해야만 했다. 그러나 유행을 쫓는 것은 왕비에게 가장 중요한 법이었다. 보마르셰는 국왕에게 승리를 거둔 뒤 파리에서 인기를 끌었다. 왕비는 그 인기에 휩쓸렸다. 명예와 예의를 왜 따진단 말일까. 겨우 연극이잖아. 더구나 장난꾸러기 소녀, 그 얼마나 황홀한 배역인가! 대본만 읽어 봐도 알 수 있지. "더없이 귀여운 아가씨를 상상해 보십시오. 나긋나긋하고, 사랑스럽고, 펄펄 뛰듯 싱싱하고, 식욕을 돋우는 아가씨를. 나는 듯한 작은 발, 실버들처럼 곧고 탄력 있는 허리, 통통한 두 팔에 이슬처럼 싱싱한 입술! 백옥 같은 그 이! 그 두 눈!" 프랑스와 나바라의 왕비가 아니라면 다른 어느 여자가 그토록 흰 손, 그토록 부드러운 팔을 지닐 수 있을까? 매력적인 이 역을 감히 누가 맡을 수 있단 말인가? 공연한 의심이나 망설임은 모두 책상 밑으로 쓸어 넣어 버리자! 고상한 애호가들에 게 우아한 몸가짐을 보여 줄 수 있도록 코미디 프랑세즈에서 명배우 다장코 르를 데려오고, 마드무아젤 베르탱에게 정말 우아한 의상을 주문하자!

사람들은 즐기고 싶었다. 궁정에 대한 증오, 친족의 악의, 어리석은 정치 의 역경을 늘 생각하고 싶지 않았다. 날이면 날마다 마리 앙투아네트는 흰색 과 금빛으로 치장된 조그만 매력적인 극장에서 공연될 희극에만 빠져 있었 다. 그녀가 알지도 못하고 원하지도 않은 또 다른 희극에 주역으로 선택되어 이미 막이 올라가고 있다는 것은 생각하지도 못했다.

《세비야의 이발사》 리허설이 끝났다. 마리 앙투아네트는 극도의 불안감에 휩싸인 채 바쁘게 움직였다. 로지네 역에 어울릴 만큼 어리고 귀엽게 보일 수 있을까? 초대한 친구들이 일층 객석을 꽉 메웠는데 날렵하고 천진하지 못하며 배우라기보다는 그저 연극을 좋아하는 사람이라는 비난을 받지 않을 까? 왕비로서는 별난 근심이지만! 그녀는 정말 걱정했다. 연기를 봐 주기로 한 마담 깡빵은 왜 아직 안 오는 걸까? 마침내 그녀가 나타났다. 그런데 대 체 무슨 일일까? 저토록 눈에 띄게 흥분해 있으니. 어제 궁중 보석상 뵈머 가 당황하여 그녀의 집에 와서 왕비 알현을 청하더라고 더듬거리며 이야기 했다. 작센 출신인 그 유태인이 아주 이상하고 난처한 이야기를 했다는 것이 다. 왕비께서 몇 달 전에 뵈머에게 값진 다이아몬드 목걸이를 가져오게 하셨 고 대금은 분할로 지불하시기로 했다는 것이다. 그런데 분할금 첫 지불기일 이 오래 전에 지났는데도 한 푼도 주시지 않았고 채권자들은 돈이 필요하다 며 불같이 독촉했다는 이야기였다.

뭐? 뭐라고? 다이아몬드라니! 무슨 목걸이 말일까? 분할금이라니 무슨 말이야? 왕비는 처음에 잘 알아들을 수가 없었다. 뵈머와 바셍쥐, 이 두 보 석상이 정교하게 만들었다는 값진 목걸이를 본 적은 있었다. 그 두 사람이 몇 번인가 160만 리브르에 팔려했다. 왕비는 물론 호사스러운 목걸이를 가 지고 싶었다. 그러나 재상들이 돈을 주지 않았다. 언제나 적자라며 핑계만 댔다. 그런데 그 사기꾼들은 내가 어떻게 목걸이를 샀다고, 그것도 분할로 몰래 사 놓고 돈을 갚지 않는다고 주장할 수 있단 말일까? 엄청난 착각이 지. 참, 이제 기억이 나는군. 일주일쯤 전에 감사하다느니, 값진 장신구가 어떻다느니 하는 이상한 편지 한 장을 받은 적이 있는 거 같다. 그 편지가 어디 있더라? 아, 맞아. 태워 버렸지. 편지를 자세히 읽은 적이 없었기 때문에 그때도 감사하다는 이상한 편지라 그 자리에서 없애버렸던 것이다. 그런데 대체 무엇을 원하는 것일까? 마리 앙투아네트는 곧바로 비서를 시켜 뵈머에게 편지를 썼다. 다음 날 당장 오라 한 것이 아니라 8월 9일에 찾아오라고 했다. 아이고, 골치야. 그렇지만 바보를 상대하는 일은 그리 급할 게 없어. 지금은 《세비야의 이발사》 연습에 머리를 써야 하니까.

8월 9일, 흥분하여 얼굴이 하얗게 질린 보석상 뵈머가 나타났다. 그가 하는 이야기는 도무지 이해할 수 없었다. 처음에 왕비는 정신병자를 대하고 있는 기분이었다. "뭐라고? 내 친한 친구라고? 그런 이름의 여자는 만나본 적도 없는데!" 보석상에 나타나 그 목걸이를 보고는 왕비가 남몰래 사고 싶어 한다고 했다는 것이다. "뭐라고, 그 꺼림칙한 작자가, 그와는 말 한마디 해 본 적이 없는데?" 그리고 로앙 추기경 전하께서 왕비 폐하 대신 목걸이를 받아갔다는 것이다.

이야기는 전혀 어처구니없었지만 완전히 거짓말은 아닌 듯싶었다. 그 가련한 인간은 이마에 땀이 솟아오르고 손발을 덜덜 떨고 있었기 때문이다. 왕비 또한 누군지도 모르는 건달들이 자신의 이름을 함부로 도용한 데 대한 분노로 몸을 부르르 떨었다. 왕비는 보석상에게 사건의 전모를 즉시 상세하고 정확하게 서면으로 작성할 것을 명했다. 8월 12일 그녀는 오늘날까지도 문서실에 보관되어 있는 그 기발한 자료를 받았다. 마리 앙투아네트는 마치 꿈을 꾸고 있는 것만 같았다. 그녀는 읽고 또 읽었다. 분노와 노여움은 한 줄한 줄 읽어 내려갈수록 점점 더 커져갔다. 일찍이 찾아볼 수 없는 사기극이었다. 경계하라는 경고 같았다. 아직 그녀는 대신들에게 알리지 않고 어떤 친구와도 상의하지 않았다. 8월 14일 국왕에게만 사건의 전모를 털어놓고 자기의 명예를 지켜달라고 부탁했다.

마리 앙투아네트는 그토록 복잡하고 미묘한 사건은 조심스럽게 심사숙고 해야만 한다는 사실을 나중에야 깨달았다. 그러나 철저하게 깊이 생각하고 검토하는 신중함은 참을성이 전혀 없는 왕비의 사전에는 들어 있지 않았다. 그녀 본질의 주축인 충동적인 자만심으로 흥분한 지금은 더욱 그랬다.

자제력을 잃어버린 왕비는 고발장을 반복해서 읽으며 한 사람 이름에만 신경 썼다. 바로 루이 폰 로앙 추기경이라는 이름이었다. 몇 년 전부터 그녀가 마음속으로 극렬하게 증오해 왔고 괜스레 경시하고 경멸을 마구 퍼부어 온 이름이었다. 그러나 이 세속적인 귀족 신부는 그녀에게 한 번도 해로운 일을 한 적이 없었고, 그녀가 프랑스에 입국할 때 스트라스부르 사원의 정문 앞에서 열렬하게 그녀를 환영해준 사람이기도 했다. 그는 그녀의 아이들에게 세례를 내려 주었으며, 기회가 있을 때마다 우호적으로 접근하려 애써 왔었다. 깊이 파고들어 보면 두 사람의 성격은 잘 맞았다. 로앙 추기경은 마치 마리 앙투아네트를 거울에 비춰 놓은 듯한 남자였다. 똑같이 경박하고 외향적이며 낭비적이었다. 그녀가 왕비 의무에 태만했듯이 그는 성직자 의무에 게을렀다. 그녀가 사치스러운 왕비이듯 그 또한 사치스러운 성직자였고, 그녀가 로코코 여왕이듯 그도 로코코 사제였다. 그는 세련된 매너와 재치로 무료함을 보냈다. 그의 무한한 너그러움은 트리아농에 기막히게 잘 어울렸으리라. 이 경박하고 편안하며 사치스러운 멋쟁이 미남 추기경과, 놀기 좋아하고 인생이 즐겁기만 한 사랑스럽고 아리따운 왕비는 아마 놀라울 정도로 서로를 잘 이해했으리라. 그런데 하나의 우연이 두 사람을 적으로 만들어 놓았다. 본디 바탕이 서로 닮은 사람들끼리는 철저하게 적이 되는 일이 많은 법이다.

　로앙과 마리 앙투아네트 사이에 최초로 쐐기를 박은 사람은 마리아 테레지아였다. 왕비의 증오는 그녀의 어머니가 심었고 이어졌으며 계속해서 들어왔다. 스트라스부르에서 추기경이 되기 전 루이 폰 로앙은 빈 주재 대사였었다. 그는 거기서 늙은 여제의 끝없는 노여움을 사게 되었다. 여제는 외교관에게 기대를 걸고 있었는데 입만 산 떠버리가 나타났기 때문이었다. 그가 정신적으로만 열등하다면 마리아 테레지아는 참을 수 있었다. 다른 강국 사신이 좀 모자란다면 자기 나라 정치에 오히려 다행한 존재였다. 허영심에 찬 기독교의 종. 한 대에 4만 두카텐씩 하는 국빈 마차 두 대와 궁중 말에 비할 만큼 훌륭한 말과 시종, 시녀, 경호병, 외국어 강사, 집사, 가정교사들을 거느리고, 오색영롱한 깃털과 녹색 비단 제복에 레이스 견장을 늘어뜨린 하인들 숲에 싸여, 무례하게 황궁이 무색할 정도로 호화롭게 빈에 입성했다. 그 꼴은 몹시 비위 상했지만 이런 모습 또한 용서할 수는 있었다. 그러나 두 가지 점에서 마리아 테레지아는 가차 없었다. 그녀는 종교와 법도에 관해서 만큼은 장난을 용납하지 않았다. 성스러운 옷을 벗어던진 신의 종이 매력적인 여자들에게 둘러싸여 갈색 저고리를 입고 단 하루 만에 야생동물 130여 마리를 살생하는 광경은 신앙심 깊은 이 여인 마음속에 끝없는 분노를 일으켰다. 방탕하고 경박하고 해이한 그의 행동이 빈에서, 예수회와 미풍양속 심의위원회가 있는 빈에서 분노의 대상이 되기는커녕 오히려 갈채를 받자 여제의 분노는 걷잡을 수 없이 커져갔다.

쇤브룬 궁의 근검하고 엄격한 법도에 목이 졸려 온 귀족들은 멋쟁이 명문 출신 방탕아가 베푸는 파티에 가서 숨을 내쉬었다. 청교도적인 과부가 주도하는 엄격한 법도 때문에 살맛이 없었던 귀부인들은 그의 쾌활한 만찬에 몰려갔다. "우리나라 여자들은 젊었든 늙었든 밉든 곱든 모두 그에게 사로잡혀 있다. 그는 우상이다. 여자들은 그에게 넋이 빠져 있다. 그는 이곳이 너무 마음에 들어 숙부인 스트라스부르의 대사제가 세상을 떠난 뒤에도 여길 떠날 생각을 하지 않는다" 화가 난 여제는 이렇게 말했다. 더욱 참을 수 없는 일은 충직한 신하 카우니츠가 로앙을 사랑하는 친구라 부르고, 어머니가 "안 된다"면 "좋다" 대답하는데 재미 붙인 아들 요제프까지 이 사제와 친교를 맺는 꼴을 자존심 상하며 지켜보아야 한다는 점이다. 그녀는 이 멋쟁이가 가족을, 궁정을, 그리고 도시 전체를 방종한 처세술로 유혹하는 꼴을 가만히 지켜보아야만 했다. 마리아 테레지아는 엄격하게 가톨릭을 신봉하는 빈이 경박한 베르사유나 트리아농처럼 되는 걸 지켜보지만 않았다. 귀족들이 결혼 생활이 파탄나고 혼외정사에 휘말리는 일을 용납하려 하지 않았다. 흑사병 같은 몹쓸 것이 빈에 발을 들여 놓아서는 안 되었다. 어서 로앙을 쫓아내야 할 텐데. "비난받을 위인", "야비한 주교", "개선의 여지가 없는 인간", "악의로 가득 찬 인간", "악동", "구멍이 숭숭 뚫린 벌집"을 가까이하지 말라는 편지가 연이어 마리 앙투아네트에게 전해졌다. 여제는 노여움으로 분노에 찬 어휘들을 마구 쏟아 놓았다. 그녀는 신음하며, 거의 절망적인 목소리로 외쳤다. 반(反)기독교도 사신으로부터 자신을 좀 해방해 달라 이렇게 애원했다. 마리 앙투아네트는 왕비가 되자 어머니의 뜻에 따라 루이 로앙을 빈에서 소환하였다.

로앙 같은 사람은 굴러 떨어져도 위로 쓰러지게 마련이었다. 그는 대사 자리를 잃은 대신 주교로 올라앉았다. 그 뒤에는 궁정에서 성직자 가운데 가장 높은 관직이며 백성들의 복지를 위해 국왕이 하사하는 모든 물품을 나누어 주는 자선 주교로 승진했다. 그의 수입은 헤아릴 수 없을 정도였다. 스트라스부르 주교가 됐으며 알자스 태수요, 수입이 아주 좋은 성 바아스트 수도원 원장이자 왕립 구빈소의 소장이며, 소르본의 관리인을 겸하였다. 게다가 무슨 공로로 그렇게 됐는지는 모르지만 프랑스 학술원 회원이기도 했다. 수입이 현기증이 나게 늘어갔으나 놀랍게도 지출은 언제나 그 수입을 능가했다. 경솔하게, 후하게, 그리고 헤프게 두 손 가득 듬뿍듬뿍 돈을 뿌렸기 때문이다. 그는 수백만을 들여 스트라스부르에 주교 궁 신축을 했고, 사치스러운 축제를 자주 열었으며, 여자들에게 돈을 아끼지 않았다. 가장 친한 친구 칼료스트로를 위해서 쓰는 돈이 첩 일곱 명을 거느리는 데 드는 돈보다 더 많이 들었다. 금세 주교의 재정이 극도로 궁핍하다는 소문이 파다하게 퍼졌다. 사람들은 주님의 종을 회담보다 유태인 돈놀이꾼 집에서 더 자주 만났다. 그는 학식 있는 신학자들보다 여자들 무리에 싸여 있는 때가 더 많았다. 고등 법원에서도 로앙이 주도하는 구빈소의 적자 경영을 조사했다. 마리 앙투아네트가 첫눈에 이 경박한 탕아가 돈을 마련하기 위해 왕비 이름으로 사기극을 꾸몄다고 믿어 버린 것도 무리는 아니었다. "추기경이 제 이름을 도용했어요." 왕비는 격한 분노에 사로잡혀 오빠에게 편지를 썼다. "비열하고 서툰 화폐위조범처럼 말이에요. 절박하게 쪼들리자 아무도 몰래 약속한 기일까지 돈을 보석상들에게 지불하면 되겠지 생각했나 봐요." 그녀의 실수도 이해할 만하다. 이 사람만은 용서하지 않겠다는 그녀의 격분도 이해된다. 스트라스부르 사원 앞에서 처음 만난 이후 15년 동안 마리 앙투아네트는 어머니 명령을 충실히 지켜 단 한 번도 그에게 말을 건넨 적이 없었다. 공공연하게 온 궁정 사람들 앞에서 무뚝뚝하게 대했다. 그래서 그녀는 그 남자가 자신의 이름을 사기극에 끼워 넣어 비열한 복수를 하려 했다고 생각했다. 자기 명예에 도전하는 모든 도전 중에서도 이것은 가장 무례하고 간교한 도발로 보였다. 그녀는 두 눈에 눈물을 담고 격렬한 말로 국왕에게 이 사기꾼을(같은 사기극의 피해자였으나 그녀는 그를 사기꾼으로 잘못 생각했다) 대중 앞에서 본보기로 가차 없이 처벌해 달라고 요구했다.

왕비가 행동이나 생각을 할 때 결코 그 결과를 생각해 보지 않는다는 걸 알면서도 아내의 말에 주관 없이 귀를 기울이는 국왕은 그녀가 무엇을 요구할 때면 깊이 생각하지 않았다. 고발에 대해 신중히 검토하거나, 서류를 요구하거나, 보석상이나 추기경을 불러 물어보지도 않고 국왕은 그저 노예처럼, 생각이 얕은 아내 노여움을 처리해 주는 조수 역할만을 충실히 수행하였다.

2월 15일, 국왕은 추기경을 체포하겠다고 하여 각료들을 놀라게 했다. 추기경을? 로앙 추기경을? 각료들은 깜짝 놀라 어안이 벙벙해 서로 마주보기만 했다. 드디어 누군가가 조심스럽게 나서서 그렇게 높은 고관을, 그것도 성직자를 야비한 범죄자처럼 드러내놓고 구속하는 것은 거북한 일이 아니겠느냐고 물었다. 그렇지만 마리 앙투아네트는 그 공공연한 모욕을 징계로 요구하고 있었다. 이번 일을 본보기로 왕비의 이름은 어떤 비열한 일에도 지켜진다는 것을 널리 확실하게 보여 줘야 한다는 주장이었다. 그녀는 집요하게 공식적인 처리를 고집했다. 각료들은 내키지 않았고 불안하고 불길한 예감이 들었지만 결국 굴복하였다. 몇 시간 지나지 않아 예기치 못한 국면으로 치달았다. 성모승천일이 바로 왕비의 명명일(命名日)이었기 때문에 베르사유 궁정 사람 모두가 축하 문안을 드리기 위해 나타난 것이다. 대기실과 회랑에는 궁신과 고관들이 빽빽하게 서 있었다. 영문을 모르는 주인공 로앙도 이 경축일에 성스러운 미사를 올리는 임무를 맡아 진홍빛 승복 위에 흰 제의를 걸치고 귀족들을 위해 국왕 방 앞에 마련된 곳에서 대기하고 있었다.

그러나 루이 16세가 왕비와 함께 미사에 참여하기 위해 장엄하게 납시는 대신 시종 한 사람이 로앙에게 다가왔다. 국왕께서 그를 사실(私室)로 부르신다는 전갈이었다. 그 방에 들어섰을 때 왕비는 입술을 깨물고 외면한 채 그의 인사에 답례도 하지 않았다. 마찬가지로 얼음처럼 차갑고 쌀쌀한 태도로 격식을 차린 그의 적, 바롱 브레퇴이유 대신이 서 있었다. 대체 무슨 일인지 짐작조차 못하고 있는데 국왕이 단도직입적으로 무뚝뚝하게 질문을 시작했다. "친애하는 추기경, 왕비의 이름으로 산 다이아몬드 목걸이는 대체 어떻게 된 것이오?"

로앙은 창백해졌다. 전혀 생각지 못했던 일이었다. "폐하, 저도 사기를 당한 것입니다. 저는 목걸이를 사지 않았습니다." 그는 더듬더듬 대답하였다.

"그렇다면, 친애하는 추기경, 걱정할 것 없소. 사실을 말씀해 보시오."

로앙은 대답할 수 없었다. 마리 앙투아네트는 그를 위협적으로 건너다보았다. 그는 무서워서 말이 나오지 않았다. 그런 모습을 보자 국왕은 동정심이 생겨 돌파구를 찾아 주려고 했다. "보고할 것을 적으시오" 명령하고 나서 마리 앙투아네트와 브레퇴이유와 함께 방에서 나갔다. 혼자 남은 추기경은 열다섯 줄 가량 써서 다시 들어온 국왕에게 넘겨주었다. 발로와라는 이름의 어떤 여자가 왕비를 위해 그 목걸이를 사도록 설득하는 바람에 그러겠다고 했는데, 이제야 자신이 속았음을 깨달았다는 이야기였다.

"그 여자는 지금 어디에 있는가?" 국왕이 물었다.

"폐하, 저도 모릅니다."

"그렇다면 그 목걸이를 가지고 있소?"

"그 여자가 갖고 있습니다."

국왕은 왕비, 브레퇴이유 그리고 옥새를 지니고 있는 내대신을 불러들이고 두 보석상이 낸 진정서를 낭독하도록 했다. 국왕은 왕비 손에 쓰여졌다는 위임서 행방을 물었다.

곤란해진 추기경은 실토하지 않을 수 없었다. "폐하, 제 집에 있습니다. 그러나 그것은 위조되었습니다."

"어쨌든 있긴 있군." 국왕이 대답했다. 추기경이 목걸이 값을 치르겠다고 하였으나 국왕은 엄격하게 말을 끝맺었다. "추기경, 이런 정황에서는 경의 집을 압류하고 경을 체포해야 하오. 짐에게는 왕비의 이름이 소중하오. 지금 그 이름이 위험하니 짐으로서는 한시도 지체할 수가 없소."

로앙은 그런 불명예스러운 일을 당할 수 없었다. 지금은 신의 앞에 나아가 궁정을 위해 미사를 집전해야 할 시간이니 그것만은 면하게 해달라고 간청했다. 사람 좋고 무른 국왕은 사기당한 남자가 이토록 절망적으로 매달리자 마음이 흔들렸다. 그러자 마리 앙투아네트는 더 이상 참지 못하고 노여움으로 눈물을 글썽거리며 말했다. 8년 동안 말 한마디 나눈 적 없는데 국왕 몰래 거래를 하려 당신을 중개인으로 이용할 리가 있느냐고 로앙에게 따졌다. 이런 비난에 추기경은 아무 말 못했다. 그는 어찌하여 자신이 이런 바보 같은 사건에 왜 이리도 어처구니없이 말려들었는지 도무지 알 수가 없었다. 국왕은 안타까웠지만 매듭을 지었다. "로앙 경이 스스로 사실을 밝혀 주길 바라오. 짐은 국왕으로서, 남편으로서 책임을 다하고자 할 뿐이오."

이야기는 끝났다. 밖에서는 접견실을 가득 메운 귀족들이 호기심에 들떠서 초조하게 기다리고 있었다. 미사 드릴 시간은 훨씬 지났다. 왜 이렇게 오래 걸릴까? 무슨 일일까? 창문이 흔들릴 정도로 초조하고 답답해진 사람들이 서성였다. 나머지 사람들은 앉아서 소곤소곤 이야기를 나누고 있었다. 누구나 심상찮은 공기가 다가옴을 느꼈다. 갑자기 어전으로 통하는 문이 활짝 열렸다. 진홍색 제의를 입은 추기경이 입술을 꽉 다문 채 창백한 얼굴로 앞장서서 나왔다. 노병 브레퇴이유는 우락부락한 얼굴이 벌게져서 그 뒤를 따랐다. 그의 두 눈은 흥분으로 번쩍였다. 방 한가운데에 이르자 갑자기 호위병 대위에게 큰 소리로 고함을 질렀다. "추기경을 체포하라!"

모두가 깜짝 놀라 얼어붙은 듯 굳어졌다. 추기경이 체포되다니! 무려 로앙이! 그것도 어전 옆방에서! 노검사(老劍士) 브레퇴이유가 술에 취한 게 아닐까? 아냐 그게 아니다. 로앙은 화를 내지도, 반항하지도 않았다. 고개를 숙이고 순순히 경비병 쪽으로 갔다. 신하들은 몸서리를 치면서 옆으로 물러났다. 살피는 시선, 경멸하는 시선, 격분한 시선들이 쏟아지는 가운데 방과 계단을 차례로 지났다. 국왕의 자선 주교이자 가톨릭 교회 추기경, 알자스 주 영주, 학술원 회원, 이루 말할 수 없이 존귀한 권위의 소유자 프린츠 폰 로앙이 걸어가고 그 뒤에는 갤리선 노예를 호송하듯 거만한 표정의 노병이 뒤따르고 있었다. 궁정 파수대에 넘겨질 때에 비로소 정신을 되찾은 로앙은 사람들이 어안이 벙벙해져 있는 틈을 이용해 잽싸게 종이에 몇 줄 적어던졌다. 집안일을 돌보고 있는 신부에게 쓴 편지로 붉은 서류 가방에 들어 있는 편지들을 빨리 불태워 없애라는 명령이었다. 뒷날 재판에서 밝혀진 바에 따르면 그것은 위조된 왕비의 편지였다. 로앙의 시종은 황급히 말 위에 몸을 날려 그 쪽지를 들고 스트라스부르 대저택으로 달렸다. 그 뒤 경찰이 한걸음 늦게 서류를 압류하기 위해 저택에 들어왔다. 이것은 유래없는 치욕이었다. 프랑스 자선 주교가 국왕 및 궁정 사람들 앞에서 미사를 집전해야 할 그 순간에 바스티유로 보내지고 아직 분명히 밝혀지지 않은 이 사건에 관여된 공범자들을 모조리 구속하라는 명령이 내려졌다. 결국 베르사유에서는 미사가 거행되지 못했다. 만일 열렸다 해도 아무 소용없었으리라. 아무도 미사에 귀를 기울이지 못했을 테니까. 온 궁정, 온 도시, 온 나라가 청천벽력 같은 이 소식을 듣고 당황했기 때문이다.

굳게 잠긴 문 뒤에 흥분한 왕비가 앉아 있었다. 그녀의 신경은 아직도 노여움으로 떨리고 있었다. 이 상황이 그녀를 무서울 정도로 흥분시켜 놓았다. 드디어 그녀의 명예를 더럽히던 자들, 비방하던 자들 중 한 사람이 제거되었다. 이제 호의를 가진 사람들이 그런 악당을 구속한 일을 축하하러 서둘러 몰려오겠지? 오랫동안 겁쟁이라 무시당해 온 국왕이 성직자 중에서 가장 품위 없는 신부를 단호하게 잡아넣었으니 그의 패기를 온 궁정이 칭찬하러 오겠지. 그러나 생각과 다르게 아무도 나타나지 않았다. 그녀의 친구들조차 곤란한 시선을 보내며 뒤로 숨었다. 이날 트리아농과 베르사유는 몹시 조용하였다. 귀족들은 같은 특권층의 사람이 불명예스럽게 잡혀간 일에 분노를 감추지 않았다. 국왕은 로앙 추기경에게 판결에 승복한다면 너그러운 조처를 취하겠다고 하였다. 그러나 충격에서 벗어난 로앙은 국왕의 은혜를 차갑게 거절했다. 그는 의회에서 심판을 받을 작정이었다. 그러자 이 성급한 여인은 불안해졌다. 마리 앙투아네트는 자신이 거둔 성공을 즐길 기분이 들지 않았다. 저녁 때 시녀들은 그녀가 울고 있는 모습을 보았다.

그러나 곧 예전처럼 경솔함이 고개를 들었다. "저로 말하자면" 그녀는 어리석게도 자신을 속이며 오빠 요제프에게 편지를 썼다. "이 꺼림칙한 사건이 더는 들추어지지 않고 마무리되어 정말 기뻐요."

이때는 겨우 8월. 고등 법원에서 열릴 재판은 빨라야 12월 즈음이었다. 어쩌면 다음해에 열릴지도 모르는데 뭣하러 미리부터 쓸데없는 일로 골치를 썩이겠는가? 남들이야 수다를 떨든지 툴툴거리든지 맘대로 하라지. 그게 무슨 상관이람! 어서 화장품과 새 옷을 가져 오너라, 이런 하찮은 일 때문에 매혹적인 희극을 취소할 수는 없다. 공연 연습은 계속 진행되었고, 왕비는 (어쩌면 막을 수 있는 소송에 대한 경찰의 서류를 살피는 대신)《세비야의 이발사》의 쾌활한 아가씨 로지네 역에 몰두했다. 그러나 그 역할조차 그녀는 너무나 대충 연습했다. 그렇지 않았다면 상대역인 바실리오 말을 듣고 깊이 고민했으리라. "모함입니다! 당신은 모르실 겁니다. 당신이 누구를 모함하며 경멸하고 있는가를! 훌륭한 사람들이 한 말 앞에서는 무릎을 꿇는 것을 보았습니다. 정말입니다. 새빨간 거짓말, 파렴치한 말, 어처구니없는 이야기조차도 어떻게 전해지느냐에 따라 대도시의 한가로운 사람들을 물들여 놓고 마는 법, 예외는 없습니다. 여기 이 나라에는 그런 일에 달인들이 많습니다. 처음에는 그냥 낮은 소리일 뿐이죠. 폭풍이 일기 전 제비가 낮게 날듯이, 피아니시모죠. 그저 우물우물 말하다 사라져 버리지만 떠도는 동안 독이 든 씨앗을 뿌리지요. 누군가의 입이 그걸 물어다가 조용하고도 교묘하게 다른 귀에 속삭여 줍니다. 그렇게 되면 이미 싹이 튼 겁니다. 그것은 자라고 뻗어나린포르찬도*¹로 입에서 입으로 퍼져 갑니다. 악마처럼 질주하지요. 그러다가 갑자기 어느새 소문은 벌떡 일어나 나팔을 불며 눈에 띄게 부풀어 오르고 뛰어올라 회오리치며 빙빙 돌다가 천둥이 되어 터져 나옵니다. 그리하여 모든 사람들의 고함, 공공연한 크레셴도, 증오와 파문이 복합된 코러스가 시작되는 거죠. 이러니 어떤 악마가 모함을 이기겠습니까?"

그러나 마리 앙투아네트는 여전히 상대의 말에 귀를 기울이지 않았다. 이야기를 잘 들었더라면 그녀는 틀림없이 이해했을 것이다. 겉보기에는 별것 아닌 이 연극이 그녀의 운명에 대해 말하고 있음을 깨달았으리라. 로코코 코미디, 이 희극은 1785년 8월 19일 마지막 공연을 끝으로 완전히 끝났다. 비극의 막이 오른 것이다.

---

*1 세계.

목걸이 사건

정말 무슨 일이 일어났는가? 그것을 이해하기 쉽게 설명하는 건 어렵다. 목걸이 사건을 순서대로 따라가다 보면 소설 속 이야기라 해도 믿기 어려울 정도로 있을 수 없는 사건이기 때문이다. 하지만 현실이 마치 시처럼 서정적이고 거기에 미묘한 착상이 더해지면, 상상력과 구성 기술을 활용해 허구적인 작품을 쓰는데 가장 뛰어난 시인까지도 능가하는 법이다. 이럴 때 시인들은 차라리 현실이라는 연극에서 손을 떼고 그것을 뛰어넘는 천재적인 구성 기술을 발휘하려 들지 않는 편이 낫다. 《대두목(Crosskophta)》에서 목걸이 사건을 극화하려 했던 괴테도 현실에서는 더없이 비열하고 복잡한 희극을 만드는데 그쳤다. 끝없는 흥분을 자아냈던 목걸이 사건을, 이 역사의 광대극을 재미없고 지루한 익살 이상으로 만들 수는 없었다. 도둑 까마귀, 온갖 엉터리 고약을 바른 여우, 믿기 잘하는 미련한 곰 따위들이 어처구니없는 세계사의 매우 서투른 연극을 꾸며내는 이 우스꽝스런 사건, 얼기설기 현란하게 논리를 세워 희극적으로 엮인 악당, 사기꾼, 그 피해자, 멍청이, 멋지게 속아 넘어간 사람들로 만들어진 목걸이 사건은 몰리에르의 작품을 모두 합쳐도 찾아볼 수 없을 만큼 걸작이었다.

자연스럽고 진정한 희극에는 언제나 여자가 중심이다. 목걸이 사건의 여주인공은 몰락한 귀족과 방탕한 하녀 사이에서 태어났다. 그녀는 맨발로 밭에 들어가 감자를 훔치고, 농부들 소를 돌보는 대가로 빵 한 쪽을 얻는 더럽고 불량한 거지 아이로 자랐다. 아버지가 죽자 어머니는 몸을 팔아 돈을 벌고 어린 딸은 오갈 데 없는 부랑아가 되었다. 이 일곱 살짜리 소녀는 우연찮은 행운을 만나지 않았더라면 길에서 굶어 죽었으리라. 거리에서 폰 불랭비에 후작 부인에게 "발로와 가문 혈통인 불쌍한 고아에게 적선 좀 하세요!" 이런 비참한 구걸을 하는데 행운이 찾아왔다. 뭐라고? 저렇게 이가 득실거리는 굶주린 아이가 왕족 피를 이은 후예라고? 경건하신 루이의 존귀한 핏줄이라고? 어림도 없지. 후작 부인은 이렇게 생각했다. 그러면서도 그녀는 마차를 세우고 어린 거지 소녀에게 이것저것 물었다.

목걸이 사건은 처음부터 믿어지지 않는 일을 진실로 받아들여야만 했다. 너무도 어이없는 일들이 모두 사실이었기 때문이다. 이 소녀 잔은 사실 밀렵꾼이고 술고래이며 농부들이 두려워하던 악인 쟈크 드 생 레미의 딸이었다. 그런 아버지는 서열로 보나 연륜으로 보나 부르봉 집안에 뒤질 게 없는 발로와 가문 직계 후손이었다. 불랭비에 후작 부인은 믿어지지 않을 정도로 비참하게 몰락한 왕족의 아이를 가엾게 여겨 그녀의 동생과 함께 자기 돈으로 기숙학교에 보내줬다. 열네 살 잔은 양장점에 실습을 나가 세탁을 하고, 다림질을 하고, 물을 나르고, 속옷도 만들었다. 그러다 마침내 귀족 딸들이 가는 수도원으로 보내졌다.

오래지 않아 어린 잔은 수녀가 될 소질이 없음이 밝혀졌다. 아버지 역마살이 그녀의 혈관에서 끓어오르고 있었던 것이다. 스물두 살이 되자 그녀는 동생과 함께 대담하게 수도원 울타리를 넘었다. 주머니에 돈 한 푼 없었지만 머릿속은 모험으로 가득 채우고 바쉬르오브에 나타났다. 잔은 아름다운 미모 덕분에 하급 귀족 헌병 장교 니콜라스 드 라 모트를 만나 아슬아슬하게 결혼했다. 뱃속의 쌍둥이들이 태어나기 한달 전이었기 때문이다.

한 번도 질투한 적이 없는 도덕적인 남편과 마담 라 모트는 느긋하고 평범한 소시민 생활을 보낼 수 있었을 것이다. 그러나 '발로와의 피'가 가만 있지 않았다. 어릴 때부터 잔은 어떻게든, 무슨 수를 써서라도 성공하리라는 일념에 불타 올랐다. 먼저 은인 불랭비에 후작 부인에게 부탁해서 사베른에 있는 로앙 추기경 성으로 들어갔다. 그녀는 예쁘고 요령이 좋았기 때문에 친절하고 마음씨 따뜻한 추기경의 약점을 남김없이 이용했다. 남편은 마음속 깊이 질투했지만 그것을 숨기는 대가로 로앙 추기경의 추천을 받아 경기병 연대 기병 대위로 임명되었다. 그리고 지금까지 쌓여 있던 빚도 추기경이 대신 갚아 주었다.

잔은 그 정도로 만족해도 충분했다. 하지만 그녀는 이런 성공을 더 높은 곳으로 오르기 위한 과정이라 생각했다. 곧 그녀의 남편 라 모트는 국왕 명령으로 기병 대위에 임명되었다. 그러자 이제는 세금도 내지 않으며 스스로를 백작이라 하였다. '발로와 드 라 모트 백작 부인' 이런 품격 높은 이름으로 불릴 수 있는데 보잘것없는 장교 봉급과 연금이나 받으며 시골구석에 파묻혀 지낼 것인가? 말도 안 된다. 이 이름은 예쁘고 허영에 찬 여자에게 연간 수십만 리브르의 수입을 의미했다. 신분상승에 들뜬 사람들과 바보들에게서 철저히 뜯어낼 자신이 있었기 때문이다. 이런 생각을 가진 두 공범자들은 파리의 뇌브 생 기유 거리에 집 한 채를 빌려서 고리대금업자들에게 자신이 발로와 집안 후예라 거액의 재산을 물려받는다면서 많은 물건을 빌려와 호화로운 파티를 열었다. 은식기는 늘 세 시간만 쓰기로 하고 가까운 가게에서 빌려왔다. 그러다 마침내 파리에서 채권자들이 돈을 요구하며 그들 목을 단단히 조여 오자 발로와 드 라 모트 백작 부인은 베르사유 궁정에 가서 자신의 권리를 주장하겠다고 공언했다.

물론 그녀는 궁중 사람이라고는 한 명도 몰랐다. 그녀의 고운 두 다리가 왕비 방 옆 대기실에서 접견조차 허락받지 못한 채 몇 주일이든 서 있을 수도 있었다. 하지만 이 교활한 사기꾼은 책략을 꾸몄다. 그녀는 다른 청원자들과 함께 마담 엘리자베트(루이 16세 여동생)의 현관 앞에 서 있다가 갑자기 기절하며 쓰러졌다. 모두가 달려오자 남편은 두 눈에 눈물을 글썽이며 발로와 드 라 모트 백작 부인께서 여러 해 동안 굶주려 기력이 쇠해졌기 때문이라는 이야기를 했다. 이 건강한 환자는 동정을 한 몸에 받으며 들것에 실려 집으로 돌아갔다. 왕궁에서 2백 리브르를 보냈고 연금도 8백 리브르에서 1천 5백 리브르로 올랐다. 하지만 발로와 가문 이름에 비하면 푼돈이지 않은가! 어쩔 수 없지. 힘을 내서 계속 톱니바퀴 속으로 몸을 던지자. 두 번째 기절 소동은 아르투아 백작 부인 현관에서, 세 번째는 왕비가 다니는 베르사유 거울 회랑이었다. 이 여인은 씀씀이가 헤픈 마리 앙투아네트에게 기대하고 있었지만 그녀는 이 사건을 듣지 못했다. 베르사유에서 네 번째 기절 소동을 벌인다면 의심을 살 것 같아서 그녀는 이 정도 전리품에 만족하고 파리로 되돌아왔다. 그들은 원하던 것을 손에 넣지 못했다. 물론 그 사실을 입 밖에 내지 않도록 몹시 조심했다. 그리고 왕비께서 친척인 자기들을 얼마나 자비롭게 맞아 주었는지 모른다고 떠벌리고 다녔다. 왕비가 존경하는 발로와 백작 부인을 친구로 둔다는 건 무엇보다 소중한 일이라 여기는 사람들이 많았다. 그래서 살찐 양들이 털을 깎으러 왔다. 신용도 높아져서 외상을 할 수 있었다. 이 빚투성이 거지는 멋진 궁정 조복(朝服) 한 벌을 마련하고, 비서까지 두었다. 비서는 레토 드 비예트라는 근사한 이름을 가졌지만 백작부인과 함께 사기를 치는 건 물론이고 잠자리까지 같이 했다. 차석 비서 로트는 성직자였다. 여기에 마부, 하인, 하녀까지 갖추자 뇌브 생 기유 거리에서의 생활은 행복하기 그지없었다. 날마다 즐거운 도박 파티가 열렸다. 도박으로 버는 돈은 사기로 번 돈에 비하면 적었지만, 외설스러운 여자들이 모이기에는 안성맞춤이었다. 그러나 유감스럽게도 채권자니 집행관이니 집요한 작자들이 다시 나타나 몇 주일, 몇 달 안으로 돈을 받아내겠다고 무리한 요구를 했다. 다시 이 귀하신 부부는 곤란해졌다. 작은 사기를 쳐서 번 돈으로는 턱없이 모자랐다. 크게 한탕 할 때가 온 것이다.

크게 사기를 치기 위해서는 반드시 두 가지가 필요했다. 대단한 사기꾼과 대단한 바보였다. 운 좋게도 그런 바보는 이미 확보되어 있었다. 그는 바로 프랑스 학술원 회원이요, 스트라스부르 대주교 각하이며, 프랑스 자선주교인 로앙 추기경이었다. 전형적인 그 시대 인물로 보통 사람보다 더 영리하지도, 어리석지도 않은 겉만 번지르르한 성직자는 다른 사람들과 마찬가지로 귀가 얇은 병을 앓고 있었다. 아무 말이나 쉽게 믿어 버리는 병. 인류는 무언가를 믿지 않으면 결코 살아나갈 수가 없다. 그 시절 우상이던 볼테르가 기독교 신앙을 쫓아내 버렸기 때문에 그 자리를 메우기 위해 18세기 살롱에서 미신이 유행하였다. 연금술사, 책략가, 황금십자단, 협잡꾼, 무당 그리고 돌팔이 의사들에게 황금시대가 온 셈이다. 귀족 신사와 여류 명사들은 칼료스트로 집회에서 생 제르맹 백작(연금술사)과 같은 식탁에 앉거나 최면술사 메스머의 집에 다녀왔음을 자랑스러워했다. 명석한 지성의 시대요 우습도록 경박한 시대였기 때문에, 장군들이 군무를, 왕비가 자신의 품위를, 사제들이 신을 더 이상 진지하게 생각하지 않았기 때문에, "개화한" 사람들은 그들의 끔찍한 공허를 메우기 위해 형이상학적인 것, 신비한 것, 초감각적인 것, 불가해한 것과의 유희를 필요로 했다. 그러나 그토록 개화되고 기지에 넘쳤음에도 불구하고 어수룩하게도 야비한 사기꾼들의 올가미에 걸려들곤 했다. 이렇게 정신적으로 빈곤한 사람들 가운데서도 최고의 신앙인인 로앙 추기경 전하께서 천하에서 제일 교활한 위장술의 명수요, 사기꾼들의 교황격인 "거룩한" 칼료스트로 손안에 들어가게 되었다. 이 작자는 추기경 소유 사베른

성에 둥지를 틀고 눌러앉아 능란하게 주인의 돈과 이성을 마술을 쓰듯 자기 주머니에 집어넣었다. 점쟁이와 사기꾼들은 언제나 서로 정체를 금방 알아보는 법이다. 칼료스트로와 라 모트 부인도 그랬다. 추기경의 비밀을 낱낱이 아는 칼료스트로에게 들어 로앙이 프랑스 수석재상 자리를 탐낸다는 야심을 알게 되었다. 아울러 그가 두려워하는 한 가지도 알아내었다. 그것은 바로 왕비가 로앙을 너무나 싫어한다는 것이었다. 모두들 알고 있는 사실이지만 로앙은 자신이 왜 미움 받는지 몰랐다. 교활한 여자가 남자의 약점을 알면 이미 그를 손안에 넣은 것과 마찬가지였다. 이 사기꾼은 재빨리 곰 같은 대주교가 황금땀을 흘릴 때까지 춤추게 만들려 밧줄로 묶기 시작했다.

1784년 4월, 라 모트 부인은 이따금 자기의 '다정한 친구'인 왕비가 얼마나 친밀하게 속이야기를 털어놓는지 모른다는 말을 조금씩 비치기 시작했다. 순진한 추기경은 마음속으로 자그맣고 예쁜 이 여자가 어쩌면 왕비 앞에서 자신의 이상적인 대변자가 되리라는 생각이 일도록 만들었다. 왕비께 경건하게 봉사할 수만 있다면 그 이상의 행복이 없을 텐데 폐하께서 여러 해 동안 눈길 한 번 주지 않아 마음이 상했다고 털어놓았다. 아, 누군가 왕비께 내 진정한 뜻을 전해 준다면 얼마나 좋겠소! 왕비의 "다정한" 친구는 감동해서 관심을 보이며 마리 앙투아네트에게 그를 위해 이야기해주겠다며 약속했다. 그 뒤 로앙은 그녀가 전한 말이 가져온 효과에 놀라 버렸다. 벌써 5월에 왕비가 마음을 돌렸으며 곧 추기경에게 마음이 변했다는 증거로 몰래 신호를 보내리라 했다. 다음 번 궁정 문안 때 남이 모르도록 머리를 끄덕여 답례를 하겠다는 이야기였다. 사람이란 무언가를 믿고자 할 때 기꺼이 무엇이든 믿는다. 무언가 보고자 할 때는 그렇게 보이는 법이다. 선량한 추기경은 다음 접견 때 왕비가 머리를 끄덕여 준 듯한 '느낌'을 받았다고 스스로 믿고는 왕비의 마음을 움직여 준 중개자에게 상당한 돈을 줬다.

그러나 라 모트 부인은 아직 금맥(金脈)에서 금을 충분히 캐지 못했다. 추기경을 더욱 꼼짝 못하게 올가미를 씌우려면 왕비가 총애한다는 확실한 표시를 제시해야만 했다. 편지라면 어떨까? 이럴 때 써먹지 못하면 뭣하러 비양심적인 비서를 집에 두면서 먹이고 재운담! 레토는 거리낌 없이 마리 앙투아네트가 친구 발로와에게 보내는 친서를 만들어냈다. 바보가 편지를 보고 진짜라 믿으며 놀라는 데, 돈을 많이 벌 길을 한 걸음 더 못 나갈 이유는 없었다. 로앙의 금고를 밑바닥까지 털어내기 위해서 로앙과 왕비 사이에 비밀 서신이 오갔음을 꾸며내지 못할 게 없었다. 라 모트 부인 충고에 눈이 어두워진 추기경은 지금까지 자기 처신에 대한 상세한 해명서를 작성하여 몇 날 며칠 동안 수정하고 깨끗이 정서하여 백작 부인에게 넘겨주었다. 그녀는 정말로 요술쟁이요, 왕비의 절친한 친구가 아닌가! 며칠 지나지 않아 라 모트 부인은 흰 물결무늬 종이에 금박이 박히고, 귀퉁이에 프랑스 국화인 백합이 찍힌 짤막한 편지를 가지고 왔다. 범접할 수 없고 늘 자신을 거부하며 오만하던 합스부르크 집안 출신의 왕비가 지금껏 경멸해 왔던 이 남자에게 편지를 보냈다.

"경을 더 이상 죄인 취급하지 않아도 되니 기쁘오. 나는 아직 경이 청한 알현에는 동의할 수가 없소. 사정이 허락하는 대로 연락을 하겠소. 소문이 나지 않도록 하시오." 로앙은 속은 줄도 모르고 기쁨으로 정신을 차리지 못할 지경이었다. 그는 라 모트 부인 말에 따라 왕비에게 감사 편지를 썼다. 다시 답장이 왔고 추기경은 답장을 썼다. 마리 앙투아네트의 총애를 받는다는 기쁨과 자랑스러운 마음으로 가슴이 부풀면 부풀수록 라 모트 부인은 추기경 주머니를 더욱 가볍게 만들었다. 대담한 사기극이 착착 진행되었다.

한 가지 유감스러운 일은 중요한 등장인물 하나가 아직 이 희극에 등장할 준비가 안 됐다는 점이다. 그 인물은 바로 왕비다. 그녀가 참여하지 않으면 이 위험한 파티가 오래 지속될 수 없었다. 아무리 말을 쉽게 믿는 사람이라도 왕비가 눈길 한 번 주지 않고 말 한마디 건네지 않았는데, 고작 인사 정도로 계속 속일 수는 없는 일이었다. 가련한 바보가 수상한 낌새를 눈치챌 위험은 점점 커져갔다. 어서 대담한 방법을 찾아야 했다. 왕비가 친히 추기경과 이야기를 나눌 리가 없으니 그 바보가 왕비와 이야기했다고 믿게 만들면 되지 않겠는가? 나쁜 일을 벌이기 좋은 어두운 시각에 베르사유의 그늘진 오솔길 같은 곳에서 왕비와 비슷한 여자를 로앙과 만나게 하면 어떨까? 고양이는 밤에 모조리 잿빛으로 보이지 않는가. 선량한 추기경은 왕비를 만나는 기쁨에 흥분해 있을 터이고 칼료스트로의 호언장담이나, 교양 없는 서기가 쓴 금박 편지에 속는 것 못지않게 쉽게 속아 넘어가리라.

요즘 영화에서 흔히 말하는 '대역'을 어디서 찾았을까? 그렇다, 거기다.

온갖 종류의 크고 작은 예쁜 여자들, 날씬한 여자, 통통한 여자, 마른 여자, 살찐 여자, 금발머리, 갈색머리가 돈을 벌 목적으로 거니는 곳이 있잖아? 파리 매춘의 파라다이스, 루아얄 궁의 정원이다. 라 모트 백작이 왕비와 꼭 닮은 여자를 찾아냈다. 이름은 니콜르, 나중에 돌리바 남작 부인으로 불리게 된다. 디자이너라지만 여성 고객보다 남성에게 봉사하기 바쁜 젊은 여자였다. 이 역할을 맡도록 설득하는 데는 별로 힘이 들지 않았다.

"왜냐하면" 뒷날 라 모트 여인은 판사 앞에서 그 이유를 설명했다. "그 여자는 아주 바보였기 때문에" 8월 11일, 말 잘 듣는 창녀를 베르사유에 빌린 집으로 데려와 발로와 백작 부인이 손수 흰 물방울무늬의 모슬린 가운을 입혔다. 마담 비제레브룅이 그린 초상화에서 왕비가 입고 있는 그대로 본떠 만든 옷이었다. 얼굴을 가릴 챙 넓은 모자를 분가루를 뿌린 머리 위에 조심스럽게 눌러 씌우고 나서 민첩하게 그리고 대담히 출발했다. 10분 동안 왕국 자선 주교 앞에서 프랑스 왕비 연기를 펼쳐야 하는 겁먹은 작은 여자를 데리고 어스름이 깔려 어둑어둑한 공원으로 갔다! 대담한 희대의 사기극은 그렇게 막이 올랐다.

사기꾼 부부는 가짜 왕비를 데리고 소리 없이 베르사유 언덕을 넘어 들어 갔다. 하늘은 사기꾼들을 위해 달도 없는 어둠을 쏟아 내고 있었다. 그들은 비너스 숲으로 내려갔다. 전나무, 삼나무, 너도밤나무들이 빽빽이 들어차 사람의 윤곽조차 알아보기 힘들었다. 사랑놀이는 물론이고 거짓 연기를 하기에 환상적으로 적합한 곳이었다. 가련한 어린 창녀가 몸을 덜덜 떨었다. 낯선 사람들을 따라 어떤 모험에 끌려들어 가게 되는 것일까? 그녀는 달아나고 싶었다. 손에 장미와 편지를 쥐고 잔뜩 겁에 질려 있었다. 여기서 말을 걸어오는 귀족 신사에게 그것을 건네주도록 되어 있었다. 그때 자갈을 밟으며 다가오는 소리가 들렸다. 한 남자의 윤곽이 모습을 드러냈다. 왕궁의 시종 역할로 로앙을 이곳으로 안내해 오는 사람은 비서 레토였다. 갑자기 니콜르는 앞으로 떠밀렸다. 뒤이어 두 사기꾼은 어둠속으로 빨려들어 가듯 옆길로 사라졌다. 그녀는 혼자 남았다. 그러나 곧 혼자가 아니었다. 모자를 이마 깊숙이 내려쓴 키 크고 마른 낯선 남자가 그녀에게 다가오고 있었기 때문이다. 바로 추기경이다.

그 낯선 남자는 정말 바보처럼 행동했다. 그는 경외심에 가득 차 땅에 머

리가 닿도록 허리를 굽혔고 가련한 창녀 옷깃에 입을 맞추었다. 이제 니콜르
가 장미와 준비해온 쪽지를 건네줄 차례였다. 그러나 당황해서 장미를 떨어
뜨리고 편지 주는 걸 잊어버리고 말았다. 입이 바싹바싹 말라서 겨우 사기꾼
부부가 거듭 다짐해 둔 몇 마디를 더듬어 말했다. "지나간 일은 다 잊어버리
세요." 이 말이 낯선 남자를 기쁘게 한 듯 그는 거듭 머리를 숙이고 더듬거
리며 기쁨이 넘치는 감사 말을 했다. 무엇에 대한 감사인지 가련한 어린 여
자는 알 수가 없었다. 그녀는 혹시라도 말을 잘못하여 자기 정체가 드러날까
봐 죽을 것처럼 두려웠다. 그러나 하늘이 도왔는지 때마침 급한 발걸음으로
자갈 밟는 소리가 들리더니 누군가가 작지만 흥분한 목소리로 외쳤다. "빨
리, 빨리 떠나십시오! 아르투아 백작 부부가 아주 가까이에 계십니다." 그
경고가 효과를 발휘했다. 추기경은 놀라서 황급히 라 모트 부인과 함께 그곳
을 떠났고 사기꾼 남편은 어린 니콜르를 데리고 돌아왔다. 희극의 가짜 왕비
가 두근거리는 가슴으로 지나간 왕궁의 칠흑처럼 어두운 유리창 너머에 진
짜 왕비가 아무것도 모르고 잠들어 있었다.

아리스토파네스의 희극에나 나올 듯한 사기극은 찬란한 성공을 거두었다.
가련한 황소, 추기경은 머리를 맞은 듯 정신이 완전히 나가버렸다. 지금까지
는 의심을 하고 있었다. 머리를 끄덕였다는 말은 절반밖에 믿을 수 없었고
편지 또한 그랬다. 그런데 지금은 왕비와 직접 이야기를 나누었고, 그 왕비
입으로 용서한다는 말까지 들었으니 드 라 모트 백작부인 말 한마디 한마디
가 복음보다 더 그럴듯하게 들렸다. 이제 그 여자는 로앙을 마음대로 조종할
수 있게 되었다. 그날 밤 프랑스에서 로앙보다 더 행복한 사람은 없었다. 벌
써 그는 재상과, 왕비의 사랑을 받는 신하가 된 기분이었다.
 며칠 뒤 라 모트 부인은 추기경에게 다시 한 번 왕비 총애를 증명해 보였
다. 로앙은 왕비의 자비로운 마음을 이해할 수 있었다. 왕비 폐하께서 어려
움에 처한 귀족 가문에 5만 리브르를 주고 싶은데 공교롭게도 지금 돈이 없
으시다는 것이었다. 그래서 추기경이 자기를 위해 이 자비로운 봉사를 맡지
않겠느냐고 했다. 너무나 기쁜 추기경은 거대한 수입이 있는데 왕비 금고에
돈이 없다는 말을 조금도 의심하지 않았다. 왕비가 늘 빚에 파묻혀 있음을
온 프랑스가 알았으니 무리도 아니었다. 로앙은 세르 프베르라는 알자스 유

대인을 불러 5만 리브르를 빌렸다. 그리고 이틀 뒤 라 모트 부인 탁자 위에 금화를 주르륵 쏟아 놓았다. 사기꾼 부부는 드디어 꼭두각시를 춤추게 하는 줄을 손에 잡았다. 석 달이 지나자 그들은 줄을 더욱 팽팽하게 당겼다. 다시 한 번 왕비가 로앙에게 돈을 달라했고 로앙은 자기를 총애하는 여인의 환심을 사고자 부지런히 가구와 은식기를 담보로 돈을 빌렸다.

드 라 모트 백작 부부에게 꿈같은 시대가 왔다. 추기경은 멀리 알자스에 있지만 그의 돈은 그들의 주머니로 신나게 들어왔다. 이제 더는 걱정이 없었다. 돈을 척척 내주는 바보를 찾았고, 가끔 왕비의 이름으로 편지만 쓰면 얼마든지 금화를 짜낼 수 있었다. 자, 멋지고 즐겁게 되는 대로 살자! 내일은 생각하지 말자! 이 어처구니없는 시대에 군주나 제후, 추기경만 경박한 게 아니었다. 사기꾼들 또한 그랬다. 그들은 호화로운 정원과 농장이 딸린 별장을 바쉬르오브에 짓고, 금 접시에 밥을 먹고, 번쩍이는 크리스털 잔으로 술을 마시고, 이 고상한 저택에서 도박을 하고, 음악회를 열었다. 최고의 인사들이 발로와 드 라 모트 백작 부인과 가까이하는 영광을 얻기 위해 문전성시를 이루었다. 이런 바보들이 있는 세상은 그 얼마나 멋지단 말인가!

도박에서 최고 카드를 세 번 뽑은 사람은 네 번째에도 대담하게 돈을 걸기 마련이다. 예상치 못했던 우연이 라 모트 부인에게 최고의 카드를 쥐어 주었다. 어느 날 라 모트가 연 파티에서 궁중 보석상 뵈머와 바셍쥐가 불쌍하게도 근심에 싸여 있다는 이야기를 들었다. 그들은 빚까지 내서 세상에서 가장 멋진 다이아몬드 목걸이에 투자했다. 본디 뒤바리 부인을 위해 만든 것으로 루이 15세가 천연두로 세상을 떠나지 않았더라면 부인이 그 목걸이를 샀으리라. 그 뒤 그들은 목걸이를 스페인 궁정에도 팔려 했고, 장신구를 좋아해 값은 묻지도 않고 쉽게 사는 마리 앙투아네트에게도 세 번이나 권했지만 성가신 절약가 루이 16세가 160만 리브르를 내놓으려 들지 않았다. 때문에 보석상들은 물이 목까지 차 오른 셈으로 아름다운 목걸이 이자를 치러야 했다. 목걸이에 있는 다이아몬드를 떼어 내 팔아야만 겨우 재산이 유지된다는 이야기였다. 마리 앙투아네트와 친한 발로와 백작 부인이 왕비에게 좋은 조건으로 사게끔 설득할 수 있지 않을까. 그러면 짭짤하게 보답한다는 말이었다. 왕비와 친하다는 이야기를 더욱 부풀리려 골몰하던 라 모트 부인은 기꺼이 말해 보겠노라 승낙했다. 12월 29일, 두 보석상은 뇌브 생 기유 거리로 값비싼 보석함을 들고 왔다.

얼마나 훌륭한 일인가! 라 모트는 심장 고동이 멎을 정도로 흥분했다. 다이아몬드들이 햇빛 속에서 번쩍이듯 그녀의 영리한 머릿속에서 대담한 생각이 섬광 치듯 번쩍였다. 지독한 바보 추기경을 부추겨서 왕비를 위해 목걸이를 사게 하면 어떨까. 추기경이 알자스에서 돌아오자 라 모트 부인은 사정없이 거짓말을 했다. 왕비가 국왕 몰래 장신구를 사려 하는데 그러기 위해 입무거운 중개인이 필요하고, 이 은밀하고도 명예로운 임무를 신임하는 로앙에게 맡길 생각이시라 했다. 며칠 지나지 않아 라 모트 부인은 뵈머에게 목걸이 살 사람을 찾았다고 의기양양하게 말했다. 그 사람은 바로 로앙 추기경이다. 1월 29일, 주교의 스트라스부르 대저택에서 매매 계약이 맺어졌다. 160만 리브르를 네 번 나누어 6개월에 한 번씩 2년 동안 지불한다는 내용이었다. 물품은 2월 1일에 받고 첫 할부금은 1785년 8월 1일에 지불하기로 했다. 주교는 자기 손으로 직접 그 조건에 서명하고 계약서를 라 모트 부인에게 넘겨주었다. 친구인 왕비에게 계약서를 보여드리기 위해서였다. 그 다음날, 그러니까 1월 30일 이 사기꾼은 왕비 폐하께서 동의하셨다는 답을 전했다.

그런데 지금까지 말을 잘 듣던 바보 당나귀가 문 바로 앞에서 갑자기 망설였다. 하긴 160만 리브르가 걸려 있으니 아무리 낭비가 심한 제후라도 결코 대수로운 문제가 아니었다. 이런 거금에 보증을 서는데 적어도 채권 증서 같은 왕비가 서명한 서류를 한 장쯤은 가지고 있어야 하지 않겠는가? 좋아! 비서는 이런 때 써야지. 라 모트 부인은 다음 날 계약서를 가져왔다. 조항하나하나 귀퉁이에 손수 "동의함"이라 쓰여 있고 계약서 끝에도 "손수" '마리 앙투아네트 드 프랑스' 서명이 되어 있지 않은가. 머리가 조금이라도 돌아간다면 궁중 자선 주교요 학술원 회원이며 전직 대사에다 앞으로 한 나라 재상을 꿈꾸고 있는 사람으로서 프랑스에서는 왕비가 서류에 이름만 쓸 뿐 달리 서명하지 않는다는 것, 즉 '마리 앙투아네트 드 프랑스' 같은 서명은 단순한 위조범도 못 되는 아주 무식한 사기라는 것쯤은 단박에 알아차렸어야 마땅하지 않은가! 그렇지만 왕비께서 비너스 숲에서 몸소 그를 은밀하게 맞아 주셨는데 어찌 의심을 할 수 있겠는가? 눈먼 남자는 사기꾼 여인에게 이 채권 증서를 잃어버리거나 타인에게 보이지 않겠노라고 엄숙하게 선서했다.

다음 날 2월 1일, 보석상은 장신구를 추기경에게 가져왔다. 그날 저녁, 추기경은 라 모트 부인에게 목걸이를 들고 갔다. 왕비에게 목걸이가 전해지는 모습을 직접 확인하기 위해서였다. 뇌브 생 기유 거리에서 곧 계단을 올라오는 남자의 발소리가 들렸다. 라 모트 부인은 추기경에게 옆방에 가라고 청했다. 그 방 유리창 너머로 목걸이가 전달되는 모습을 지켜보라 했다. 온통 검은 옷을 입은 젊은 남자가 나타났다. 그는 바로 기특한 비서, 레토였다. "왕비의 명을 받고 왔습니다." 발로와 백작 부인은 얼마나 놀라운 여인인가, 얼마나 사려 깊고 성실하며 능란하게 친구 일을 주선하는가. 추기경은 이렇게 생각했음이 틀림없다. 그는 안심하고 보석함을 라 모트 부인에게 건네주었고, 그녀는 목걸이를 은밀한 심부름꾼 손에 넘겨주었다. 그러자 레토는 훌륭한 물건을 가지러 왔을 때와 마찬가지로 재빨리 사라졌다. 그 뒤로 그 목걸이는 최후의 심판 때까지 영영 사라져 버리고 말았다. 추기경은 감동하며 작별을 고했다. 이렇게 깊은 우정을 증명할 일을 했으니 머지않아 왕비와 친해진 자신은 국왕 최고의 시종, 프랑스의 대재상이 될 것이 틀림없다는 생각으로 한껏 들떴다.

며칠 뒤 유태인 보석상이 파리 경찰을 찾아와 레토 드 비예트라는 남자가 어마어마하게 비싼 다이아몬드를 형편없이 싼값으로 팔려하니, 장물로 보지 않을 수 없다며 피해 동업자를 대신해서 고발했다. 경찰국장은 레토를 소환했다. 그는 국왕의 친족인 발로와 드 라 모트 백작 부인이 팔아달라며 자기에게 맡겼다고 해명했다. 발로와 백작부인이라는 고귀한 이름에 관리는 기가 죽었다. 새파랗게 질려 있던 레토는 바로 석방되었다. 어쨌거나 백작 부인은 분해한 보석(그녀는 오랫동안 뒤쫓던 포획물을 손에 넣자 부리나케 다이아몬드를 하나하나 흩뜨려 버렸다)을 파리에서 싼값에 파는 것은 위험한 일임을 깨달았다. 그래서 기특한 남편 호주머니에 보석을 가득 채워 런던으로 보냈다. 런던의 뉴 본드 거리와 피커딜리 보석상들은 훌륭하고 저렴한 물건을 보고 모두 입이 쩍 벌어졌다.

만세! 한꺼번에 왕창 돈이 들어왔네. 그것은 대담하기 짝이 없는 여자 사기꾼조차 꿈에도 생각지 못했던 엄청난 거금이었다.

　기막힌 성공을 거둔 뒤 그녀는 뻔뻔스럽고 능청스럽게 아무런 망설임도 없이 이 돈으로 요란하게 치장했다. 영국산 말 네 마리가 끄는 마차를 사들이고, 마부도 호화로운 제복을 입혔다. 흑인 하인도 머리끝에서 발끝까지 은몰*¹로 휘감아 입혔고 융단, 고블랭 천, *² 청동제품, 깃 장식이 달린 모자, 진홍빛 비로드 침대 따위를 사들였다. 이 멋쟁이 부부가 바쉬르오브의 귀족들이 사는 곳으로 이사갈 때 사들인 귀중품을 실어 나르는 데 무려 마차 42대가 필요했다. 바쉬르오브 사람들은 천일야화에나 나올 듯한 야단법석을 구경했다. 이 새로운 무갈 대제*³ 행렬에는 화려한 사람들이 앞장서고, 그 뒤엔 흰 천으로 속을 감싸고 진주 빛으로 칠한 영국제 4인승 마차가 따랐다. 부부는 두 발(이 발로 외국으로 달아나는 쪽이 더 나았을 뻔했다)을 따뜻하게 하는 새틴 무릎 덮개에 "선조인 국왕에게 피와 이름과 백합을 물려받았노라" 적힌 발로와 집안 문장이 붙어 있었다. 전직 근위병 장교는 아주 멋지게 치장했다. 열 손가락마다 반지를 끼고, 구두에는 다이아몬드 장식을 달고, 가슴엔 시곗줄이 번쩍였다. 뒤에 재판 기록으로 알 수 있는 그의 의상 목록에는 벨기에 말린산 레이스로 가장자리를 꾸미고 금으로 조각한 비싼 금단추가 달렸으며 명주와, 비단으로 된 정장 의상이 열여덟 벌 올라 있었다. 그의 곁에 앉아 있는 아내도 사치로는 남편에 뒤지지 않았다.

　인도의 신상(神像)처럼 보석으로 온몸을 휘감아 번쩍거리고 있었다. 자그마한 바쉬르오브 거리는 지금껏 이런 부자를 본 적이 없었으므로 이는 자석 같은 힘을 발휘하게 되었다. 이웃 귀족들은 그의 저택으로 몰려들어 루쿨루스*⁴ 스타일의 호화로운 파티를 즐겼다. 시중꾼들이 값비싼 은그릇에 신선한 요리를 담아 나르고, 악사는 연회 음악을 연주하고, 백작은 새로운 크로이소스*⁵처럼 호화스런 방들을 지나가면서 두 손에 한 움큼씩 쥐고 있던 돈을 사람들에게 뿌렸다.

---

*1 세로는 명주실, 가로는 은실로 짠 비단의 일종.
*2 벽, 휘장 따위에 쓰이는 직물.
*3 인도의 옛 황제.
*4 호사 생활로 유명한 로마 장군.
*5 리디아 최후의 부유한 왕.

목걸이 사건은 또다시 황당무계하고 터무니없는 국면으로 접어들었다. 이런 사기는 3주, 5주, 8주, 늦어도 10주 안에는 그 전모가 드러나게 마련이었다. 정상적인 이성의 소유자라면 알지 못하는 동안에 의문이 생길 것이다. 이 두 사기꾼이 어떻게, 마치 경찰 따위는 없는 듯 능청스럽게 재물을 자랑할 수 있을까? 그러나 라 모트 부인은 처음부터 완벽하고 정확한 계산을 했다. 사태가 악화되더라도 무적의 방패가 있으니 염려 없다 생각했다. 최악의 경우 로앙 추기경이 어떻게 해 줄 거야. 프랑스 자선단체의 거물이니까 자신이 웃음거리가 되고 사건이 떠들썩하게 사람들 입에 오르내리지 않게끔 도와 주겠지. 그는 입을 꽉 다문 채 눈썹 하나 까딱하지 않고 제 주머니에서 목걸이 대금을 지불하는 쪽을 택할 거야. 그렇다면 우리가 벌벌 떨 이유가 뭐 있겠어. 이런 동료가 있으니 마음 편히 비단 침대에서 잠들 수 있다. 그렇게 해서 정말 라 모트 부인과 그 존경해야 할 남편과 글 잘 쓰는 비서는 아무런 걱정 없이 인간의 어리석음이라는 무궁한 자본에서 교묘하게 뽑아낸 이자를 마음껏 누려나갔다.

그러는 동안 사람 좋은 로앙 추기경도 무엇인가 이상스럽게 여기고 있었다. 공식 알현 때는 틀림없이 왕비가 값비싼 목걸이를 하고 있으리라. 왕비께서는 말을 걸든가, 상냥하게 고개를 끄덕이던가, 아무도 모르게 자기에게만 고마움을 살짝 표시해 주겠지 기대했다. 그러나 그런 일은 없었다. 마리 앙투아네트는 전처럼 차갑게 눈길을 돌릴 뿐이었고, 그녀의 흰 목에선 그 목걸이가 보이지 않았다.

"왕비는 내가 바친 목걸이를 왜 하시지 않을까요?" 그는 아무래도 이상하다는 듯 라 모트 부인에게 물었다. 이 교활한 여자는 막힘 없이 답했다. "지불이 끝나기 전까지 그 목걸이를 하기 싫어하세요. 모든 게 끝난 뒤 국왕을 깜짝 놀라게 할 작정인가 봐요." 참을성 많은 노새는 또 한 번 건초더미 속에 머리를 처박고 만족했다. 그러나 4월이 지나 5월이 되고, 5월이 지나 6월이 되어 최초의 40만 리브르를 지불해야 할 숙명의 날, 8월 1일이 점점 다가왔다. 지불을 연기하기 위해서 사기꾼은 새로운 묘책을 생각해냈다. 왕비님이 곰곰이 생각한 끝에 아무래도 값이 비싸 20만 리브르를 깎아 주지 않으면 목걸이를 돌려준다며 보석상에게 말한 것이다. 이 교활한 여자는 보석상이 흥정에 열을 올리느라 시간을 벌 수 있으리라 생각했다. 그러나 그것은 큰 오산이었다. 보석상들은 본디 값을 높게 불러 놓았던 데다 마침 돈이 급했던 탓에 금세 승낙해 버렸다. 바셍쥐가 왕비에게 동의한다는 뜻으로 편지를 쓰고 뵈머가 로앙 추기경 승인을 얻어 7월 12일 편지를 왕비에게 보냈다. 그날은 마리 앙투아네트에게 다른 장신구를 배달하기로 되어 있었다. 편지는 다음과 같았다. "폐하, 지난번 제시하신 지불 조건에 대하여 저희는 열의와 모든 존경을 다해 동의하겠습니다. 왕비 폐하 명령에 대한 저희의 충성과 복종의 증거로 보아 주신다면 더할 나위 없이 영광입니다. 지상에서 가장 아름다운 다이아몬드 장신구를 왕비님들 가운데 가장 고귀하고 뛰어난 왕비 폐하 목에 걸어 드린 일을 진정한 기쁨으로 삼는 바입니다."

말을 너무 돌려서 하니 아무것도 모르는 왕비는 무슨 말인지 알 수 없었다. 조금이라도 주의 깊게 읽고 신경을 썼다면 다이아몬드 장신구가 어떤 것인지 물어 보았으리라. 그렇지만 그녀는 인쇄된 글자라면 끝까지 주의 깊게 읽는 성미가 아니었기에 금방 지겨워졌다. 차근차근 생각하는 일은 그녀에게 어울리지 않았다. 그래서 뵈머가 물러간 뒤에야 편지를 펴 보았고 사건의 내막을 전혀 몰랐기 때문에 꼬이고 꼬인 문장의 뜻을 유감스럽게도 이해할 수 없었다. 그녀는 무슨 일인지 알기 위해 시녀에게 뵈머를 불러오도록 일렀다. 그러나 불행하게도 보석상은 이미 궁전을 떠난 뒤였다. 할 수 없지! 그 바보 녀석이 무슨 말을 한 건지 언젠간 알 수 있을 거야. 왕비는 편지를 불속에 던져 버렸다. 이처럼 편지를 태워버리고 더는 캐묻지 않았다는 것은 목걸이 사건이 일어난 수수께끼 과정처럼 상식으로는 도저히 생각할 수 없는 일이었다. 장 블랑처럼 성실한 역사가마저 이렇게 빨리 편지를 태워 버린 왕비도 실은 이 이상한 사건과 얽혀 있는 게 아닌가, 수상히 여겼을 정도다. 그러나 왕비 입장에서는 편지를 태워 없앤 건 별다른 뜻이 있어서가 아니었다. 그녀는 평생 자신의 실수와 궁정 스파이를 두려워한 나머지 자기에게 보내진 문서는 언제나 재빨리 없애 버렸다. 튈르리 궁이 습격받았을 때도 왕비의 책상에서는 그녀가 받은 문서가 단 한 장도 발견되지 않았다. 평소의 조심스러움이 이때는 부주의한 짓이 되었을 뿐이다.

무엇보다 이 사기 사건이 빨리 드러나지 않은 이유는 여러 우연이 겹쳐졌기 때문이다. 이제 와서 무슨 수를 쓴다 하더라도 소용없었다. 8월 1일이 되자 뵈머는 돈을 요구했다. 라 모트 백작 부인은 끝까지 추기경이 돈을 지불하길 바랐다. 그녀는 보석상들 앞에서 손을 펴 보이면서 능청스럽게 말했다. "당신들은 속았어요. 추기경이 갖고 있는 담보 문서 서명은 가짜예요. 하지만 그분은 부자니까 돈을 주실 거예요." 이런 말을 하면 돈을 줄 필요가 없으리라 기대했다. 보석상들은 분통이 터져 추기경에게 몰려가 모든 것을 일러바칠 테고, 추기경은 평생 궁전과 사교계 웃음거리가 되는 일이 두렵고 수치스러워 묵묵히 160만 리브르를 지불하리라 계산했다. 그대로만 된다면 지극히 논리적인 생각이었다. 그러나 뵈머와 바셍쥐가 생각하는 방법은 논리적이지도 심리적이지도 않았다. 단지 돈이 걱정스러워 덜덜 떨었다. 그들은 추기경을 상대할 생각은 추호도 없었다. 추기경 같은 허풍쟁이보다는 왕비쪽이 훨씬 지급능력 있는 채무자였다. 그들 두 사람은 마리 앙투아네트까지 한패로 보았다. 자신들이 보낸 편지에 그녀가 꿀 먹은 벙어리처럼 아무런 답장이 없었으니까. 최악의 경우라도 왕비가 목걸이를 갖고 있으니 귀중한 담보물이라고 생각했다.

이제 바보를 조정하는 줄은 더 이상 당길 수 없을 만큼 팽팽하게 당겨졌다. 뵈머는 베르사유 궁전으로 왕비를 찾아가 알현을 요청하였다. 거짓과 속임수로 굳혀진 바빌론 탑은 공격 한 번에 무너져 내렸다. 1분 뒤 보석상도 왕비도 비열한 사기극에 걸려들었음을 깨달았다. 그러나 누가 사기꾼인지는 재판이 증명해야 한다.

복잡하기 이를 데 없는 이 재판에 관한 서류와 증언에 따르면 한 가지는 확실했다. 그것은 마리 앙투아네트가 그녀의 이름과 인격과 명예를 이용해 벌어진 이 비열한 연극에 조금도 관여한 바가 없었다는 사실이다. 그녀는 법적인 의미에서 전혀 무관하며, 역사상 가장 철저하고 무모한 사기 사건의 희생자였을 뿐 관련자가 아니며 공범자는 더욱 아니었다. 추기경을 만난 백작부인에 대해서도 아는 바가 없었고, 목걸이에 달린 보석 하나 만져본 일이 없었다. 마리 앙투아네트와 사기꾼, 그리고 골빈 추기경 사이에 교류가 있었다는 허튼 소리는 악의에 찬 증오이다. 모략꾼이 아니고선 결코 할 수 없는 말이다. 되풀이하지만 왕비는 아무것도 모른 채 사기꾼, 위조범, 도둑놈, 바보들로 이루어진 일당에 의해 명예 훼손 사건에 끌려든 것이었다.

그럼에도 도덕적인 면에서 보면 마리 앙투아네트가 완전히 무죄라 할 수가 없었다. 온 거리에 퍼진 왕비를 향한 나쁜 평판이 사기꾼들에게 용기를 주었고, 사기꾼들도 모든 일을 쉽게 믿어 버리는 왕비가 없었더라면 이 따위 사기 사건을 꾸밀 수 없었기 때문이다. 그 동안 트리아농에서 저지른 경박한 행동과 어리석은 짓이 없었더라면 이런 엉터리 희극에 말려들지 않았으리라. 제대로 된 생각을 가진 인물이었다면, 마리아 테레지아 같은 진정한 군주였다면, 남편 몰래 비밀편지를 보내고 어두운 정원 나무 사이에서 밀회가 가능하리라고 그 누구도 상상도 못할 것이다. 한밤중에 정원을 거닐고, 사들인 보석으로 다른 물건을 사고, 빚을 갚지 않는다는 소문이 베르사유 궁전 안에서 떠돌지 않았다면 로앙이나 두 보석상이, 돈에 궁한 왕비가 국왕 몰래 값비싼 보석 장신구를 사려 중개인을 두어 분할 지급 조건으로 계약서를 썼다는 엉터리 사기극에 결코 걸려들지 않았을 것이다. 왕비의 경솔함, 그 자체가 토대가 되고 악평이 발판을 만들어 주지 않았더라면 라 모트 부인이 거짓말로 된 탑을 쌓을 수 없었을 것이다. 마리 앙투아네트는 목걸이 사건과 상관이 없었지만 이러한 사기가 그녀 이름으로 벌어지고 사람들이 믿은 건 그녀의 역사적 과오였으며, 그녀의 실수로 언제까지나 남을 것이다.

재판 그리고 판결

나폴레옹은 목걸이 사건에서 마리 앙투아네트 생각이 결정적으로 잘못됐음을 날카롭게 파헤쳤다. "왕비는 결백했다. 그리고 자기의 무죄를 세상에 알리기 위해 고등법원을 재판소로 만들려 했다. 그러나 결과는 유죄 판결을 받았다." 그녀는 처음으로 자신이 없어졌다. 이제까지 구린내 풍기는 입방아나 중상모략에 눈길을 주기는커녕 경멸하면서 무시해 왔는데 이제 와서 얕보고 경멸한 법정, 즉 여론에게 피난처를 찾아달라 부탁한 꼴이 됐다. 오랜 세월 그녀는 중상모략과 독화살 같은 시위 소리를 듣지도, 깨닫지도 못한 채 살아왔다. 그런데 갑자기 히스테릭하게 분노를 터뜨리며 재판을 요구한 것을 보면 그녀의 자존심이 얼마나 상처받는지 알 수 있다. 가장 심한 짓을 저지른 로앙 추기경을 책임자로서, 모든 사람 앞에서 속죄시켜야만 했다. 그러나 불쌍한 바보 로앙 경이 적대적인 감정이 있었다고 믿는 사람은 안타깝게 그녀 한 사람뿐이었다. 빈의 요제프 2세조차 누이 마리 앙투아네트가 로앙이 중범죄자라 했을 때 믿지 못하며 고개를 가로저었을 정도로. "자선 주교가 지독하게 경박하며 낭비가라는 사실을 알고는 있었지만, 지금 받는 혐의처럼 사기라든가 수상쩍은 비열한 행위를 할 수 있는 인간이라고 생각할 수 없다." 베르사유에서도 로앙에게 죄가 있으리라고 손톱만큼도 생각하지 않았다. 얼마 뒤 왕비가 로앙을 난폭하게 체포하게 함으로써 거북스런 정보원들과 손을 끊을 작정이라는 묘한 소문이 퍼졌다. 어머니가 가르친 증오심 때문에 마리 앙투아네트는 너무나도 무분별하게 달리고 말았다. 게다가 조심성 없고 요란스런 몸짓 때문에 몸을 지키는 외투가 어깨에서 흘러 떨어지고 말았다. 그녀는 세상의 증오에 벌거숭이 같이 알몸을 드러냈다.

숨어 있던 적들은 같은 문제를 중심으로 모였다. 마리 앙투아네트의 쓸데없이 상처 난 허영심이 도사린 뱀 굴에 손을 쑤셔 넣은 결과를 낳았다. 그녀가 어째서 이런 일을 잊어버린 것일까? 루이 드 로앙 추기경은 프랑스에서 가장 오래되고 가장 명망 있는 집안 출신이었다. 다른 봉건귀족, 스비즈가문 마르생가문 콩데가문과 혈연관계이기도 했다. 이런 집안 사람들이 자기들 피붙이가 마치 비열한 소매치기처럼 왕궁에서 체포당한 일을 심한 모욕으로 받아들인 것은 마땅했다. 고위 성직자들도 화를 냈다. 추기경 같은 분을, 주님 앞에서 미사를 올리기 몇 분 전에 법의(法衣)를 입은 채로 군인에게 끌려가게 하다니! 로마에서도 불평불만을 표시했다. 귀족도 성직자도 자기들 신분이 모욕받았다고 느꼈다. 그리고 프리메이슨이라는 강력한 단체도 투지를 불태우며 등장했다. 그들의 보호자인 추기경뿐만 아니라, 무신론자들의 신이며 프리메이슨 지부장인 칼료스트로까지도 헌병들에 의해 바스티유 감옥에 갇혔기 때문이다.

이제 절대적인 왕좌와 제단에 강력한 돌멩이를 던질 기회가 왔다. 평소에는 궁정 사회의 모든 행사와 스캔들에 참여할 수 없었던 백성들도 이 사건에 완전히 홀려 버렸다. 백성들은 드디어 커다란 구경거리를 만났다. 진짜 추기경이 고소를 당했다. 붉은 제복 그늘에 야바위꾼, 사기꾼, 떠돌이, 위조꾼들이 견본 카드처럼 늘어서고 배경에는 자부심 높고 오만한 오스트리아 여인이 도사리고 있다! 이 점이 가장 재미있었다. 팸플릿 만드는 사람, 풍자만화가, 신문 보급자 등 펜과 붓을 생업으로 삼는 모든 사행성 사업을 하는 이들에겐 "미모의 폐하" 스캔들만큼 흥미로운 제목은 없었다.

인류에게 새로운 세상을 열어준 몽골피에 형제가 1783년 기구를 타고 하늘로 올라갔을 때에도 왕비의 이번 소송만큼 화제가 되지 못했다. 이 소송은 왕비가 기소했으나 서서히 왕비에 대한 재판으로 바뀌어 갔다. 심리가 시작되기 전이라면 변론을 검열 없이 인쇄할 수 있었기에 사람들은 구름 떼처럼 서점으로 몰려들었다. 경찰이 개입하지 않으면 안 될 정도였다. 볼테르, 루소, 보마르셰의 작품이 아무리 불멸의 작품이라 하더라도 단 일주일에 팔아치운 재판 변론문 부수는 수십 년이 걸려도 따라갈 수 없었다. 7천, 1만, 2만 부수의 책자가 잉크도 채 마르기 전에 판매원 손에서 빼앗기다시피 팔렸다. 외국 대사관에선 베르사유 궁정에 관한 비방 문서를 같은 동족이라는 점에서 호기심을 갖고 있는 제후들에게 보내기 위해 온종일 소포를 묶느라 사절들이 바빴다. 모두 무슨 말이든 읽고 싶어 했고 또 읽었다고 주장했다. 몇 주일 동안 화젯거리는 이 사건뿐이었고 아무리 말도 안되는 이야기일지라도 맹목적으로 믿었다. 재판 구경을 하러 시골에서 귀족, 시민, 변호사들이 몰려들었다. 파리에서는 장사꾼들이 몇 시간씩이나 가게를 비웠다. 백성들은 본능적으로 무의식중에 사소한 잘못에 대한 재판이 아님을 깨닫고 있었다. 이 작고 더러운 실 뭉치에서 풀려나온 실을 더듬어 가면 그 끝은 베르사유로 이어지고 불법적인 체포령, 궁정의 낭비, 재정 파탄 등 정부의 잘못에 초점을 맞출 수 있었다. 백성들은 우연히 벌어진 판자 틈 사이로, 접근할 수 없었던 사람들의 비밀스러운 세계를 처음으로 들여다볼 수 있었다. 이 재판에서 문제가 된 것은 단순히 목걸이가 아니라 정치 조직 문제까지 다루어졌다. 이 사건을 잘 끌고가면 지배 계급 전체와 왕비 그리고 왕정에도 충격을 줄 수 있기 때문이었다. "얼마나 중대하고 심각한 사건인가!" 프롱드당 비밀 당원 한 사람이 의회에서 부르짖었다. "야바위꾼 같은 추기경의 가면이 벗겨질 것이다! 왕비는 스캔들에 말려들었다. 주교의 지팡이와 왕의 옥쇄가 이리도 더러울 줄이야! 자유의 이념을 위한 개가(凱歌)가 연주될 것이다!"

그런데도 왕비는 단 한 번의 경솔한 몸짓 때문에 어떤 재앙이 일어났는지 아무런 눈치도 채지 못했다. 건물이 썩어서 토대에 구멍이 뚫리면 벽에서 못 하나만 뽑아도 건물 전체가 무너져 내리는 법이다.

신비한 판도라의 상자가 법정에서 조용히 열렸다. 그 상자 속에서 피어오른 연기는 장미 향기라고 하기 어려웠다. 도둑인 라 모트 부인에게 다행인 점은 성실한 남편이 때맞춰 목걸이의 나머지 보석을 챙겨서 런던으로 달아나 버린 것이었다. 이제 눈으로 확인할 수 있는 증거물이 완전히 사라졌다. 목걸이를 훔친 죄를 남에게 뒤집어씌울 수 있을 뿐만 아니라 어쩌면 목걸이가 아직 왕비 손에 있다고 넌지시 암시할 수도 있었다. 고귀한 분들이 이 사건을 스스로 어깨에 짊어져 줄 것이라 예감한 라 모트 부인은 로앙 추기경을 웃음거리로 만들고 자기는 혐의에서 벗어나려고 억울한 칼료스트로에게 절도죄를 뒤집어씌워, 그를 억지로 재판에 끌어넣었다. 그녀는 어떠한 것도 두려워하지 않았다. 뻔뻔스럽게도 부자가 된 이유를 자신이 로앙 추기경 애인이었으니 그 상냥한 성직자가 손이 크다는 걸 누구나 알지 않느냐고 설명했다. 로앙 추기경 쪽으로 사태가 좋지 않게 돌아갔다. 그녀와 한패인 레토와 자그마한 디자이너 "돌리바 남작 부인"에게 변론을 들었다. 그리고 그들의 진술로 모든 사실이 밝혀졌다.

공격하는 측도 변호하는 측도 한 사람의 이름만은 언제나 건드리지 않도록 조심하고 있었다. 그것은 왕비의 이름이었다. 피고들은 마리 앙투아네트에게 죄를 덮어씌우지 않도록 세심한 주의를 기울였다. 나중에는 다른 진술을 하지만 라 모트 백작 부인조차 왕비가 목걸이를 받았다고 생각하는 것은 범죄와도 같은 불경이라며 부인했다. 그러나 그들이 너나 할 것 없이 왕비에게 굽실거리며 정중하게 대한 게 오히려 불신의 눈으로 이 사건을 바라보고 있던 세상 사람들에게는 역효과를 불러왔다. 왕비에게 누를 끼치지 않도록 타협이 이루어졌다는 소문이 파다했다. 추기경이 죄를 뒤집어쓰게 됐구나! 그렇게도 허둥대며 불태워 없앤 편지도 사실은 전부 위조된 게 아닐까? 확실하지 않지만 왕비에게 무엇인가 구린 구석이 있는 게 아닐까? 이런 소문까지 퍼졌다. 진실이 완전히 밝혀져도 아무런 소용이 없었다. 계속 무엇인가 눌어붙어 남았다. 법정에선 왕비의 이름이 입 밖에 나오지 않았으나, 마리 앙투아네트는 눈에 보이지 않는 모습으로 법정에 함께 서 있는 것과 마찬가지였다.

5월 31일, 드디어 판결이 내려진다. 아침 5시부터 재판소에 군중이 몰려들어 센 강 왼쪽 기슭뿐 아니라, 퐁네프 오른쪽 기슭까지 사람들로 메워졌다. 기마 경관이 출동해 겨우 질서를 유지할 수 있을 정도였다. 재판관 64명은 재판소로 가는 도중 구경꾼들의 열띤 눈길과 격렬한 부르짖음 속에서 자기들이 내리는 판결이 프랑스에 있어서 얼마나 중요한 뜻을 갖는지 느꼈다. 그러나 결정적인 경고는 대평의실의 대기실에서 기다리고 있었다. 그곳엔 상복을 입은 로앙가문, 스비즈가문, 로트링겐가문 대표자 19명이 늘어서서 재판관들에게 고개 숙였다. 그들 모두는 입을 다문 채 누구 하나 살갑게 말 거는 사람은 없었다. 차림새와 태도가 모든 걸 말해 주었다. 그들의 간절한 부탁, 위험해진 로앙가문 명예를 법정에서 회복해 주기를 바란다는 무언의 간청이 재판관들에게 강력한 영향을 끼쳤다. 재판관들도 프랑스 귀족이다. 그들은 재판하기 전부터 백성, 귀족, 나라 모두가 로앙 추기경의 무죄 판결을 바란다는 걸 알고 있었다.

그런데도 평의회는 16시간이나 이어졌다. 로앙가문 사람들을 비롯 수만 군중은 아침 6시부터 밤 10시까지 17시간 동안 거리에서 기다려야 했다. 재판관들이 중요한 결정을 앞에 놓고 있기 때문이었다. 여자 사기꾼에 대해선 처음부터 판결이 내려져 있었고, 공범자들도 마찬가지였다. 디자이너는 아무것도 모르는 채 '비너스의 숲'으로 갔으니 아무런 추궁도 받지 않았다. 오로지 추기경에 관한 판결을 내려야 했다. 추기경은 사기를 당했을 뿐 사기를 친 게 아니므로 무죄라는 점에선 모두 의견이 일치했다. 다만 무죄 선고 형식에 대해서 의견이 갈렸다. 큰 정치 문제가 얽혀 있었기 때문이다. 마땅한 일이지만 왕당파의 요구는 무죄 선고를 내리더라도 경솔하게 행동한 책임은 져야 한다는 것이었다. 프랑스 왕비가 어두운 나무 사이에서 남몰래 만나주리라 생각한 추기경은 처벌받아 마땅한 불경한 생각을 했다. 고발인 대표는 왕비의 신성한 인격에 불경을 저질렀다는 점을 들어 추기경은 대평의실에서 겸허하게 공개 사과를 하고 모든 관직에서 물러날 것을 요구했다. 그러나 반대파, 즉 반왕비파는 소송 중지를 희망했다. 추기경은 사기당한 피해자이므로 비난도, 죄도 없다는 이유였다. 완전한 무죄 선고는 화살통에 독화살이 들어 있는 것과 마찬가지이다. 왕비의 행동으로 보아 이런 짓을 할 가능성이 있다고 본 추기경 주장을 인정한다면 왕비의 행실을 비난하는 것과 같기 때문이다. 저울대엔 무거운 추가 실려 있었다. 로앙 추기경의 태도를 왕비에 대한 존경의 결여로 본다면 마리 앙투아네트는 자기 이름이 남용된 데 대해 보상받는 셈이다. 반면 그가 완전한 무죄를 선고받는다면 왕비는 도덕적인 의미에서 유죄 판결을 받는 것이 된다.

이 판결이 겨우 하잘것없는 사건에 대한 게 아님은 의회 재판관도, 두 편의 사람들도, 기다림에 지쳐 초초해하는 백성들도 모두 알고 있었다. 여기서 해결되는 건 사사로운 문제가 아니라 프랑스 의회가 왕비의 인격을 아직도 "신성하고" 불가침한 것으로 보느냐, 아니면 프랑스 시민 모두와 같이 왕비도 법을 따라야 하느냐를 가늠하는 정치 문제였다. 닥쳐올 혁명이 이 건물 창문에 처음으로 새벽 빛을 던졌다. 이 건물 속에는 무서운 감옥 콩시에르쥬리도 있었다. 앙투아네트는 나중에 그곳에서 단두대로 끌려가게 된다. 종말로 달려가는 운명이 지금 같은 곳에서 시작되고 있었다. 뒷날 왕비는 라 모트 백작 부인과 똑같은 법정에서 진술하게 된다.

재판관들은 16시간이나 격론을 벌였다. 이해관계가 얽혀 다툼이 격렬해졌다. 왕당파와 반왕당파 둘은 온갖 책략을 부렸고 실탄까지 사용할 각오를 서슴지 않았기 때문이다. 몇 주일 전부터 의회 재판관들은 모두 강압적으로 협박을 받았고, 설득을 당했으며 뇌물을 받아 매수되었다. 길거리에서는 이런 노래가 퍼졌다.

추기경 판결이
마땅치 않다 생각하거든
자, 자 이리로 와서
잘 들어 둬.
프랑스에서는
무엇이든 돈이면 돼.

오랜 세월 의회를 무시해 왔던 국왕과 왕비는 결국 대가를 치러야 했다. 재판관들 속에는 전제 정치에 철저하고 강력한 교훈을 주어야 할 때가 되었다 생각하는 사람이 많았다. 겨우 판결이 났다. 22표 대 26표로 추기경은 "아무런 문책 없이" 무죄를 선고 받았다. 그의 친구 칼료스트로도, 루아얄 궁 전속 디자이너도 마찬가지였다. 공범자들도 관대한 처분을 받고 추방당했다. 라 모트 부인에게 모든 책임을 물었다. 만장일치로 태형을 받은 뒤 절도범(voleuse)의 머리글자인 V 낙인을 찍어 종신형으로 살페트리에르 감옥에 죄수로 갇혔다.

그리고 피고석에 앉아 있지는 않았으나 한 여인도 추기경 무죄 선고에 의해 종신형을 선고받게 되었다. 그 여인은 마리 앙투아네트이다. 그 뒤로 그녀는 끊임없는 중상모략과 증오의 대상이 되었다.

한 남자가 판결문을 가지고 법정에서 쏜살같이 뛰어 나가자 수백의 사람들이 뒤따르며 정신없이 길거리에서 무죄 판결을 부르짖었다. 환호성이 센 강 기슭까지 울려 퍼졌다. "의회 만세!" 귀에 익은 "국왕 만세"에서 바뀐 새로운 외침이 온 거리에 울려 퍼졌다. 재판관들은 열광적으로 감사하는 사람들에게서 몸을 지키기에 정신이 없었다. 사람들은 재판관을 포옹했고, 중앙 시장 여자들은 키스를 퍼부었으며 길에는 꽃이 뿌려졌다. 무죄 선고를 받은 사람들의 승리 행진이 성대하게 시작되었다. 수만 군중이 진홍색 옷을 입은 로앙 추기경을 마치 개선장군처럼 앞세워 바스티유로 행진했다. 추기경은 이곳에서 하룻밤을 더 묵어야 했다. 새벽까지 사람들이 끊임없이 들어왔고 군중은 그곳에서 환호성을 질렀다. 칼료스트로도 이러한 대접을 받았다. 그를 위해 파리 거리에 환영대를 만들자는 계획이 나왔으나 경찰의 명령으로 겨우 저지되었다. 프랑스를 위해서 왕비와 왕권 체면에 치명상을 입힌 두 남자를 전 국민이 이처럼 찬미한 일은 참으로 중대한 징조라고 봐야 한다.

왕비는 절망을 감추려 애썼으나 허사였다. 그녀 얼굴 한가운데를 채찍으로 내리친 듯한 이 일격은 너무나도 날카롭고 공공연했다. 시녀는 그녀가 눈물짓는 걸 볼 수 있었다. 메르시는 왕비가 이 일로 받은 고통보다 더 괴로워한다고 빈에 보고했다. 의식적인 반성보다는 본능적으로 이 패배가 돌이킬 수 없는 것임을 깨달았다. 왕비가 된 뒤 처음으로 자기의 의지보다 강한 힘이 그녀에게 맞섰다.

그러나 아직 마지막 결정은 국왕 손에 쥐어져 있었다. 왕이 강력한 조처를 강구하기만 하면 상처받은 왕비의 명예를 구하고 아직은 뚜렷하게 모습을 나타내지 않은 저항을 눌러 버릴 수 있었다. 루이 14세나 루이 15세라면 그렇게 했을 테지만, 루이 16세는 그럴 만한 용기가 없었다.

그는 의회를 누르기 위해서가 아니라 아내가 만족하는 모습을 보기 위해 로앙 추기경과 칼료스트로를 국외로 추방했을 뿐이었다. 그 따위 어중간한 조처로는 의회에 진정한 타격을 주지도 못하고 성미만 돋울 뿐이요, 아내의 명예를 회복하지도 못한 채 법을 모욕한 결과를 가져올 뿐이었다. 그러나 국왕은 늘 그랬듯 결단을 내리지 못하고 어중간한 태도를 취했다. 그런 태도는 정치적으로 늘 오류를 빚게 마련이다. 이렇게 내리막길에 발을 들여 놓게 되었고, 국왕 부부의 굳게 맺어진 운명 속에 합스부르크 집안의 저주가 실현되었다. 그 저주를 그릴파르처[1]가 이런 시로 노래했다.

길에서, 행위 속에서
책략 속에서 망설임 속에서 숨어있는 건
우리 왕실의 저주.

---

[1] 오스트리아 작가.

큰 결단을 망설였기 때문에 국왕에게는 돌이킬 수 없는 결과가 되어 버렸다. 왕비에 대한 법원 판결과 함께 새로운 시대가 시작되었다.

궁정은 라 모트 부인에 대해서도 흐리멍덩한 태도를 취했다. 이 경우, 가능성은 두 가지로 생각할 수 있었다. 그렇게 했다면 훌륭한 인상을 주었을 테지만 관대한 태도로서 잔혹한 형벌을 면제해 주든가 또는 공개적으로 징벌하든가 해야 했다. 그러나 궁정은 당혹했기 때문에 또다시 엉거주춤한 조처로 얼버무렸다. 사람들은 거대하게 만들어진 처형대 위에서 야만스러운 공개 낙인형을 보여줄 걸 기대했다. 처형대에 가까운 집들 창문을 터무니없는 값으로 빌리기도 하였다. 마지막에 가서 궁정은 깜짝 놀라 버렸다.

아침 5시, 일부러 구경꾼이 몰려올 염려가 없는 시간을 골라서 14명의 형리가 찢어지는 소리를 질러대며 날뛰는 여자를 재판소 계단까지 끌고 왔다. 그리고 태형과 낙인형에 처한다는 판결이 낭독되었다. 미쳐 날뛰는 암사자는 잡혀 있는 주제임에도 히스테릭하게 귀청이 떨어질 듯한 소리로 악을 쓰며 국왕, 추기경, 의회에 욕설을 퍼부었다. 그 바람에 잠자고 있던 이웃들이 깨어났다. 여자는 쉴 새 없이 물어뜯고 발길질을 해댔다. 결국 낙인을 찍기 위해 옷을 벗기지 않을 수 없었다. 그런데 시뻘겋게 달아오른 쇠도장이 어깨에 닿으려는 순간, 여자는 알몸을 드러내어 구경꾼을 즐겁게 만들면서 뒤틀 듯이 몸을 뻗쳐 올렸기 때문에 그 시뻘건 'V'자는 어깨가 아닌 가슴에 찍혀 버렸다. 그녀는 미쳐 날뛰는 짐승처럼 형리를 마구 물어뜯은 뒤 정신을 잃고 쓰러졌다. 의식을 잃은 여자는 짐승의 사체처럼 살페트리에르 감옥으로 끌려갔다. 이곳에서 그녀는 판결대로 종신형에 처해졌다. 포대자루 같은 회색 리넨 옷에 나막신을 신고 검은 빵과 콩을 먹으면서 일해야 했다.

형벌이 너무나 잔인했음을 알자 세상 사람들은 라 모트 부인에게 동정했다. 카사노바 회상록을 읽어보면 50년 전만 하더라도 귀족들은 부인까지 데리고 루이 15세를 조그만 펜나이프로 상처를 냈다는 이유로 정신박약자 다미앙이 고문 받는 광경을 4시간이나 구경했다. 벌겋게 달궈진 집게로 불행한 사내를 잡고 펄펄 끓는 기름을 퍼부었다. 끝없이 숨이 끊어질 듯한 고문을 당한 끝에 머리칼은 하얗게 세버리고 능지처참되는 모습을 구경했었다. 그런데 지금 같은 귀족 사회가 유행을 따라 갑자기 박애주의로 변해 '결백한' 라 모트 부인에게 따뜻한 동정을 보내기에 이르렀다. 왕비에게 반역하면서도 절대로 위험하지 않은 새로운 방법을 찾았기 때문이다. '희생자', '불행한 여자'에게 동정을 보내기만 하면 되었다. 오를레앙 공은 공개적으로 기부금을 모았고, 귀족들은 감옥에 물건이나 음식을 넣어 주었다. 그러다 보니 날마다 귀족 마차가 살페트리에르 감옥에 들어갔다. 복역 중인 도둑 면회가 파리 사교계의 '최신 유행'이 되었다.

그러던 어느 날 감옥을 관리하는 수녀원장은 동정하러 온 방문자 속에서 왕비의 친구 랑발 공작 부인을 보자 놀라 자빠졌다. 스스로 찾아온 걸까, 아니면 소문처럼 마리 앙투아네트에게 몰래 부탁을 받고 찾아온 걸까? 어쨌든 랑발 공작 부인의 행동은 왕비에게 성가신 그림자를 드리웠다. 그 기이한 방문은 도대체 무슨 뜻일까 모두 의아하게 생각했다. 왕비가 양심의 가책을 견디지 못한 것일까, 남몰래 희생자와 타협하려는 것일까? 근거없는 소문은 멈추지 않았다. 몇 주일 뒤 교묘한 방법으로 누군가가 밤에 감옥 문을 열었다. 라 모트 부인이 영국으로 달아나 버리자 파리에는 이런 소문이 떠돌았다. 라 모트 부인이 법정에서 배짱 좋게도 목걸이 사건에서 왕비의 죄와 공범임을 덮어 준 게 고마워서 그녀가 직접 '친구'를 구해 준 것이라고.

실제로 라 모트 부인의 도주는 한 패거리가 뒤에서 꾸민 음흉하기 이를 데 없는 교묘한 계책이었다. 부인을 도주시키면 왕비가 도둑과 짰다는 그럴듯한 소문은 공공연한 사실이 될 뿐 아니라 라 모트 부인 쪽에선 런던에서 오히려 피해자인냥 뻔뻔스러운 거짓과 중상을 거리낌 없이 인쇄물로 만들 수 있기 때문이었다. 프랑스와 유럽에서는 무수한 인간들이 이런 '진상 폭로'를 틈 타 떼돈을 벌었다. 라 모트 부인이 런던에 도착한 바로 그날 어느 인쇄업자는 거액의 돈을 주었다. 중상모략의 위력을 이제야 알게 된 궁정에서는 이 독화살을 뺏으려고 애썼으나 허사였다. 왕비의 총애를 받는 폴리냐크 부인이 20만 리브르로 도둑의 입을 막기 위해 런던으로 파견되었으나, 닳을 대로 닳은 그 사기꾼은 또다시 궁정을 상대로 사기행각을 벌였다. 돈을 받고도 서슴지 않고 세 번씩 언제나 다른 수법으로 충격적인 내용을 만들어서 《회고록》을 출판했다.

이들 회고록엔 스캔들을 즐기는 독자들이 궁금해하는 것은 낱낱이 적혀 있었다. 심지어 의회 심리는 엉터리이며 억울한 라 모트 부인을 비열하게 제물로 만들었다고 적혀 있었다. 말할 것도 없이 아닌 왕비가 목걸이를 주문했고, 전혀 죄 없는 자기는 상처받은 왕비의 명예와 우정을 지키기 위해 죄를 짊어졌을 뿐이라고 쓰여 있었다. 어떤 경위로 그녀가 마리 앙투아네트와 친하게 되었는지 이 철면피한 거짓말쟁이는 호색에 빠진 패거리들이 듣고 싶어 할 만한 이야기로 썼냈다. 자신은 왕비와 레스보스(그리스 섬, 시인 사포 일화로 동성애와 동의어로 사용된다)식으로 침대를 함께 썼을 정도라 했다. 또 마리 앙투아네트는 황녀 시절 이미 로앙 추기경과 연애를 했다며 라 모트 부인은 주장했다.

그러나 이러한 거짓말 대부분이 서툴기 짝이 없는 조작이었다. 왕비에게 호의를 갖는 사람이라면 로앙 추기경이 빈 대사였던 무렵 이미 마리 앙투아네트는 베르사유 황태자비가 되어 있었음을 알 수 있기 때문이다. 그런 사실은 아무 소용없었다. 왕비에게 호의를 가진 사람은 줄어들었고 백성들은 라 모트 부인이 엉터리로 지어 수록한 《회고록》에 왕비가 로앙에게 보냈다는 사향 냄새 나는 연애편지를 몇십 장이나 읽고 히죽거렸기 때문이다. 라 모트 부인이 왕비의 은밀한 취향 이야기를 조작하면 조작할수록 사람들은 더 많이 듣고 싶어 했다. 비방 문서가 잇달아 간행되었고 그 야비함과 저속함은 점점 심해져 갔다. "왕비와 음탕한 관계를 가졌던 인물 일람표"까지 간행되었다. 공작, 배우, 종복, 왕의 아우와 시종 폴리냐크 부인, 랑발 공비, 그리고 마지막엔 채찍질을 당하는 마조히즘의 매춘부까지 한데 묶어 "동성애를 즐기는 파리의 여자 전부"를 더해 남녀 34사람 이름을 올렸다. 그러나 이들 34사람으로는 아직 부족했다. 살롱이나 거리에서 마리 앙투아네트와 관계를 맺었다는 사랑의 상대를 모조리 쓸 수 없었다.

모든 국민들이 즐거워하며 그려내는 공상이 한 여자에게 가해진 이상 그 사람이 여왕이든, 배우든, 왕비이든, 오페라 가수이든 상관없었다. 옛날이나 지금이나 온갖 난행과 성도착 이야기를 조작해서 상대에게 떠밀어 붙이고 사람들은 남모르는 쾌감에 젖기 일쑤이다. 겉으로는 그러한 이야기에 분격하는 척하면서 몽상으로 그려낸 쾌락에 탐닉했다. 《마리 앙투아네트의 치정 생활》이라는 팸플릿에는 이미 오스트리아 궁정에서 13세 황녀의 "억누를 수 없는 색정광"(이것은 또 다른 팸플릿의 표제이기도 하다)을 다스린 정력적인 헝가리 보병 이야기도 적혀 있었다. 온갖 상대와 난잡한 사랑의 포즈를 취하고 있는 왕비 모습을 음탕한 동판화 여러 장에 곁들여 상세하게 묘사한 《왕실 청루》(팸플릿 제목)도 독자들에게 제공되었다. 흙탕물은 점점 더 높이 튀어 오르고 거짓말은 점점 악의를 더해 갔다. 사람들은 이 '범죄자'의 말이라면 무엇이든지 믿었기 때문에 어떤 거짓말도 참말로 받아들였다.

목걸이 사건이 있고 이삼 년이 지나자 마리 앙투아네트는 프랑스에서 가장 음탕하고, 가장 비열하고, 가장 음흉하고, 가장 독선적인 여자라는 악평을 뒤집어썼다. 더이상 손 쓸 도리가 없었다. 낙인이 찍힌 교활한 여인 라 모트 부인은 도리어 억울한 희생자가 되어 버렸다. 나중에 혁명이 일어나자 혁명파 사람들은 달아난 라 모트 부인을 보호해서 파리로 다시 데려오려 했다. 목걸이 사건을 한 번 더 혁명에 유리하게 이용하기 위해, 이번에는 라 모트 부인을 피해자로 마리 앙투아네트를 사형수의 의자에 앉혀 혁명 재판을 치를 셈이었다. 그러나 1791년, 누군가가 쫓아온다는 망상에 빠진 라 모트 부인은 갑작스런 발작으로 창문에서 떨어져 죽고 말았다. 이로 인해 이 희대의 사기꾼에게 더이상 개선가를 부르게 할 수 없었고 "공화국에 대한 공적이 있었다"는 판결을 내릴 수 없게 되었다. 운명의 간섭이 없었다면 라 모트 부인은 자기가 중상모략한 왕비의 처형을 환호성에 싸여 구경하는, 목걸이 사건보다 훨씬 더 기괴한 재판 희극을 보게 되었으리라.

민중이 눈을 뜨고 왕비가 눈을 뜨다

목걸이 사건은 여론이 왕비와 베르사유를 예리하게 파헤쳐 그 모습이 드러나도록 했다는 점에 커다란 의의가 있다. 그러나 모든 것을 파헤치는 매서운 시대에, 지나치게 눈의 띄는 것은 위험한 일이었다. 수동적으로 쌓이기만 하던 불만이 힘을 갖추고 외부에 대항하기 위해서는 이념의 기수나 증오의 대상 같은 어떤 '목표'가 필요하다. 이른바 성서에서 말하는 속죄양이 필요한 것이다. '민중'은 늘 이해하기 힘든 존재로, 모든 것을 인간으로 바꾸어 받아들이려 한다. 그들은 구체적 인간의 모습만을 받아들일 뿐, 추상적 개념은 파악하지 못했다.

프랑스 백성은 이미 오래전부터 왕실이 어디에선가 부정을 저지르고 있음을 어렴풋이 느꼈다. 그들은 오랫동안 그저 복종하면서 보다 좋은 시대가 오리라 믿었다. 새로운 루이가 왕위에 오를 때마다 깃발을 흔들었고, 영주와 교회에 공손히 세금을 바치며 부역해 왔다. 그러나 허리를 구부리면 구부릴수록 도리어 압박은 더 가혹해졌고, 세금은 더더욱 탐욕스럽게 그들의 피를 빨았다. 프랑스는 넉넉했으나 곡물 창고는 늘 텅텅 비었고 소작인은 밤낮으로 가난의 밑바닥에서 허덕였다. 유럽에서 가장 비옥한 땅과 아름다운 하늘을 누리면서도 백성들은 끼니를 걸러야만 했다. 누군가가 책임을 지지 않으면 안 되었다. 빵 한 조각 제대로 못 먹는 사람이 있다는 것은 너무 많이 먹는 자가 있기 때문이며, 의무에 목이 졸리는 사람이 있음은 권리를 독차지하는 자가 있기 때문이다. 사고와 탐구에 앞서 나타나기 마련인 어렴풋한 불안이 온 나라에 번져나가기 시작했다. 볼테르, 루소에 의해 잠을 깬 시민들은 자기 힘으로 판단하고, 비난하고, 독서하고, 저작하며, 의지의 소통을 도모하기 시작했다. 거센 폭풍에 앞서 번개가 쳤다. 부농의 집은 약탈당했고 영주는 압력을 받았다. 거대하게 불어난 불만은 먹구름처럼 온 나라를 뒤덮고 있었다.

이 무렵 눈부신 두 줄기 빛이 국민들 앞에 모든 것을 보여주게 된다. 이것이 그 유명한 '목걸이 사건'과 '칼론의 적자재정 폭로*1'이다. 전부터 왕실에 불만이 많았던 칼론은 개혁안이 거부당하자 정확한 숫자를 제시하며 왕실 비리를 만천하에 드러냈다. 프랑스는 루이 16세가 왕위에 오른 12년 동안 무려 12억 5천만 리브르의 빚을 졌다. 이 날벼락 같은 사실에 민중들은 새파랗게 질리고 말았다. 이런 천문학적인 금액을 누가 어디에 써버렸을까. 목걸이 사건의 재판이 진행되면서 민중은 그 답을 얻을 수가 있었다. 누군가는 2, 3수를 벌기 위해 10시간이나 일을 해야 하는데, 누군가는 160만 리브르가 넘는 다이아몬드를 선물하고 2천만 리브르가 넘는 돈으로 성을 사들였다. 그러나 우유부단하고 소심한 국왕이 이런 낭비를 했을 리는 없었다. 모든 분노는 경솔하고 사치스런 왕비에게 날아갔다. 나라 빚을 책임져야 할 대상이 드러났다. 왜 화폐 가치가 자꾸 떨어지는지, 왜 빵값이 나날이 올라가는지, 왜 세금은 늘어만 가는지 이제 알 수 있었다. 이는 앙투아네트가 트리아농의 방을 다이아몬드로 꾸몄기 때문이었고, 오빠 요제프의 군자금으로 수백만 리브르를 보내주었기 때문이며, 그녀의 침실 상대나 동성연인들에게 연금과 관직, 녹봉을 퍼주었기 때문이었다. 국가 파산의 원흉은 너무도 갑자기 밝혀졌고, 왕비에게는 새로운 이름이 붙여졌다. 그녀는 프랑스 곳곳에서 '적자부인'이라 불리게 되었다. 이는 그녀의 낙인이었다.

먹구름이 짙어지기 시작했다. 소책자와 논쟁서가 쏟아져 나오고 문서와 청원이 넘쳐흘렀다. 이제껏 프랑스에서 이처럼 대대적으로 사람들 입에 오르내린 사건은 없었다.

백성들은 눈을 뜨기 시작했다. 미국 독립전쟁에서 돌아온 지원병들은 궁정도, 국왕도, 귀족도 없고 오직 시민만이 있는 나라, 완전한 자유와 평등이 지배하는 민주주의 나라에 대한 이야기를 마을 구석까지 돌아다니며 퍼뜨렸다. 루소의 〈사회계약론〉은 물론, 볼테르와 디드로의 저서는 왕정이 결코

---

*1 Charles Alexandre de Calonne : (1734~1802) 프랑스 정치가, 재무총감. 1785년 재무총감에 임명된 후 J. 네케르의 공채난발로 인한 막대한 재정적자를 메우기 위하여 1787년 특권신분에게도 지조세(地租稅)를 부과하는 등 새로운 개혁안을 루이 16세에게 제출하고, 영국과 통상조약을 체결하여 자유무역주의를 고취하기도 하였으나, 그 해 2월 소집된 명사회(名士會 : 귀족과 성직자 및 관료로 구성된 자문회의)의 반발로 실각하고 영국으로 망명하였다. 1789년 프랑스 혁명이 일어나자 각지의 망명귀족들과 함께 반(反)혁명을 획책하였다.

하느님 뜻에 의한 유일한 정치체제가 아니며 또한 그것이 최선이 아님을 말하고 있었다. 두려움과 존경심은 분노와 호기심으로 바뀌며, 의심없이 머리를 조아리던 백성들은 처음으로 고개를 들었다. 귀족과 시민들은 확신했다. 프리메이슨*2 집회나 지방의회에서 들려오던 속삭임은 서서히 목소리를 높여 하늘 높이 울려퍼졌다. 프랑스 곳곳은 열기를 띠기 시작했다.

"흥분은 재앙을 확대시킵니다. 선동이 사회 각층의 마음을 사로잡았고 불안은 열병처럼 퍼져, 의회가 궁정에 맞설 힘을 주고 있습니다. 공개석상에서까지 국왕과 왕족에 대해 얼마나 대담한 말들을 하는지 믿을 수 없을 정도입니다. 지위는 비난받고, 왕실의 낭비는 악의적으로 각색되어 이미 정부가 없는 것처럼 시민 소집의 필요성이 강조되고 있습니다. 이런 언론의 자유는 이제 처벌로는 막을 수 없습니다. 몇 천 명을 잡아들인다 해도 민중의 노여움만 살 뿐 폭동은 피할 수 없을 것입니다."

메르시 대사는 빈에 이렇게 보고했다.

사람들의 불만은 이제 숨길 수도 조심할 필요도 없게 되었고 공공연하게 하고 싶은 말을 쏟아냈다. 겉으로나마 존경심을 보여 주는 일도 없어졌다. 목걸이 사건 재판이 있고 왕비가 처음으로 관람석에 들어섰을 때 사람들은 심하게 혀를 찼고 그 때문에 그녀는 그 뒤부터 극장을 피했다. 비제 르브룅*3 부인이 마리 앙투아네트 초상을 그려 '살롱'에 전시하려 했을 때 그림 속의 '적자 부인'이 능욕될 가능성이 높다는 이유로 서둘러 떼어낸 일도 있

---

*2 Freemason : 18세기 초 영국에 창설되고, 이후 세계에 퍼진 박애주의 단체로 단순히 메이슨(Mason)이라고도 한다. 비밀결사는 아니지만 입사식이 비공개이기 때문에 외부자에게는 전모가 파악되기 어렵다. 한편 세계시민적 박애, 자유, 평등의 실현을 지향하고, 정치적 전체주의, 배타주의, 광신을 물리쳤다. 회원은 서로 〈형제〉라고 부르며, 입사식에서도 성서에 서약하듯이 기본적으로는 그리스도교와 대립하지 않지만, 신을 〈전세계 지고의 건축사〉라고 하듯이 이신론적(理神論的) 경향을 가진다.

프랑스에서의 프리메이슨 : 프랑스의 공화사상을 계승하는 합중국에서는 각 주가 독자적인 그랜드 로지를 만들고, 그 상위에 선 연합 그랜드 로지는 소유하지 않고 있다. 또한 영국식의 폐쇄적 틀에서 벗어나 공개적 결사로서 하고 있는 점이나, 새로운 의식의 설정을 인정하고 있는 점에도 특징이 있으며, 회원수 400만 명을 넘는 아메리카계 메이슨을 형성하고 있다. 또한 흑인을 구성원으로 하는 니그로 프리메이슨(Negro Freemason)도 결성되어 있다.

*3 Elisabeth—Louise Vigee-Le Brun : (1755~1842) 로코코 시대 프랑스 화가로, 18세기에 가장 유명했던 여성 화가이다. 신고전주의적인 기법에 영향을 받았으며, 프랑스 왕실화가로서 마리 앙투아네트의 총애를 받아 그녀의 초상화를 여러 장 그렸다.

었다. 귀부인의 살롱에서도, 베르사유 궁전 '거울 방'에서도 마리 앙투아네트는 차가운 증오의 눈빛을 얼굴에서 얼굴로, 눈에서 눈으로 느끼게 되었다. 그 뒤 경찰이 왕비에게 '파리 방문을 삼가는 게 좋을 듯합니다, 어떤 사건이 일어날지 모르겠습니다' 이렇게 말한 순간, 왕비는 국민들의 분노를 실감하게 되었다. 쌓이고 쌓인 온 국민의 분노가 지금 단 한 사람을 향해 무서운 힘으로 쏟아지고 있었다. 이 증오의 채찍을 맞고서야 뒤늦게 태평한 꿈에서 깨어난 왕비는 절망하고 신음소리를 냈다.

"저 사람들은 무얼 바라는 걸까. 내가 무슨 짓을 저질렀다고 이러는 거지?"

오만하고 무관심한 마리 앙투아네트를 '불성실'에서 깨어나게 하기 위해서는 천둥이 치고 벼락이 떨어져야만 했다. 그녀는 이제야 눈을 떴다. 지금까지 중상모략에만 귀를 기울이고 충언과 직언은 들은 척도 하지 않았던 그녀는 자신이 소홀히 해왔던 것이 무엇인지를 깨닫기 시작했다. 그녀는 사람들의 분노를 가장 크게 불러일으킨 일부터 수습하고자 사치스런 생활을 그만두었다. 베르탱*4 양을 해임하고 외상비와 가계비, 승마용 마구간 비용을 줄이자 한 해에 백만 리브르가 넘는 돈이 절약되었다. 도박도 그만두었고 생크루 궁 신축공사도 중지되었으며, 팔 수 있는 궁전은 팔아버렸다. 또 불필요한 자리를 폐지하며 트리아농 성의 하인들을 내보냈다. 마리 앙투아네트는 사교계의 유행에서 벗어나 처음으로 여론에 귀를 기울이기 시작했다. 이러한 시도를 한 것만으로 그녀는 지금껏 자기 평판도 뒤로 하고 몇십 년이나 아끼고 베풀어주었던 친구들의 속마음을 알게 되었다. 그들은 자신들을 무시하고 단행된 국사 개혁을 전혀 이해하려 들지 않았다. 누군가는 어제까지 갖고 있던 것들이 내일도 자기 손에 있을지 없을지 모르는 이런 나라에서는 불안해서 살 수가 없다며 불평을 늘어놓았다. 그러나 마리 앙투아네트는 조금도 물러서지 않았다. 드디어 눈을 뜨자 여러 가지를 볼 수 있었다. 그녀는

*4 Rose Bertin : 프랑스 궁정 디자이너. 역사에 이름을 남긴 최초의 디자이너라고 일컬어진다. 하류층이었으나 모자 상인을 거쳐 복식상이 되었으며, 1774년 샤르트르공비(公妃)·랑발 친왕비의 중개로 왕비 마리 앙투아네트에게 인견(引見)을 허락받았다. 그 후 왕비의 복식에 관한 상담자가 되었고 상류사회 부인들에게도 조달(調達)하였으며, 마침내는 「모드 대신」이라는 별명을 얻었다. 약 15년간 파리 생토노레가 점포에 30명이나 되는 재봉사를 고용하는 번영을 누렸는데 혁명과 동시에 영국으로 망명하였다.

문제만 일으키던 폴리냐크[*5] 무리에서 벗어나 메르시나 사임한 베르몽[*6] 같은 충직한 사람들을 가까이 하고자 했다. 늦게나마 어머니 마리아 테레지아의 충고를 받아들이려는 것이었다.

하지만 그녀의 이런 행동들은 '너무 늦었다'는 말로밖에 표현할 수 없었다. 사소한 개혁들은 이토록 혼란스런 세상에서 눈에 띄지 않았고, 뒤늦게 재정 긴축을 해보려 해도 소용없을 만큼 프랑스 재정은 심각한 상황이었다. 임시방편으로는 어떻게도 할 수 없는 사태를 맞이했음을 깨달은 궁정은 섬뜩함을 느꼈다. 이 손 쓸 수 없는 무시무시한 적자를 단숨에 메워줄 누군가가 필요했다.

어떻게든 이 상황을 극복해보고자 대신 둘을 새로 임명해보았지만 이조차도 임시방편에 불과했다. 무리한 증세[*7]는 서민들 분노를 불러일으켰고 거액의 공채[*8]는 언뜻 보기에는 부채를 막는 것처럼 보였지만 결국 재정상황을 더욱 악화했을 뿐이었다. 국토를 담보로 한 아시냐공채[*9](뒤에 지폐로 바뀌었다) 발행과 몰수한 교회재산을 담보로 한 무분별한 화폐발행[*10]은 화폐가

---

*5 Madam de Polignac(1749~1794) : 유럽 역사에서 중요한 역할을 한 프랑스 귀족 가문. 폴리냐크는 지금의 프랑스 오트루아르 주에 해당되는 곳으로, 최초의 폴리냐크 가문 귀족들은 자작 칭호를 달고 860년부터 또는 적어도 1050년대부터 루아르 강 발원지인 블레 지방의 실질적인 독립 군주로 있었다. 그림자 왕비라 불릴 정도로 왕비의 총애를 받았으며 이를 이용해 왕실 국고를 자신에게 돌려 프랑스 재정을 추락시킨 인물이기도 하다.

*6 마리 앙투아네트가 프랑스로 시집 올 때 앙투아네트를 교육시키기 위해 함께 보내진 오를레앙 교구의 주교.

*7 增稅 : 세금의 액수를 늘리거나 세율을 높이는 것.

*8 public debt : 넓은 의미에서는 국가, 공공단체와 정부투자기관을 포함하는 정부부문의 금전적 채무 전부를 말하지만, 좁은 의미에서는 그 금전적 채무 중에서 재원조달을 목적으로 하는 재정 공채(財政公債)만을 뜻한다. 이 무렵 프랑스는 무분별한 공채발행으로 자금을 조달하였으나 이는 결국 고액의 이자가 발생해 재정상황을 더욱 악화시켰다.

*9 assignat : 프랑스 혁명기에 발행되었던 불환지폐(不換紙幣). 아시냐란 'assigner(할당하다, 지정하다)'에서 나온 말로, 프랑스혁명 직후인 1789년 12월 프랑스 정부는 재정궁핍을 해결하기 위하여 수도원과 귀족으로부터 몰수한 토지를 담보로 5%의 이자 아시냐 공채(公債) 4억 리브르를 발행하였다. 이것이 역사상 유명한 불환지폐의 시발이 되었다. 아시냐 공채는 강제통용력이 인정되지 않았기 때문에 화폐라고 할 수 없으나, 이듬해 4월부터 발행된 4억 리브르부터는 강제통용력이 인정되었다. 이어 같은 해 9월 발행된 8억 리브르부터는 무이자가 되어, 마침내 화폐적 성격을 갖게 되었다. 초기에 아시냐는 가치가 안정되었으나, 잇따른 남발로 인하여 발행총액이 담보의 토지가액을 넘자 완전한 불환지폐가 되었다.

치를 떨어트려 인플레이션이 일어났다. 그러나 문제는 더 깊은 곳에 있었다. 부(富)는 일부 귀족에게 집중되어 빈부 차이는 커지기만 했고 근본적인 조치가 취해지지 않아 국가재정 상태는 회복의 조짐이 보이지 않았다.

메르시는 이렇게 기록했다. "낭비와 경솔이 국고를 메마르게 하면 절망과 비명이 야기됩니다. 그럴 때 재무 대신들은 치명적인 수단을 씁니다. 사기꾼처럼 화폐를 새로 발행하기도 하고 세금을 높이기도 합니다. 이런 방법은 당장의 곤란한 사태를 완화시킬 수는 있습니다. 하지만 당국은 이제까지의 절망에도 불구하고 아주 쉽게 느긋해질 것입니다. 지금 왕실의 무질서와 착취는 선대를 넘어섰습니다. 이대로 가다가는 파국을 맞이할 것입니다."

파국이 머지않음을 느낀 궁정에는 불안한 공기가 가득했다. 대신을 바꾸는 임시방편으로는 아무 소용없음을 깨달은 궁정은 근본적인 조직 개편이 필요하다는 사실을 깨달았다. 궁정에는 새로운 인물이 필요했다. 이제껏 궁정에서 인식하지 못했던 '민중'이라는 새로운 개념과 자신들을 연결시키고 지금의 상황을 극복해나갈 수 있는 인물. 귀족출신이 아니어도 인기 있고 민중이라는 미지의 존재에게 신뢰받는 인물이 필요했다.

이러한 조건에 꼭 맞는 인물이 있었다. 궁정에서도 잘 알려진 그는 시민계급의 외국인이었다. 스위스 출신으로 칼뱅교도인 그는 궁정이 위급한 상황에 처했을 때 조언을 해주기도 했었다. 그러나 대신들이 그를 기꺼이 맞아들인 것은 아니었다. 그가 〈재정보고서〉를 발표하여 적자투성이 재정 상태를 국민들이 모두 알게 되었고, 그로 인해 그를 해임했었다. 화가 난 그는 매우 무례하게 사표를 써서 국왕에게 보냈고, 루이 16세는 궁정 법도에 어긋나는 그 편지에 크게 화를 내며 다시는 '네케르'를 임명하지 않으리라 다짐했었다.

그러나 지금 프랑스는 네케르가 절실히 필요했다. 왕비는 여론을 달래기보다는 그가 얼마나 필요한 사람인지를 깨달았다. 하지만 전임 로메니 브리엔도 왕비가 임명한 사람이었기에 네케르를 임명하는 데에는 생각보다 많은

---

*10 혁명의 혼란 속에서 평등한 과세 원칙에 따라 부과한 세금은 제대로 징수되지 않고 있었으며 이에 대한 궁여지책으로 국민의회는 교회재산을 몰수하고 이를 담보로 화폐를 발행하였다. 이는 결국 화폐가치 급락으로 인플레이션을 불러왔으며 교회재산은 부유한 자영농들이 대부분을 구입하였을 뿐 가난한 농민들은 아무런 이득을 보지 못했다.

거부감이 들었다. 이번 임명도 잘못된 선택이면 어떻게 하나 불안했지만, 결정하지 못하고 망설이는 루이 16세를 보며 그녀는 결심했다. 위험할지도 모르는 이 인물에게 손을 내민 것이다.

1785년 8월, 그녀는 네케르를 불러 그의 마음을 돌리며 노력했다. 국민들 요구로 이루어진 일이었고, 왕비의 명령이 아닌 부탁이었다. 그는 이중으로 승리감을 맛보았다. 그날 밤 네케르 취임소식은 파리 구석까지 전해졌고, 국민의 함성소리는 베르사유 궁전까지 울려퍼졌다. 그러나 왕비는 무언가 운명의 흐름에 손을 댄 듯한 느낌에 불안함을 지울 수 없었다. 게다가 본능이 경고라도 하듯, 네케르라는 이름은 그녀의 가슴을 술렁이게 했다. 그날 밤 그녀는 메르시에게 이런 편지를 썼다. "그를 다시 부른 사람이 나라고 생각하면 온몸이 떨려옵니다. 불행을 부르는 것이 나의 숙명일지도 모르겠군요. 그가 악마의 음모로 무너지거나, 혹시라도 국왕 권위를 위협하게 된다면 나는 더욱 미움받게 되겠지요."

"그렇게 생각하면 온몸이 떨립니다." "이런 나약함을 용서하세요." "불행을 부르는 것이 나의 숙명일지도 모르겠군요." "지금은 당신처럼 충실하고 정직한 벗의 도움이 필요합니다." 이전의 마리 앙투아네트는 결코 이런 말을 쓰지 않았다. 이는 마리 앙투아네트의 변화를 보여주는 한 예라 할 수 있다. 깊이 상처받은 한 여자의 목소리였으며, 천진난만하게 웃기만 하는 응석받이 여자의 경솔한 말이 아니었다.

그녀는 이미 쓰디쓴 열매를 맛보았다. 정신을 잃을 듯한 불안감도 사라졌다. 두려움을 모른다는 것은 아직 위험을 깨닫지 못함과 같다. 그녀는 높은 자리에 따르는 책임을 이제 겨우 깨닫기 시작했다. 베르탱 양의 모자처럼 가볍게 쓰고 있던 왕관에 처음으로 무게가 느껴졌다. 발밑에 화산이 꿈틀거리고 있음을 깨닫자 그녀의 걸음은 불안해졌다. 이제 그만두자, 물러날 때다, 그녀는 생각했다. 정치와는 영원히 작별해야 한다. 정치적 간섭이나 결정이 얼마나 위험한 일인지 깨달은 앙투아네트의 태도는 완전히 바뀌었다. 화려함과 번잡함에서 행복을 느끼던 그녀는 고요함과 고독을 찾게 되었다. 극장과 가장무도회를 피했고, 국왕의 추밀 회의에도 나가려 하지 않았다. 아이들과 함께 있을 때만 겨우 숨을 돌릴 수 있었다. 웃음 넘치는 아이들의 방엔 증오나 질투가 찾아오지 않았다. 그녀는 왕비가 아닌 어머니로서 자신이 더 마음 편하다는 사실을 깨달았다. 환멸 속에서 그녀는 또 하나의 비밀을 발견했다. 한 남자, 진정한 벗이며 마음의 벗인 한 남자가 그녀 마음을 위로하고 행복하게 해 주었다. 이제 모든 일이 잘 돼 갈지도 모른다. 다만 조용하게, 가장 좁고 자연스러운 가정에서만 살자. 운명에 도전하는 일은 그만두자. 운명이라는 불가사의한 적이 가진 힘을 그녀는 비로소 뚜렷이 깨달았다.

그러나 그녀의 마음속에서 모든 것이 정적을 찾으려고 한 바로 그때, 시대의 흐름은 폭풍을 맞이하고 있었다. 마리 앙투아네트가 자신의 실패를 인정하고 모습을 감추려고 한 바로 그때, 무자비한 힘이 그녀를 떠밀어 역사상 가장 자극적인 사건의 한가운데로 내던졌다.

결정의 여름

왕비는 헤매던 끝에 나라의 키를 네케르에게 넘겼다. 그는 폭풍우를 향해 배를 몰았다. 두려운 나머지 돛을 감지도 않았고, 주저하지도 않았다. 어정쩡한 조처는 아무런 도움이 되지 않기 때문이었다. 이 상황을 해결할 수 있는 유일한 방법은 신뢰를 회복하는 일이다. 하지만 최근 몇 년 국민들의 신뢰는 바닥까지 떨어져 있었다. 국민들은 이미 국왕의 약속을, 차용증이나 지폐를 믿지 않고 귀족 의회나 명사 회의에 아무런 기대도 하지 않았다. 신뢰를 쌓고 무정부 상태를 벗어나기 위해서는 잠시나마 새로운 권위가 필요했다. 백성들은 차가운 겨울바람을 맞으며 주먹을 단단히 움켜쥐었다. 시골에서 올라와 도시에서 굶주리고 있는 무리의 절망은 언제 폭발할지 몰랐다. 국왕은 한참 망설인 끝에 어쩔 수 없이 삼부회를 소집하기로 했다. 2백 년 동안 처음 있는 일이었다. 아직도 여러 권리와 부를 쥐고 있는 제1신분과 제2신분, 즉 귀족과 성직자에게서 우위를 뺏기 위해 국왕은 네케르 조언에 따라 제3신분의 수를 배로 늘렸다. 두 세력이 균형을 유지하면 마지막 결정권은 군주가 갖게 될 것이다. 궁정은 의회 소집이 국왕의 책임을 가볍게 하고 국왕 권리를 강하게 만들어 주리라 기대했다.

그러나 민중은 그렇게 생각하지 않았다. 그들은 비로소 사명감을 느꼈다. 국왕이 민중에게 조언을 구하는 것은 절망에 빠졌기 때문이지, 결코 호의에서 비롯된 일이 아님을 그들은 알고 있었다. 국민에겐 대단한 사명이 부여된 셈이지만, 두 번 다시 없을 기회이기도 했다. 민중은 이를 이용하리라 결심했다. 감동이 파도처럼 퍼져나가고, 선거는 잔치가 되었으며 의회는 종교로 자리잡았다. 폭풍우가 오기 전날, 자연은 화려한 빛깔로 사람들 눈을 속이려는 듯 아름다운 아침노을을 그려냈다. 때가 왔다. 1789년 5월 5일, 삼부회 개최 날, 베르사유는 처음으로 왕의 저택이 아닌 프랑스 심장이자 혼이 되었다.

1789년 빛나는 봄날, 조그마한 도시 베르사유에 그토록 많은 사람들이 몰려든 것은 처음이었다. 왕궁에만 4천 명의 사람들이 모여들었고 대표자들만 해도 2천 명이 넘었다. 파리뿐만 아니라 백여 곳이 넘는 곳에서 호기심에 들뜬 수많은 사람들이 이 역사적 장면을 보고자 몰려들었다. 금화가 잔뜩 든 지갑으로 어렵사리 방 하나를 얻고, 한 움큼의 두카텐 금화로 짚이불 하나를 얻을 수 있었다. 묵을 곳을 구하지 못한 수백 사람들은 성문이나 처마 밑에서 잠을 자야 했다. 그럼에도 이 구경거리를 놓치지 않고자 수많은 사람들이 폭우도 아랑곳없이 울타리처럼 늘어섰다. 식료품값은 서너 배로 뛰어오르고, 사람들은 점점 더 많아졌다. 이 좁은 도시는 한 사람의 지배자밖에 받아들일 수 없었다. 왕권이든 국민의회든 어느 한쪽이 자리를 물려주지 않으면 안 될 때가 온 것이다.

　그러나 이 첫 만남은 싸움을 위해서가 아니라 왕과 민중과의 위대한 화해를 위한 시간이었다. 5월 4일, 아침부터 종이 울렸다. 회의가 시작되기 전 신성한 장소에서 이 숭고한 일을 위해 하느님의 축복을 받아야 했다. 새 시대가 시작되는 이날을 자식과 손자들에게 이야기할 수 있도록 많은 파리 시민들이 베르사유로 몰려들었다. 값비싼 커튼이 늘어졌던 창문에는 사람들 머리가 줄을 잇고, 굴뚝에는 생명의 위험을 무릅쓴 사람들이 주렁주렁 매달렸다. 대행렬의 사소한 점 하나도 놓치지 않으려는 듯했다. 신분의 전시라고도 할 수 있는 그 행렬은 실로 대단했다. 베르사유 궁은 민중에게 존엄함을 보여주고, 태어날 때부터의 지배자, 선서로써 자리에 앉은 지배자임을 알려주고자 이날 마지막으로 화려함의 극치를 보여주었다.

　오전 10시, 국왕 행렬은 궁전을 출발했다. 요란하게 차려입은 시종들과 주먹에 매를 앉힌 매 사냥꾼이 앞장서고, 뒤에는 화사한 깃 장식을 머리에 꽂고 훌륭한 마구를 단 말이 끄는 황금과 유리로 꾸민 호화로운 국왕의 마차가 엄숙하게 나타났다. 국왕의 오른쪽엔 바로 아래 아우, 마부석엔 그 다음 아우가 있었고, 뒷좌석엔 앙그램 집안·베리 집안·부르봉 집안의 젊은 공작들이 앉아 있었다. "국왕 만세" 의장마차에는 함성소리가 쏟아져 왕비와 왕녀들을 태운 제2의 마차를 맞는 차가운 침묵과는 끔찍한 대조를 보였다. 이미 여론은 왕과 왕비 사이에 뚜렷하고 날카로운 선을 긋고 있었다. 다른 왕족을 태우고 뒤따르는 마차들도 마찬가지였다. 마차 행렬은 천천히 노트르담 사원을 향했다. 교회에는 2천 명이 넘는 사람들이 촛불을 들고 행진하기 위해 줄을 지어 궁정의 도착을 기다리고 있었다.

의장마차는 교회 앞에 멈췄다. 국왕과 왕비, 신하들이 모두 마차에서 내렸다. 낯선 광경이 눈앞에 펼쳐졌다. 화려한 비단옷 차림에 흰 깃을 단 모자를 한껏 위로 젖힌 귀족 대표들은 축제나 무도회에서 보아왔던 사람들이었고, 붉은 법의를 입은 추기경들과 자줏빛 법의를 입은 성직자들 또한 낯이 익었다. 제1신분과 제2신분은 백 년 전부터 왕좌를 둘러싸고 왕실 행사를 충실하게 장식해 왔다. 그러나 일부러 수수한 검정 상의를 입고 하얀 깃 장식만 하고 있는 검은 무리는 누구일까. 수수한 삼각 모자를 쓰고 있는 저 사람들은 누구일까. 교회 앞에 검은 집단을 이루고 서 있는 낯선 사람들, 이름조차 알 수 없는 저 사람들은 누구일까. 대담하고 준엄한 눈빛을 가진 저 사람들은 대체 무슨 생각을 하는 것일까. 왕과 왕비는 계속해서 자신들의 적을 관찰하였다. 그들은 노예처럼 허리를 굽히지도 않았고 열광하며 환호하지도 않았다. 잘 차려 입은 긍지 높은 사람들, 특권을 누리는 유명한 사람들과 어깨를 나란히 하고 개혁에 착수하고자 조용히 기다리고 있을 뿐이었다. 음산한 검은 옷과 진지한 태도는 오히려 재판관에 가까워 보였다. 어쩌면 이 만남에서 왕과 왕비는 이미 자신들의 운명을 예감하고 있었는지도 모른다.

그러나 이 만남은 싸움을 위한 것이 아니었다. 피할 수 없는 싸움을 앞에 둔 만큼 협조할 수 있는 시간이 필요했다. 2천 명이 넘는 사람들이 촛불을 들고 교회에서 교회로, 곧 노트르담 드 베르사유에서 생 루이 성당에 이르는 거리를 나아갔다. 그들은 총검을 든 프랑스 근위병과 스위스 근위병 사이를 지나 엄숙하게 걸음을 옮겼다. 머리 위에는 종소리가 옆에서는 북소리가 울려 퍼지고 제복은 반짝였다. 성직자들의 성가만이 군대 같은 인상을 부드럽게 하여 보다 장중한 분위기를 자아내고 있었다.

긴 행렬의 선두에는—맨 뒤의 사람들이 제일 앞 사람들이 될 것이다—제3신분 대표자들이 두 줄을 이루고 그 뒤를 귀족들과 성직자들이 뒤따랐다. 제3신분의 마지막 의원이 지나가자 민중들이 동요하며 폭풍 같은 환호가 터져 나왔다. 열광의 주인공은 궁정을 배반한 오를레앙 공이었다. 그는 선동가다운 계산에서 왕족 행렬에 끼지 않고 제3신분의 의원과 함께 걸어간 것이다. 다이아몬드로 장식된 미사복을 입은 파리 대주교가 성체를 모신 천개를 받들었다. 그 뒤에 나타난 국왕조차 공공연히 민중의 편에 서서 왕의 권위에 도전한 오를레앙 공만큼 박수를 받지는 못했다. 궁전에 대한 이러한 은밀한 적의를 뚜렷이 드러내기 위해 몇몇 사람은 마리 앙투아네트가 다가오는 순간을 노려 큰소리로 "오를레앙 공 만세"를 외치며 그녀의 적을 환호했다.

마리 앙투아네트는 모욕을 당하자 얼굴이 새파랗게 질린 채 어쩔 줄 몰랐다. 그러나 눈에 띄지 않게 간신히 억누르고 의연히 굴욕의 길을 나아갔다. 다음 날, 국민의회가 열렸을 때 그녀는 더 큰 참담함을 느껴야 했다. 국왕이 회의장에 들어갔을 땐 열렬한 박수와 환호가 터져 나왔으나 그녀가 들어서자 침묵만이 흘렀다. 얼음장 같은 침묵이 오싹한 냉기처럼 다가왔다. "저기 희생자가 있네." 미라보[1]가 옆사람에게 중얼거렸다. 미국인 카버너 모리스[2]는 프랑스인 친구들을 설득하여 한 번만이라도 좋으니 박수를 보내 이 무거운 침묵을 조금이나마 누그러뜨려 보고자 애를 썼다. 그러나 소용없는 일이었다.

"왕비는 울고 있었다." 자유국가의 후손은 뒷날 그녀의 모습을 이렇게 표현했다. "그녀를 위한 어떤 환성도 울리지 않았다. 허락된 일이었다면 나는 틀림없이 손을 흔들었을 것이다. 그러나 나는 감정을 표현할 권리를 갖고 있지 않았다. 가까운 사람들을 설득해 보았지만 소용없는 일이었다." 프랑스 왕비는 세 시간 동안 인사를 받지도, 관심을 끌지도 못한 채 국민의 대표자들 앞에 죄인처럼 앉아 있어야만 했다. 길게 이어지던 네케르의 연설이 끝난 뒤 국왕과 함께 회의장을 나서려고 일어섰을 때 처음으로 의원 몇 사람이 동정심에서, 그러나 주저하며 "왕비 만세"를 외쳤다. 감동한 마리 앙투아네트는 가벼운 인사로써 감사의 뜻을 표했다. 그것이 계기가 되어 마침내 청중이 커다란 박수를 보냈다. 그러나 앙투아네트는 결코 착각하지 않았다. 동정심

＊1 Honoré Gabriel Victor Rigueti Conte de Mirabeau : (1749~1791) 프랑스의 웅변가·혁명 정치가·경제학자. 1786년부터 프리드리히 대왕의 궁정에 드나들기 시작, 프랑스 혁명이 일어나자 (1789) 제3신분인 평민 대표로 국민 의회에 나가 그 성립에 전력하고, 박학과 능란한 웅변으로 삼부회의 지도적 인물로 활약, 영국식 입헌 정치를 목표로 자유주의 귀족과 부르주아지를 대표, 혁명이 진전됨에 따라 우경(右傾)하였다. 1791년 국민 의회 의장이 되고 민권 신장과 왕권 존립을 조화시키려고 노력했으나, 궁정에 매수되었음이 밝혀져 반역자로 낙인찍혔다.
＊2 미국의 정치가, 이 무렵 사절로서 파리에 와 있었다. 《프랑스 혁명 일기》의 저자.

에서 우러나온 박수와, 애정에서 우러나온, 크고 따뜻한 박수의 차이를 너무나도 크게 느끼고 있었기 때문이다. 그녀가 처음으로 이 나라에 왔을 무렵, 바라지도 않았던 백성들의 애정은 아직 어린 그녀의 마음을 따뜻하게 감싸 주었었다. 그러나 이제 자신은 화해의 손 바깥으로 밀려났다. 생사를 건 싸움이 시작되었음을 깨달을 수밖에 없었다.

이 무렵 마리 앙투아네트를 본 사람이라면 누구나 그녀의 흐트러진 태도를 느낄 수 있었다. 국민의회 개회 땐 과연 왕비답게 자주색·흰색·은색의 호화스러운 옷을 입고, 머리에는 타조 깃 장식을 달고 기품 있는 모습으로 나타났으나, 스탈 부인은 그녀의 태도에서 어딘지 모르게 슬픔과 무거움을 느꼈다. 평소 어떤 일에도 마음 쓰지 않았던 밝고 아름다운 왕비의 태도에 비추어 보면 참으로 드물고 낯선 모습이었다. 마리 앙투아네트는 신경이 끊어질 듯 극도로 긴장하여 자리에 앉아 있는 게 고작인 상태였다. 생각이 온통 다른 곳에 가 있었다. 화려한 차림으로 위엄을 보이며 몇 시간 동안 백성 앞에 모습을 드러내야 하는 이 시간, 여섯 살 난 황태자가 무톤 궁의 작은 침대에서 병으로 죽어가고 있었기 때문이다. 작년에도 네 아이들 중 하나인, 11개월 된 왕녀 소피 페아트릭스를 잃는 고통을 겪었는데, 또다시 죽음의 사자가 제물을 찾아 아이들 방을 기웃대고 있었다. 맏아들은 1788년 이미 곱사병 증상이 나타났다. 그녀는 그 무렵 요제프 2세에게 장남이 매우 걱정된다는 편지를 보냈다. "좌골부 위치가 높고 척추가 약간 비스듬히 튀어나와 있어 장애의 조짐이 조금 보입니다. 얼마 전부터 열이 떨어지지 않고 야위어 가고 쇠약해지고 있습니다." 그 뒤 몇 번인가 회복되는 듯하기도 했으나 어머니는 이제 희망을 버릴 수밖에 없었다. 삼부회 때의 화려한 행렬은 신기한 구경거리였다. 그것은 앓고 있는 왕자의 마지막 즐거움이었다. 아이는 너무 쇠약해져 걸을 수조차 없었다. 외투에 감싸인 채 베개에 기대 열에 뜬 흐릿한 눈으로 왕실 마구간 발코니에서 엄마 아빠의 빛나는 행렬을 볼 수 있었다. 한 달 뒤 아이는 땅에 묻혔다. 그 무렵 마리 앙투아네트는 다가오는 자식의 죽음을 피할 수 없음에 괴로워하고 있었다. 그녀는 밤낮으로 아이만을 생각했다. 그 무렵 그녀가 의회에 음험한 책략을 세웠다는 것은 터무니없는 이야기다. 고통 속에서 그녀의 투쟁심은 완전히 꺾여 있었다. 시간이 지난 뒤에야 그녀는 벼랑 끝에 선 목숨을, 남편과 차남의 왕권을 지키고자 싸우며 마지막 저항을 위해 일어난다. 지금은 모든 힘을 다 쓰고 지쳐 있을 뿐이다. 운명의 회전을 멈추기 위해 냉정을 잃은 불행한 인간의 힘보다는 신의 힘이 필요했다.

사건이 세찬 물결처럼 잇따라 일어났다. 특권을 부여받은 귀족과 성직자 신분은 제3신분과 격렬한 다툼을 벌였다. 거부된 제3신분은 국민의회 성립을 선언하고 민중의 의지인 헌법이 실현되기까지 해산하지 않겠다는 서약을 했다. 궁정은 민중의 이런 움직임에 놀라기만 할 뿐이었다. 왕은 초청객이기도 하고 불청객이기도 한 조언자들 사이에서 흔들리며 하루는 제3신분이 옳다, 하루는 제1, 제2신분이 옳다고 하는 판이었다. 그는 명석한 지혜와 과감한 결단이 요구되는 이때마저도 우유부단하게 굴었다. 왕은, 칼을 휘두르며 천민들을 제집으로 쫓아 보내라고 큰소리치는 군인들에게 기울다가도 양보를 주장하는 네케르에게 흔들리기도 했다. 하루는 회의장에서 제3신분을 몰아내는가 싶으면, "국민의회는 총검의 힘으로만 진압할 수 있다"는 미라보의 선언에 뒷걸음을 치기도 했다. 궁정이 우유부단하면 할수록 민중의 결단은 더욱 굳어졌다. 출판의 자유로 발언권을 얻은 민중은 수많은 소책자 속에서 자기 권리를 주장했고 격렬한 신문 논조 속에서 반역적인 분노를 터뜨렸다. 르와얄 궁에는 오를레앙 공의 보호 아래 날마다 만 명이 넘는 사람들이 모여 연설하고 선동하며 끊임없이 서로를 격려했다. 내내 침묵하던 사람들은 연설을 하고 글을 쓰는 즐거움을 누렸고, 수많은 야심가들은 기회가 다가왔음을 느끼며 정치를 논하고, 선동을 하고, 책을 읽고, 토론하고, 변론했다. 영국의 아서 영*3은 한 시간마다 새로운 소책자가 출판되었다고 다음과 같이 기록한다.

"오늘은 13권, 어제는 16권, 지난주는 22권이 발행되었다. 그리고 20권 중에 19권이 자유를 옹호하는 내용이었다." 사람들은 모두 군주의 특권을 포함한 특권 폐지에 찬성하였다. 날마다, 시간마다 국왕의 권리가 한 움큼씩 떠밀렸다. 전에는 차갑게만 느껴졌던 '국민'과 '국가'라는 단어가 이삼 주 만에 전능과 최고의 정의를 나타내는 종교적 개념을 뜻하게 되었다. 장교나 병사들까지도 이 저항하기 어려운 운동에 가담했고, 관리들은 폭발하는 국민

---

*3 《프랑스 여행기》를 쓴 농업경제학자.

의 힘을 억누르는 고삐가 손에서 빠져나가 있음을 깨닫고 아연해 했다. 국민
의회조차 이 흐름에 휩쓸려 길을 잃고 흔들리기 시작했다. 왕궁의 조언자들
도 점점 불안을 느끼기 시작했으며 힘을 과시하는 몸짓을 보임으로써 불안
에서 달아나려 했다. 국왕은 위협을 가하기 위해 충성을 지켜 온 믿음직한
연대를 불러들여 바스티유에 대기시켰다. 그리고 스스로 강함을 나타내고자
기어코 국민들에게 불을 지르고 말았다. 7월 11일, 단 한 사람, 국민의 호감
을 받고 있던 대신 네케르를 해임하여 범죄자처럼 내쫓아 버린 것이다.

그 뒤는 세계사가 기록하는 그대로 오랜 시간, 수많은 사람들의 입에 오르
내리게 된다. 하지만 유일하게 다른 내용을 담고 있는 책이 있는데 그것은
바로 둔감하기 짝이 없는 루이 16세가 썼던 일기장이다. 그 일기장의 7월
11일에는 "아무 일도 없음. 네케르 출발"이라고만 적혀 있고, 국왕의 권력
을 결정적으로 무너트린 바스티유 감옥 습격 사건이 일어났던 7월 14일에도
마찬가지로 "아무 일도 없음"이라고만 적혀 있다. 사냥도 하지 않고 사슴을
잡은 일도 없었으니 특별한 일이 없었다는 뜻이리라. 그러나 파리는 이날을
전혀 다른 날로 생각하고 있다. 국민들은 그날을 자유 의식이 태어난 날로
축하하고 있는 것이다. 7월 12일 정오가 지났을 무렵 네케르 해임 소식이
파리 곳곳에 퍼졌다. 화약에 불이 붙은 것이다. 팔레 르와얄 궁에서는 오를
레앙 공의 클럽 회원이었던 카미유 드무랭이 의자에 뛰어올라 권총을 휘두
르며, 국왕이 바르톨로메오의 밤*4을 재현하려 하니 무기를 들어야 한다고
외쳤다. 일 분도 지나지 않아 폭동의 상징인 휘장을 찾아냈다. 프랑스 공화
국의 삼색 깃발이었다. 불과 몇 시간 뒤에 곳곳에서 군대들이 공격을 받았고
무기창고는 약탈당했으며 통행이 차단되었다. 7월 14일, 2만 명의 사람들이
르와얄 궁에서 바스티유로 진격하였고, 얼마 뒤 그곳을 점령했다. 바스티유
사령관 뢰네의 목이 창끝에서 춤을 추었다. 혁명에 의한 피의 등불에 비로소
불이 붙었다. 폭발한 민중의 분노에 누구도 감히 저항할 수 없었다. 아무런
명령을 받지 못한 군대는 후퇴해 버렸다. 밤이 되자 파리는 수천 개 촛불을
밝히고 승리의 축제를 준비했다.

---

*4 1572년 8월 24일 위그노파의 대학살 사건

이런 역사적인 사건의 중심에서 10마일도 되지 않는 곳에 있는 베르사유에서는 앞으로 벌어질 일을 감도 잡지 못하고 있었다.

"귀찮은 대신을 내쫓아 버렸으니 이제 조용해지겠지. 곧 사냥도 할 수 있겠군. 잘하면 내일이라도 갈 수 있을지 모르지."

그때 국민의회에서 전령이 달려왔다. "파리에 불온한 공기가 가득 찼습니다. 무기 창고가 약탈당했습니다. 시민들이 바스티유로 진격 중입니다."

국왕은 이렇게 보고를 받고도 아무런 결단을 내리지 않았다. 귀찮은 국민의회는 무엇 때문에 이렇게 말썽을 부린단 말인가! 이날도 국왕의 신성한 스케줄은 바뀌지 않았다. 게으르며 어떤 일에도 관심이 없는 둔감한 이 사내는 내일이면 다 해결되겠지, 그렇게만 생각하며 보통 때처럼 10시에 잠자리에 들었다. 그리고 무슨 일이 일어나도 깨지 않으려는 듯 깊은 잠에 빠져들었다. 그러나 군주의 잠을 깨우는 불경스러운 사태가 일어났다. 리앙쿠르 공작은 파리에서 벌어진 일을 알리고자 정신없이 말을 몰아 베르사유까지 달려왔다. 그는 잠든 국왕을 깨워야 한다고 우겼다. 기어코 신성한 침실에 들어선 그가 보고했다.

"바스티유가 습격을 받아 사령관이 피살되었습니다. 그의 목이 창에 매달려 파리 시내를 돌아다니고 있습니다."

"폭동(revolte)인가." 불행한 군주가 더듬거리며 말했다.

그러나 흉보를 갖고 온 사자는 냉정하게 정정했다.

"아닙니다, 폐하. 혁명(revolution)입니다."

친구들 달아나다

　1789년 7월 14일, 바스티유 습격을 보고 받고 깜짝 놀라 잠에서 깬 루이 16세는 '혁명(revolution)'이란 단어를 이해할 수 없었다. 때문에 그는 비웃음을 받아야만 했다. 그러나 모리스 메테를링크[1]는《지혜와 운명》이라는 책에서 똑똑한 체하는 사람들에게 이렇게 말했다.

　"무엇이 일어났는지 알고 난 뒤 어떻게 하는 게 좋았는지를 말하는 것은 참으로 쉬운 일이다."

　국왕도 왕비도 폭풍의 징조만으로는 그 파괴력을 짐작할 수 없었다. 그러나 그 무렵 그때 거기에서 시작된 일이 대단한 사건임을 알고 있었던 사람이 과연 몇 명이나 될까. 혁명에 불을 붙인 선동자들조차도 자신들이 하고 있는 일을 확실히 파악하지 못했다. 미라보, 바이, 라파예트[2] 등 새로운 국민운동 지도자들조차 압제에서 풀려난 이 힘이 처음의 목표를 넘어 어디까지 치닫게 되는지 조금도 예감하지 못했다. 1789년까지 로베스피에르, 마라, 당

＊1 벨기에의 시인이며 극작가.《파랑새》가 유명함.

＊2 Marie-Joseph-Paul-Roch-Yves-Gilbert du Motier, Marquis de La Fayette : (1757년 9월 6일~1834년 5월 20일) 프랑스의 사상가이자 장교. 미국 독립전쟁에 참가한 장군이며, 프랑스혁명 중에는 국방군의 지휘를 맡았다. 1782년 귀국한 후에는 루이 16세로부터 부대장에 임명되어 1787년에는 명사회(名士會)에 칙선(勅選)되었다. 그후에도 프랑스와 미국의 친선에 노력하며 국왕의 측근으로 있으면서 진보적 귀족으로서의 언동을 서슴지 않았고, 삼부회(三部會) 소집의 주창자가 되었다. 프랑스혁명이 일어나기 직전에는 국민의회에 참여하여 미국의 독립선언과 비슷한 '인권선언안'을 제출, 1789년 7월 13일 국민의회 부의장에 선출되었다. 바스티유 함락 후에는 파리국민군 사령관에 임명되어 국왕과 혁명세력 간의 화해(和解), 즉 입헌왕정을 실현하려는 정치적 야심을 가지고 '89년 협회'를 주재하였다. 같은 정치적 입장을 취한 미라보와 개인적으로 반목하고, 또 혁명이 격화되리라는 예상을 그르침으로써 1790년 가을부터 대중의 인기를 잃었다. 더욱이 1791년 6월 국왕 도주 미수사건 이후 대중에 대해 탄압적 태도를 취하여 뒤이은 헌법 제정과 함께 사령관직에서 물러났으며, 이어서 혁명방위전쟁의 전선사령관이 되었으나, 1792년 8월 자코뱅파(派) 탄압을 꾀하다 실패하자 프랑스의 공화제가 실현되기 직전 오스트리아군(軍)에 투항하여 5년간 투옥되었다.

통 등 뒷날 혁명과 속에서 가장 과격했던 인물들조차 그 때까지는 열성 왕당파였기 때문이다.

프랑스 혁명으로 인해 '혁명'이라는 단어가 오늘날 우리가 사용하는 넓고 격렬한 역사적 의미를 갖게 되었다. 기묘한 역설이긴 하지만, 루이 16세의 문제는 그가 혁명을 이해할 수 없었다는 것이 아니라, 혁명을 이해하고자 눈물겨운 노력을 했다는 점이었다. 루이 16세는 역사책을 즐겨 읽었다. 그는 소년시절 《영국사》의 저자 데이비드 흄과 개인적으로 만나 비할 데 없는 깊은 감명을 받기도 했다. 《영국사》는 그가 특히 즐겨 읽었던 책이었다. 황태자 시절 이 책을 읽었을 때 영국 국왕 찰스가 혁명이 일어나 처형되는 대목에서는 그도 긴장을 느끼지 않을 수 없었다. 이는 언젠가 왕위에 앉게 될 겁쟁이 루이에게 강렬한 경고의 역할을 했다. 그 뒤 루이 16세는 불행한 선배의 실패를 통해 프랑스에 이와 같은 불만의 움직임이 일어날 경우 국왕은 어떻게 해야만 하는지 배우고자 이 책을 되풀이해서 읽었다. 그 길만이 자신의 안전을 도모하는 방법이라 생각했다. 찰스가 강압적으로 나왔던 경우에는 양보함으로써 어떻게든 나쁜 결과를 피할 수 있기를 바랐다. 그러나 다른 혁명을 거울삼아 프랑스 혁명을 이해하려고 한 그 태도야말로 그에게 화를 불러온 첫째 요인이었다. 지배자는 어떤 순간에도 낡은 처방전이나, 항상 통용되리라고 볼 수 없는 선례를 따라 결단을 내려서는 안 된다. 천재의 예언자적 눈빛만이 구원을 가져다주는 바른 수단이 무엇인지를 깨닫게 하며, 영웅적으로 전진하는 행위만이 혼돈 속에 다가오는 사나운 원초적인 힘을 누를 수 있다. 그러나 돛을 감는다고 폭풍이 멈추지는 않는다. 폭풍은 사그라지지 않고 더욱 거세게 휘몰아친 뒤에야 잠잠해진다.

루이 16세는 역사를 뒤져 이해할 수 없는 일을 이해하려 했고 국왕다운 태도를 버림으로써 혁명으로부터 몸을 지키려 한 데 그의 비극이 있었다. 그러나 마리 앙투아네트는 달랐다. 그녀는 책에서도 인간에게서도 도움을 구하지 않았다. 위험이 닥쳐왔을 때에도 과거나 미래를 생각하지 않았다. 계산하거나 추리하는 것은 즉흥적인 그녀에게 어울리지 않았다. 그녀의 강점은 본능을 따른다는 점이었다. 이 본능은 처음부터 혁명을 거부했다. 왕궁에서 태어나 왕권신수설을 배우고 지배자로서의 여러 권리는 하느님께서 주신 것이라 굳게 믿었던 그녀에게 국민의 권리 요구는 얼토당토않은 반역으로밖에 여겨지지 않았다. 자기 자신의 자유와 권리를 요구하는 자가 그것을 다른 사람에게도 똑같이 인정해주는 일은 매우 드물다. 마리 앙투아네트는 마음속으로도, 겉으로도 논쟁을 벌이는 일이 없었다. 오빠 요제프 2세와 마찬가지로 그녀도 "나의 사명은 단 하나, 왕의 자리를 지키는 일뿐이다" 이렇게 말했다. 그녀는 위에 있었고 국민들은 아래에 있었다. 그녀는 내려오지 않으려했고, 국민이 올라오는 것도 허락하지 않았다. 바스티유 습격에서 단두대에 이르기까지 스스로 옳다고 생각한 그녀의 신념은 조금도 흔들리지 않았다. 그녀는 이 새로운 움직임을 받아들일 수 없었다. 그녀에게 혁명이란 폭동을 아름답게 꾸민 말에 지나지 않았다.

그러나 혁명에 대한 이 흔들림 없는 태도에(적어도 처음엔) 국민을 향한 적의는 조금도 섞여 있지 않았다. 평화로운 오스트리아 빈에서 자란 마리 앙투아네트는 국민을 얌전하고 '좋은 사람들'이라 생각했지만 분별력 있는 존재로는 보지 않았다. 이 기특한 짐승들이 언젠가는 허황된 꿈에서 깨어나 선동자와 결별하고 그들의 그리운 여물통인 왕가로 돌아오리라 굳게 믿었다. 그녀의 증오는 모두 도당들을 향한다. 그들은 이데올로기의 이름에서든, 야심적 관심에서든, 왕좌와 제단에 대한 요구를 하려는 모반자, 클럽 회원, 선동가, 말쟁이, 야심가, 무신론자들이었다.

그녀는 2천만 프랑스인들이 뽑은 의원들을 바보나 부랑자, 범죄자 집단이라 불렀고, 이런 코라 무리[*3]와 잠시나마 손을 잡은 자는 구원받을 수 없으며, 미치광이들과 이야기를 나눈 것만으로도 이미 의심스러운 사람이라 여겼다. 라파예트[*4]는 생명의 위험을 무릅쓰고 세 번이나 그녀의 남편과 아이들 목숨을 구해 주었으나 고맙다는 말 한마디 듣지 못했다. 민중에게 아첨하는 그따위 겉치레꾼에게 도움받느니 차라리 파멸하는 게 낫다고 생각했다. 왕비는 시간이 흐르고 투옥된 뒤에도 결코 재판관이나 의원들에게 도움을 청하지 않았다. 살려달라고 부탁함으로써 그들에게 왕비의 애원을 받았다는

---

*3 모세에게 반역하여 땅 속에 묻힌 성서 속 인물.

*4 Lafayette, Marie Joseph Paul Yves Roch Gilbert du Motier, Marquis de : 프랑스의 정치가, 혁명가, 군인. 미국 독립전쟁이 일어나자 독립군에 참가했고 삼부회 소집의 주창자가 되었다. 국민의회에 미국의 독립선언과 비슷한 '인권선언안'을 제출했고 바스티유 함락 후 입헌왕정을 실현하려 했다.

'명예'를 베풀어주지 않으려 한 것이다. 타고난 반항심을 숨김없이 드러내며 어떠한 타협에도 응하지 않았다. 처음부터 마지막 순간에 이르기까지 마리 앙투아네트는 혁명을 인간의 가장 비열하고 저속한 본능이 일으킨 더러운 수렁이라고만 생각했다. 오로지 왕권만을 주장하려 했기에 혁명의 역사적 권리나 건설적 의지, 무엇 하나도 이해할 수 없었던 것이다.

이렇게 무엇 하나 이해하려 들지 않은 것은 마리 앙투아네트의 가장 큰 과실이었다. 이를 부정할 수는 없다. 그녀에게는 사상적인 연관성을 살피거나 사람들을 통찰하는 능력이 없었다. 마냥 평범하고 정치적 시야가 좁은 그녀는 그런 교육을 받은 적이 없었고 이를 스스로 깨우칠 만한 의지도 없었다. 그녀가 이해할 수 있는 것은 인간적인 것, 가까이 있는 것, 감각적인 것들뿐이었다. 그러나 가까이에서 인간적인 부분을 본다면 정치적 운동은 무엇이든 탁하게 보이기 마련이고, 이념을 실현시키는 일 또한 비뚤게 보일 수밖에 없다. 마리 앙투아네트는 지도자로서 혁명을 평가했다. 그녀가 달리 어떻게 생각할 수 있었을까. 개혁의 시대에는 물론, 어떤 경우든 큰 소리를 내는 사람이 가장 훌륭한 사람은 아니다. 자유를 부르짖는 사람들 중에는, 빚에 쪼들리거나 소문이 좋지 않은 무리들도 많았고 미라보나 탈레랑*5처럼 도덕적으로 문제 있는 사람들이 많았기에 왕비는 그들은 전혀 믿을 수 없었다. 탐욕스러우며 어떤 더러운 일에도 망설임 없던 오를레앙 공이 갑자기 박애에 열광하는 모습을 보고 마리 앙투아네트가 어떻게 혁명을 성실하고 윤리적이라 받아들일 수 있었을까. 국민의회는 미라보를 떠받들기 시작했지만, 이는 왕비에게 상상조차 할 수 없는 일이었다. 뇌물을 받고 음담패설이나 쓰는 미라보는 아무리 봐도 16세기 풍자 작가 알레티노*6의 제자라고 해야 더 어울

---

*5 Charles—Maurice de Talleyrand : 프랑스의 정치가이자 외교관. 성직자가 되어 오툉의 주교 등을 지냈으나 삼부회 위원이 되어 교회재산의 국유화를 제안하자 교회로부터 파문당하였다. 나폴레옹을 정계에 등장시키고 외무장관을 지냈으며 영국 주재 대사가 되어 벨기에의 독립을 도왔다.

*6 피에트로 바티 알레티노(1492~1556) : 이탈리아의 문필가·저널리스트·시인·극작가. 외설 서적이 잘 팔린다는 것을 알고는 검열이 없었던 베네치아로 가서 문예공방을 꾸며놓고 포르노 서적을 양산했으며, 작가나 화가들에게 작품에 대한 좋은 평가를 받고 싶으면 돈을 내라고 강요하여 그 필로로 영광과 이익을 착실하게 쌓아갔다. 그의 발언은 절대적인 권위가 있었으며, 막대한 영향력을 지녔다. 비수와도 같은 독설을 사용했던 르네상스적 인물이었다.

릴 작자였다. 부녀자 유괴 사건 등을 일으켜 감옥살이를 한 뒤 스파이 노릇을 하며 목숨을 이어가는 그는 귀족 쓰레기나 다름없었다. 이런 인간들을 위해 제단을 쌓는 일이 과연 신성하다 할 수 있을까. 그들은 잔인한 승리의 징표로 피가 흐르는 목을 창에 꽂고, 생선장수나 창녀들을 휴머니티의 전위로 생각했다.

폭력밖에 눈에 띄는 게 없었기 때문에 마리 앙투아네트는 자유를 믿지 않았다. 오로지 인간적인 부분만을 보았던 그녀는 세계를 휘젓는 이 사나운 운동에 숨겨져 있는 이념을 전혀 깨달을 수 없었다. 그녀는 인간관계의 가장 훌륭한 원칙을 남긴 이 운동의 위대하고 인간적인 성과는 인정하지도, 이해하지도 못했다. 근대 법률 게시판에 처음으로 계급, 인종, 종파의 평등을 새겨 넣고, 고문, 부역, 노예 제도 등 중세의 부끄러운 유물을 폐지하고, 신앙의 자유·사상의 자유·출판의 자유·직업 선택의 자유와 같은 위대한 정신적인 지표가 세워졌음을 이해하려고도 하지 않았다. 그녀에겐 단지 혼돈만이 눈에 비쳤을 뿐 그 속에서 갓 태어나려는 새로운 질서의 윤곽은 보이지 않았다. 그녀는 마지막 순간까지 반항적인 마음으로 선동자와 선동 받는 자들을 증오했다. 결국 때는 왔다. 마리 앙투아네트가 혁명에 부정적인 자세를 보인 만큼 그녀에 대한 혁명의 태도 또한 더욱 엄하고 부정적이 되어 버렸다.

혁명은 적이다—왕비의 입장이었다. 왕비는 장애물이다—이는 혁명의 기본적 확신이었다. 국민은 본능에 따라 왕비가 적임을 깨닫고 왕비 한 사람에게 모든 적개심을 퍼부었다. 루이 16세가 좋든 나쁘든 하잘것없다는 것쯤은 시골 농부는 물론 어린애들까지도 알았다. 겁 많고 내성적인 이 사내는 두세 방 총을 쏘면 질겁해서 어떠한 요구에도 따를 것이고, 붉은 모자를 씌우면 얌전히 쓰고 있으리라. "왕을 쓰러뜨려라. 폭군을 쓰러뜨려라" 부르짖으면 자신이 왕이었음에도 불구하고 순순히 따를 터였다. 프랑스에서 왕좌와 왕의 여러 가지 권리를 지키고 있는 이는 단 한 사람이었다. 미라보 말에 따르면 "왕을 소유한 단 한 사람"은 "그의 아내" 마리 앙투아네트였다. 따라서 혁명에 동조하는 자는 왕비와 싸워야만 했다. 그녀는 처음부터 그들의 표적이었다. 표적을 분명히 하고 국왕과 뚜렷이 구별하기 위해 혁명파의 모든 문서들은 루이 16세를—진정한 국민의 아버지이며, 선량하며 덕이 있고 고귀하지만 안타깝게도 너무 허약해서—"잘못된 길로 인도된 인물"로 만들어나가기 시작했다. 모든 일이 이 박애적인 사람의 생각대로만 되었더라면 국왕과 국민 사이엔 평화가 유지되었을 텐데……. 저 외국여자, 저 오스트리아 여자는 오빠 요제프 말만 듣고, 총애하는 무리에 휩쓸려 지배욕에 불타는 폭군처럼 놀아나고 있다. 이 여자만이 국왕과 국민의 협조를 마다하고 외국군대를 불러들여 자유로운 파리를 잿더미로 만들려고 끊임없이 새로운 음모를 꾸며내고 있다. 악마 같은 간계로 장교들로 하여금 아무런 방비도 없는 백성들을 향해 대포를 겨누도록 하고 있다. 나머지 병사들에게 술과 선물을 주어 바르톨로메오의 밤을 재현하려고 꾀고 있다. 진정 이제야말로 불쌍하고 불행한 왕에게 왕비의 진정한 모습을 보여 줘야 할 때라는 것이다. 근본적인 생각은 두 쪽 모두 같았다. 마리 앙투아네트 쪽에서 보면 백성들은 선량한데 '도당'의 손에 의해 잘못된 길로 끌려가고 있었으며, 백성 쪽에선 왕은 선량한데 아내의 선동으로 눈이 멀었을 뿐이라는 이야기였다. 그러므로 실제 싸움은 혁명파와 왕비 사이에서 벌어지고 있는 셈이었다. 마리 앙투아네트는 자기를 향한 증오가 점점 더 거세어지고 비난이 점점 더 부당해지자 마음속으로 그들을 향한 적개심을 더욱더 굳혀 갔다. 굳건히 대운동을 지휘하든가, 그 운동을 상대해 결연히 싸우는 자는 저항을 만남으로써 자신의 한계를 넘어 그 이상 성장한다. 세계 전체를 적으로 삼은 뒤 마리 앙투아네트의 앳된 오만은 자부심으로 변했고 흩어져 있던 힘은 하나로 뭉쳐졌다.

그러나 유감스럽게도 마리 앙투아네트의 이 힘은 방어 이상으로 실력을 발휘하지는 못했다. 발에 납덩어리를 달고 적과 겨룰 수는 없지 않을까? 그 납덩어리란 바로 불쌍한 겁쟁이 국왕이었다. 바스티유 습격으로 오른쪽 뺨을 맞은 왕은 여전히 겸허한 가톨릭 교도답게 이튿날 아침엔 왼쪽 뺨을 내밀었다. 루이는 그들을 노여워하지도 않고, 꾸짖거나 징벌하려 들지도 않고 아직도 국왕을 위해 싸울 각오가 되어 있던 군대를 파리에서 철수하겠다고 국민의회에 약속했다. 이 조처는 왕을 위해 싸우다 쓰러진 전사들의 행위를 무시해버린 것이었다. 결국 바스티유의 사령관을 죽인 자들에게 준엄한 질책을 하지 않음으로써, 프랑스에서 테러를 정당한 권력으로 인정해 양보함으로써 폭동을 합법화한 결과로 만들었다. 이러한 굴복에 대한 감사의 표시로 파리는 이 바람직한 지배자를 화관으로 꾸며 잠시나마 '프랑스의 자유 회복자'라는 칭호를 바치자는 제안에 기꺼이 찬성했다. 파리 성문에서 왕을 맞으면서 시장은 국민이 왕을 되찾았다는 두 가지 뜻으로 들리는 말을 했다. 루이 16세는 백성이 왕의 권위에 대항하는 표지로 삼은 모장(帽章)을 얌전히 받아들이며 사실은 왕에게 환호를 보내는 게 아니라 지배자를 굴종시킨 그들 자신의 힘에 환성을 올리고 있음을 깨닫지 못했다. 7월 14일, 루이 16세는 바스티유를 잃었다. 17일엔 자기의 존엄까지도 내던지고 적 앞에 깊이 허리를 굽힘으로써 왕관은 왕의 머리에서 굴러 떨어져 버렸다.

　왕이 희생을 치른 마당에 마리 앙투아네트 또한 희생을 마다할 수 없었다. 그녀는 새로운 지배자인 국민이 증오하는 사람들, 곧 폴리냐크 일당과 아르트와 백작 등 놀이 친구들과 확실히 손을 끊음으로써 선의를 갖고 있다는 증거를 보여주어야만 했다. 그들을 추방하여 영원히 프랑스로부터 떠나도록 해야 했다. 강제성이 없었다면 그들과의 이별 자체는 왕비에게 그다지 쓰라린 일이 아니었으리라. 마음속으로는 벌써 그따위 자들과는 인연을 끊었기 때문이다. 헤어지게 된 지금, 근심 걱정 없었던 아름다운 세월을 함께했던 사람들에 대한 이미 식어 버린 우정이 다시금 되살아났다. 저들은 나와 함께 온갖 바보 같은 짓을 했었지……. 폴리냐크 부인은 그녀의 모든 비밀에 관여했으며, 아이들을 키워 주었고 그들이 자라는 모습을 보았다. 이제 그 부인이 떠나지 않으면 안 된다. 이 이별이 동시에 무심했던 자기 청춘과의 이별이기도 한 것임을 어떻게 인정하지 않을 것인가? 아무런 근심 걱정 없었던 시절은 이렇게 끝나고 마는구나. 18세기 도자기처럼 밝고 앨러배스터*7처럼 청아한 세계는 혁명이란 주먹으로 산산이 부서지고, 우아하고 섬세한 쾌락으로 보냈던 즐거웠던 날도 영원히 사라져 버렸다. 아마 위대하긴 하지만 조잡하고, 강력하긴 하지만 살벌한 시대가 곧 다가오리라. 로코코의 장난감 은시계는 그 멜로디 연주를 이미 끝냈고, 트리아농의 나날은 과거가 되어 버렸다. 마리 앙투아네트는 눈물과 싸우면서 옛 친구들과 헤어지기 위해 마지막으로 복도까지 전송하겠다는 결심도 하지 못했다. 그녀는 방에 있었다. 그만큼 자신의 감정이 두려웠다. 밤이 되어 뜰 한가운데 아르트와 백작과 그의 아이들, 콩데 공, 부르봉 공, 폴리냐크 부인, 대신들, 베르몽 신부— 그녀

_____

＊7 유백색, 담황색, 담적색의 반투명한 돌. 대리석의 하나.

의 청춘을 둘러쌌던 모든 사람을 태울 마차가 기다리고 있을 때 그녀는 서둘러 책상에서 편지지를 꺼내 폴리냐크 부인에게 괴로운 마음을 적었다. "안녕, 소중한 친구여, 두려운 말이긴 하지만 아무래도 이렇게 적지 않을 수 없군요. 말을 준비하라는 명령은 벌써 내렸어요. 나에겐 당신을 껴안을 힘밖엔 아무것도 남아 있지 않군요."

이때 이후 그녀가 쓰는 편지마다 이러한 감정이 묻어났다. 예감적인 우울이 그녀의 모든 언어를 베일로 감싸기 시작했다. 얼마 뒤 그녀는 폴리냐크 부인에게 이렇게 적었다. "당신과 헤어져 있는 일이 얼마나 서운한지 말로 다할 수 없어요. 당신도 같은 마음이기를 바랄 뿐이에요. 끊임없이 마음에 상처를 입었기에 조금 약해졌지만 건강은 꽤 좋은 편입니다. 우리 주위에는 곤궁과 불행, 불행한 사람들뿐—사라져간 사람들은 예외겠지요. 누구나 할 것 없이 달아납니다. 나는, 가까운 사람들이 내게서 떠나간 일들을 생각하면 그래도 다행스럽게 느껴져요." 참된 친구들에게조차 약점을 보이지 않으려는 듯이, 아니면 일찍이 왕비로서 갖고 있었던 힘 가운데서 아직 한 가지만은, 왕비다운 태도만은 지니고 있다는 듯이 잇따라 이렇게 덧붙이고 있다. "그러나 내가 이렇게 싫은 일 때문에 힘도 용기도 꺾이고 말리라고는 생각하지 마세요. 그런 일로 힘을 잃지는 않아요. 도리어 이렇게 지겨울 때는 더욱더 조심성을 배울 수 있답니다. 이런 때야말로 사람을 배울 수 있고 호의를 가진 사람과 그렇지 못한 사람을 구별해낼 수 있어요."

즐겁게, 너무나도 즐겁게 화려한 생활을 보내 온 왕비 주변은 이제 조용해졌다. 대대적으로 도망치기 시작한 것이다. 옛 친구들은 어디에 있을까? 모두 지난해 눈처럼 사라져 버렸다. 욕심쟁이 아이들처럼 언제나 선물이 놓인 탁자 주위에서 떠들던 로쟁 에스터하지, 보드레유. 노름 상대를 하거나 춤추거나 기사 역을 맡았던 사람들은 모두 다 어디로 간 것일까. 말을 타고, 마차를 타고 그들은 저마다 달아났다. 변장하고 베르사유를 떠나갔다. 무도회에 가기 위한 변장이 아니라 민중의 돌팔매를 맞지 않으려고 변장한 것이었다. 밤마다 마차가 금색 격자문을 지나 다시는 돌아오지 않을 길을 떠나갔다. 텅 빈 홀은 쥐죽은 듯 조용했다. 연극도 무도회도 행렬도 알현도 사라지고, 전과 변함없는 것은 오로지 아침 미사뿐이었다. 작은 회의실에서 대신들은 지루하고 쓸모없는 회의를 하기는 했지만 그들로서도 무엇을 의논하는지 몰랐다. 이렇듯 베르사유 궁은 에스코리알*8이 되어 버렸다. 슬기로운 자는 모두 숨어버리는 것이다.

그러나 왕비의 가장 친한 친구라고 여겼던 패거리들이 모두 그녀를 버리고 떠나갔을 때 진정한 친구였던 사람이 어둠속에서 홀연히 나타났다. 한스 악셀 폰 페르센이 바로 그 사람이다. 마리 앙투아네트의 총신이 되는 것이 영광이었던 시절엔 이 훌륭한 사람은 애인의 명예를 소중하게 지키기 위해 소심하게 모습을 감추고, 그녀 생활의 가장 깊은 비밀을 호기심과 비방으로부터 지켜주었다. 그러나 왕비의 친구라는 사실이 아무런 이익도 명예도 가져다주지 않을 뿐만 아니라, 존경이나 질투조차 불러일으키지 않고 오히려 용기와 아낌없는 헌신만을 요구하게 된 지금, 단 한 사람을 사랑했고 그 사람에게서 사랑을 받았던 이 인물은 스스로 의연하게 마리 앙투아네트 곁으로 다가와 역사 속에 발을 들여놓았다.

---

*8 스페인 왕실 무덤.

친구가 나타나다

　한스 악셀 폰 페르센의 존재는 오랫동안 비밀에 가려져 있었다. 그는 공식적으로 인쇄된 구애자들 명단에도 오른 적이 없으며, 대사들 편지와 동시대인들의 어느 보고서에도 나타난 적이 없었다. 그는 폴리냐크 부인의 살롱에 알려진 손님도 아니었다. 밝음과 빛이 있는 곳에 고귀하고 진실한 그의 얼굴은 한 번도 나타난 적이 없었다. 그는 현명하고 절제 있는 처신으로 악의에 찬 궁정 패거리들의 입을 피할 수 있었으나 역사 또한 오랫동안 그를 주목하지 않았다. 왕비와의 깊은 비밀이 없었더라면 그는 영원히 어둠속에 묻혀 버리고 말았으리라. 그러나 19세기 후반에 와서 갑자기 낭만적인 풍문이 돌기 시작했다. 마리 앙투아네트의 수많은 비밀 편지는 봉인된 채 그 누구의 손길도 닿을 수 없는 곳에 보관되어 왔다. 그 편지가 공개되기 전에는 누구도 그의 비밀을 믿으려고 하지 않았다. 그러나 내밀한 부분이 전부 삭제되었음에도 불구하고 그 편지가 공개되자, 이 무명의 스웨덴 귀족은 단번에 마리 앙투아네트의 모든 친구들 중에서 특출한 자리를 차지하게 되었다. 그리고 편지 공개는 지금까지 경박스러웠다고만 알려진 앙투아네트의 성격 형태를 완전히 바꾸어 놓았다. 이 영혼의 드라마는 절반은 왕궁의 그림자에, 나머지 절반은 기요틴에 가려진 목가에 역사가 만들어낼 수 있는 감동적인 사건이었다. 한편은 프랑스 왕비, 다른 한편은 북구의 젊은 귀공자, 이 두 사람은 비밀을 숨겨야 하는 조심성과 의무 속에서도 서로 멀어지려 하면 할수록 자꾸만 가까워졌다. 그리고 이 두 인간의 운명 뒤에는 붕괴되어 가는 세계, 묵시록과도 같이 신비한 세계, 불꽃 튀기는 역사의 장(章)이 진행되고 있었다.

　이 위대하고 역사적인 사랑의 드라마는 화려하게 시작된 게 아니라 완전히 로코코 스타일로 시작되었다. 서막은 파우블라스*¹에서 베낀 듯한 인상을 준다. 귀족 후손이며 상원의원의 아들인 스웨덴 젊은이가 열다섯 살 때 가정교사와 함께 사교적인 사람이 되고자 3년간 여행을 떠난다. 한스 악셀은 독일에서 고등교육을 받았고 군사학을 배웠다. 이탈리아에서 의학과 음악을 배운 다음 제네바에 가서 그 시대 학문의 최고봉인 볼테르를 만났다. 바싹 말라 새처럼 가벼운 몸에 수놓은 가운을 걸친 볼테르는 그를 다정하게 맞았다. 그는 거기서 학사 학위를 끝냈다. 열여덟 살 젊은이에겐 이제 세련된 대화와 훌륭한 범절의 도시인 파리로 가서 마지막 때를 벗는 일만이 남아 있었다. 18세기 전형적인 젊은 귀족으로서의 학문을 끝맺음하는 것이었다. 그 다음에는 대사나 장관, 장군이 될 수 있었다. 세계는 그에게 열려 있었다.

고상한 품격과 예의 있는 태도, 절제할 줄 아는 현명함, 많은 재산, 외국의 후광, 그 밖에도 젊은 한스 악셀 폰 페르센은 특별한 신용장을 하나 더 갖고 있었는데, 그것은 상당한 미남이라는 사실이었다. 반듯하고 넓은 어깨와 단단한 근육. 그는 대부분의 스칸디나비아 남자들과 마찬가지로 매우 남성적이었고 그러면서도 아둔하거나 무뚝뚝한 느낌을 주지 않았다. 깨끗하고 자신에 찬 눈길과 터키칼처럼 둥그스름하게 생긴 눈썹을 가진 얼굴, 그의 초상화를 보고 호감을 느끼지 않는 사람은 없으리라. 넓은 이마와 침묵할 줄 아는 부드럽고 감각적인 입. 초상화만 보아도 진짜 여자라면 그런 남자를 사랑하지 않을 수 없고 인간적으로 신뢰하지 않을 수 없음을 알 수 있다. 페르센은 만담가, 재치꾼이거나 재미있는 벗으로서 이름을 날리지는 못했지만, 소박하고 꾸밈없는 재능이 인간적인 성실함, 자연스런 범절과 결합되어 있었다. 1774년에 이미 대사는 구스타프 왕에게 다음과 같이 자랑스럽게 보고하였다. "제가 아는 한 여기 머물렀던 많은 스웨덴 사람 가운데 이 사람이야말로 넓은 세상에서 가장 뛰어나다는 인정을 받을 사람이라 생각됩니다."

이 젊은 기사는 성격이 까다롭지 않았다. 여자들은 그를 "얼음옷을 덮은 정열가"라고 찬양했다. 그는 프랑스에서 재미 보는 일을 외면하지 않았고 파리 궁중 무도회나 모임에도 열심히 참여했다. 어느 날 그는 놀랄 만한 모험을 경험하게 되었다. 1774년 1월 20일 저녁, 오페라 무도회에서 눈에 띌 만큼 멋진 차림의 마르고 젊은 여자가 날씬한 허리와 경쾌한 걸음으로 그에게 다가와서는 비로드 마스크를 쓴 채 유쾌하게 말을 건넸다. 그녀의 칭찬에

---

*1 루베 드 구비레의 소설.

들뜬 페르센과 여인의 대화는 즐겁게 이어졌고, 페르센은 이 도전적인 파트너가 아주 기발하고 재미있다는 생각을 했다. 그는 벌써 하룻밤을 함께 지낼 갖가지 꿈을 혼자서 꾸고 있었는지도 모를 일이다. 그때 그는 주위 남녀들이 호기심에 가득 차 수군거리고 있음을 눈치챘다. 자신과 가면 속 여자가 바로 그 주목의 대상이라는 것까지. 장난스런 음모가 가면을 벗기자 상황은 복잡해졌다. 그녀는 마리 앙투아네트였다. 프랑스 왕위 계승자 아내가 졸고 있는 남편의 쓸쓸한 침대에서 뛰쳐나와 오페라 가장무도회에서 낯선 기사와 잡담을 즐기고 있었던 것이다. 이탈자인 황태자비는 단박에 궁녀들에게 둘러싸여 자기 자리로 돌아가야만 했다. 수다스러운 베르사유 궁정의 베일 뒤엔 무엇이 남았을까? 사람들마다 예의에 어긋나는 황태자비의 총애에 대해서 수군거렸고, 그 다음 날엔 화가 난 메르시 대사가 마리아 테레지아에게 탄식의 글을 올렸으며, 쇤브룬에서는 "머리가 텅 빈 딸"에게 혹독한 편지가 서둘러 날아왔다. 이제 제발 어울리지 않는 "방탕한 생활"을 청산하고, 가장무도회에 대해서 떠들어대는 소리가 더는 들리지 않도록 하라는 편지였다. 그러나 마리 앙투아네트는 굽히지 않았다. 그 젊은이가 마음에 들었고 앙투아네트는 그것을 숨기지 않았다. 그날 저녁 이후 지위나 계급으로 보면 특별할 것도 없는 그 젊은이는 베르사유 궁중 무도회에서 극진한 환대를 받았다. 그때부터, 너무 뜨거웠던 그 첫 순간부터 두 사람 사이에 애정이 싹튼 것일까? 그것은 아무도 모른다. 그런데 이 순진무구한 연애에 커다란 사건이 벌어졌다. 루이 15세가 서거하여 어린 황태자비가 하룻밤 사이에 프랑스 왕비가 되어 버린 것이다. 그 이틀 뒤 한스 악셀 폰 페르센은 스웨덴으로 돌아갔다. 누군가가 그에게 경고를 했을지도 모를 일이다.

제1막이 끝났다. 그러나 멋진 도입부이며 본막의 서막에 불과하다. 열여덟 살 두 남녀가 서로 만나 눈이 맞았다는 사실은 더 이상 말할 필요가 없다. 현대판으로 말하자면, 댄스 학습 시간의 우정이나 김나지움 학생들의 연애 사건과 비슷하다. 아직 본격적으로 아무것도 일어나지 않았고 감정의 깊숙한 부분 또한 흔들리지 않았다.

제2막 : 4년 뒤인 1778년 페르센은 다시 프랑스로 왔다. 그의 부친은 스물두 살 젊은 아들에게 런던의 폰 로엘 양이나 나중에 마담 드 스탈로 유명해진 제네바 은행가의 딸 네케르 양처럼 부유한 신붓감을 구해 오도록 그를 내

보낸 것이었다. 그러나 폰 페르센은 결혼에 대해서는 전혀 흥미가 없었다. 도착하자마자 그 젊은이는 멋지게 차려 입고 궁중에 나타났다. 사람들이 그를 알아볼까? 기억하는 사람이 혹시 있을까? 왕은 아무 말 없이 고개를 끄덕이면서 별로 중요하지 않은 듯한 외국 청년을 무관심하게 쳐다보았다. 아무도 그에게 다정한 말을 건네주지 않았다. 오직 왕비만이 그를 알아차리며, 곧 "어머, 우리는 오래전부터 서로 아는 사이지요" 반가운 내색을 했다. 왕비는 이 아름다운 북구의 기사를 잊지 않았던 것이다. 그녀는 페르센을 모임에 초대했고 그에게 호의를 보였다. 처음 만났을 때와 마찬가지로 선수를 친 쪽은 마리 앙투아네트였다. 곧 페르센은 부친에게 이렇게 보고했다. "제가 알고 있는 한, 왕비 가운데 가장 아름다운 왕비께서 황공하옵게도 저에 관해서 여러 질문을 하셨습니다. 그분은 크로이츠*2에게 왜 제가 일요일 카드놀이에 오지 않았는지 물으셨습니다. 제가 초대받지 않은 모임에 왔다가 그냥 갔다는 이야기를 들으시더니, 미안하다고 말씀하셨습니다."

괴테의 말을 인용하자면 이는 "청년에 대한 끔찍한 총애"가 아닐 수 없다. 7년 동안 로앙 추기경 인사도 받지 않았고, 4년 동안 마담 뒤바리에게 고개 한 번 까닥하지 않았던 거만한 여자가 베르사유에 한 번 헛걸음을 했다고 해서 보잘것없는 귀족에게 사과를 했다는 사실은 대단한 일이 아닐 수 없다. "카드놀이를 하면서 그분은 매번 제게 말을 거셨습니다." 며칠 뒤 젊은 기사는 부친에게 이렇게 보고했다. 예의에 어긋나는데도 불구하고 "아름다운 왕비께서는" 제복이 그에게 얼마나 잘 어울리는지 보고 싶다며 고향에서 입던 제복을 입고 베르사유로 한번 와 달라는 부탁까지 했다. 이것이야말로 연인의 변덕*3이었다. 물론 '미남 악셀'은 그 소원을 들어 주었다. 오래 전부터의 게임이 이제 다시 시작된 셈이다. 단지, 왕비로서는 정말 위험한 게임이 아닐 수 없었다. 궁중이 아르고스*4의 천 개의 눈과 함께 지켜보고 있었기 때문에 마리는 전보다 더 조심해야만 했다. 왜냐하면 이제 그녀는 어리다는 이유로 용서를 받을 수 있었던 열여덟 살짜리 황태자비가 아니라 프랑스 왕비이기 때문이다. 그러나 그녀의 피는 끓고 있었다. 괴로웠던 7년이 지나

---

*2 스웨덴 대사.

*3 괴테의 희곡 제목.

*4 그리스 신화에 나오는 천 개의 눈을 가진 거인.

고 서툴기만 했던 루이도 이젠 부부 관계를 제대로 이끌어나갈 수 있게 되어서 왕비를 진짜 여자로 만들어 놓았다. 하지만 아름다움으로 활짝 피어 있는 이 섬세한 여자가 배불뚝이 남편과 젊고 아름다운 애인을 비교할 때 무엇을 느꼈겠는가? 자신도 의식하지 못한 채 처음으로 열정적인 사랑에 빠진 그녀는 애교와 상기된 당황함으로 페르센에 대한 자신의 감정을 호기심 많은 모든 사람들 앞에서 드러내고 말았다. 마리 앙투아네트는 그녀의 인간적이며 따뜻한 성격 때문에, 위험하다, 특히 좋고 싫음을 숨기지 못하는 천성 때문에, 어떤 궁녀는 페르센이 궁정으로 들어오자 왕비가 놀라움으로 전율하는 모습을 보았다고 말했다. 언젠가는 피아노 앞에 앉아 디도의 아리아를 부를 때 온 궁정 사람들이 보고 있는데서 "아, 당신을 궁정에 맞아들였을 때 나는 얼마나 용기가 생겼는지 모릅니다"라는 구절을 마음속으로 비밀스럽게(이미 비밀이 아니었다) 읊조리며 선택한 애인을 평소 냉담하기만 했던 그 푸른 눈으로 꿈꾸듯 쳐다보았다고도 했다. 이미 소문이 나돌았다. 온 궁정이 떠들어댔다. 왕의 측근들에게는 이 일이야말로 가장 중대한 세계사적 사건이었다. 그래서 왕비가 그를 정부로서 맞아들일 것인지, 그리고 어떤 식으로, 언제 그렇게 될 것인지에 대해 수군댔다. 이미 그녀의 감정은 숨길 수 없는 게 되어 버렸고, 자신만이 알지 못할 뿐 누구나 페르센이 젊은 왕비의 총애를 독차지하고 있어 그가 용기만 있다면, 또는 경박하기만 하다면 그녀를 차지할 수 있으리라는 것을 알고 있었다.

그러나 페르센은 스웨덴인이었고, 진짜 남자였으며, 절도 있는 인간이었다. 북구인들에게는 강한 낭만적인 경향이 저지받지 않는 조용하고 냉철한 이성과 결속되어 있다. 그는 사태의 심각함을 당장 간파했다. 왕비가 자기를 편애하고 있다는 사실을 그보다 더 잘 아는 사람은 아무도 없었다. 그리고 그 또한 젊고 매혹적인 여자를 사랑하고 존경하였다. 그러나 그런 감정적인 취약점을 경솔히 이용하고 왕비를 쓸데없는 소문의 대상으로 만드는 것은 올바른 일이 아니었다. 공개적으로 사랑을 한다면 틀림없이 스캔들 감이었다. 플라토닉한 총애만으로도 이미 마리 앙투아네트는 충분히 비난을 받고 있지 않은가. 그러나 사랑에 빠진 젊고 아름다운 여자로부터 냉정하게 돌아서서 요셉*5역이나 하기에는 페르센의 피가 너무나도 뜨거웠고 젊었다. 결국 이 훌륭한 청년은 그런 곤궁에서 해낼 수 있는 가장 고귀한 행동을 취한다.

그것은 자기와 위험한 여자 사이에 수천 마일이라는 거리를 두도록 한 것이었다. 그는 군대에 들어가 라파예트의 부관으로서 미국으로 떠날 결심을 했다. 실마리를 풀 수 없을 정도로 엉겨 비극으로 발전하기 전에 그 실을 끊겠다는 생각이었다.

연인들의 이별에 관해서는 진실의 기록이 남아 있다. 스웨덴 대사가 구스타프 왕에게 보낸 공식 문서가 그것인데, 거기엔 페르센에 대한 왕비의 열정적 총애가 역사적으로 증명되어 있다. 대사는 이렇게 썼다. "젊은 페르센이 왕비 총애를 입어 몇몇 사람들의 의심을 받을 정도라는 사실을 폐하께 알려 드리지 않으면 안 되겠습니다. 제가 보기에도 왕비께서 그를 총애하는 것은 틀림없습니다. 확실한 증거가 있으므로 의심할 수 없는 사실입니다. 젊은 페르센 백작은 이번 일에 자신의 겸양으로 결단을 내리는 훌륭한 처신을 했는데 그것은 미국으로 떠나는 결심입니다. 떠남으로서 그는 모든 위험을 방지했습니다. 그런 결단은 그의 나이로 볼 때 내리기 힘든 것이었습니다. 떠날 날이 가까워지자 왕비는 그에게서 눈을 떼지 않으셨으며, 그를 바라보는 눈에 눈물이 가득했습니다. 폐하께 부탁드리오건대 이 일을 비밀로 해 두시고 페르센 참사께는 알리지 말아 주십사 하는 것입니다. 궁중에서는 백작의 출발 소식에 모두 놀랐습니다. 폰 프리츠—제임스 백작 부인 같은 사람은 '당신께선 '공략을 포기했군요'라고 말했습니다. '제가 누군가를 공략했다면 결코 포기하지 않았을 텐데요. 저는 떠나고 싶기 때문에 떠날 뿐이며 후회는 없습니다.' 이런 대답이 그의 나이로서는 나오기 힘든 현명하고도 신중한 대답이었음을 폐하께서도 인정하실 것입니다. 왕비 또한 전보다 훨씬 절제되고 현명한 행동을 보여 주셨습니다."

이 기록은 마리 앙투아네트가 '덕'의 수호자로 깨끗하게 순결을 지켰다는 것을 말해 준다. 페르센은 결혼 생활을 파괴하기 직전 총애의 마지막 순간을 피했다. 연인들은 서로 힘든 선택을 했던 것이다. 그들의 대단한 연정은 "순수한" 상태로 남게 되었다고 기록은 말해 준다. 그러나 그것은 스토리의 끝이 아니라, 1779년까지는 마리 앙투아네트와 페르센 사이가 아직 마지막 단계에까지 가지는 않았다는 잠정적인 보고에 불과하다. 몇 년 지나지 않아 그

---

*5 성모마리아의 남편.

들의 열정은 결정적으로 위험한 상태까지 발전하게 된다. 이것은 2막의 끝이며 아직까지는 그렇게 깊이 빠져 들었다고 볼 수는 없다.

3막 : 페르센의 귀환. 자신이 선택했던 4년간에 걸친 망명길로부터 미국 의용대와 함께 돌아온 페르센은 곧 베르사유로 발길을 서둘렀다. 미국에서도 계속 왕비와 편지 왕래가 있었지만 사랑은 점점 열기를 더해 가 이제는 더 이상 헤어져 있을 수 없을 정도였다. 두 사람의 사랑은 너무나도 깊게 뿌리를 내리고 있었기 때문에 그들의 눈길과 눈길 사이에는 어떠한 거리도 찾아볼 수 없었다. 왕비의 희망에 따라 페르센은 프랑스군 연대장이 되기로 결심했다. 이유는 오로지 왕비 때문이었다. 그러나 스웨덴에서 살고 있는 연로한 부친은 도무지 그 이유를 알 수가 없었다. 한스 악셀이 왜 그렇게 프랑스에서 오지 않으려고 할까? 노련한 군인으로, 옛 귀족 가문의 후계자로, 또 낭만적인 구스타프 왕의 총신으로서 훌륭한 지위를 얼마든지 얻을 수 있는데…… 왜 프랑스에만 머물겠다는 것일까? 실망한 참사는 화가 나서 몇 번이나 물었다. 그럴 때마다 아들은 불신에 가득 찬 아버지에게 서둘러 둘러댔다. "부유한 상속녀와 결혼하기 위해서입니다. 백만장자인 네케르 양과 같은 여자와 결혼하기 위해서죠." 그러나 사실 그가 결혼에 대해서는 생각조차 하지 않았음은 누이에게 솔직히 털어놓았던 편지에서 확실히 드러난다. "나는 절대로 결혼이라는 속박에 몸을 내맡기지는 않기로 결심했다. 그건 부자유스러운 일이니까…… 나 스스로 그녀에게 속하고 싶고, 나를 사랑하고 있는 오직 한 여자가 있지만 안타깝게도 난 그녀에게 속할 수 없는 처지다. 그래서 나는 다른 사람에게 속하고 싶지는 않다."

이것으로 충분하지 않을까? 사랑하고는 있으나 결혼할 수 없는 "오직 한 여자"가 바로 일기에 elle*[6]로 나타나는 왕비가 아니면 또 누구란 말일까? 누이에게 왕비의 총애에 대해 그처럼 자신만만하게 이야기하고 있다는 사실, 드러내놓고 말할 수 있을 정도라는 것은 왕비와의 사이에 결정적인 일이 있음을 뜻한다. 그리고 그는 부친에게 자기가 프랑스에 있어야만 하는 이유 중에는 "글로써는 도저히 다 적을 수 없는 수천 가지 개인적인 이유"가 있다고 말하였는데 그 수천가지 이유 뒤에는 공개할 수 없는 단 하나의 이유,

---

*6 불어로 그녀의 뜻.

즉 자신이 선택한 애인을 지속적으로 가까이에 붙잡아 두려는 마리 앙투아네트의 간청, 혹은 명령이 숨어 있었다. 페르센이 연대장 자리를 원한다고 생각했을 때 "이 문제를 해결해 준 총애를 베푼" 사람은 누구였을까? 그것은 평소에 군 인사 문제 같은 것엔 관심조차 없던 마리 앙투아네트였다. 그리고—이례적으로—관직 수여를 황급히 스웨덴 왕에게 통지한 사람은 또 누구였을까? 그것은 그러한 권한을 가진 최고 군사령관이 아니라 그의 연인인 왕비가 손수 쓴 편지를 통해서였다.

그해, 아니면 그 다음 해부터 마리 앙투아네트와 페르센 사이에는 내적이고도 은밀한 관계가 시작되었다. 2년 동안 페르센은—그의 뜻과는 달랐지만—부관으로서 구스타프 왕의 여행길에 동행해야만 했다. 그러나 1785년에는 마침내 프랑스로 돌아왔다. 그 몇 년 사이 마리 앙투아네트는 결정적인 변모를 했다. 목걸이 사건은 현실적이기만 하던 그녀를 고독하게 만들었고 본질적인 것에 대한 감각을 눈뜨게 했다. 그녀는 이제 영혼의 나라를 믿지 않는 부박한 무리와 경박한 무리, 유쾌한 놀이패들에게서 벗어나 자신의 쓸쓸한 가슴속 깊이 진실한 친구를 보게 되었다. 그러나 곳곳에 흩어져 있는 증오 가운데에서 부드러움, 신뢰, 사랑에 대한 그녀의 열망이 점점 자라났다. 이제 그녀는 성숙했다. 거울 앞에 서서 허영심으로 남들의 찬사를 받기 위해 애쓰는 게 아니라, 영혼을 활짝 열어놓고 한 인간에게 헌신하게 되었다. 기사다운 훌륭한 천성을 가진 페르센 또한 그녀가 비방당하고 중상당하고 추적당하고 위협당하는 인간이었음을 알면서도 충만한 감정으로 그녀를 사랑했다. 그녀가 세상에서 신처럼 숭앙 받고 많은 아첨꾼들에게 둘러싸여 있을 때 그녀의 총애를 피했던 페르센은, 이제 그녀가 도움을 필요로 하고 고독하게 되었을 때 비로소 그녀를 사랑하겠다고 나섰다. "그녀는 참으로 불행하다." 그는 이런 말을 누이에게 썼다. "그녀의 놀랄 만할 용기는 그녀를 더 매혹적으로 만드는구나. 내가 괴로워하는 것은 오로지 그녀의 모든 고통이 배상받지 못하고 있다는 점, 마땅히 누릴 만한 행복을 누리지 못하고 있다는 점이다." 그녀가 불행해지면 해질수록, 버림받고 또 고난을 당하면 당할수록 그의 남성적인 의지는 더욱 강렬해졌고 사랑으로 모든 것을 보상해 주려고 했다. "그녀는 나와 함께 그칠 줄 모르는 눈물을 흘린다. 내가 그녀를 정말 사랑하는지 알고 싶다." 그리고 대단원이 다가오면 다가올수록 두 사람은 더욱더 열정적으로, 비극적으로 가까워졌으며, 수많은 환멸을 겪으면서 왕비는 그에게서 마지막 행복을 찾아보려 했다. 그리고 페르센은 기사적인 사랑으로, 무한한 희생으로, 그녀에게 잃어버린 왕국을 보상해 주려고 했다.

가벼운 총애가 정신적인 사랑으로 변하고, 사랑의 유희가 참된 사랑으로 변하자 두 사람은 자신들의 관계를 세상에 숨기기 위해 더욱 철저히 조심했다. 마리 앙투아네트는 남들에게 의심 받지 않으려고 젊은 장교 페르센을 파리 수비군에 있게 하는 대신 국경 근처 발랑시엔으로 보냈다. 성에서 "사람들"이 자기를 부르면(페르센은 조심스럽게 일기에다 "사람들"이라고만 써놓았다), 그는 온갖 재주를 다 부려 남들이 자기가 트리아농으로 가는 이유를 조금도 의심하지 않도록 여행 목적을 거짓으로 꾸며댔다. "내가 여기서 편지를 보냈다고 남들에게 말하지 마라." 페르센은 베르사유에서 누이에게 경고한다. "왜냐하면 다른 편지들을 전부 파리에서 쓴 걸로 해 놓았기 때문이다. 안녕히 잘 있어라. 난 지금 왕비에게 가 봐야 한다." 페르센은 폴리냐크의 모임에도, 트리아농의 은밀한 모임에도 거의 참석하지 않았다. 썰매 타기에도 무도회에도 카드놀이에도 참석하지 않았다. 거기에는 왕비의 가짜 총애자들이 남들 눈에 띄게 늘어서 있었다. 이런 장식물들이 왕비의 비밀을 궁중에서 숨기는 데 많은 도움을 주었다. 그들은 낮을 지배했다. 그러나 페르센의 왕국은 밤이었다. 두 사람은 맹세를 했고 이야기를 주고받았다. 페르센은 사랑을 받으면서 침묵했다. 모든 것을 알면서도 자기의 여인이 페르센에게 반해 멋진 연애편지를 써대고 있다는 것만은 몰랐던 그때의 정통한 소식통 생 프리스트는 자기 주장이 다른 사람들 정보보다 쓸 만하다고 확신하며 말했다. "페르센은 일주일에 서너 번씩 트리아농에 갔다. 왕비 또한 아무도 대동하지 않고 똑같이 행동했다. 그런데 총아가 자신의 위치에 대해 잘난체한다든가 왕비에 관해 친구들에게 이야기하는 법 없이 아주 조심하고 신중을 기했음에도 이러한 랑데부는 곧 소문이 나 버렸다." 따라서 5년 동안두 사람이 함께 지낸 시간은 얼마 되지 않는다. 개인적인 용기나 그녀에 대한 시녀들의 신뢰에도 불구하고 마리 앙투아네트는 마음대로 할 수 없었다. 이별 직전인 1790년에야 페르센은 기쁨 가운데서 자기가 처음으로 온종일 "그녀와 함께" 있을 수 있었다고 이야기한다. 밤과 아침 사이에, 공원의 그늘 속에서, 트리아농 근처 부락의 촌가에서 왕비는 그녀의 천사를 기다렸으리라. 그것은 부드럽고 낭만적인 연주곡 〈피가로〉의 정원 장면과 비슷하다. 대개 베르사유 숲 속에서 연주되어 트리아농의 굽잇길로 이어진다. 그러다가 갑자기 돈 주안 음악의 강한 울림으로 전주가 시작되고 문앞에서 무시무시한 기사들의 무쇠 발굽소리가 들린다. 제3막은 로코코의 감미로움에서 혁명 비극의 어마어마한 형식으로 넘어간다. 그러고는 마지막으로 피와 폭력이 전율하는 가운데 크레센도가 이별의 절망감, 파멸의 황홀감을 보여준다.

사람들이 모두 달아나 버린 극한의 위험 상황에서야 비로소 행복한 시절 동안 숨어 있던 페르센의 모습이 나타난다. 진짜 친구이며 또한 유일한 친구인 그는 그녀를 위해 함께 죽을 각오가 되어 있었다. 지금까지 그늘 속에 숨어야 했던 페르센은 시대의 음침한 뇌우가 치는 삭막한 하늘을 배경으로 남자답게 그 모습을 드러낸다. 연인이 위험을 당할수록 그의 마음은 확고해지기만 했다. 두 사람은 합스부르크 집안의 황녀이자 프랑스 왕비인 여자, 낯선 스웨덴 귀족 자제 사이에 놓인 인습적인 한계선을 무시한 채 마주보았다. 페르센은 날마다 궁에 나타났다. 모든 편지가 그의 손을 스쳐갔고, 모든 결정이 그를 거쳐서 내려졌다. 가장 어려운 문제, 위험스런 비밀 또한 그에게 맡겨졌다. 페르센만이 그녀의 모든 생각과 고민, 희망을 알았으며 그녀의 눈물과 절망과 쓰라린 슬픔 또한 그만이 알았다. 모든 것을 잃게 된 바로 그 순간 왕비는 일생을 바쳐 헛되이 찾아 헤맸던 것, 즉 충실하고 올바르며 남성적인 용기를 가진 친구를 찾아낸 것이다.

그랬을까 안 그랬을까? (막간 질문)

요즘에 와서야 한스 악셀 폰 페르센이 사람들이 억측했던 것처럼 마리 앙투아네트 영혼의 드라마 속에서 조연이 아니라 주연이라는 사실이 알려졌다. 왕비와 그의 관계가 한낮 희롱이나 낭만적인 연애 장난 또는 기사풍 음유시가 아니라 사랑의 모든 옥새, 진홍빛 열정의 외투, 높은 용기, 감정의 온갖 폭을 모두 포용하며 20여 년 동안 굳혀지고 간직된 사랑이었음이 알려진 것이다. 불확실한 점은 단지 그들 사랑의 형태에 관한 것뿐이다. 그 사랑이—구시대에 흔히들 문학적으로 이야기하듯—"순수한" 사랑으로서, 열정적으로 사랑하고 열정적으로 사랑받는 여자가 그 남자에게 육체적인 마지막 사랑에 대해서는 시치미를 떼며 거절하던 그런 사랑이었는지, 아니면 그것이 "벌 받아 마땅한" 사랑, 즉 우리 관념에서 보면 완전하고 자유스러우며 규모가 크며 대담하게 주는, 모든 것을 주어버리는 그런 사랑이었을까 하는 점이다. 한스 폰 악셀이 단지 '노예 기사' 즉 마리 앙투아네트의 낭만적인 구애자였을까 아니면 실질적이며 육체적인 애인이었을까? 그가 그랬을까? 안 그랬을까?

"아니다!" "절대 아니다!" 충성스런 전기 작가들의 말이다. 그것도 극도로 화를 내면서 수상할 정도로 허겁지겁 말한다. 그들은 무슨 일이 있어도 왕비를 "우리의" 왕비로서 "순결하며" 어떤 "비하의 언사"에서도 보호해야 한다고 말한다. "그는 왕비를 열정적으로 사랑했다"라고 베르너 폰 하이덴 슈탐[1]은 부러울 정도로 자신감에 차서 말했다, "조금이라도 육체적인 생각을 했었다면 이 사랑은 음유시인이나 원탁의 기사 이야기처럼 불순한 게 되고 말았을 것이다. 마리 앙투아네트는 아내로서의 의무, 왕비로서의 품위를

---

*1 스웨덴 시인.

한 순간도 잊지 않은 채 그를 사랑했다." 경외심에 가득 찬 열성분자들로서는 프랑스 마지막 왕비가 '명예 보존'을 거역했으며, 그 나라 모후의 전부 또는 대부분이 그 비슷했다는 사실은 생각조차 할 수 없는 일이다. 누군가가 그런 생각을 하려 들면 그들은 강력하게 항의한다. 그러니 이 "끔찍한 중상 모략"에 대해서는 더 이상 "중상하거나 비꼬지"말고(꽁꼬드) 사실을 덮어 두는 게 낫다는 이야기다. 더 이상 질문한다면 마리 앙투아네트의 '순결함'을 옹호하는 사람들은 신경이 예민해져서 신경질을 부릴 것이다.

이들의 생각 그대로 페르센이 앙투아네트를 일생 동안 단지 "이마 위에 후광을" 지닌 여자로 쳐다보았을지, 아니면 남성적이며 인간적인 눈길로 바라보았을지 하는 문제에 관해서는 입을 다물고 묵묵히 지나쳐가는 게 낫지 않을까? 이 의문점은 그냥 덮어 둔 채 지나쳐 버리는 게 나을지도 모른다. 그러나 한 남자의 마지막 비밀을 알기 전에는 그 남자를 온전히 알았다 할 수 없고, 사랑의 기본 형태를 이해하기 전에는 한 여자의 성격을 완전히 파악했다고 할 수 없다. 세계사적 측면에서 볼 때 이들의 열정은 그저 삶을 스쳐 지나간 사건에 불과한 게 아니라 결정적으로 정신세계를 완전히 사로잡은 일이다. 그러므로 이 사랑이 어느 한계까지 갔는가 하는 문제는 하찮거나 또는 냉소적으로 대해선 안 되며, 한 여자의 영혼을 그려 내는 데 있어서 결정적인 사건으로 다루어야 한다. 올바로 그려내기 위해서는 눈을 똑바로 떠야 한다. 좀 더 가까이 다가가서 그때의 상황과 기록을 조사해 보기로 하자. 조사해 보면 이 질문에 대한 해답이 나올지도 모르는 일이다.

첫 번째 의문 : 시민적인 도덕의 의미에서 그것을 죄라고 가정해 보자. 마리 앙투아네트는 페르센에게 정말 아무 생각도 없이 몸을 내맡겼을까? 이 무절제한 열정에 대해 왕비가 유죄라고 말할 수 있는 사람은 누구일까? 동시대인들 중에서는 세 명의 상당한 남자들이 거기에 속한다. 그들은 문 뒤에서 엿듣는 자들이 아니라 상황을 알아볼 만한 위치에 있던 대단한 인물들이었던 나폴레옹, 탈레랑 그리고 사건의 진행을 두 눈으로 지켜본 루이 16세의 신하 생 프리스트였다. 이 세 사람은 자신 있게 마리 앙투아네트가 페르센의 애인이었으며 의심할 나위 없는 사실이라고 주장한다.

이 상황에 대해 가장 믿을 만한 인물인 생 프리스트는 세세한 부분까지 자세히 알고 있었다. 왕비에 대한 적개심 없이 매우 객관적으로 트리아농, 생크루, 튈르리 궁에서 페르센의 한밤 비밀 방문에 관해서 이야기하고 있다. 라파예트가 그에게만 이들 성에 출입을 허락했다. 그는 비밀 사건의 유일한 목격자가 되었다. 또 폴리냐크 부인은 그 모든 사실을 알면서도 외국인이 왕비의 총애를 받는 일에 대해 별로 유감스럽게 생각하지 않았으며, 이 외국인은 그런 총애를 이용해 어떤 이득도 보려 하지 않았다고 말했다. 광신적인 도덕 보호자들이 나폴레옹과 탈레랑을 중상자들이라고 불렀던 점은 무시한다 하더라도, 그때의 일을 공평하게 조사한다는 것은 큰 용기가 필요했음이 확실하다. 그러나 두 번째 문제는 동시대인들 중에서 또는 목격자들 중에서 페르센이 왕비 애인이라는 사실을 감히 말할 수 있는 사람이 있었을까 하는 점이다. 한 사람도 없었다. 측근들은 페르센의 이름을 입에 올리지 않기 위해서 조심, 또 조심했다. 왕비가 머리에 꽂는 관까지 샅샅이 알고 있던 메르시 또한 공식적인 편지에서는 한 번도 페르센이라는 이름을 언급한 적이 없을 정도였다. 궁중 충신들은 편지를 전해준 "어느 양반"에 관해서만 이야기하고 있을 뿐이다. 아무도 그의 이름을 입 밖에 내지 않았다. 한 세기 동안이나 이상한 함구의 맹세가 지켜져 왔기 때문에 일급 전기 저술가들 또한 그를 잊어버렸다. 사람들은 페르센의 인상을 지울 수는 없어 그를 암호화했다. 낭만적이며 도덕적인 전설을 지어내는데 방해가 되는 저술가들이 가능하면 잊어버리게끔 한 것이다.

그렇기 때문에 역사적인 연구는 한동안 어려운 문제에 부딪치게 되었다. 곳곳에서 매우 의심스러운 상황과 마주치게 되고, 결정적인 증거가 날렵한 손에 의해서 마치 요술처럼 사라져 버린 게 발견되었다. 남아 있는 자료만으로는 명확한 사실을 집어낼 수가 없었다. 현행범은 확인할 수가 없었다. 그랬을지도 모르지만, 안 그랬을지도 모른다. 이 정도로밖에 말을 할 수 없었다. 마지막 열쇠가 되는 증거가 없기 때문에, 페르센 사건을 역사적으로 탐구해 보려는 사람은 한숨을 쉬면서 기록 뭉치를 내던지고 이런 말이나 하는 수밖에 도리가 없었다. 즉 기록된 것이 하나도 남아 있지 않고, 인쇄된 것도 없으며, 아무리 보아도 결정적인 증거 하나 찾아낼 수가 없었다.

그러나 시각적으로 아주 제한된 탐색이 끝나는 곳에서 자유롭고도 활기에 찬 영혼의 방법이 시작된다. 고문서학이 밝힐 수 없는 것을 심리학은 밝힐 수 있다. 심리학이 논리적으로 얻어낸 개연성이 서류나 사실이 말하는 살벌한 진실보다 오히려 더 진실에 가까울 때가 많다. 역사를 기록만으로 이야기한다면 역사는 얼마나 왜소하고 초라하고 허점투성이인지 모른다. 의미의 명확함과 확실함은 과학 분야인 반면, 의미의 다양함을 캐내는 일은 심리학의 영역이다. 서류상의 증거가 충분치 못한 곳에도 심리학자들을 위한 무한한 가능성은 열려 있다. 기록보다는 감정이 인간에 대해서 더 많은 것을 알고 있다.

먼저 기록을 다시 한 번 살펴보자. 한스 악셀 폰 페르센은 낭만적인 감정을 가진 사람이었지만 한편 질서정연한 사람이기도 했다. 그는 대단히 정확하게 일기를 적었다. 아침마다 날씨와 기압을 깨끗하게 쓴 다음 정치적인 사건이나 개인적인 사건까지 적어 넣었다. 그는 매우 정연한 사람으로, 보낸 편지와 받은 편지를 날짜와 함께 우편물 책자에 보관했다. 자기 문서에 대해서 손수 간단한 설명까지 남겨 놓았으며 서신을 기술적으로 잘 보관했기 때문에 역사 연구가들에게는 이상적인 사람이었다. 1810년 세상을 떠났을 때, 그는 자기 생애를 흠잡을 데 없이 잘 정리해 남겨 놓았는데 그것은 달리 찾아보기 힘들 정도로 잘 정리된 기록상의 보물이었다.

그 보물은 어떻게 되었을까? 그대로 남아 있다. 이 자체가 조금 이상한 일이긴 하지만. 서류의 존재에 대해 후계자들은 조심스럽게—걱정스럽게라고 말하는 편이 나을 것 같다—침묵해 왔다. 아무도 그 서류철에 다가간 사람이 없었고, 그것이 있다는 사실조차 몰랐다. 페르센이 죽은 뒤 반세기가 지나서 클링코브슈트렘 남작이 그 서신과 일기의 일부를 끄집어냈다. 그러나 이상하게도 그 서류들은 온전치 못했다. 또한 '조세핀'이라는 이름으로 기입되어 있는 앙투아네트 편지철 일부와 그해 쓰여진 페르센의 일기가 함께 사라져 버렸다. 더욱 이상스러운 일은 편지 곳곳이 알아볼 수 없도록 점들로 대체되어 있다는 사실이다. 그리고 전에는 온전히 보존됐던 후손들의 편지까지 훼손되거나 없어진 것을 알 수 있다. 이것은 무언가를 이상화(理想化)하려는 의도에서 사실을 은폐해 놓은 것임에 틀림없다.

편지는 삭제된 부분도 있고 알아볼 수 없게 된 부분도 있다. 왜일까? 원본부터 알아볼 수 없게 되어 있다고 클링코브슈트렘은 말한다. 누가 그랬을까? 물론 페르센 자신이 그랬으리라. "물론." 그 목적은? 이 질문에 대해서 클링코브슈트렘은 한 편지에서 지워진 부분이 정치적인 비밀을 지켜야 할 구절이거나, 또는 스웨덴 구스타프 왕에 대한 마리 앙투아네트의 비우호적인 논평이었으리라 추측된다. 페르센이 편지를 왕에게 보여 주기 전에 그 부분을 없애버렸다고 한다. 유별나게! 그러나 편지는 상당 부분 암호로 적혀 있을뿐더러 왕에게는 사본만을 내보이게 되어 있었다. 무엇하러 원본까지 훼손해 가면서 알아볼 수 없게 만들었는지 그 점이 아주 의심스럽다. 그러나 앞서 말했듯이 편견은 금물이다.

다시 한 번 살펴보자. 읽을 수 없게 만들어 놓은 곳과 점으로 대체된 곳을 자세히 들여다보도록 하자. 무얼 느낄 수 있을까? 가장 먼저 알 수 있는 것은 의심스런 부분이 보통 편지의 시작과 끝에 있다는 점이다. 다시 말해 편지 서두나 "안녕"이라는 단어 다음에 그렇게 된 곳이 많다는 것이다. 예를 들면 "이야기는 다 끝났어요"라는 구절이 있는데 사무적이고 정치적인 이야기는 이제 다 했으니 이제…… 그런데 그 바로 다음부터 알아볼 수 없게 되어 있다. 편지 중간에도 정치와는 전혀 관계없는 구절이 발견된다. "당신의 건강은 어떠신지요? 당신이 당신 자신을 돌보지 않고…… 나는 필요 이상으로 참습니다." 어떻게 이런 식으로 정치에 대해 이야기할 수 있단 말인가? 왕비는 자기 자녀들에 관해 이야기하면서 "아이들을 돌보는 일은 나의 유일한 행복입니다. 나는 참을 수 없이 슬퍼지면 어린 아들을 꼭 껴안습니다." 천 명 중 999명은 공백에 어떤 말이 들어가야 할는지 상상할 수 있으리라. "당신이 이곳을 떠난 이후에" 이런 비슷한 말이 들어가야지, 스웨덴 왕을 비꼬는 말이 들어갈 리는 결코 없을 것이다. 따라서 클링코브슈트렘의 주장은 그대로 받아들일 수 없다. 공백 부분에는 정치적인 비밀 말고도 매우 인간적인 비밀이 숨겨져 있기 때문이다. 그런데 그 비밀을 밝혀낼 수 있는 방법이 발명되었다. 현미경을 써서 뭉개 놓은 편지 구절을 손쉽게 읽어내는 것이다. 자, 이제 원본만 찾아오면 된다.

그런데 또 놀라운 일이 벌어졌다. 그 원본이 사라져 버렸다. 1900년까지 거의 1세기 동안 편지는 페르센이 살았던 성에 잘 보관되어 있었다. 그런데 그 편지가 갑작스럽게 없어져 버렸다. 알아보지 못하도록 만들어 놓은 구절을 알아낼 수 있는 기술이 발명되었다는 것은 보수적인 클링코브슈트렘 남작에게는 악몽이었으리라. 그래서 그는 세상을 떠나기 전에 페르센에게 보낸 마리 앙투아네트의 편지를 모두 불태웠다. 이는 유래를 찾아보기 힘든 헤로스트라투스*²적인 행동이었다. 그러나 다른 한편 어리석고 무의미한 행동이기도 했다. 클링코브슈트렘은 어떻게 해서든지 페르센 사건을 광명보다는 여명 속에, 확실한 사실보다는 신화 속에 남겨두고자 했다. 그는 편지를 없애버림으로써 페르센의 '명예'와 마리 앙투아네트의 명예를 구하고 조용히 세상을 떠나면 된다고 생각했다.

그러나 이런 식의 소각은 범죄보다도 더 나쁜 행위였다. 아주 어리석은 짓이다. 증거 인멸은 그 자체로 죄책감의 증거이며, 범죄학의 불문율에는 아무리 감쪽같이 증거를 없애버린다 하더라도 언제나 한 가지 증거쯤은 남게 된다는 법칙이 있다. 결국 뛰어난 탐색가인 알마 스예더헬름이 마리 앙투아네트 편지 사본 하나를 발견해냈다. 그 편지는 페르센의 편지 사본 속에 섞여 있었기 때문에 그대로 남아 있을 수 있었다. (원본은 물론 '알 수 없는 손'에 의해 없어져 버렸다.) 이것을 발견한 덕분에 우리는 처음으로 왕비의 비밀스런 편지와 함께 단서 혹은 그 이상으로 우리 손에 쥐어진 모든 다른 편지의 에로스적인 힌트를 얻게 된다. 이제 우리는 세심한 출판자가 다른 사람에게 무엇을 감추려는지 알 수 있다. 이 편지 마지막에도 "안녕"이라고 적혀 있고 그 뒷부분은 삭제되지 않은 점 찍힌 부분들이 나온다. 그것은 "안녕, 모든 남성들 중에서 가장 사랑하고 있으며, 가장 많은 사랑을 받고 있는 이여"라고 판독되었다.

이 구절을 어떻게 달리 받아들일 수 있단 말인가? 우리는 클링코브슈트렘을 비롯해 '순결'을 선서한 사람들이 더 많은 기록을 손에 들고 페르센 사건을 어찌 설명해야 할지 대단히 걱정했으리라 상상할 수 있다. 심장의 맥박을 이해하는 사람이라면 왕비가 한 남자에게 인습에 어긋날 정도로 용감하게 자기 마음을 표현했다는 것은, 사랑의 마지막 증거까지도 이미 주어 버린 지 오래라는 사실을 상상할 수 있기 때문이다. 남겨진 이 한 행은 사라진 다른 모든 구절을 보상하고도 남는다. 사라졌다는 것 자체가 벌써 그 증거다. 남아 있는 이 한마디 말이면 충분하다.

---

*2 자신의 이름을 영원히 하기 위해 아르테미스 신전을 태움.

그러나 조금 더 검토해 보자. 남겨진 이 편지 말고 페르센의 일생에는 결정적인 장면이 하나 더 있다. 그것은 왕비가 죽고 6년 뒤의 일이다. 페르센은 라슈타트 회의[3]에서 스웨덴 정부를 대표했다. 그때 보나파르트가 무뚝뚝하게 에델스하임 남작에게, 페르센이 왕당파적인 기질을 가진 것은 물론이고 왕비와 잠까지 잔 사람하고는 이야기하지 않겠다고 강경하게 맞섰다. 관계가 있었다고 말한 것이 아니라 외설스럽게도 "왕비하고 잤다" 말했던 것이다. 에델스하임 남작은 페르센을 변호하려 하지 않았다. 그 또한 사실이라고 생각했기 때문이다. 그는 웃음으로 얼버무리면서 '구제도' 아래 있었던 그 사건은 이미 지나간 일이며 정치와는 아무 상관도 없는 일이라고만 변명했을 뿐이다. 그는 페르센에게 그 이야기를 그대로 옮겼다. 페르센은 어떻게 했을까? 만일 보나파르트의 말이 거짓이라면 그는 어떻게 했어야 할까? 그 모욕에 대해(사실이 아니라면) 왕비를 옹호했어야만 하지 않았을까? 그건 모욕이라고 소리쳤어야 하지 않았을까? 작은 코르시카 출신 풋내기 장교에게 결투라도 신청하는 게 옳지 않았을까? 자기 애인이 정말로 그런 적이 없었다면 명예를 존중하는 대쪽 같은 그의 성격상 여자에게 그런 모욕을 당하게 할 수는 없었으리라. 오래전부터 수군대는 그 소문을 번득이는 칼로 내리쳐 한순간에 박살 내버려야 하지 않았을까?

페르센은 어떠했는가? 슬프게도 그는 입을 다물었다. 펜대를 잡고 에델스하임과 보나파르트의 대화, 즉 그가 왕비와 "잤다"는 대화가 오고갔다는 사실을 일기장에 그대로 기록했을 뿐이다. 전기 작가의 말처럼 "불미스럽고 철면피한" 그 이야기에 대해서 그는 어떤 논박도 없었다. 결국 고개를 숙이고 사실을 인정한 셈이다. 며칠 뒤 어느 영국 신문이 이 사건을 퍼뜨려 "그와 불행한 왕비의" 사건을 떠들어대자, 그는 그저 "나로서는 기분 나쁜 일이 아닐 수 없다"고 덧붙였을 뿐이다. 그것이 페르센의 항의 또는 침묵의 전부였다. 그러나 침묵이란 항상 말 이상의 것을 내포한다.

불안한 후손들이 필사적으로 숨기려 했던 것이 무엇인지 이제 알 수 있으리라. 그것은 페르센이 마리 앙투아네트의 애인이었다는 사실이며, 페르센

---

*3 독일−프랑스 평화회의.

은 그 사실을 부인한 적이 없다. 그것을 좀 더 명확히 증명할 사실은 얼마든지 있다. 그가 브뤼셀에서 다른 여자와 함께 공개 석상에 나타났을 때 "그녀"에게는 비밀로 해두어야지 그렇지 않으면 기분 나빠 할지도 모른다고 충고한 누이의 편지도 있다(그녀가 애인이 아니었다면 그럴 필요가 없다). 그리고 페르센이 튈르리 궁 왕비 방에서 밤을 보냈다는 부분을 지운 편지도 있다. 어느 하녀는 혁명 재판소에서 누군가 한밤에 왕비의 방에서 나가는 장면을 자주 본 적이 있다고 증언하기도 했다. 그러나 결정적인 구절을 찾아볼 수 없기 때문에 사람들을 납득시키기 어렵다. 때문에 전체 성격으로 사건의 진행을 추측하는 수밖에 없다.

왜냐하면 인간의 의지행위는 본성과 긴밀한 인과관계 속에서 이루어지기 때문이다. 페르센과 마리 앙투아네트의 관계가 실제로 열정적이며 내밀한 관계였는지, 아니면 경외심 가득 찬 인습적인 관계였는지, 이는 결국 여자 쪽 성격에 달려 있다는 결론에 이르게 된다. 그 관계가 멋대로 몸을 내맡기는 그런 관계였을까? 아니면 왕비라는 자리에 어울리게 두려움 속에서 거부하는 관계였을까? 상상력이 있는 사람이라면 판결 내리는 데 그리 오래 주저하지는 않을 것이다. 왜냐하면 마리 앙투아네트는 커다란 힘, 즉 무모하고 생각이 모자라는, 겁이라고는 모르는 용기를 갖고 있었기 때문이다. 본심을 그대로 드러내고 전혀 위장할 줄 모르는 이 여자는 별다른 동기 없이도 인습의 테두리를 거부하기 일쑤였고 등 뒤에서 떠드는 소문에 대해서도 아랑곳하지 않았다. 결정적인 운명의 정점에는 오히려 위대함에 도달해 비열하게 행동한다거나 겁을 낸 적도 없었다. 그녀는 한 번도 사회나 궁중 법도를 자기 의지보다 우위에 놓은 적도, 명예나 예절을 인정한 적도 없었다. 따라서 이 용감한 여자가 진실로 사랑하는 사람과의 관계에서 얌전을 빼며 전혀 사랑으로 결합되어 있지도 않은 루이의 겁 많고 명예스러운 아내 역할만을 지켜냈을까? 규율과 질서가 무너지는 예언적인 시대의 한가운데에서, 죽음의 신비스럽고 격렬한 쾌락 속에서, 파멸의 모든 공포 속에서 자기 열정을 사회적인 권력에 얌전히 희생해 버렸을까? 누구도 구속하고 방해할 수 없었던 그녀였는데 새삼스레 우스꽝스러운 결혼이라는 허깨비, 한 번도 남자로 느껴 보지 못한 남편, 제어할 수 없는 천성적인 자유의 본능으로 미워해 왔던 관습을 위해서 지극히 자연스럽고 여성적인 감정을 억눌러야만 했을까? 이 믿기지 않는 일은 믿으려고 해도 그다지 믿어지지 않는다. 그러나 열정적인 사랑에 대담하고 무분별했던 마리 앙투아네트이긴 했지만, 겁 없는 이 여자에게도 앞뒤를 재는 마음 약한 구석이 있어서 마지막 일만은 감히 해내지 못한 채 마음속에서 참아내고 말았는지도 모를 일이다. 인간의 성격이 단일하다고 생각하는 사람에게는 마리 앙투아네트가 모든 영혼과, 오랫동안 잘못 사용되어 왔으며 환멸만을 맛보아 온 육체를 내걸고 한스 악셀 폰 페르센의 애인이었다는 것은 의심할 바 없는 사실이다.

그렇다면 왕은 어떠했을까? 결혼 파탄에는 언제나 속임을 당하는 제삼자가 난처하고, 괴롭고 우스꽝스러운 인물로 끼어 있기 마련이다. 그리고 루이 16세에게도 그 삼각관계로 인한 영향은 미치게 된다. 사실 루이 16세는 그저 우스꽝스러운 기둥서방만은 아니었다. 그는 아내와 페르센과의 내밀한 관계를 알고 있었던 게 틀림없다. 생 프리스트는 이렇게 쓴 적이 있다. "왕비는 백작과 자기와의 관계를 드러내며 그가 모두 알 수 있도록 온갖 방법과 수단을 다 썼다."
이 견해는 맞는 말이리라. 숨김이나 속임은 마리 앙투아네트에게 어울리지 않는 일이었다. 엉큼하게 남편을 속이는 일은 그녀 성격에 어울리지 않았다. 남편과 애인 사이에서 동시 생활이라는 매우 불미스러운 관계는 그녀 성격상 아무런 문젯거리가 되지 않았다. 페르센과 내밀한 관계가 이루어지자 ―결혼 뒤 15년 내지 20년이 지났을 때인 듯하다― 남편과 육체관계는 이미 끝이 나고 말았다. 이런 성격학상 추측은 누이동생이 네 번째 아이를 출산한 뒤 루이 16세와 떨어져 살려고 한다는 이야기를 빈 어디에선가 들은 오빠 요제프가 쓴 편지를 보면 더 확실히 드러난다. 그 시기는 바로 페르센과 비밀스런 관계가 시작되던 때와 일치한다. 따라서 명확히 확인하고 싶으면 이 상황을 명백히 알 수 있다. 사랑하지도 않고 매력도 못 느끼는 남자와 정략적으로 결혼했던 앙투아네트는 수년 간 사랑의 욕망을 결혼이라는 굴레 때문에 억누른 채 살아와야만 했다. 두 아들을 낳아 부르봉 왕가의 핏줄을 이을 왕위 계승자를 왕국에 바치게 되자 나라와 법률과 가문에 대한 의무를 완수한 것으로 생각했으며, 이제는 자신이 자유스러운 존재라 여겼으리라. 정치 때문에 20년을 희생하고 난 뒤 마지막 비극적 전율의 순간에 이 여자는 순수하고도 자연스런 권리를 되찾아 오래전부터 사랑해 왔던 남자를 친구이며 애인, 신뢰자, 그리고 자기와 함께 용감하게 제물이 되기 위해 걸어갈 수 있는 동반자로 맞아들이게 된 것이다. 달콤하고 덕스러운 왕비의 아주 예술적인 가설과 비교해 볼 때 그녀의 관계에 대한 무미한 사실이란 얼마나 초라한 것이며, 인간적인 용기와 정신적인 위엄을 억누르고 이 여자가 지키려 했던 황실 '명예'란 또 얼마나 하찮은 것이었을까! 자신의 감정을 자유롭게 따라갔다는 점에서, 여자로서 그보다 명예를 지키고 고귀한 처신을 할 수는 없을 정도였다. 그리고 인간적인 행동을 했다는 점에서 어느 왕비라도 그 이상 당당하게 행동할 수는 없었을 것이다.

베르사유에서의 마지막 밤

천년을 이어온 프랑스에서도 1789년 여름보다 더 빨리 낟알이 익은 해는 없었다. 곡식은 쑥쑥 자라났다. 그러나 한차례 피의 거름을 받은 혁명의 낟알은 곡식보다 더 빠르게 자라나 무서운 속도로 파급되었다. 수십 년에 걸친 태만과 수백 년간의 불의는 단숨에 타파되었고, 황실이 프랑스 백성의 권리를 가두어 두었던 눈에 보이지 않는 또 다른 바스티유가 무너진 것이다.

8월 4일. 요란한 환성 가운데 낡은 봉건주의의 성이 무너졌으며, 귀족들은 부역과 십일조를, 제후들은 조세와 염세를 포기했다. 농부들은 자유로워졌고, 시민들 또한 자유를 얻었다. 신문도 자유로워졌으며, 인권이 선언되었다. 그해 여름에는 장 자크 루소의 모든 꿈이 실현되었다. 환성과 논쟁소리로 창문이 흔들리는 것만 같았고, 기쁨의 방(이제껏 왕들에게 쾌락을 주었던 이곳이 백성들의 권리 획득의 장소가 된 것이다)에서 백 걸음 떨어진 곳까지 벌떼처럼 모여든 사람들의 웅웅대는 소리가 들려왔다. 그러나 천 걸음 떨어진 베르사유 궁전에는 당혹스런 고요만이 내리깔렸다. 놀란 대신들은 마치 통치자가 된 듯 충고라도 할 작정으로 온 시끄러운 손님들을 내다보고 있었다. 어떻게 이 마술사의 제자들을 되돌려 보낼지? 당황한 왕은 조언자들에게 물었으나 그들도 서로 어긋나는 의견만 내놓을 뿐이었다. 최선책은 기다려 보는 거야, 이 폭풍우가 가라앉을 때까지만 말이지. 이렇게 왕과 왕비는 생각했다. 그저 묵묵히 뒤에나 앉아 있자. 시간이 지나면 모든 일이 잘 풀릴 테니까.

그러나 혁명은 자꾸 앞으로만 치달려 갔다. 그럴 수밖에 없는 일이었다. 혁명이란 홍수와도 같아서 정지는 재앙이며, 후퇴는 종말이기 때문이다. 혁명은 스스로를 주장하기 위해 무엇인가를 자꾸 요구하게 된다. 그리고 정복당하지 않으려면 끊임없이 공격하는 수밖에 없다. 이 시끄러운 행군의 북소리를 요란하게 울리는 것은 신문들이었다. 고삐 풀린 혁명의 아이들, 혁명의 골목대장들은 대열 앞장에서 소란을 피웠다. 펜을 한번 휘두를 때마다 자유라는 말을 제멋대로 써 갈겼고 난폭스럽고 무절제했다. 열, 스물, 서른, 쉰 개의 신문이 발행됐다. 미라보가 하나 만들었고, 드무랭, 브리소, 루타로, 마라들도 독자를 모아 오직 자기만 애국정신이 투철한 듯이 모두 분별없이 허풍을 떨었다. 온 나라에서 그들이 떠들어대는 소리만 들리는 듯했다. 그들은 그저 시끄럽고 야성적이었다. 목소리가 크면 클수록 좋은 것 같았다. 모든 증오심은 왕실을 겨누고 있었다. 왕이 배신하려 한다, 정부가 곡식 수송을 막고 있다, 군중을 해산하려고 외국 군대가 벌써 오는 중이다, 돌아오는 성 바르톨로미오제(祭)의 밤이 위험하다. 깨어나라, 민중이여! 이런 식이었다. 둥둥둥! 신문은 밤낮을 가리지 않고 불안, 불신, 분노, 증오를 수백만 가슴속에 일구어 놓았다. 그리고 이런 북소리 뒤에는 창과 검을 든 보이지 않는 민중의 대열이 무시무시한 분노를 품고 늘어서 있었다. 이들은 이제까지 볼 수 없었던 프랑스 민중의 군대였다.

왕이 보기에는 사태가 너무 빨리 진전되는 것 같았다. 그러나 혁명을 일으킨 사람들로서는 이마저도 너무 더딘 진행이었다. 소심한 왕은 새로운 이념의 소란스런 행군에 한 발자국도 발을 맞출 수 없었다. 베르사유는 망설이며 머뭇거리기만 했다. 자, 전진하자! 파리로! 이 지긋지긋한 협상 따위는 집어치우고, 속 터지는 왕과 백성 사이의 말장난도 끝장내자! 이제 신문은 북을 두드려댔다. 너에게는 만 개, 이만 개의 주먹이 있다. 그리고 총과 대포가 병기고에서 우릴 기다리고 있다. 무기를 들라! 왕과 왕비를 베르사유에서 끌어내라! 이제 너의 운명을 손안에 꽉 붙잡도록 해라! 혁명사령부인 오를레앙 공작의 저택 루아얄 궁에서는 이러한 구호를 내걸었다. 모든 준비는 끝났다. 궁정의 내통자 가운데 한 사람인 드 위뤼즈 후작은 슬그머니 원정을 떠나 버렸다.

그러나 왕실과 도시 사이에는 어두운 지하 통로가 있었다. 클럽의 애국자들은 신하를 매수해 왕실 일을 속속들이 알고 있었고, 왕실도 밀사를 통해 저쪽 계획을 눈치채고 있었다. 마침내 베르사유에서는 시민과 비교해 볼 때 프랑스군의 숫자가 마음 놓을 수 있을 만큼 넉넉지 못하다는 결론을 내리고 왕궁 수비를 위해 플랑드르 연대를 불러들이기로 결정했다. 10월 1일, 연대는 주둔지에서 베르사유로 진군해왔다. 그들을 따뜻하게 맞이하고자 왕실에서는 요란한 환영 채비를 했다. 연회를 베풀 커다란 오페라 홀을 말끔히 치운 다음 파리의 극심한 식량난은 전혀 아랑곳없이 포도주와 좋은 음식을 낭비했다. 충성도 사랑처럼 종종 배가 불러야 가능하다. 또한 군대가 국왕에게 열광하도록—전에 없던 일이다—왕과 태자를 품에 안은 왕비가 축하연에 나타났다.

마리 앙투아네트는 의도적인 간사함이나 타산 또는 아첨으로 남들 호감을 사는 재주가 전혀 없었다. 그러나 천성적으로 그녀의 육체와 영혼에는 어떤 품위가 흐르고 있어서 처음 만나는 사람마다 호감을 느끼게 했다. 개인이든 대중이든 첫인상의(가까이 사귀다 보면 금방 다 사라지지만) 그 묘한 마력에서 벗어날 수는 없었다. 젊고 아름다운 왕비가 고상하고도 사랑스럽게 등장하자 앉아 있던 장교와 군인들은 첫눈에 매혹당해 칼집에서 칼을 뽑아 올리고 군주와 왕비 "만세"를 요란하게 외쳤다. 본디 외쳐야만 하는 "국민만세"는 까맣게 잊은 채 말이다. 왕비는 대열 속으로 걸어갔다. 그녀는 매력적으로 미소 지을 줄 알았고 별 부담감 없이 친절을 베풀 줄도 알았다. 군주인 어머니와 오빠 또는 다른 어느 합스부르크 집안의 사람들처럼(이 기술은 오스트리아 제국에서 물려받은 오래된 전통이다) 마음속에는 흔들리지 않는 거만함을 품은 채, 겸손한 태도는 아니지만 비천한 사람들에게도 자연스레 친절하고 다정하게 대할 수 있었다. 오랜 동안 들어보지 못했던 "왕비 만세"를 듣고 행복한 미소를 띤 그녀는 아이들과 함께 연회석으로 나아갔다. 손님으로 온 거친 군인들을 바라보는 인자하고 위엄 넘치는 그녀의 눈길은 장교와 대원들을 끝없는 충성심으로 들뜨게 했다. 그 순간만큼은 어느 누구나 마리 앙투아네트를 위해 죽을 각오가 되어 있었다. 왕비 또한 이 시끄러운 무리 속에서 행복을 느꼈다. 환영 축배를 들며 그녀는 신뢰의 황금 포도주에 취한 기분이었다. 아직까지 프랑스 왕위에 대한 안전감과 충성심을 확인할 수 있었던 까닭에.

그러나 다음 날 애국심에 불타는 신문들은 또다시 북을 두드려댔다. 둥둥둥! 신문은 이렇게 외쳐댔다. 왕비와 왕실은 백성을 죽일 살인자들을 불러들였구나. 동포의 붉은 피를 쏟게 하도록 붉은 포도주로 군인들의 정신을 흐려 놓았다. 노예 같은 장교들은 천박한 노래를 부르며 삼색 휘장을 짓밟고 야유했다. 이 모두가 군인을 격려하는 왕비의 미소 속에서 이루어진 것이다. 아직도 모르는가, 애국자들이여! 파리는 무너지려 한다. 연대는 이미 행군했다. 시민들이여, 이제 마지막 봉기, 마지막 결정을 내려라! 모여라, 애국자들이여. 둥둥둥……

이틀 뒤인 10월 5일. 파리에서 소요가 일어났다. 드디어 일어나고 만 것이다. 그러나 어떻게 해서 일어났는가는 프랑스 혁명의 많은 불가사의 가운데 하나다. 이 소요는 겉으로 보기에 자연히 발생한 사건처럼 보였지만 실제로는 탁월하게 앞을 내다보는 정치적 배려가 있었다. 즉 올바른 위치에서 정확히 목표를 겨냥했다. 똑똑하고 민첩하며 노련한 손이 움직이는 것임에 틀림없었다. 왕을 베르사유에서 끌어낸 것이 남자 군대가 아닌 한 떼의 여자들이었다는 점부터가 하나의 작품이며, 이는 루아얄 궁전에서 오를레앙 공작을 위한 왕위 쟁탈전을 지휘하던 쇼데를로 드 라클로처럼 뛰어난 심리학자의 수법이라 할 수 있다. 남자들이 갔더라면 반란군 또는 폭도라는 말을 들었을 터이고, 명령에 따라 훈련된 군인들이 그들에게 총을 쏘았을 것이다. 그러나 여자들이 반란을 일으킨다는 것은 말도 안되는 일이었고, 여자의 부드러운 가슴 앞에서는 아무리 날카로운 단검도 도로 집어넣을 수밖에 없었다. 게다가 책동자들은 왕처럼 겁 많고 감상적인 남자는 여자들에게 발포명령을 내리지 못한다는 점을 잘 알았다. 어느 누가, 무슨 이유로 벌인 일인지는 알 수 없으나 파리로 들어오는 빵 수송이 이틀 동안 감쪽같이 중단되었다. 그러자 굶주림이 백성들의 분노에 불을 댕겼다. 폭동이 일어나자마자 여자들이 먼저 성급히 뛰어나왔다. 여자들이 맨 앞줄에 나선 것이다.

그것은 어느 젊은 여자였다. 사람들 말로는 손에 값비싼 반지를 낀 여자라고 한다. 그녀가 10월 5일 아침에 초소를 부수고 북을 울렸다. 그러자 빵을 달라고 소리치는 수많은 여자의 대열이 곧 그녀 뒤를 따랐다. 그때 변장한 한 무리 남자들이 나타나 분노한 무리에게 시청 쪽을 가리켰다. 30분쯤 지나자 사람들이 구름처럼 모였다. 피스톨과 창 그리고 대포 두 대까지 약탈을 했다. 그때 갑작스럽게 마뤼르라는 지도자가 나타나 무질서한 대중을 군대처럼 정비하더니 베르사유로 진군하기 시작했다. 빵을 달라고 외치기는 했지만, 실제로는 왕을 파리로 데려오기 위한 행진이었다. 친위대 사령관인 라파예트는 백마를 타고 언제나 그렇듯 너무 늦게 나타났다. 이 귀족적이고 둔한 남자는 숙명처럼 언제나 한 시간쯤 늦게 나타나는 습관이 있었다. 그의 임무는 행진군을 막는 일이었지만 그의 군대가 말을 듣지 않았다. 그래서 그는 이 반란을 합법적인 것으로 얼버무리기 위해서 여자들의 행렬을 묵묵히 뒤따랐다. 한때 자유사상에 열광했던 그는 자기의 직무를 별로 고상한 임무라고 생각지 않았다. 그 임무를 좋아하지도 않았기 때문에, 유명한 백마 위에 올라앉은 채 여성 혁명군의 뒤를 슬슬 따라갔다. 그것은 원초적이고 비논리적인 열정을 따라잡기 위해 헛된 노력을 이어나가는, 냉철하게 논리적 계산을 하는 인간의 이성이기도 했다.

베르사유 궁에서는 점심때가 되도록 수천의 사람들이 행진해 몰려오는 위험에 대해 아무것도 모르고 있었다. 여느 때와 다름없이 왕은 말에 안장을 얹어 뫼동 숲으로 사냥을 떠났고, 왕비는 아침 일찍 혼자 걸어서 트리아농에 가고 없었다. 신하들과 가까운 친구들은 이미 모두 달아나 버렸다. 국민의회에서는 '반란분자'들이 모여 날마다 증오스런 요구만을 일삼는 처지인데 그녀가 베르사유에 남아 도대체 무얼 한단 말인가! 그녀는 온갖 분노와 분쟁, 인간들, 그리고 왕비 자리에도 지치고 말았다. 좀 쉬었으면! 몇 시간만이라도 정치로부터 벗어나 10월의 햇살과 단풍으로 가득한 아름다운 공원에서 홀로 조용히 지냈으면! 무서운 겨울이 오기 전에 정원에서 마지막 꽃을 따고, 닭들에게 모이를 주고, 작은 연못에 있는 금붕어들에게 먹이나 주었으면……. 흥분과 혼란을 피해 조용히 쉬면서 손을 느긋이 내려놓고 검소한 실내복 차림으로 동굴에 앉아 자연의 위대한 권태감을 맛보면서 가을을 마음 속 깊이 느껴 보기 위해 읽지는 않더라도 책 한 권을 벤치 위에 펴놓은 채 그렇게 앉아 있고 싶었다.

왕비는 동굴 속 바위 위에 앉아 있었다. 그 동굴이 한때 '사랑의 동굴'이라는 이름으로 불렸다는 사실을 까마득히 잊고 있었다. 그때 시종이 손에 편지를 들고 오는 게 보였다. 그녀는 일어서서 다가갔다. 편지는 생 프리에스트 대신에게서 온 것으로, 폭도들이 베르사유로 몰려 오고 있으니 왕비께서는 서둘러 성으로 돌아오시는 게 좋으리라는 내용이었다. 재빨리 모자와 외투를 집어 들고 그녀는 고상한 걸음으로 발길을 서둘렀다. 어찌나 서둘러 걸었는지 작고 아름다운 성과 애써 다듬어 놓은 그곳 풍경을 한 번도 뒤돌아보지 못했다. 이 부드러운 초원과 사랑의 신전, 가을 연못이 있는 부드러운 언덕, 자신의 안식처 트리아농을 이제 다시 볼 수 없으리라는 것을, 이것이 영원한 이별임을 그녀는 알지 못했다.

성으로 돌아와 보니 귀족과 대신들은 정신을 잃고 흥분해 있었다. 파리로부터의 진군에 관한 불확실한 소식은 일찍 달려온 시종에 의해 다시 확인되었다. 뒤늦은 다른 시종들은 오는 길에 여자들한테 붙잡히고 말았다. 그때 기사 한 사람이 거품을 문 말을 탄 채 대리석 계단을 뛰어 올라왔다. 페르센이었다. 위험을 느끼자 그는 재빨리 안장을 얹고, 카미유 데물랭의 격한 표현에 따르면 '8천의 유디트'*¹라고 불렸던 여성군 사이를 날쌔게 빠져나와 위험에 빠진 왕비 곁을 지키기 위해 달려온 것이었다. 드디어 왕도 회의에 나타났다. 샤티용 문 근처 숲에 있는 왕을 찾아내 그의 가장 큰 즐거움을 방해할 수밖에 없었다. "사건으로 중단되었음." 왕은 그날 저녁 일기에 형편없던 사냥 결과에 대해서 이렇게 설명을 붙여 놓았다.

왕은 걱정스런 눈빛으로 당황한 채 서 있었다. 이젠 세브르 근처 다리를 차단하여 반란군의 선두를 막아내기에 너무 늦은 시각이었다. 하지만 아직 두 시간쯤은 남아 있었다. 힘 있는 결단을 내리기에는 충분한 시간이었다. 어느 대신은 왕께서 직접 말을 타고 용기병과 플랑드르 병의 선두에 나가 훈련받지 못한 이 무리를 쫓아 버리시는 게 어떠냐고 제안했다. 왕이 나타나기만 해도 여자들은 후퇴할는지도 몰랐다. 한편 신중한 사람들은 왕과 왕비가 빨리 성을 떠나 랑부예로 피신하시는 게 좋을 것 같다고 충고했다. 교활한 음모자들이 왕을 노리고 쳐들어와도 허탕만 치고 돌아가도록 말이다. 그러나 늘 주저하기만 하는 루이 16세는 이번에도 망설이기만 했다. 이렇다 할 대항도 하지 못한 채 우유부단한 성격으로 그저 사태를 맞아들이고 말았다.

왕비는 입술을 깨문 채 허둥대는 남자들 속에 서 있었다. 그들 가운데 진짜 남자는 하나도 없었다. 그녀는 폭력이 승리하리라는 것을 본능적으로 느꼈다. 왕궁에서는 피를 본 첫날부터 모두 두려워하고만 있었던 까닭이다. "이 모든 혁명은 그저 공포의 결과에 지나지 않았다." 하지만 어떻게 그녀가

---

*1 전설에 나오는 여장부 이름.

모두를 대신해 온 책임을 질 수 있단 말인가! 궁중 한가운데에는 의장 마차가 지금이라도 떠날 듯한 자세로 기다리고 있었다. 한 시간 내로 왕실 가족은 왕을 끝까지 보위하겠다고 맹세한 대신과 평위원들과 함께 랑부이예로 떠날 수 있었다. 그러나 왕은 출발하려고 하지 않았다. 대신들은 자꾸만 재촉했다. 생 프리에스트는 특히 더 그랬다. "폐하, 만일 내일 파리로 끌려 가시게 되면 왕관을 잃게 됩니다." 그러나 왕국을 보존하는 것보다 자기의 인기를 더 중요하게 생각하는 네케르는 그 의견에 반대했다. 왕은 여느 때처럼 아무런 생각도 없이 흔들리는 시계추처럼 두 사람 의견 사이에서 갈피를 잡지 못했다. 서서히 날이 저물어 갔다. 날씨마저 폭풍우가 쳤다. 말들은 불안하고 초조하게 몰려 서 있었다. 마부들은 몇 시간 전부터 마차 문짝에 기대서서 대기하고 있었다. 그런데도 아직까지 회의는 계속되어 갔다.

바로 그때 수백 명이 떠드는 듯한 굉음이 아비뉴 드 파리에서 들려왔다. 그들은 벌써 도착하고 말았다. 쏟아지는 비를 피하느라 머리 위에 웃옷을 뒤집어 쓴 수천이나 되는 무리가 밤의 어둠 속으로 아마존 여전사들처럼 몰려들었다. 혁명군의 선두가 이미 베르사유 앞에 와 닿았다. 늦었다. 너무 늦었다.

뼛속까지 비에 젖어 춥고 굶주린 무리, 신발에 온통 진흙을 묻힌 여자들이 행진해 왔다. 오는 동안 잠시 선술집에 우르르 몰려 들어가 꼬르륵거리는 위를 약간 덥히긴 했지만 여섯 시간에 걸친 이 행군은 결코 기분 좋은 산책은 아니었다. 여자들의 목소리는 거칠고 열기에 들떠 있었다. 그리고 그들이 외쳐대는 구호는 왕비에게 그리 달가운 내용이 아니었다. 그들이 처음 찾아간 곳은 국민의회였다. 국민의회는 아침부터 열리고 있었는데 거기에 참석한 많은 인물과 그 대표자인 오를레앙 공작은 이 아마존들의 국민의회 행군을 전혀 예기치 못한 것은 아니었다.

처음에 여자들은 국민의회에 빵을 요구했다. 예정대로 국왕을 파리로 데려가겠다는 이야기는 전혀 입 밖에 내지 않았다. 결국 드 무니에 의장과 몇몇 의원들 그리고 여자들의 대표들이 성으로 들어가도록 허락되었다. 여자 대표 여섯 명이 뽑혀 함께 성으로 들어갔다. 시종들이 여공과 생선장수와 거리의 창부들에게 공손하게 문을 열어 주었다. 그러고는 극진한 태도로 대단

한 귀족들만이 걸어갈 수 있었던 대리석 계단으로 그들을 인도했다. 국민의
회의 의장을 따라가던 대표들 가운데에는 장대하고 투실하며 상냥해 뵈는
남자가 한 사람 끼어 있었는데 특별히 눈에 띄지는 않았다. 그러나 그의 이
름은 왕과의 첫 대면에서 상징적인 의미를 갖게 된다. 왜냐하면 파리 대표인
기요틴 박사와 함께 단두대 기요틴이 10월 5일에 왕궁으로 그 첫나들이를
한 셈이었기 때문이다.

사람 좋은 루이는 여자들을 정중하게 맞아들였다. 그래서 행렬의 대변자
인 어느 젊은 아가씨, 평소 궁전 방문객들에게 꽃과 그 이상의 것들을 팔았
을 그녀는 당황해서 기절하기까지 했다. 그녀는 서서히 정신을 되찾았다. 선
량한 국왕은 놀란 처녀를 포옹했다. 그리고 멍하니 서 있는 여자들에게 빵이
든 뭐든 원하는 것은 모두 주겠다고 약속했고 돌아갈 때는 자기 의장 마차를
타고 가라고까지 했다. 만사가 그럴듯하게 해결되는 것 같았다. 그러나 밖에
서는 밀사들에 의해 선동된 여자들이 "대표들이 돈에 매수되었으며 거짓말
에 속아 넘어갔다"며 분노에 찬 함성을 지르고 있었다. 거짓 약속이나 듣고
서 되돌아가려고 꼬르륵거리는 배를 움켜쥐고 비바람 속을 여섯 시간이나
행군해 온 게 아니라고 떠들어댔다. 안 된다, 여기 머물러서 간계를 꾸미고
질질 미루지 못하도록 왕과 왕비와 그 일당을 모조리 파리로 데리고 가야만
한다! 여자들은 잠을 자기 위해 국민의회로 몰려 들어갔다. 특히 테르외뉴
드 메리쿠르*² 같은 창부들은 플랑드르 연대를 자기 편으로 만들었다. 낙오
된 사람까지 합류하자 반란군 숫자는 더욱더 늘어났다. 불안하게 흔들리는
석유등 불빛을 받아 수상한 그림자가 울타리 언저리를 서성였다.

그러나 황실에서는 아직도 아무런 결정을 내리지 못했다. 그냥 달아나는
게 낫지 않을까? 그런데 무거운 의장 마차를 타고 이 흥분한 무리 속을 어
떻게 지나간단 말인가? 너무 늦었다. 그때 멀리서 북치는 소리가 들려왔다.
라파예트가 온 것이었다. 그는 먼저 국민의회에 인사를 하고 나서 두 번째로
왕을 찾아왔다. 그는 정중히 절을 하면서 말했다. "폐하, 제가 왔습니다. 폐
하를 지키는 일에 제 목숨을 바치겠습니다." 그러나 그를 치하하는 사람은

---

*2 자유의 아마존이라 불렸음.

아무도 없었다. 기껏해야 마리 앙투아네트 정도였다. 왕은 자신이 떠날 생각
도, 국민의회를 저버릴 생각도 없다고 말했다. 모든 것이 질서를 되찾은 듯
보였다. 왕은 국민들과 약속했고 라파예트와 무장한 군대는 왕을 방어하기
위해서 가까운 위치에 자리를 잡았다. 그래서 의회 대표자들은 집으로 돌아
갔으며 국민군과 반란군들은 쏟아지는 비를 피해 병영과 교회, 성문의 아치
밑, 지붕 덮인 층계에서 피난처를 찾았다. 서서히 마지막 불이 꺼졌다. 왕의
안전을 끝까지 지키겠다고 약속했던 라파예트 또한 곳곳을 모두 돌아본 뒤
새벽 4시에 노아이유 호텔로 가서 잠자리에 들었다. 왕비와 왕도 방으로 돌
아갔다. 그 밤이 베르사유 궁에서 편안히 지내는 마지막 밤이라는 사실은 전
혀 알지 못한 채.

왕권의 상여

구세력, 왕정과 그 수호자 귀족들은 모두 잠이 들었다. 그러나 혁명은 젊었다. 그들의 피는 뜨겁고 거침없었다. 혁명은 휴식도 모른 채 날이 밝기를, 행동을 긴박하게 기다리고 있었다. 길 한복판 모닥불 주위에는 쉴 곳을 구하지 못한 파리 혁명군들이 모여 있었다. 그들은 자신들이 왜 베르사유에 왔는지, 왜 집으로 돌아가 잠자리에 들지 못하는지 설명할 수 없었다. 왕께서 모든 것을 인정하고 약속했는데도 말이다. 그러나 어떤 비밀스런 의지가 이 불안한 무리를 휩싸고 있었다. 비밀 지령을 전달하면서 문을 들락거리는 그림자도 있었다. 5시, 성이 아직 어둠과 잠에 파묻혀 있을 사이 한 무리가 어떤 능란한 손에 이끌려 왕궁을 한 바퀴 돌아 궁의 창문으로 다가갔다. 무얼 하려는 걸까? 누가 이 수상한 그림자들을 이끄는 것일까? 아직 명확히 알 수는 없지만 아주 잘 짜인 목적을 가지고 움직이는 것 같았다. 과연 누가 조종하는 것일까?

그 조종자들은 어둠속에 눈만 번뜩이며 서 있었다. 오를레앙 공작, 왕의 동생인 프로방스 백작은 궁에서 물러나 있었다. 그들은 그 밤을 왕궁에서, 왕 곁에서 지내지 않는 게 좋다는 사실을 미리 알고 있었다. 그때 갑자기 총소리가 울려 퍼졌다. 계획된 충돌을 일으키기 위한 매우 선동적인 발포였다. 그러자 곳곳에서 반란자들이 몰려왔다. 창과 곡괭이와 화승총으로 무장한 수십, 수백, 수천의 사람들, 여성 연대와 여자로 변장한 남자들이었다. 돌진의 방향은 촛불의 방향, 바로 왕비의 방이었다. 베르사유에는 한 번도 와 보지 못했던 생선장수나 시장의 여자들이 복잡한 성 안의 수많은 방 가운데 어떻게 왕비의 방으로 그토록 쉽게 돌진할 수 있었을까? 여자들과 변장한 남자들의 물결은 단숨에 왕비 방까지 쳐들어 왔다. 몇몇 경비병들이 방으로 들어가려는 사람들을 저지했다. 그들 가운데 두 사람은 공격당해 무참히 살해되었다. 몸집이 큰 어느 텁석부리가 시체에서 머리를 잘라내어 커다란 창에 매달았다. 몇 분 뒤 이 머리들은 거대한 창부리에 꽂혀 피를 뚝뚝 흘리며 춤을 추었다.

그러나 희생자들은 임무를 완수했다. 그들의 날카로운 비명이 왕궁을 잠에서 깨운 것이다. 경비병 세 명 가운데 한 명이 달아나 부상당한 몸으로 층계를 뛰어올라가 복도에서 "왕비를 구해라!" 소리쳤다.

이 비명이 실로 왕비를 구할 수 있었다. 깜짝 놀란 시녀가 왕비에게 위험을 알리기 위해 달려갔다. 경비병들이 죽음을 무릅쓰고 빗장을 걸어 잠근 문은 곡괭이와 손도끼로 위협당하고 있었다. 양말과 구두를 신을 시간마저 없었다. 마리 앙투아네트는 슈미즈 위에 치마를 걸치고 어깨에 숄을 하나 둘렀을 뿐이었다. 그녀는 아무것도 신지 않은 맨발로 양말을 손에 쥔 채 가슴을 두근거리며 '황소의 눈'을 지나 왕의 방으로 이어지는 복도를 달렸다. 그러나 끔찍스러운 일이 벌어졌다. 문이 닫혀 있었다. 왕비와 시녀는 절망에 싸여 주먹으로 문을 두드렸다. 두드리고 또 두드렸지만 무정한 문은 열릴 줄 몰랐다. 5분, 그 끔찍스런 5분! 바로 옆에서는 살인자들이 방을 부수고 들어와 침대와 옷장을 뒤지고 있는데도 왕비는 기다릴 수밖에 없었다. 드디어 문 너머에서 한 시종이 두드리는 소리를 들었는지 문을 열었다. 마리 앙투아네트는 겨우 남편의 방으로 들어갈 수가 있었다. 때마침 가정교사가 태자와 공주도 데려왔다. 가족들은 서로 만났고 목숨을 건졌다. 그러나 가까스로 목숨만 건졌을 뿐이다.

드디어 잠을 자던 사람이 깨어났다. 잠의 여신은 그날 저녁에 희생자를 내지는 않았지만 그 뒤로 라파예트에겐 '잠보 장군'이라는 별명이 새로 붙게 되었다. 라파예트는 쉽게 남을 믿은 자신의 경솔함이 어떤 결과를 불러왔는지를 보았다. 지휘관의 권위가 아닌 애원과 간청으로 살해당하기 직전에 있던 경비병의 목숨을 건질 수 있었고 폭도들을 간신히 밖으로 내보낼 수 있었다. 위험이 모두 지나간 뒤 말쑥하게 면도를 한 왕의 아우 프로방스 백작과 오를레앙 공작이 나타났다. 이상하게도 광분한 무리들은 이 두 사람에게는 존경에 찬 눈길을 보내며 길을 비켜 주었다. 이제 어전 회의가 시작될 모양이었다. 하지만 이제 와서 뭘 의논한단 말인가? 수많은 무리가 피에 젖은 검은 주먹을 쥐고서 성을 호두껍데기처럼 포위하였기 때문에 이 포위망을 뚫고 달아나거나 피신하는 일은 불가능했다. 승리자와 패배자의 담판, 조약만이 남아 있을 뿐이었다. 대중들은 창문 밑에 몰려가 수천의 목소리를 한데 모아 클럽 요원들이 어제와 오늘 몰래 속삭였던 구호를 외쳐댔다. "왕을 파리로! 왕을 파리로!" 그들의 위협적인 목소리에 유리창이 흔들릴 지경이었다. 낡은 궁의 벽에 걸린 왕실 선조들 초상화도 놀라 떨고 있었다.

이 명령하는 듯한 외침을 듣고 왕은 라파예트를 질문하듯 쳐다보았다. 항복을 해야 할까? 이미 항복할 수밖에 없는 상태까지 온 건 아닐까? 라파예트는 눈을 내리감았다. 그는 백성의 하느님인 왕이 어제부터 하느님 자리에서 내려왔다는 사실을 알았다. 그러나 왕은 아직도 사태를 뒤로 미룰 수 있으리란 희망을 버리지 않았다. 광포한 무리를 가라앉히고 승리에 굶주린 자들에게 빵 한 조각이라도 던져 주기 위해서 왕은 발코니에 나서기로 결심했다. 이 용감한 남자가 나타나자 무리는 열렬한 환호를 보냈다. 그들은 왕이 굴복할 때마다 왕에게 환호를 보냈다. 지배자가 왕관도 쓰지 않은 맨머리로 자신들 앞에 나타나 경비병 둘의 머리가 도살된 송아지 머리처럼 창에 매달려 있는 안뜰을 내려다보며 고개를 숙이는 데 환호를 보내지 않는다면 이상한 일이었다. 그런데 천성적으로 둔하고 명예에 대해서는 조금도 예민하지 않은 이 남자에겐 도덕적인 수난이란 그리 중요하지 않았다. 만약 자기의 굴복으로 백성들이 분노를 누그리고 돌아갔다면 그는 아마 한 시간쯤 있다가 다시 말을 타고 그 전날 "사건들 때문에" 망친 사냥을 하러 떠났을 것이다. 그러나 백성들은 고작 이만한 승리에는 만족하지 못했다. 그들은 자만에 취해 더 뜨겁고 활활 타오르는 포도주를 마시려 했다. 거만하고, 냉정하고, 뻔뻔스럽고, 굽힐 줄 모르는 오스트리아 계집, 왕비도 나와야 한다! 거만스런 왕비도 눈에 보이지 않는 멍에를 쓰고 머리를 숙여야만 한다! 그 소리는 점점 더 난폭해졌다. 발 구르는 소리도 더욱 시끄러워졌다. "왕비도 발코니로 나오라!" 외침은 점점 더 열에 들떠 갔다.

분노로 창백해진 마리 앙투아네트는 입술만 깨물면서 한 발자국도 앞으로 나서려고 하지 않았다. 그녀를 걸을 수 없게 하고 뺨을 창백하게 만드는 것은 어쩌면 벌써 자기를 겨누고 있을 화승총이나 돌멩이 또는 욕설이 아니라 자존심이었다. 누구 앞에서고 한 번도 고개를 숙여 보지 않은, 대대로 물려받은 단단한 자존심이었다. 모두 당황해서 그녀를 쳐다보았다. 창문이 흔들리고 지금이라도 돌멩이가 날아올 것만 같자 라파예트가 그녀에게 다가갔다. "마담, 백성들을 달래야 합니다." "그렇다면 망설이지 않겠어요." 마리 앙투아네트는 대답하고서 두 아이의 손을, 한 아이는 오른손에, 한 아이는 왼손에 잡았다. 꼿꼿이 머리를 쳐들고 입술을 앙 다문 채 그녀는 발코니로 나갔다. 자비를 바라며 애원하는 여자의 모습이 아니라 당당하게 죽으리라는 확고한 다짐 아래 싸움터로 나서는 군인 같았다. 그녀는 대중들 앞에 나가기는 했지만 결코 몸을 굽히지는 않았다. 이런 의연한 태도가 압도적인 분위기를 만들었다. 두 힘은 서로 충돌했다. 마주보는 왕비의 힘과 백성의 힘이 불꽃을 튀겼다. 그 긴장감이 어찌나 팽팽한지 일 분 동안 이 광장에는 죽음 같은 정적이 흘렀다. 아무도 그 정적이 어떻게 풀려나갈지, 공포와 경악으로 팽팽한 이 고요가 어떻게 깨질지 예측할 수 없었다. 분노의 함성이 터질는지, 총이 발포될는지, 돌멩이 세례가 쏟아질는지 알 수 없는 일이었다. 그때, 어떤 위기에도 냉정을 잃지 않는 라파예트가 왕비 곁으로 다가가 기사처럼 몸을 굽혀 손에 키스를 했다.

그러자 놀라운 일이 벌어졌다. 이 행동이 준 충격이 모두의 긴장을 풀어준 것이다. "왕비 만세! 왕비 만세!" 수천의 목소리가 광장에 울려 퍼졌다. 왕의 나약한 태도에 기뻐 날뛰던 바로 그 백성들이 호감을 얻기 위한 억지 미소도, 비겁한 인사도 하지 않는 여자의 끈질긴 고집에 환성을 터뜨렸다.

발코니에서 되돌아오자 많은 사람들이 마리 앙투아네트를 둘러싸고 죽음의 위험에서 벗어난 것을 축하했다. 그러나 한 번 속았던 그녀는 백성들의 뒤늦은 "왕비 만세"에 다시 속지 않았다. "그 사람들이 우리를, 왕과 저를 파리로 가도록 강요할 거예요. 경비병들의 머리를 창에 매단 채 말입니다." 마담 네케르에게 이렇게 말하면서 그녀는 눈물을 흘렸다.

마리 앙투아네트의 예감은 옳았다. 허리를 숙인 것만으로 백성들은 만족하지 않았다. 의지가 약해지기 전에 왕궁의 모든 돌이란 돌, 유리란 유리를 부수어야 했다. 클럽에서 민중이라는 거대한 기계를 쓸데없이 움직인 것은 아니었으며 수천의 사람들이 괜히 여섯 시간 동안 빗속을 행진해 온 것은 더더욱 아니었다. 다시 위험한 소란이 일어나기 시작하였고 국민군과 백성들이 함께 성으로 몰려들었다. 끝내 왕실이 그들에게 굴복했다. 발코니와 창문으로 왕이 가족과 함께 파리로 떠날 것을 결정했다는 쪽지를 내려 보내는 수밖에 별 도리가 없었다. 백성들은 그 이상을 바라지는 않았다. 군대는 무기를 버렸고 장교들은 백성들 사이로 섞여 들어갔다. 사람들은 서로 껴안고 환성을 지르며 외쳐댔다. 깃발이 군중 위에서 휘날렸다. 사람들은 피 흘리는 머리를 매단 창을 파리로 보냈다. 이제 협박은 필요없어졌기 때문이다. 오후 2시에 거대한 황금빛 성문이 열렸다. 말 여섯 마리가 끄는 4인승 마차를 타고 왕과 왕비와 가족들은 울퉁불퉁한 길을 따라 영원히 베르사유를 떠났다. 세계사의 한 장(章), 천 년에 걸친 전제 왕정이 프랑스에서 막을 내린 것이다.

10월 5일, 비가 쏟아지고 바람이 휘몰아치는 가운데 혁명은 왕을 데려오기 위한 싸움을 벌였다. 10월 6일에는 화창한 날씨가 그들의 승리를 축하했다. 가을 공기는 청명했고 하늘은 푸른 빛 실크처럼 아름다웠으며 금빛 나뭇잎에는 바람 한 점 불지 않았다. 마치 자연이 호기심에 가득 차서, 백성들이 왕을 끌어오는, 수백 년에 한 번 볼 수 있을까 말까 한 연극을 구경하려고 숨을 죽이고 있는 것 같았다. 루이 16세와 마리 앙투아네트가 수도로 돌아오다니 이 얼마나 큰 구경거리인가! 상여 행렬 같기도 하고 사육제 익살극 같기도 했다. 왕정으로서는 장례식이고 백성들에게는 사육제인 셈이다. 얼마나 새롭고 특이한 행차인가! 왕이 탄 마차 앞에는 기마병도 경기병도 없었다. 요란한 제복을 입은 호위병들이 좌우에서 호위를 하지도 않았으며 화려하고 사치스런 의장마차 주위를 귀족들이 둘러싸고 있지도 않았다. 그 대신 지저분하고 뒤죽박죽인 무리가 난파선처럼 초라한 4인승 마차를 에워싸고 있었다. 앞에는 흐트러진 복장을 한 국민군들이 삐뚤빼뚤 열을 지어 팔짱을 낀 채 입으로 휘파람을 불며 웃고 떠들면서 빵 한 조각을 총검에 꽂고 걸어가고 있었다. 그 사이로 여자들이 뒤섞여 걷는데, 마음에 드는 경기병들의 안장 위에 올라타기도 하고, 춤이라도 추러 가는 듯 노동자나 군인들과 팔짱을 끼기도 했다. 그들 뒤에는 왕실 창고에서 꺼내온 곡식 부대를 실은 마차가 경기병들의 호위를 받으면서 덜거덕거리며 따라왔다. 그리고 아마존 여전사들의 지휘관 테르외뉴 드 메리쿠르는 군도를 휘두르며 구경꾼들에게 환성을 내질렀다. 이 요란한 소음 가운데 먼지를 뒤집어 쓴 초라하고 가련한 마차가 힘없이 가고 있었고, 그 안에는 루이 15세의 나약한 후손 루이 16세, 마리아 테레지아의 비극적인 딸 마리 앙투아네트와 그 아이들, 그리고 가정교사가 커튼을 반쯤 내리고 비좁게 앉아 있었다. 그들의 슬픈 발걸음 뒤에는 프랑스 구세력인 제후, 궁정신하, 관리, 몇 안 남은 충성스런 친구들이 탄 마차가 장례 행렬처럼 뒤따랐다.

베르사유를 떠난 행렬이 파리까지 가는 데는 여섯 시간이 걸렸다. 지나가는 길 집집에서 사람들이 몰려나왔다. 구경꾼들은 패배자 앞에서 경외심에 가득 차 모자를 조심스레 벗기 위해서가 아니라 호기심 때문에 죽 나와 섰다. 모두 왕과 왕비의 굴욕을 보려 했다. 여자들은 전리품을 가리키면서 승리에 도취해 소리를 질렀다 "우리가 빵집 주인과 여편네와 그 자식들을 데려갑니다. 이제 배고픔은 끝났어요." 마리 앙투아네트는 증오와 조롱 섞인 외침을 모두 듣고 있었다. 그녀는 아무것도 보지 않도록 또 아무에게도 보이지 않도록 마차 속 깊숙이 몸을 숨겼다. 그러고는 눈을 감았다. 아마도 여섯 시간에 걸친 지루한 여행 동안 그녀는 같은 길을 폴리냐크와 단둘이서 날쌘 2륜마차를 타고 가장무도회, 오페라, 만찬회에 갔다가 훤한 새벽이면 되돌아오던 일들을 떠올렸을지도 모른다. 아니면 변장을 한 채 말을 타고 행렬을 따라오는 유일한 친구 페르센을 찾고 있었는지도 모른다. 어쩌면 지치고 피곤해서 아무 생각도 하지 않았을지도 모른다. 운명을 맞아들이는 수밖에 도리가 없음을 알기라도 하는 듯 마차 바퀴는 천천히 돌아갔다.

드디어 왕정의 상여는 파리 성문에 도착했다. 거기에서는 엄숙한 장례식이 정치적으로 이미 죽어버린 사람들을 기다리고 있었다. 시장 실뱅 바이는 왕과 왕비를 타오르는 횃불로 맞아들였고 루이를 노예 중 노예로 만든 10월 6일을 '아름다운 날'이라 칭송했다. "얼마나 아름다운 날입니까." 그가 힘주어 말했다. "파리 시민이 폐하와 왕실 가족들을 이곳에 모시게 되었으니 말입니다." 신경이 무딘 왕조차 자신의 코끼리 피부에 상대가 독침을 쏘고 있음을 눈치챘다. 왕은 이렇게만 대답했다. "나의 체재가 평화와 조화, 법의 준수를 가져오기만을 바랄 뿐이오." 그러나 사람들은 죽을 만큼 지친 왕실 식구들을 편히 쉬도록 내버려두지 않았다. 온 파리가 전리품을 구경할 수 있도록 시청으로 나가야만 했다. 바이가 왕의 인사말을 옮겼다. "아름다운 도시 파리 시민들 가운데 있으면 짐은 언제나 행복감과 신뢰감을 느낀다." 그러나 바이는 그만 "신뢰감"이라는 말을 옮기지 않았다. 왕비는 그 말이 빠졌음을 알고 깜짝 놀랐다. 그녀는 난폭한 백성들에게 그들의 의무감을 자극하기 위해서는 "신뢰감"이라는 말이 얼마나 중요한지를 알고 있었다. 그래서 그녀는 왕이 신뢰감에 관해서도 언급했다는 사실을 큰소리로 알렸다. 그러자 바이가 이렇게 말했다. "여러분, 제가 말하는 것보다 훨씬 낫군요!"

마지막으로 왕실 포로들은 창문 앞으로 끌려 나갔다. 그들 좌우에는 횃불이 타오르고 있었다. 베르사유에서 온 사람들이 변장한 꼭두각시가 아니라 진짜 왕과 왕비라는 사실을 백성들이 잘 알아볼 수 있도록 하기 위해서였다. 백성들은 예기치 못했던 승리감에 취해 있었고 이제야 겨우 좀 너그러워질 수 있었다. "국왕 만세! 왕비 만세!" 외침은 멀리 그레브 광장까지 울려 퍼졌다. 그러고 난 뒤에야 루이 16세와 마리 앙투아네트는 군대 호위 없이 튈르리 궁으로 가서 끔찍했던 낮의 피로를 풀고 자신들이 얼마나 깊은 낭떠러지에 떨어져 있는가를 생각해 볼 수 있게 되었다.

먼지를 뒤집어쓴 빛나는 마차가 어둡고 황폐한 성에 도착했다. 루이 14세 때부터 150년 동안, 옛 왕궁이었던 튈르리 궁에는 사람이 살지 않았다. 방은 낡고 가구는 못쓸 정도였고, 침대와 이불이 턱없이 부족했으며, 문은 잘 닫히지 않았고, 깨진 유리창으로는 찬바람이 들어왔다. 신하들은 재빨리 촛불을 밝히고 하늘에서 떨어진 유성과도 같은 신세가 된 왕의 가족을 위해 잠자리를 마련했다. "엄마, 여긴 모든 게 끔찍해요." 베르사유와 트리아농의 화려함 속에서만 자랐고 빛나는 샹들리에와 번쩍이는 거울과 부귀와 호화로움에 익숙했던 네 살 반 된 황태자가 궁에 들어서면서 말했다. "애야, 루이 14세께서도 여기서 사셨는데 조금도 불편해 하지 않으셨단다. 우리는 그분보다 까다롭게 굴어선 안 되는 거란다." 왕비가 대답했다. 그러나 루이는 한마디 불평도 없이 아무렇지도 않게 불편한 잠자리에 들었다. 하품을 하면서 이렇게 말했다. "모두 알아서 잠자리를 차리도록 해. 난 이쯤이면 괜찮아."

그러나 마리 앙투아네트는 불만이었다. 자기 뜻으로 선택하지 않은 이 집은 감옥과 다름없었다. 그리고 백성들이 자기를 얼마나 굴욕적인 방법으로 끌고 왔는지 도저히 잊을 수가 없었다. "정말 믿기지 않습니다." 그녀는 충실한 메르시에게 서둘러 편지를 썼다. "지난 24시간 동안 무슨 일이 일어났는지 말입니다. 사람들이 하는 말은 전혀 과장이 아닙니다. 과장은커녕 우리가 보고 당한 일에 비하면 아무것도 아닙니다."

깨달음

1789년, 혁명은 자기 힘을 제대로 깨닫지 못한 채 이따금 스스로의 용기에 놀랄 뿐이었다. 국민의회, 파리 시의원, 그리고 온 시민이 아직도 마음속으로는 왕에 대한 충성심을 간직하고 있었다. 오히려 왕을 그렇게 끌고 온 아마존 여전사들 습격에 놀라고 있었다. 그들은 이 거칠고 불법적인 폭력 행위를 숨기기 위해 생각해낼 수 있는 온갖 수단을 썼으며, 왕실의 유괴 사건을 "자유의사에 따른" 이주(移住)로 얼버무리려 애를 썼다. 그들은 왕권의 묘지 위에 아름다운 장미를 갖다 놓으려고 서로 머리를 짜냈다. 왕정이 사실 10월 6일 영원히 매장되고 말았다는 사실을 숨기려 했다. 왕에게 깊은 충성심을 보이고자 대표자들이 줄을 이었다. 고등법원은 판사 30명을 보냈고, 파리 시의회도 경의를 표했다. 시장은 마리 앙투아네트에게 인사를 하면서 이런 말까지 했다.

"우리 도시는 국왕을 모시게 된 일을 기쁘게 여기고 있습니다. 부디 왕과 왕비께서는 자비를 베푸시어, 이곳을 영원한 거처로 받아들여 주십시오." 의회, 대학, 회계원, 추밀회의도 줄지어 인사를 왔고 10월 20일에는 국민의회 모두가 왔다. 창문 앞에는 백성들이 몰려와서 "국왕 만세! 왕비 만세!"를 외쳤다. 전제군주 스스로 "자유의사에 의한 이주"를 기뻐하도록 만들기 위해 모든 일이 착착 진행되어졌다.

그러나 마리 앙투아네트는 자기 자신을 속일 줄 몰랐다. 왕비와 그녀에게 순종적인 왕은 진실을 왜곡하는 그들의 말을 완고하게 거부했다. "우리가 어떻게 여기에 오게 되었는지 잊을 수만 있다면 아마 행복할 것입니다." 왕비는 메르시 대사에게 편지를 썼다. 그러나 사실 그녀는 잊을 수도, 잊고 싶지도 않았다. 너무나 많은 모욕을 받았기 때문이다. 억지로 파리에 끌려왔으며, 베르사유 궁전은 습격당했고, 경비병들은 무참히 살해되었다. 그러는 동안 국민의회나 국민군들은 손 하나 까딱하지 않았다. 게다가 이제는 강제로 튈르리 궁에 유폐되었다. 신성한 왕권이 이런 치욕을 당했다는 사실을 온 세상에 알려야 한다. 루이 16세와 마리 앙투아네트는 의도적으로 자신들의 비참함을 강조하고자 했다. 왕은 사냥을 그만두었고 왕비는 극장에 나타나지 않았다. 두 사람은 거리에 잘 나타나지 않았으며 외출도 하지 않은 채, 파리에서 인기를 모을 수 있는 중요한 기회를 모두 놓치고 말았다. 이런 완고한 자기 감금은 위험한 결과를 낳았다. 왜냐하면 왕실은 압박을 가함으로써, 폭력을 휘두름으로써 백성을 설득할 수 있는 것이며, 왕이 스스로를 약자로 보이기 시작하면 정말 그렇게 되고 마는 까닭이었다. 튈르리 궁에 보이지 않는 철책을 두른 것은 백성이나 국민의회가 아니라 왕과 왕비 자신이었다. 그들의 어리석은 고집 때문에 아직도 남아있던 자유를 감옥 상태로 만들고 말았다.

그러나 아무리 비통한 마음으로 튈르리 궁을 감옥이라 우겨도 그곳은 왕궁이었다. 그 다음 날 커다란 마차가 베르사유로부터 가구를 실어 왔고, 목수와 가구공들이 밤늦게까지 방에서 못질을 했다. 새로운 거처에 베르사유에서 일하던 사람들이 모여들었다. 시종, 하인, 마부, 요리사가 하인방을 가득 채웠다. 옛 하인 제복을 입은 사람들이 다시 복도에 나타났고 모든 게 베르사유와 같아졌다. 의례 절차도 빠짐이 없었다. 단 한 가지 달라진 점은 이제는 해산되어 사라진 귀족 근위병 대신 라파예트 시민 중대가 보초를 선다는 점이었다.

튈르리 궁과 루브르의 수많은 방 가운데 왕실은 별로 많은 방을 사용하지 않았다. 왜냐하면 연회도 없었고, 무도회도 가장무도회도 없었으며, 남의 이목이나 불필요한 허영도 신경쓸 필요가 없었기 때문이다. 왕가는 튈르리 궁에서 마당을 향한 부분(1870년의 코뮌 시대에 불탄 뒤 보수되지 않았다)만을 사용했다. 위층에는 왕의 침실과 접견실, 왕의 누이를 위한 침실, 아이들 방과 작은 살롱이 있었다. 아래층에는 접견실, 화장실이 딸린 마리 앙투아네트의 침실, 당구실, 식당이 있었다. 본디 층계 말고도 두 층 사이에는 새로 만든 작은 계단이 있었다. 그 계단은 왕비 방에서 황태자 방과 왕의 방으로 바로 연결되어 있었다. 왕비와 아이들 가정교사가 이 통로의 열쇠를 갖고 있었다.

이런 식으로 방을 나눈 것은 식구들과 떨어져 있으려는 앙투아네트의 계획에 따른 것이었다. 그녀는 혼자 자고 홀로 지냈다. 1층에 있는 그녀의 침실과 접견실은 공개적인 층계나 입구를 사용하지 않고도 언제나 몰래 방문객을 맞을 수가 있었다. 그리고 이런 조치에는 장점이 하나 더 있었는데 그것은 왕비가 하인이나 밀정, 국민군(또는 왕) 때문에 놀랄 필요가 전혀 없게 되었다는 사실이다. 그녀의 '경쾌함'이 감금 상태에서도 마지막 자유의 숨통을 틔워 놓은 것이다.

밤낮없이 어두침침한 복도를 검게 그을린 기름 램프가 가까스로 밝히고 있었고, 낡은 층계는 꼬불꼬불했으며 하인방은 너무 비좁았다. 더욱이 백성들의 힘을 보여주는 국민군이 보초를 서는 이 낡은 성에서 왕실 일가는 조용하고, 비밀스럽게, 베르사유 궁보다 더 편안하게 살았다. 아침 식사를 마치면 왕비는 아이들을 내려오게 하여 다 같이 미사에 참석했다가 함께 먹는 점심 식사 시간 전까지 혼자 자기 방에서 지냈다. 점심 뒤에는 남편과 당구를 쳤다. 왕에게는 당구가 이제는 가지 못하는 사냥을 대신할 보잘것없는 운동이었다. 그 다음에 왕은 독서를 하거나 잠을 자고, 마리 앙투아네트는 자기 방으로 돌아와서 신뢰하는 친구인 페르센이나 랑발 공작 부인이나 다른 사람들과 함께 지냈다. 저녁 식사 뒤에는 큰 살롱에 온 가족이 모두 모였다. 뢱상부르 궁전에 살던 왕의 아우 프로방스 백작 부부, 늙은 숙모와 몇몇 충신들까지. 11시면 불이 꺼지고 왕과 왕비는 저마다 침실로 돌아갔다. 조용하고 규칙적이고 소시민적인 이 일과는 바뀌는 적이 없었다. 연회도 사치도 더는 찾아볼 수 없게 되었고, 의상 예술가인 베르탱 부인을 부르는 일도 없었다. 보석상의 시대 또한 지나갔다. 왜냐하면 이제 루이 16세는 중대한 목적, 즉 매수나 정치적인 비밀 임무를 위해서 돈을 모아야만 했기 때문이다. 창밖으로는 정원이 내다보였다. 가을이 저물며 낙엽이 지고 있었다. 왕비에게는 너무 천천히 지나가는 것만 같던 세월이 이제는 지나치게 빨리 흘러가는 것 같았다. 이제껏 두려워한 고요가 그녀를 휩싸고 돌았다. 이제야 처음으로 엄숙한 사색의 시간이 다가온 것이다.

휴식은 창조적인 성격을 지닌다. 휴식은 내부에 힘을 모으고, 순수케하며, 정리해 준다. 거친 행동으로 흩어진 모든 것을 다시 주워 모은다. 병을 흔들었다가 다시 세워 놓으면 병 속에 든 무거운 것이 가벼운 것과 분리되듯이,

여러 가지가 뒤섞인 본성도 적막과 사색은 그 성격을 더욱 확실히 드러낸다. 무참히 홀로 내던져진 마리 앙투아네트는 자기 자신을 발견하기 시작했다. 경박하고 경솔한 사람이 모든 것을 너무 쉽게 얻는다면 화를 부르고 마는데, 바로 그 부당한 삶의 선물이 그녀를 내적으로 빈곤하게 만들었다. 운명은 너무 일찍, 그리고 너무 지나치게 그녀를 응석받이로 만들고 말았다. 지체 높은 출신과, 그보다도 더 높은 자리가 너무도 쉽게 그녀에게 주어졌기 때문이다. 그녀는 전혀 노력할 필요가 없었다. 그저 멋대로 살아가기만 하면 되었다. 모든 게 당연할 뿐이었다. 생각은 대신이 하고 일은 백성이 하며 은행은 돈을 지불해 주었기 때문에 이 여자는 만사를 아무 생각 없이 감사할 줄 모르고 받아들였다. 오늘날 왕관과 아이들과 자신의 목숨을 역사의 거대한 혁명으로부터 지켜내야만 하는 상황이 닥치고서야 그녀는 자기 내부에서 저항할 힘을 찾아냈고, 한 번도 사용하지 않고 그대로 두어 온 지성과 행동력을 갑자기 밖으로 끌어냈다. 곧 그 성과가 나타났다. "인간은 불행 속에서야 겨우 자기가 누구인가를 알 수 있습니다." 아름답고 감격적이며 감동에 가득 찬 이 말이 불현듯 그녀의 편지에 나타난 것이었다. 조언자들, 어머니, 친구들은 수십 년 동안 그녀의 고집스런 영혼에 어떤 영향도 끼치지 못했다. 가르치기 힘든 그녀에게 너무나도 이른 시도였기 때문이다. 고통이야말로 마리 앙투아네트라는 인간에게 최초의 참된 스승이 되었으며, 배움에 귀를 기울이지 않았던 그녀가 무엇인가를 배울 수 있었던 맨 처음 상대였다.

불행과 함께 이 보기 드문 여자의 내부에 새로운 시대가 시작되었다. 그러나 불행이 성격을 바꾸어 놓은 것은 결코 아니다. 불행 때문에 새로운 성격이 생겨나지는 않는다. 오래전부터 있어 온 싹을 불행이 꽃피웠을 뿐이다. 마리 앙투아네트가 현명해지고, 행동적으로, 정력적으로 된 것은 마지막 싸움의 해에 갑자기 그렇게 된 것이 아니다. 그렇게 생각한다면 오해다. 모든 게 이미 영혼 한구석에 싹으로 숨어 있었으나, 놀라울 만큼 게으른 영혼과 유치한 감성으로 노는 일에만 정신을 판 나머지 그녀의 본질 가운데 반도 채 발휘하지 못했을 뿐이다. 그녀는 지금껏 인생을 갖고 놀기만 해 왔다—전혀 애쓸 필요도 없었다—인생과 맞서서 싸울 필요가 전혀 없었다. 그러다가 큰 자극을 받자 모든 에너지가 총동원된 것이다. 생각해야만 할 때가 오자 마리 앙투아네트는 처음으로 깊이 생각하게 되었다. 또 일을 할 수밖에 없게 되자 일을 했다. 압도적인 힘에 눌려 비참하게 보이지 않으려면 성장할 수밖에 없는 운명이었기 때문에 그녀는 점점 더 크게 자라났다. 내적, 외적 생활의 완전한 변모가 튈르리에서 시작되었다.

지난 20년 동안 대신의 연설을 한 번도 관심 있게 끝까지 들어본 적이 없었고, 편지나 그저 대충 읽어 볼까 책 한 권 제대로 읽은 적이 없으며, 놀이·스포츠·유행 같은 쓸데없는 일에만 관심을 가졌던 그녀가 자신의 책상을 내각으로, 방을 외교용 회의실로 바꾸어 놓았다. 어떻게 손대 볼 수도 없는 현실을 그저 화만 내면서 옆으로 미루기만 하는 나약한 남편을 대신해서, 그녀는 대신이나 외교사절들과 의논했으며 방책을 정하고 편지를 정리했다. 그녀는 암호 기법을 배웠다. 그리고 외국에 있는 친구와 의논할 수 있는 비밀 통신의 특수한 기술도 터득했다. 은현(隱顯) 잉크로 쓰인 편지와 숫자식 암호를 사용한 소식들이 잡지나 초콜릿 상자에 담겨 감시의 눈을 피해 밀수되었다. 편지를 받은 사람에게만 의미가 뚜렷이 전해지고 나머지 사람들은 알아볼 수 없도록 하기 위해서 한 단어 한 단어를 조심스럽게 선택해야 했다. 이 모든 것을 혼자서, 도와주는 사람도, 옆에 비서도 없이, 문 앞과 방 안이 온통 밀정뿐인 상황에서 해냈다. 편지가 하나라도 발각되는 날엔 남편과 아이들을 잃을지도 모르는 일이었다. 그런 일에는 조금도 익숙지 않은 그녀였지만 육체가 지쳐 쓰러질 때까지 열심히 일했다. "저는 편지 쓰는 일로 무척 피곤합니다" 그녀는 어느 편지엔가 이렇게 탄식한 적이 있다. "내가 무얼 쓰고 있는지 보이지 않을 정도입니다"

더 중요한 정신적 변화는 마리 앙투아네트가 충실한 조언자의 진가를 알아보기 시작했다는 점이다. 신경질적으로 그때그때 내키는 대로 처리하던 어리석은 자만심을 버리고 정치적인 문제를 이제는 올바로 바라볼 수 있게 되었다. 전에는 백발의 조용한 메르시 대사를 맞아들이면 나오는 하품을 억지로 참고 꼼꼼한 그가 문을 닫고 나간 뒤에야 비로소 안도의 한숨을 내쉬었지만, 이제 그녀는 신중하고도 경험 많은 대사 앞에서 부끄러움을 느끼게 되었다. "불행해지면 질수록 진실한 친구에게 마음속 깊이 감사를 느끼게 됩니다." 이런 인간적인 태도로 어머니의 오랜 친구에게 편지를 쓰기도 했다. "당신과 다시 만나 마음껏 이야기하고, 내 온 생애를 통해 마땅히 해 드렸어야 할 마음의 표시를 할 수 있는 순간을 초조하게 고대하고 있습니다." 서른다섯이 되어서야 그녀는 특수한 숙명이 자신에게 준 역할을 깨달았다. 아름답고 애교 있지만 생명이 짧은 유행이나 좇는, 정신적으로 덜 성숙한 여자가 아닌 끊임없이 후세의 완강한 눈길을 의식하는, 그것도 이중으로 의식하는 여자가 되었다. 왜냐하면 그녀는 왕비인 동시에 마리아 테레지아의 딸이기 때문이었다. 잘못 길든 유치한 자만심에 가득 차 있던 그녀는 갑자기 거대한 시대를 맞아 위대하고 용감하게 탈바꿈했다. 그녀는 이제 개인적인 것, 권력, 사적인 행복을 위해 투쟁하지 않았다. "우리에게는 이제 행복해지려는 생각이 모두 사라졌습니다. 그저 다음 사람을 위해 고통을 당해야 하는 왕으로서의 의무가 남아 있을 뿐입니다. 우리는 그 의무를 잘 실천할 뿐입니다. 언젠가는 그 뜻이 잘 이해되기만을 바라면서 말입니다." 비록 늦었지만 마리 앙투아네트는 자신이 어쩔 수 없이 역사적인 인물이 되었다는 사실을 마음 속 깊이 이해했다. 그리고 이런 시대를 뛰어넘는 요구가 그녀의 힘을 점점 강화시켰다. 인간이란 자신의 가장 내적인 부분을 파헤쳐 보면 그 핏속에서 선조들의 알 수 없는 힘을 느끼게 되기 때문이다. 자기가 합스부르크 집안이라는 것, 오랜 황제 가문의 손녀이며 후계자라는 것, 그리고 마리아 테레지아의 딸이라는 사실이 나약하고 불안한 여자를 갑자기 마술에 걸린 것처럼 부추겨 올렸다. 그녀는 "마리아 테레지아의 훌륭한 딸"이 되어 자기 어머니에게 어울리는 인간이 되는 것이 의무라고 생각했다. 그리고 '용기'라는 단어는 그녀가 점점 죽음으로 다가가는 교향곡의 라이트모티프(주제)가 되었다. 그녀는 늘 "용기를 잃어서는 안 된다" 되뇌었고, 빈으로부터 오빠 요제프가 임종의 고통 속에서도 마지막 순간까지 결연한 태도를 지켰다는 소식을 듣자 마치 무슨 예언처럼 그 말을 받아들였으며 자신의 삶을 의식한 듯 이렇게 대답했다. "오빠께서는 내게 부끄럽지 않게 돌아가셨습니다."

마치 드높이 펄럭이는 깃발처럼 세계 앞에 선 마리 앙투아네트는 자신의 자존심 때문에 다른 사람들이 예측했던 것보다 더 큰 대가를 치러야만 했다. 왜냐하면 그녀의 내면은 결코 거만하지도 강하지도 못했으며, 영웅이 아닌 평범한 여자에 지나지 않았고, 천성이 투쟁보다는 헌신과 부드러움에 더 가깝기 때문이었다. 그녀가 용기를 낸 것은 다른 사람들의 용기를 북돋기 위해서였다. 그녀 자신은 한 번도 더 나은 날들을 생각해 본 적이 없었다. 자기 방으로 돌아오면 그녀는 지쳐서 세상 사람들 앞에 자존심의 깃발처럼 내휘두르던 두 팔을 축 늘어뜨렸다. 페르센은 울고 있는 그녀를 자주 보았다. 마침내 찾아낸 사랑의 시간은 다정다감한 놀이의 시간이 아니라 사랑하는 여자를 위해, 그녀의 피로와 우울을 씻어주기 위해 사랑에 사로잡힌 남자가 온갖 노력을 바치는 시간이었다. 그리고 그녀의 불행은 사랑하는 이에게 아주 깊은 감정을 불러왔다. 그는 누이에게 "그녀는 자주 운다"는 편지를 썼다. "그리고 아주 불행하다. 내가 그녀를 어떻게 사랑하지 않을 수 있을까." 남을 믿기 잘하는 순진한 여자에게 지난 시간들은 사정없이 냉혹한 현실이었다. "우리가 언젠가 행복하게 되기에는 너무 끔찍스러운 일을 겪었으며 많은 피를 보았습니다." 그러나 무방비 상태인 그녀에 대한 세상의 증오심은 점점 더 심해져가기만 할 뿐이었다. 그리고 그녀에게 남은 것이라곤 오직 양심뿐, 그것 말고는 아무런 힘도 없었다. "제가 어떤 부정(不正)을 드러내 보여 줄 것을 온 세상은 원하지만 나는 결백을 밝히고 싶습니다" 이렇게 그녀는 썼다. 또 "저는 언젠가 올바른 판단이 내려지리라 믿습니다. 그 생각이 저로 하여금 고통을 참아내는 데 도움을 줍니다. 그것을 부정하는 사람을 저는 매우 경멸합니다." 그녀는 또한 이렇게 탄식하기도 했다. "이런 세상을 어떻게 그런 마음을 가지고 살아간단 말인가!" 여기에서 우리는 절망에 빠진 그녀가 하루라도 빨리 모든 것이 끝나기를 소망했음을 추측할 수 있다. "우리는 지금 고통 속에 괴로워하고 있지만 적어도 우리 아이들만이라도 행복할 수 있는 날이 왔으면, 그것이 저의 유일한 소망입니다."

아이들 생각만이 마리 앙투아네트를 '행복'이란 단어와 연결해 주는 오직 하나뿐인 다리였다. "내가 행복할 수 있다면 그것은 오로지 두 아이 덕분입니다" 이렇게 쓰면서 그녀는 탄식했다. 그리고 또 다른 편지에는 "너무나 슬플 때면 나는 작은아이를 불러옵니다" 그렇게 썼다. "온 하루 혼자였습니다. 아이들만이 오로지 위안이었습니다. 아이들을 되도록 오래오래 내 곁에 두고 싶습니다" 이렇게도 적었다. 마리는 네 아이 가운데 둘이 세상을 떠나자 온 세상에 함부로 사랑을 나누어 주던 그녀는 그 생활에서 한 발 물러서서 남은 두 아이를 필사적이고 열정적으로 사랑하였다. 특히 황태자는 왕비에게 많은 기쁨을 주었다. 튼튼하게 자라난 그 아이는 유쾌하고 현명하고 상냥했으며 사랑이 듬뿍 담긴 그녀의 말처럼 "사랑의 슈"*1였다. 다른 경우처럼 그녀의 애착과 사랑도 많은 경험으로 통찰력을 갖게 되었다. 그녀는 황태자를 존중하기는 했지만 응석받이로 키우지는 않았다. "아이에 대한 사랑은 엄격해야만 합니다." 그녀는 가정교사에게 이렇게 말하기도 했다. "그 애를 왕으로 키워야 한다는 사실을 잊어서는 안 됩니다." 언젠가 아들을 마담 폴리냐크 대신 새 가정교사인 마담 드 투르젤에게 맡기면서 아들에 대한 심리학적 설명을 해주었는데, 감춰진 인간의 판단력이라든가 정신적인 본능에 관한 것으로, 그 설명에는 이제까지 그녀에게서 볼 수 없었던 능력이 잘 드러난다. "내 아들은 지금 생후 4년 4개월에서 이틀이 모자랍니다. 나는 그 애의 발육이라든가 외모에 대해서는 말하지 않겠어요. 그것은 직접 살펴보면 아실 테니까요. 그 애의 건강은 언제나 양호했습니다. 그러나 요람에 누워 있을 때부터 나는 그 애가 신경이 지나치게 예민해서 아주 작은 소리에도 반응을 일으키는 것을 눈여겨보았습니다. 첫째 이빨은 늦게 났지만 아무 병도 사고도 없이 잘 났습니다. 그런데 마지막인 여섯 번째 이가 나올 때쯤 경기를 일으킨 적이 있습니다. 그 뒤 그런 경기는 두 번 더 있었는데 첫 번째는 1787년에서 1788년으로 넘어가는 겨울의 일이고, 두 번째는 종두를 맞았을 때 일입니다. 두 번째는 심하지 않았습니다. 너무 신경이 예민한 그 애는 익숙지 않은 소리만 들려도 아주 두려워합니다. 한 예로, 개가 가까이에서 짖은 적이 있었는데 그 뒤로 개를 아주 무서워합니다. 그러나 나는 그 애한테 개를 가까이 해 보도록 강요하지는 않습니다. 이성이 발달함에 따라 개에 대한 공포도 저절로 사라지리라 믿기 때문입니다. 다른 활기찬 애들과 마찬가지로 그 애 또한 제멋대로 굴며 성을 낼 때 보면 대단합니다. 하지만 고집만 부리지 않으면 그지없이 착하고 부드럽고 사랑스러운 아이입니다. 그 애는 강한 자부심을 갖고 있는데 잘만 이끌어 준다면 언젠가는 그것이 장점이 될 수도 있을 것입니다. 그리고 남과 아주 친해지기 전에는 울타리를 그어 놓고서 부드럽고 사랑스럽게 보이려고, 자기의 조바심이나 분노를 숨길 줄도 압니다. 그 애와 약속을 했을 때는 완전히 믿어도 됩니다. 그러나 그 애는 자기가 들은 이야기를 수다스럽게 되풀이하기를 좋아하고, 거짓말하려는 생각은 없지만 들은 이야기에다가 자기의 상상을 더해서 말하기를 좋아합니

─────────────────
*1 귀여운 아이.

다. 그것은 그 애의 가장 큰 단점이며 반드시 고쳐 주어야 할 점입니다. 되풀이해 말하지만 그것 말고는 아주 착한 아이입니다. 사랑과 열정으로 보살핀다면 엄하게 하지 않아도 쉽게 가르칠 수 있고 바라는 것을 그 아이로부터 이룰 수 있을 것입니다. 그 애는 나이에 비해 복잡한 성격을 갖고 있으니까 무턱대고 윽박지르면 도리어 화를 낼지도 모릅니다. 한 가지 예를 들어 보지요. 그 애는 아주 어려서부터 늘 '용서'를 비는 일을 매우 싫어했습니다. 잘못했을 때 다른 말은 시키는 대로 다 말하면서도 '용서해 주세요'라는 말만 하려고 하면 마냥 눈물을 흘리고 한참을 괴로워한 다음에야 겨우 그 말이 나왔습니다. 어려서부터 아이들 키우는 일은 내가 주로 맡아 왔고, 애들이 잘못을 저질렀을 때도 내가 꾸중을 해 왔습니다.

화가 나서 다그치는 게 아니라 그 애들이 저지른 일 때문에 엄마가 마음 아파하고 있음을 깨닫게 하고 그 일에 대해 스스로 이야기하도록 만들기 위해서입니다. 아이들로 하여금 엄마가 한 번 말한 모든 것, 아이들 스스로 예, 또는 아니오 라고 대답한 일은 결코 취소할 수 없다는 사실에 익숙해지도록 했습니다. 하지만 나는 늘 내 결정에 대해서 그 애들이나 그 또래 아이들이 이해할 수 있을 만한 이유로 설명해 줍니다. 그 결정이 내 기분에 따라 멋대로 내려진 게 아님을 알게 하기 위해서입니다. 내 아들은 아직 글도 읽을 줄 모르고 이해도 더딥니다. 그 애는 지나치게 산만하여 집중을 잘 못합니다. 그리고 자신의 높은 지위에 대해서도 전혀 모르고 있는데, 사실 나는 계속 모르고 있기를 바랍니다. 하지만 우리 애들은 자기가 어떤 사람인지 일찍이, 충분히 알게 될 것입니다. 또 그 애는 누나를 사랑합니다. 온 마음을 다해서 사랑하는 것 같습니다. 어디를 가거나 선물을 받을 때면 누나도 꼭같이 받기를 바란답니다. 천성적으로 쾌활한 아이니까. 건강을 위해서 맑은 공기를 많이 쐬도록 해 주는 게 좋을 것입니다."

어머니로서의 이 기록을 전에 쓴 다른 편지들과 비교해 보면 결코 같은 사람이 썼다고 믿기지 않는다. 새로운 마리 앙투아네트와 과거의 마리 앙투아네트는 너무나도 달랐다. 마치 불행이 행복과, 절망은 자만과 동떨어져 있는 것처럼. 그녀의 부드러운 영혼 속에, 서투르고 순종적인 영혼 속에 불행은 그 도장을 찍고 말았다. 지금까지 흐르는 물처럼 불안하고 희미하게 흘러가 버리던 어떤 특성이 분명한 윤곽을 드러내기 시작한 것이다. "도대체 너는 언제 너 자신이 될 거냐!" 그녀의 어머니는 절망적으로 탄식했었다. 귀밑털이 희끗해지면서부터 마리 앙투아네트는 드디어 그 자신이 된 것이다.

이처럼 완전한 변모는 왕비가 튈르리 궁에서 제작하게 한 유일한, 그리고 마지막 초상화에도 여실히 드러난다. 폴란드의 화가인 쿠하르스키가 그림의 윤곽을 잡았는데, 바렌으로 피난하느라고 그림을 완성하지는 못했다. 하지만 이 초상화는 지금 우리 손에 남아 있는 가장 완전한 것이다. 베르트밀러가 그린 멋지게 차려 입은 그녀의 그림과 마담 비제 르 브룅이 그린 사교복을 입은 몇몇 그림들은 비싼 의상과 장식을 통해 이 여자가 프랑스 왕비임을 떠올리게 했다. 머리엔 털이 달린 호사스런 모자를 쓰고, 수놓은 비단옷을 번쩍이면서 우단 씌운 왕좌 앞에 서 있는 초상화는 그녀가 이 나라에서 가장 고귀한 여자, 즉 왕비라는 사실을 금방 알아보게 했다. 그러나 쿠하르스키가 그린 초상화는 이런 모든 장식을 배제했다. 한 아름다운 여자가 의자에 앉아 꿈꾸듯이 앞을 쳐다보고 있을 뿐이었다. 조금 지치고 여위어 보이는 그녀는 화려한 옷도 장신구도 하지 않았으며 보석이 반짝거리지도 않았다. 그다지 꾸미지도 않았다. 그건 배우나 하는 짓이고 그럴 시간도 없었기 때문이다. 환심을 사려고 애쓰던 태도는 조용한 태도로, 허영은 소박함으로 바뀌었다. 흰머리가 나기 시작한 머리는 자연스럽고 아름답게 손질되어 있으며, 아직도 풍만하고 아름다운 어깨에서 자연스럽게 옷자락이 흘러내려왔다. 그 태도에서도 남의 환심을 사려는 인상은 찾아볼 수 없었다. 입가의 미소가 사라졌고, 눈에도 환심을 끌려는 기색이 없었다. 가을 햇살처럼 아직도 아름다웠으나, 그 아름다움은 부드럽고 모성적인 것으로 희망과 포기 사이의 여명 속 중년 부인으로서, 젊지는 않지만 아직 늙지도 않은, 욕망적이진 않지만 아직 욕망이 남아 있는 표정으로, 그녀는 꿈꾸듯이 앞을 바라보고 있다. 다른 초상화에서는 마치 자신의 아름다움에 취한 여자가 뜀박질을 하거나 춤을 추거나 한참 웃다가 잠깐 화가를 바라본 듯한 느낌이라면, 이 초상화에서는 적막을 사랑하는 조용한 여자를 느낄 수 있다. 대리석이나 상아로 만든 비싼 사진틀에 끼워진 수천의 거짓된 초상화가 만들어지고 난 뒤 맨 마지막으로 제작된 이 미완의 작품은, 처음으로 왕비에게도 어떤 영혼이 깃들어 있음을 느끼게 해준다.

미라보

　혁명에 맞선 힘든 투쟁을 이어나가는 동안 왕비는 오직 하나의 동지에게서 피난처를 구하였다. 그것은 곧 시간이었다. "양보와 인내만이 우리를 구할 수 있습니다." 그러나 시간은 기회주의적이며 믿기 힘든 동지로, 언제나 강자 편에 서서 아무 노력 없이 믿고 의지해 온 사람을 곤궁에 빠뜨린다. 혁명은 쉬지 않고 앞으로 나아갔다. 도시, 시골, 군대에서 신참자들이 매주 천 명씩 늘어났고, 새로 창당된 자코뱅당은 왕정을 완전히 무너뜨리기 위해 밤낮으로 전력을 증강했다. 마침내 왕과 왕비는 자신들의 고독한 은둔 생활의 위험성을 깨닫기 시작하고 새로운 동지를 찾기 시작했다.

　어느 중대한 동지가—이 대단한 비밀은 측근에게까지도 알려지지 않았다—궁에 비밀 편지를 보내왔다. 9월부터 튈르리 궁 사람들은 국민의회의 대표자이며, 혁명의 사자인 미라보 백작이 왕으로부터 황금 먹이를 받아먹으려 하고 있음을 알았다. "내가 적이 아니라 그들 편임을 궁에서 믿도록 도와주기를 부탁하네" 그는 어느 중개자에게 이야기한 적이 있었다. 그러나 베르사유에 있는 동안 궁에서는 자기네 위치를 확고한 것으로 생각했고 왕비 또한 미라보의 중대성을 깨닫지 못했다. 그는 반란의 천재이자 자유의지의 화신인 동시에 혁명의 힘 그 자체였으며, 살아 있는 무정부상태로서 혁명을 이끌어나갈 능력이 있는 남자였다.

　국민의회의 다른 사람들은 점잖고 훌륭한 학자, 예리한 법률가, 충실한 민주주의자들로서 질서나 새로운 체제에 대해 그저 이상적인 꿈이나 꾸는 형편이었다. 이 남자는 국가의 혼란 상황을 자신의 내적인 혼란을 해결할 수단으로 생각했다. 스스로 자랑스럽게 열 사람 몫을 한다고 말했던 화산 같은 무서운 힘을 마음껏 발휘하기 위해 그는 폭풍우를 필요로 했다. 산산이 부수어진 도덕적, 물질적, 가정적 상황에 몰려 있던 그는 그 폐허를 딛고 일어서기 위해 붕괴된 국가를 필요로 했다. 그의 원초적인 본성은 짤막한 소책자,

여자 농락, 결투나 추문과 같은 형태로 터져 나왔다. 그는 어느 교도소에서도 저지할 수 없을 만큼 과격했다. 지금까지 그의 성격은 충분히 발산되지 못한 셈이었다. 그의 거친 영혼은 더 넓은 공간을 원했고, 강한 정신은 더 무거운 과제를 원했다. 좁은 울타리에 갇힌 난폭한 짐승처럼 그는 혁명의 싸움터로 달려나가 단숨에 신분제도라는 낡은 울타리를 부숴 버렸다. 처음으로 천둥 같은 그의 목소리가 울려 퍼졌을 때 국민의회는 숨이 턱 막힐 만큼 놀라 버렸다. 그리고 곧 그 독재적인 멍에 앞에 머리를 숙이고 말았다. 강한 정신력의 소유자이며, 뛰어난 저술가이기도 한 미라보는 힘센 대장장이처럼 몇 분 안에 매우 다루기 힘든 법률, 무모하기 이를 데 없는 조항을 청동판에 새기려고 땀을 흘렸다. 불타오르는 격정으로 그는 온 국민의회의 의견과 맞부딪쳤다. 그의 추잡한 과거에 대한 불신이나 혼란의 사자(使者)에 맞선, 질서의 무의식적인 자기 방어가 없었더라면 프랑스 국민의회는 첫날부터 1200명의 머리 대신 오직 한 사람의 머리, 통제하기 어려운 절대적 지배자를 가질 뻔했다.

그러나 이 자유의 스텐트르*1 자신은 자유롭지가 못했다. 빚더미가 등을 내리눌렀고 지저분한 재판 사건의 그물이 손을 묶어 놓고 있었다. 미라보는 여기저기에 도움을 청해 가면서 간신히 활동하며 살아가고 있었다. 그는 안락, 사치, 꽉 찬 돈 보따리, 쩔렁쩔렁하는 황금, 연회, 비서, 여자, 보좌관, 하인 따위가 필요했다. 그래야만 자기 능력을 마음껏 발휘할 수 있었다. 때문에 채권자들한테 둘러싸인 그는 자기가 생각하는 의미의 자유를 만끽하기 위해 상대가 네케르이든, 오를레앙 공작이든, 왕의 아우이든, 또는 왕실이든 상관없이 아무나 돕겠다고 나섰다. 그러나 변절자 말고는 아무도 미워할 줄 모르고 스스로를 꽤 강하다고 생각했던 마리 앙투아네트는 베르사유에서 이 "괴물 같은 사람"의 호감을 매수할 필요가 없다고 생각했다. 그녀는 중개자인 드 라마르크 백작에게 이렇게 말했다. "미라보에게 도움을 청한다는, 최후의 고통스런 수단에 호소해야 할 만큼 불행해지지 않기를 저는 바라고 있습니다."

그러나 금세 그런 형편이 되고 말았다. 다섯 달 뒤에—혁명 중의 기간치

---

*1 트로이 전쟁에서 50명의 목소리를 냈다는 그리스의 영웅.

고는 영원처럼 긴 시간이다—드 라마르크 백작은 메르시 대사를 통해서 왕비가 미라보와 거래할 준비, 즉 그를 매수할 마음이 있다는 소식을 들었다. 다행히도 아직 늦지는 않았다. 그 대가로 미라보에게 황금미끼를 던졌다. 미라보는 루이 16세가 손수 서명한 25만 리브르의 채무 증서 4장, 총 100만 리브르를 국민의회 최종회의 뒤에 지불하기로 했다는 이야기를 듣고서 뛸 듯이 기뻐했다. "만약에 일만 잘해준다면" 절약가인 왕은 조심스럽게 덧붙였다. 자기의 빚이 단번에 몽땅 없어질 뿐 아니라 한 달에 6천 리브르씩 받게 된다는 것을 알자 몇 년 동안을 집행관과 형리에게 시달려 온 그는 "미친 듯한 환성을 질렀는데, 그렇게 기뻐하는 것은 난생 처음 보았다"고 드 라마르크 백작이 말할 정도였다. 그는 전에 다른 사람들을 설득하던 그 정열로 오로지 자기만이 왕과 혁명과 국가를 구원할 수 있다고 스스로에게 다짐했다. 돈이 주머니에 굴러들어 오자 그는 혁명의 사나운 사자인 자신이 실은 충성스런 왕권주의자였다는 사실을 떠올렸다.

5월 10일 그는 "충성심과 성의와 용기를 다하여" 왕에게 봉사하겠다는 약속과 함께 자신을 팔아넘기는 영수증에 서명했다. "나는 왕권에 대한 내 원칙을 이미 고백한 바 있다. 나는 조정에서 약점만을 보아왔으며, 마리아 테레지아의 딸, 마리 앙투아네트의 결점만을 생각해 왔으니 나를 훌륭한 동지라고 생각하지 않을지도 모른다. 그러나 나는 왕을 위해 봉사해 왔다. 결코 왕에게서 합당한 인정과 보답은 받지 못하리라는 사실을 잘 알고 있었음에도 말이다. 그러나 왕의 신뢰가 내 용기를 북돋우고 내 신념이 받아들여진 데 대한 감사의 마음이 나를 힘으로 가득 채우므로 나는 가능한 모든 일을 할 수 있을 것 같다. 나는 과거의 나와 마찬가지로 그대로 밀고 나갈 것이다. 즉 법률이 정하는 범위 내에서 왕권의 수호자로서, 왕권이 인정하는 자유의 사도로서 일할 것이다. 나의 심장은 이성이 가리키는 길을 따라 갈 것이다."

이토록 과장된 문구에도 불구하고 양쪽 모두 이 계약이 전혀 명예로운 일이 아니라 감추고 싶은 사건임을 잘 알았다. 그렇기 때문에 미라보는 성에 직접 모습을 드러내지 않고 언제나 글로써 왕에게 충고하기로 합의를 보았다. 미라보는 거리에선 혁명군이 되었고 국민의회에서는 왕을 위해 일했다. 그 묘한 입장 때문에 아무도 그를 믿을 수가 없었다. 미라보는 곧 일을 시작했고 왕에게 조언 편지를 보냈다. 그러나 진짜 수신인은 왕비였다. 그의 희망은—왕은 계산 밖이었다—왕비의 이해를 받는 것이었다. 그는 두 번째 쪽지에 이렇게 썼다. "왕께서는 단 한 사람, 왕비의 말만을 듣고 계십니다. 왕의 권위를 다시 찾지 못하는 이상 왕비께서는 안전하시지 못합니다. 제가 보건대 왕비께서는 왕좌 없이는 사실 수 없습니다. 왕좌를 지탱하지 못한다면 목숨을 유지하지 못하실 것입니다. 이제 그런 순간이 옵니다. 그것도 머지않은 미래에. 그때가 되면 여자와 어린이들이 할 수 있는 일이라고는 아무것도 없다는 사실을 알게 됩니다. 다시 말해 그때까지 이 비상한 위기에서 벗어나려면 우연의 도움이나 사소한 책략이 뒷받침된다 하여도 비범한 안개와 수단이 더 필요할 것입니다." 미라보는 이 비범한 인재로 자기 자신을 제공했다. 그는 언어의 삼지창*2을 휘둘러 밀려오는 파도를 잔잔하게 가라앉힐 작정이었다. 넘쳐흐르는 자부심과 자만을 가지고 한편으로는 국민의회의 대표자로서, 다른 한편으로는 왕과 왕비의 비서로서 일할 마음의 준비가 되어 있었다. 그러나 미라보의 생각은 잘못이었다. 마리 앙투아네트는 이 "못된 녀석"에게 실질적인 권한을 주지 않았다. 본디 악마적인 재능을 가진 인간은 평범한 사람에게 언제나 본능적인 의심을 불러일으키는 법이라, 마리 앙투아네트는 일생에서 처음이자 마지막으로 만난 이 천재의 위대한 비(非)도덕성을 전혀 이해하지 못했다. 그녀는 멋대로 변덕을 부리는 미라보의 성격 때문에 마음이 편치 못했다. 그의 거인적인 열정은 그녀의 마음을 사로잡기보다는 도리어 놀라게 했을 뿐이었다. 그래서 왕비는 내심 이 거칠고 힘세며 무모한 남자가 필요없게 되면 돈이나 빨리 주어서 내쫓아 버려야겠다고 생각했다. 돈에 팔렸으니까 그로서는 비싼 돈에 대한 대가만큼 열심히 일하고 충고를 하는 게 당연하지. 그는 현명하고 교활하니까. 너무 기이하거나 무모한 것만 아니라면 그의 충고를 받아들일 수도 있지만, 관계는 딱 그것으로 끝내야 해. 이 뛰어난 표몰이 선동가를 국민의회에서 '좋은 일'을 위한 평화 중개인으로, 또 정탐자로 써먹을 수 있을 것이고, 다른 사람을 매수하는 일에도 쓸 수 있겠지. 사자처럼 국민의회에서 멋대로 울부짖도록 두고 뒤에서 왕궁이 마음대로 주물러야겠다…… 마리 앙투아네트는 이 거리낌 없는 인간

---

*2 바다의 신 넵튠의 무기.

에 대해 이 정도로 생각하면서 그의 필요성을 잠시 인정하긴 했지만 그의 '도덕성'을 끝없이 멸시했고, 천재성에 대해서는 처음부터 끝까지 전혀 이해하지 못한 채 그에게 진심에서 우러나오는 신뢰감을 주지 못했다.

처음 느꼈던 행복의 밀월은 이내 지나가 버리고 말았다. 미라보는 자기 편지가 정신적인 불길을 일으키기는커녕 왕의 휴지통만 채우고 있다는 사실을 알아차렸다. 그러나 허영 때문이든 약속한 100만 리브르에 대한 욕심 때문이든 미라보는 궁중에 편지 공세를 펼치는 일을 포기하지 않았다. 문서상의 제안이 아무런 결실을 거두지 못하자 그는 마지막 수단을 쓰기로 했다. 그는 정치 경험과 수많은 여자관계를 통해서 그만이 갖는 가장 강한 능력은 글 쓰는 데 있지 않고 말재주에 있다는 것, 자신의 짜릿한 힘은 바로 자기 몸에서 가장 강력하고도 직접적으로 나온다는 사실을 알았다. 그래서 그는 무례하게도 중개인인 드 라마르크 백작에게 왕비와 이야기 나눌 수 있는 기회를 만들어 달라고 부탁했다. 한 시간만 대화를 나눈다면 다른 수백 명 여자들처럼 왕비의 불신감 또한 찬탄으로 변할 듯싶었다. 꼭 한 번만 알현하면 됩니다. 단 한 번! 그의 자부심은 한 번의 만남이 마지막이 되지 않으리라는 생각으로 자신만만했다. 일단 그를 알게만 되면 어느 누구도 그와의 관계를 끊을 수 없기 때문이었다.

마리 앙투아네트는 한참을 망설였으나 끝내 수락하고 7월 3일 생 크루 성에서 미라보를 만나겠다고 말했다.

물론 이 만남은 완전히 비밀이어야만 했다. 운명은 이상한 아이러니지만 로앙 추기경이 그토록 원했던 알현을 미라보는 너무도 쉽게 허락받은 것이다. 이 만남은 숲으로 둘러싸인 정원에서 이루어졌다. 생 크루의 정원에는 —한스 폰 페르센이 그해 여름에 지내던 곳이다—비밀스런 장소가 많았다. "내가 좋은 곳을 한 군데 찾아냈습니다" 왕비가 메르시에게 써 보냈다. "그리 편안한 장소는 아니지만 거기서 만나면 집이나 정원에서 만날 때 생기는 바람직하지 않은 일들을 피할 수 있을 것입니다."

약속 시간은 일요일 아침 8시로 정해졌다. 그때는 아직 궁정이 잠을 자고 있기 때문에 정원에 방문객이 없는 시간이었다. 미라보는 잔뜩 흥분해서 그 전날 밤을 그의 누이 집에서 지냈다. 마차 한 대가 이른 새벽 그를 생 크루로 데리고 갔다. 그의 조카가 변장을 하고 마부 노릇을 했다. 눈에 안 띄는 장소에 마차를 대기해 놓은 채, 미라보는 모자를 깊숙이 눌러 쓰고 외투 깃은 마치 모반자처럼 올려 세우고 미리 열어둔 정원 옆문으로 들어갔다.

곧 자갈 밟는 가벼운 발소리가 들려왔다. 왕비가 시종 없이 홀로 나타났다. 미라보는 인사를 하려고 했다. 그러나 천연두 자리가 있고 머리는 흩날리며, 난폭하지만 유능해 보이는, 열정에 들뜬 서민적인 귀족의 얼굴을 보자 그녀의 몸에는 남모를 전율이 스쳐 지나갔다. 미라보는 그 전율을 보았다. 그는 전부터 익히 알고 있었다. 그가 아는 한 여자들은 모두, 온화한 소피 볼랑조차, 그를 처음 보았을 땐 그렇게 전율했었다. 그의 추악한 메두사*3와 같은 힘은 공포심을 불러일으키지만, 또한 상대를 사로잡는 능력도 있었다. 언제나 그는 첫 순간의 놀람을 경이와 찬탄, 심지어 무서운 열정으로까지 변하게 하는 재주를 갖고 있었다.

왕비가 미라보와 그때 무슨 이야기를 주고받았는지는 아직까지도 비밀이다. 목격자가 아무도 없으니 시녀인 마담 캉팡의 이야기를 포함한 모든 기록이 허구이며 추측일 뿐이다. 그러나 미라보가 왕비를 굴복시킨 게 아니라, 도리어 왕비가 미라보의 마음을 굴복시켰음은 확실했다. 왕좌라는 영원히 빛나는 후광으로 더욱더 강렬해진 그녀의 천성적인 고귀함과 위엄, 그리고 빠른 이해력은 첫 번 대화에서 다른 때보다도 마리 앙투아네트를 현명하고 정력적이며 자신만만하게 보이게 만들었고, 미라보의 불 붙기 쉬운 천성에 마술처럼 작용했다. 그는 마음이 움직였고 호감을 가졌다. 매우 흥분한 그는 정원을 떠나오면서 조카의 팔을 잡고 열정적으로 말했다. "정말 멋진 여자야. 아주 점잖은 분인데 너무나 불행해. 하지만 내가 그분을 구하고 말겠어." 고작 한 시간만에 마리 앙투아네트는 언제든 매수할 수 있는 변질자를 결연한 인간으로 만들었다. "어느 누구도 나를 막을 수는 없습니다. 약속을 못 지킬 바에야 차라리 죽음을 택하겠습니다" 그는 중개자 드 라마르크에게 썼다.

이 만남에 대해 왕비 편에서는 어떤 기록도 남기지 않았다. 합스부르크 집안사람인 그녀 입에서는 감사나 신뢰의 말 한마디도 나오지 않았다. 그녀는

---

*3 머리카락이 뱀으로 되어 있어 한 번 보면 공포 때문에 돌로 됨.

다시는 미라보를 만나보고 싶어하지 않았으며 글 한 줄 보내지 않았다. 만남을 통해 그와 무슨 조약을 맺은 것 또한 아니었다. 그저 그의 충성심을 확인했을 뿐이다. 그녀는 오로지 그가 자기를 위해 희생하도록 허락했을 뿐이다.

미라보는 한 가지 약속을 했다. 아니, 두 가지 약속을 한 셈이다. 그는 국왕에게 충성을 맹세했고, 나라에도 충성을 맹세했다. 혁명이 계속되는 동안 그는 동시에 양쪽 모두의 총사령관 역할을 했다. 어떤 정치가도 그의 이중 역할보다 더 위험한 과업을 수행해 보지 못했다. 어떤 천재적인 인물이라 할지라도(그에 비하면 발렌슈타인 장군*4도 풋내기였다) 이런 역할을 끝까지 연기해 내지 못했다. 육체적인 면에서만 보아도 그 극적인 몇 주와 몇 달에 걸친 미라보의 업적은 견줄만한 상대가 없다. 의회와 클럽에서 연설이나 선동, 회담을 하였으며 손님 맞이에 독서와 업무는 물론, 오후에는 의회를 위해서 보고서와 제안서를 만들고, 저녁에는 왕에게 보낼 비밀 보고서를 썼다. 서너 명의 비서가 함께 일했지만 그의 유창한 연설 속도를 따라갈 수 없을 지경이었다. 그러나 지칠 줄 모르는 그의 힘은 그것으로 만족하지 못했다. 그는 더 많은 일, 더 많은 위험, 더 많은 책임을 원했고 그와 동시에 삶을 즐기려 했다. 줄 타는 광대처럼 중심을 잡고 오른쪽 왼쪽으로 왔다 갔다 하면서 천부적인 두 힘, 투철한 정치적 수완과 뜨거우면서도 저항할 수 없는 열정을 공격과 수비에 번개처럼 재빨리 바꾸어댔다. 어찌나 재빨리 칼을 휘둘러대는지 그가 누구를 노리고 있는지, 왕인지 국민인지, 새 권력인지 낡은 권력인지 아무도 알아낼 수 없었다. 아마 자기 도취의 순간에는 그 자신도 알지 못했으리라. 그러나 그런 모순이 오래갈 리 없었다. 그는 곧 의심을 받게 된다. 마라는 그가 매수당했다고 말했다. 프레롱은 등불로 그를 위협했다. "덕은 더 많고 재주는 그보다 적었으면……" 국민의회에서는 이런 발언이 나왔지만 잔뜩 도취한 그는 어떤 불안이나 공포도 느끼지 못했다. 온 파리가 자기 빚을 다 알고 있음에도 태연하게 새 재산을 뿌리고 다니는 일에만 열중했다. 남들이 놀라서 수군대거나 무슨 돈으로 갑자기 으리으리한 저택을 사고, 연회를 베풀고, 뷔퐁 도서관 장서를 사고, 오페라 여가수와 창녀들에게 어떻게 다이아몬드를 걸어줄 수 있느냐고 물었지만 그는 전혀 개의치

---

*4 30년 전쟁 때의 오스트리아 장군. 스웨덴과 내통하다 부하에게 암살됨.

않았다. 그리고 마치 제우스처럼 아무런 두려움 없이 뇌우 속을 걸어갈 뿐이었다. 자신이 이 폭풍의 주인이라는 사실을 알기 때문이다. 블레셋인*5한테 삼손이 했듯이, 누군가 그를 붙잡으려 하면 분노의 곤봉과 조롱의 번개를 퍼부었다. 주위에는 온통 불신감뿐이고, 뒤에는 죽음의 위험이 도사렸지만 그는 자신의 거대한 힘만을 믿었다. 그것은 마치 꺼지기 직전 무섭게 타오르는 불길 같았다. 열 사람 몫을 하는 그의 무시무시한 힘을 모두 쏟아 부었다. 이 거짓말 같은 남자는 드디어 자기 천재성에 어울리는 일을 찾아낸 것이다. 그것은 피할 수 없는 운명을 막아 세우는 일이었다. 자기 온 몸을 사건 속에 던져 홀로 백만 명과 맞서 싸움으로써 자신이 돌아가게 만들어 놓았던 혁명의 바퀴를 돌이키는 일이었다.

양다리를 걸친 이 싸움의 대담성, 이중 역할의 어려움을 이해한다는 것은 마리 앙투아네트처럼 올곧은 사람의 정치적인 이해력을 훨씬 넘어서는 일이었다. 그가 올리는 글월이 대담해질수록 충고가 도리에 어긋날수록 그녀의 평범한 이성은 전율하였다. 미라보의 생각은 마왕을 불러 악마들을 몰아내자는 것, 즉 혁명을 더욱더 부추겨 무정부 상태로 이끌어감으로써 사태를 진정시키자는 것이었다. 상태를 호전시킬 수 없다면 될 수 있는 대로 빨리 악화시키자는 "극악 처방 전략"이었다. 마치 병을 치료하기 위해 극약으로 위기를 부르는 의사처럼. 백성들의 움직임을 막기보다는 장악해야 하며 국민의회에 직접 대항해 싸우는 게 아니라 백성들을 부추겨 그들 스스로 국민의회를 해체시키게 해야 한다. 안정과 평화를 꾀하는 대신 온 나라에 부정과 불화를 최대한 조성함으로써 질서, 옛 왕정에 대한 강렬한 향수를 불러일으켜야 하며, 그러기 위해서는 내란도 각오해야 한다. 이는 비도덕적이지만 정치적으로는 미래를 꿰뚫어 본 미라보의 제안이었다. "네 가지 적이 급속도로 다가오고 있습니다. 세금, 파산, 군대 그리고 겨울입니다. 서둘러 결정을 내려 미리 사태에 대비해 두어야만 합니다. 이제 내란을 피할 방법은 없으며 아마도 필요하지 않을까 합니다." 축하곡처럼 머릿속에 울려퍼지는 그의 대담한 견해에 왕비는 가슴 떨릴 뿐이었다.

---

*5 유대인을 귀찮게 굴었던 유대 인접 사람들.

"미라보나 다른 생각 있는 사람들이 어떻게 내란을 일으킬 생각을 하는지 알 수가 없습니다." 그녀는 놀라서 말했고, 이 계획을 "처음부터 끝까지 어리석은 짓"이라고 했다. 무서운 수단까지도 불사하려 드는 이 비도덕적인 인물에 대한 그녀의 불신은 더욱 짙어지기만 했다. 미라보는 "그 끔찍한 나태함을 단숨에 뒤흔들어 보려고" 애를 썼지만 허사였다. 그의 말은 먹혀 들어가지 않았다. 왕가의 정신적 무기력에 대한 그의 분노는 멍하니 도살자들이 오기만을 묵묵히 기다리는 "가축 같은 왕가"의 멍텅구리들에 대한 멸시감으로까지 변하게 되었다. 그는 아무리 좋은 책략을 내도 무능하여 꿈쩍도 안 하는 궁중을 위해 자기가 쓸데없는 싸움을 하고 있음을 깨달았다. 그러나 싸움은 그의 본질이었다. 실패한 인간으로서 부질없는 일을 위해 싸울 뿐이었다. 검은 파도에 삼켜지면서 그는 또다시 절망적인 예언을 두 사람에게 소리쳐 외쳤다. "선량하지만 나약한 국왕이여! 불행한 왕비여! 무조건적인 신뢰와 지나친 불신감 사이에서 우왕좌왕하지 마십시오. 두 분이 지금 떨어지고 있는 무시무시한 심연을 내려다보십시오. 아직 선택의 여지는 사라지지 않았지만 이것이 마지막입니다. 여기서 포기하시거나 또는 실패한다면 슬픔의 베일이 온 나라를 뒤덮게 될 것입니다. 나라는 어찌 되겠습니까? 번개가 치고 폭풍으로 뒤덮이면 이 배는 어디로 가겠습니까? 저도 알 수 없습니다. 만일 제가 이 난파선에서 살아날 수만 있다면 세상을 등지고 살며 스스로에게 자랑스레 말할 것입니다. 나는 모두를 구하기 위해서 나의 파멸까지도 마다하지 않았다. 그러나 그들은 그것을 원치 않았다고."

그들은 그것을 원치 않았다. 성경에서도 황소와 말을 같은 멍에에 매어 두지 말라고 하였다. 궁정의 조심스럽고 보수적인 사고방식은 춤추는 불길처럼 격렬하게 재갈과 고삐를 흔들어대는 호민관의 성질에 발을 맞출 수가 없었다. 구시대 여자인 마리 앙투아네트는 미라보의 혁명적인 성격을 이해하지 못했다. 오직 직선적인 것만을 이해할 뿐 정치적으로 천재적인 모험가의 과감한 단판 승부를 이해하지 못했다. 그러나 마지막 순간까지 미라보는 투쟁욕에 불타 기쁜 마음으로, 자기의 무한한 담대함에 자부심을 가지고 싸워 나갔다. 그는 홀로 모든 사람을 상대했다. 백성들에게 의심받고, 궁중에서 의심받고, 국민의회에서 의심을 받아 가면서도 그는 모두를 위해 모두와 맞서 싸웠다. 끓어오르는 피를 억누르지 못한 그는 다시 한 번 1200대 1로 맞서기 위해 못 쓰게 된 몸을 이끌고 투기장에 나타났다. 그러나 1791년 3월—8개월 동안 왕과 혁명 모두를 위해서 싸운 셈이다—죽음이 그를 덮쳤다. 그래도 이 초인은 연설을 하고 마지막 순간까지 비서에게 지시를 내렸으며 오페라 여가수 두 명과 마지막 밤을 보낸 다음에 기력을 잃었다. 사람들은 혁명가의 심장이 아직도 뛰고 있는지 들어 보기 위해 집 앞에 모여 들었다. 죽은 사람의 관을 따라간 사람은 30만이나 되었다. 주검이 영원히 그곳에 잠들도록 팡테옹*⁶이 비로소 그 문을 활짝 열었다.

그러나 격변하는 시대 속에서 그 '영원'이라는 말은 얼마나 부질없는지 모른다. 2년 뒤 미라보가 왕과 내통했던 사실이 밝혀지자 법령은 아직도 채 썩지 않은 그의 시체를 묘에서 파헤쳐 박피장(剝皮場)에 내던져 버렸다.

왕실은 미라보의 죽음에 입을 다물었고 그 침묵의 이유는 그들만이 알고 있었다. 그의 소식을 듣자 마리 앙투아네트 눈에 눈물이 비쳤다는 마담 캉팡의 어리석은 이야기는 한 귀로 흘려 버려도 좋다. 그것은 믿을 수 없는 이야기다. 아마도 왕비는 안도의 한숨을 내쉬면서 관계가 이것으로 끝났음을 환영했으리라. 그는 남을 위해 봉사하기에는 너무나 큰 사람이었고, 복종하기에는 너무나도 대담한 인물이었다. 궁중에선 살아 있는 미라보는 물론 죽은 미라보까지도 두려워했다. 미라보가 침대에 누워 죽음과 싸우는 동안 성에서는 믿을 만한 중개인을 그의 집으로 보내 의심스러운 편지들은 서둘러 책상에서 치워 버려, 양쪽 모두에게 부끄러웠던 이 관계가 비밀로 지켜지도록 했다. 미라보가 궁중을 위해 일해 왔다는 것, 왕비가 그를 이용했다는 사실은 부끄러운 일이었다. 이젠 왕실과 백성 사이를 조정해 보려 했던 마지막 인물마저 사라지고 말았다. 마리 앙투아네트와 혁명은 이제 맞대고 서로 대립하게 되었다.

---

*6 명사들의 묘지가 있는 파리의 사원.

도주 계획

미라보의 죽음과 함께, 왕실은 혁명에 맞서 투쟁했던 유일한 지지자를 잃고 말았다. 왕실은 다시 혼자가 되었다. 이젠 두 가지 길이 남아 있을 뿐이었다. 혁명에 맞서 싸우든가, 거기에 항복하든가. 언제나 그래왔듯이 왕실은 두 가지 길을 모두 버리고 가장 불행한 길, 즉 달아나는 방법을 택하기로 했다.

미라보도 그런 생각을 하긴 했었다. 파리로 억지로 끌려온 왕의 권위를 되찾아야만 하는데, 감금 상태로는 아무것도 할 수 없었기 때문이다. 싸우기 위해서는 자유로운 팔과 발을 딛고 설 단단한 땅이 필요했다. 그러나 미라보는 왕이 달아나서는 안 된다고 충고했다. 그건 왕의 위엄에 어긋나는 일이었다. "왕은 백성들로부터 달아나서는 안 됩니다" 그는 힘주어 말했다. "왕께서는 한낮에 떠나야만 합니다. 그래야 진정한 왕이라고 할 수 있습니다." 루이 16세가 의장 마차를 타고 충성스런 기마병 연대가 기다리고 있는 근교에 나가 군대를 이끌고 햇살 속에서 국민의회와 담판을 지어야 한다고 했다. 그러나 그런 행동은 무기력한 루이 16세에게는 불가능한 일이었다.

왕은 생명보다 편한 것을 더 사랑하는 인물이었다. 미라보가 죽자 굴욕에 지쳐있던 마리 앙투아네트에게 이 선택은 생기를 찾아주었다. 그녀는 도주의 위험보다도 왕비의 위엄에 어긋나는 일이라는 생각에 몸서리쳤다. 그러나 나날이 악화되어가는 상황에서 다른 길은 없었다. "두 가지 길이 있습니다." 그녀는 메르시에게 썼다. "폭도들이 승리하여 그들 칼에 맞아 죽는 길, 우리의 안녕을 바란다고 하면서 실제로는 우리에게 최악의 짓을 저질러 온 사람들의 독재에 얽매여 살아남는 길입니다. 그것이 우리의 미래입니다. 우리가 결정을 내리지도 않고, 여론을 일으키지도 않는다면 우리를 기다리고 있는 운명은 더 가까이 다가오겠지요. 지금 우리 상황에 대한 혐오감이나 초조함 때문에 드리는 말씀이 아닙니다. 나는 이 순간에도 입을 벌리고 있는 여러 위험과 가능성에 대해 잘 알고 있습니다. 보이는 것은 끔찍한 일들뿐이 지만, 살아남을 방법을 찾다가 죽는 편이 포기하는 것보다 낫다고 생각합니다."

이성적이고 조심스런 메르시가 브뤼셀에서 편지를 보내오는 동안 왕비도 깊은 생각이 담긴 편지를 보냈다. 그 편지들을 보면 경박하기만 했던 그녀가 이제는 자신의 파멸을 확실하게 예감했음을 알 수 있었다. "끔찍한 상황입니다. 직접 보지 못한 사람은 상상조차 하지 못하겠지요. 우리에게는 한 가지 길밖에 남아있지 않습니다. '폭도'들이 시키는 대로 따르거나 그들 칼에 죽어 창끝에 우리 머리를 매달게 하는 것뿐이지요. 이는 결코 과장이 아닙니다. 당신은 잘 알고 있겠지요. 내가 되도록 참으며 시간의 흐름과 여론 변화에 희망을 놓지 않을 것임을. 하지만 지금의 나는 아닙니다. 이제 삶과 죽음에서 한 가지를 택하는 수밖에 없습니다. 우리는 남겨진 길에 위험이 없다고 생각할 정도로 눈이 멀지는 않았습니다. 진정 우리가 죽어야 한다면 적어도 명예만은 지켜야 하겠지요. 우리는 주어진 의무에 따라 명예와 종교를 위해서는 모든 일을 해오지 않았나요. 지방은 수도만큼 부패하지 않았으리라 생각합니다. 하지만 온 나라는 파리를 쫓아가는군요. 수많은 클럽과 비밀단체들이 나라를 이끌어갑니다. 품위 있는 사람들과 불만을 가진 사람들은 아직 힘이 없고 동맹을 맺지 못해 시골로 몸을 피해 은둔하고 있는 상황입니다. 국왕께서 여러 도시를 자유롭게 다니실 수 있다면 몸을 피해 침묵을 지켜오던 사람들이 많이 나타나겠지요. 그러나 침묵이 길어질수록 지지자들은 줄어들 것입니다. 공화주의 정신은 사람들에게 점점 새롭게 다가갈 것이고, 군대는 필요 이상 늘어나 있으니 앞으로 또 어떤 사태가 벌어질지 모를 일입니다."

왕실에는 혁명이 아닌 또 다른 위험이 도사리고 있었다. 아르투아 백작*1 과 콩데 공을 비롯한 망명자들은 자신들의 도주 사실을 숨기고 영웅 행세를

---

*1 Le comte d'Artois : 뒤에 샤를 10세(Charles X)가 된다. 루이 16세의 동생으로 본명은 샤를 필리프이나 앙시앵 레짐(Ancien régime)동안 아르투아백작이라 불렸다. 1789년 대혁명이 일어나자 곧 망명하였다. 1795년 방데지방의 반혁명군에 뛰어들었으나 패배하여 영국으로 도망갔다. 나폴레옹이 몰락한 후에 형 루이 18세와 함께 귀국, 극우당을 이끌어 구제도로 복귀하자고 주창하여 왕정복고운동을 지도하였다. 그는 입헌주의를 철두철미하게 반대하였으며, 1824년 즉위하였다. 즉위 후에는 언론 탄압, 망명 귀족의 재산 보상, 토지 소유자를 위한 보호관세정책 등을 폈으나, 1830년 7월혁명의 발발로 퇴위하여 영국으로 망명, 북이탈리아의 고리치아에서 죽었다.

하고 다녔다. *² 그들의 그런 행동이 왕과 왕비에게 얼마나 큰 위협이 되는지 생각하지 못하고 여러 나라를 돌아다니며 황제와 왕에게 프랑스에 맞서도록 충동질했다. 이에 레오폴드 2세*³는 이렇게 썼다. "아르투아는 그의 형과 내 누이를 전혀 걱정하지 않고 있습니다. 국왕에게 이익이 될 거라 말하지만 자신의 계획이나 행동이 왕과 내 누이를 얼마나 위험에 빠뜨리는지는 모르고 있습니다." 왕비는 그들의 어리석은 짓을 막고자 노력했다. 혁명가뿐만 아니라 그들 또한 막아야 했다. 그러나 과격한 혁명가와 과격한 보수주의자, 파리의 과격파와 국경의 과격파를 모두 막기 위해서는 왕이 자유로워야 했다. 그렇게 그들은 왕을 자유롭게 하기 위해 가장 괴로운 방법, 도주를 택했다.

도주는 왕비 손에 달려있었다. 왕비는 실제적인 준비를 페르센에게 모두 맡겼다. 그는 왕비가 한없이 신뢰하고 또 아무 것도 숨길 게 없는 사람이었다. "저는 왕비님을 위해 살고 있을 뿐입니다." 이렇게 말하는 '친구' 페르센에게 그녀는 모든 힘을 다해야 하는 일을, 목숨이 위험할지도 모르는 일을 맡겨야 했다. 어려운 점이 한둘이 아니었다. 국민병이 지키고 있고 첩자가 깔려 있는 궁에서 빠져나와 적의에 가득 찬 도시를 벗어나기 위해서는 매우 신중해야만 했다. 이를 위해 유일하게 믿을 수 있는 지휘관 부이예 장군*⁴의

---

*2 아르투아 백작은 루이 16세 동생이자 마리 앙투아네트의 총신이었다. 그러나 왕가에 대한 민중의 불만이 높아지면서 제3신분이 궐기하자, 마리 앙투아네트와 함께 제3신분 박해에 동조하여, 국민들로부터 원망을 사고 만다. 제3신분이 중심이 된 테니스 코트의 서약이나 국민의회를 왕비와 함께 왕명을 빙자하여 박해, 탄압하였고 망명한 이후에도 반혁명 운동을 그치지 않아 프랑스 혁명이 일어나는 발단이 되었다.

*3 Peter Leopold Joseph Anton Joachim Pius Gotthard : 마리아 테레지아의 3남으로 뒤에 신성로마제국의 황제가 된다. 제위에 오르기 전에는 토스카나 대공이었다. 1791년 프랑스가 혁명의 조짐을 보이자 그는 최대한 프랑스 문제와 얽히지 않기 위해 망명한 아르투아 백작을 쫓아내기까지 했다. 이로 인해 많은 망명자들의 원성을 샀으나 루이 16세와 마리 앙투아네트가 탈출하는 도중 바렌에서 들키는 사건이 터지자 크게 분개한 그는 이 사건을 "모든 국가와 정부의 안전을 위협하는 사건"으로 지칭하였다. 8월 필니츠 선언으로 프랑스 사건에 개입할 의사가 있음을 선언하였으나 그는 끝까지 프랑스에 얽히지 않을 수 있기를 기대하였다. 그리고 다음해 그는 급작스레 사망하고 말았다.

*4 François Claude Amour du Chariol, marquis de Bouillé : (1739~1800) 프랑스 혁명기 왕당파 장군. 낭시 사건에서 반란 진압에 공을 세우고 바렌 사건 실행자 중 한 명으로 사건 이후 망명했지만 바르나브(Antoine Pierre Joseph Marie Barnave)에 의해 국왕유괴설의 배후로 지목되고 프랑스 국가 '라 마르세예즈'에 반혁명 분자의 대표로 지목되어 현재까지도 그 가사가 남아 있게 되었다. 명문귀족 출신으로 라파예트와는 사촌 관계이다.

도움이 필요했다.

부이예 장군은 왕가가 탄 마차가 발각되거나 추적당할 경우 바로 보호할 수 있도록 몽메디 요새로 가는 길에 있는 살롱까지 기병대를 보내주기로 했다. 하지만 이것도 쉬운 일은 아니었다. 국경에서 군대는 눈에 띌 수밖에 없었고 사람들이 군대 이동을 수긍할만한 구실이 필요했다. 이를 위해 먼저 오스트리아가 국경에 군대를 보내 부이예 장군이 병력을 이동할 수 있는 계기를 마련해주어야 했다. 모든 일은 서신왕래를 통해 비밀리에 진행되었다. 이 무렵 대부분의 편지는 중간에 개봉되는 일이 많았고, 페르센이 말했듯이 사소한 일한 가지로 실패하게 될 가능성이 높았기에 하나하나에 주의해야 했다. 문제는 또 있었다. 도주에는 많은 돈이 필요했는데 왕과 왕비는 그야말로 한 푼도 없는 상태였다. 형제는 물론 영국, 스페인 등의 영주나 왕실재정관에게 빌리려던 계획이 수포로 돌아가고 결국 자금문제도 페르센이 해결해야 했다.

페르센은 이 일에 온 몸과 마음을 바쳤다. 밤이 되면 궁정 비밀통로로 들어와 왕비와 몇 시간씩 의논을 했다. 국외에 있는 영주나 부이예 장군과 편지를 주고받고, 마부로 변장해 왕비 일행을 따라갈 귀족과 국경까지 안내를 맡을 사람을 뽑았다. 자신의 이름으로 의장 마차를 주문하고 가짜 여권을 구했으며 자기 재산을 써서 스웨덴 귀부인에게 30만 리브르를, 수위에게 3천 리브르를 빌렸다. 변장에 필요한 옷을 튈르리 궁으로 날랐고 밖에서 왕비의 다이아몬드를 팔았다. 그는 한 순간도 방심할 수 없는 긴장과 생명의 위협 속에서 몇 주일을 보냈다. 프랑스에 퍼져있는 감시의 눈에 걸리거나 무엇 하나라도 발각되는 날에는 그의 목숨도 끝이었다. 그러나 그는 지치지도 않고 대담하고 조심스럽게 일을 진행했다.

하지만 선뜻 나서는 사람은 거의 없었다. 왕도 가능하면 이런 무서운 일을 피할 수 있기만을 바랐다. 그러나 의장 마차는 준비되었다. 필요한 돈도 갖추었고, 부이예 장군과도 모든 이야기가 다 되어 있었다. 남은 것은 한 가지, 이 떳떳치 못한 도주를 모두 이해할만한 이유를 만들어내야 했다. 왕과 왕비는 반역자들의 테러 때문에 어쩔 수 없이 달아나는 것임을 증명할 만한 이유, 왕은 국민의회와 시청에 부활절은 생 크루에서 보낼 생각이라고 전했다. 비밀리에 전했던 말임에도 자코뱅당 신문들은 왕이 생 크루로 가려는 것은 '거부파'신부[*5]의 미사에게 고해성사를 하고 달아나기 위해서라는 기사를 실었다. 이 기사는 엄청난 반향을 불러왔다. 4월 19일, 모든 준비를 마친 왕이 의장 마차에 오르려 하자 수많은 군중이 몰려들었다. 마라를 비롯하여 왕가의 도주를 무력으로 저지하려는 사람들이었다.

이런 공공연한 소란은 왕비 일행이 바라던 바였다. 이 소란은 루이 16세가 바람을 쐬러 10마일 밖으로도 나갈 수 없는 부자유스런 사람이라는 사실을 온 세계에 증명해주었다. 왕과 왕비는 시위라도 하듯 마차에 앉아 출발하기를 기다렸지만 병사와 군중들은 앞을 막고 비켜주지 않았다. 이때 라파예트가 나타나 국민병 지휘관으로서 길을 비켜드리라 명령했다.*6 그러나 아무도 그의 말을 듣지 않고 붉은 깃발을 펴라는 명령에도 그저 비웃음으로 일관했다. 군중들을 설득하려는 라파예트의 목소리는 무정부상태 군중들 사이에서 허무하게 흩어졌을 뿐이었다.

지휘관이 부대에 명령을 들어달라고 부탁해야만 하는 슬프고도 기가 막힌 장면이 한 동안 계속되었다. 왕과 왕비는 왕녀 엘리자베트*7와 함께 군중에 둘러싸여 마차 안에서 조용히 숨 죽이고 있었다. 거친 욕설이 들려왔지만 앙투아네트는 더 이상 괴로워하지도 분쟁에 끼어들려 하지도 않았다.

국민병의 권위도 별 것 아니다. 그녀는 프랑스는 이미 무정부상태이며 폭도들이 왕가를 모독하고 있음을 널리 알려, 도주를 정당화하고자 했다. 이 소란은 2시간 15분 동안 계속되었다. 왕은 의장 마차를 다시 마구간에 넣게 하고 생 크루로의 외출은 중지하겠다고 했다. 승리감에 취한 군중은 국왕부부를 환호했다. 국민병도 갑자기 마음이 변하기라도 한 듯 왕비에게 보호를 약속했다. 그러나 보호의 의미를 잘 알고 있는 앙투아네트는 이렇게 대답했

---

*5 프랑스 혁명 당시 국민의회(1789년 6월 13일 결성)가 집권초기에 단행한 정책 중에는 교회폐쇄 및 재산의 국유화, 그리고 교회 파괴를 목표로 한 '성직자민사기본법'의 제정과 '비기독교화운동' 등이 있다. 이 가운데 1790년 7월 12일 공포된 '성직자민사기본법'은 프랑스 교회 제도를 근본적으로 개편했다. 특히 1790년 11월 27일 신부들에게 요구된 민사기본법에 대한 충성 서약 강요는 성직자 집단을 '선서파' 사제와 '거부파' 사제로 양분했으며 프랑스 전체를 혁명과 반혁명이라는 두 개의 프랑스로 분열시켰다. 거부파 사제가 교회의 정통적 역할을 강조한 반면 선서파 사제들의 경우 전통적인 가톨릭 교회의 교의를 부인하고 루소의 계몽주의와 가톨릭 교리를 절충한 '공화파기독교'(Christianisme republicain)라는 새로운 교회론을 주장했다.

*6 온건파이자 쾨양파인 라파예트는 왕권의 신성불가침을 주장하는 입헌군주제를 지지하였기에 프랑스 혁명 당시 왕과 왕비를 무력으로 누르려고 하지 않았다.

*7 루이 16세의 여동생.

다. "알겠습니다. 하지만 이제 여러분도 우리가 자유롭지 못하다는 사실을 인정해야 할 것입니다." 의도적으로 던진 이 말은 국민병에게 한 말이기도 했지만, 전 유럽을 향한 말이기도 했다.

4월 20일, 이날 밤 계획을 실천했다면 동기와 행동, 모욕과 분노, 공격과 수비가 논리적으로 어우러져 성공했을지도 모른다. 단출하고 눈에 띄지 않는 마차를 두 대 준비해서 왕과 왕비, 자녀들과 일행이 나누어 탔더라면 평범한 이륜마차는 쉽게 국경에 도착했을 것이다. 왕의 동생 프로방스 백작*8은 그렇게 무사히 영국으로 망명할 수 있었다. 그러나 삶과 죽음의 경계를 오가면서도 그들은 신성한 왕실 이름에 누가 되는 일을 하지 않으려 했다. 때문에 목숨을 건 도주를 하면서도 품위를 지켜야 했다.

그들의 첫 번째 실수는 다섯 명이 한 마차에 타기로 결정한 것이다. 프랑스 구석구석까지 얼굴이 알려진 왕실 가족이 한 마차에 올랐다는 점이다. 게다가 트루젤 후작부인*9은 왕의 자녀들과 떨어질 수 없다며 끝까지 함께하겠

---

*8 루이 18세(Louis XⅧ) : (1755~1824) 본명은 루이 스타니슬라스 자비에(Louis Stanaslas Xavier). 루이 15세 손자이며 루이 16세의 동생이다. 처음에는 프로방스 백작으로 불렸다. 1789년, 프랑스 혁명이 일어나자 영국으로 망명하였다. 1793년 왕과 왕비가 처형당하자 스스로를 조카인 왕세자 루이 샤를의 섭정으로 선포했으며, 1795년 혁명 정부에 의해 유폐당한 루이 16세의 아들 루이 샤를이 죽었다는 소문이 돌자 루이 샤를을 루이 17세라고 칭하며, 자신을 루이 18세라고 선언하였다. 1814년, 나폴레옹 1세가 대(對)프랑스 동맹군에 의해 쫓겨나고 이후 빈 회의에서 여러 나라로부터 부르봉 왕가의 복귀가 지지를 얻었기 때문에, 프랑스로 돌아와 왕으로 즉위하였다. 다만 당초엔 연합군으로부터 생사가 확실치 않은 루이 17세의 섭정에 지나지 않았기 때문에 2년간은 명목상의 왕으로 취급되었다. 나폴레옹 1세가 재기를 도모하기 위해 프랑스로 돌아오면서, 루이 18세는 다시 프랑스에서 쫓겨나게 되었다. 그러나 나폴레옹의 복귀가 백일천하로 끝나면서, 다시 프랑스로 돌아와 나폴레옹 2세에 양위를 받아 즉위하여 친정을 실시하였다. "나는 혁명 당시의 아무것도 배우지 않았고, 혁명 전의 아무것도 잊지 않았습니다"라는 유명한 말을 남기기도 했다. 즉위할 당시 국민들에게 입헌 군주제를 약속했고, 실현되었다. 루이 16세 시대에 추방된 귀족의 귀국을 돕는 한편, 노동자나 농민 등 하층민들에 대해서도 온건 정책을 취함으로써 국내 안정을 도모했다.

*9 de Tourzel : 왕의 자녀, 특히 마리 테레즈를 돌보았던 보모. 처음 왕의 자녀를 돌보는 역할은 앙투아네트가 가장 가까이 했던 친구 폴리냐크 공작부인이 맡았었다. 그러나 시간이 지나 혁명의 조짐이 보이기 시작하며 앙투아네트는 폴리냐크 공작부인을 멀리했고 후임은 투르젤 후작부인이 맡게 되었다. 신앙심이 매우 깊었던 그녀는 골수 왕당파로 마지막까지 프랑스에 남아 왕가를 보필하였다. 그녀의 딸인 폴랭(Pauline)은 마리 테레즈와 죽을 때까지 친구로 지냈다.

다고 주장하며 같은 마차에 오르게 되었다. 이것이 두 번째 실수였다.

인원이 많아지고 불필요한 부담이 늘어나며 도주는 점점 늦어졌다. 또 왕비는 이런 순간에도 스스로 시중을 든다는 것은 상상조차 하지 못했다. 때문에 두 번째 마차에는 시녀 두 사람이 더 올랐다. 그리고 마부와 기수, 역마 차꾼에 하인도 필요했다. 홀로 다녀본 적이 없는 그들은 프랑스 지리조차 제대로 알지 못했다. 페르센에 그의 마부까지 더하면 일행은 이미 열네 명이었다. 비밀을 지키기에는 너무 많은 숫자였다. 실수는 또 있었다. 왕과 왕비는 도주를 하는 차림이 아니었다. 입은 옷뿐만 아니라 몇백 파운드는 족히 넘을 듯한 화려한 옷들을 새 트렁크에 넣어 마차에 실었다. 이 때문에 속도가 느려졌을 물론 사람들의 눈을 끌어 비밀스런 도주가 되었어야 할 행보는 화려한 원정이 되고 말았다.

가장 큰 문제는 아무리 목숨을 건 탈출이라 해도 긴 시간을 여행하기 위해서는 편안해야 한다는 그들의 생각에 있었다. 그들은 넓고 좋은 깃털로 꾸며진 새 마차를 주문했다. 화려하고 부유한 냄새가 나는 마차는 지나는 곳마다 사람들의 호기심을 끌 수밖에 없었다. 그러나 사랑에 빠진 페르센은 열정만 남아 있고 앞을 내다볼 냉정함은 없었다. 그는 앙투아네트를 위해 가능한 아름답고 화려하게 꾸며주려고만 했다. 그는 코르프 남작 부인이 쓸 물건이라 둘러대고 많은 물건을 준비했다. 마차에는 왕실 식구 여섯 명과 가정교사, 마부 하인이 탔고 휴식을 위한 공간도 마련되었다. 은식기, 옷, 음식, 어린이용 의자, 왕을 위한 필수품도 가져가야 했다. 심지어는 왕이 목이 마를 것을 대비해 포도주 저장고까지 만들어졌다. 믿을 수 없는 것은 마차 내부를 다마스크천*10으로 꾸미고 마차 문에는 백합문장을 뚜렷이 새겨넣었다는 점이다. 거대하고 사치스러운 이 마차가 속도를 내려면 적어도 여덟 필에서 열두 필의 말이 필요했다.

두 마리 말이 끄는 경마차는 5분이면 말을 교체할 수 있지만, 이런 마차는 30분마다 말을 바꿔야 하기 때문에 한 순간에 생사가 오가는 도주에 네다섯 시간이나 지체하게 되고 말았다. 또 도시마다 '화폐수송'을 기다린다는 명목으로 경기병들이 나타나 눈에 띄지 않을 수가 없었다. 게다가 이 역사적 사

---

*10 damask : 다마스쿠스에서 생산되었던 무늬가 고운 직물.

건에서 가장 어리석은 일은 슈아죌 공작*¹¹이 분대 연락 장교로 레오나르를 뽑은 것이었다. 그는 머리치장에만 능하고 외교능력은 없는 인물로, 왕을 위해서가 아니라 자신의 이발사 역할에 충실하고자 합류한 사람이었다. 그는 이미 곤란해진 일을 더욱 어렵게 만들어 버렸다.

프랑스 국가의식에는 왕의 도주에 대한 규범이 전혀 없었다. 헌납식이나 대관식을 어떻게 진행하는지, 극장에 가거나 사냥 나갈 때 어떻게 해야 하는지, 연회나 미사 등에 어떤 차림으로 가야 하는지에 대해서는 아주 자세히 정해져 있다. 그러나 왕과 왕비가 궁에서 달아날 때에는 무슨 옷을 입어야 하는지 어떤 규정도 없었다. 때문에 그들이 직접 마음대로 결정하는 수밖에 없었다. 세상을 전혀 모르던 그들이 현실 세계와 처음 마주했을 때 왕실은 무너지고 말았다. 프랑스 국왕이 궁을 버리고 도망가기 위해 하인 옷을 입은 순간, 그들은 이미 자기 운명의 주인이 될 수 없었다.

오랜 망설임 끝에 도주하는 날은 6월 19일로 정해졌다. 많은 사람이 붙잡고 있는 비밀은 언제 어디서 새어나갈지 모르는 법이다. 왕을 빼내려는 음모가 있다는 소식을 들은 마라는 이렇게 말했다. "왕의 일이라는 구실로 왕을 네덜란드로 끌어내려는 음모가 있다. 어리석은 시민들이여, 당신들은 왕의 도주를 막지 못할 것이다. 파리 시민이여, 어리석은 파리 시민이여, 같은 말만 반복해야 하는 나도 이제 지쳤다. 왕과 왕자를 잘 감시하라. 그리고 오스트리아 여자와 가족들, 친구들도 붙잡아야 한다. 잠시 한눈을 파는 순간 온 나라가 불행에 빠지고 말 것이다."

불신으로 가득 찬 남자의 이상한 예언이었다. 안경 너머로 그의 눈이 날카롭게 빛났다. '잠시 한 눈을 파는 순간', 이는 나라가 아니라 왕과 왕비가 불행해진다는 뜻이었다. 마지막 순간, 왕비는 계획을 연기해야만 했고 페르센이 목숨 걸고 준비해온 일은 허사가 되고 말았다. 다시 준비하는 수밖에 없었다.

그는 몇 달 전부터 오로지 한가지만을 위해 모든 열정을 바쳐왔다. 매일 밤 왕비를 만나 옷가지를 밖으로 내왔다. 용기병과 경기병이 어디서 마차를

---

*11 Etienne Francois, duc de Choiseul : (1719~1785) 프랑스 정치가. 퐁파두르 부인의 후원으로 재상이 되었다.

대기해야 하는지 부이예 장군과 수많은 편지를 주고받았으며 요청한 마차를 몰고 직접 바렌까지 가보기도 했다. 준비는 완벽했고 마차 바퀴에 이르기까지 모든 장비를 빈틈없이 점검했다. 그러나 출발을 앞두고 왕비는 갑자기 취소 명령을 내렸다. 한 시녀가 의심스러운 모습을 보여 그 시녀가 일하지 않는 날인 6월 20일로 예정을 바꾸어야 했다. 하루가 연기되는 바람에 장군에게 출발 취소 명령을 내릴 수밖에 없었다. 출발 준비를 마친 기병대에게 안장을 풀라는 명령이 내려졌다. 불안에 휩싸인 왕비와 페르센은 긴장을 놓지 못했다. 의심의 눈을 피하기 위해 왕비는 오후에 두 아이와 시누이 엘리자베트와 함께 티볼리 유원지에 갔다. 돌아올 때에는 지휘관에게 여느 때와 다름없이 위엄있는 모습으로 다음 날 지시 사항을 말해주었다. 왕비에게서는 흥분한 기색이 보이지 않았다. 왕은 더욱 그랬다. 무신경하다고도 할 수 있는 루이 16세는 좀처럼 흥분하는 일이 없었다. 저녁 8시가 되자 앙투아네트는 여자들에게 인사를 하고 방으로 돌아가 아이들을 눕혔다. 저녁 식사를 마치면 큰 홀로 가족이 모이기로 되어 있었다. 유심히 살펴보면 왕비가 가끔씩 피곤한 듯 시계를 보는 것을 눈치챘을지도 모른다. 그녀는 그 어느 날보다도 또렷한 정신으로 운명을 맞이할 준비를 하고 있었다.

밤으로의 도피

1791년 6월 20일 밤, 튈르리 궁에 의심할만한 점이라고는 하나도 없었다. 국민병들은 언제나처럼 자리를 지켰고 시녀와 하인들은 저녁식사가 끝나자 물러갔다. 큰 홀에는 왕과 그의 동생 프로방스 백작이 가족들 이야기를 나누며 주사위 놀이를 하고 있었다. 10시쯤 왕비가 잠시 자리를 비운 것 말고 특별한 점은 없었다. 잠시 돌아볼 일이 있거나 편지를 쓰러 가는 것이라 생각한 시종들은 아무도 따라나서지 않았다. 복도는 텅 비어있었다. 긴장한 앙투아네트는 숨을 죽이고 주위의 발걸음 소리를 확인한 뒤, 딸 방으로 올라가 노크를 했다. 깜짝 놀란 공주는 잠에서 깨어 가정교사 브뤼니에 부인을 불렀다. 브뤼니에 부인은 왕비의 이해할 수 없는 명령에 당황하면서도 공주에게 옷을 입혔다. 왕비는 다마스크 커튼을 열고 황태자를 깨워 조용히 말했다. "일어나렴. 지금 나가야 한단다. 군인이 많이 있는 성으로 갈 거야." 잠이 덜 깬 왕자는 자기에게도 군인처럼 검과 제복을 달라고 칭얼댔다. 앙투아네트는 이 계획을 아는 트루젤 부인을 재촉하며 왕자에게는 가장무도회를 핑계삼아 소녀로 변장해야 한다고 달랬다. 가만가만 계단을 내려와 왕비의 방으로 간 아이들은 깜짝 놀랐다. 왕비가 벽장문을 열자 페르센이 준비한 경호장교 말당 공이 그 안에 숨어 있었다.

궁중은 불빛 하나 없이 어두웠다. 그들이 복도로 나가자 마차가 한 줄로 늘어서 있었다.

마부들과 하인들은 아름다운 여름밤에 취해 의무와 위험을 잊어버린 듯, 한가로이 오가며 무기를 내려놓은 국민병들과 잡담을 나누고 있었다. 왕비는 침착하게 문을 열고 밖을 내다보았다. 마차 그림자 속에서 마부로 변장한 남자가 나타나 조용히 황태자의 손을 잡았다. 페르센이었다. 그는 지치지도 않고 아침부터 우편마차와 급사로 변장한 호위병을 배치했다. 궁에서 여행가방을 꺼내와 마차에 넣고 오후에는 불안함에 눈물 흘리는 왕비를 위로했다. 네다섯 번씩 변장을 바꿔가며 파리를 돌아다니며 일을 처리했다. 그는 프랑스 황태자를 도주시키는데 목숨을 걸었다. 하지만 그는 왕비의 감사함을 담은 눈빛 말고는 어떤 보답도 바라지 않았다.

그림자가 어둠 속으로 사라졌다. 왕비는 조용히 문을 닫았다. 그녀는 편지를 가지러 갔다온 사람처럼 경쾌한 걸음으로 되돌아와서 아무렇지도 않은 듯 대화를 계속했다. 아이들은 페르센과 함께 광장을 지나 낡은 삯마차로 옮겨타고 깊은 잠에 빠져들었다. 왕비의 시녀 두 명도 다른 마차를 타고 먼저 클레이에로 떠났다. 11시, 드디어 때가 왔다. 이날 궁을 빠져나갈 생각이었던 프로방스 백작과 그의 아내는 언제나처럼 성을 나섰고 왕비와 마담 엘리자베트는 방으로 돌아갔다. 왕비는 의심받지 않기 위해 시녀에게 옷을 벗기게 했고, 다음 날 아침 산책하러 나갈 마차도 지시해두었다. 11시 30분, 라파예트의 국왕 알현이 끝나자 왕비는 불을 끄라고 명령하며 하인들에게 물러가라는 뜻을 내비쳤다. 시녀가 문을 닫자마자 왕비는 벌떡 일어나 옷을 입고 눈에 띄지 않는 회색비단 숄을 두른 뒤, 얼굴을 가려주는 보랏빛 베일이 달린 검은 모자를 썼다. 조용히 문을 닫은 그녀는 계단을 내려와 그녀를 기다리던 사람과 함께 카루젤 광장을 가로질렀다. 모든 일이 순조로웠다.

그때 불빛을 밝힌 마차가 횃불을 든 사람들과 함께 다가왔다. 그는 문제가 없는지 돌아보고 있는 라파예트였다. 왕비는 불빛을 피해 성문 아치 밑에 숨었다. 마차는 그녀의 몸에 닿을 듯이 가깝게 지나쳤지만 다행히 아무도 그녀를 알아보지 못했다. 몇 발자국 떨어진 곳에 전세 마차가 서있었다. 마차 안에는 그녀가 가장 사랑하는 페르센과 자녀들이 그녀를 기다리고 있었다.

왕이 궁을 빠져나오는 일은 더욱 쉽지 않았다. 라파예트의 알현이 어찌나 길게 늘어지는지 느긋한 왕조차도 앉아있기 괴로울 정도였다. 그는 몇 번이고 자리에서 일어나 창가에서 하늘을 쳐다보는 척했다. 결국 라파예트는 11시 반이 지날 때 쯤 자리에서 물러났고 왕은 그제야 가까스로 침실에 들 수 있었다. 그러나 왕에게는 아직 에티켓이라는 마지막 관문이 남아 있었다. 프랑스의 오랜 관습에 따르면 왕의 시종은 손목에 끈을 묶어 왕과 같은 방에서 잠을 자도록 되어 있었다. 국왕의 작은 움직임에도 시종이 빠르게 대응하기 위한 조처였다. 루이 16세가 궁을 빠져나가려면 먼저 시종에게서 벗어나야 했다. 왕은 바로 잠을 잘 것처럼 침대에 누워 침대 커튼을 내렸다. 그는 시종이 옷을 벗기 위해 옆방에 들어가는 때를 기다렸다. 그 짧은 순간, 왕은 맨발에 가운만 걸친 채 침대에서 뛰쳐나왔다. 보마르셰의 작품 한 장면을 떠올리게 하는 순간이었다. 다른 문을 통해 아들의 방으로 달려가자 방에는 수수한 옷 한 벌과 촌스러운 가발, 그리고 하인들이 쓰는 모자가 놓여있었다. 아무것도 모르는 충실한 시종은 조심스레 침실로 돌아와 잠든 왕이 깨지 않도록 조용히 끈을 다시 손목에 묶었다. 그때 성스러운 루이 가문의 후계자이자 프랑스와 나바르의 왕*1 루이 16세는 속옷 차림에 회색 윗도리와 가발, 하인용 모자를 든 채 계단을 내려오고 있었다. 아래층에는 벽장에 숨어있던 호위병 말당 공이 왕을 안내하기 위해 기다리고 있었다. 푸른 코트를 입고 하인 모자를 쓴 왕이 왕궁을 걸어 나갔지만 아무도 그를 알아보지 못했다.

가장 어려운 관문도 무사히 넘어갔다. 자정 무렵이 되자 왕실 식구들은 모두 마차에 모일 수 있었다. 마부로 변장한 페르센이 마부석에 앉아 파리를 가로지르기 시작했다.

말 그대로 그들은 파리를 가로질렀다. 페르센은 말을 몰아본 적이 없었고 복잡한 도시의 지리를 잘 알지도 못했다. 또 걱정을 떨치지 못한 그는 도시를 빠져나가기 전에 한 번 더 마티뇽으로 가서 큰 마차의 출발을 확인해야만 했다. 결국 그들은 자정을 훌쩍 넘긴 2시 무렵이 되어서야 도시 성문을 벗어날 수 있었다. 두 시간을 허비한 것이나 다름없었다.

검문소 뒤에 커다란 마차가 대기하기로 되어 있었다. 그러나 마차는 보이지 않았다. 그들은 그렇게 또 마차를 찾느라 시간을 흘려보냈다. 겨우 마차를 찾은 페르센은 충성스럽게도 왕실 가족들의 발에 먼지가 묻지 않도록 타고 온 마차를 커다란 마차 가까이에 세워 그들이 쉽게 옮겨탈 수 있게 해주었다. 이 과정도 간단하지 않았기에 2시 반이 넘어서야 마차는 다시 출발할 수 있었다. 페르센은 쉼없이 채찍질을 해가며 30분 안에 봉디에 도착했다. 경호장교가 역마용 말 여덟 필을 데리고 기다리고 있었다. 이곳에서 그들은 페르센과 작별해야 했다. 왕비는 가장 신뢰하는 남자와 헤어지고 싶지 않았다. 그러나 왕은 어째서인지 페르센이 자신들과 함께 가고 싶어하지 않는다

＊1 Roi de France et de Navarre : 프랑스 대혁명 이전까지 프랑스 국왕의 정식 명칭. 이후 7월 혁명으로 왕위에 오른 루이 필리프는 왕위를 '프랑스 인민의 왕(Roi des Français)'으로 규정했다.

는 말을 했었다. 자기 아내와 지나치게 가까운 사람과 함께 가는 것이 싫었던 마음에서 나온 말인지, 아니면 충성스럽게 자신들을 도와준 신하를 아끼는 마음에서 나온 말인지는 알 수 없었다. 어떤 의미이든 페르센이 마지막까지 함께 가야 할 이유는 없었다. 그들은 짧은 인사로 작별했다. 지평선 너머 새벽이 밝아오며 무더운 여름날을 예고하고 있었다. 페르센은 낯선 마부를 속이기 위해 마차로 다가와 큰 목소리로 인사했다. "안녕히 가십시오, 마담 코르프."

말 여덟 마리가 끄는 마차가 네 마리가 모는 마차보다 잘 달리는 것은 분명한 사실이었다. 거대한 마차는 흥겹게 흔들리며 시골길을 달렸다.

어쩐지 모두 기분이 좋아졌다. 실컷 잠을 잔 아이들도 일어났고 왕도 여느 때보다 즐거워보였다. 다들 자신들의 가짜 이름을 불러보며 웃음을 터뜨렸다. 트루젤 부인은 귀부인 마담 코르프, 왕비는 가정교사 마담 로쉐가 되었고 왕은 집사 뒤랑이 되었다. 마담 엘리자베트는 시녀로, 황태자는 소녀로 변장을 했다. 안락한 마차 안은 수많은 하인과 국민병에 둘러싸여 있던 궁보다 더 자유롭게 느껴졌다. 얼마 뒤 배가 고파진 그들은 은식기에 저장 음식을 담아 먹고 닭다리와 포도주병을 창밖으로 던져버렸다. 모험심에 들뜬 아이들은 장난을 쳤고 왕비는 사람들과 한담을 나누었으며, 왕은 지도를 꺼내 자신의 나라를 구석구석 살펴보았다. 그들은 점차 불안을 잊고 안도감에 휩싸였다. 첫 번째로 말을 바꾸는 곳에 도착하자 새벽 6시였다. 아직 사람들이 일어날 시각이 아니라 아무도 코르프 남작 부인에 대해 물어보는 사람이 없었다. 이제 살롱만 통과하면 도주는 성공하는 것과 다름없었다. 살롱에서 4마일 정도 떨어진 솜므 베슬르 다리 근처에는 젊은 공작 슈아죌이 보낸 기병부대가 기다리고 있기 때문이다.

오후 4시, 살롱에 도착했다. 우편 마차 정거장에 수많은 사람들이 몰려 있었지만 문제가 될 것은 없었다. 우편 마차가 도착하면 사람들은 마부에게서 최근 소식을 듣고 싶어 했고, 편지나 소포를 보내고자 했다. 예나 지금이나 시골 생활에 지루해진 사람들은 이야기를 좋아하는 법이고, 낯선 얼굴과 아름다운 마차 구경을 흥미로워했다. 무더운 여름날에 달리 무슨 할 일이 있을까. 뭘 좀 안다는 사람들은 분석하듯 마차를 훑어보았고, 또다른 사람들은 새로 만든 화려한 마차를 경외심 가득한 눈빛으로 쳐다보았다. 다마스크천으로 장식하고 화려한 휘장을 친 마차는 틀림없이 귀족이다. 망명을 온 게 틀림없었다. 그런데 어째서 얼굴을 내밀지 않는 것일까? 무언가 이상하고 수상했다. 마차 안에 오랫동안 있었으니 내려서 다리도 좀 펴고 시원한 포도주라도 마시면 좋을 텐데.

더운 날씨에 지루한 여행을 했을 텐데 왜 마차 속에서 나오지 않는 걸까? 왜 저 하인은 저렇게 귀족처럼 굴까? 이상하다! 사람들이 웅성대기 시작했다. 그때 누군가 우체국장에게 다가가 속삭였다. 그는 굉장히 놀란 얼굴이었다. 그러나 특별한 일은 일어나지 않았고 마차는 마을을 무사히 통과했다. 하지만 반시간 뒤에는 온 도시에 왕과 왕실 가족들이 살롱을 지나갔다는 소문이 퍼졌다.

그러나 마리네들은 아무것도 몰랐다. 몹시 피곤했지만 오히려 즐겁기만 했다. 다음 역에서 슈아죌이 경기병들과 함께 그들을 기다리고 있으니 이제 변장하고 숨을 필요도 없었다. 하인 모자를 벗어 던지고 가짜통행증을 찢어버리고 "국왕 만세, 왕비 만세!" 소리를 다시 들을 수 있다. 불안한 마담 엘리자베트는 슈아죌을 찾으려는지 자꾸 창밖을 내다보았다. 혹시 경기병들의 검이 번쩍이는 게 보이지 않을까 마부는 손으로 햇살을 가리고 찾아보았지만 아무것도 보이지 않았다. 아무것도. 한 기마병이 나타났지만 그는 전초병으로 나갔던 호위장교일 뿐이었다.

"슈아죌은 어디 있지?" 그들이 호위장교에게 물었다.

"없습니다."

"다른 경기병들은?"

"한 사람도 없습니다."

신나던 기분이 순식간에 가라앉았다. 무언가 잘못된 게 틀림없었다. 주위에 어둠이 내려앉고 있었다. 밤이 다가온다. 낯설고 불확실한 여행을 계속할 수는 없다. 하지만 돌아갈 수도 멈출 수도 없는 일이었다. 도망자에게 다른 선택은 없다. 남겨진 것은 계속해서 앞으로 나아가는 길뿐이다. 왕비는 사람들을 위로했다. '분명 경비병들이 실수한 게 틀림없어요. 생 드 메느울에 가면 병사들과 합류할 수 있을 겁니다. 두 시간만 더 가면 돼요.' 그때부터 두 시간은 하루만큼이나 길었다. 그러나 생 드 메느울에서도 호위병은 하나도 보이지 않았다.

하루 종일 음식점에서 기다리다 짜증이 난 병사들 모습을 본 사람들이 한두 명이 아니었다. 보다 못한 지휘관은 약속장소에는 혼자 있을 테니 도시 밖으로 나가 길에서 기다리라고 했다. 한참 시간이 지나자 말 여덟 필이 끄는 사륜마차가 다가왔고 그 뒤에 말 두필이 끄는 이륜마차가 따라왔다. 사람들은 계속되는 불가사의한 일에 눈을 크게 떴다. 난데없이 경비병들이 몰려와 곳곳에 대기하더니 이제는 웬 화려한 마차가 고상한 제복을 입은 마부와 함께 나타난 것이다. 심지어 경비병 지휘관은 이 이상한 일행을 경외심 가득한 태도로 맞이하기까지 했다. 공손히 손을 모아 굽실거리는 그의 모습에는 단순한 존경심을 넘은 무언가가 있는 듯했다. 자코뱅당이자 공화주의자로 우체국장을 맡고 있는 드루에는 날카로운 눈빛으로 그들을 가만히 바라보았다. '지체 높은 귀족이나 망명객이 틀림없다. 우리 같은 사람들이 저런 높으신 분들이 누군지 알 수 있을 리 없지.' 그는 마부들에게 이 수상한 손님이 탄 마차를 너무 빨리 몰지 말라고, 가만히 명령했다. 사륜마차는 천천히 굴러갔다.

그 마차에 왕실 가족들이 타고 있다는 소문이 퍼지는 데 10분도 걸리지 않았다. 살롱에서 퍼져 나갔는지 백성들이 본능적으로 눈치챘는지는 알 수 없다. 눈덩이처럼 불어난 소문은 사람들을 흥분시켰다. 위험을 느낀 경비병 지휘관은 군대를 풀려고 했다. 하지만 손쓰기엔 이미 늦었다. 백성들은 항의하기 시작했고, 포도주에 취한 경비병들은 명령을 듣지 않았다. 몇몇 난폭한 이들은 길을 막아서기까지 했다. 무언가 결정이 필요한 순간이었다. 훌륭한 기마병이었던 드루에는 동료와 함께 말을 타고 지름길을 달려 마차를 앞질러갔다. 먼저 가서 이 수상한 승객들이 누군지 정체를 밝혀내리라. 소문대로 정말 왕이라면, 왕도 왕관도 가만두지 않겠다. 늘 그래왔던 것처럼 세계사는 가장 열성적인 인간의 행동 하나로 뒤집힌다.

왕실 일행이 탄 마차는 아무것도 모르는 채, 울퉁불퉁한 길을 달려 바렌으로 향했다. 하루 내내 햇볕에 달궈진 지붕 아래 끼어 앉아 있던 그들은 매우 피곤했다. 아이들이 잠이 들었고 왕은 카드를 집어넣었으며 왕비는 입을 다물었다. 한 시간, 이제 한 시간만 더 견디면 안전하게 몸을 숨길 수 있다.

그러나 그들의 예상은 또 빗나갔다. 말을 바꾸기로 되어 있던 바렌 외곽에는 말도 사람도 보이지 않았다. 어둠속을 더듬으며 창문을 두드려보았지만 친절하게 대답해주는 사람은 아무도 없었다. 그 무렵 이곳에서 기다리기로 되어 있던 두 장교는 잠에 빠져 있었다. 그들은 앞서 도착했던 미용사 레오나르가 말을 잘못 전하는 바람에 왕이 오지 않으리라 철석같이 믿어버렸다. 10월 6일 숙명적이라고도 할 수 있던 라파예트의 사건과 매우 흡사한 사건이었다. 그들을 결국 지친 말을 타고 계속 나아가는 수밖에 없었다. 바렌에 가면 말을 바꿀 수 있으리라. 그러나 그때, 성문 아래 서있던 청년 몇 명이 다가와 소리쳤다. "멈추시오!" 두 마차는 순식간에 포위당해 청년들에게 끌려갔다. 앞서 도착한 드루에와 그의 일행은 바렌를 돌아다니며 젊은이들을 모아온 뒤였다. "통행증을 내놓으시오." 누군가 외쳤다. "우린 급해요. 빨리 가야 해요." 마차에서 들려온 여자 목소리는 위험한 상황에서도 침착함을 잃지 않은 '마담 로쉐', 바로 왕비였다. 그러나 그들의 항의는 아무런 소용이 없었다. 그들은 가까운 술집으로 끌려갔다. 그들이 끌려간 술집의 이름은 얄궂게도 '대제국'이었다. 잡화상 주인이자 시장인 소스는 통행증을 요구했다. 왕에 대한 충성심을 갖고 있던 시장은 통행증을 힐끗 보더니 "이상 없음"이라 말했다. 두려움에 휩싸인 그는 마차를 그냥 보낼 생각이었다. 하지만 커다란 물고기가 걸려들었음을 눈치챈 드루에는 식탁을 두드리며 크게 외쳤다. "이들은 왕과 왕실 사람들이오. 당신이 이들을 그냥 보낸다면 대역죄를 범하는 것이나 다름없소!" 그때 드루에의 동료들이 요란하게 종을 울렸다. 창문마다 불빛이 밝혀졌고 도시는 비상사태에 들어갔다. 사람들이 계속 몰려들었다.

이제 이 사람들을 뚫고 계속 길을 나가는 것은 불가능했다. 말도 지쳐 있었다. 곤란한 입장에서 벗어나고 싶었던 시장은 시간도 늦었으니 그들에게 자기집에서 하룻밤 묵는 게 어떻겠냐고 권했다. 어차피 내일 아침이면 모든 것이 밝혀지리라. 그러면 이 골치 아픈 일에서 벗어나 아무런 책임을 지지 않아도 될 것이다. 그는 이렇게 생각했다. 마땅한 방법이 떠오르지 않았던 왕은 경비병이 올 때까지 그 초대에 응하기로 했다.

한두 시간이 지나면 슈아죌이나 부이예 장군이 오리라. 그렇게 생각한 루이 16세는 가발을 쓴 채 시장의 집으로 들어갔다. 그는 먼저 치즈 한 조각과 포도주를 달라고 했다. 저 분이 왕인가? 저 사람이 왕비인가? 몰려든 사람들은 수군댔다. 궁중에서 멀리 떨어진 이 작은 도시 사람들은 국왕의 얼굴을 본 적이 없었다. 언제나 동전에 새겨진 모습에서 상상만 할 뿐이었다. 때문에 그들은 이 여행객이 코르프 남작 부인의 하인인지, 프랑스와 나바르의 신성한 루이 16세인지 알아보기 위해 귀족을 모셔오도록 심부름꾼을 보내야 했다.

치욕

1791년 6월 21일, 앙투아네트는 왕비로 지낸 17년 만에 처음으로 시민의 집에 들어가게 되었다. 그곳은 왕궁과 왕궁, 감옥과 감옥을 이어주는 정거장이었다. 변질된 기름 냄새, 마른 소시지와 뭔지 모를 양념 냄새가 뒤섞인 잡화상을 지나야 안으로 들어갈 수 있었다. 삐걱이는 사다리 위로 왕과 가발을 쓴 남자, 코르프 남작 부인의 가정교사가 이층으로 올라갔다. 낮고 초라한 지붕 아래 거실과 침실, 방 두 개가 있었다. 문 앞에 건초 갈퀴를 든 농부 두 사람이 새로운 근위병이 되어 자리를 지켰다. 왕과 왕비를 비롯해 마담 엘리자베트, 가정교사와 아이들, 시녀까지 여덟 명이 좁은 방에 몰려 앉았다. 지친 아이들은 곧 잠이 들었고 왕비는 베일을 벗었다. 그녀의 얼굴에는 분노와 괴로움이 가득했다. 모두가 말이 없는 가운데 왕만 편안한 모습으로 치즈 덩어리를 잘랐다.

그때 바깥에서 말발굽 소리와 함께 사람들 목소리가 시끄럽게 들려왔다. "경기병이다, 경기병!" 누군가 외치는 소리도 들렸다. 슈아죌이었다. 그는 칼을 휘둘러 길을 트고, 집 주위에 군대를 모았다. 무슨 일이 벌어졌는지는 알지도 못한 채 '왕과 왕비'라는 독일어만 겨우 알아들을 수 있었다.

서둘러 계단을 올라간 슈아죌은 조용히 입을 열었다.

말 일곱 마리가 준비되었으니 국민병들이 모여들기 전에 그 말을 타고 군대 호위를 받으며 이곳을 떠나야 한다는 이야기였다. 그는 공손히 머리를 숙였다. "폐하, 명령을 내려주십시오."

그러나 루이 16세는 이런 위험한 상황에서 명령을 내릴 만한 결단력이 없었다. 슈아죌이 명령을 지킬지 의심스러웠고, 왕비와 아이들이 위험해지지는 않을까 걱정되었다. 차라리 술집에 흩어져 있는 경기병들이 모일 때까지 기다리는 게 낫지 않을까. 이런 저런 생각을 하다보니 그렇게 또 아까운 시간이 흘러갔다. 좁고 황량한 방은 구시대의 망설임으로 가득했다. 그러나 혁명은, 젊은 피는 기다려주지 않았다. 마을 종소리에 잠이 깬 민병대와 국민병은 빠르게 모여들었다. 그들은 요새에서 대포를 끌어왔고 길에는 바리케이드를 쳤다. 전날부터 하릴없이 돌아다니던 군인들은 국민들과 손을 잡았다. 막연한 예감에 이끌린 백성들은 농부, 목수, 목장 주인 너나 할 것 없이 모두 바렌으로 걸음을 옮겼다. 그 안에는 그저 왕을 한 번 보고자 하는 호기심으로 오는 사람도 있었다. 그러나 단 한 가지, 왕을 결코 내보내서는 안된다는 목표만은 같았다. 그렇게 말을 바꾸어 타고 가려던 그들의 시도는 허사가 되고 말았다. "파리로 가라! 가지 않으면 쏘겠다!" 험악한 목소리가 마부에게 쏟아졌다. 그때 또 종이 울리고 파리 쪽에서 마차 한 대가 모습을 드러냈다. 왕의 도주를 막기 위해 국민의회가 보낸 부관 두 사람이 왕의 일행을 찾아낸 것이다. 커다란 환호성이 울려퍼졌다. 바렌은 모든 책임에서 벗어날 수 있었다. 작고 가난한 도시의 빵장수와 구두공, 양복장이와 푸줏간 주인이 역사의 한 순간을 결정할 필요는 없어졌다. 국민의회는 백성들이 같은 편이라 인정하는 유일한 권력자였다. 승리감에 취한 그들은 두 부관을 시장의 집으로 안내했다.

어느새 밤이 지나 아침이 밝아오고 있었다. 6시 반이었다. 부관 중 한 사람인 로뫼는 창백한 얼굴에 부끄러움을 잘 타는 남자로 자신의 임무에 만족하지 못하고 있었다. 라파예트의 부하인 그는 튈르리 궁에서 왕비 곁을 지킨 적도 있었다. 아랫사람들에게 친절했던 앙투아네트는 그에게도 상냥한 말을 건네곤 했다. 로뫼는 왕과 왕비를 구해주고 싶은 소망이 있었으나, 그의 동료 베이용은 충직하고 명예욕이 강하며 혁명에 뜻을 둔 자였다.

왕실 가족의 흔적을 발견한 로뫼는 그들이 도주할 수 있도록 걸음을 멈추었다. 그러나 베이용이 감시의 시선을 늦추지 않았기에 그는 두려움에 떨며 국민의회 명령서를 건네는 수밖에 없었다. 로뫼는 더듬거리며 파리가 흥분으로 들끓고 있으니 나라를 위해서도 왕께서 돌아가시는 편이 좋을 것 같다고 말했다. 왕비는 참을 수 없다는 듯 몸을 돌렸다. 그 더듬거리는 말 뒤에 무언가 더 좋지 않은 일이 감추어져 있는 듯했다. 왕이 명령서를 받아 읽자, 거기에는 왕의 모든 권리가 사라졌으며 급사들은 왕 일행이 여행을 계속하지 못하도록 최대한 조치를 취하라는 내용이 적혀 있었다. 도주나 체포, 투옥이라는 말은 교묘하게 피한 내용이었다. 하지만 이 명령서는 더 이상 왕이 자유롭지 못하며 국민의회의 뜻에 따라야 함을 주장하고 있었다. 둔하고 우유부단한 루이 16세도 시대의 변화를 느낄 수밖에 없는 순간이었다.

그러나 왕은 거부하지 않았다. "이제 프랑스에 왕은 없구나." 자신과는 아무런 관계도 없는 듯이 중얼거린 그는 침대에 명령서를 던져버렸다. 그러나 앙투아네트는 태연할 수 없었다. 자존심과 명예가 위협당할 때마다 의연하게 대처해온 그녀는 갑자기 위엄을 되찾았다.

그녀는 불경스럽게도 감히 왕실 식구에게 명령을 내린 국민의회 명령서를 구겨 바닥에 내팽개쳤다. "이런 서류가 내 아이들을 모욕하는 것은 참을 수 없습니다!"

왕비의 모습에 부관들은 전율했다. 슈아죌은 바닥에 떨어진 명령서를 주워들었다. 사람들은 모두 당황했다. 왕비의 대담함에 놀란 왕도, 자신들의 입장에 괴로워하는 부관들도 모두 무엇을 어떻게 해야 할지 알 수가 없었다. 마침내 왕은 두세 시간만 쉬었다가 파리로 돌아가겠다고 했다. 겉으로는 국민의회 결정에 따르는 척하며 속뜻을 감춘 제안이었다. 로뫼는 왕의 생각을 바로 알아챘다. 두 시간이면 부이예 장군의 경비병과 보병대가 이곳에 도착할 터이고 대포도 준비될 것이다. 왕을 구해주고 싶던 그는 왕의 제안에 반대하지 않았다. 그의 임무는 왕실 가족을 더는 이동하지 못하게 하는 것뿐이었고, 그 일은 이미 끝난 셈이었다. 그러나 왕에게 다른 심산이 있음을 눈치 챈 베이용은 알았다고 하며 자신도 속셈을 감추었다. 그가 층계를 내려오자 흥분한 사람들이 어떻게 되었는지를 물었다. 그는 한숨을 쉬며 대답했다. "떠나지 않으시겠답니다. 부이예 장군이 곧 도착할 테니 그를 기다리시는 거겠죠." 이 말은 사람들의 분노에 불을 지폈다. 그렇게 둘 수는 없다, 더는 속지 않겠다. "파리로! 파리로!" 사람들이 외쳐대는 소리에 창문이 흔들릴 지경이었다. 시 관계자들이 달려왔고 시장 소스는 왕께서 지금 떠나시지 않으실 경우 더는 안전을 책임질 수 없다고 했다. 경기병들은 사람들 무리에 섞여 국민 편에 서고 말았다. 승리감에 도취된 사람들은 왕 일행이 더 이상 지체할 수 없도록 마차를 끌고 와 문 앞에 대기시켰다. 비굴한 승부의 시작이었다. 단 15분이 이 승부의 승패를 쥐고 있었다. 부이예 장군의 경기병들이 근처까지 와 있을 테니 조금만 견디면 왕권을 살릴 수 있을지도 모른다. 이제 비겁한 방법을 써서라도 출발을 미루는 수밖에 없었다. 앙투아네트는 허리를 굽히고 태어나 처음으로 애원을 했다. 시장의 아내에게 도와달라고 간청하였지만 그녀는 그 부탁을 들어줄 수 없었다. 프랑스 왕과 왕비를 집에 모실 수 없는 것은 괴로운 일이지만 잘못했다간 남편이 벌을 받을지도 모르고 지켜야 할 자식도 있었다. 그녀의 두려움은 마땅한 것이었지만 소용없는 일이기도 했다. 그날 밤 잡화상인이자 시장인 소스는 왕이 서류를 태우도록 도와주었다는 죄목으로 목숨을 잃어야 했다. 왕과 왕비는 계속해서 핑곗거리를 찾으며 그 자리에서 머뭇대기만 했다. 아까운 시간만 흘러가고 부이예 장군과 경기병들은 그림자도 보이지 않았다. 다시 도주 준비가 끝났을 무렵 루이 16세는 또 다시 상황에 맞지 않는 발언으로 황당한 코미디를 연출해냈다. 그는 배가 고프니 무얼 좀 먹어야겠다 했고 사람들은 서둘러 식사를 준비했다. 왕은 초라한 식사를 시작했고 왕비는 경멸스럽다는 듯 접시를 옆으로 치워버렸다. 더 이상 이곳에 머물 구실이 없어 걸음을 옮기려는 때, 시녀인 마담 뇌브빌이 꾀병을 부리며 쓰러졌다. 앙투아네트는 시녀를 그냥 둘 수 없다며 의사를 데려오라고 했지만, 의사는 부이예 장군보다 빨리 바렌에 도착하고 말았다. 의사를 기다리며 부이예 장군을 기다리려던 그들의 계획은 수포가 되어버렸고 도착한 의사의 처치에 바렌는 발칵 뒤집히고 말았다. 의사는 꾀병을 부리는 시녀에게 진정제를 주었고 왕은 한숨을 쉬며 계단을 내려갔다. 뒤이어 슈아죌 공작의 팔을 잡고 내려오는 왕비는 돌아가는 길이 어떻게 될 것인지를 예감한 듯 수심에 젖었다. 그러나 이런 상황에서도 친구를 생각하는 마음만은 여전해 슈아죌에게 건넨 첫 마디는 친구의 안부를 묻는 일이었다. "페르센은 무사한가요?" 남자답고 든든한 그만 곁에 있어준다면 이 지옥 같은 여행도 견딜 만할 텐데. 두려움에 휩싸인 실패자들 가운데 홀로 강하게 버틴다는 것은 쉬운 일이 아니었다.

마차에 오르는 순간까지 그들은 부이예 장군이 도착하리란 희망을 버리지 못했다. 그러나 끝내 그들의 모습은 보이지 않았다. 마지막까지 그들을 배웅한 것은 국민들의 위협적인 욕설뿐이었다. 드디어 마차가 움직이기 시작했다. 6천여 명의 사람들에게 둘러싸인 시대의 희생양이 앞으로 나아가자 바렌는 승리감에 휩싸였다. 혁명의 노래가 울려퍼졌다. 프롤레타리아에게 포위당한 시대의 흐름에 좌초된 배는 낭떠러지로 추락하고 말았다.

20분 뒤, 먼지 구름 사이를 헤치며 시내 국도 끝에서 달려오는 기병대 중대가 나타났다. 왕실 가족이 그토록 기다리던 부이예 장군의 경기병들이었다. 그들에게 30분만 더 시간이 있었다면 그들은 군대의 호위를 받고 이곳을 빠져나갔을 지도 모른다. 지금 환호성을 지르는 사람들도 모두 흩어져 집으로 숨었을지도 모르는 일이다. 그러나 왕이 패배하고 파리로 걸음을 돌렸다는 소식을 들은 부이예 장군은 군대를 되돌려야 했다. 지금까지 무엇 때문에 피를 흘렸던 말인가? 무능한 지배자는 제국의 운명을 바꾸지 못했다. 루이 16세는 이제 왕이 아니었고, 마리 앙투아네트 또한 이제 프랑스 왕비가 아님을 그도 이미 알고 있었다.

귀로

배도 바람이 불지 않으면 더디 가는 법. 갈 때는 20시간 걸렸던 바렌까지의 길이 돌아갈 때는 사흘이나 걸렸다. 왕과 왕비는 파리로 가는 내내 수모의 쓴잔을 마셔야 했다. 화덕처럼 뜨거운 마차 속에서 그들은 잠도 자지 못하고 옷도 갈아입지 못했다. 땀에 젖은 셔츠가 어찌나 더러웠는지 루이 16세는 군인의 옷을 빌려 입어야만 했다. 6월의 태양은 사정없이 내리쬐며 마차를 달구었고, 뜨거운 공기는 먼지투성이였다. 게다가 이 비참한 길을 둘러싼 구경꾼들은 점점 늘어나기만 했다. 사람들은 난폭하고 상스러운 말로 그들을 조롱했고, 그들의 치욕스런 모습을 구경했다. 경멸을 담은 눈빛과 모욕적인 욕설은 차라리 이 찌는 듯한 열기 속에서 창문을 닫고 고통받는 쪽이 낫다는 생각을 하게 했다. 며칠 씻지 못한 그들의 얼굴은 더러운 곡식가루를 뒤집어 쓴 듯 지저분했고, 피곤한데다 먼지를 맞은 눈은 염증을 일으키고 있었다. 그런데도 커튼을 내리는 것이 허용되지 않았다. 지나는 역마다 시장이 나타나 왕에게 설교하려 들었고 왕은 결코 프랑스를 버리려던 게 아니었음을 끊임없이 설명해야만 했다. 이런 굴욕적인 상황에서 왕비의 태도는 누구보다 훌륭했다. 시장기를 달래고자 멈춘 역에서 식사를 건네려는데 커튼이 내려져 있는 것을 본 사람들이 몰려와 커튼을 올리라며 소리쳤다. 마담 엘리자베트는 두려움에 커튼을 올리려 했으나 왕비는 완강히 거부했다, 그녀는 사람들이 마음껏 소리치도록 내버려두었다가 15분쯤 뒤에 커튼을 올리고 닭뼈를 던지며 말했다. "사람은 마지막까지 꿋꿋해야 하는 거예요."

저녁이 되고 살롱에서 쉬게 되자 드디어 희망의 빛이 보이는 듯했다. 그러나 그곳 석조 개선문 뒤에는 시민들이 기다리고 있었다. 아이러니하게도 이곳은 21년 전 오스트리아에서 온 앙투아네트가 루이 16세와 미래를 약속했던 바로 그곳이었다. '이 기념비가 우리의 사랑처럼 영원하리라' 새겨진 돌난간은 그대로였지만, 사랑이란 대리석이나 조각보다도 덧없었다. 앙투아네트는 아치 아래에서 귀족들 영접을 받던 일과 백성들의 환호, 불빛과 사람들로 넘쳐나던 길, 그리고 포도주가 넘쳐흐르던 샘들을 떠올렸다. 모든 일이 꿈만 같았다. 그녀는 이제 다른 것은 필요없었다. 그저 작은 친절만을 바랄 뿐이었다. 지금 잠시 옷을 갈아입고 잠을 잘 수 있게 되었지만, 내일이면 다시 뜨거운 햇살 아래 괴로운 여행을 계속해야 했다. 파리가 가까워지면서 백성들의 증오심은 더해가기만 했다. 왕이 땀과 먼지를 닦고자 젖은 수건을 달라고 하자 한 관리는 조롱하듯 말했다. "여행할 때는 그런 법이오." 잠시 휴식을 취한 왕비가 마차 계단으로 걸어가자 뒤에서 뱀 같은 여자 목소리가 들렸다. "조심해요, 곧 다른 계단을 구경하게 될 테니!"*1 말에서 내려 왕과 왕비에게 인사했던 한 귀족은 분노한 시민들의 총과 칼에 살해되기도 했다. 그제야 그들은 파리가 혁명이라는 '착오'를 저지르고 있는 게 아니라, 혁명이라는 이름의 씨를 뿌리고 꽃을 피우고 있음을 깨달았다. 그러나 그들에게는 이를 깨달았다고 해서 무언가 조치를 취할 힘이 남아 있지 않았다. 피로와 절망은 그들을 서서히 잠식해 무력하게 만들었다. 그들을 기다리고 있는 운명을 눈앞에 두고도 왕과 왕비는 그저 멍하니 앉아 있을 뿐이었다. 그때 급사가 달려와 왕실 일가를 보호하기 위해 국민의회 세 명이 오고 있다는 보고를 했다. 목숨을 건졌다. 그러나 그뿐이었다.

마차는 시골길 한가운데 멈춰섰다. 왕당파인 모부르,*2 시민 고문인 바르나브*3와 자코뱅당원인 페티옹*4이 다가왔다. 왕비는 손수 마차문을 열고 세

---

*1 곧 기요틴에 목이 잘리게 될 것이라는 조롱이다. 기요틴이 설치된 처형대의 계단을 오르게 될 것이란 의미.

*2 Marie Victor Nicolas de Fay, marquis de Latour-Maubourg : (1768~1834)

*3 Antoine Pierre Joseph Marie Barnave : (1761~1793) 프랑스 혁명 시대 정치가. 처음에는 부르주아 급진파로 자코뱅 클럽의 창립에 참가했지만, 1792년 루이 16세의 바렌 사건 때 동행을 맡으면서부터 군주제 지지자로 변했다. 푀양파를 결성하고, 헌법을 군주제에 맞게 수정하기 위해 노력했다. 국민의회가 해산되기 전에 고향으로 돌아가 《8월 10일 사건》 후 궁중과 통신이 연락한 것이 발견되어 체포되었고 혁명 법원에 의해 처형되었다.

*4 Jérôme Pétion de Villeneuve : (1756~1794) 프랑스 혁명 당시 자코뱅당 지도자인 로베스피에르와 가깝게 지냈으나 나중에는 극단적인 적이 되었다. 제3신분이 삼부회(나중에 국민의회가 됨)를 장악하고 프랑스의 봉건제를 철폐하는 작업에 착수하자 페티옹과 로베스피에르는 소수 의원을 이끌고 하층 계급의 참정권을 부여하고 더 진전된 내용의 민주적 개혁을 실시하도록 압력

사람에게 손을 내밀었다. "여러분, 더 이상 불행한 일이 일어나지 않도록 해주세요. 우리와 함께 했던 사람들이 희생당하지 않게 도와주세요."

앙투아네트는 용감하고 올바르게 처신했다. 자신을 위해서가 아니라 자기에게 충성했던 사람들을 위해서였다.

왕비의 이런 모습은 국민의회가 보낸 사절들의 태도를 한결 누그러지게 했다. 뒷날 페티옹은 왕비의 이런 생생한 말이 강한 인상을 남겼다는 메모를 남기기도 했다. 그는 백성들은 진정시키고 마담 드 트루젤과 마담 엘리자베트를 다른 마차에 타게 한 뒤 사절 두 사람이 함께 타는 것이 좋겠다고 했다. 그러나 왕비가 거절하여 자리를 옮겨야 했다. 바르나브가 왕과 왕비 사이에 앉고 왕비는 황태자를 무릎에 앉혔다. 페티옹은 마담 드 트루젤과 마담 엘리자베트 사이에 앉았고, 마담 드 트루젤이 공주를 무릎 사이에 앉혔다. 제국의 대표와 국민의 대표가 한 마차에 탄 것이다. 왕실 사람들과 국민의회 의원이 이렇게 가까운 곳에서 서로를 바라보는 것은 처음 있는 일이었다.

다섯 명의 왕실 사람들과 국민의회 두 의원 사이에는 죄수와 간수처럼 적대감과 긴장감만이 흘렀다. 그들은 모두 뻣뻣한 자세로 자신들의 권위를 지키고자 필사적이었다. '반란자'들의 보호를 받으며 그들의 호의에 기대고 있는 앙투아네트는 두 사람을 쳐다도 보지 않은 채 입을 다물고 꼼짝도 하지 않았다. 그녀는 왕비로서 반란자들의 환심을 얻으려 애를 쓸 수는 없다고 생각했고, 사절들은 공손함이 비굴함으로 보여서는 안된다고 생각했다. 국민의회는 이번 기회로 자신들이 아첨꾼들과는 달리 자유롭고 청렴한 사람들임을 보여주고 싶었다. 이런 저마다의 생각은 그들 사이에 보이지 않는 벽을 만들고 있었다.

이런 긴장된 분위기 속에서 자코뱅당원 페티옹이 먼저 공격을 개시했다. 그는 거만한 왕비가 평정을 유지할 수 없게 작은 가르침을 주고 싶었다.

을 가했다. 국민의회는 1791년 9월 30일 스스로 해산했고 그는 로베스피에르와 마찰을 일으키지 않으면서 지롱드당과 긴밀한 관계를 맺었다. 지롱드당은 온건한 부르주아 민주주의자들로 구성된 당파로, 새로 소집된 입법의회에서 로베스피에르에 반대했다. 1792년 9월 그는 입법의회의 뒤를 이어 출범한 국민 공회의 초대 의장으로 선출되었다. 산악당(의회 안의 자코뱅당 의원들) 사이에서 로베스피에르가 두각을 나타내는 것을 시기한 그는 지롱드당에 가담했다가 1793년 6월 2일 산악당의 쿠데타로 28명의 지롱드 당원과 함께 의회에서 쫓겨났다.

"왕실 분들이 성 근처에서 웬 스웨덴 사람이 모는 삯마차에 타셨다는 이야기가 들리더군요. 아, 그 스웨덴 사람 이름이……." 페티옹은 생각이 나지 않는다는 듯 말을 더듬으며 왕비에게 그 스웨덴 사람 이름을 물었다. 왕의 앞에서 왕비에게 애인 이름을 묻는 비수 같은 공격이었다. 그러나 왕비는 의연하게 공격을 막아냈다. "난 마부 이름 같은 건 모릅니다. 관심도 없고요." 좁은 공간은 더욱 험악한 적의로 휩싸였다.

잠시 뒤 일어난 사소한 사건은 긴장된 분위기를 다소나마 풀어주었다. 왕비의 무릎에서 내려온 어린 왕자는 낯선 두 사람에게 호기심을 보였다. 왕자는 바르나브의 단추를 잡고 단추에 새겨진 글씨를 더듬더듬 읽었다. '자유로이 살 수 없다면 죽음을.' 두 사람은 미래 프랑스 왕이 혁명의 근본정신을 알게 된 것이 기뻤다. 조금씩 대화의 문이 열리기 시작하며 모두 서로가 생각보다 괜찮은 사람임을 알게 되었다. 저주를 내리려했던 발람은 축복을 내려야 했다.*5 자코뱅당원 페티옹과 젊은 지방 변호사 바르나브는 '폭군'이 가까이 할 수 없을 만큼 교만하고 어리석으며 뻔뻔한 사람이며, 궁중에서의 아부는 사람을 숨막히게 하는 것이라 생각했었다. 그러나 막상 눈앞에서 보게 된 왕실 식구들의 자연스런 모습은 자코뱅당원과 시민 혁명가는 물론, 이들 가운데 카토*6 역할을 하던 페티옹까지도 이런 보고를 하게 만들었다.

"나는 그들에게서 소박함과 친밀함을 발견할 수 있었다. 겉치레를 하려는 모습은 전혀 보이지 않았고 쾌활하며 가정적인 순박함이 넘쳤다. 왕비는 마담 엘리자베트를 '사랑스런 누이'라 불렀고, 마담 엘리자베트는 왕을 '오빠'라 불렀다. 왕비는 왕자가 무릎 위에서 춤을 추게 내버려 두었고, 공주는 어

---

*5 Balaam : 구약성서 민수기에 나오는 이스라엘의 무당. 민수기에서 모압의 왕 발락은 선지자 발람을 보내 가나안으로 가는 이스라엘인들에게 저주를 퍼붓게 했다. 그런데 발람이 타고 가던 나귀가 세 차례나 방향을 바꾸었다. 발람은 나귀를 사정없이 매질했다. 이윽고 나귀가 발람에게 말을 걸면서 왜 그렇게 매질을 하느냐고 물었다. 그때 발람의 눈이 트이면서 신이 보낸 천사가 앞길을 막고 있는 게 보였다. 발람은 가던 길을 계속 가서는 이스라엘인들에게 저주 대신 축복을 내렸다. 이 이야기는 민수기 22~25에 나온다. 무슬림 전설에서 발람의 나귀는 천국에 들어간 열 마리 짐승 가운데 하나다.

*6 Marcus Porcius Cato : (BC 234~BC 149) 고대 로마의 정치가이자 장군이며 문인, 재무관, 법무관을 거쳐 콘술이 되어 에스파냐를 통치하였고 켄소르 등으로 정계에서 활약하였다. 고(古)로마적인 실질강건성의 회복을 역설하고 주전론을 주창하기도 하였다. 라틴 산문학의 시조인 로마 최고의 역사서 《기원론》을 남겼다.

린 동생과 함께 놀아주었다. 왕은 무덤덤해 보이긴 했지만 만족스런 눈빛으로 그들을 바라보고 있었다."

두 혁명가는 이런 모습을 놀란 눈으로 바라보았다.

왕실 아이들도 자신의 아이들과 똑같은 장난을 치고 있었다. 처음에 갖고 있던 적대감은 누그러지고 더러운 옷을 입은 프랑스 국왕보다 자신들이 더 좋은 옷을 입고 있다는 사실이 괴로워졌다. 술을 마실 때도 왕은 정중하게 자신의 술잔을 페티옹에게도 건네주었으며 소변이 마렵다는 황태자의 말에 손수 아들의 옷을 벗기고 은변기를 들어주기도 했다. 이는 대사건이었다. '폭군'이라 일컬어지던 이들도 우리와 같은 인간이라는 생각에 자코뱅당원을 비롯한 혁명가들은 깜짝 놀랐다. 놀란 것은 왕비도 마찬가지였다. 간악하고 잔인한 국민의회 사람들이 생각보다 훌륭하고 공손했기 때문이었다. 그들은 피에 굶주려 있지도 않았고 어리석지도 않았다. 오히려 아르투아 백작이나 다른 귀족 무리들보다도 이야기를 나누기 편했다. 마차를 탄지 세 시간도 지나지 않아 그들을 가로막고 있던 벽은 허물어지고 서로의 환심을 사게 되었다. 왕비는 정치문제를 화제로 꺼내 잘못된 보도와 소문으로 점철된 왕실이 그렇게 융통성 없고 악의에 찬 곳이 아님을 증명하고자 했다. 또 두 사절은 국민의회가 목표하는 바를 마라의 거친 울부짖음과 혼동하지 말아달라고 했다. 화제가 공화국에 이르자 페티옹은 조심스레 이야기를 회피했다. 페티옹의 이 기록은, 왕실분위기는 열정적인 혁명가를 혼란하게 하며, 황제가 보여주는 친근함은 사람을 바보로 만들어버릴 수도 있다는 사실을 누구보다 재미있게 증명해주었다. 공포로 가득찬 밤과 살인적인 무더위, 불편한 마차여행, 그리고 정신적인 불안정과 굴욕감은 여자들과 아이들을 매우 지치게 했다. 자기도 모르게 잠이 든 마담 엘리자베트는 페티옹에게 몸을 기댔다. 이에 정신이 나간 페티옹은 망상에 빠져 뒷날 수백 년 동안 자신을 웃음거리로 만들 말을 기록해버리고 말았다. "마담 엘리자베트는 유혹적이고 애모가 담긴 눈빛으로 나를 쳐다보았다. 서로의 이해와 끌림 속에서 우리의 눈이 마주쳤다. 밤이 깊어지고 부드러운 달빛이 펼쳐졌다.

공주는 내 무릎과 마담 엘리자베트의 무릎에 반씩 걸터앉아 있었다. 공주가 잠이 들었을 때 나는 한 팔을 펴고 마담 엘리자베트는 내 팔에 왼손을 얹고 있었다. 서로의 팔이 얽혔고 나는 그녀의 겨드랑이 아래를 보듬었다. 마담 엘리자베트의 애절한 눈빛이 느껴졌다. 그녀의 움직임에는 일종의 헌신과도 같은 것이 담겨있었다. 불행한 그녀의 모습을 내가 쾌락으로 착각한 것인지도 모른다. 그러나 그때 마차 속에 우리 두 사람만 있었다면 그녀는 내품에 뛰어들어 본능적인 충동에 몸을 맡겼으리라 나는 확신한다.”

'멋진 페티옹'의 이 우스꽝스럽고 에로틱한 환상보다 더 심각한 문제는 존엄하고 위험한 왕의 마력이 바르나브에게 미치는 영향이었다. 시골에서 파리로 갓 올라온 젊은 변호사이자 이상주의적 혁명가인 그는 왕비에게 혁명의 기본이념과 당원의 사상을 설명할 기회가 주어지자 어느새 그녀에게 매료되고 말았다. 포자 후작*7은 이를 굉장한 기회라고 생각했다. 제국의 왕비에게 고귀한 이념에 대한 경외감을 불어넣어 주고 입헌제를 찬성할 수 있게 설득할 수 있는 기회가 찾아왔다. 혈기 넘치는 젊은 변호사는 천박하다고들 하는 왕비가(이는 중상모략이었다) 관심과 이해심을 갖고 자신의 말에 귀기울이는 모습을 보았다. 왕비는 매우 똑똑한 사람이었다. 흥분한 그의 연설을 들으며 앙투아네트는 오스트리아 여자다운 사랑스런 태도와 관대한 이해심으로 그를 매혹시켰다. 어떻게 이 우아한 여자에게 부당하게 굴 수 있단 말인가? 어떻게 심하게 대할 수 있단 말인가? 잘 해낼 수 있을 것이다, 누군가 옆에서 그녀에게 바른 말을 해줄 수 있다면 프랑스는 모든 일이 잘 풀릴 것이다. 바르나브는 이렇게 생각했다. 왕비는 자기의 조언자를 찾고 있으며 자신의 무지함을 깨우쳐 줄 사람이 있으면 얼마나 좋겠느냐는 말을 했다.

이 예상을 뛰어넘는 안목을 지닌 여자에게 백성들의 참된 소망을 알려주고 그녀의 순수한 마음을 국민의회에 알려주어야 한다. 바르나브는 그것이 자신의 의무라 생각했다. 그들이 잠시 휴식을 취했던 모모의 대주교궁에서부터 시작된 긴 대화를 통해 앙투아네트는 바르나브를 사로잡았고, 그가 자신을 위해 어떤 일이든 할 수 있음을 알게 되었다. 아무도 이런 해결책은 깨닫지 못하고 있었다. 모든 것이 비밀이었다. 왕비는 바렌에서 돌아오는 길에 굉장한 정치적 승리를 거둔 것이나 다름없었다. 다른 사람들이 땀을 흘리며

---

*7 독일 작가 프리드리히 쉴러의 희극 〈돈 카를로스(Don Carlos)〉에 나오는 주인공의 친구로 돈 카를로스를 위하여 그리고 모든 인류를 위하여 죽는 인물이다. 그의 죽음에 의하여 도덕적 자유의 관념이 승리를 얻게 되며 인간성의 대변자 역할을 한다고 할 수 있다. 본문에서는 이상주의적 혁명가 바르나브를 포자 후작에 비유하고 있다.

먹고 쉬는 동안 굴러가는 감옥과도 같은 곳에서 그녀는 왕실을 위한 마지막 카드를 손에 넣었다.

여행의 세 번째 날과 마지막 날은 가장 고통스러웠다. 하늘도 그들의 편을 들어주지 않았다. 빈틈없이 끼어앉은 먼지 가득한 마차 위로, 한 조각 동정심도 없는 태양은 아침부터 저녁까지 뜨거운 열기를 내리쬐었다. 구름은 한순간도 시원한 그늘을 만들어주지 않았다. 그들이 간신히 파리 성문 앞에 도착했을 때에는, 왕의 모습을 구경하려는 수십 만 명 시민들이 길게 늘어서 있었다. 왕과 왕비는 생 드니 성문을 지나 바로 성으로 들어가지 못하고 끝없이 이어진 환상도로*8로 돌아가야만 했다. 놀랍게도 왕실 명예를 더럽히는 비방의 말은 한 마디도 들리지 않았다. 그들이 도착하기 전에 이미 나라의 죄수를 비방하는 사람은 누구든 매로 처벌하겠다는 엄명이 내려졌기 때문이었다. 그러나 왕실 마차를 뒤따라오는 마차가 모습을 드러내자 환성이 터져 나왔다. 마차 안에는 간계와 술책으로 왕실 일행을 붙잡은 사냥꾼 드루에도 함께 타고 있었다.

이 여행은 마지막까지 쉽지 않았다. 마차에서 궁의 대문까지 2미터를 남겨두고 또 일이 터지고 말았다. 왕실 사람들이 의회 의원들의 보호를 받고 있음에 분노한 시민들은 희생자가 필요했다. 그들은 왕을 '납치한' 무고한 3명의 호위병에게 달려들었다. 왕비는 궁의 정문 앞에서 피가 흐르는 호위병들의 머리가 창끝에 매달리는 모습을 보아야 했고 재빨리 달려온 국민병들이 성문 앞을 정리했다.

그제야 달구어진 마차 문이 열리고 더럽고 지친 모습의 왕이 무거운 걸음으로 모습을 드러냈다. 이어서 왕비가 마차에서 내리는 순간 '더러운 오스트리아 계집'에 대한 욕설이 튀어나왔지만, 왕비는 빠르게 걸음을 옮겼다. 끔찍한 여행이 드디어 막을 내렸다.

궁 안에는 예전처럼 하인들이 줄을 맞춰 기다리고 있었고 식탁이 준비되어 있었다. 왕실 가족들은 지금 이 순간이 믿기지 않았다. 지독한 꿈을 꾼 기분이었다. 구금 상태나 다름없는 지금 왕은 왕관을 썼다고 할 수 없다. 지

---

*8 環狀道路: 도심 또는 중요 지점을 중심으로 하여 그 외주부에 환상으로 설치되는 도로. 방사형 도로의 상호간을 연락하여 방사 환상 도로망을 이룬다.

난 닷새의 시간은 왕권을 뿌리 깊이 흔들어 놓았다. 왕은 한 계단 아래로 내려섰고, 혁명은 한 계단 올라간 셈이었다.

그러나 몸과 마음이 지친 왕에게 이는 대수로운 일이 아니었다. 모든 일에 무관심한 그는 자신의 운명에 조차 아무런 관심이 없었다. 그는 일기에 이렇게만 적었을 뿐이다. "6시 번 모오 출발. 8시 파리 도착. 휴식 없었음." 이것이 자신이 겪은 가장 지독한 치욕에 대한 루이 16세의 기록 전부였다. 페티옹은 왕의 이런 모습을 다음처럼 표현했다. "그는 아무 일도 겪지 않은 사람처럼 태연했다. 그저 사냥을 다녀온 사람처럼 보였을 정도였다."

그러나 앙투아네트는 모든 것을 잃고 말았음을 깨달았다. 이 여행은 그녀의 자존심을 바닥까지 뒤흔들었다. 그녀는 이 지옥에서 오직 한 가지만을 생각했다. 그녀는 어쩔 수 없이 뒤늦게 열정에 휩싸여 마지막 사랑에 빠져있는 여인이었다. 그녀는 페르센이 자신을 걱정하리라는 생각에 그가 받을 고통과 불안을 염려하여 쪽지를 썼다. "우리 걱정은 마세요. 우리는 살아있습니다." 다음 날에는 더 긴박하고 사랑에 찬 편지를 보냈다. (은밀한 부분은 페르센의 후손에 의해 파손되었지만, 곳곳에 보이는 단어를 통해 그들의 사랑을 느낄 수 있다) "저는 아직 살아있습니다…… 당신이 걱정돼요. 아무 소식도 들을 수 없어 당신이 괴로워하리라는 생각을 하면 저도 괴롭습니다. 당신이 이 편지를 받아볼 수 있기를 기원합니다. 편지는 보내지 마세요. 위험합니다. 그리고 무슨 일이 있어도 이곳에 오시면 안 됩니다. 사람들은 당신이 우리를 이곳에서 데리고 나갔다는 사실을 알고 있습니다. 당신이 오면 모든 일이 실패로 돌아갑니다.

우리는 밤낮으로 감시당하고 있어요. 하지만 전 괜찮습니다……걱정하지 마세요. 아무 일도 없을 겁니다. 의회도 생각보다 관대한 편입니다. 안녕……이제 더는 편지를 보내지 못할 것 같습니다." 하지만 페르센의 소식을 알 수 없어 너무나 괴로웠던 그녀는 다음날 그의 소식과 위로를 바라는 아름다운 편지를 썼다. "당신을 사랑하고 있다는 말밖에 할 수가 없네요. 전 잘 지내고 있습니다. 그러니 제 걱정은 마세요. 당신도 잘 지내고 있기를 바랍니다. 그러니 제게 암호로라도 편지를 보내주세요. 당신 시종의 주소로 보내면 될 것 같습니다……그리고 제가 당신께 편지를 보낼 때 어디로 보내야하는지 알려주세요. 이렇게라도 하지 않으면 저는 살아갈 수가 없습니다. 안녕히 계세요. 세상 모든 사람 중에서 가장 사랑하고 가장 사랑받는 이여, 온 마음을 다해 당신을 포옹합니다."

'이렇게라도 하지 않으면 전 살아갈 수가 없습니다.' 왕비에게서 한 번도 들어본 적 없던 열정적인 외침이었다. 왕비에게는 이제 사랑만이 남아있었다. 이는 어느 누구도 빼앗아갈 수 없는 것. 이 사랑의 마음은 위대하고 단호하게 그녀가 자신의 삶을 방어할 수 있는 힘을 주었다.

서로 속이다

바렌 도주는 혁명사의 새 장을 열었다. 바로 그날 새로운 공화당이 탄생했다. 1791년 6월 21일까지 귀족과 시민으로만 구성되어 있었던 국민의회는 왕당파였다. 하지만 다음 선거를 위해 제3신분인 시민 속에는 이미 제4신분 프롤레타리아가 들어와 있었다. 이전에 왕이 시민계급을 두려워한 것과 마찬가지로 지금은 시민계급이 겁에 질려 있을 만큼, 프롤레타리아는 본능적 폭력성을 지닌 대중이다. 대중이 얼마나 근원적인 데모니셰*¹를 가졌는지 깨닫고 불안에 사로잡힌 모든 계급은 헌법으로 왕과 백성의 힘을 구분하려 했다. 이를 위해서는 루이 16세 동의를 받아야하기 때문에 그를 보호할 필요가 있었다. 온건파는 더 이상 바렌 도주로 왕을 질책하기 않기로 했다. 그가 파리를 떠난 것은 자유의사가 아닌 '납치'였다고 떠들어댔다. 자코뱅당이 말스펠트 광장에서 왕의 폐위를 요구하는 시위를 벌이려 하자 시민 계급 지도자 바이이*²와 라파예트는 기병대와 함께 소총으로 위협하며 그들을 해산시

---

*1 demonische : 인간의 마음 깊숙이 숨어 있어 본인의 의지·의향·지성과는 관계없이 어떤 행동으로 치닫게 하고, 다른 사람에게도 강한 영향을 미치는 지대한 힘. 그리스어의 다이몬(daimon)에서 유래된 말이다. 독일에서 슈투름운트드랑시대에 지성중심(知性中心)의 계몽주의적 예술관에 반하여 예술에서의 비합리적·본능적·천재적인 힘을 나타내는 것으로 사용되었다. 괴테는 창작에서의 이 힘을 강조, 천재를 나타내는 데 썼으며, 키르케고르는 이를 죄악감에 빠진 인간이 악(惡)에서 헤어나지 못한 채 선(善)에 대하여 품는 불안감이라고 설명하였다.

*2 장 실뱅 바이이(Jean Sylvain Bailly) : (1736~1793) 삼부회에서는 파리의 선출 의원이었고, 1789년 5월 5일에는 제 3계급 의장을 맡았다. 그는 6월 20일 테니스 코트의 서약을 이끈 사람 중 한 명이기도 하였고, 1789년 7월 15일에서 1791년 11월 16일까지는 파리 시장으로 지내기도 하였다. 1791년 7월 17일 바이는 마르스 광장의 폭동을 진압하도록 국민군에게 명령을 내렸으며, 이로 인해서 마르스 광장의 학살 사건이 발생하였다. 이 일로 바이는 인기를 잃었고, 결국 은퇴하여 낭트로 물러나서 자신의 공직 생활에 대한 회고록인 Mémoires d'un témoin을 저술하였다. 1793년 그는 친구인 피에르 시몽 라플라스를 만나기 위해서 낭트를 떠나 믈룅으로 가는 길에 체포되어 11월 10일 파리 혁명재판소에서 판결을 받고, 11월 12일 단두대에서 처형당했다.

컸다. 그러나 왕비는 방에서 꼼짝도 할 수 없었다. 바렌 도주사건이 있고부터 방문을 잠그는 것도 허용되지 않았고 국민병들은 그들이 한 발자국도 나가지 못하도록 엄중하게 감시를 했다. 창문 밖에서는 이제 "국왕 만세"를 외치는 소리가 들려오지 않았고 "공화국 만세"를 외치는 소리가 들려왔다. 때문에 그녀는 자기 남편과 아이들이 없어져야만 공화국이 세워질 수 있음을 모를 수가 없었다.

바렌의 밤, 왕비는 그 재앙이 루이의 동생 프로방스 백작에게는 성공을 가져다준 만큼 불행하기만 한 것은 아니었음을 깨달았다. 브뤼셀에 도착하자 프로방스 백작은 아우의 복종심을 버리고 국왕처럼, 국가의 대표자 행세를 했다.

루이 16세가 파리에 붙잡혀 있는 동안 그는 몰래 그 유예기간을 늘리기 위해 온갖 짓을 다했다. 페르센이 브뤼셀에서 보낸 편지에는 이렇게 씌어 있었다. "이상하게도 이곳 사람들은 왕이 포로로 잡혀 있는 사실을 기뻐하고 있습니다. 아르투아 백작은 희색이 만면해 있습니다." 오랫동안 비굴하게 왕의 수행원처럼 지내야 했던 그들은 드디어 소파에 가슴을 펴고 앉아 있다는 만족감에 취해 전쟁에 대해서는 전혀 걱정하지 않았다. 루이 16세와 앙투아네트, 루이 17세까지 죽임을 당하면 그들로서는 왕위로 가는 두 계단을 뛰어넘는 셈이니 오히려 잘된 일이 아닐 수 없었다. 프로방스 백작이 루이 18세가 되는 것이다. 다른 나라 영주들도 그렇게 되리라고 자연스레 생각하고 있었다. 전체주의적 이념으로 보았을 때 누가 프랑스 왕이 되는지는 중요하지 않았다. 중요한 것은 유럽에서 공화당적이고 혁명적인 '독'이 제거되어 프랑스에 퍼진 '전염병'이 사라지는 것이었다. 스웨덴의 구스타브 3세[3]는 프랑스의 이런 상황에 지극히 냉철한 반응을 보였다. "프랑스 왕실이 어떤 운명을 맞이하게 될지 대단히 궁금하긴 하지만 그보다는 유럽의 상황, 특히 스웨덴의 이해관계나 군주의 권한이 저울에 올라갔다는 점에 더 관심이 갔

---

*3 Gustav Ⅲ : 스웨덴 왕국 홀슈타인 : 고토르프 왕조의 제2대 국왕 (재위 : 1771년~1792년)이다. 러시아 제국과 덴마크와 싸워 승리하여 유럽에서 명성을 높였다. 또한 한스 폰 페르센을 신하로, 프랑스와 우호 관계를 다졌다. 구스타프 3세 시대는 스웨덴 중흥의 시대이며, 또한 문화면에서 "로코코 시대"라고도 불렸다.

다. 왕권이 확립되고 국민의회만 붕괴되면 왕좌에 루이 16세가 앉든 루이 17세가 앉든 카를 10세가 앉든 상관없다." 왕들은 '왕의 문제', 즉 자신의 권력에만 관심이 있을 뿐 누가 왕위에 오르는지에 대해서는 아무런 관심이 없었다. 이런 무관심으로 루이 16세와 마리 앙투아네트는 역사의 뒤편으로 사라져야 했다.

프랑스는 안팎으로 모두 위험한 상황이었다. 안으로는 공화주의사상과 밖으로는 인접국가들의 전쟁욕에 맞서 앙투아네트는 싸워야 했다. 그러나 이는 모두가 저버리고 궁지에 몰린 연약한 여자가 감당하기에는 어려운 일이었다. 이 상황을 극복하기 위해서는 오디세우스*⁴이자 아킬레스*⁵인 누군가가 필요했다. 교활하고 대담한 천재, 미라보 같은 사람이.

그러나 누구도 믿을 수 없는 이런 상황에서는 미약한 조력자밖에 찾을 수 없었다. 바렌에서 돌아오던 길, 의회에서 상당한 발언권이 있는 지방 변호사 바르나브가 자신의 달콤한 말에 매료되었던 사실을 떠올린 앙투아네트는 그를 이용하기로 했다.

왕비는 바르나브에게 비밀 편지를 보냈다. 많은 이야기를 주고받았던 그때, 그의 지성이 잊히지 않으며 이렇게 편지를 주고받으면 많은 것을 얻게 되리라 생각한다는 내용이었다. 또 자신은 공공복리를 위해서는 뭐든지 할

---

* 4 Odysseus : 호메로스의 《오디세이아》 주인공. 이오니아해 이타케섬 왕자이며 페넬로페의 남편. 트로이전쟁에 출진을 처음에는 거부하였으나 출진한 뒤에는 그리스군(軍)의 패주(敗走)를 저지하는 등 뛰어난 무장으로서 활약하였다. 목마 속에 병사를 숨기는 꾀를 써서 트로이를 함락시켜 헬레네를 구출하였으나, 개선 길에 거인 폴리페모스에 의해 동굴에 갇히기도 하고, 마녀 키르케에 의하여 부하가 돼지로 변하기도 하고, 세이레네스의 요염한 노래에 유혹을 받는 등 20년간 방랑 끝에 겨우 고향에 다다랐다. 그가 없는 사이에 많은 젊은이들이 그의 아내 페넬로페에게 청혼하며 승낙을 재촉하였다. 그녀가 더 이상 견뎌낼 수 없는 상태가 되었을 때 오디세우스가 나타나 그들을 모조리 죽이고 왕위에 올랐다.

* 5 Achilles : 그리스 신화의 영웅. 발뒤꿈치를 제외하고는 불사신으로서 걸음이 몹시 빠르며, 트로이 전쟁에서 활약하다 트로이 왕자 파리스(Paris)에게 발뒤꿈치에 화살을 맞아 죽었다고 한다. 호메로스의 서사시 《일리아스(Ilias)》를 보면, 아킬레스는 트로이를 공략하던 중 어릴 적부터 친구인 파트로클로스(Patroklos)가 전사하자 그의 혼을 위로하기 위해 장례 경기를 개최하기도 한다.

수 있고, 이 일은 아무에게도 말하지 않겠다는 말로 그를 안심시켰다. 그리고 이런 이야기도 덧붙였다. "지금 상태를 유지하고 있을 수만은 없습니다. 무슨 일이든 일어나야 합니다. 그것이 무슨 일일지 지금의 나는 알 수 없지만 이를 알아내기 위해 당신에게 도움을 청하는 바입니다. 나와 대화를 나눠보았던 당신이라면 내가 선의에서 이런 일을 한다는 것을 알아주시리라 믿습니다. 나는 변치 않을 거예요. 그것이 무슨 일이 있어도 놓지 않을 내 마지막 재산입니다. 당신은 정의에 대한 나의 이런 소망을 있는 그대로 받아들여 주시리라 믿습니다. 어떠한 경우에도 당신을 보호하리라 약속하겠습니다. 그러니 우리의 희망이 이루어질 수 있도록 한 번만 우리 입장이 되어 생각해봐 주세요. 당신이 무언가 방법을 찾아내고 내가 그 생각에 동조할 수 있다면 반드시 그 방법을 관철시키겠습니다. 진정 공공복리를 위한 길이라면 어떤 희생도 감수하겠습니다." 바르나브가 이 편지를 친구들에게 보여주자 그들은 기뻐하는 한편 두려워하기도 했다. 그는 왕비의 비밀 충고자가 되기로 결심했다. 그들은 먼저 망명 귀족들을 돌아오게 하고 그녀의 오빠가 프랑스 헌법을 인정하게 해야 한다고 충고했다. 그녀는 그들 말대로 오빠에게 편지를 썼다.

그러나 그들은 실망만을 안겨주었다. 앙투아네트도 이 '선동자들'을 믿었다기보다는 그녀의 오빠가 '무장회합'을 소집할 때까지 '지연작전'을 펼쳐보려던 것에 불과했다. 그녀는 페넬로페처럼 낮 동안 새 친구들과 꿰맨 솔기를 밤이 되면 도로 풀어버렸다. *6 오빠인 레오폴트 2세에게 편지를 보내고 메르시에게도 이런 편지를 썼다. "29일 당신에게 편지를 보냈습니다. 당신이라면 제가 쓰던 편지와 어딘가 다르다는 점을 알아보셨겠죠. 그러나 이곳 당원들이 초안을 잡아준 대로 쓰는 수밖에 없었습니다. 어제 또 오라버니께 편지를 썼습니다. 지금은 그들이 요구하는 대로 따르는 수밖에 없는데, 오라버니께서 혹시라도 그렇게 편지를 쓸 수밖에 없음을 이해해주지 못하실까봐 걱

＊6 Penelope : 페넬로페이아(Penelopeia)라고도 한다. 그리스 신화의 영웅 오디세우스의 아내. 20년에 달하는 남편의 트로이 원정 중, 많은 구혼자에게 지금 짜고 있는 자수가 다 되었을 때 결혼한다고 약속하고, 낮에 짠 천을 밤에 풀어 시간을 벌면서 정절을 지켜냈다. 본문에서는 낮에만 바르나브 등 선동자들의 말을 믿는 척하며 그들의 말대로 하지만, 사실 오빠의 '무장회합'이 소집될 때까지 시간을 벌려는 앙투아네트의 행동을 이에 비유하고 있다.

정이 됩니다. 이런 생각을 하면 비참한 기분입니다." 그녀는 편지에 쓰인 말들은 한 마디도 자기 의견이 아니며, 그 안에 담긴 생각들 또한 자신의 사고 방식이 아님을 강조했다. 편지는 모두 우리아의 편지[7]가 된 것이나 다름없었다. 왕비는 '충고자들이 질서와 왕국과 왕실 권위를 되찾으려는 충성스러운 마음과 공명정대한 심정으로 그들의 주장을 고수하고 있다는 사실을 인정하고는' 있었지만 그들의 도움을 충실히 수행해 나가려는 생각은 하지 않았다. 그녀는 '그들의 선의를 믿기는 하지만 그들의 이념은 과장되었고 나와는 맞지 않는다'고 생각했기 때문이다.

앙투아네트는 갈등 속에서 불안한 이중 역할을 하기 시작했다. 그것은 결코 명예롭지 못한 일이었다. 그녀가 정치에 관여한 뒤, 정치는 훨씬 더 그녀를 옭아맸고 이제 거짓말을 해야 했다. 그녀는 대담하게 그 일을 해냈다. 조력자들에게는 자신이 이를 믿고 있는 것처럼 보이게 하고 페르센에게 편지를 썼다. "걱정하지 마십시오. 난 '과격파'들한테 넘어가진 않습니다. 내가 그들 몇몇과 만나거나 관계를 맺는 것은 그들을 이용하려는 생각에서일 뿐입니다. 그들과 그런 일을 꾸미기에는 내가 그들을 너무나 혐오하는 것 같습니다."

결국 그녀는 스스로를 위해, 단두대에서 머리를 잘린 선의의 사람들을 속인 품위 없는 짓을 했다는 생각에 도덕적인 죄책감을 느꼈지만 그것을 시대의 책임으로, 그런 무참한 역할을 하게 만든 상황 탓으로 돌렸다. 절망 속에서 그녀는 또 성실한 벗 페르센에게 이렇게 썼다. "스스로를 이해할 수 없을 때가 많습니다. 말을 하고 있는 사람이 정말 나인지 확인을 해야 할 때도 있어요. 당신은 어떻게 생각하고 계신지요? 모든 일은 불가피한 일입니다. 내가 만약 이런 방책이라도 강구하지 않았더라면 우리는 틀림없이 더 깊은 절망에 빠지고 말았을 것입니다. 적어도 우리는 시간을 벌었습니다. 시간이야말로 우리가 필요로 하는 전부입니다. 내가 다시 나 자신이 되어 내가 그들

*7 Urias : 헷족속의 사람으로 다윗의 충성된 군인이요 미인 밧세바의 남편. 우리아가 전쟁에 나간 동안 다윗은 그의 아내와 간통해 그녀를 임신시킨다. 다윗은 이를 감추고자 우리아를 돌아오게 하려 했으나 충성스런 우리아는 전우들을 생각하여 돌아가지 않았고 다윗은 그에게 간악한 계략이 담긴 편지를 들려 전쟁터로 보낸다. 편지에는 '너희가 우리아를 맹렬한 싸움에 앞세워 두고 너희는 뒤로 물러가서 그로 맞아 죽게 하라 하였더라'고 되어 있었다. 우리아는 최전선에서 죽음을 맞이한다.

웃음거리가 되지 않았다는 사실을 그 부랑자들에게 보여 주고 싶습니다." 그녀의 무한한 자만심은 다시 자유로워져 술책을 부리고, 흥정하고, 기만할 필요가 없게 되기를 꿈꾸었다. 그녀는 무한한 자유를 왕좌에 앉은 왕비로서의 마땅한 권리라고 생각했기 때문에 그녀의 권리를 제압하려는 모든 인간을 무참하게 속이는 일을 정당한 것으로 생각하고 있었다.

그러나 속이는 자는 왕비만이 아니었다. 이 위기 속에서 큰 역할을 하는 모든 인물이 서로를 속이고 있었다. 정부, 영주, 대사, 각료들이 그 시기에 쓴 수많은 서신을 뒤져보면 어떤 비밀 정치에서도 찾아볼 수 없는 비도덕성을 발견할 수 있었다. 모두가 물밑작업을 했고 개인적 이해만을 위해 일했다. 루이 16세는 국민의회를 기만했고, 의회 편에서는 공화주의사상이 왕을 쓰러뜨릴 정도로 만연되기만을 기다리고 있었다. 입헌주의자들은 마리 앙투아네트가 이미 갖고 있지도 않은 권력을 가지고 있는 것처럼 보이도록 해 놓았지만, 마리 앙투아네트가 뒤로 오빠 레오폴드와 연줄이 있었기 때문에 그것은 어리석은 짓일 뿐이었다. 그러나 레오폴드 또한 누이동생을 기만하고 있었다. 마음속으로는 동생을 위해 군사 한 명, 돈 한 푼 쓸 생각이 없었고 러시아와 프로이센과 함께 2차 폴란드 분할을 타협하고 있었다. 그러나 프로이센 왕은 프랑스에 대항해서 '무장 회합'을 베를린에서 타결하는 한편 동시에 왕의 대사로 하여금 파리에서 자코뱅당의 재정 지원을 하도록 했고 페티옹과 같은 식탁에서 식사를 하게 하였다. 망명한 왕손들은 전쟁을 일으키도록 충동질하고 있었는데 그것은 형 루이 16세의 왕좌를 지켜주기 위해서가 아니라 가능한 빨리 자기가 왕좌에 오르려는 생각에서였다. 그들은 이 재미없는 시합에서 돈키호테가 아닌 유럽의 구세주 구스타브 아돌프*8가 되고자 했다. 프랑스에 대항하는 동맹군 지휘를 맡은 브라운 슈바이크 공작*9은

---

*8 Gustav Adolf : (1594~1632) 신구교 항쟁으로 시작되어 독일 전역을 황폐하게 만든 30년 전쟁에서 궁지에 몰린 신교측을 도와 단숨에 전세를 역전시킨 스웨덴 국왕. 흔히 북방의 사자왕이라고 한다. 중상주의적(重商主義的) 발트해 정책을 펼쳐 발트해를 완전히 장악하고 스웨덴을 북유럽 제일의 대국으로 성장시켜 지금까지도 역대 스웨덴 왕 가운데 가장 사랑받는 왕이 되었다.

*9 Karl Wilhelm Ferdinand, Herzog zu Braunschweig-Lüneburg, Fürst von Braunschweig-Wolfenbüttel-Bevern, : (1735~1806) 나폴레옹 전쟁 당시 독일 브라운슈바이크의 공작이자 프로이센의 육군 원수, 계몽 군주였다. 브라운슈바이크의 카를 1세와 프로이센의 프리드리히 2세의 여동생인 필리피나 샤를로테의 장남으로 독일과 오스트리아와의 7년 전쟁에서 공을 세워

프랑스 왕위를 넘기겠다는 말에 자코뱅당과 손을 잡았고, 당통*10과 뒤무리에*11도 뒤로는 또 다른 일을 벌이고 있었다. 군주들도 혁명가들도 마찬가지였다. 오빠는 누이를, 왕은 국민을, 국민의회는 왕을, 군주는 서로를 기만했다. 서로가 서로를 속이며 시간을 벌고자 했다. 혼란 속에서 모두가 무언가를 얻어내려 했고 험악한 분위기는 사람들의 불안에 박차를 가했다. 끝없는 협정과 속임수들은 불신을 만들었고 누구도 원치 않았음에도 시대는 2천5백만 사람들을 25년 동안 전쟁으로 몰아넣었다.

시간은 끊임없이 흘러갔다. 혁명은 구시대 정치와는 그 속도가 전혀 달랐다. 어떤 일이든 바로 결정이 내려져야 했다. 국민의회는 새로운 헌법 기초를 제출하며 루이 16세에게 이를 인정할 것을 요구했다. 왕은 대답해야 했다. 앙투아네트는 이 '흉악한' 헌법이 '모든 고통에서 벗어나는 육체적인 죽음보다 훨씬 좋지 않은 도덕적인 죽음을 뜻한다'고 했다. 이는 전에 러시아 황제 카타리나에게도 했던 말이었다. 왕실 권위는 이미 바닥까지 떨어져 있었기에 자존심 강한 앙투아네트도 승인하라는 말밖에 할 수 없었다. 결국 그들은 코블렌츠*12에서 이를 승인하고 왕실은 모든 것을 체념했다는 비난과 함께 비겁하다며 손가락질 받게 되었다.

외숙부인 프리드리히 2세의 총애를 받았다. 1787년에 프로이센 육군원수로 임명되어 네덜란드 민주주의 애국당을 무찌르고 오라네 공 빌렘 5세의 권력을 되찾아 주었다. 1792년에는 프랑스 혁명군에 맞서 프로이센군 지휘를 맡고 발미 전투에서 전투를 벌였으나 크게 패배하였다. 이후 1793년에 몇 차례 전투에서 프랑스군을 무찔렀으나 프리드리히 빌헬름 3세와의 불화로 은퇴하였다. 1806년에 다시 프로이센 고위사령관직을 맡았으나 예나—아우어슈테트 전투에서 크게 패하여 치명상을 입고 사망했다.

*10 Georges Jacques Danton : (1759~1794) 프랑스의 혁명가이자 정치가로 파리코뮌의 검찰관 차석 보좌관과 법무장관을 지냈다. 국민공회(國民公會)에서는 산악당(山岳黨)에 속하였고, 자코뱅당의 우익을 형성하여 좌파인 에베르 일파와 대립하였다. 혁명적 독재와 공포정치의 완화를 요구하고 경제통제에도 반대함으로써, 결국 1794년 4월 로베스피에르에 의하여 숙청되어 처형되었다.

*11 Charles François Dumouriez : (1739~1823) 프랑스 혁명 전쟁 때의 프랑스 장군. 그는 발미 전투에서 프랑수아 크리스토프 켈레르만과 함께 승리를 거두었으나, 이후 혁명군에 의해 버려졌고 나폴레옹 황제의 치세에는 왕당파가 되었다.

*12 Koblenz : 독일 서부 라인란트팔츠 주에 있는 도시. 프랑스 혁명 당시 수많은 망명귀족들이 모여들었던 곳이며, 반혁명세력이 모이는 중심지가 되었다.

그녀는 또 편지를 썼다. "이 여행을 통해 우리는 공공복리를 위해 얼마든지 위험을 불사할 수 있다는 사실을 충분히 증명해 보였습니다. 지금은 폐하께서도 더 이상 승인을 거부할 수 없는 상황입니다. 제 말을 믿어주세요. 당신은 제가 언제나 품위 있는 모습으로 용감한 행동을 하고 싶어 함을 잘 아실 것입니다. 하지만 모든 것이 완전히 변해버린 지금, 위험에 몸을 맡기는 것쯤 무의미한 일이겠죠."

그러나 조약에 서명한 앙투아네트는 왕에게는 국민들과의 약속을 지킬 생각이 전혀 없다고 전했다. 그들은 서로를 속이고 있을 뿐이었다. "이 승인에 대해 조금이라도 생각을 해본 사람이라면 우리가 자유롭지 못하기 때문에 어쩔 수 없이 이렇게 했을 뿐이라는 것을 이해하리라 생각합니다. 중요한 사실은 이제 우리가 '괴물들'에게 의심받지 않게 되었다는 점입니다. 우리는 이제 외국에 기댈 수밖에 없습니다. 군대도 잃고 돈도 남아 있지 않습니다. 무장한 폭도들을 진압할 힘도 없습니다. 혁명 지도자들도 질서를 잡지 못하는 상황입니다. 그것이 우리 현실입니다. 세상 모두가 우리에게 등을 돌렸고 이제 친구도 없습니다. 겁이 나서, 힘이 없어서, 그리고 명예욕 때문에, 이런저런 이유가 있겠지요. 저는 절망에 빠져 있습니다. 지금 자유를 찾는다 해도 이런 무력한 상태로 무엇을 어떻게 해야 할지 걱정될 뿐입니다." 그녀는 아무 것도 숨기지 않고 글을 이어나갔다. "이 편지를 보신다면 지금 제 마음이 어떨지 짐작하실 수 있을 것입니다. 제가 잘못 생각하고 있는 것인지도 모르지만 그 길만이 저희에게 남은 유일한 방법이라 생각합니다. 가능한 양쪽 모두의 이야기를 듣고 그들 의견을 바탕으로 생각해낸 방법입니다. 누군가 쫓아올지도 모르지요. 당신도 저와 관련된 사람들이 어떤 사람인지 잘 알고 계시지 않습니까? 다른 사람 의견이나 말 한 마디에 바로 생각을 바꾸는 사람들 때문에 중요한 일들이 지체되고 있습니다. 내겐 당신의 변치않는 우정과 충성이 필요합니다. 무슨 일이 생기더라도 나를 믿어주세요. 나는 어떻게든 적응해 나갈 수 있을 것이고, 품위 없는 짓은 생각도 하지 않을 겁니다. 불행 안에서 인간은 자신이 어떤 사람인지 정확히 깨달을 수 있습니다. 내 피가 흐르는 나의 아들이 마리아 테레지아의 손자임을 품위 있게 증명해주기를 바라고 있습니다."

감격적인 말이었다. 그러나 앙투아네트는 자신이 이 기만극에서 수치심을 느꼈다는 사실을 속이지는 않았다. 그녀는 이 불명예스런 거래에서 떳떳하게 왕좌를 버리지 못했고 왕족다운 처신을 하지 못했음을 잘 알았다. 하지만 달리 방법이 없었고 이에 그녀는 페르센에게 이런 편지를 보냈다. "거절하는 것이 더 품위 있는 일이었을 거예요. 하지만 그럴 수는 없었습니다. 승인이 좀 더 간결하게 끝나기를 바랐지만 우리 주위에는 악의에 찬 사람들밖에 없었습니다. 시동생들과 망명자들의 어리석음도 우리를 이 결정으로 이끌었죠. 새로운 헌법에서 우리가 더 나은 것에 찬성하지 않은 것처럼 보이는 구절도 그냥 참아 넘겨야 했습니다."

이런 불명예스럽고 비정치적인 헌법 승인으로 왕실 가족은 아주 잠시 숨 쉴 시간을 얻을 수 있었다. 이중역할이 가져다 준 우울한 이익이었다. 모두가 한숨 돌리면서 타인의 거짓말을 믿는 척했고 천둥이 칠 것 같던 구름이 걷혔다. 국민들은 다시 한 번 부르봉 왕가에 애정과 환호를 보냈다. 9월 13일, 루이 16세는 헌법을 공고했고, 다음 날 이에 서약했다. 왕궁을 지키던 호위병들이 물러나고 튈르리 궁 통제가 해제되었다. 왕과 왕비의 감금 생활이 끝이 나며 사람들은 혁명도 끝이 났다고 생각했다. 끔찍했던 시간이 지나고 앙투아네트는 국민들의 함성소리를 다시 들을 수 있었다. "국왕 만세! 왕비 만세!"

그러나 국경 너머 왕비의 친구와 적들은 그녀가 오래 목숨을 부지할 수 있으리라 생각하지 않았다.

드디어 나타난 친구

파멸은 폭풍이 몰아치는 날이 아니라 앙투아네트의 눈을 속이듯 화창한 날에 찾아왔다. 혁명이 막을 내리며 한순간에 왕정을 무너트렸다면, 희망이나 저항의 가능성을 한 조각도 남기지 않고 파멸이 닥쳐왔다면, 왕비는 서서히 목을 죄어오는 고통이나 신경쇠약을 겪지 않았을지도 모른다. 폭풍이 몰아치는 틈틈이 바람이 잦아드는 날도 있었다. 혁명이 계속되며 왕실 가족들은 몇 번이고 이제 모든 게 끝나고 평화가 찾아오는구나 생각했다. 그러나 혁명은 바다와도 같았다. 격렬하게 몰아치다가도 때로 파도를 뒤로 물리며 잔잔해지는 바다. 그러나 파도는 지치는 법이 없다. 파도에 부딪힌 해안은 이것이 가장 무섭고 커다란 것인지, 이걸로 끝난 것인지 알 수가 없다.

헌법 승인 뒤 위기는 지나간 것처럼 보였다. 혁명은 법률이 되었고 불안은 확실한 형태를 갖추었다. 한 동안 평화가 이어졌다. 거리는 환성이 흘러넘쳤고, 국민의회는 기쁨에 휩싸였으며, 극장은 갈채가 끊이지 않았다. 그러나 앙투아네트는 순수한 믿음을 잃어버렸다. 축제로 불을 밝힌 도시에서 궁으로 돌아오는 길에 그녀는 아이들의 가정교사에게 말했다. "우리 가슴에 있던 아름다움이 슬픔과 불안으로 모두 사라진 것 같아요. 참 안타까운 일이에요." 너무나 많은 일을 겪은 그녀는 이제 눈에 보이는 것에 속지 않았다. 그녀는 페르센에게 보내는 편지에 이런 말을 썼다. "모든 것은 순간에 지나지 않습니다. 이 평온은 한 가닥 실에 매달려 있어요. 국민들은 앞으로 일어날 모든 일에 준비를 하고 있는 것 같습니다. 사람들은 다 잘되리라는 말로 안심시키려 들지만, 나는 믿지 않습니다.

나는 이 일들이 얼마나 갈지 알고 있습니다. 모든 일은 대가를 치러야 하는 법이죠. 국민들이 지금 우리에게 환호하는 이유는 우리가 그들 요구를 받아 주었기 때문입니다. 이런 상태가 오래갈 수 있을 리가 없습니다. 파리는 전보다도 위험한 상황입니다. 그들은 우리가 모욕당하는 모습을 구경하는

데 아주 익숙합니다." 새로 선출된 국민의회는 모두에게 실망만을 안겨주었다. 왕비의 말에 따르면 '전보다 수천 배나 고약해졌다'고 할 수 있었다. 그들이 가장 먼저 결정한 사항은 '폐하' 호칭을 폐지한 것이었다. 이로부터 몇 주가 지나고 통치권은 공화정에 동조하는 지롱드당에게 넘어가버렸다. 화해의 무지개는 다시 떠오른 구름 뒤에 가려졌다. 또다시 싸움이 시작되었다.

왕과 왕비는 사태가 악화된 것을 혁명이 아닌 친척들 탓으로 돌렸다. 사실 프로방스 백작과 코블렌츠의 아르투아 백작은 총사령관이 되어 튈르리 궁에 대항하는 싸움을 일으키고 있었다. 이런 상황에서 왕의 헌법 승인은 그들에게 유리한 상황을 만들어주었다. 그들은 신문 등을 매수해 왕과 왕비를 비겁자라 조롱하는 기사를 쓰게 했고, 안전한 곳에 숨어 자신들이 왕정 사상의 참된 지지자인 듯 굴었다. 그들은 자신들의 이런 행동이 형의 목숨을 위험하게 한다는 사실에 대해서는 조금도 관심이 없었다. 루이 16세는 국민들의 불신을 가라앉히고자 동생들에게 부탁하기도 하고 돌아오라는 명령도 내려 보았지만 아무런 소용이 없었다. 자칭 상속자들은 코블렌츠에서 꼼짝도 하지 않은 채 영웅행세를 계속했다. 앙투아네트는 자신들을 도와준다고 하면서 오히려 해가 되는 짓만 하는 그들에게 분노를 금치 못했다. 분노한 그녀는 이런 글을 썼다. "그들이 원하는 게 무엇이란 말입니까? 우리가 지금 자유로운 몸이 아니고 생각하는 바를 함부로 말할 수 없는 처지인 것은 사실입니다. 그러나 그들은 우리 요구를 못들은 척하기 위해 이를 빌미 삼아 자기들이 반대로 행동해야 한다고 말하고 있습니다."

그녀는 국외에 있는 시동생과 프랑스인들을 돌려보내달라고 여러 나라 황제에게 간청했으나 이마저도 허사로 돌아갔다. 프로방스 백작은 왕비의 사절을 돌려보내며 그녀의 간청을 '강요'라 떠들어댔고 많은 이들이 이에 동의했다. 스웨덴왕 구스타브는 헌법 승인을 알리는 루이 16세의 편지를 뜯어보지도 않은 채 돌려보냈으며, 러시아 여왕 카타리나는 묵주 말고는 희망이 없다니 참으로 슬픈 일이라며 그들을 조롱했다. 비엔나에 있는 왕비의 오빠조차 몇 주일이나 답장을 미루며 무정부 상태 프랑스에서 무언가 이득을 얻어내고자 기회를 노리고 있었다. 아무도 도움을 주려 하지 않았고, 아무도 확실한 제안을 주지 않았으며, 아무도 튈르리 궁에 갇힌 그들이 원하는 바를 물어봐주지 않았다. 모두가 가엾은 죄수들의 희생을 외면한 채 자신의 이중 역할에만 열중했다.

앙투아네트는 무엇을 바라고 있었을까? 다른 정치적 운동과 마찬가지로 비밀스런 작전이 오갔던 프랑스혁명은 앙투아네트를 위시로 한 튈르리 궁전이 꺼낸 '오스트리아 패'가 프랑스에 맞서 커다란 십자가를 준비하고 있었다고 했다. 많은 역사가들도 이에 동의했지만 앙투아네트는 절망에 빠진 외교관이었을 뿐, 현실적인 계획은 무엇 하나 갖고 있지 않았다. 여기저기 편지를 보내고 메모와 제안서를 정리하고 상의도 해보았지만, 이런 일들을 하면 할수록 스스로가 어떤 정치사상을 갖고 있는지 알 수 없어졌다. 그녀는 너무 강하지도 약하지도 않은 권력의 화합을 바라고 있었는지도 모른다. 위협으로 혁명을 누그러뜨리면서도 국민 감정을 자극하지 않을 수 있는 그 어떤 것. 하지만 언제 어떻게 해야 그것을 이룰 수 있는지는 알 수 없었다. 논리적으로 생각하고 행동하는 게 아닌 그녀의 모습은 물속으로 빠져드는 익사자나 다름없었다. 언젠가 그녀는 자신이 갈 수 있는 유일한 길은 국민들의 신뢰를 얻는 길이라 말한 적이 있었다. 그러나 편지에서는 이렇게 쓰기도 했다. "용서받을 가능성은 전혀 없습니다." 그녀는 전쟁을 원치 않았고, 앞날을 정확하게 내다보고 있었다. "생각해보면 그들과 맞서 싸우는 게 피할 수 없는 우리의 의무이긴 하지만, 다른 한편으로는 우리가 외국군과 화해를 한다면 더욱 의심을 받게 될 것입니다."

그러나 그녀는 며칠 뒤에는 이렇게 썼다. "지금 이 모든 것들을 해결할 수 있는 방법은 무력뿐입니다. 누군가의 도움 없이는 아무것도 할 수 없습니다." 그녀는 오빠 레오폴드 2세가 모욕을 느끼도록 그를 자극하고 매달렸다. "우리의 안전을 걱정하는 사람은 아무도 없습니다. 전쟁을 바라는 것은 바로 이 나라입니다. 지금 밖에서 공격을 당한다면 우리는 파멸하고 말 거예요." 그러나 그녀의 진심이 무엇인지는 알 수 없었다. 열강의 외교 당국은 '무장회의'에 돈을 낭비할 생각이 없었다. 군대를 국경에 투입하느니 차라리 전쟁을 치르고 합병을 하거나 보상을 받는 게 낫다고 생각하는 그들은 '프랑스 왕을 위해' 군대를 무장시킬 생각은 조금도 없었다.

러시아의 카타리나 여왕은 그런 그녀를 두고 이런 글을 썼다. "이중적인 행동을 하는 사람들은 어떻게 받아들여야 할지 모르겠다." 앙투아네트가 가장 신뢰하고, 그녀의 마음을 이해한다고 믿던 페르센조차 지금 그녀가 원하는 것이 무엇인지 알 수 없었다. 전쟁을 원하는지 평화를 원하는지, 진심으로 헌법을 받아들인 것인지 단지 입헌적인 것을 제지할 것인지, 혁명을 기만하려는지 영주들을 기만하려는지, 모든 게 불분명하기만 했다. 그러나 고통에서 몸부림치고 있는 여인이 바라는 것은 한 가지, 모욕당하지 않는 것뿐이었다. 그녀는 자신의 직선적인 성격 밑에 감춰진 이중성이 드러나 더욱 고통스러워했다. 불가피한 자신의 역할에 구토감과 비명이 터져나왔다. "어떤 태도로 말을 해야 하는지 알 수가 없습니다. 오빠가 여동생의 고통에 별 관심이 없음을, 한 마디 말도 없이 동생을 위험으로 몰아넣고 있음을 아무도 믿어주지 않아요. 그래요, 오빠는 나를 위험에 빠트리려 하고 있습니다. 앞으로 수천 번도 더 그렇게 할 수 있겠지요. 지금 나라를 움직이는 것은 증오와 불신, 그리고 오만입니다. 사람들은 지나친 공포와 아무런 도움도 받을 수 없다는 절망으로 오만해지고 말았습니다. 이 상태가 계속되는 것만큼 끔찍한 일이 또 있을까요. 시간에도, 프랑스에도, 이제 아무런 도움을 기대할 수 없습니다."

그녀의 문장과 명령은 갈피를 잡지 못하고 있었다. 왕비의 힘만으로는 이 사태를 극복할 수 없음을 단 한 사람만이 깨달았다. 그녀 곁에는 아무도 없었고 루이 16세는 결단력이 없어 아무런 힘이 되지 않는다는 사실을 그는 알았다. 시누이 마담 엘리자베트도 별 도움이 되지는 않았고 솔직한 이야기를 나눌 수도 없었다. "시누이는 너무 경솔하고 외국에 있는 시동생이나 음모자들 말만 듣기 때문에 이야기를 나눌 수가 없습니다. 잘못했다가는 하루종일 말다툼만 하게 될 거예요. 지옥에 살고 있는 듯합니다. 아무리 좋게 보려 해도 우리 가정은 그렇게밖에 표현할 길이 없습니다."

페르센은 그녀를 도와주어야 할 사람은 남편도, 오빠도, 친척도 아닌 그녀의 신뢰를 받는 자신이라는 사실을 점점 더 가슴에 새기게 되었다. 몇 주일전 왕비는 에스터하지 백작을 통한 비밀루트로 자신의 사랑을 전하기도 했다. "그에게 편지를 보내주신다면 이 말도 함께 전해주십시오. 몇 마일을 떨어져 있다 해도, 몇 나라를 건넌다 해도, 우리 마음을 떼어놓을 수는 없음을 내가 날마다 마음 깊이 느끼고 있다고요." "나는 그가 어디에 있는지, 소식조차 알지 못합니다. 사랑하는 사람이 어디에 있는지도 모른다는 것은 정말 견디기 힘든 고통이지요." 이 마지막 말은 '그녀를 저버리는 자는 겁쟁이'라는 말과 백합 세 송이가 조각된 금반지와 함께 전해졌다. 왕비 손에 맞게 제작된 이 반지는 그녀가 뜨거운 피의 온기를 담고자 자신이 사흘 동안 끼던 것이었다. 페르센은 이 반지를 끼고 다녔다. '그녀를 저버리는 자는 겁쟁이'라는 말은 그녀를 위해 무슨 일이든 해야 한다는 결심을 나날이 굳어지게 했다. 편지에 담긴 그녀의 절망이 너무도 깊어 사랑하는 사람이 얼마나 무서운 혼돈에 휩싸여 있는지 느낄 수 있었다. 그는 모두에게 버려졌다고 생각하는 연인을 위해 영웅이 되어야겠다 다짐하며 파리로 떠날 결심을 했다. 그를 추방한 파리에 간다는 것은 죽음을 뜻하는 것과 다름없었다.

이 소식을 들은 앙투아네트는 깜짝 놀랐다. 그녀는 이런 거창한 희생을 바란 게 아니었다. 그녀는 그의 목숨을 자기 목숨보다 소중히 생각했고, 그가 가까이에 있다는 것만으로도 안심할 수 있었다. 12월 7일, 그녀는 편지를 썼다. "당신이 오는 것은 불가능합니다. 우리 모두를 위험에 빠트리게 될 거예요." 그러나 페르센은 그녀의 말을 듣지 않았다. 어떻게든 왕비를 이 상황에서 빼오는 것만이 중요하다 생각한 그는 스웨덴 왕과 손을 잡고 새로운 도주계획을 세웠다. 숱하게 주고받은 비밀편지를 통해 그녀가 얼마나 자유를 바라고 있는지 그는 잘 알고 있었다. 2월 초가 되자 페르센은 지체하지 않고 프랑스로 떠났다.

이는 자살행위였다. 이 무렵 프랑스에서 그의 머리보다 비싼 것은 없었고, 그가 무사히 고국으로 돌아갈 수 있을지 알 수 없었다. 파리에서 공개추방된 그의 이름은 누구보다 증오스럽게 사람들 입에 오르내렸고, 파리 시내에서 눈에 띄는 날에는 바로 온 몸이 찢겨 시체가 되어버릴지도 몰랐다. 그러나 페르센은 몰래 숨어들어가기보다는 미노타우로스*1의 미궁으로, 1만 2천 국

---

*1 Minotaur : 그리스 신화에 나오는 크레타 섬에 살고 있다고 알려진 수소 괴물. 인간의 몸에 거대한 수소의 머리를 지니고 있다. 크레타 섬의 왕비 파시파에와 수소 사이에서 태어난 자식으로, 인간을 잡아먹는 나쁜 습관이 있었다. 그래서 미노스 왕은 이 괴물을, 한 번 들어가면 두 번 다시 나오지 못하는 미궁 안에 집어넣고 아테네에서 끌려온 소년소녀들을 먹이로 주었다. 이것을 안 아테네의 왕자 테세우스가 크레타 섬에 진입하여 괴물을 퇴치했다고 한다.

민병이 지키는 튈르리 궁으로, 수많은 사람들이 그를 알아보는 왕궁으로 바로 찾아가는 것을 택했다. 이는 그의 영웅적인 면이 강하게 드러나는 사실이라 할 수 있다. "나는 오직 당신께 봉사하기 위해 살고 있습니다." 2월 11일, 이렇게 고백한 페르센은 프랑스 혁명사에 길이 남을 용감한 행동을 했다. 가발을 쓰고, 가짜 여권을 가지고, 스웨덴 왕의 서명을 위조하여 리스본으로 가는 사절로 꾸민 페르센은 한 장교와 함께 길을 떠났다. 2월 13일 놀랍게도 그는 무사히 파리에 도착할 수 있었다.

우편 마차를 탄 그는 바로 튈르리 궁으로 갔다. 겨울밤 짙은 어둠이 주위를 감싸 그의 모습을 가려주었다. 그가 열쇠를 갖고 있는 비밀의 문에는 경비병이 없었다. 여덟 달에 걸친 이별과 무서운 사건은 그들을 둘러싼 세계를 바꾸어 놓았다. 연인은 다시 만났다. 페르센이 앙투아네트와 함께 한 마지막 시간이었다.

이 방문에 페르센은 공식적으로, 그리고 개인적으로 기록을 남겼다. 두 가지 기록의 차이점은 페르센과 앙투아네트의 관계를 설명하는 충분한 근거가 되었다. 스웨덴 왕에게 보낸 공식 편지에서 그는 자신이 2월 13일 저녁 6시에 파리에 도착해서 두 분 폐하(루이 16세와 앙투아네트를 지칭한다)를 뵙고 이야기를 나누었으며 다음 날 다시 만났다고 되어 있다. 그러나 이는 그가 일기에 남긴 개인적인 기록과는 많은 차이가 있다. 그는 일기에 이렇게 적었다. "늘 다니던 길을 통해 그녀에게 갔다. 국민병들 때문에 조심해야 했다. 그녀의 방은 아름다웠다." 그는 '그녀'에게 갔지 '두 분 폐하'를 만난 게 아니었다. 또 그의 일기에는 잉크로 알아볼 수 없게 적은 단어가 두 개 있었다. 시간이 지나고 의미를 파악한 그 단어는 'resté la' : 독일어로 '그곳에 머물다'라는 뜻이었다.

이 두 단어로 트리스탄*²의 밤처럼 모든 것이 확실해졌다. 페르센은 그날

＊2 Tristan : 〈트리스탄과 이졸데〉를 소재로 한 고트프리트 폰 슈트라스부르크의 미완성 서사시. 〈트리스탄과 이졸데〉는 아더 왕과 원탁의 기사, 성배이야기와 함께 중세 유럽에서 사랑받던 소재이다. 이는 브르타뉴(현재 프랑스 서부 지역) 전설에서 유래하는 것으로, 구전을 통해 12세기 이전에 이미 전 유럽에서 다양한 버전으로 수용되었다. 이들은 민족, 가문, 군신관계 등의 이유로 사랑을 이룰 수 없게 된 트리스탄과 이졸데가 사회적 의무와 개인적 열정 사이에서 고민하다가 함께 죽음을 맞이하게 되는 이야기이다.

밤 국왕 부부를 알현한 것이 아니라, 왕비만을 알현하였으며 왕비의 방에서 함께 있었던 것이다. 국민병들이 밤낮으로 순시를 도는 튈르리 궁에서 밤을 보내고 몰래 빠져나간다는 것은 어리석은 짓이었다. 일층에 있는 앙투아네트 방에는 작은 화장실이 붙어 있을 뿐이었다.

페르센이 그날 밤부터 다음 날 오후까지 감시의 눈을 피해 왕비 침실에 숨어 있었다는 것은 누구도 변명할 수 없는 사실이다.

둘만의 시간에 대해 페르센은 일기에조차 침묵을 지켰다. 그러나 그 밤이 정치적 대화의 밤이었으리라는 점을 부인할 사람은 없으리라. 하지만 심장으로 느끼고 계율보다 피의 힘을 믿는 사람이라면 이렇게 확신할 것이다. 지금까지 페르센이 앙투아네트의 연인이 아니었다 해도 이 운명적인 마지막 밤에는 연인이 되었으리라고.

첫 번째 밤은 연인들의 밤이었다. 다음 날 저녁 정치문제가 거론되었다. 페르센이 도착한 지 24시간이 지나고 6시가 되고서야 루이 16세는 용감한 사절을 만나기 위해 왕비 방으로 걸음을 옮겼다. 하지만 루이 16세는 페르센이 제안한 도주 계획을 거절했다. 현실적으로 불가능할 것 같기도 했고, 국민의회와 파리를 떠나지 않는다는 약속을 했는데 이를 어기는 배반자가 되고 싶지는 않았다. 페르센은 일기에 그는 명예로운 분이셨다는 글을 남기며 존경심을 표현하기도 했다. 왕은 페르센을 신뢰할 만한 친구라 여기고 지금 그들의 처지를 설명했다. "지금은 우리밖에 없으니 이야기할 수 있겠군. 나는 사람들이 나를 결단력 없고 무능한 왕이라 여기는 것을 알고 있소. 나 같은 처지에 놓여본 적이 있는 사람은 아마 아무도 없겠지. 하지만 나는 이미 (도망가기) 적당한 때, 7월 14일*3을 놓쳐버렸소. 그리고 놓쳐버린 때는 다시는 돌아오지 않았지. 온 세상이 나를 궁지에 몰아넣고 있는 듯하오." 왕도 왕비도 이제 자신들이 구원받을 수 있으리란 희망은 갖고 있지 않았다. 많은 세력들은 이미 그들에게 별 관심을 두지 않았고, 그들은 내키지 않는 일이라도 할 수밖에 없는 처지였다. 그들이 할 수 있는 일은 시간을 버는 것

---

*3 1790년 7월 14일 – 프랑스는 연맹제를 통해 국가적 연맹으로 탄생하였다. 샹드마르스 광장에서 탈레랑은 미사를 올렸고 이때 라파예트의 선서를 비롯한 수많은 선서가 행해졌다. 이어서 국왕은 국민과 법에 충실할 것을 선서했다.

뿐이었다.

　페르센은 밤늦게까지 궁에 머물렀다. 필요한 이야기를 모두 마치고 30시간 정도 지나자 괴로운 순간이 찾아왔다. 이제 이별을 할 때였다. 더는 만날 수 없고, 이제 살아서는 만나지 못하리라는 생각은 해본 적도 없고, 하고 싶지도 않았다. 그는 떨고 있는 왕비를 위로하기 위해 다시 오겠다고 약속했다. 자신의 존재가 그녀를 안심시킨다는 사실에 그는 행복했다. 다행히 아무도 지키지 않는 어두운 계단을 지나 왕비는 문까지 페르센을 배웅했다. 아직 마지막 말도, 포옹도 나누지 못했다. 그러나 그때 발소리가 들렸고 페르센은 가발을 쓰고 외투를 뒤집어쓴 채 밖으로 나가야 했다. 앙투아네트도 서둘러 방으로 돌아왔다. 그것이 연인들의 마지막 만남이었다.

어디로

예로부터 국가나 정부가 내부의 위기를 더 이상 진압할 능력이 없다면 그 시선을 외국으로 돌리는 게 좋다는 전략이 있다. 혁명 지도자들은 내란을 피하기 위해서 이 진리에 따라 몇 달 전부터 오스트리아와의 전쟁을 요구했다.

헌법 승인에 의하여 루이 16세는 왕권을 약화시키기도 했지만 어떻게 보면 굳건히 했다고도 할 수 있다. 이렇게 혁명은 영원히 끝나리라 생각했다. 라파예트 같은 순진한 자들은 그렇게 믿었다. 그러나 얼마 전에 뽑혀서 국민의회를 주름잡고 있는 지롱드당에서는 공화정치를 지지하고 있었다. 그들은 왕정을 말살하려 했다. 그러기 위해선 전쟁보다 더 좋은 묘책은 없었다. 전쟁이 나면 왕실과 국민이 부딪히는 건 피할 수 없기 때문이다. 군의 최전선에는 시끄럽게 떠들고 있는 왕의 아우들이 나설 것이고, 적군은 왕비 오빠가 지휘할 게 뻔하기 때문이었다.

마리 앙투아네트는 전쟁은 자기에게 도움이 되기는커녕 해만 된다는 사실을 이미 잘 알았다. 어떤 식으로 전쟁이 끝나든 그녀에게 불리했다. 망명자들과 황제 군주들에게서 혁명군이 승리한다면 프랑스가 더 이상 '폭군'을 용서치 않으리라는 것은 확실한 사실이었다. 그리고 프랑스 군대가 왕이나 왕비 친족에게 패배한다면 흥분하고 자극받은 파리 폭도들이 튈르리 궁에 갇힌 왕족들에게 책임을 물을 게 불 보듯 뻔했다. 프랑스가 승리하면 왕좌를 잃고, 외부 세력이 승리하면 목숨을 잃게 된다. 이런 이유로 마리 앙투아네트는 오빠 레오폴드와 망명자들에게 싸우지 말자며 여러 번 편지를 보냈다. 조심스럽고, 소심하며, 냉철하고, 마음속 깊이 전쟁을 혐오하는 오스트리아 황제는 호전적인 영주나 망명객들과 달리, 도발 행위로 간주될 수 있는 모든 일을 삼갔다.

그러나 마리 앙투아네트에게 행운의 별은 사라진 지 오래였다. 운명이 준비한 미래는 모두 그녀에게 나쁜 쪽으로 흘렀다. 3월 1일, 갑작스런 병마가 평화주의자인 레오폴드를 저세상으로 데려갔고, 2주 뒤 어느 반역자 총에 맞아 유럽 왕권의 가장 훌륭한 수호자 스웨덴 구스타프 왕이 세상을 떠났다. 그러자 전쟁은 피할 수 없게 되고 말았다. 구스타프 후계자는 전제정치를 보존할 생각을 하지 않았으며, 레오폴드 2세의 후계자*1는 혈육보다 자신의 이득만 챙겼기 때문이다. 그리고 단순하고 냉정하며 무감각한 스물네 살 황제 프란츠는 마리 앙투아네트를 이해하지 못했다. 아니 이해하지 못했을 뿐만 아니라 그는 이해하려는 노력조차 안 했다. 프란츠는 그녀의 사신을 쌀쌀하게 맞아들였고 편지에도 관심 없었다. 자기 혈육이 무서운 정신적 갈등 속에 있든 말든, 자신의 행동에 따라 그녀 목숨이 위험하든 말든 개의치 않았다. 그는 단지 자신의 권력을 키울 기회만 찾고 있었으며 국민의회의 모든 희망과 요구를 차갑게 거절했다.

결국 지롱드당이 승리했다. 4월 20일*2 루이 16세는 기나긴 저항 끝에 눈물 삼키며 '헝가리 왕'*3에게 전쟁을 선포했다. 군대와 함께 운명이 움직이기 시작했다.

이 전쟁에서 왕비는 어느 쪽 편이었을까? 태어난 고국일까, 아니면 자신의 나라였을까? 프랑스 군대일까? 외국군일까? 왕당파, 그녀의 수호자들, 찬양자들은 마리 앙투아네트가 진심으로 연합군 승리와 프랑스 파멸을 바랐다는 명확하고도 간단한 사실을 숨기기 위해 그녀의 메모와 편지를 조작했다. 그래서 그녀가 사실을 말하면 거짓말쟁이가 되고 속마음을 감추면 진실을 왜곡하게 되었다. 마리 앙투아네트는 스스로를 왕비로, 프랑스의 왕비로 자각하고 있었지만 왕권을 고수하려는 사람들, 자기를 강력한 독재적 인물로 만들려는 사람들을 싫어했고, 프랑스 파멸을 촉진하고 외국의 승리를 위해서 해도 되는 일, 안 되는 일을 모두 했다. "신께서 우리가 이 나라에서 받았던 모든 도전에 복수해 주었으면 좋겠습니다" 이런 편지를 페르센에게 썼다. 모국어를 오래 전에 잊어버려 독일어 편지는 번역을 해야만 읽을 수 있었으면서도 그녀는 이렇게 썼다. "독일인으로 태어난 사실에 대해서 지금

---

*1 프란츠 2세.

*2 1792년.

*3 오스트리아 황제는 헝가리 왕을 겸함.

보다도 더 큰 자부심을 가져본 적은 없습니다.” 선전 포고 나흘 전 그녀는 프랑스 혁명군 출정 계획서를 오스트리아 사절에게 전해 주었다. 그것은 반역 행위였다. 그녀의 의지는 분명했다. 마리 앙투아네트에게 있어서 오스트리아나 프로이센 깃발은 친구의 깃발이었으며 프랑스의 삼색기는 적의 깃발이었다.

의심할 것도 없이 그것은 반역이었다. 그런 행위는 오늘날 법정에서도 범죄로 불린다. 그러나 18세기에는 국민이나 국가 개념이 아직 확립되지 못한 상태였고 유럽에서 그런 개념이 형성된 것은 프랑스혁명을 통해서라는 사실을 잊어서는 안 된다. 마리 앙투아네트가 살았던 18세기에는 철저히 전제적인 관념만 있었을 뿐이었다. 국가는 왕의 것이며, 왕이 있는 곳이 정의이며, 왕과 왕권을 위해 싸우는 자가 정의를 위해 싸우는 자로 간주되었다. 아무리 자기 나라를 위해서 한 일이라 하더라도 기존 왕권에 거역하는 자는 반역자나 모반자였다. 애국심에 대한 미숙한 개념은 상대도 마찬가지였다. 클롭슈토크, 쉴러, 피히테, 횔덜린 같은 훌륭한 독일인들은 자유 이념을 위해서 백성의 군대가 아니라 압제자들의 군대인 독일군 파멸을 바랐다. 그들은 프로이센 군대가 후퇴하자 기뻐했다. 프랑스에서는 왕과 왕비가 개인적인 이득 때문에 자기 군대의 파멸을 바라고 있었다. 곳곳에서 전쟁은 국가의 이익을 위해서가 아니라 전제정치냐 자유냐 정신적인 이념 문제로 여겨졌다. 구시대 견해와 새 시대 견해가 부딪히리라는 건 한 달 전 프랑스 지휘관 자리를 맡을 것인가 말 것인가 고심했던 브라운슈바이크 공작이 연합 독일군의 지휘관이 되었다는 사실만으로도 알 수 있다. 1791년에는 아직 조국이나 국가에 대한 개념이 18세기처럼 확실하지 않았다. 국민군과 민족의식이 형성되고 동족상잔의 끔찍스런 싸움까지 일으키게 한 이번 전쟁을 통해 애국심이 생겨났고 다음 세기로 전해졌다.

마리 앙투아네트가 외국의 승리를 바라는 반역을 범하고 있다는 사실에 대해 파리 시민들은 어떤 증거도 갖고 있지 못했다. 그러나 백성들은 논리적이며, 정확한 사고는 할 수 없지만 개인적으로는 무엇인가 본능적이고, 동물적인 후각을 갖고 있는 법이다. 개개인은 사고력 대신에 본능을 가지고 있다. 그리고 이 본능이란 틀리는 법이 없다. 처음부터 프랑스 민중은 튈르리 궁의 적대감을 분위기로써 느끼고 있었다. 민중은 자기 군대나 일에 대한 마리 앙투아네트의 군사적 반역 행위를 눈치채고 있었다. 왕궁에서 백 걸음쯤 떨어진 국민의회에서는 지롱드당 일원인 베르니이요가 회의실에서 공개 비난을 했다. "내가 서 있는 이 단상에서 타락한 조언자들이 헌법을 만들 왕을 유혹하는 궁이 보입니다. 거기서 그들은 우리를 붙잡아 맬 사슬을 만들고 있으며 우리를 오스트리아에 넘겨 줄 책략을 꾸미고 있습니다. 반(反)혁명을 준비하며 우리들을 노예의 울타리 속에 가두려는 왕궁 창문을 지금 바라보고 있습니다." 그러고는 마리 앙투아네트를 이 공모의 선동자로 인식시키기 위해 위협적인 말투로 이렇게 덧붙였다. "왕궁에 있는 모든 사람들에게 우리의 헌법이 왕에게도 해당된다는 사실을 깨닫게 합시다. 법률이란 예외 없이 모든 범법자에게 해당되며 죄가 있는 자는 누구든 정의의 칼을 맞아야 합니다."

혁명가들은 먼저 나라 안에 있는 적을 섬멸한 뒤에야 외부의 적을 물리칠 수 있다고 깨닫기 시작했다. 그리하여 더욱더 요란한 투쟁을 벌였고 신문들은 앞장서서 왕의 폐위를 요구했다. "마리 앙투아네트의 구설수 많은 인생" 이런 전단지가 거리마다 뿌려졌다. 낡은 증오심을 새로운 행동력을 불어넣기 위하여. 국민의회에서는 국왕이 헌법에 정한 권리에 따라 거부권을 발동하기를 기대하면서 안건을 상정했다. 그것은 신앙심 깊은 가톨릭 신자 루이 16세로서는 결코 동의할 수 없는 내용이었다. 헌법 앞에서 선서하기를 거부한 신부들을 강제로 추방하자는 안건이었다. 모두 공개적인 마찰을 기대하며 선동하였다. 왕은 난생 처음 전력을 기울여 거부권을 발동했다. 그는 힘이 있었을 때 권력을 휘두른 적이 없었지만 파멸이 코앞에 다가오자 이 불행한 남자는 가장 불행한 순간에 자신의 용기를 보여주었다. 그러나 민중은 인형에 불과한 왕의 말을 따르지 않았다. 이 거부권이 백성에게 맞서는, 백성에게 보내는 왕의 마지막 발언이었다.

국왕과 자만심에 가득 차 오만한 오스트리아 여자한테 본때를 보여 주기 위해서 혁명주동 세력인 자코뱅당은 상징적인 6월 20일을 골랐다. 그날은 3년 전 국민의 대변자들이 처음으로 총검의 힘에 맞서 자신들 힘으로 프랑스 체제와 법률을 마련하기 위해 거대한 선서식을 하려 베르사유 테니스 코트에 모였던 날이었다. 1년 전에는 마부로 변장한 국왕이 백성들이 내건 조약에서 벗어나기 위해 한밤에 왕궁 작은 문으로 달아났었다. 이 기념할 날에 왕은 아무것도 아니며 백성이 중요하다는 것을 확실하게 알려야 한다. 1789년 베르사유를 습격했듯이 1792년 튈르리 궁을 조직적으로 습격할 예정이었다. 예전에는 아마존 부대가 어둠의 보호를 받으며 비밀스럽게, 비조직적으로 몰려들었지만 이번에는 환한 대낮 탑의 종소리가 울릴 때 맥주는 만드는 양조업자 상테르 지시에 따라 1만 5천 남자가 행군을 했다. 도시 경비 깃발을 흔들며 환영했고 국민의회는 그들에게 문을 열어 주었다. 질서를 잡아야 하는 시장 페티옹은 그들의 성공을 바라며 못 본 척했다.

처음에는 국민의회 앞에서 단순한 축하 행렬이다. 1만 5천 남자들이 "거부권을 철회하라" "자유가 아니면 죽음을 달라" 이렇게 쓴, 커다란 플래카드를 들고 〈사 이라〉 노래에 맞추어 국민의회가 개최되는 승마학교 앞을 지나갔다. 3시 반에 굉장한 쇼가 막을 내리고 퇴진 행진이 시작되었다. 이제부터 시위가 시작됐다. 백성들은 퇴장하지 않고 명령을 내리는 사람도 없는데 보이지 않는 손에 이끌리듯 왕궁 입구로 걸어나갔다. 국민병과 근위병이 번쩍이는 총검을 들고 지키기는 했지만 궁에서는 이 위급한 상황에 전처럼 아무런 결정도 내리지 못하고 명령 또한 내리지 못했다. 군인들은 저항 한 번 못했다. 백성들은 좁은 문으로 물밀듯이 밀려들어왔다. 밀려드는 힘이 너무나 강하여 가만히 서 있어도 일층에서 이층까지 밀려 올라왔다. 이제는 멈출 수 없어진 힘이 문을 밀치고 자물쇠를 부수고 앞으로 나갔다. 결국 아무런 방어 태세도 갖추지 않고 겁에 질려 국민병 속에 몸을 숨기고 있던 왕 바로 앞까지 침입자 선두가 다가갔다. 루이 16세는 자신의 집에서 반도들 무리를 맞아야 했다. 그나마 그의 냉담한 무관심이 충돌을 피할 수 있게 했다. 참을성 있게 모든 요구에 친절하게 대답하였고 상퀼로트*⁴가 씌워준 빨간 모자를 아무말 없이 쓰고 있었다. 그는 세 시간 반 동안이나 타는 듯한 더위 속에서 거부도 저항도 하지 않고 버텨냈다. 악의에 찬 손님들의 호기심과 조롱을 감수했다.

같은 시간 다른 무리가 왕비의 방으로 들어갔다. 10월 5일 베르사유에서 일어난 그 끔찍한 장면이 다시 재현될 것만 같았다. 왕비가 왕보다도 더욱

*4 과격 공화파.

위험했기 때문에 장교들은 군대를 불러 모았고, 마리 앙투아네트를 한 구석에 밀어 넣고는 보호하기 위해 커다란 테이블로 막았다. 육체적인 피해만이라도 막기 위해서였다. 그러고는 국민병이 세 열로 테이블 앞에서 보호했다. 난폭하게 밀려들어오던 사람들은 마리 앙투아네트를 건드릴 수는 없었지만 이 '괴물'을 구경할 수 있을 만큼 다가섰다. 마리 앙투아네트는 욕설과 위협을 하나도 빼놓지 않고 모조리 들어야만 했다. 상테르는 왕비에게 엄청난 굴욕감과 위협만 주고 폭력은 막으려 생각했다. 근위병들에게 백성들이 그들의 전리품인 왕비를 마음대로 구경할 수 있도록 옆으로 비켜서라고 명령했다. 그리고 왕비에게 이렇게 안심시켰다. "마담, 당신은 속고 계십니다. 백성들은 당신께 아무런 해를 끼치지 않습니다. 원하시기만 한다면 모두 이 아이처럼(그러면서 겁에 질려 벌벌 떨며 어머니 곁에 붙어 있는 태자를 가리켰다) 당신을 사랑할 겁니다. 두려워하지 마십시오. 아무 짓도 안 할 테니까요." 백성 가운데 누군가 왕비에게 도움을 주려 하자 언제나 그렇듯 그녀의 자존심이 용서하지 않았다. "날 속이거나 기만하는 사람은 아무도 없어요." 왕비는 냉정하게 대답했다. "그리고 난 두렵지 않습니다. 점잖은 사람들 사이에서는 두려움 따위 없습니다." 냉정하고 자신만만하게 왕비는 적의에 찬 눈길과 건방진 말들을 참았다. 아이에게 빨간 모자를 억지로 씌우려 하자 그녀는 몸을 돌려 장교에게 이렇게 말했을 뿐이다. "이건 너무 심하군요. 인간으로서 참을 수 없습니다." 그녀는 조금도 두려움과 불안을 보이지 않고 꾹참았다. 침입자들이 왕비를 더 이상 위협하지 않게 된 뒤에야 겨우 시장 페티옹이 나타나 사람들에게 부탁했다. "귀중한 백성의 뜻을 잘못 전하지 않으려면 어서 집으로 돌아가 주십시오." 그러나 성이 조용해진 것은 저녁 늦게나 되어서였다. 심한 모욕을 당한 왕비는 그제야 자신이 의지할 데 없는 존재라는 괴로움을 뼈저리게 느꼈다. 그녀는 모든 것을 잃었음을 알았다. "난 아직 살아 있어요. 하지만 이건 기적입니다." 그녀는 신뢰하는 벗 한스악셀 폰 페르센에게 서둘러 편지를 썼다. "오늘은 정말 끔찍했어요."

마지막 외침

마리 앙투아네트는 증오의 숨결을 눈앞에서 느끼고, 혁명의 창(槍)을 자신의 방 그리고 튈르리 궁에서 보며 국민의회의 무능함과 시장(市長)의 악의를 경험했다. 그 뒤로 그녀는 나라 밖에서 한시라도 빨리 도움을 받지 않으면 자신들이 위험하다는 사실을 깨달았다. 프로이센과 오스트리아의 승리만이 그녀를 구할 수 있을 거라 생각했다. 목숨이 위태로운 마지막 순간이 되어서야 오랜 친구들과 새로 만난 친구들이 도피를 도와주겠다고 나섰다. 라파예트 장군이 직접 기병대 선두에 서서 왕과 그 가족을 7월 14일 마르스트 광장에서 축제가 열리는 소란한 틈을 타 도시를 빠져나가게 도와주기로 했다. 그러나 마리 앙투아네트는 라파예트가 모든 불행의 원인이라고 생각했기에 자식과 남편을 그 경박한 인물 손에 내맡기느니 차라리 죽는 게 낫다고 여겼다.

그리고 고귀한 이유로 그녀는 헤센(다름슈타트의 지방 재판소장 부인)이, 달아나는 수밖에 없으니 왕궁을 빠져나가는 일을 도와주겠다고 제안했을 때도 거절했다. "안 됩니다." 마리는 말했다. "당신의 뜻은 잘 알겠지만 받아들일 수 없습니다. 나는 불행을 함께 나누고, 남들이 뭐라고 하든 용감하게 운명을 견딘 나의 귀중한 사람들을 지켜야 할 의무가 있습니다. 우리가 감내한 이 모든 일이 언젠가 자식들에게 행복을 가져다준다면 더 이상 바랄 게 없습니다. 부인 안녕히 계십시오. 나는 모든 것을 빼앗기고 마음만 남았습니다. 내 마음은 언제나 변치 않고 당신들을 사랑할 것입니다. 그것만은 의심치 마십시오. 만약 의심하게 된다면 그것이야말로 내가 견딜 수 없는 유일한 불행입니다."

이것은 마리 앙투아네트가 자신을 위해서가 아니라 후세를 위해 쓴 최초의 편지이다. 이미 그녀는 마음속으로 재앙을 막을 수 없음을 알고 있었다. 재앙을 막을 수 없다면 적어도 위엄 있고 점잖게 죽어 마지막 의무라도 완수해야만 했다. 무의식중에 수렁 속으로 서서히 빠져드느니 더 비참해지기 전에 영웅 같은 죽음을 맞이하는 편이 더 낫다고 생각했다. 7월 14일 바스티유 감옥 습격 기념 축제 때 마르스 광장 예식에 마지막으로 참여해야 됐다. 그녀는 조심스런 남편과 달리 옷 밑에 갑옷을 입지 않았다. 그리고 수상한 그림자가 방에 나타난 적이 있음에도 불구하고 홀로 잠을 잤다. 그녀는 집 밖으로 나가지 않았다. 정원에만 나가도 백성들이 "거부권을 행사한 부인은 약속했다, 모든 파리의 모가지를 따 버릴 거라고" 이런 노랫소리가 들렸기 때문이다. 그리고 밤에는 잠을 이룰 수 없었다. 탑에서 종소리만 들려도 성 안 사람들은 이미 오래전부터 계획을 세워놓고 있다는 튈르리 궁 돌격을 위한 경보종이 아닌가 싶어 몸을 떨었다. 지역에 보낸 밀사나 첩자들을 통해서 비밀 클럽과 지방에 대한 정보가 왕궁에 자코뱅당이 폭력을 사용해 일을 해결하려 한다는 소문이 사흘, 여드레, 열흘, 기껏해야 5주일 정도밖에 남지 않았다고 들려왔다. 첩자들이 가져오는 정보는 비밀도 아니었다. 마라와 에베르 신문들이 큰 목소리로 국왕 폐위를 요구했다. 기적이 일어나거나, 아니면 프로이센과 오스트리아 군대가 들어오기 전에는 아무도 자기들을 구원할 수 없다는 걸 마리 앙투아네트는 알고 있었다.

이 마지막 순간을 기다리는 전율과 공포 그리고 불안이 가장 소중한 친구에게 보낸 왕비의 편지 속에 잘 드러난다. 그것은 편지라기보다 비명이었다. 거칠고 무시무시한 불안의 외침, 교살자의 비명처럼 불분명하고도 날카로운 비명이었다. 튈르리 궁에서 소식을 밖으로 내보내려면 매우 조심스럽고도 대담한 방법을 택하는 수밖에 없었다. 시종들은 믿을 수 없는데다가 밀사가 창문이나 방문 뒤에서 엿듣고 있기 때문이었다. 정해진 방법을 써야만 보이는 잉크로 암호를 쓰게 해서(손수 쓰면 위험하다) 초콜릿 상자 속에 숨기거나 모자 차양에 말아 넣어 마리 앙투아네트의 편지는 밖으로 나갔다. 적발되더라도 그녀를 다치지 않게 하기 위해서였다. 편지는 얼핏 보면 일상적인 글들이었고 왕비가 말하고자 하는 내용은 대개 3인칭으로 또는 암호로 쓰였다. 절박하게 외치는 이 비명은 점점 더 심해졌다.

6월 20일 이전에는 이렇게 썼다. "당신 친구들은 회복을 불가능한 것으로, 또는 오래 걸리리라 생각하고 있습니다. 할 수만 있다면 그들을 안심시켜 주십시오. 그들은 안정이 필요합니다. 상황은 날이 갈수록 악화될 뿐이니까요." 6월 23일에는 독촉이 더 심해졌다. "당신 친구는 너무나 위험한 상태입니다. 병은 끔찍할 정도로 심해져 이젠 의사들도 손을 쓰지 못할 정도입니다…… 친구를 만나시려면 서두르셔야 합니다. 그의 이런 병세를 부모에게 알려드리도록 하십시오." 체온계는 점점 더 높이 올라갔다. (6월 26일) "그를 치료하기 위해서는 열을 빨리 내려야 합니다. 그럴 기미가 보이지 않아 절망뿐입니다. 조치를 취할 수 있도록 그와 관련 있는 모든 사람에게 그의 병세를 알리십시오. 시간이 없습니다……"

이런 위험한 상황 속에서도 진정한 사랑을 하는 여성은 자기에게 무엇보다도 소중한 남자를 불안에 떨지 않게 하기 위해서 온갖 애를 썼다. 끝없는 불안과 곤경 속에서도 마리 앙투아네트는 자신의 운명보다 자기의 불안한 외침이 애인에게 불러올 정신적인 괴로움을 먼저 생각했다. "우리의 상태는 끔찍합니다. 그러나 걱정하지 마십시오. 나는 용기를 갖고 있으며, 곧 행복해지고 구원받게 되리라 마음속의 누군가가 말을 해 주고 있습니다. 이것만이 내게 용기를 북돋아 주고 있습니다…… 안녕히 계십시오! 언제쯤 당신을 편히 볼 수 있을까요."

7월 3일 편지에는 "나 때문에 걱정하지 마십시오. 용기가 있다면 어떤 고난도 뛰어넘을 수 있으니까요…… 안녕히 계십시오. 그리고 가능하다면 우리를 도와주겠다는 약속을 서둘러 주십시오…… 우리를 위해서라도 부디 몸조심하세요. 그러나 너무 걱정하지는 마십시오." 곧 다른 편지가 뒤를 이었다. "내일 마르세유에서 8백이 옵니다. 그들은 일주일 안에 계획을 실행할 수 있는 힘을 가지고 있습니다."(7월 21일) 그리고 사흘 뒤 "메르시에게 왕과 왕비의 목숨이 아주 위험하며, 하루라도 허비하면 상상할 수 없는 재앙을 맞게 될지도 모른다고 말해 주십시오…… 살인자 무리는 날마다 늘어나고 있습니다." 그리고 페르센이 왕비에게서 받은 마지막 8월 1일 편지에는 절망 끝에서 오히려 뚜렷해진 정신으로 냉정하게 묘사하고 있다. "왕과 왕비의 목숨은 오래전부터 위협을 받아 왔습니다. 약 6백의 마르세유인과 수많은 자코뱅당원들의 도착은 우리의 불안을 더욱더 증가시키고 있습니다. 왕실 집안의 안전을 위해서 모든 준비를 하고 있지만 살인자들이 늘 성 주위를 돌아다니고 있습니다. 백성들은 선동 당했고, 국민의회 한구석에는 악의가 맴돌고 있으며 다른 한구석에는 나약함과 비겁함뿐입니다…… 비수를 피하면서, 왕좌를 무너뜨리겠다고 모여든 모반자들이 멋대로 날뛰도록 내버려두는 수밖에 없습니다. 오래 전부터 '반도들'은 왕실 일가를 몰아내기 위한 자신들의 의도를 숨기려 하지 않습니다. 두 번에 걸쳐 한 밤에 열린 회의에서 실천 방법을 합의 못했을 뿐입니다. 이미 보낸 편지를 보시면 24시간이라도 여유가 생기는 게 얼마나 중요한 일인지 알고 계실 겁니다. 오늘도 그 말밖에는 할 말이 없습니다. 지금 도움의 손길이 우리한테 뻗치지 않는다면 하느님만이 왕과 왕비를 구할 수 있을 것입니다."

사랑에 빠진 남자는 연인의 편지를 브뤼셀에서 받았다. 편지를 읽고 얼마나 절망했을지 누구나 상상할 수 있으리라. 아침부터 밤까지 그는 왕들과 사령관 사절들의 태만함과 결단력 부족에 싸우고 있었다. 편지를 쓰고 또 쓰고 이곳저곳을 찾아다니며 급한 마음을 꾹 참고 힘을 다해서 어서 행군을 하고, 군사를 일으켜달라 부탁했다. 그러나 군사령관인 브라운슈바이크 공작은 행군 한 번 하는데도 미리 몇 달 전부터 계획을 세워야 한다고 생각하는 구식 군대 학교 출신 군인이었다. 천천히, 조심스럽게, 그리고 체계적으로 프리드리히 대왕이 만든 전술에 따라 브라운슈바이크는 군대를 배치했다. 장군은 지독한 자만심에 어떤 정치가나 외부인의 간섭도 받지 않은 채 자신이 작성한 군사동원 계획을 정확히 수행해 나갔다. 그는 8월 중순 전에는 절대로 국경을 넘어갈 수 없다고 말했지만 그 뒤로는 단숨에 파리로 진격해 보겠다고 약속했다. 모든 장군들의 영원한 꿈이다.

그러나 튈르리 궁에서 들려오는 겁에 질린 비명 소리에 마음이 흐트러진 페르센은 급했다. 왕비를 구하기 위해선 무슨 일이든지 해야만 했다. 사랑에 빠진 그 남자는 애인을 파멸시키는 짓을 하고 말았다. 폭도들이 튈르리 궁으로 진격을 못하게 하려다 오히려 더 빨리 습격하게 만들었다. 오래 전부터 마리 앙투아네트는 동맹국들의 선전포고를 고대하고 있었다. 꽤 그럴듯한 생각이었다. 그녀는 선전포고가 공화파와 자코뱅파 문제와 프랑스 국민 문제는 별개임을 알려 프랑스의 고결한(그녀의 생각에 고결한) 인물들에게 용기를 북돋아주고 "비렁뱅이들"에게 겁을 주려했다. 그녀는 무엇보다도 이 선전포고에서 프랑스 내부 사정에는 간섭하지 말고 "왕에 관해 너무 많이 언급하지 않음으로써 왕을 지지하고 있다는 사실을 숨기도록" 할 작정이었다. 그녀는 이 선언이 프랑스 국민에 대한 우정의 표시가 되는 동시에 테러리스트들에게 위협이 되어 주기를 바랐다. 그러나 겁을 집어 먹은 불쌍한 페르센은 동맹국에게 군사 도움을 요청한 줄로 알고 선전포고를 강경한 어조로 써야 된다고 생각했다. 그는 손수 초안을 작성해서 그의 친구에게 수정을 부탁했으나 운명의 장난으로 그 초안이 그대로 보내지고 말았다. 프랑스에 도착한 동맹국 군대의 악명 높은 선전포고에는 브라운슈바이크 공작의 연대가 이미 승리의 깃발을 펄럭이며 파리 근처에 도착해 있다는 식으로 쓰여 있었다. 사태를 좀 더 잘 파악하고 있던 왕비가 애써 피해 보려 했던 내용이 온통 다 적혀 있었다. 그 안에는 프랑스 국왕의 훌륭한 덕망에 대해 적혀 있었으며, 국민의회를 비난하고 그들이 불법으로 정권을 잡았으니 프랑스 군대는 합법적인 왕의 편에 서라고 쓰여 있었다. 만약 튈르리 궁전이 폭력으로 점령당한다면 군사력을 동원하여 "영원히 기억에 남을 복수"를 하겠다고 쓰여 있었다.

이 종이에 적힌 글의 영향력은 엄청 났다. 그때까지 왕에게 충성을 보이던 사람들은 자신의 적들이 얼마나 국왕을 소중히 생각하는지 알자 순식간에 공화주의자가 되었다. 외국 군대가 승리하면 혁명의 성과가 모두 파기되고 바스티유 습격이 물거품이 되며 테니스 코트의 선서도 쓸모없어져 수많은 프랑스인이 마르스 광장에서 일으킨 거사가 무가치하게 되고 만다는 것을 알았기 때문이다. 페르센의 손이, 애인의 손이 어리석기 그지없는 위협을 하는 바람에 꺼져가는 불길에 폭탄을 던진 셈이 되고 말았다. 이 사려 없는 행동 때문에 2천만의 분노가 폭발하고 말았다.

7월 끝무렵 브라운슈바이크의 불행한 선언문이 파리에 알려졌다. 백성들이 튈르리 궁으로 돌격한다면 파리를 전멸시키겠다는 동맹국의 위협을 백성들은 돌격 신호로 받아들였다. 모든 준비는 끝났다. 지금 공격을 시작하지 않은 이유는 6백의 공화당원으로 구성된 정예군이 마르세유에서 이곳으로 오는 것을 기다리기 위해서였다. 8월 6일 그들이 행군해 왔다. 남녘 햇살에 검게 그을린 거칠고 무자비한 모습으로 처음 듣는 노래에 박자를 맞추면서 걸어왔다. 몇 주일 뒤에는 온 나라를 뒤덮을 〈라 마르세예즈〉 노래였다. 이 노래는 신의 축복을 받아야할 시기에 아무것도 받지 못한 병사들의 마음속에 폭풍우를 일으켰다. 이제 부패한 전제정치에 맞서 싸울 준비가 다 되었다. 언제든 시작할 수 있다.

"가거라 조국의 아들들이여……"

8월 10일

8월 9일에서 10일로 넘어가는 밤은 더운 날씨를 예고했다. 하늘에는 구름한 점 없이 별들이 총총 바람도 불지 않았다. 거리는 적막만이 고여 있었다. 지붕은 여름밤 달빛을 받아 하얗게 빛났다. 이 적막을 깨트리는 사람은 아무도 없었다. 거리가 이렇게 이상할 정도로 텅 비어 있으니 무슨 일인가 일어나리라는 분위기를 예감케 했다. 혁명은 잠들지 않는다. 또한 구역마다, 클럽마다, 거실마다 우두머리들이 모여 앉아 있었다. 명령을 전하는 전령들은 너무나 조용한 발걸음으로 구역을 오가는 발길을 서둘렀고 반란의 주모자 당통, 로베스피에르, 지롱드파 사람들은 뒤에 숨어서 비합법적 군대인 파리 인민에게 공격 준비를 시키고 있었다.

왕궁 쪽에서도 잠자는 사람은 없었다. 며칠 전부터 반란을 예상하고 있었다. 마르세유 사람들이 이유없이 파리로 온 게 아니라는 사실을 알고 있었으며 이미 보고로 내일 아침 진군해 들어온다는 이야기를 들었다. 숨 막힐 듯이 찌는 여름 날씨에 창문은 활짝 열려 있었다. 왕비와 마담 엘리자베트는 바깥에 귀를 기울이고 있었다. 그러나 아직 아무 소리도 들리지 않는다. 굳게 닫힌 튈르리 궁전에는 고요한 적막만이 하늘을 뒤덮고 있었고 가끔 보초병 발소리, 칼 부딪치는 소리, 말이 발로 땅을 차는 소리가 들릴 뿐이었다. 2천이 넘는 군인이 성에 주둔하고 있었고, 복도에는 장교와 무장한 귀족들이 꽉 차 있었다.

새벽 1시 45분이 되자 멀리 교외 첨탑에서 종소리가 들렸다. 그러자 제2, 제3, 제4의 종소리가 뒤를 이었다. 의심할 바 없다. 반도들이 운집한 것이다. 몇 시간만 지나면 결판이 나겠지. 흥분한 왕비는 위협의 신호가 얼마나 다가왔는지 알아보기 위해 창가로 다가갔다. 아무도 잠을 이룰 수 없는 밤이었다. 4시가 되자 구름 한 점 없는 하늘에서 태양이 피처럼 붉은 빛을 발하며 떠올랐다. 오늘은 무척 더운 날이 되리라.

왕궁은 모든 준비를 끝냈다. 반란군이 코앞에 다가와서야 건장하고 신뢰할 수 있는 9백여 명의 스위스 연대가 대열에 섰다. 철의 규율로 훈련받고 의무에 충실하며 절대로 굴복하지도 꺾이지도 않는 병사들이다. 저녁 6시에는 정예 국민병 16부대와 튈르리 궁 기병대가 경호에 가담했다. 도개교가 내려지고 보초병을 3배 늘렸으며, 무언으로 위협을 가하는 대포 12문이 입구를 지키고 있었다. 그리고 2천 명의 귀족들에게 시종을 보내 밤까지 성문을 열어 놓고 기다렸지만 허사였다. 늙고 백발이 성성한 귀족 150여 명이 나타났을 뿐이다. 용감하고 정력적이며 어떤 위협에도 물러설 줄 모르는 군기를 맡은 장교 만다가 결의를 굳히고 있었다. 그러나 혁명군 또한 이 일을 알고 있었다. 새벽 4시 그들은 만다를 시청으로 소환했다. 어리석게도 왕은 그를 보냈다. 만다는 무슨 일이 자기를 기다리는지 알고 있었지만 소환에 응했다. 허가도 없이 시청을 장악하고 있던 혁명군 코뮌이 간단한 심문을 했다. 두 시간 뒤 그는 무참하게 살해당해 두개골이 두 쪽으로 갈라진 채 센 강에 던져졌다. 수비대는 지휘관을 잃고 말았다. 확고한 마음과 정력적인 손을 잃은 셈이다.

왕은 지휘관이라고 할 수 없었다. 보랏빛 옷을 입고 눕는 바람에 찌그러진 가발을 쓴 루이 16세는 당황하여 비틀거리며 불쌍하고 공허한 눈을 하고 있었다. 그는 이 방에서 저 방으로 오가며 그저 기다리기만 할 뿐이었다. 사람들이 마지막 피 한 방울까지 튈르리 궁을 지키자며 도전적이고 정열적으로 이곳을 요새로, 진영으로 만든 건 겨우 어제 일이었다. 그런데 지금은 적이 나타나기도 전에 겁을 먹고 불안에 떨고 있었다. 그 불안의 이유는 루이 16세 때문이었다. 왕은 용기 없는 성격이라 결정을 내려야 할 때면 책임이라는 무거운 부담감에 아픈 사람처럼 당황하기 일쑤였다. 지휘관이 떨고 있는데 그 밑에 있는 군인들에게 어찌 용기를 기대할 수 있단 말인가? 스위스 군인들은 든든한 장교가 지휘를 맡았기에 동요하지 않았지만, 국민군 쪽에서는 이미 의심하기 시작했다. "싸울 것인가, 안 싸울 것인가?" 묻는 소리가 계속 들려왔다.

왕비는 남편의 무력함에 분노를 감출 수 없었다. 마리 앙투아네트는 마지막 결단을 원했다. 그녀의 과로한 신경은 더 이상 계속되는 긴장을 견딜 수 없었고, 자존심은 계속되는 협박과 굴욕을 참아내기 힘들었다. 양보와 후퇴가 혁명군의 요구를 약화시키기는커녕 반대로 그들의 자신감을 더 키워 줄 뿐이라는 사실을 2년 동안 잔뜩 보아 왔다. 이제 왕권은 마지막 계단까지 내려와 있었다. 그 아래는 무서운 심연뿐이다. 한발만 더 내려서면 끝장이었다. 그리고 명예까지도 모두 잃어버렸다. 긍지 높은 왕비는 자기 결심을 보여 주고 국민병들에게 의무를 끝까지 완수하라 당부하기 위해 몸소 그들 앞에 나가 용기를 북돋아주고 싶었다. 그러자 이보다 더한 곤경 속에서 지금처럼 당황하던 헝가리인들 앞에 왕위 계승자를 껴안고 나가 몸짓 하나만으로 사람들에게 감동을 주어 자기편으로 끌어들인 어머니 모습이 떠올랐다.

그러나 마리 앙투아네트는 여자가 남편을, 왕비가 왕을 대신할 수는 없다는 사실을 알고 있었다. 그래서 그녀는 루이 16세에게 싸움이 벌어지기 전에 마지막으로 군대를 점검하며 군인들을 격려하고 용기를 주어 그들의 불안을 잠재우라 말했다.

그녀의 생각은 옳았다. 마리 앙투아네트의 직감은 언제나 틀린 적이 없었다. 나폴레옹이 위기에 처했을 때 터득했던 것과 마찬가지로 두세 마디의 열정적인 말, 다시 말해 자신이 군대와 함께 죽겠노라는 왕의 서약이나 행동, 이것만 있으면 쓰러져 가는 군대라 하더라도 강철로 된 벽을 쌓을 수 있는 법이다. 그러나 미련하고 둔한 왕은 모자를 겨드랑이에 낀 채 근시라 앞이 잘 안 보여 비틀거리며 큰 계단을 내려와 몇 마디 더듬거릴 뿐이었다. "그들이 온다는데…… 내 문제는 모든 선량한 시민의 문제야…… 안 그래? 용감하게 싸우도록 하지……." 더듬거리는 말투와 당황한 태도는 불안을 누그러뜨리기는커녕 오히려 증가시키기만 했다. 국민군은 불안한 걸음으로 그들의 대열에 다가온 이 마음 약한 인간을 경멸하듯 바라보았다. 그러고는 기대하던 "국왕 폐하 만세" 대신에 두 가지 뜻으로 생각될 수 있는 "우리나라 만세" 이런 소리를 외쳤다. 군대와 국민이 한데 몰려선 경계선까지 국왕이 다가가자 "거부권을 철회하라!" "뚱보 돼지를 쓰러뜨려라!" 이런 목소리가 공공연히 들렸다. 몇몇 호위병과 대신들이 놀라서 왕을 다시 왕궁 안으로 모셔 갔다. "맙소사, 국왕을 조소하다니." 해군 장관이 2층에서 소리쳤다. 눈물과 불면 때문에 충혈된 눈으로 이 비참한 광경을 내려다보고 있던 마리 앙투아네트는 분노에 고개를 돌렸다. "이제 다 틀렸어." 그녀는 마음이 흐트러진 채 시녀에게 말했다. "왕은 위엄을 보여주지 못했어. 군대 점검은 오히려 나쁜 결과를 낳았구나." 싸움은 시작되기도 전에 이미 끝났다.

왕정과 공화정 사이에 마지막 결전이 일어났다. 이날 아침 튈르리 궁 앞 사람들 속에 한 젊은 소위가 서 있었다. 그는 아무 지위도 없는 코르시카 출신 장교 나폴레옹 보나파르트였다. 누군가 그에게 자네는 언젠가 루이 16세 후계자가 되어 이 성에서 살게 되리라 말했다면 바보 같은 소리라며 무시했을 것이다. 그는 마침 복무 중이 아니었기 때문에 공격과 수비 쪽을 군인 시선으로 관찰할 수 있었다. 두세 발 대포를 쏘아대면 이 협잡꾼들을(세인트헬레나에서는 외곽 지구 군대를 멸시하며 그렇게 불렀다) 지금 소탕할 수 있을 텐데⋯⋯. 왕이 이 보잘것없는 이 포병 소위를 기용하기만 했다면 그는 전 파리를 상대로 싸웠으리라. 그러나 왕궁 안에는 이 소위처럼 강철같은 심장과 기회를 놓치지 않는 눈을 가진 사람은 하나도 없었다. "공격은 하지 말고, 단단히 버티면서 강력하게 수비하라." 이것만이 병사들에게 주어진 명령이었다. 어정쩡한 조치로서 완전한 패배라고 보는 게 더 정확했다.

그러는 사이 아침 7시가 되어 혁명의 선봉대가 도착했다. 그 선봉대는 질서도 없었고, 제대로 무장도 못했다. 그들의 힘은 전투력이 아닌 불굴의 의지에서 나왔다. 벌써 도개교 아래로 사람들이 모여들었다. 결정을 더 이상 미룰 수는 없다. 파리의 총대리인 뢰드레는 책임을 느꼈다. 한 시간 전부터 왕에게 국민의회로 가서 그들의 보호를 받으라 권고했다. 그러나 마리 앙투아네트는 화를 낼 뿐이었다. "우리에겐 충분한 병력이 있어요. 누가 더 강한지 알게 될 겁니다. 왕인지 반역자들인지, 헌법인지 혁명군인지!" 그러나 정작 국왕은 용기를 북돋아 줄 말이 생각나지 않았다. 무거운 한숨을 내쉬면서 초점 잃은 눈으로 소파에 앉아 기다리기만 했다. 무엇을 기다리는지 자기 자신도 모르는 채, 그는 그저 미루기만 하고 있었다. 결정을 내리기 싫어했다. 그때 뢰드레가 어느 곳이나 들어갈 수 있는 표식을 가지고 몇몇 시 위원들과 함께 왔다. "폐하." 그는 힘주어 말했다. "5분도 지체할 시간이 없습니다. 국민의회 말고는 안전한 곳이 없습니다." "카루셀 광장엔 아직 사람이 적은데⋯⋯." 시간만 끌려는 루이 16세가 겁에 질린 목소리로 말했다. "지금 대포 12문을 가진 군중들이 몰려오고 있습니다."

레이스 상인으로 왕비에게 물건을 판 적이 있었던 한 관리가 뢰드레의 편을 들었다. 그러나 "당신은 좀 조용히 계세요" 마리 앙투아네트는 그를 꾸짖었다. (존경하지 않는 사람이 자기를 보호하려 할 때면 언제나 성을 내듯이) "총지휘관이 말하도록 놔두세요." 그러고는 뢰드레에게 몸을 돌렸다. "그렇지만 우리한테는 무장한 군인이 있지 않습니까!" "마담, 온 파리가 진군해 오고 있습니다. 더 이상 저항할 수 없습니다." 마리 앙투아네트는 흥분을 감출 수 없었다. 피가 뺨으로 치솟는 것만 같았다. 누구나 남자다운 생각을 하지 않는 이 남자들에게 화를 내지 않기 위해서 자신을 억눌러야만 했다. 그러나 책임은 무섭고 컸다. 프랑스 왕 어전에서 여자가 전쟁을 명령할 수는 없는 법이었다. 그래서 그녀는 우유부단한 왕의 결정만 기다렸다. 왕은 무거운 머리를 들고 잠시 뢰드레를 쳐다보았다. 그러고는 드디어 한숨을 쉬더니 결단을 내린 자신을 자랑스럽게 생각하며 말했다. "그럼 가지."

루이 16세는 존경하는 마음은 추호도 없이 왕을 바라보고 서 있는 귀족들의 행렬을 지나, 싸움을 해야 할지 말아야 할지 모르는 채 서 있는 군인들에게 한마디 말을 건네는 것도 잊어버리고 스위스 군인들을 지나, 왕과 왕비와 몇몇 충신들을 대놓고 비웃으며 심지어 협박까지 하는 군중 속으로 걸어갔다. 싸움은커녕 저항 한 번 못 해본 채 선조들이 세운 성을 빠져나갔다. 그는 두 번 다시 이 성으로 돌아오지 못했다. 그들은 천천히 정원을 지나갔다.

맨 앞에 왕과 뢰드레, 그 뒤에는 왕비가 해군 대신의 부축을 받으며 뒤를 따르고 옆에는 아들이 걷고 있었다. 그들은 품위 없이 빠른 걸음으로 승마조련장에 갔다. 아무 걱정도 없이 화려한 기마행렬을 보고 기뻐했던 곳이다. 지금 그곳에는 목숨을 두려워하는 왕이 싸움도 하지 않고 그들의 보호를 받으려는 것에 자부심을 느끼며 국민의회 의원들이 기다리고 있었다. 거기까지는 고작 이백 걸음. 하지만 이 이백 걸음으로 마리 앙투아네트와 루이 16세는 권력을 잃었다. 다시 돌이킬 수 없을 정도로 땅에 떨어뜨려 놓고 만 것이다. 전제정치는 끝났다.

국민의회는 그들에게 보호를 부탁하러 온 국왕 가족을 착잡한 심정으로 쳐다보았다. 의회는 아직 선서와 결의로 왕을 따르고 있었다. 갑작스런 일이라 당황했지만 침착한 모습을 보이기 위해 의장 베르뇨가 말을 꺼냈다.

"폐하, 국민의회를 믿으셔도 됩니다. 국민의회 의원들은 국민과 관직에 임명된 관리들 권리를 보호하기 위해 목숨을 걸고 맹세했습니다." 이것은 중요한 약속이었다. 왜냐하면 헌법에 따르면 왕은 법률에 따라 임명된 관직의 하나였기 때문이다. 이 난리 통에도 국민의회는 아직 법률적 질서가 남아 있는 듯이 행동했다. 그들은 옹졸하게도 국민의회 회의 중에는 왕이 회의실에 들어 올 수 없다는 헌법 조항을 주장했다. 회의가 오래 진행되어 끝날 줄 몰랐기 때문에 서기가 앉아 있던 칸막이 방이 왕의 대피소로 정해졌다. 이 방은 천장이 낮아 사람이 제대로 설 수 없었다. 앞쪽에는 소파 몇 개 뒤쪽에는 짚으로 만든 긴 의자가 있었다. 지금까지 이 방은 창살로 회의장과 구분되어 있었다. 이 창살은 의원들이 손수 줄과 망치로 제거했다. 거리의 폭력배들이 힘으로 왕실 가족을 납치하려 시도할지도 모른다는 가능성을 고려한 처사였다. 그런 극단적 사태가 벌어졌을 때 의원들이 회의를 중단하고 왕실 가족을 가운데에 두고 보호하려는 배려였다. 타는 듯이 찌는 8월 한낮 지독하게도 더운 이 울타리 안에서 마리 앙투아네트와 루이 16세는 아이들과 함께 호기심과 악의 그리고 동정의 시선을 받으면서 18시간을 보냈다. 그러나 어떤 증오보다 그들을 비참하게 만든 것은 철저한 무관심이었다. 국민의회 의원들은 왕실 가족이 거기에 있다는 사실을 모르는 체했다. 왕과 왕비가 마치 경비원이나 관람석 구경꾼인 것처럼 어떤 관심도 주지 않았다. 다가와서 인사하는 의원 한 명 없었고 그들을 좀더 편하게 해 주려 무언가 가져오는 사람조차 없었다. 그들이 할 수 있는 일은 그저 자신들에 대한 회의 내용을 듣는 것뿐이었다. 마치 창밖에서 자신의 장례식을 구경하는 듯한 악몽 같은 광경이었다.

갑자기 회의실이 흥분으로 일렁였다. 의원들이 일어나서 창 밖에 귀를 기울였다. 문을 열자 튈르리 궁 쪽에서 총소리가 들려왔다. 대포 소리로 창문이 흔들렸다. 시위자들이 왕궁에 침입하면서 스위스 친위병들과 마주친 것이다. 도주하느라 너무 서두른 왕은 명령을 내리는 것조차 잊었다. 아니면 늘 그래왔듯이 무언가를 결정할 힘이 없었다고 보는 게 더 나을지도 모른다. 바꾸지 못한 명령대로 스위스 친위대는 텅 빈 튈르리 궁을 지키고 있었다. 장교의 명령에 따라 수차례 일제사격을 했다. 이미 스위스 친위대는 정원을 소탕하고 대포를 빼앗았다. 만약 대신 가운데 의지가 강한 지휘관이 한 명만 있었더라도 훌륭하게 방위할 수 있었음을 보여줬다. 그러나 머리가 텅 빈 왕은 자신이 이미 용기 없는 모습을 보였기 때문에 다른 사람들한테 용기나 피를 요구한다는 게 무리라 여기고 스위스 군에 왕궁 퇴각을 명령했다. 그러나 국왕의 명령에 언제나 따라다니는 상투어는 '늦었다'이다. 그의 우유부단함과 건망증 때문에 이미 천 명 넘게 목숨을 잃었다. 화가 난 백성들은 무방비 상태의 왕궁에 아무런 방해없이 쳐들어왔다. 혁명의 핏빛 등잔에 다시 불이 켜졌다. 창끝엔 죽음을 당한 왕당파의 목이 꽂히고, 11시가 되어서야 학살은 끝났다. 그날 더는 목이 잘리는 일이 없었다. 왕관은 완전히 박살나고 말았다.

숨이 턱턱 막히는 칸막이 방에 움츠린 채 왕실 가족들은 한마디도 못하고 회의실에서 일어나는 일들을 보고만 있어야 했다. 왕실 가족은 화약에 그을려 검게 된, 피를 뒤집어쓴 충성스런 스위스군의 패배를 지켜보아야만 했다. 반란군은 힘으로 의회 보호를 무너뜨리려 했다. 궁에서 훔쳐 낸 물건, 은식기, 장식품, 편지, 보석함, 아시냐 지폐*¹를 의장 책상 위에 던졌다. 마리 앙투아네트는 반란군의 지휘관들이 칭찬받는 소리를 묵묵히 들어야만 했다. 반란군 지도자들이 단상에 올라가 격렬한 말투로 왕의 폐위를 요구했다. 왕궁의 명령에 따라 종이 울렸으며 국민이 왕궁을 포위한 게 아니라 왕궁 쪽에서 먼저 국민을 포위했다는 등, 명백한 사실을 왜곡하여 보고하는 것을 한마디 변명없이 멍하니 들어야만 했다. 그리고 바람의 방향이 달라지면 그에 따라 정치가들이 비겁자가 되고 마는, 언제나 반복되는 진리의 연극을 볼 수 있었다. 겨우 2시간 전에 법이 정한 권리를 포기하느니 목숨을 버리겠노라 약속했던 베르뇨가, 지금은 싸우기를 포기하고 집행권 보유자인 왕의 권한을 없애자고 제안했다. "시민과 법률 보호 아래에서" 왕실 일가를 뤽상부르 궁으로 옮겨 감금하기를 요구하였다. 왕당파 사상을 가진 의원들에게 이 처사를 순조롭게 이해시키기 위해서, 그들은 황태자를 교육하는 담당자를 임명하도록 했다. 그러나 실제로 왕관이라든가 왕을 생각하는 사람은 누구도 없었다. 왕은 유일한 권리인 거부권까지 빼앗기고 말았다. 보고실 의자에 기

---

*1 혁명 당시의 지폐.

댄 채 정신없이 땀을 흘리는 이 사내에게 동의를 구하는 시선조차 던지는 사람이 없었다. 오히려 왕은 아무것도 묻지 않으니 마음속으로 고맙게 생각하고 있는 듯했다. 루이 16세는 이제 결정을 내릴 필요조차 없었다. 지금부턴 그에 대한 결정이 내려질 뿐이었다.

회의는 8시간, 12시간, 14시간이나 계속되었다. 칸막이 방에 앉아 있는 다섯 사람은 공포에 질려 한숨도 자지 못했다. 아침부터 지금까지 영원처럼 긴 시간을 보냈다. 아무것도 모르는 아이들은 피곤해서 졸고 있었고 왕과 왕비의 이마에선 땀이 줄줄 흘렀다. 마리 앙투아네트는 계속해서 손수건을 물에 적셔야 했고, 가끔씩 그들에게 동정의 손길이 건네준 물을 마셨다. 그녀는 피곤하지만 맑은 정신으로 보일러처럼 가열된 방 안을 노려보았다. 그 안에서는 언어의 기계가 몇 시간이나 그녀의 운명을 정하려 뱅뱅 돌고 있었다. 그녀는 음식에 손도 대지 않았다. 그러나 루이 16세는 정반대였다. 구경꾼들은 염두에 두지 않은 채 여러 번이나 식사를 가져오게 해서, 이 칸막이 방 속에서도 은식기를 늘어놓은 베르사유의 식탁에서처럼 무거운 턱뼈로 편안하게 천천히 씹고 또 씹었다. 어떤 위험도 왕의 위엄이라고는 찾아볼 수 없는 그의 육체에서 배고픔과 졸음을 몰아낼 수는 없었다. 무거운 눈꺼풀이 점점 내려오자 루이 16세는 왕관을 잃는지도 모르는 이 싸움터 한구석에서 한 시간이나 잠을 잤다. 마리 앙투아네트는 그에게서 몸을 돌린 채 어둠 속에 앉아 있었다. 그녀는 이렇듯 무서운 굴욕의 순간에도 편안하게 음식을 먹어치우고 잠이 들 수 있으며, 명예보다도 자신의 배고픔을 더 염려하는 남편이 끔찍스럽고 수치스러웠다. 그녀는 분노를 감추려고 눈길을 다른 곳으로 돌렸다. 그리고 회의 또한 바라보지 않았다. 할 수만 있다면 귀를 막아 버리고 싶었다. 그녀 혼자만이 이날의 몰락을, 그리고 앞으로 닥칠 모든 불쾌한 상황을 느끼고 있었다. 그녀는 한순간도 자세를 흐트러뜨리지 않았다. 누군가가 도전해 올 때 그녀는 언제나 위대했다. 반도들에게 눈물을 보여서도 안 되고, 한숨 소리를 듣게 해서도 안 된다. 그녀는 칸막이 방 어둠 속으로 더욱더 깊숙이 몸을 숨겼다.

지독하게 무더운 그 안에서 끔찍한 18시간을 지낸 뒤 비로소 푀양당의 수도원이었던 곳으로 가라는 허락을 받았다. 아무 장식없이 황폐하고 조그만

방에 침대가 갑작스레 준비되었다. 낯선 부인들이 왕비에게 옷가지를 빌려주었다. 난리 통에 잃어버렸는지 돈이라고는 한 푼도 없어서 시녀에게 금화 몇 닢을 빌려야만 했다. 그녀는 혼자 남게 되어서야 겨우 음식을 몇 입 먹었다. 쇠창살이 끼워진 창 밖은 아직도 시끄러웠다. 시내는 아직도 긴장 상태였고, 거리는 열에 들떴으며 군인들은 계속해서 지나다녔다. 튈르리 궁 쪽에서 수레 굴러가는 무거운 소리가 들렸다. 그것은 1천 구의 시체를 치우는 수레였다. 무서운 밤의 일이다. 왕권의 시체는 밝은 낮에 치워지리라.

다음 날 또 그 다음 날 왕실 가족은 공포스러운 좁은 우리 안에서 국민의회 심의에 참석해야만 했다. 시간이 지날수록 그들은 이 뜨거운 화덕 속에서 권력이 녹아버리는 것을 실감할 수 있었다. 어제까지만 해도 국왕이라 불렸지만 오늘 당통은 "국민의 억압자" 이런 단어를 썼고 크로츠는 "왕이라고 불리는 인물" 이렇게 그를 불렀다. 어제만 해도 왕실을 위해 뤽상부르 궁을 거주지로 정해 주고 태자를 위해 가정교사를 마련해 주겠다는데 오늘은 그 단어에서 왕권의 추락이 느껴졌다. 왕을 "국민의 보호하에" 둔다는 말로 감금을 미화했다. 게다가 코뮌(8월 10일에 설치된 새로운 시 자치단체)은 뤽상부르나 법무성을 거주지로 하기를 거부했다. 왜냐하면 이 두 건물은 도주하기 쉽기 때문이다. '탕플 탑'에 가둬두면 '감금자'들이 안전하리라는 이유에서였다. 감옥이란 개념이 점점 노골적으로 나왔다. 국민의회는 왕을 처리하는 일을 코뮌에 떠넘기게 되자 속으로 매우 기뻐했다. 코뮌은 왕실 가족에게 "불행한 일을 당한 사람에게 보여야 할 마땅한 경외심을 가지고" 탕플 탑으로 안내하겠다고 약속하였다. 그리고 새벽 2시까지 말(言)의 물레방아가 빙글빙글 돌아갔다. 그러나 마치 운명과 같은 그늘 속에 웅크린 채 앉아 굴욕을 당하는 사람을 배려하는 말은 한마디도 나오지 않았다.

8월 13일 드디어 탕플 탑이 준비되었다. 사흘 동안 너무나 먼 길을 돌아왔다. 절대왕정에서 국민의회까지 수백 년이 걸렸고, 국민의회에서 헌법 제정까지 2년, 헌법 제정에서 튈르리 궁 습격까지 두세 달이 걸렸는데 튈르리 궁 습격에서 감옥까지는 고작 사흘밖에 안 걸렸다. 이제 단두대까지 시간이 이삼 주일밖에 안 남았고, 살짝 밀기만 하면 관속으로 떨어진다.

8월 13일 저녁 6시, 왕실 일가는 페티옹 안내를 받으며 탕플 탑으로 갔다. 저녁 6시 아직 해가 떠있는 시간을 고른 이유는 국민들이 예전의 왕과 오만한 왕비가 감옥으로 가는 모습을 구경할 수 있도록 하기 위해서였다. 두 시간 동안, 마차는 일부러 느릿느릿 시내 한복판을 지나갔다. 루이 16세로 하여금 국민의회가 명령을 내려 대좌에서 끌어내린 증조할아버지 루이 14세 동상을 보게 해서 이제 그 자신의 권력뿐만 아니라 가문의 모든 권력이 끝났다는 사실을 절감시키기 위해서 방돔 광장을 지나갔다.

지금의 프랑스 왕이 선조들 궁을 감옥으로 바꾼 그날 저녁, 파리의 새 주인도 거처를 옮겼다. 그날 밤 기요틴이 콩시에르쥐리에서 위협하듯이 크루셀 광장으로 옮겨졌다. 8월 13일부터 루이 16세가 프랑스를 다스리는 게 아니라 혁명이 다스림을 온 프랑스에 알리기 위해서였다.

폐허의 탑

　기사단의 성이자 수도원이었던 '탕플 탑'에 이르렀을 때 이미 사위는 어둠
이 깔렸다. 본관 건물 창은 시민들이 축제를 즐기느라 수많은 초롱불로 밝혀
져 있었다. 앙투아네트는 이 작은 성을 잘 알았다. 로코코를 즐기던 시절 그
녀의 춤 친구이자 놀이 친구인 왕의 동생 아르투아 백작이 살았다. 그녀는
14년 전 겨울 화려하게 꾸민 마차를 타고 방울을 울리며 값비싼 모피 외투에
몸을 감싼 채, 시동생과 식사를 하러 이곳에 온 적이 있었다. 그러나 오늘
그녀를 초대한 사람은 불친절한 코뮌의 위원들이었다. 문 앞에는 하인 대신
국민병과 호위병이 보초를 섰다. 죄수들에게 저녁을 대접한 큰 홀에는 유명
한 그림 '카트르 글라스의 살롱에서 영국식 티타임'을 볼 수 있다. 그 그림
에서 화려한 모임을 음악으로 즐겁게 해주는 소년과 소녀는 다름 아닌 8살
볼프강 아마데우스 모차르트와 그의 누이였다. 음악과 웃음이 곳곳에 울려
퍼졌으며 행복하고 향락적인 귀족이 이 집에 살았다.

　그러나 마리 앙투아네트와 루이 16세의 거처로 코뮌이 정해 준 곳은 이
궁이 아니라 그 옆에 있는 지붕이 뾰족하고 참으로 낡은 탑이었다. 중세 성
기사들이 전쟁을 위해 무겁고 네모난 돌로 튼튼하게 지은 이 탑은 바스티유
감옥처럼 유령이 나올 것만 같았다. 육중한 철문과 낮은 창문, 컴컴한 벽으
로 둘러싸인 이 탑은 그녀에게 비밀 재판, 종교재판, 마녀의 동굴, 고문실
같은 잊힌 역사를 떠올리게 했다. 아무도 살지 않기에 더욱 신비에 쌓였으며
소시민 구역 한가운데 서 있는 폭정시대 유물인 이 탑을 파리 사람들은 두려
운 시선으로 달갑지 않게 쳐다보았다. 폐허가 되어 버려진 이 성을 낡은 왕
권의 감옥으로 택한 건 의미심장한 일이 아닐 수 없었다.

　그 뒤 몇 주 동안 감옥의 수비를 강화했다. 탑 주위 즐비했던 작은 집들을
부수고 정원 나무들은 모두 베어 버렸다. 망을 보는 데 방해받지 않으려는
조치였다. 풀 한포기 없는 정원은 다른 건물들과 돌담에 가려 보이지 않았으

며 안쪽 성으로 가려면 세 개의 성벽을 지나야만 했다. 출구마다 초소가 세워졌고 층마다 쇠창살을 쳤기에 사람들이 오가려면 일고여덟 번은 신분증 검사를 받아야만 했다. 죄인을 맡고 있는 시 위원회는 날마다 제비로 위원 4명을 감시원으로 뽑아 그들에게 교대로 방을 감시하게 하고 밤이면 모든 열쇠를 지키도록 했다. 감시원과 시 위원 말고 다른 사람들은 시청의 특별 허가증 없이 사원 출입이 불가능했다. 페르센이든 친구든 누구도 왕실 가족에게 접근할 수 없었다. 편지를 주고받을 수도, 만날 가능성도 없었다. 이제 모두 끝이 나버린 것이다.

위험에 대비하기 위한 또 하나의 조치에 왕실 가족은 더욱 괴로워졌다. 8월 19일 밤 시 당국 직원 2명이 왕실 식구가 아닌 모든 사람들은 즉시 철수하라는 명령을 가지고 온 것이다. 마리 앙투아네트는 이런 위험한 시기에 우정을 위해 런던에서 돌아온 마담 드 랑발과 헤어지는 게 너무나 슬펐다. 그들은 앞으로 만나지 못하리라 예감했다. 헤어질 때 마리 앙투아네트는 친구인 랑발에게 마지막 사랑의 표시로 자기 머리카락을 "불행 때문에 하얗게 세었도다"라는 비극적인 글귀와 함께 반지 속에 넣어 주었으리라. 그 모습을 본 사람은 없었지만 살해된 마담 랑발 시체에서 반지가 발견되었다. 가정교사였던 트루젤과 그녀의 딸 또한 다른 곳으로 옮겨가야 했고 왕의 수행원들도 마찬가지였다. 시종 한 명만 개인적인 심부름을 위해 남았을 뿐이다. 왕궁다운 마지막 흔적마저 사라진 채 이제는 정말 왕실 가족만 남았다. 루이 16세, 마리 앙투아네트, 두 아이, 그리고 마담 엘리자베트뿐이다.

무슨 일이 일어날까 걱정할 때 느끼는 공포란 앞으로 일어날 일 자체보다 더 견디기 힘든 법이다. 감금되었다는 사실 그 자체가 왕과 왕비에게 이미 굴욕을 의미했지만 감금은 왕실 가족에게 확고한 안정감을 주었다. 주변을 에워싸고 있는 두꺼운 성벽, 쇠창살이 쳐진 정원, 총을 든 감시병, 도주할 수는 없지만 모든 습격으로부터 보호해 줬다. 이제 왕실 가족은 튈르리 궁에서처럼 오늘 습격당할지, 내일 습격당할지 걱정하며 경보나 비상 북소리에 귀를 기울이지 않아도 되었다. 날마다 같은 일상이 되풀이되었고, 그들은 안전하며 고요한 생활을 했다. 또한 바깥세상의 온갖 흥분된 상황에서 멀리 떨어져 있었다. 혁명은 가차없이 싸우지만 그 마음은 너무나 인간적이기에 한 번 강렬한 일격을 가한 뒤에는 잠시 쉬기 마련이다. 바로 이 휴식, 외적인 긴장 완화가 패배자들에게는 그들의 몰락을 더욱 실감하게 만들었다. 탑으로 이송된 뒤 며칠 동안 시 당국은 감금된 사람들을 편하게 해 주려고 애썼다. 새로 양탄자를 깔고 가구를 들여왔으며, 방이 4개 있는 한 층 전체를 왕에게 주었고 방 4개를 왕비, 왕비의 시누이인 마담 엘리자베트 그리고 아이들에게 나누어 주었다. 언제든 음침하고 곰팡내 나는 탑에서 나와 정원을 산책할 수 있었다. 그리고 무엇보다 코뮌은 왕을 만족시키기 위해 가장 중요한 일, 즉 훌륭한 식사 준비에 신경을 썼다. 13명이나 되는 고용인들이 식사를 준비했고 점심에는 수프 세 종류 애피타이저 네 종류, 구운 고기 두 종류, 가벼운 식사 네 종류, 설탕에 절인 과일, 생과일, 말바지아 포도주, 보르도 주, 샴페인까지 나왔다. 석 달 반 만에 식비가 자그마치 35000리브르나 들었다. 속옷, 의복, 가구들도 루이 16세가 죄인으로 낙인찍히지 않을 때까진 풍족하게 배당되었다.

또한 루이는 책 257권을 갖춘 작은 도서관 같은 서재를 받았다. 대부분이 라틴 고전 작가 작품이었는데 그는 그곳에서 책을 읽으며 시간을 보냈다. 초기 아주 짧은 기간 동안 왕실 가족 감금은 전혀 처벌의 성격을 띠지 않았다. 정신적 압박감 말고는 안락하고 평화에 가까운 생활을 영위했다. 오전이면 마리 앙투아네트는 아이들을 불러서 공부를 가르치거나 함께 놀았고 점심때는 함께 식사를 했으며 그 뒤에는 주사위 놀이를 하거나 장기를 두었다. 그리고 왕은 태자와 함께 정원을 산책하고 연을 날리며 놀았는데 그 시간 왕비는 방 안에서 수를 놓았다. 자존심이 너무나 강한 왕비는 감시를 받으면서 산책을 하는 게 싫었기 때문이다. 저녁 때는 몸소 아이들을 잠자리에 데려다 주었고 잡담을 하거나 카드놀이를 했다. 때로는 클라브생을 연주하거나 노래를 부르기도 했다. 그러나 바깥세계나 친구들과 격리되자 명랑함을 잃고 말았다. 말수가 줄었고 아이들과 함께 지내거나 혼자 있기를 좋아했다. 루이 16세나 그의 누이는 늘 기도하며 단식일을 반드시 지켜 신앙심으로 위로 받았지만 앙투아네트에게는 위안이 되지 못했다. 그녀의 살고자 하는 의지는 기개(氣槪)가 없는 이 두 사람처럼 쉽사리 무너지지는 않았다. 폐쇄된 성 안에서도 그녀의 마음은 바깥세상을 바라보았다. 패배를 싫어하는 앙투아네트는 아직도 단념할 줄 몰랐다. 그녀는 희망을 버리지 않았다. 갇혀 있는 힘은 그녀 마음속에 모여 있었다. 오로지 그녀만 앞날을 고민했다. 다른 사람들은 감금되어 있다는 사실조차 느끼지 못했으며 만약 감시나 미래에 대한 불안만 없었더라면 아무런 긴장도 느끼지 않았을 것이다. 소시민 루이 16세와 수도원의 수녀 마담 엘리자베트는 무의식 속에서 동경해 오던 아무것도 생각할 필요도 책임질 필요도 없는 생활 방식에 만족했다.

그러나 언제나 누군가가 감시했다. 다른 어떤 힘이 그들의 운명을 쥐고 있다는 사실을 왕실 가족은 늘 떠올려야만 했다. 코뮌은 식당에 왕으로서 참기 괴로운 '공화국 1년'이라는 날짜가 찍힌 '인권선언문'을 커다란 2절지에 써서 붙여 놓았다. 화덕 놋쇠판 위에 쓰여 있는 자유, 평등이라는 글을 읽어야만 했고, 점심 식사 때면 정부에서 특별히 임명한 위원과 수비대 사령관이 멋대로 참석했다. 낯선 사람들이 빵을 하나하나 잘라 보며 비밀 쪽지라도 숨기지 않았는지 조사했다. 신문 한 장도 탑 안에 들여오지 못했다. 탑 안에 들어오거나 나가는 사람들 또한 정해진 강령에 따라 감시원이 샅샅이 수색했다. 그뿐 아니라 모든 방 문은 밖에서만 잠그게 만들었다. 왕과 왕비는 총알을 장전한 감시병이 없으면 한 발자국도 움직일 수 없었고 증인 없이는 아무 이야기도 나누면 안 되었고 검열 받지 않은 인쇄물은 읽을 수 없었다. 오직 칸막이가 쳐진 침실에서만 혼자 있는 행복감과 은혜를 맛볼 수 있었다.

일부러 고통을 주려고 이렇게 감시한 것일까? 왕실 가족을 감금한 감시인들이나 감독관은 왕당파 사람들이 말하듯 타인이 괴로운 모습을 보며 즐거워하는 사람이었을까? 마리 앙투아네트와 식구들을 이런 이유로 모욕하고 감시하기 위해 거칠고 난폭한 과격 공화당원을 골랐을까? 코뮌의 기록에서는 이를 단연코 부인한다. 그러나 이런 기록은 당파적이므로 신빙성이 없다. 어느 쪽이 사실인지는 알 수 없다. 혁명이 패배한 왕을 고의적으로 상처 입히고 학대했는지 이 물음에 공정한 판단을 하려면 신중해야 한다. 왜냐하면 혁명이란 개념은 그 자체로서 매우 폭넓은 의미가 있기 때문이다. 이 개념은 가장 높은 이상주의부터 현실적인 잔악함, 위대함에서 무자비함까지, 정신에서 정반대인 폭력에 이르기까지 넓은 의미를 지닌다. 혁명의 개념은 환경에 따라 그 색이 변한다. 모든 혁명이 그렇지만 프랑스 혁명에서도 두 종류의 혁명가가 대조를 이루고 있다. 바로 이상주의적인 혁명가와 복수심에 불타는 혁명가이다. 대중보다 더 나은 생활을 누리던 이상주의적 혁명가는 대중의 교육, 문화, 자유, 생활 방식을 자신들 수준으로 높이려 했고, 오랫동안 가난하고 어렵게 살아 온 혁명가들은 풍족하게 살아온 사람들에게 복수하려 했다. 그들은 새로 손에 넣은 권력으로 전에 권력을 가졌던 이들에게 분노를 해소하려 했다.

이런 모습은 인간 본성의 이중성에 근거를 둔다. 이는 어느 시대에도 성립된다. 프랑스 혁명은 처음에는 이상주의가 우세했다. 귀족과 신망 있는 사람들로 구성된 인민의회가 국민들을 도와 대중을 해방했다. 그러나 해방된 군중, 쇠사슬이 풀린 폭력은 도움을 준 사람들에게 달려들었다. 두 번째 국면에서 과격분자들, 증오심에 불타는 혁명가들이 우세했다. 그들에게는 권력이란 것이 너무나도 새로워서 마음껏 즐겨 보려는 욕망을 누를 길이 없었다. 겨우 고삐가 풀린 지성 없는 인물들이 권력을 잡게 되었다. 그들은 혁명을 자신들의 수준으로, 평범한 정신 수준으로 끌어내리려 했다.

복수심에 찬 혁명가 가운데 왕실 가족 감독 책임자가 된 에베르는 전형적으로 악랄한 인물이었다. 고결하고 정신적인 혁명가 로베스피에르, 카미유 데물랭, 생 쥐스트 등은 에베르의 더럽고 난폭한 본질을 간파했다. 그는 혁명의 명예를 더럽히는 종기였다. 나중에 로베스피에르가 그 종기를 달군 쇠로 소독하긴 했지만 이미 때가 늦었다. 극장 돈을 횡령한 전과자인 그는 직장도 가족도 없기에 망설임이 없었다. 마치 쫓기는 짐승이 강물에 뛰어들듯 혁명이라는 거센 조류를 타고 흘러갔다. 생 쥐스트 말처럼 "시대의 흐름에 따라 위험할 때면 교묘히 빛깔을 바꾸는 파충류 같다." 혁명이 피로 물들면 물들수록 그가 쓴다 아니 더러움을 바른다. 〈르 페르 뒤셴〉이라는 저속한 좌파 신문에 글을 쓰는 그의 펜은 더욱더 핏빛처럼 붉어졌다. "마치 파리에서 하수도가 센 강으로 흘러간 것처럼" 카미유 데물랭은 이렇게 말했다. 그는 글을 통해서 하층 중에서도 가장 하층의 비위를 맞추었고 그로 인해 국제적으로 혁명 평판을 떨어뜨렸다. 그러나 그는 서민들의 인기를 얻어 많은 돈을 벌고 시 위원이 되어 권력은 점점 더 커져가기만 했다. 정말 불행하게도 마리 앙투아네트의 운명은 이 남자 손에 맡겨지게 된 것이다.

에베르는 왕실 가족 주인이며 감시자가 되자 자기 영혼을 만족시키려 오스트리아 공주이자 프랑스 왕비인 마리 앙투아네트를 냉혹하게 다룰 수 있는 권리를 마음껏 휘둘렀다. 언제나 자기를 무시하는 왕비에게 새로운 세력의 대표는 자신이라는 걸 알리려 했다. 그래서 〈르 페르 뒤셴〉에서 그녀에게 더러운 폭언을 퍼부으며 화를 풀었다. 〈페르 뒤셴〉은 시 대표위원 에베르 씨가 날마다 정중하게 방문하는 바로 그 사람들이 '끊임없는 잭나이프'[1]와 '국영 면도'[2]를 당해야 할 '주정뱅이와 창부'[3]라고 논했다.

말재주는 마음보다 훨씬 과격했다. 애국자들 중에서 가장 비열한 거짓말쟁이가 감옥 총책임자로 임명되었다는 사실만으로도 이 패배자들에게는 충분히 굴욕적이었다. 왜냐하면 에베르에 대한 두려움이 감시병이나 관리들에게 상당한 영향을 끼쳤기 때문이다. 그들은 에베르의 의심을 받을까 두려워한 나머지 왕실 가족에게 훨씬 더 냉혹하게 행동했다. 그러나 그 증오는 예기치 않게 갇힌 사람들을 도왔다. 에베르가 감시를 맡긴 솔직하고 아무것도 모르는 일꾼과 소시민들은 그가 〈페르 뒤셴〉에서 '피의 폭군' '음란하고 지나치게 호사스러운 오스트리아 여자'에 대해 쓴 글을 읽었다. 하지만 감시를 하면서 그들이 본 모습은 전혀 달랐다. 그 왕실 가족들은 악의 없는 뚱뚱보 소시민이었다. 왕은 아들의 손을 잡고 정원을 산책하며 들판이 몇 인치, 몇 피트나 되는지 재고 있을 뿐이었다. 왕은 많이 먹고 잠자는 것을 좋아하며, 앉아서 독서를 즐기는 모습만 보였다. 이 둔하고 마음씨 좋은 인간이 파리 한 마리 괴롭히지 못한다는 걸 누구든 금방 알 수 있었다. 이런 폭군을 미워한다는 것은 정말 힘든 일이었다. 에베르가 엄하게 감시하지만 않았더라면 감시병들은 아마도 이 다정다감한 왕이 자기들 계층 사람인 듯이 잡담하고 장난치며 카드놀이도 했으리라.

하지만 왕비는 달랐다. 마리 앙투아네트는 식사 때에도 감시인에게 말 한번 건넨 적이 없었고, 위원이 와서 필요한 것이나 불편한 게 없느냐 물을 때면 아무것도 필요없다고 의연하게 대답했다. 그녀는 간수에게 도움을 청하느니 모든 걸 참고 견디었다. 불행 속에서도 그녀가 보여 주는 이 고귀함은 소박한 사람들을 사로잡았다. 어려움을 당하는 여자란 모두 그런 법이지만

---

*1 도약대에서 뛰어내리는 순간 몸을 굽혔다가 물에 들어가기 직전에 펴는 다이빙의 한 형태. 사형을 의미하는 듯함.
*2 단두대를 일컬음.
*3 루이 16세와 마리 앙투아네트를 일컬은 말.

왕비 또한 그들의 동정심을 불러일으켰다. 본디 같은 죄수 신세인 감시인들은 점점 왕비와 왕실 가족에게 호감을 갖게 되었다. 이는 탈출 가능성에 대해서도 생각하게 되었다. 왕실 기록에 쓰인 것처럼 감시병들은 겉으로는 난폭하고 전부 공화당원인 듯 행동하면서 때로는 거친 욕설도 퍼붓고 큰 소리로 노래하고 휘파람도 분다. 그것은 마음속에서 우러나는 동정심을 감추기 위한 수작이다. 이런 불행 가운데에서도 그들이 존경 받을 만한 사람들이란 것을 국민의회 공론가들보다 단순한 국민들이 더 잘 알았다. 거칠다는 탕플 탑 군인들도 베르사유의 살롱 사람들보다 왕비를 덜 미워했으며 추악한 행동도 하지 않았다.

그러나 시간은 조용히 머물러 있지 않는다. 담으로 둘러싸인 이 감옥 안에서는 아무도 몰랐지만 밖에서는 시간이 커다란 날개를 펄럭이며 달아나고 있었다. 그즈음 국경에서 나쁜 소식이 들려왔다. 프로이센과 오스트리아군의 공격으로 혁명군이 풍비박산되었다는 것이다. 방데에서는 농민들이 폭동을 일으켰다. 내란이 시작되었다. 영국정부는 외교관을 철수시켰고 라파예트는 자신이 만든 혁명파의 과격주의에 화를 내며 군대를 떠났다. 식량이 부족하여 국민들은 불안해졌다. 가장 위험한 배신이란 말이 패전 뒤 수천의 사람들 입에 오르내리며 온 시내를 발칵 뒤집어 놓았다. 이때 가장 강력하고 단호한 혁명가 당통이 피 묻은 테러의 깃발을 들고 무시무시한 결정을 내렸다. 9월 사흘 안에 감옥에 있는 모든 혐의자들을 학살하겠다는 내용이었다. 이 2천 명 중에는 왕비의 친구인 랑발 부인도 끼어 있었다.

사람들의 목소리나 인쇄물을 접할 수 없는 탕플 탑 안에 갇힌 왕실 가족은 이 무서운 사건에 대해서 아무것도 몰랐다. 갑자기 경종이 울리는 듯했다. 마리 앙투아네트는 불행을 예고하는 이 청동 새에 익숙해졌다. 이 새의 날갯짓 소리가 도시에 울려 퍼지면 곧 폭풍우가 몰아친다는 것을, 불행이 닥치리라는 것을 그녀는 알고 있었다. 탑 안에 갇혀 있는 사람들은 흥분해서 귓속말을 주고받았다. 브라운슈바이크 장군이 군대를 이끌고 성 앞에 와 줄까? 혁명에 맞서는 또 다른 혁명이 터진 것은 아닐까?

저 아래, 탕플 탑으로 들어오는 문 옆에 서 있던 감시인들과 관리들이 흥분해서 이야기를 주고받고 있었다. 그들은 많은 정보를 알았다. 시종이 수많은 사람 무리가 이리로 몰려오고 있다고 알려 주었다. 그들이 들고 있는 창에는 처형된 랑발 부인 머리가 꽂혀 머리카락이 바람에 흩날리고 있으며, 왕녀의 토막 난 시체는 벌거벗겨진 채 뒤에서 질질 끌려오고 있다는 소식을 전해 주었다. 오랫동안 왕비하고 추잡한 관계에 있었다는 랑발 부인의 벌거벗은 육체와 창백한 머리를 마리 앙투아네트에게 보여 줌으로써 최후의 야만적인 승리감을 피와 술에 취한 무리들이 맛보려 한다는 건 의심할 나위가 없었다. 절망한 감시병이 군사 도움을 요청하기 위해서 코뮌으로 갔다. 그들로서는 미쳐 날뛰는 군중들을 도저히 막아낼 수 없었기 때문이다. 그러나 교활한 페티옹은 위험할 때마다 항상 그래왔듯이 모습을 드러내지 않았다. 도와줄 군대는 오지 않았다. 군중은 끔찍스런 제물을 가지고 성 앞에서 광폭하게 굴었다. 그들이 탑 안으로 들어온다면 왕실 가족이 무사치 못할 게 뻔했다. 사령관은 폭도들을 지체시킬 방도를 모색했다. 그는 먼저 술 취한 사람들을 탕플 탑 바깥 뜰로 유인했다. 그들은 더러운 격류처럼 문 안으로 몰려들었다.

그 야만인들 가운데 두 사람이 벌거벗은 부인 발을 잡아 질질 끌고 왔으며 다른 사람은 피투성이 오장육부를 손에 쥐고 높이 쳐들고 있었다. 그리고 또 다른 사람이 푸른빛이 도는 창백한 부인 머리를 창으로 찔러 높이 쳐들고 있었다. 그들은 왕비에게 그녀의 창부였던 부인 머리에 입맞춤을 시키기 위해 승리의 기념품을 들고 탑으로 올라가려 했다. 이 미쳐 날뛰는 자들에게는 힘으로 막아도 아무런 소용이 없다. 그래서 코뮌의 한 관리가 묘책을 짜내어 이들을 진정시키려고 하였다. 그는 위원의 신분임을 알리고 그들을 조용히 제지시킨 다음 연설을 했다. 그들을 유인하기 위해서 이 군중의 멋진 행위에 대해 찬사를 늘어놓은 다음 온 국민이 "승리의 영원한 기념물"로 찬양할 수 있도록 머리를 들고 파리를 돌아다니는 게 낫지 않겠느냐 제안했다. 다행히 이 감언이설은 효과가 있었다. 취한 군중은 요란한 함성을 올리면서 그 치욕스런 시체를 끌고 거리를 지나 팔레루아얄로 가기 위해 물러갔다.

탑 안의 감금자들은 초조와 불안에 떨고 있었다. 미쳐 날뛰는 무리들의 요란스런 외침이 들려 왔지만 그들이 어떤 일을 할 작정인지, 무엇을 원하는지는 알 수 없었다. 그러나 베르사유와 틸르리 궁 습격이 있던 날부터 이 음험한 소란이 어떤 뜻인지 잘 알았다. 그들은 위험을 막기 위한 감시병이 창백하게 질리고 흥분된 표정으로 뛰어가는 걸 보았다. 불안해진 왕은 국민군에게 물었다. "그건 말입니다" 국민병은 화가 난 말투로 대답했다. "아시고 싶다니 말씀드립니다만, 사람들이 마담 랑발의 머리를 보여드리겠다는군요. 사람들을 불러들일 생각이 아니시라면 창가로 가서 모습을 보여주시지요."

그때 나지막한 비명이 들렸다. 마리 앙투아네트가 정신을 잃고 쓰러진 것이었다. "어머니가 정신을 잃고 쓰러진 적은 그때 꼭 한 번뿐이었어요." 뒷날 왕비의 딸은 회상했다. "그때 그녀는 곤궁에 몰렸었죠."

3주 뒤 9월 21일 거리는 다시 들끓었다. 감금자들은 다시 불안 속에서 귀를 기울였다. 그러나 이번에는 분노의 음성이 아니었다. 기쁨에 넘쳐 지르는 소리였다. 신문팔이들은 국민의회가 왕권 폐지를 결정했다는 소식을 크게 외쳐댔다. 그리고 다음 날 이제 왕이 아닌 루이에게 폐위를 알리기 위해서 대표들이 나타났다. 그 뒤로 경멸하는 사람들이 그를 루이 카페*4라고 불렀다. 루이는 이 소식을 셰익스피어의 리처드 2세처럼 태연히 받아들였다.

왕은 무엇을 해야 하지? 굴복인가?
왕은 아마 그렇게 할 걸. 그럼 폐위당하겠지?
왕은 따른다. 왕이라는 이름을 잃고 말 거야.
신의 이름으로 물러나거라!

그림자 속에서 빛을 찾을 수 없듯이 이미 싸울 힘을 잃어버린 사람에게서 힘을 찾을 수는 없기 마련이다. 어떤 굴욕에도 무감각해진 왕은 한 마디도 반박하지 않았고 마리 앙투아네트도 그러했다. 이들 두 사람은 아마도 무거운 짐을 벗어놓은 듯한 기분이었으리라. 왜냐하면 이제부터는 자기 운명이나 국가 운명에 대해서 아무런 책임도 없고 더 이상 잘못하거나 걱정할 일도 없으며 자신들의 짧은 목숨 말고는 아무것도 걱정할 필요가 없게 되었기 때문이다. 이제는 인간적인 사소한 일을 즐길 수 있다. 딸이 수를 놓거나 피아노 치는 모습을 지켜보고 아들이 크게 또박또박 어린애다운 필체로 쓴 숙제의 틀린 곳이나 고쳐 주면 된다. 아이가 종이 위에 '황태자 루이 샤를' 이렇게 쓰면(여섯 살짜리가 어찌 이 사건을 이해할 수 있단 말인가) 재빨리 그

---

*4 부르봉 집안 조상의 이름.

것을 찢어 버려야만 했다. 〈메르퀴르 드 프랑스〉라는 잡지의 수수께끼를 풀기도 하고 정원을 오르내리기도 하리라. 그리고 너무 천천히 가는 벽난로 위고물시계의 바늘 움직임을 쳐다보기도 하고, 멀리 지붕 위로 연기가 올라가는 것을 바라보기도 하리라. 가을 구름이 겨울을 몰고 오는 광경을 볼 것이다. 무엇보다도 그들은 전에 자신들이 어떤 인물이었던가 잊으려고 했으며, 앞으로 무슨 일이 밀어닥칠 것인지를 생각해 보려 했다.

이제 혁명은 목적을 달성한 것 같았다. 왕은 폐위되었다. 그는 한마디 이의도 제기하지 못한 채 포기하고 탑 안에서 아내와 아이들과 함께 조용히 살고 있었다. 그러나 혁명은 계속 굴러가는 공과도 같은 것이다. 공을 굴리는 사람이 균형을 유지하기 위해서는 쉬지 않고 공과 함께 달려야 하듯이, 혁명을 이끌고 그 지도자가 되려는 사람은 쉬지 않고 달려야만 한다. 발전에 정지란 있을 수 없다. 모든 정당이 그것을 알았고 남보다 뒤처지는 것을 두려워했다. 우익은 온건파를 온건파는 좌익을 좌익은 가장 활력이 있는 지롱드당을 지롱드당은 마라 패거리를 지도자는 군중을 장군은 병사를 국민공회는 코뮌을 코뮌은 지역 조직을 두려워했다. 모든 이들이 긴장에 휩싸여 열기 띤 경주에 온 힘을 모으고 있었다. 공포가 프랑스 혁명을 본디 목표보다 훨씬 더 멀리 몰고 갔으며 격류와도 같은 거센 힘을 갖게 만들었다. 혁명의 운명은 간신히 얻은 휴식을 다시 몰아냈고, 목표에 도달하자마자 그 목표를 더 높은 곳으로 올려놓았다. 혁명은 처음에는 왕권을 붕괴시키고 왕을 폐위하면 임무가 끝나리라 생각했다. 그러나 폐위를 당하고 왕관도 빼앗겼지만 이 불행하고 쓸모없는 인간은 여전히 하나의 상징으로 남아 있었다. 수 세기 동안 땅속에 파묻혀 먼지와 재가 되어 버린 왕들의 뼈를 다시 한 번 태우기 위해 무덤에서 꺼내는 마당인데 살아 있는 왕의 그림자가 있다면 어찌 그것을 참아낼 수 있단 말인가. 지도자들은 이전의 상태로 되돌아가는 것을 막기 위해서는 루이 16세의 정치적 죽음을 육체적으로도 끝내야 한다고 믿었다. 과격한 공화주의자들은 공화정 조직이 왕의 피로 칠해질 때 비로소 영원해진다고 생각했다. 덜 과격한 사람들 또한 국민의 신망을 잃을까 두려워 이 요구에 동의했다. 루이 카페 재판은 12월로 정해졌다.

탕플 탑에서는 갑작스럽게 나타난 위원을 보고 이런 결정이 내려졌음을 눈치챘다. 의원들은 "모든 자르는 도구" 칼, 가위 등은 물론이고 포크까지 몰수해 갔다. 단순히 감금을 당해오던 사람들은 이제 피고가 되었다. 루이 16세는 아내와 식구들로부터 격리되었다. 이 조치가 잔인한 이유는 같은 탑 안에 살면서도 겨우 한 층 아래에 있는데도 아내나 자식들을 만나보지 못하게 했다는 점이다. 숙명의 몇 주일 동안 아내는 한 번도 남편과 이야기를 할 수도 없었고 재판이 어떻게 되어 가는지 어떻게 결판이 날는지도 알 수 없었다. 신문은 물론 남편의 변호사에게 물어볼 수도 없었다. 온몸이 떨리는 불안과 흥분 속에서 이 불행한 여인은 무섭고도 긴장된 시간을 홀로 보내야만 했다. 한 층 아래벽 하나를 사이에 두고 남편의 무거운 발소리만 들어야 했다. 그를 볼 수도, 이야기를 나눌 수도 없었다. 참으로 무서운 이 조처는 그녀에게 형언할 수 없는 고통을 주었다.

1월 20일 시 위원이 마리 앙투아네트에게 침울한 목소리로 오늘은 특별히 가족과 함께 아래층에 있는 남편을 만나러 가도 좋다고 말했을 때 그녀는 이 관대함 속에 숨겨진 의미를 금방 깨달았다. 루이 16세가 처형 선고를 받았으며 자신이 남편을, 아이들이 아버지를 마지막으로 보도록 허용된 것이라는 사실을 알았다. 내일 단두대에 오를 사람은 이젠 아무 위험이 없다고 생각한 시 위원들은 아내와 남편, 누이동생, 아이들이 마지막으로 함께 마주앉을 자리를 마련해 주고 처음으로 그들만 있도록 주었다. 시 위원들은 유리문 너머로 바라보기만 했다.

처형 선고를 받은 왕과의 재회인 동시에 영원한 이별을 고하는 이 비참한 순간 방해꾼은 아무도 없었다. 모든 인쇄된 보고는 멋대로 꾸며낸 낭만적인 허구이며, 눈물 가득한 감동으로 그 비극을 달콤하고 우스꽝스럽게 만들어 놓은 그지없이 감상적인 동판화 또한 마찬가지다. 아이들 아버지와 이별이 마리 앙투아네트의 생애에 있어서 가장 고통스러운 순간 중의 하나였다는 사실은 의심할 나위 없다. 일부러 과장해서 더욱 감상적으로 만들 필요가 어디 있단 말인가? 죽음의 제물, 처형 선고를 받은 사람을 땅속에 묻히기 전에 본다는 것, 이것만으로도 인간적 감정을 가진 사람에게는 참으로 가슴 아픈 고통이 아닐 수 없다. 마리 앙투아네트는 이 남자를 정열적으로 사랑하지 않았고 오랫동안 다른 한 사람에게 마음을 주긴 했지만, 20년을 함께 살았고 그의 네 아이를 낳았다. 그녀는 이런 불안한 순간 속에서 남편이 자기에게 참으로 너그럽고 헌신적이라는 것을 알게 되었다. 국가의 정략적인 이해 관계로 일생을 함께하게 된 두 사람이지만 탑의 암울한 시간 동안 함께 겪은 커다란 불행을 통해서 인간적으로 더 가까워졌다. 왕비는 자기가 곧 그를 따라가리라는 것을 알고 있었다. 남편이 조금 먼저 가는 것일 뿐이다.

일생 동안 왕을 방해한 완전한 무감각이 이 절박한 마지막 순간에는 도움이 되었다. 지금껏 사람들을 고민하게 만든 무신경이 결정적인 순간에 처한 루이 16세에게 도덕적인 위대함을 부여했다. 그는 공포감을 느끼지 않았고 흥분하지도 않았다. 옆방에 있던 시 위원들은 단 한 번도 그가 소리 높여 흐느끼거나 목소리를 높이는 것을 듣지 못했다. 가엾고 연약한 남자에 불과한 위엄 없는 왕은 가족들과의 이별 장면에서 그의 온 생애를 통해 보여 주지 못했던 힘과 위엄을 보여 주었다. 사형 선고를 받으면서 10시가 되자 여느 날처럼 조용히 일어나 가족에게 올라가라는 손짓을 했다. 꺾을 수 없는 그의 의지에 마리 앙투아네트는 감히 싫다할 수 없었다. 다음 날 아침 7시 그녀에게 가겠노라는 상냥한 남편의 거짓말에 그녀는 위층으로 갈 수밖에 없었다.

그리고 조용해졌다. 왕비는 위층 작은 방에 혼자 앉아 있었다. 밤이 왔다. 잠을 이룰 수 없는 기나긴 밤이. 마침내 날이 밝아졌다. 처형을 준비하는 소리가 무시무시하게 들려온다. 그녀는 육중한 바퀴를 단 의장마차가 달려오는 소리를 들었다. 층계 위아래로 계속 발자국 소리가 들렸다. 고해 신부일까? 시 위원들일까? 벌써 형리가 온 건 아닐까? 저 멀리 행진해 오는 연대의 북소리가 둥둥 들렸다. 날은 점점 밝아왔다. 아침이 되었다. 아이들은 아버지를, 그녀는 부인 일이라면 언제나 신경 써주며 친절을 베풀어 온 오랜 세월의 반려자를 잃게 될 시간이 점점 다가오고 있었다. 방문 앞에서 지키고 서 있는 감시인들은 슬픔에 빠진 이 여인이 계단을 내려가지 못하도록 막았다. 그녀는 방에 갇힌 채 무슨 일이 일어나는지 아무것도 보고 들을 수 없었다. 그래서 현실보다 수천 배나 더 끔찍스런 사건을 마음속으로 경험했다. 아래층이 갑자기 조용해졌다. 왕이 떠난 것이다. 그를 태운 육중한 의장마차는 형장을 향해 달려갔다. 그리고 한 시간 뒤 단두대가 오스트리아 황녀였으며 프랑스 황태자비 그리고 왕비가 된 마리 앙투아네트에게 새로운 이름을 안겨 주었다. 미망인 카페라는 새로운 이름을.

마리 앙투아네트 홀로 가는 길

기요틴 칼날이 떨어졌다. 그리고는 무거운 적막만이 남았다. 루이 16세 처형으로 국민공회는 왕정과 공화정 사이에 붉은 피로 경계선을 그었다. 많은 의회 의원들은 이 약하고 선량한 인간을 단두대로 끌고 가는 일을 마음속으로 안타까워했다. 어느 누구도 그때는 마리 앙투아네트까지 기소되리라고는 생각하지 않았다. 코뮌은 회의도 없이 미망인이 요구한 상복을 내주었다. 그리고 감시도 눈에 띄게 허술해졌다. 합스부르크 가문 여자와 아이들을 가두어 둔 이유는 오스트리아를 고분고분하게 만드는 중요한 인질이라 여겼기 때문이었다.

그러나 그 계산은 틀렸다. 프랑스 국민공회는 합스부르크 가족관계를 과대평가했다. 둔하고 무감각하며 욕심 많고 위대함이라고는 어디에서도 찾아볼 수 없는 프란츠 황제는 금고에 플로렌스 다이아몬드[1] 말고도 무수한 귀중품들과 보석들이 있었지만 단 한 개도 혈연을 구하기 위해서 쓰지 않았다. 뿐만 아니라 오스트리아 군대는 교섭을 파기하려 온갖 방법을 썼다. 빈은 처음에 정복이나 보상을 위해서가 아닌 이념 때문에 이 전쟁을 일으켰다고 주장했지만 영토 합병으로 변하고 마는 게 모든 전쟁의 본질이다. 프랑스 혁명도 약속을 저버리는 길을 걷게 된다. 어떤 시대라도 장군은 작전을 방해받기 싫어한다. 그들 취미에 맞는 이런 좋은 기회를 만나는 게 쉬운 일은 아니므로 이들에게 전쟁이란 길면 길수록 좋은 법이다. 페르센의 독촉을 받은 메르시는 계속해서 프란츠 황제에게 마리 앙투아네트는 이제 프랑스 왕비라는 이름을 뺏겼으니 오스트리아 대공녀이며, 황제의 가족이므로 그녀를 데려올 도덕적 의무가 있다고 설명했다. 그러나 아무 소용없었다. 세계 전쟁이 일어나려 하는데 포로가 된 여인 하나를 신경쓸 겨를이 어디 있단 말인가! 야비

---

[1] 133캐럿이나 됨.

한 정치 게임 속에서 인간이란 얼마나 하찮은 존재인가? 사람들 마음은 차갑고 문은 모두 닫혀 있었다. 군주들은 그 말이 옳다고는 하지만 누구도 구원의 손을 선뜻 내밀어 주지 않았다. 마리 앙투아네트는 루이 16세가 페르센에게 했던 "온 세상이 나를 버렸다"는 말을 되풀이하게 된다.

온 세상이 그녀를 버렸다. 마리 앙투아네트는 쓸쓸하고 적막한 방에서도 이를 느낄 수 있었다. 그러나 생의 의욕은 아직 버리지 않았다. 오히려 스스로 살 길을 찾으려 했다. 왕관은 빼앗겨 버리고 얼굴마저 지치고 늙었지만 사람들을 끌어당기는 묘하고 신비한 힘을 그녀는 갖고 있었다. 에베르와 다른 시 위원들은 이 힘을 막으려 모든 방법을 강구했으나 효과가 없었다. 소시민 감시인들과 관리인들에게 왕비의 위엄과 후광이 영향을 끼쳤다. 몇 주가 지나자 그녀를 감시하겠다고 선서한 하층 계급의 과격 공화당원 모두가 또는 대다수가 감독관에서 내밀한 조력자로 변했고 코뮌으로부터 엄중한 명령이 하달되었음에도 마리 앙투아네트를 세상으로부터 격리해 놓은 보이지 않는 벽을 서서히 무너뜨렸다. 그녀 편이 된 감시인들 도움으로 편지들과 소식이 은밀히 오고갔다. 레몬즙이나 특수 잉크로 쓰인 종이쪽지는 물병마개나 화로의 공기구멍을 통해서 전달됐다. 감시를 피해 왕비에게 날마다 정치나 전쟁 소식을 알려 주려는 손짓과 몸짓도 생겨났다. 그뿐 아니라 행상인에게 부탁해서 탕플 탑 앞에서 중요한 뉴스를 큰 소리로 외치도록 시켰다. 이러한 조력자는 점점 많아졌다. 언제나 우유부단하여 모든 실현 가능한 일을 불가능하게 만들어 온 루이 16세가 곁에 없기에 모든 사람에게 버림받은 마리 앙투아네트는 스스로 탈출을 시도하기로 결심했다.

위험은 질산과 같은 것이다. *² 평화롭고 미지근한 환경 속에 섞여 있는 것, 즉 인간의 용감함과 비겁함은 시련을 겪어야 뚜렷하게 분리된다. 구사회의 용기 없는 자들, 귀족 가운데 이기적인 인물들은 왕이 파리로 이송되었을 때 모두 망명도주했다. 정말 충성스런 사람들만이 남았고 달아나지 않은 사람들은 절대적으로 신뢰할 수 있다. 왜냐하면 왕의 신하였던 사람이 파리에

---

*2 초산은 금과 은을 분리하는 데 쓰임.

머물러 있는 것은 너무나도 위험하기 때문이다. 이런 용감한 사람들 중에 자르제 장군이 있다. 그의 아내는 마리 앙투아네트의 궁녀였다. 오로지 왕비를 도울 생각으로 안전한 코블렌츠에서 돌아와서는 어떤 희생도 치를 각오가 되어 있다고 알렸다. 왕이 처형되고 2주 뒤인 1793년 2월 2일 낯선 사람 하나가 자르제 앞에 나타나 마리 앙투아네트를 탕플 탑에서 구출하자는 놀라운 제안을 했다. 자르제는 하층 공화당원의 골수분자처럼 보이는 이 낯선 남자를 의심스런 눈초리로 바라보았다. 그가 정탐꾼이리라 생각했다. 그러자 그 낯선 인물은 의심할 여지가 없는 왕비의 필체로 쓰인 아주 작은 종이쪽지를 내밀었다. "내 이름을 걸고 이 쪽지를 보여주는 사람은 믿으셔도 됩니다. 그가 어떤 사람인지 저는 잘 알고 있습니다. 그는 다섯 달 동안 한 번도 배신하지 않았습니다." 그는 탕플 탑 상임 경비원 툴랑으로 특이한 심리를 가지고 있었다. 왕권이 무너진 8월 10일 그는 튈르리 궁 습격 때 앞장섰던 지원자들 가운데 하나였다. 그때 받은 훈장이 자랑스럽게 그의 가슴에서 빛나고 있었다. 공화파로 증명된 덕택에 시 위원회는 그를 신뢰할 수 있는 사람, 매수되지 않을 사람으로 생각하고 왕비의 감시를 맡겼다. 그러나 사울은 바울이 되고 말았다.[3] 자기가 감시해야 할 여자의 불행에 서서히 마음이 움직인 그는 습격 때 무기를 들이댔던 바로 그 여자의 가장 충실한 친구가 되었다. 마리 앙투아네트가 비밀 편지에서 언제나 그를 "휘델르" 충신이라고 썼을 만큼 그는 마리 앙투아네트에게 희생적으로 헌신하는 모습을 보여주었다. 탈출 계획에 참여한 사람 가운데 돈 욕심없이 자기 목숨을 건 이는 특이한 툴랑 하나뿐이었다. 그는 인간적인 따스함 그리고 무모한 모험을 즐겨 목숨을 걸었다. 용감한 사람은 위험을 즐기는 법이다. 자기 이익만을 좇던 사람들은 일이 실패로 돌아가자 능란하게 살 궁리를 찾은 반면 툴랑은 결과에 상관없이 목숨을 걸었다.

자르제는 그 낯선 사람을 믿었다. 하지만 완벽하게 믿은 건 아니다. 편지는 위조할 수 있고 편지로 대화하는 건 위험하기 그지없다. 그래서 자르제는 툴랑에게 탕플 탑 안으로 들어가 왕비와 이야기할 수 있도록 해달라 요구했다. 낯선 사람, 특히 귀족을 경비가 삼엄한 탑 안으로 들어가게 한다는 것은

---

[3] 유대교 신봉자였던 사울은 기독교를 전파하는 바울이 되었다. 박해자에서 지지자가 되었음을 뜻함.

처음에는 불가능하게 생각되었다. 그러나 왕비는 감시원들을 돈으로 매수해 새로운 조력자를 얻었고 며칠 뒤 툴랑이 편지를 갖고 나타났다. "이리 오시기로 결심하셨다니 빨리 오시면 좋겠습니다. 그렇지만 발각되지 않도록 주의하십시오. 특히 우리와 함께 갇혀 있는 여자를 조심하십시오." 이 여인의 이름은 티송이었으며 첩자이리라는 왕비의 예감은 들어맞았다. 그 여자가 빈틈없고 신중하게 감시했기 때문에 모든 일은 실패로 돌아갔다. 처음에 이 계획은 성공적이었다. 자르제는 탑으로 몰래 들어갔다. 마치 탐정 소설 같은 방법으로. 저녁마다 감옥에 가로등 켜는 사람이 들어왔다. 시 위원회 명령으로 그 주변은 아주 환히 불을 켜야만 했다. 어둠은 탈출하는 데 이로운 까닭이었다. 툴랑은 그 등 켜는 사람에게 자기 친구 하나가 탑을 구경해 보고 싶다고 하니 옷과 장비를 하룻밤만 빌려주었으면 좋겠다고 그럴듯하게 말했다. 등 켜는 사람은 그 대가로 돈을 받자 서둘러 술을 마시러 갔다. 변장을 한 자르제는 왕비를 만나서 대담한 탈출 계획을 의논했다. 왕비와 마담 엘리자베트는 남자로 분장하여 시 위원 옷을 입고 훔쳐낸 신분증으로 검열을 마친 시 위원처럼 탑을 떠나기로 했다. 그러나 이보다 더 어려운 일은 아이들을 데리고 나오는 일이었다. 다행스럽게도 등 켜는 사람은 가끔 자기 아이들을 데려 왔다. 그래서 변장한 자르제가 가로등을 켠 다음 초라하게 옷을 차려입은 아이들을 데리고 관문을 통과하기로 계획을 짰다. 근처에 마차 세 대를 대기시켜 두기로 했다. 한 마차에는 왕비와 아들, 자르제가 타고 두 번째 마차에는 딸과 제2의 공모자 르피트르, 세 번째 마차에는 마담 엘리자베트와 툴랑이 타는 것이다. 아무에게도 발견되지 않고 5시간만 달리면 모든 추격에서 벗어나게 된다. 왕비는 이 계획의 대담함에 놀라지 않았다. 자르제는 이미 제2의 공모자인 르피트르와 이야기가 되어 있다고 설명했고, 왕비는 동의했다.

초등학교 선생이었던 제2의 공모자 르피트르는 수다스러우며 몸집이 작고 다리를 절었다. 왕비가 이런 글을 썼다. "당신은 어떤 사람을 만나게 될 겁니다. 그의 외모는 호감이 가지 않지만 꼭 필요한 사람입니다. 그를 반드시 우리 편으로 만들어야만 합니다." 그는 이 계획에서 특별한 역할을 맡기로 했다. 그가 계획에 참여한 이유는 인간성도 모험심도 아니었다. 자르제가 그에게 약속한 어마어마한 액수의 돈 때문이었다. 그러나 유감스럽게도 사실 그 돈은 없었다. 파리 반혁명의 자금주인 바츠 남작과 자르제는 아무런 연계가 없던 까닭이다. 이들 두 사람의 음모는 같은 시간에 나란히 진행 중이었다. 그러나 서로 어떤 접촉도, 연락도 없었고 알지도 못했다. 이렇게 귀중한 시간을 잃어버리고 말았다. 왜냐하면 왕비의 예전 자본주로 하여금 먼저 믿도록 만들어야 했기 때문이다. 긴 시간이 걸려 겨우 돈을 마련했다. 그러나 그동안 시 위원회 위원으로 위조 신분증을 만들어 놓은 르피트르가 겁을 먹었다. 파리의 문이 폐쇄되고 마차마다 철저히 수색한다는 소문이 나돈 까닭이다. 소심한 르피트르는 불안해졌다. 아니면 티송이 의심한다는 걸 눈치챘는지도 모른다. 어쨌든 그의 도움을 받지 못하게 되자 네 명이 동시에 사원을 탈출하는 일은 불가능해졌다. 왕비 한 사람이라면 쉽게 구출되었으리라. 자르제와 툴랑은 왕비에게 혼자 탈출하라며 설득했다. 그러나 마리 앙투아네트는 고귀한 품격대로 혼자 탈출하기를 거부했다. 아이들을 두고 가느니 차라리 단념하겠다! 그녀는 이런 마음으로 자르제에게 이 뒤바꿀 수 없는 결심의 이유를 설명했다.

"우리는 아름다운 꿈을 품고 있었어요. 이번에 저를 위한 당신의 헌신을 입증하신 것만으로도 저에게는 큰 수확입니다. 당신에 대한 저의 믿음은 무한합니다. 당신은 제가 어떤 일에 있어서도 용기를 잃지 않는 걸 아실 거예요. 그렇지만 아들에 대한 사랑이야말로 내 용기의 원천입니다. 여기를 빠져나가는 일은 큰 행복임을 압니다. 그러나 아들과 떨어질 수 없습니다. 어제 말씀으로 나는 당신의 충성심을 너무나도 깊이 느꼈습니다. 그런 기회는 또다시 오지 않겠지요. 그러나 아이들을 두고 간다면 아무런 보람이 없지 않겠어요?"

자르제는 기사로 해야 할 의무를 다했다. 이제 더는 왕비를 도와 줄 수 없었다. 그러나 이 충신은 왕비를 위해서 다시 한 번 시도했다. 외국에 있는 친구와 친척들에게 마지막 사랑의 표시, 유품을 보내는 일이었다. 처형되기 직전 루이 16세는 인장이 붙은 반지와 머리카락 한 움큼을 시종을 통해 가족에게 전해달라고 했다. 그러나 시 위원들은 왕이 죽은 뒤 비밀스런 음모가 담겨 있을까봐 이 유품을 압류해서 봉인했다. 왕비를 위해서라면 언제나 대담한 툴랑이 이 봉인을 풀어서 유품을 왕비에게 전해 주었다. 그러나 왕비는 자신이 이 유품을 안전하게 숨겨둘 수 없다고 생각했다. 믿을 만한 심부름꾼이 생기자 안전을 위해 왕의 반지와 머리카락을 시동생에게 보냈다. 그녀는 프로방스 백작에게 이렇게 덧붙였다. "신뢰할 수 있는 충성스런 사람이 나타났습니다. 덕분에 동생이면서 친구인 당신에게 이 유품을 보낼 기회를 얻었습니다. 당신이라면 안전하게 보관하겠지요. 우리가 어떤 방법으로 이 귀중한 유품을 손에 넣게 되었는지는 이걸 가져가는 사람이 설명해 드릴 겁니다. 이렇게 도움 주는 사람의 이름을 말씀드리는 일은 지금 삼가겠습니다. 당신께 우리 소식을 제대로 전할 수 없었고 너무도 불행하여 떨어져 있는 게 더욱 잔혹하게 느껴집니다. 이 괴로움이 어서 빨리 끝나기를. 그날이 오면 나는 당신을 끌어안고 당신을 사랑할 것입니다. 이것이 진심임을 당신도 아실 겁니다." 아르투아 백작에게도 비슷한 편지를 보냈다. 그러나 자르제는 파리를 떠나기 망설였다. 순종적인 그는 자기가 파리에 있으면 마리 앙투아네트에게 도움이 될지 모른다고 생각했다. 그러나 그가 머물러 있으면 결국 위험을 가져올 뿐이었다. 출발 직전 그는 툴랑을 통해서 왕비의 마지막 편지를 받았다. "안녕히 가세요. 출발하기로 결심하셨다니 어서 떠나는 게 좋겠습니다. 아! 저는 당신의 딱한 부인이 얼마나 걱정 되는지 모릅니다. 우리가 다시 만날 수 있다면 얼마나 행복할까요? 당신이 우리를 위해 수고한 모든 일은 아무리 감사를 드린다 해도 부족합니다. 아듀! 이 단어는 너무나 잔인하군요."

마리 앙투아네트는 자신의 마음을 담은 편지를 보낼 마지막 기회라는 걸 알고 있었다. 단 한 번 마지막 기회가 주어진 것이다. 감사해야 할 필요는 없지만 혈연 때문에 형의 유품 보관자가 된 프로방스 백작과 아르투아 백작 두 사람 말고는 마지막 사랑의 표시를 보낼 사람이 없었을까? 아이들을 제외한 이 세상에서 가장 귀중한 사람인 페르센에게는 아무런 인사도 없었을까? 그에 대한 소식 없이는 살 수가 없다던 페르센에게, 포위된 튈르리 지옥 속에서도 영원히 기억해 달라며 반지를 보냈던 그에게 정말 마지막 인사를 하지 않았을까? 자르제가 떠나는 모습을 기록으로 남겨 둔 고그라*4 회상록에는 페르센에 대해 한 마디 인사말도 없다. 마지막 편지가 있으리라는

*4 바렌 사건 때 슈아첼과 함께 왕과 왕비에게 충성을 맹세함. 페르센과 바렌 도주를 계획했으나 왕당파와 연계를 이루지 못함.

마땅한 예상이 빗나갔다.

하지만 감정은 언제나 옳다. 사실 마리 앙투아네트는 마지막 고독 속에서도 애인을 잊지 않았다. 어떻게 잊을 수가 있단 말인가? 시동생들에게 보낸 딱딱한 편지는 자르제가 철저히 배달한 진짜 편지를 은폐하기 위한 거짓일지도 모른다. 그 회상록이 출간된 1823년에는 아직 둘의 관계를 은폐하고 페르센을 위해서 침묵을 지켰다. 여기서도 우리에게 가장 중요한 내용들이 앙투아네트의 경우와 마찬가지로 비굴한 출판업자들이 군데군데 지웠던 것이다. 1세기나 지난 뒤에야 밝혀진 내용을 보면 다음과 같이 쓰여 있다.

왕비의 감정이 파멸 직전 이 순간보다 강렬하게 타올랐던 적은 없었다. 마리 앙투아네트는 마음에 위안을 주는 애인이 언제나 곁에 있다는 징표로 왕실 문장인 백합을 새긴 반지 대신 페르센 집안 문장을 새긴 반지를 끼고 있었다. 페르센이 언제나 왕비의 말을 새긴 반지를 끼고 다닌 것과 마찬가지로 왕비는 떨어져 지내는 나날 동안 손가락에 스웨덴 귀족 문장을 지니고 다녔다. 반지를 볼 때마다 사랑하는 사람을 생각했다. 이제 그에게 사랑의 표시를 보낼 기회가 생겼다. 그러나 이번이 마지막이 되리라. 그녀는 반지와 더불어 자기의 속마음을 알려주고 싶었다. 그녀는 격언이 새겨진 문장을 뜨거운 밀랍에 눌러 자르제를 통해 페르센에게 보냈다. 그 이상 아무 말도 필요치 않았다. 이 문장이 모든 것을 말해 준다. 그녀는 자르제에게 이렇게 썼다. "제가 여기에 찍은 문장을 지난 겨울 브뤼셀에서 나를 찾아왔던 분께 전해 주세요. 그리고 이 글귀가 지금 너무나 잘 어울린다고 말씀해 주세요."

앙투아네트가 특별히 주문한 반지에 새겨진 "지금 너무나 잘 어울린다"는 글귀는 무슨 뜻이었을까? 프랑스 왕비가 하찮은 스웨덴 귀족의 문장을 새겨 넣은 반지를 백만 개가 넘는 장신구 중에서 유일하게 감옥 안에서 간직하고 있던 반지엔 무어라고 새겨져 있었을까? 그것은 다섯 개의 이탈리아어 단어로서, 죽음을 눈앞에 둔 지금, 이전보다 훨씬 더 진실하게 들리는 말이었다. "모든 것이 나를 당신께로 인도합니다(Tutto a te mi guida)."

죽음의 제물이 될 여성이 보낸 무언의 작별 인사. 이 속에는 죽음의 열정, "두 번 다시 되돌아올 수 없다"는 절절한 마음이 모두 타서 재로 변하기 전에 마지막으로 뜨겁게 불타고 있었다. 멀리 떨어져 있던 사나이는 그녀의 심장이 마지막 순간까지 그를 위해 뛰고 있음을 알았다. 이별의 인사 속에서 영원이라는 사상이 깨어나고 죽어가는 순간 감정은 더욱 뜨겁게 타오르는 법이다. 기요틴의 그림자가 스멀스멀 다가오는 가운데 유래없는 비극적이고 도 위대한 사랑은 그 마지막 대사를 마쳤다. 이제 막을 내려도 좋다고.

마지막 고독

유언도 끝났다. 다시 한 번 감정을 자유롭게 표현할 수 있었다. 조용하고 침착하게 운명을 기다리는 것이 더욱 수월해졌다. 마리 앙투아네트 그녀는 이제 세상과 작별 인사를 마친 것이다. 그녀는 더 이상 아무것도 바라지 않았으며 아무것도 시도하려 하지 않았다. 빈 황실이나 동맹군의 승리도 기대하지 않았다. 자르제가 곁을 떠나고 충실한 툴랑과도 코뮌의 명령으로 떨어지게 되었으니 이 도시에 자기의 구원자가 하나도 없음을 그녀는 알고 있었다. 첩자 티송 덕분에 시 위원회는 감시원에게 더 주의를 기울이게 되었다. 탈출 시도는 전에도 위험한 짓이었지만 이제는 그저 무의미한 자살 행위와 다름없어졌다.

그러나 모험 그 자체에 신비스런 베일을 씌워 인생의 전부를 거는 도박꾼 같은 사람도 있다. 불가능한 일에 도전할 때 자신의 힘이 충만함을 느끼고, 과감한 모험만이 참된 삶을 살기 위한 방법이라고 생각하는 것이다. 그런 사람은 평범한 시대엔 숨을 쉴 수 없다. 그들에겐 인생살이가 너무 답답하며 모든 행위가 비겁하고 한심하게 비추어지기 때문이다. 그들은 죽음마저 두려워하지 않는 야성적이고 비상식적인 목표가 필요한 것이다. 그리고 엄청나고 터무니없는 시도를 그들은 가장 열망했다.

그런 남자가 그즈음 파리에 살았는데, 그의 이름은 바츠 남작이었다. 왕정이 영광과 명예를 누리는 동안 이 부유한 귀족은 오만하게 뒷전에 물러나 있었다. 무엇 때문에 지위나 녹(祿)을 위해 머리를 숙여야 한단 말인가? 위험이 닥쳐오자 그의 가슴속 모험심이 고개를 들었다. 모두가 형을 선고받은 왕을 패배자라며 포기하고 있을 때 충성스런 이 돈키호테는 어리석은 영웅심으로 왕을 구하기 위한 싸움에 뛰어들었다. 그 뒤로도 이 우악스런 사람은 혁명이 진행되는 동안 가장 위험한 위치에 있었다. 이름없는 개인으로서 혁명에 맞서 싸우기 위해 그는 수십 가지의 가짜 이름을 써 가며 파리에 숨어 있었다. 그는 셀 수 없이 많은 모험을 위해 전 재산을 쏟아부었다. 그가 시도한 가장 무모한 짓은, 루이 16세가 처형장으로 끌려갈 때 무장한 군인 8만 명 한가운데로 뛰어나가 군도를 휘두르며 "왕을 구하고 싶은 자는 내게로 오라"며 소리친 것이었다. 그러나 아무도 그의 편이 되지 않았다. 대낮에 온 군대와 파리 시민을 상대로 한 사람을 구해 낼 시도를 할 만큼 무모한 용기를 지닌 사람은 프랑스를 통틀어 한 사람도 없었다. 경비병들이 깜짝 놀라 멈칫거리는 동안 바츠 남작은 군중 속으로 자취를 감춰 버리고 말았다. 그러나 그는 그 실패에도 전혀 용기를 잃지 않았다. 왕이 처형당하고 나자 그는 곧 왕비를 구출할 환상적이고도 대담한 계획에 착수함으로써 실패한 왕 구출보다 더 멋진 행동을 보여줄 준비를 시작했다.

바츠 남작은 노련한 안목으로 혁명의 약점, 가장 깊숙한 곳에 감춰진 죄악의 싹을 꿰뚫어 보았다. 그것은 로베스피에르가 달군 쇠로 도려내려 했던 부정부패였다. 정치적 권력을 거머쥔 혁명가들은 관직을 얻어냈다. 모든 관직에는 쇠에 녹이 슬듯이, 영혼을 좀먹는 위험스런 돈이 개입되는 법이다. 큰 돈이라고는 만져보지도 못했던 소시민, 프롤레타리아, 일꾼, 작가, 실업자였던 선동자들이 전리품의 분배, 징발, 망명자 재산 매각 등 아무런 통제 없이 갑자기 어마어마한 돈을 갖게 되었다. 이런 엄청난 유혹을 뿌리칠 수 있는 사람은 별로 없었다. 신념과 돈벌이가 뒤에서 은밀히 연결되었다. 사나운 혁명가들은 이제 공화국에 공헌한 만큼 난폭하게 돈을 벌어들였다. 전리품을 뺏기 위해 서로 으르렁거리며 싸우는 부패된 자들의 연못에 바츠 남작은 주문을 외면서 낚싯바늘을 던졌다. 오늘날에도 깜짝 놀랄 만한 돈, 백만이라는 금액을 탕플 탑에서 왕비를 구출해 내는 일을 도와주는 사람에게 주겠노라 제안한 것이다. 그만한 액수라면 사람들이 제 발로 두터운 감옥 성벽을 뛰어넘을 만했다. 바츠 남작은 둥지기나 군인 손을 빌려 일을 꾸몄던 자르제처럼 하급 관리들의 도움으로 일하려고 하지 않았다. 그는 철저하고 단호하게 모두에게 도전했다. 하급 관리를 매수한 것이 아니라, 감시 조직의 중요 인물이며 세력 있는 시 위원인, 전 레모네이드 상인 미쇼니를 매수했다. 모든 감옥의 감독, 따라서 탕플 탑의 감찰이 미쇼니가 맡은 일이었다. 그가 두 번째로 포석을 던진 사람은 지역 총사령관 코르티였다. 결국 모든 관리와 경찰들에게 인상착의까지 알려져 추적을 당하던 이 왕당파는 탕플 탑의 민간관리뿐만 아니라 군 감시관까지도 손안에서 주무를 수 있고, 국민공회와 공안위원회가 "비열한 바츠"에 대해 큰 소리로 욕설을 퍼붓는 동안 비밀리에 자신의 일을 진행할 수 있었다.

바츠 남작은 계산과 매수에서 보여준 냉담함과 더불어 타오르는 인간적인 용기도 가지고 있었다. 수백의 첩자와 밀사들이 눈에 불을 켜고 있었지만—공안위원회는 그가 공화국을 몰락시키기 위한 계획을 진행 중임을 알고 있었다—그는 아랑곳하지 않고 지형을 정찰하기 위해 호르케라는 이름으로 경비중대 병사로 입대했다. 더러운 국민병 옷을 아무렇게나 걸치고 손에는 무기를 든 이 백만장자 귀족은 다른 군인들과 함께 왕비 방문 앞에서 군복무를 시작했다. 그가 직접 마리 앙투아네트에게까지 가는 데 성공했는지는 확실치 않다. 하지만 그것은 본디 계획에서도 불필요한 일이었다. 거액의 몫을 받기로 되어 있는 미쇼니가 몸소 왕비에게 모든 것을 설명한 까닭이다. 매수된 군 사령관 코르티의 협조 덕택에 점점 더 많은 남작의 부하들이 경비중대에 들어왔다. 그리하여 마침내 세계 역사에서 가장 놀랍고도 터무니없는 사태가 벌어졌다. 1793년 어느 날, 한창 혁명이 진행 중인 파리 한가운데, 시의회의 허가 없이는 아무도 들어갈 수 없는 탕플 탑, 법률의 보호를 박탈당한 프랑스 왕비가 감금되어 있는 그 탕플 탑이 공화국의 적, 변장한 왕권주의자 부대에 의해 감시되고 있었다. 물론 그들의 지도자는 국민공회와 공안위원회가 온갖 명령서와 체포장을 내려 찾아 헤매던 바츠 남작이었다. 이 믿지 못할 대담한 사건은 그 어떤 작가라도 감히 생각지 못할 일이었다.

마침내 바츠는 결정적인 기습을 할 시기가 무르익었다고 판단했다. 밤이 되었다. 이 밤은, 만일 그의 계획이 성공하기만 했더라면 세계사의 운명을 뒤바꿔놓았을지도 모르는 잊지 못할 밤이었다. 프랑스의 새 왕이 될 루이 17세가 영원히 혁명의 손아귀에서 구출되었을 것이기 때문이다. 그날 밤 바츠 남작과 운명은 공화국의 번영이냐 패망이냐에 내기를 걸었다. 저녁때가 되었고 사방은 어둠으로 물들어가고 있었다. 모든 일이 꼼꼼하게 준비되었다. 매수당한 코르티는 그의 분대를 이끌고 안뜰로 행군해 왔다. 거기에는 이 모반의 지휘관 바츠 남작도 끼어 있었다. 코르티는 모든 중요 출구에 바츠 남작이 모은 왕당파 병사들을 배치했다. 매수당한 또 다른 인물 미쇼니는 감옥 안 일을 맡았다. 그는 이미 마리 앙투아네트와 마담 엘리자베트, 그리고 앙투아네트의 딸에게 군용 외투를 넘겨주었다. 자정이 되면 군모를 눌러 쓴 그들 세 사람은 어깨에 총을 메고 다른 국민병들과 함께 탕플 탑에서 빠져나갈 계획이었다. 어린 황태자는 그들 사이에 세우고 코르티가 인솔하기로 했다. 모든 게 확실해 보였다. 계획은 세부사항까지 잘 들어맞게 짜여 있었다. 코르티는 국민병 지휘관이라 감시병들에게 문을 열도록 명령을 내릴수 있었기 때문에, 그가 직접 이끄는 부대가 아무런 제지도 받지 않고 거리로 나갈 수 있으리라는 것은 의심할 여지가 없었다. 그 다음부터는 바츠가모두 챙겨두었다. 그는 가명으로 아직 경찰의 손이 미치지 않은 파리 근교에집 한 채를 갖고 있었다. 그곳에 몇 주일 동안 왕실 가족을 숨겨 놓았다가안전한 기회가 오면 국경을 넘게 할 작정이었다. 그 밖에도 그는 비상시에추적자들을 막기 위해서 주머니에 피스톨을 두 자루씩 지닌 젊고 결연한 왕당파들을 거리에 배치했다. 이 계획은 얼핏 기묘해 보였지만 사소한 가능성에 이르기까지 철저히 검토한 것이며 벌써 실행이라도 한 듯했다.

11시경이었다. 마리 앙투아네트와 가족들은 언제라도 구출자들을 따라갈수 있도록 준비하고 있었다. 아래에서는 순찰병들이 오가는 발소리가 들렸다. 그러나 그런 감시는 그녀에게 위협이 되지 않았다. 과격 공화당원 제복을 입고 있지만 사실은 자기편 동료들임을 그녀도 알고 있었기 때문이었다. 미쇼니는 바츠 남작의 신호만을 기다리고 있었다. 그때 갑자기 감옥 문을 세차게 두드리는 소리가 났다. 무슨 일이 일어난 것일까? 그들은 질겁해서 몸을 움츠렸다. 누군가 감옥 문을 심하게 두들겼다. 혐의를 받지 않으려고 그들은 문을 두드리는 사람을 들어오게 했다. 그는 시 위원이며 성실하고 청렴결백하기로 유명한 혁명가 구두장이 시몽이었다. 그는 왕비가 이미 탈출하지는 않았나 해서 흥분하여 뛰어들어 왔다. 몇 시간 전에 헌병이 그에게 쪽지를 가져왔다. 오늘 밤 미쇼니가 모반을 꾀하고 있다는 내용이었다. 그래서 그는 곧 이 중요한 소식을 시 위원회에 전했다. 그들은 그의 황당무계한 이야기를 믿으려 들지 않았다. 날마다 수백 통의 밀고가 위원들 책상 위로 빗발치듯 날아들었기 때문이다. 어떻게 그런 일이 가능할 수 있단 말인가? 탕플 탑은 280명이 감시를 하고 가장 신뢰할 수 있는 위원들이 빈틈없이 감시하고 있는데……. 그러나 어쨌든, 별일은 아니겠지만, 그들은 그날 밤 미쇼니 대신 시몽이 탕플 탑 내부 감독을 맡도록 지시했다. 그가 오는 것을 보자 코르티는 만사가 틀려졌음을 바로 깨달았다. 다행히도 시몽은 그가 공범자라고는 짐작도 하지 못했다.

"자네가 여기 있으니 안심일세." 친근하게 말하고 나서 시몽은 미쇼니가 있는 탑 안으로 올라갔다.

이 의심 많은 사람 때문에 자기 계획 모두가 산산이 부서지고 마는 것을 본 바츠 남작은 잠시 생각했다. 시몽을 재빨리 뒤쫓아가 피스톨로 바로 쏘아 버려 그의 두개골을 부숴 버리는 게 낫지 않을까? 하지만 그것은 분별없는 짓이었다. 총성이 나면 나머지 감시병들이 모조리 달려올 테고 그렇지 않더라도 우리 가운데 배신자가 있는 게 틀림없으니 왕비를 구출하는 것은 더 이상 불가능한 일이었다. 폭력을 써 봤자 쓸데없이 왕비의 목숨만 위태롭게 할 뿐이다. 이제 남은 일은 변장하여 잠입한 자들을 온전하게 탕플 탑 밖으로 데리고 나가는 일뿐이었다. 불안해진 코르티는 재빨리 모반자들로 순찰대를 짰다. 바츠 남작을 포함한 순찰대는 탕플 탑 뜰로부터 조용히 거리로 빠져 나갔다. 그렇게 해서 모반자들은 구출되었다. 그러나 왕비는 포기하는 수밖에 없었다.

그러는 동안 시몽은 몹시 화를 내며 미쇼니에게 해명을 요구했다. 바로 시위원들 앞에서 변명해보라는 것이었다. 변장복을 재빨리 감춘 뒤인 미쇼니는 꿋꿋하게 서 있었다. 아무런 저항 없이 그는 이 위험한 사람을 따라 엄중한 법정으로 갔다. 그러나 이상하게도 사람들은 시몽을 냉담하게 대하고 돌려보냈다. 그의 애국심과 선의, 경계심을 칭찬하긴 했으나 자네가 본 것은 유령일 뿐이라며 용감한 시몽에게 분명히 알아듣도록 말했다. 언뜻 보기에 시 위원회는 그 음모를 진지하게 여기지 않았던 듯싶었다.

실제로—이 일은 복잡 미묘한 정치를 반영하고 있다—시 위원회는 이 탈출 기도를 매우 진지하게 생각했으나, 단지 누설되지 않도록 조심할 따름이었다. 뒷날 마리 앙투아네트의 재판이 열리자 공안위원회는 검사에게 공문을 내려 시몽이 막아낸 바츠와 공범자들의 대규모 탈출계획에 대해 깊이 파고 들지 말도록 못박았는데, 이 기묘한 행동이 바로 그 증거이다. 자세한 부분은 끄집어내지 말고 탈출 시도에 대해서만 말하도록 했다. 충실한 공화당원들조차 이미 부정부패에 물들어 있음이 온 세상에 알려지는 일을 시 위원회는 두려워했던 것이다. 그래서 세계 역사의 극적이고 믿기지 않는 이 에피소드는 오랜 시간 침묵 속에 묻혀 있었다.

겉보기엔 그렇게 충실한 관리들의 부정부패에 놀란 시 위원회는 감히 공범자들을 드러내놓고 심문하지 못했다. 반면에 이제부터는 더욱 모질게 마음먹고 거듭 자유를 얻기 위해 투쟁하는 대담한 마리 앙투아네트의 탈출 시도를 불가능하게 만들도록 결정했다. 먼저 의심스런 위원들, 툴랑과 르피트르를 해임하고 마리 앙투아네트를 범죄자처럼 감시하도록 했다. 밤 11시 정각, 시 위원회에서 가장 냉정한 에베르가 아무것도 모르고 일찍 잠자리에 든 마리 앙투아네트와 마담 엘리자베트 앞에 나타났다. 그는 "재량껏" 방과 사람들을 수색하라는 코뮌의 명령을 철저하게 수행하여 새벽 4시까지 모든 방과 옷장, 가구들을 샅샅이 뒤졌다.

그러나 수색의 수확은 화가 날 만큼 별것 없었다. 별 볼 일 없는 주소 몇 개가 쓰여 있는 빨간 가죽으로 된 작은 가방과 연필 없는 연필통, 봉랍 한 조각, 세밀화 초상 두 점, 또 다른 기념물, 루이 16세의 헌 모자 등이었다. 방법을 바꿔가며 수색을 되풀이했으나 마리 앙투아네트에게 불리한 증거물은 없었다. 혁명이 계속되는 동안 친구들과 조력자들을 위험에 노출하는 일이 없도록, 마리 앙투아네트는 모든 편지를 받는 즉시 태워 버렸기 때문에 이번에도 조사 위원들에게 기소 구실이 될 만한 증거품이 없었다. 위원회는 침착하게 투쟁하는 여인에게서 법률위반의 단서를 찾지 못해 화가 났고 또 한편으로는 그녀가 의심스런 노력을 그만두지 않으리라는 것을 확신했다. 따라서 위원회는 그녀에게 가장 예민한 부분인 모성애에 상처를 주기로 결정했다.

이번엔 그녀 마음에 크나큰 타격을 주었다. 음모가 발각된 며칠 뒤인 7월 1일, 공안위원회는 어린 황태자 루이 카페를 어머니에게서 떼어내 그녀와 의사소통을 할 수 없도록 탕플 탑 가장 안전한 장소에 가두는, 더 분명하고 잔인하게 말하면 어머니의 손에서 아들을 빼앗아 버리자는 결의안을 발표했다. 가정교사는 위원회가 결정했다. 위원회는 시몽의 경계심에 감사하며, 가장 신뢰할 만하고 확실하며 돈이나 또는 감상에 흔들리지 않을 과격 공화당원인 이 구두장이를 황태자의 가정교사로 임명했다. 단순하고 소박하며 거친 시민 시몽은 순수하고 정직한 프롤레타리아였다. 뒷날 왕권주의자들이 날조했던 것처럼 난폭한 술꾼이나 살인적인 사디스트는 아니었다. 그러나 얼마나 짓궂은 선택인가! 이 사람은 살면서 책이라고는 아마 한 권도 읽지 않았을 것이며, 세상에 알려진 그의 오직 한 장뿐인 편지가 증명하듯 맞춤법조차도 전혀 몰랐다. 그는 청렴한 과격 공화당원이고, 1793년에는 이미 어떤 관직이라도 얻을 충분한 자격이 있었다. 혁명 정신의 곡선 그래프는 육 개월 전부터 급속도로 하락했다. 예전 같았더라면 국민의회는 뛰어나고 위대한 작가이며 《인간 정신의 위대한 진보》의 저자인 콩도르세를 프랑스 왕위 계승자의 가정교사로 결정했으리라. 구두장이 시몽에 비하면, 이 차이는 끔찍할 정도였다. 그러나 '자유, 평등, 박애' 세 단어 가운데 자유의 개념은 감시 위원회가 생기고부터, 박애의 개념은 단두대가 만들어진 뒤부터 아시냐 지폐만큼 가치가 폭락한 것이다. 오직 평등 사상, 그보다는 오히려 강제적 평등 사상만이 과격하고 폭력적인 혁명의 마지막 단계를 지배하고 있었다. 이 조치로써 그들의 의도는 분명해졌다. 어린 황태자를 교육받은 사람, 교양 있는 사람으로 키워서는 안 되고 정신적으로 최하위, 교육받지 못한 시민 계급에 머물도록 할 속셈이었다. 황태자에게 자신의 신분을 완전히 잊게 하여 남들도 그를 더 쉽게 잊을 수 있도록.

저녁 아홉 시 반, 시청 관리 여섯 명이 탕플 탑 문을 쾅쾅 두드릴 때까지도 아이를 엄마의 품에서 빼앗아 가려는 국민공회의 결정에 대해 마리 앙투아네트는 꿈에도 생각하지 못했다. 잔인하고도 갑작스런 뜻밖의 기습은 에베르가 주로 쓰는 처벌 방식이었다. 그는 언제나 사전 통고도 없이 한밤중에 들이닥쳐 감찰을 했다. 아이는 벌써 오래 전에 잠자리에 들었고 왕비와 마담 엘리자베트는 아직 자지 않고 있었다. 그들이 안으로 들어왔다. 왕비는 수상쩍게 여기며 몸을 일으켰다. 이런 한밤의 방문은 늘 굴욕적인 일이나 나쁜 소식만을 그녀에게 전해 주었기 때문이다. 이번에는 그들도 조금 당황해 하는 듯했다. 모두 한 가정의 아버지인 그들에게는 아무런 외적인 이유도, 정당함조차 없으면서 외아들을 모르는 사람에게 영원히 넘겨주어야만 한다는 공안위원회의 명령을 전하기란 무척 어려운 임무였으리라.

그날 밤에 절망한 어머니와 시청 관리들 사이에 무슨 일이 벌어졌을까. 유일한 목격자인 마리 앙투아네트의 딸이 쓴 불확실한 기록 말고는 아무것도 없다. 그저 직무상 명령을 따라야 할 뿐인 이 관리들에게, 마리 앙투아네트는 아들을 자기 곁에 있게 해 달라고 눈물로써 간청했다는, 뒷날 앙굴렘 공작 부인이 된 그녀의 말이 사실일까? 아들을 빼앗기느니 차라리 자기를 죽이라고 말했다는 게 사실일까? 계속해서 거부하자 관리들은(그런 명령이 없었던 것으로 보아 사실 같지는 않다) 어린 아들과 공주를 죽이겠다고 위협했고 한참을 다툰 끝에 마침내 울부짖는 어린아이를 난폭하게 끌고 갔다는 이야기가 사실일까?

공식적인 보고에는 이 같은 기록이 하나도 없다. 미사여구를 사용하기 좋아하는 한 관리는 다음과 같이 말했다. "이별은 이런 때 예상되는 모든 감정의 폭발을 수반했다. 국민의 대표는 그 엄격한 의무와 일치하는 한 모두 이해해 주었다." 이처럼 보고는 보고끼리, 그리고 당파는 당파끼리 대립해 있다. 당이 말하는 곳에 좀처럼 진실은 없는 법이다. 그러나 한 가지만은 의심할 여지가 없다. 아들과의 강제적인, 불필요한, 비참한 이별은 마리 앙투아네트 생애에서 가장 고통스러운 순간이었으리라는 사실 말이다. 이 금발머리의 자랑스럽고 조숙한 아이를 엄마는 특별히 사랑했었다. 그녀는 이 아이를 왕으로 키우려 했다. 오직 이 아이만이 온종일 명랑하게 종알거리고 호기심에 차 질문함으로써, 외로운 탑 안에서의 시간들을 그래도 견딜 수 있도록 해 주었다. 의심할 바 없이 그녀의 마음속에는 딸보다 아들이 더 큰 자리를 차지하고 있었다.

딸은 무뚝뚝하고 애교가 없고 정신적으로 나태했다. 따라서 어떤 면에서도 옹졸했고 마리 앙투아네트가 쏟아붓는 생생한 애정에 대해 그 아름답고 활발한 소년만큼 감정을 나타내지 못했다. 제 자식을 이렇게 무의미하고 사납게, 잔인한 방법으로 영원히 빼앗기다니. 황태자는 마리 앙투아네트가 있는 탑에서부터 몇 미터밖에 떨어지지 않은 탕플 수도원 안에서 살 수 있도록 허락받기는 했지만, 시 위원회의 무례한 형식주의 때문에 어머니는 자식에게 한마디 말도 건넬 수가 없었다. 병이 났다는 이야기가 들려도 들여다볼 수 없었다. 황태자는 페스트 환자처럼 외부로부터의 접촉이 모두 단절되고 말았다. 그뿐인가, 교육 담당인 구두장이 시몽과도 이야기를 나누지 못하도록 명령을 내렸다. 아들에 대한 정보를 물어도 모두 거절당했다. 어머니는 아들이 같은 대기 속에서, 바로 옆에 살고 있는 것을 알면서도 말도 붙이지 못한 채 안타까워하고만 있었으며, 그 어떤 명령으로도 막을 수 없었던 영적인 교감 말고는 아는 체하는 것조차 허락되지 않았다.

드디어 작고 부족하지만 위안거리 하나를 발견했다. 마리 앙투아네트는 4층에 나 있는 유일한 계단창에서 아들이 노는 안뜰 한 모퉁이를 볼 수 있다는 사실을 알아차렸다. 전에는 왕비였던 시련의 여인 앙투아네트는 이제 몇 시간씩 창가에 몰래 서서(감시원의 묵인 아래) 잠시 뿐이더라도 감옥 안뜰에 사랑하는 아들의 밝은 그림자가 나타나기만을 기다렸다. 창으로부터 때때로 눈물어린 어머니의 눈길이 자신의 움직임 하나하나를 뒤쫓고 있음을 모르는 이 아이는 쾌활하게 놀기만 했다. 아홉 살 난 아이가 자기 운명에 대해 무엇을 알겠는가! 아이는 곧 새 환경에 익숙해졌고, 자신이 누구의 아들이며 어떤 핏줄이며 이름이 무엇인가를 잊어버린 듯했다. 아이는 시몽이나 그의 친구로부터 배운 〈카르마뇰〉이나 〈사 이라〉와 같은 노래를 의미도 모른 채 큰 소리로 불렀다. 그는 붉은 상퀼로트 모자를 쓰고 좋아라하면서 어머니를 감시하는 군인들과 이야기를 주고받았다. 아이와 어머니 사이는 돌로 된 벽뿐만 아니라 온 세계에 의해 내면적으로 분리되어 있었다. 그러나 어머니는 눈으로만 볼 뿐, 팔로 안아볼 수도 없는 제 자식이 그렇게도 쾌활하고 즐겁게 뛰어노는 것을 보는 것만으로도 심장이 강하고 밝게 고동쳤다. 이 가여운 아이는 어떻게 될 것인가? 무정한 국민공회로부터 그 아이를 무자비한 손으로 인도받은 에베르는 자신이 주재하는 악덕 신문 〈페르 뒤셴〉에 다음과 같은 위협적인 말을 실었다. "불쌍한 국민이여, 이 작은 사내아이는 머지않아 혹은 뒷날 당신네들의 화근이 될 것이다. 지금 우습게 보일수록 한층 더 위험하다. 이 작은 뱀과 그의 누나는 황량한 섬에 유배해야 한다. 어떤 일이 있어도 그를 내쫓아야만 한다. 공화국의 안녕이 달린 문제인데 아이 하나가 무엇이 중요하단 말인가!"

아이 하나에게 무슨 가치가 있겠는가? 물론 에베르에게는 아무 가치가 없었다. 어머니는 그것을 잘 알았다. 그래서 그녀는 사랑스런 아이가 안뜰에 보이지 않는 날마다 몸서리를 쳤다. 그리고 이 마음의 적이 자기 방에 들어올 때마다 저항할 수 없는 노여움으로 몸을 떨었다. 이자야말로 아이를 빼앗아가도록 권고한 장본인이며 그렇게 함으로써 도덕적 세계에서 가장 비열한 범죄를 범했다. 혁명이 그녀를 다름 아닌 에베르에게, 그녀에게 테르시테스[1]와도 같은 사내에게 인도했다는 사실은 혁명사의 음울한 한 페이지를 장식한다. 아무리 순수한 이념일지라도 간사한 인간에게 권력을 주고 비인간적인 짓을 하게 한다면 금방 비열해지고 마는 것이다.

오랜 시간이 지나 아이의 웃음소리에 마음이 밝아지는 일도 사라지니 창살을 친 탑 안 방은 더욱 어두워졌다. 밖에서는 아무 소리도 들려오지 않았다. 마지막 조력자들도 사라지고 친구들은 손이 닿지 않는 먼 곳에 있었다. 고독한 세 여자, 마리 앙투아네트와 어린 딸과 마담 엘리자베트는 날마다 함께 마주앉아 있었다. 이젠 나눌 만한 이야기도 다해 버렸고 희망도, 공포까지도 잊어버린 듯한 기분이었다. 봄이 되고 벌써 여름이 왔지만 그들은 뜰에 내려가는 것도 잊었다. 무거운 피로가 온몸을 짓눌렀다. 혹독한 시련이 계속된 몇 주 동안 왕비의 얼굴에서 사라진 것이 있었다. 이 여름에 어느 무명 화가가 그린 마리 앙투아네트 최후의 초상을 보면 전원극(田園劇)의 여왕, 로코코의 여신을 상상하기는 힘들며 튈르리 궁에 있을 때처럼 오만하고 당당하며 위엄 있는 여자의 모습도 찾아볼 수 없었다. 머리가 하얗게 세고 베일을 쓴 이 초상화의 얼굴은 서른여덟 살인데도—너무 많은 고생을 해서—노파처럼 보였다. 지난날 그토록 거만했던 눈에 나타나던 생동감은 모두 사라지고 말았으며 무서운 피로로 두 손을 축 늘어뜨리고 앉은 채 종말에의 부름까지도 아무런 반항 없이 따라가려는 듯 보였다. 지난날 얼굴에 보이던 우아한 품격은 고요한 슬픔으로 변했으며, 불안은 완전히 사라지고 무관심으로 바뀌었다. 언뜻 보면 마리 앙투아네트 최후의 초상은 수녀원 원장의 모습 같다. 현세적인 생각은 모두 버린 채, 아무런 희망도 없이 이미 이 세상의 삶이 아닌 저세상에 살고 있는 듯한 모습이다. 거기에는 아름다움도, 용기도, 힘도 찾을 수가 없다. 오직 크고 조용한 무관심 말고는 아무것도 찾을 수 없다. 왕비는 퇴위했을 뿐만 아니라 여자다움까지도 포기했다. 지치고 기운 없는 노부인이 무슨 일에도 놀라거나 겁내지 않는 푸르고 맑은 눈망울을 들고 있을 따름이었다.

---

[1] 《일리아드》에 나오는 추악하고 입이 더러운 추남.

그로부터 며칠이 안 돼 새벽 2시에 요란하게 문을 두드리는 소리가 들렸다. 마리 앙투아네트는 이제 겁내지 않았다. 남편, 아이, 애인, 왕관, 명예, 자유를 모조리 빼앗긴 지금, 세계가 무슨 일을 더 벌이겠는가? 그녀는 조용히 일어나 옷을 입고 위원을 방 안에 들였다. 그들은 기소된 카페의 미망인을 콩시에르쥬리에 수용한다는 국민공회의 명령서를 읽었다. 마리 앙투아네트는 가만히 귀를 기울이고 아무 말도 하지 않았다. 혁명재판소에 기소되면 사형 선고를 받은 것과 마찬가지이며 콩시에르쥬리는 죽음의 집이라는 사실을 그녀는 잘 알고 있었다. 그러나 그녀는 어떤 부탁도, 논쟁도 하지 않았으며 시간을 달라는 말도 하지 않았다. 이런 통지를 가지고 살인자처럼 한밤에 쳐들어온 사람들에게 그녀는 한마디도 하지 않았다. 그녀는 태연히 옷 검사를 받았고, 몸에 지닌 물건을 모조리 빼앗기면서도 반항하지 않았다. 겨우 손수건 한 장과 강심제가 든 작은 병만이 허용되었다. 그녀는 또 한번―벌써 몇 번째인가! ―이별을 고하지 않으면 안 되었다. 이번에는 시누이와 딸에게. 이것이 마지막 이별임을 그녀는 알고 있었다. 그러나 세상은 이미 그녀를 이런 이별에 너무나도 익숙한 사람으로 만들어 버렸다.

그녀는 뒤를 돌아다보지도 않고 자세를 바르고 꼿꼿하게 한 채 방문을 나와 빠른 걸음으로 계단을 내려갔다. 도움의 손도 뿌리쳤다. 힘이 빠졌을 때를 대비해 강심제 병을 가져 왔지만 필요치 않았다. 그녀는 이미 스스로 내부에서부터 강해져 있었던 것이다. 가장 괴로운 아픔도 이미 견디어냈다. 이 몇 달 동안의 생활보다 더한 괴로움은 있을 수 없었다. 이번 고통은 좀 더 쉬운 것, 죽음이었다. 그녀는 죽음을 향해 거의 돌진해 가는 듯이 보였다. 끔찍한 추억뿐인 이 무서운 탑에서 빨리 나가려고 서둘렀다. 그래서 낮은 문에 머리를 숙이는 것도 잊었는지―눈물로 눈이 흐려졌는지도 모른다―이마를 단단한 문틀에 부딪쳤다. 따라오던 사람들이 달려와 아프지 않냐고 걱정스레 물었지만, 그녀는 침착하게 "아뇨"라고 대답했다. "아픔 같은 것은 잊은 지 오래되었어요."

콩시에르쥬리

그날 밤 또 다른 여자, 콩시에르쥬리 관리인의 아내 마담 리샤르도 자다가 일어났다. 늦은 저녁 갑자기 마리 앙투아네트가 쓸 작은 방 하나를 준비하라는 지시가 내려왔다. 공작·후작·백작·사교·시민, 모든 계급의 희생자들 뒤를 이어 이제 프랑스 왕비까지 죽음의 집으로 오게 된 것이다. 마담 리샤르는 놀랐다. 이 서민 여자에게 '왕비'라는 단어는 아직도 힘찬 종소리처럼 마음속에 경외심을 울려 퍼지게 하였기 때문이었다. 왕비라니! 내가 왕비와 한 지붕 아래서 지내게 될 줄이야! 곧 마담 리샤르는 침대 시트 중에서 가장 질 좋은 흰 리넨을 찾아냈다. 마인츠의 정복자 퀴스틴 장군은 한때 회의실이었던 이 쇠창살 달린 방을 비워주어야 했다. 리샤르 부인은 이 음산한 방에 왕비를 맞이할 준비를 서둘렀다. 접이식 철제 침대, 매트 두 장, 짚으로 만든 의자 두 개, 베개, 얇은 이불 그리고 세숫대야와 습기 찬 벽 앞에 놓인 낡은 양탄자. 그 말고는 왕비에게 허용되지 않았다. 준비가 끝난 다음 그들은 아주 오래된, 돌로 지어진 이 반지하건물 안에서 왕비 일행을 기다렸다.

새벽 세 시 정각. 마차 몇 대가 덜컹거리면서 도착했다. 맨 먼저 헌병들이 횃불을 들고 어두운 복도로 들어왔다. 그 다음엔 운 좋게도 바츠 사건을 잘 처리해서 감옥 총 감독관 자리를 지켜낸 약삭빠른 레모네이드 상인 미쇼니가 들어섰고, 그 뒤를 따라 깜박이는 등불 빛을 받으며 왕비가 감방에서 함께 있도록 허락된 유일한 생명체인 작은 개와 함께 들어왔다. 밤늦은 데다 콩시에르쥬리에서 프랑스 왕비 마리 앙투아네트를 못 알아봤다고 한다면 그건 너무나 뻔히 속이 들여다보이는 연극이 될 것 같았다. 그래서 그녀에겐 관례적인 서류 절차를 생략하고 방에 들어가 쉬도록 허락이 내렸다. 왕비의 마지막 77일에 대한 가장 진실하고 감동적인 보고를 남겨 준, 글조차 쓸 줄 모르는 시골 출신에 어리고 불쌍한, 감옥 관리인 가족의 하녀 로잘리 라몰리에르는 몹시 흥분해서 검은 옷을 입은 창백한 부인을 살그머니 뒤따라가 그녀가 옷을 벗는 것을 보고 "도와드릴게요" 말했다. "고마워, 아가씨." 왕비가 대답했다. "도와줄 사람이 없어진 뒤로 내 일은 내가 한단다." 먼저 그녀는 자기에게 주어진 짧은 그러나 끝없는 시간을 헤아릴 수 있도록 벽에 박힌 못에 시계를 걸었다. 그러고는 옷을 벗고 자리에 누웠다. 그러자 무장한 헌병이 들어왔고 문이 닫혔다. 이제 커다란 비극의 마지막 장이 시작된 것이다.

파리 사람뿐 아니라 온 세계 사람들이 다 알고 있듯 콩시에르쥐리는 정치범 가운데서도 가장 위험한 인물만을 수용하기 위해 마련된 감옥이다. 이름이 적힌 수용인 명부는 사망 증명서나 다를 바 없었다. 생 라자르, 카르므, 아베이 그 밖의 어떤 감옥이라도 다시 세상 밖으로 나갈 수 있었다. 그러나 콩시에르쥐리에선 아주 특수한 경우 말고는 그렇게 되기가 힘들었다. 그러므로 마리 앙투아네트와 국민들은 이곳에 수용된 것이 죽음의 춤을 위한 바이올린 서곡임을 의심치 않았다. 그러나 국민공회는 아직 귀중한 볼모인 왕비를 서둘러 재판정에 세울 생각은 없었다. 콩시에르쥐리로의 이송은 질질 끌어온 오스트리아와의 교환 협상을 위한 채찍질일 뿐이었다. 국민공회를 시끄럽게 울려 대었던 고발의 나팔소리도 아랑곳하지 않았다. 모든 외국 신문마다 놀라움으로 크게 보도한 이 '죽음의 대기실'로의 이송 뒤 3주가 지나도록 혁명 재판소의 푸키에 탱빌 검사에게는 아무런 서류도 넘어오지 않았다. 큰 나팔을 한 번 불고 나자 국민공회도, 코뮌도 마리 앙투아네트에 대해서 다시 공개 토론을 하려고들지 않았다. 혁명의 추악한 앞잡이 에베르가 가끔씩 그의 〈페르 뒤셴〉지에 그 "창녀"를 이제 "삼손의 넥타이"로 매달아야 한다고, "그 암늑대의 머리채로 볼링을 할 때"라고 떠들어대긴 했지만, 더 앞을 생각한 공안위원회는 에베르가 노기등등해서 "어째서 오스트리아의 암늑대에게 판결 내리기를 그렇게 끌고 있는가. 증거 따위는 필요없다. 그녀에게 마땅한 판결을 내릴 생각이라면 그녀 양심에 가책을 느끼게 하는 모든 피의 대가로써 찢어발긴 살로 만들지 않으면 안 된다"라고 외치는 것을 태연히 듣고만 있었다. 그의 거친 말과 소란은 군용 지도만을 들여다보고 있는 공안위원회의 비밀 계획에 한 치의 영향도 미치지 못했다. 이 합스부르크 집안의 딸을 아직도 유용하게 써먹을 수 있다는 것, 그것도 곧 써먹을 수 있다는 사실을 아무도 몰랐다. 7월은 프랑스 군대에게 불리한 달이었다. 언제 동맹군이 파리로 행군해 들어오는지 모르는 일이었다. 무엇 때문에 귀중한 생명을 쓸데없이 버린단 말인가! 그래서 에베르가 떠들도록 그냥 내버려둔 것이다. 그러한 공회의 태도는 왕비가 곧 처형될지도 모른다는 의혹을 더욱 부채질했다. 그러나 국민공회로서는 그녀의 운명을 어떻게 해결해야 할는지 미결이었다. 마리 앙투아네트는 석방도, 유죄 판결도 받지 않은 채 그대로 있었다. 그저 그녀 머리 위에 칼을 매달아 놓고 때때로 번득이는 칼날을 보여주어 합스부르크 집안을 위협하며, 오스트리아가 협상에 고분고분해지기만을 기다릴 뿐이었다.

그러나 불행하게도 마리 앙투아네트를 콩시에르쥬리로 이송했다는 소식은 그녀의 친척들을 조금도 놀라게 하지 않았다. 그녀가 프랑스 지배자였을 때는 합스부르크 집안의 정치를 위해서는 중요한 인물이었지만, 이제 한낱 폐위당한 왕비, 불쌍한 여자에 지나지 않으니 대신이나 장군, 황제에게는 아무런 관심거리도 될 수 없었다. 외교는 감상적인 것이 아니기 때문이다. 그러나 오직 한 사람, 아무런 힘도 없는 한 사람에게만은 이 소식이 충격적이었는데, 그는 바로 페르센이었다. 절망 속에서 그는 자기 누이에게 이렇게 편지를 썼다. "사랑하는 소피. 하나뿐인 나의 친구인 누이도 왕비가 콩시에르쥬리 감옥으로 이송되었다는 끔찍스런 불행과, 그녀를 혁명재판소로 넘겨준 비열한 국민공회의 처사에 대한 소식을 들었을 줄 안다. 그 소식을 듣고 나니 나는 더 살 수 없을 것 같다. 이런 고통을 견디며 그저 목숨만 부지하는 것을 살아있다고 할 수 있을까. 왕비를 돕기 위해서 작은 일이라도 할 수만 있다면 좀 덜 고통스러울 것 같다. 여기저기 다니면서 도와달라고 애걸하는 일 말고는 아무것도 할 수 없다니 정말 끔찍스럽다. 너만이 내 고통을 함께 나눌 수 있을 것 같구나. 내겐 모든 게 사라져 버리고 말았다. 나의 이 괴로움은 영원하리니 오직 죽음만이 그것을 잊게 해 줄 수 있을 것이다. 아무 일도 손에 잡히지 않고, 힘든 시련을 당하고 있는 왕비의 불행 말고는 아무것도 생각할 수 없구나. 지금은 내가 느끼는 감정을 표현할 힘조차도 없다. 왕비를 구하기 위해서라면 내 생명까지도 바칠 각오가 있지만 그것마저 허락되질 않는구나 왕비를 구해내기 위해서, 그녀를 위해서 죽을 수만 있다면,

더할 나위 없이 행복할 텐데 말이다.”

며칠 뒤에는 또 이렇게 썼다. “무서운 감옥에 갇힌 그녀를 생각하면 내가 숨쉬는 공기조차 저주스럽다. 내 마음은 쪼개지는 듯하고 생명에 독을 넣는 것 같구나. 오직 고통과 분노 사이에서 나는 괴로워할 뿐이다.” 하지만 이 보잘것없는 페르센의 정성이 전지전능한 참모본부 앞에서, 현명하고 숭고하며 거대한 정치 앞에서 무슨 소용이 있으랴! 그가 할 수 있는 것은 오직 분노, 불만, 절망뿐, 가슴속을 뒤집어 놓고 영혼을 불태우는 듯한 지옥의 불길을 폭발시키면서 아무 쓸모도 없는 부탁을 곳곳에 하고 다니는 일뿐이었다. 귀족들의 거실을 찾아다니고, 군인, 정치가, 왕족, 망명자들을 차례로 찾아가 프랑스 왕비, 합스부르크 집안의 황녀인 마리 앙투아네트가 굴욕스럽게 살해되는 것을 그렇게 몰인정하게 바라보고만 있지 말아 달라고 간청하는 것밖에는 할 수 있는 게 없었다. 그러나 그는 여러 곳에서 정중한 말로 거절당했다. 마리 앙투아네트의 충실한 에카르트*¹인 메르시 백작까지도 그에게는 “얼음장”처럼 차갑게 느껴졌다. 메르시는 페르센의 간섭을 정중하기는 하지만 단호히 모두 거절하고 불행하게도 이것을 기회로 개인적인 불만을 쏟으려고만 했다. 메르시는 그가 도의적으로 용서받을 수 있는 이상으로 왕비와 친했다는 사실을 용납하지 않으려 했다. 그는 바로 왕비의 애인으로부터—그녀와 그녀의 생명을 사랑하는 유일한 남자로부터—지시를 받기는 싫었던 것이다.

그러나 페르센은 포기하지 않았다. 그의 끓어오르는 열정과는 너무나도 동떨어진 모든 사람의 얼음과 같은 냉대가 그를 미치광이처럼 만들었다. 메르시가 거절하자 그는 왕실의 또 한 사람 충실한 벗 드 라마르크 백작을 만났다. 지난날 미라보와 거래를 하던 바로 그 인물이었다. 페르센은 그에게서 조금은 인간적인 태도를 느낄 수 있었다. 드 라마르크 백작은 메르시를 찾아가서 그가 25년 전에 마리아 테레지아에게 마지막 순간까지 딸을 지켜준다고 약속했음을 상기시켰다. 두 사람은 메르시의 책상에서 오스트리아군 총사령관 코부르크 공 앞으로 단호한 편지를 썼다. “왕비가 아직 직접적인 위협을 받지 않고 있는 동안에는 왕비를 둘러싼 야만인들의 심기를 거스르지

---

*1 신뢰할 수 있는 지도자.

않도록 침묵을 지킬 수도 있었습니다. 그러나 이제 왕비가 피의 법정으로 넘겨져 버렸으니 그대들은 왕비를 구하기 위하여 무슨 일이든 다 해야 할 의무가 있습니다." 드 라마르크에게 선동당한 메르시는 즉각 파리로 서둘러 진격을 개시하여 온 시내에 공포를 퍼뜨리라고 요구했다. 다른 군사적 작전은 모두 이 긴급한 작전 뒤로 돌려놓았다. "이런 순간에도 움직이지를 않는다면" 메르시는 경고했다. "뒷날 우리 모두가 후회할 것입니다. 승승장구하는 우리 군대로부터 몇 시간밖에 안 떨어진 곳에서, 무서운 범죄가 일어났는데도 군대가 그것을 막을 생각도 하지 않았다면 후세는 어떻게 생각을 하겠습니까!"

그러나 시기를 놓치기 전에 마리 앙투아네트를 구출해내자는 요청을 받은 사람은 유감스럽게도 참으로 어리석고 고리타분한 군인이었다. 총사령관 코부르크 공의 회답은 무척 한심스러웠다. 그는 어리석게도 왕비 폐하의 몸에 폭력이 가해지기만 하면 그 즉시 체포한 국민공회 의원 4명을 산채로 바퀴에 매달아 찢어 버리겠다고 공언했다. 고귀하고 교양 있는 귀족 메르시와 드 라마르크 두 사람은 이 어리석은 태도에 놀라서 이런 바보를 상대해 봤자 아무 소용도 없음을 알아차렸다. 그래서 드 라마르크는 메르시에게 기회를 놓치지 말고 빈 궁정으로 편지를 보내라고 부탁했다. "곧 사신을 보내 위험을 알리도록 해 주시오. 극도로 불안한 상태임을 알려 주시오. 유감이지만 이 불안은 근거가 충분하고도 넘칩니다. 빈에서도 이제는 알 필요가 있습니다. 강력한 승리자인 오스트리아 군대로부터 겨우 40마일밖에 떨어지지 않은 곳에서 마리아 테레지아의 딸이 단두대에 목숨을 잃게 될 판인데 그녀를 구출하려는 시도조차 하지 않았다고 뒷날 역사가 말하는 일이 생긴다면 제국 정부로서는 얼마나 귀찮은 일인지, 아니 감히 말씀드린다면, 얼마나 불미스러운 일이 되는지 모릅니다. 그렇게 되면 우리 황제 가문에 씻을 수 없는 오점을 남기는 결과가 됩니다." 그리고 그는 나이를 먹어 활동하기 불편한 메르시를 선동하려고 개인적인 경고까지도 덧붙였다. "만일 당신이 현재의 불운한 상황 아래에서 우리의 궁정을 지금과 같은 숙명적인 무감각으로부터 깨우치기 위해 애쓰지 않는다면, 사람의 판단이란 늘 공정하지 못한 것이기 때문에, 친구들 모두가 존경하는 당신의 진실한 감정도 정당하게 평가되지 못할 것임을 나는 지적하고자 합니다."

그런 경고에 자극을 받았는지 늙은 메르시는 드디어 마음을 굳히고 열성적으로 움직이기 시작하여 빈으로 다음과 같은 편지를 썼다. "폐하께서는 고모를 위협하는 운명을 방관만 하고 계시는군요. 고모를 그 운명으로부터 벗어나게 하거나, 한 걸음 더 나아가 탈출하게 해 주지 않는 그 태도가 과연 황제 폐하의 존엄과 이해를 해치지 않을는지 저는 의심스럽습니다……. 사정 이러하니 황제 폐하는 특수한 의무를 다하지 않으면 안 됩니다…… 정부의 태도가 언젠가 후세의 비판을 받으리라는 것을 잊어서는 안 됩니다. 그리고 황제 폐하가 고모를 구출하기 위해서 어떤 시도도 하지 않고, 아무런 희생도 하지 않는다면 이 냉혹한 비판을 결코 피할 수 없습니다."

외교사절로서는 비교적 대담한 이 편지도 국내 조정 서류더미 속에 냉담하게 던져져 답장도 내지 않은 채 먼지만 뒤집어쓰고 있었다. 프란츠 황제는 손 하나 까닥하려 들지 않았다. 그는 아무렇지도 않은 듯이 쇤브룬 궁을 산책했고, 코부르크는 태연하게 겨울 전투를 기다리며 병사들에게 지루한 훈련만 시켰기 때문에, 끝내 대혈전에서 잃어버렸으리라고 생각되는 숫자보다도 더 많은 병사들이 달아나고 말았다. 여러 나라 군주들 또한 태평하고 냉담하며 무관심하게 지내고만 있었다. 오랜 합스부르크 가문의 명예가 커지든 작아지든 무슨 상관이람! 누구도 마리 앙투아네트를 구출하기 위해서 손가락 하나 까딱하지 않았다. 메르시는 갑자기 분노를 터뜨리면서 씁쓸하게 말했다. "그들은 자기 눈으로 그녀가 기요틴에 올라가는 모습을 보았어도 구출하려 하지 않았을 것이다."

코부르크 공도, 오스트리아도 믿을 수가 없었다. 왕족도, 망명자도, 친척도 마찬가지였다. 그래서 페르센과 메르시는 자기들 힘으로 최후의 수단을 시도했다. 그것은 매수였다. 그리하여 댄스 교사인 노베르와 정체불명의 재정가를 통해 파리로 돈이 보내졌다. 그것이 누구 손에 넘겨졌는지는 아무도 모른다. 먼저 선이 닿은 사람은 당통이었다. 그는―로베스피에르는 냄새를 정확히 맡고 있었다―일반적으로 접근하기 쉬운 인물로 비추어졌던 것이다. 묘한 것은 길이 에베르에게도 이어져 있었다는 사실이다. 증거는 없지만―매수는 거의 다 그런 법이다―효과는 정말 놀라웠다. 몇 달 전부터 간질병자처럼 "창녀"에게 지금이야말로 "잭나이프형 다이빙"을 시키지 않으면 안 된다고 떠들던 장본인이 어느 날 갑자기 왕비를 탕플 탑으로 돌려보내라고 요구하기 시작한 것이다. 그 뒤 뒷거래가 어디까지 진척되었는지, 또는 진짜로 진척을 보았는지는 아무도 말할 수 없다. 아무튼 황금 탄환을 발사한 것은 이미 때가 너무 늦었다. 훌륭한 친구들이 이렇게 마리 앙투아네트를 구출하려 하는 동안 너무나도 서툰 친구가 그녀를 이미 심연 속에 몰아넣고 있었다. 그녀의 일생에서는 언제나 친구들이 적보다도 더 위험스러웠던 것이다.

마지막 시도

　'죽음의 대기실' 콩시에르쥬리는 혁명 감옥 가운데서도 가장 규칙이 엄했다. 두꺼운 벽으로 둘러싸였고 쇠고리를 단 문짝은 주먹만큼이나 두꺼웠으며 창마다 창살이 달렸고, 통로마다 통행을 막는 칸막이가 쳐졌다. 여러 중대 감시병이 지키는 이 석조 건물에 "여기에 들어오는 자는 모두 희망을 버릴지어다" 단테의 말을 새겨 넣으면 아주 잘 어울렸을 것이다. 철통같은 감옥 경계는 몇 세기 전부터 증명되어 왔으며, 공포 정치의 대량 투옥이 시작되면서 7배나 강화된 감시 조직 탓에 바깥과의 접촉은 불가능했다. 편지를 건네주는 것도 있을 수 없으며 방문도 용납되지 않았다. 이곳 감시원들은 탕플 탑처럼 서투른 감시인을 모아 온 것이 아니라 어떤 술책에도 넘어가지 않는 감시 전문가들로 이루어졌기 때문이다. 게다가 감시를 더 강화하기 위해 피고들 중에 "무통"이라는 전문 스파이까지 섞여 있었다. 따라서 탈옥 계획을 세운다 해도 반드시 먼저 당국에 발각되기가 일쑤였다. 하나의 조직이 몇 년, 몇십 년이라는 긴 세월을 거쳐서 차츰 굳어졌기 때문에 어느 개인이 여기에 저항한다는 것은 도저히 불가능해 보였다.

　그러나 집단적 폭력과 맞서는 모든 개인들을 위로해줄 비밀이 있었다. 그것은 굽히지 않고 단호하게 행동하면 마침내 개인이 어떠한 조직보다도 더 강하다는 것이 증명된다는 사실이다. 인간적인 것은 그 의지가 굽혀지지 않는 한, 종이에 쓰인 명령서 따위는 언제든 백지로 만들 수 있는 법이다. 마리 앙투아네트가 바로 그러했다. 콩시에르쥬리에 이감되고 며칠이 지나자 어느새 여기서도 그녀의 이름과 개인의 품격에서 나오는 이상한 마력으로 감시자들을 모두 친구로, 조력자로, 하인으로 만들어 놓았다. 관리인의 아내가 맡은 일은 방 청소와 간단한 식사 심부름밖에 없었지만 감탄할 만큼 정성스레 왕비를 위해 좋은 식사를 대접하곤 했다. 그리고 "머리를 빗겨 드릴까요" 묻기도 하고 마리 앙투아네트가 좋아하는 음료수를 날마다 한 병씩 다른 시구(市區)에서 가져오게도 했다. 관리인 아내의 하녀 또한 시간만 나면 죄수의 몸이 된 왕비에게 달려와 자기 나름대로 심부름거리가 없는지 물어보고는 했다. 수염을 꼬아 올리고 넓은 대검을 철겅이며 언제나 탄환을 잰 총을 든 감시병들은 무슨 일을 했을까? 심문 조서에 따르면 그들까지도 스스로 왕비를 위해 시장에서 사들인 새 꽃을 그녀의 쓸쓸한 방에 가져갔다. 시민보다 불행과 더 가깝게 사는 하층민들이기에 행복했던 나날에는 그렇게 미움받았던 왕비까지도 가엾이 여기는 감동적인 힘이 우러나왔다. 콩시에르쥬리에서 가까운 시장 아낙네들은 마담 리샤르로부터 왕비가 먹을 닭이나 야채를 산다는 말을 들으면 정성스럽게 가장 좋은 것을 골라주었다. 그래서 재판 때 푸키에 탱빌은 왕비가 탕플 탑에서보다도 콩시에르쥬리에서 더 편안한 생활을 했음을 확인하자 화를 내면서 어처구니없어 했다. 죽음이 가장 잔인한 지배의 손을 떨치던 바로 그 장소에서도 사람들 마음속에는 무의식적인 저항으로서 인간성이 드높아져 가고 있었던 것이다.

마리 앙투아네트와 같은 중요한 국사범에게 감시의 눈이 소홀했다는 말을 한다면 깜짝 놀랄 것이다. 그러나 이 감옥의 총감독이 탕플 탑 탈출계획 때 도움을 주었던 레모네이드 상인 미쇼니임을 생각하면 곧 여러 가지 일이 이해될 것이다. 그 감옥의 두터운 돌벽 너머로도 바츠 남작의 백만이라고 하는 도깨비불은 광채를 빛냈고, 미쇼니는 또 예전처럼 대담한 1인2역을 연기했다. 그는 날마다 의무에 따라 엄격하게 왕비의 방에 들어가 창살의 쇠막대기를 흔들어 보거나 문을 조사하기도 하여 코뮌에 이러한 방문 결과를 꼬박꼬박 규정대로 보고했다. 그래서 코뮌은 이렇게도 착실한 공화주의자를 감독 겸 감시역으로 둔 것은 잘한 일이라고 만족해했다. 그러나 사실 미쇼니는 감시병이 나가는 것을 기다렸다가 왕비와 아주 친밀한 잡담을 하고 그녀가 기다리는 탕플 탑 아이들 소식을 전해주었다. 그뿐 아니라 돈 욕심에서인지 친절에서인지는 알 수 없지만 감옥을 순찰할 때 가끔씩 호기심에 가득 찬 사람들까지도 몰래 데리고 들어오기도 했다. 어떤 때는 영국 남자나 영국 여자도 데리고 들어왔다. 미시즈 앳킨스일 때도 있었고, 또 왕비에게서 마지막 참회를 들었다고 전해지는 신부일 때도 있었고, 또 어떤 때는 카르나바레 박물관에 있는 초상화를 그려 우리에게 남겨준 화가일 때도 있었다. 그러나 끝내는 불행스럽게도 너무도 열심인 까닭에 이런 자유와 은혜를 망쳐 버린 터무니없는 바보까지도 데리고 들어왔다.

뒤에 알렉산더 뒤마가 일대 장편소설로 꾸며놓은 이 악명 높은 '카네이션 음모'는 비밀에 싸인 사건이었다. 사실 이 사건의 수수께끼를 푸는 일은 앞으로도 불가능하리라. 재판 기록이 전하는 바는 충분치 못하고, 사건 주인공의 이야기들은 과장된 냄새가 나기 때문이다. 시 위원회와 감옥 총감독인 미쇼니의 말이 사실이라면, 이 사건 모두가 전혀 말도 안 되는 에피소드였다. 미쇼니는 어느 날 어떤 사람과 함께 저녁을 먹으면서 날마다 감옥을 방문할 의무가 있는 왕비 이야기를 한 적이 있었다는 것이다. 그랬더니 이름도 모르는, 본 적도 없는 그 신사는 무척 흥미를 보이며 언제고 자기도 한번 데려갈 수 없겠느냐고 물었다. 기분이 좋았던 그는 자세히 알아보지도 않고 이 신사를 순찰 때 데리고 갔는데, 왕비한테는 한마디 말도 건네지 않겠다는 맹세를 하게 했다. 시 위원회와 미쇼니의 말에 따르자면 그렇다는 이야기다.

그러나 바츠 남작의 심복이었던 이 미쇼니가 자신이 말하듯이 그런 순진한 사람이었을까? 정말 그는 왕비의 독방에 남모르게 데리고 들어간 이 낯선 신사가 어떤 인물인가를 알아보지도 않았을까? 조사를 했더라면 이 사나이가 슈발리에 드 루즈빌이라는, 왕비와 친한 인물이며 6월 20일[1] 사건에서도 목숨을 걸고 왕비를 지킨 귀족들 가운데 한 사람이었음을 알아낼 수 있었으리라. 그러나 바츠 남작에게 사다리를 내주었던 미쇼니였으므로 그가 이 낯선 남자의 의도를 너무 깊이 물어 보지 않은 데에는 그럴만한 이유가 있었을 것이다. 아마도 흔적이 지워진 이 음모는 오늘날 생각하는 것보다 훨씬 더 잘 짜인 음모였던 듯하다.

어쨌든 8월 28일, 감옥 방문 앞에서 짤그랑 열쇠 소리가 났다. 왕비와 감시병이 일어났다. 그녀는 감옥 문이 열릴 때마다 깜짝 놀라곤 했다. 몇 주, 몇 달 전부터 갑작스레 정부 인사들이 찾아올 때면 늘 좋지 못한 소식을 전했던 까닭이었다. 그러나 이번엔 그렇지 않았다. 비밀의 벗인 미쇼니가 찾아온 것이었다. 그는 낯선 사람을 데리고 왔다. 그녀는 그 남자에게 전혀 주의를 기울이지 않았다. 마리 앙투아네트는 안도의 숨을 내쉬며 미쇼니와 말을 주고받고 아이들 안부를 물었다. 어머니가 가장 먼저 그리고 가장 절실하게

---

[1] 튈르리 습격의 날.

묻는 것은 언제나 아이들 이야기였다. 미쇼니는 친절하게 대답했다. 왕비는 유쾌하다고 할 만큼 기분이 좋았다. 종 모양 유리 덮개처럼 내리누르고 있는 침묵을 깨뜨리고 다른 사람 앞에서 아이들의 이름을 부를 수 있는 이 짧은 몇 분간이야말로 그녀에게는 행복의 순간이었다.

그때 갑자기 마리 앙투아네트는 죽은 사람처럼 창백해지더니 돌연 피가 그녀의 두 볼을 발갛게 물들였다. 그녀는 떨기 시작했다. 가까스로 자세를 흐뜨리지 않고 있을 뿐이었다. 놀라움은 너무나도 컸다. 그녀가 드디어 루즈빌을 알아보았던 것이다. 왕궁에서 몇백 번이나 그녀 옆에 있었던 남자, 아무리 무모한 일도 할 수 있는 남자였다. 도대체 일이—모든 것을 차분히 생각하기엔 시간이 너무나 짧았다—어찌 된 것일까? 확실하게 믿을 수 있는 이 벗이 갑자기 독방에 나타났다니! 나를 구출하기 위한 것일까? 전할 말이 있는 것일까? 무엇을 건네줄 작정일까? 그녀는 루즈빌에게 감히 말을 건네지는 않았다. 감시병과 하녀의 눈을 피하느라 함부로 그를 쳐다보는 일조차 삼갔다. 그러나 그녀는 그가 몇 번인가 의미를 알 수 없는 어떤 신호를 보내고 있음을 눈치챘다. 몇 달 만에 찾아온 심부름꾼이 이렇게 가까이 있는 데도 그의 신호를 이해할 수 없다는 것은 마음을 괴롭게, 그러면서도 즐겁게 하는 일이었다. 그녀의 마음은 뒤숭숭해져서 하마터면 정신을 잃을 뻔했다. 남들이 눈치채지나 않을까 점점 걱정이 되었다. 미쇼니도 곤혹스러움을 어느 정도 눈치챈 모양이었다. 그는 다른 방도 순찰하지 않으면 안 된다는 생각이 들어 손님을 데리고 황급히 밖으로 나갔는데 다시 한 번 찾아올 작정이라고 분명히 말하고 갔다.

혼자 남은 마리 앙투아네트는—오금이 벌벌 떨렸다—앉아서 마음을 가라앉혔다. 그녀는 두 사람이 되돌아오면 처음 갑작스럽게 만났을 때보다는 좀 더 주의를 하고 정신을 가다듬어 어떤 신호, 어떤 몸짓도 놓치지 말자고 다짐했다. 정말로 그들은 다시 찾아왔다. 다시금 열쇠가 짤그락 소리를 냈고 미쇼니가 루즈빌과 함께 들어왔다. 마리 앙투아네트는 이제는 정신을 되찾고 있었다. 그녀는 미쇼니와 이야기하면서 전보다도 예민하고 주의 깊고 침착하게 루즈빌을 관찰했다. 그랬더니 갑자기 루즈빌이 재빨리 신호를 보내며 무엇인가를 난로 뒤 구석으로 던지는 것이었다. 그녀는 가슴이 두근거렸고 빨리 그것을 읽어보고 싶었다. 미쇼니와 루즈빌이 방을 나가자 곧 그녀는 침착하게 구실을 찾아내 감시병에게 두 사람 뒤를 쫓아가게 했다. 감시가 사라진 일 분을 틈타 그녀는 숨겨진 물건을 집었다. 어머! 카네이션뿐이잖아. 아니, 그렇지 않군. 카네이션 가운데에 접어 넣은 쪽지가 한 장 들어 있었다. 그녀는 그것을 꺼내 읽었다. "나의 은인이여, 나는 결코 당신을 잊지 않을 것입니다. 나의 희생심을 증명하기 위해선 언제까지나 방법을 찾을 겁니다. 당신 주위 사람들에게 쥐어줄 돈이 필요하시다면 삼사백 루이도르[*2]를 다음 금요일에 가지고 오겠습니다."

희망의 기적을 체험한 불행한 여자의 마음이 어떠했으리라는 것은 쉽게 상상할 수 있다. 마치 어두운 감방 천장이 천사의 칼로 다시 한번 환히 열리는 듯한 기분이었다. 빗장을 내린 문을 일고여덟 개 지나 모든 금지 명령에도 불구하고 마치 코뮌의 모든 대책을 무시하듯 이 무서운 죽음의 집까지 유일한 자기편인 루이 기사단의 기사, 신뢰할 수 있는 왕당파가 잠입해 온 것이다. 이제 구출될 날도 멀지 않았다. 사랑하는 페르센이 이 도움의 밧줄을 그녀에게 보내준 게 틀림없었다. 알려지지 않은 힘있는 조력자가 새로 나타나 심연의 바로 한 발자국 앞에 선 그녀의 목숨을 구하려 하는 것이다. 단념하고 있던 백발의 왕비는 다시 삶에 대한 용기와 의욕을 갖게 되었다.

그녀는 용기를 가졌다. 유감스럽게 지나칠 정도의 용기를. 그리고 그녀는 믿음도 있었다. 너무나도 많은 믿음을. 삼사백 두카트는 자기 방에 있는 감시병을 매수하기 위한 돈이라는 것을 왕비는 곧 알아차렸다. 그녀가 할 일은 그것뿐이었다. 나머지 일은 친구들이 알아서 처리하리라. 타오르는 희망 속에서 그녀는 곧 일을 시작했다. 위험스런 그 종이쪽지를 찢어버리고 왕비는 손수 답장을 쓸 준비를 했다. 펜, 연필, 잉크는 빼앗기고 없었지만 종잇조각은 한 장 남아 있었다. 왕비는 그것에—필요는 발명의 어머니이다—바늘로 뚫어 답장을 썼다. 이 쪽지는 뒷날 다른 사람의 손에 못 알아보도록 훼손되었지만 오늘날까지 유품으로 남아 있다. 이것을 그녀는 감시병 질베르에게 주고서 아까 본 낯선 손님이 다시 올 때 그걸 그에게 넘겨준다면 후한 사례를 치르겠다고 약속했다.

[*2] 루이 금화.

여기서부터 사건에 어두운 그림자가 비치기 시작한다. 감시병 질베르는 내심 동요를 했던 것이다. 삼백 루이도르, 사백 루이도르라는 돈이 그 가련한 인간에게 화려한 빛을 번쩍였다. 그러나 기요틴 칼날 또한 불길한 빛을 번뜩이고 있지 않은가! 그는 이 불쌍한 여자에 동정심을 갖고 있었지만 한편으로는 감시병이라는 자기 직위가 마음에 걸렸다. 어떡해야 할 것인가? 부탁을 들어주자니 공화국을 배반하는 일이 되고, 밀고하자니 딱하고 불행한 여자의 신뢰를 저버리게 된다. 그래서 감시병은 그 중간 방법을 택하기로 하고 관리인의 아내이며 전능한 마담 리샤르에게 의논했다.

그런데 마담 리샤르마저 결정을 못 내리고 말았다. 그녀도 가만있을 용기나, 크게 떠들 용기는 없었다. 이렇게 위험한 음모에 가담할 생각은 없었던 것이다. 그녀의 귀에는 백만이 외쳐대는 소리가 들려오고 있었다.

마담 리샤르도 감시병과 마찬가지였다. 고발을 하지는 않았지만 그렇다고 완전히 입을 다문 것도 아니었다. 감시병이 그랬듯 그녀까지 책임을 떠넘기기 위해 그 비밀 쪽지 이야기를 상사인 미쇼니에게 했던 것이다. 미쇼니는 이 이야기를 듣고 순식간에 얼굴이 창백해졌다. 루즈빌을 왕비에게 데리고 갔을 때 이미 그가 왕당파의 하수인임을 알았던 것일까, 아니면 그 순간에 그 사실을 처음 안 것일까. 그 또한 음모에 참여했는지, 루즈빌에게 당한 것인지 확실치가 않다. 어쨌든 그로서는 이 일을 아는 자가 둘이나 된다는 게 마음에 걸렸다. 그는 엄한 태도로 선량한 마담 리샤르로부터 의심스런 쪽지를 빼앗아 주머니에 넣고는 이 일에 대해서 굳게 입을 다물어야 한다고 그녀에게 말했다. 그는 이런 식으로 왕비의 경솔함을 얼버무리고 골치 아픈 사건을 마무리지어 버리려고 했다. 그는 사건을 보고하지는 않았다. 바스와의 음모 때와 마찬가지로 사건이 위험에 처하자 그는 슬그머니 뒤로 내뺀 것이었다.

그렇게 모든 일이 잘 해결된 것 같았다. 그런데 감시인 질베르는 이 사건을 그냥 내버려 두지 않았다. 금화 한 개만 주었더라면 그의 입을 막을 수도 있었으리라. 그러나 마리 앙투아네트는 돈이 없었다. 그는 점점 자기 목이 걱정스러웠다. 그래서 닷새 동안은 동료나 당국에 아무 말도 하지 않았으나, 9월 3일이 되자 끝내 상사에게 사건 보고를 올렸다. 두 시간 뒤에는 시 위원회 위원들이 콩시에르쥬리로 몰려와서 관계자들을 심문했다.

처음에는 왕비도 사건을 부인했다. 자기는 아무도 본 적이 없다고 말하며, 며칠 전에 무엇인가 편지를 쓴 적이 없느냐는 질문에 글을 쓸 만한 도구는 하나도 없다고 냉정하게 대답했다. 미쇼니도 어리석은 척하면서 은근히 마담 리샤르의 침묵을 기대하고 있었다. 그러나 그녀가 미쇼니에게 종이쪽지를 건네주었다고 털어놓는 바람에 그것을 제출하지 않을 수가 없었다. (그러나 그는 현명하게도 종이에 바늘로 구멍을 더 찍어 알아볼 수 없도록 만들어 두었다) 다음 날 두 번째 심문에서 왕비는 저항을 포기하고 말았다. 자기가 튈르리에서 지낼 때 그 남자를 알게 되었으며 카네이션 속에 감추어진 쪽지를 받았고 답장을 썼다는 이야기를 했다. 그녀는 자기가 사건에 관여했으며 죄를 범했다는 것을 부인하지 않았다. 그러나 그녀는 무한한 희생정신을 발휘하여 자기를 위해 몸바치려 한 남자를 지켜주려 했다. 루즈빌이라는 이름을 입에 올리지 않고 그 근위 장교의 이름은 기억나지 않는다고 대답했다. 그녀는 관대하게도 미쇼니를 감싸주었고 그가 목숨을 건지게 해 주었다. 그러나 24시간 뒤에는 시 위원회와 공안위원회가 루즈빌의 이름을 알게 되었고, 경찰은 왕비를 구하려다 도리어 몰락만을 불러온 그를 찾아 온 파리를 뒤졌다.

시작이 서툴렀던 이 음모는 왕비의 불운을 앞당긴 결과밖에 안 되었다. 알고도 넘겨 왔던 관대한 대우는 이제 갑자기 사라지고 말았다. 모든 그녀의 소유물, 마지막 남은 반지까지도 빼앗기고 말았다. 어머니를 떠올릴 마지막 기념물이었던 오스트리아에서 가지고 온 금시계와 아이들의 머리카락을 간직하던 작은 로켓 목걸이도 마찬가지였다. 루즈빌에게 보낼 쪽지를 쓸 때 사용한 바늘 또한 압수되었다. 저녁에 불을 켜는 일도 허락되지 않았다. 관대한 미쇼니는 쫓겨났고 마담 리샤르도 마찬가지였다. 그리고 마담 볼가가 새로운 간수로 바뀌었다. 시 위원회는 9월 11일에 포고를 내리고 여러 번 탈옥을 시도한 이 여자에게 지금보다 더 안전한 감방을 마련해 줄 것을 명령했다. 그러나 콩시에르쥐리를 모두 찾아보아도 새가슴이 되어버린 위원회를 충분히 안심시킬 만한 감방을 찾을 수가 없었기 때문에 약사의 방을 치우고 이중 철문을 달았다. 그리고 감방에서 내다볼 수 있는 창문에는 창살의 반 높이까지 벽을 쌓아 올렸다. 창밑에 있는 보초 두 명과 옆방에서 밤낮으로 교대해 가면서 지키는 감시병들은 목숨을 내걸고 이 죄수를 감시했다. 이 세상에서 가능한 방법으로는 관계자가 아닌 그 누구도 그 방에 드나들 수 없게 되었다. 직무상의 용무를 가진 형리나 그곳에 들어갈 수 있을 뿐이었다.

이제 마리 앙투아네트는 고독한 최후의 맨 밑바닥에 서게 되었다. 새 간수들은 호의는 있었지만 이 위험한 여자에게 말 한 마디 걸 엄두도 내지 못했다. 감시병도 마찬가지였다. 조그만 소리를 내며 무한한 시간을 알려주던 작은 시계도 없어지고 바느질거리도 빼앗기고 말았다. 그녀와 함께 남은 것은 개 한 마리뿐이었다. 완전한 고독 속에서 마리 앙투아네트는 25년이 지난 이제야 처음으로 어머니가 자주 말해주던 위안거리를 떠올렸다. 그녀는 난생 처음으로 책을 요구했고 충혈되어 붉어진 눈으로 글을 읽었다. 그러나 책도 충분히 갖다 주지는 않았다. 그녀는 소설, 희곡, 재미난 이야기, 감상적인 이야기, 사랑 이야기 같은 것은 읽으려고 하지 않았다. 지나간 시절이 떠오르기 때문이었다, 그 대신에 쿡 선장의 항해, 난파당한 사람들과 힘든 항해의 이야기와 같은 거친 모험물, 독자의 마음을 긴장시키고 흥분시키는 책, 시간도 공간도 잊어버리게 만드는 책만을 읽었다. 가공의 공상 인물이야말로 그녀의 고독에 유일한 벗이 되었다. 아무도 찾아오지 않았다. 온종일 그녀에겐 근처 생트 샤펠의 종소리와 자물통에 열쇠 넣는 소리만 들릴 뿐. 비좁고 관처럼 축축하며 늘 어두운 이 낮은 방 안에는 적막, 영원한 적막뿐이었다. 운동 부족과 공기 부족으로 몸은 약해지고 심한 출혈로 지치고 말았다. 마침내 법정에 소환되었을 때, 기나긴 밤으로부터 오랜만에 하늘에서 내리쬐는 빛 아래로 걸어 나온 그녀는 백발의 노파가 되어 있었다.

영혼의 상처

이제 가장 마지막 단계에 이르렀다. 막다른 길에 다다른 것이다. 오늘날까지 일어난 많은 일들 가운데서도 가장 극적인 운명의 뒤바뀜이 실현되었다. 궁정에서 태어나 수백 개나 되는 방을 소유했던 사람이 이제는 좁고 창살이 쳐진 눅눅하고 어두운 반지하 방에서 지내게 된 것이다. 사치를 좋아하고 수천 가지 정교하고 호화로운 물건들을 늘 주위에 늘어놓고 살던 여자가 옷장, 거울, 등의자 하나 없이 꼭 필요한 물건들인 책상 하나, 의자 하나, 쇠침대 하나만을 갖고 있을 뿐이었다.

시종장, 시녀, 화장 시녀, 낮의 몸종 두 사람, 밤의 몸종 두 사람, 낭독자, 내과의사, 외과의사, 비서, 집사, 시종, 출납관, 미용사, 요리사, 시동 등 무수한 고용인들에 둘러싸여 있던 여자가 이제는 하얗게 센 머리를 제 손으로 빗질해야만 했다. 1년에 삼백 벌이나 되는 새 옷이 필요했던 여자가 이제는 거의 보이지 않는 눈으로 다 떨어진 수감복을 스스로 꿰매 입었다. 전에는 강인했으나 이제 지쳐 버린, 일찍이 그렇게도 아름답기를 열망하던 여자는 창백한 중년 부인이 되고 말았다. 정오부터 한밤까지 사람들과 어울리기를 즐기던 여자가 이제는 혼자 생각에 잠겨 잠 한숨 이루지 못한 채 창살 너머로 아침이 밝아오기만을 기다릴 뿐이었다. 여름이 지나 갈수록 독방은 점점 그늘이 짙어지면서 관 속처럼 변해 갔다. 저녁 어둠이 점점 빨리 찾아왔으나 규율이 강화된 뒤부터 그녀는 불조차 켤 수 없었다. 그런 그녀의 처지를 동정이라도 하듯이 복도로 난 유리창에서 희미한 기름등잔 불빛이 암흑 속으로 던져질 뿐이다. 가을이 왔음을 느낄 수 있었다. 찬 기운이 아무것도 깔지 않은 바닥에서 위로 올라왔다. 가까운 센 강으로부터 안개 같은 습기가 밀려들어 벽을 뚫고 나무를 축축하게 적셔 스펀지처럼 만들었다. 퀴퀴하고 썩은 냄새가 진동했고 점점 강하게 죽음의 냄새도 풍겨왔다. 속옷은 낡아 해지고 옷은 다 찢어져 냉기가 뼛속까지 스며들었고 몸에는 지독한 신경

통이 가시질 않았다. 예전에는—그녀에겐 천 년 전처럼 느껴졌다—프랑스 왕비였으며 인생을 마음껏 즐겼던 그녀였지만 이제는 감정이 마음속까지 얼어붙고 시간은 점점 공허해지기만 했다. 이제 죽음이 그녀를 부른다 해도 더 놀랄 것도 없었다. 왜냐하면 이 방에서 이미 관 속의 삶을 생생히 경험하고 있기 때문이다.

　파리 한가운데 있는 이 무덤에는 그해 가을 온 세상을 덮친 폭풍우 소리마저 들리지 않았다. 프랑스 혁명이 이처럼 위기에 처했던 적은 없다. 두 개의 가장 강력한 요새, 마인츠와 발랑시엔이 함락되고, 영국군은 가장 중요한 군항을 장악했으며, 프랑스에서 두 번째로 큰 도시 리옹에는 폭동이 일어났다. 식민지들은 빼앗기고 국민공회는 싸움만 벌였으며 파리는 굶주림과 파멸뿐이었다. 공화국은 몰락 일보 직전이었다. 공화국을 건질 수 있는 것은 오직 죽음을 무릅쓴 용기, 자살이나 다름없는 도전뿐이었다. 공화국은 스스로 불안을 부채질하지 않고서는 그 불안을 극복할 수 없었다. "테러에 대해 의논하는 수밖에 없다"는 무서운 말이 국민공회의 회장에 울려 퍼졌고 이 위협은 냉혹한 현실로 나타났다. 지롱드파는 법의 보호를 빼앗겼고 오를레앙 공과 그 밖의 수많은 사람들이 혁명 재판소로 넘겨졌다. 단두대가 이미 준비되었다. 비요 바렌은 일어서서 다음과 같이 요구했다. "국민공회는 우리나라를 파멸로 이끈 배신자들에게 어떤 엄벌을 내려야 할지 위대한 본보기를 보인 바 있습니다. 그러나 중대한 결정을 내릴 의무가 아직 하나 더 남아 있습니다. 온 인류와 여성들의 수치인 그녀를 단두대에서 속죄할 때가 왔습니다. 이미 곳곳에서는 그녀가 다시 탕플 탑으로 돌아갔다 안 갔다느니, 비밀 재판을 해서 그녀에게 무죄를 선포했다느니 하는 소문이 나돌고 있은 지 오랩니다. 수천 명의 피를 흘리게 한 대가를 치러야 할 그녀가 프랑스 법정에서 프랑스 배심원들에 손으로 무죄 석방되었다는 이야기입니다. 나는 혁명 재판소가 이번 주 안에 그녀에 대한 판결을 내려줄 것을 요청합니다."

　그의 안건은 마리 앙투아네트의 재판 뿐 아니라 노골적인 사형을 요구하는 것임에도 이의 없이 채택되었다. 그러나 우스운 것은 보통 때에는 끊임없이 냉정하고 신속하게 일을 처리하던 푸키에 탱빌이 의심스럽게도 주저하기만 하는 것이었다. 그 주, 그 다음 주, 그 다음다음 주에도 그는 왕비를 기소하지 않았다. 누군가가 비밀리에 그의 손을 잡고 있는 것인지, 아니면 평소 재빠르게 서류를 피로, 피를 서류로 바꾸는 가죽 심장의 소유자인 그가 아직 확실한 증거 서류를 손에 넣지 못해 그런 것인지는 확실히 알 수가 없다. 어쨌건 그는 몇 번이고 머뭇거리며 기소를 줄곧 뒤로 미루기만 했다. 그는 공안위원회에 편지를 써서 자료를 보내달라고 부탁했다. 또 의아한 점은 이 공안위원회마저 이상하게 늑장을 부리는 것이었다. 결국 공안위원회는 카네이션 사건의 청취서, 증인 리스트, 왕의 소송에 관한 서류 같은 쓸모없는 자료만을 몇 개 보내왔다. 그래도 푸키에 탱빌은 일을 시작하지 않았다. 아직 무언가가 부족했던 것이다. 그것은 최종적으로 심리를 시작하라는 비밀 명령이거나, 혹은 진실한 공화주의자의 분노를 기소장 속에서 활활 타오르게 할 명백한 범죄 사실, 여자로서든 왕비로서든 그녀가 저질렀던 자극적이며 충격적인 과실이었는지도 모른다. 격렬한 어조로 요청된 기소는 또다시 슬그머니 사라질 것만 같았다. 그런 마지막 순간에 푸키에 탱빌은 왕비의 원수 에베르로부터 갑자기 어떤 서류, 온 프랑스 혁명을 통해 가장 무시무시하고 비열한 서류를 받았다. 이 강한 일격은 운명을 결정지었다. 곧 재판이 시작되었다.

무슨 일이 일어났던가? 9월 30일 에베르는 탕플 탑에서 태자의 교육을 담당하던 구두장이 시몽으로부터 뜻밖의 편지 한 통을 받았다. 시작 부분은 다른 사람 손으로 쓰인 것으로 상당히 괜찮은 문체였다. "잘 있었나? 친구여, 빨리 와 주게. 할 말이 있네. 오늘 만나볼 수 있다면 기쁘겠네. 자네도 알다시피 나는 용감한 공화당원이 아닌가." 그러나 편지의 나머지 부분은 시몽 자신의 손으로 쓴 것이었는데, 그 교육담당자의 교육 수준이 얼마나 끔찍스럽고 한심한지를 말해 주는 철자법이다. "나는 당신에게 인사한다. 나와 나의 마누라 장 브라스로부터 당신의 부인과 나의 귀여운 친구 따님에게 인사드린다. 잊지 못할 당신의 누이에게 쟝 브라스로부터 안부 드리오. 내 부탁을 꼭 들어주게. 나를 위하여 빨리 만나주기 바라오. 당신의 벗 시몽." 의무에 충실하고 열성적이었던 에베르는 망설이지 않고 시몽에게로 달려갔다. 거기에서 들은 이야기는 배짱이 무쇠 같은 에베르까지도 몸서리치게 하였다. 자기 혼자 해결할 만한 사건이 아니라고 생각한 그는 시장을 우두머리로 하는 코뮌 총회를 소집했다. 위원회는 비공개로 탕플 탑에 찾아가 세 통의 심문 조서를 만들어(지금도 남아 있다) 왕비를 기소할 결정적 자료를 마련했다.

이제 우리는 오랜 세월 도저히 믿을 수 없었던 사건, 불가사의한 사건에 접근하게 된다. 시대의 불안스런 흥분과 수 년 간에 걸친 조직적인 여론 조작으로 말미암아 진실을 밝힐 수도 없게 된 마리 앙투아네트 사건의 에피소드가 바로 그것이다. 조숙하고 쾌활한 어린 태자는 그가 아직도 어머니의 보호를 받고 있던 몇 주 전에 막대기로 장난을 치다가 고환을 다친 적이 있었다. 외과의사가 와서 아이에게 일종의 탈장대(脫腸帶)를 만들어 주었다. 마리 앙투아네트가 탕플 탑에 있을 때 일어난 이 사건은 그것으로 끝이 났고 잊혀졌다. 어느 날 시몽과 그의 처 둘 가운데 누군가 조숙한 그 아이가 사내아이들이 흔히 하는 나쁜 행실, 이른바 '자위'를 하는 모습을 발견했다. 아이는 현장을 들켰으므로 부인할 수 없었다. 이러한 역겨운 습관을 누구한테서 배웠는지 시몽이 다그쳐 묻자 자발적으로 그랬는지 강요에 못 이겨 그랬는지는 알 수 없지만, 아이는 어머니와 고모가 자기에게 이런 행위를 하도록 유혹했다고 대답했다. 시몽은 이 '암호랑이'에 대한 것이라면 모두가 몹쓸 짓이라고 생각하고 더욱 질문을 퍼부어, 끝내 아이에게 두 여자가 자기를 가끔 잠자리로 불러들였으며 어머니와 근친상간을 했다고 말하도록 만들었다.

아홉 살도 되지 않은 소년의 이런 터무니없는 말을 이성 있는 인간, 정상적인 시대라면 어김없이 의심할 것이다. 그러나 혁명의 수많은 비방 문서 때문에 마리 앙투아네트에게는 이미 색정광이라는 낙인이 찍혀 있었으므로, 어머니가 여덟 살 반 된 제 자식을 성적으로 유혹했다는 터무니없는 비난마저 에베르나 시몽에게는 조금도 의심스러운 일이 아니었다. 오히려 광신적이며 눈이 먼 이 상퀼로트[1]들에게는 이 일이 논리적이고 확실한 진실로 여겨졌다. 바빌론의 창부, 사악한 동성애 환자인 마리 앙투아네트는 트리아농에서 지낼 때부터 날마다 수많은 남자와 여자를 상대하는데 익숙했다. 이러한 암늑대가 탕플 탑에 갇혀 색욕의 상대를 구경도 못했을 테니, 저항도 할 줄 모르는 순진한 제 자식한테 달려드는 것보다 더 자연스러운 일이 어디 있을까? 그들은 그렇게 생각했다. 증오에 눈이 먼 에베르와 시몽은 아이가 어

---

*1 하층 과격 공화당원, 귀족에 대항하여 짧은 바지 대신 긴 바지를 입어서 붙은 별명.

머니에게 씌운 누명을 한 번도 의심하려 들지 않았다. 이제는 왕비의 추행을 조서로 써서 온 프랑스에 이 파렴치한 오스트리아 여자의 끔찍한 비행을 알리는 일뿐이었다. 그 잔학성과 비행은 기요틴 형으로도 너무 가벼울 정도였다. 마침내 아홉 살도 되지 않은 소년과 열다섯 살 된 소녀, 그리고 마담 엘리자베트를 불러 3회에 걸친 심문이 행해졌다. 이 광경은 너무나도 끔찍하고 수치스러운 것이었다. 미성년 아이들이 서툰 글씨로 서명한 그 치욕적인 서류는 색이 바래기는 했으나 오늘날까지 똑똑히 판독할 수 있는 상태로 파리 국립 서고에 남아 있는데, 그렇지 않았더라면 사실이었다고 믿기 어려운 사건이다.

10월 6일 제1차 심문에는 시장 파슈와 법률 고문 쇼메트, 에베르와 그 밖의 위원 둘이 출석했다. 그리고 10월 7일 제2차 심문에는 유명한 화가이자 절조없는 혁명아였던 다비드의 이름도 서명란에서 읽을 수가 있다. 먼저 여덟 살 반 된 아이가 증인으로 소환되었다. 탕플 탑에서 일어난 일에 대해 질문을 받자 수다스러운 소년은 자기 말이 어떤 결과를 불러올지도 모른 채 어머니의 비밀 조력자들, 특히 툴랑의 이름을 입에 올리고 말았다. 다음으로는 그 난처한 문제가 화제에 올라 다음과 같이 조서에 기록되었다. "몇 번인가 침대에서 건강에 해로운 나쁜 습관에 젖어 있는 것이 시몽과 그의 처에게 발각되었다. 아이는 그들에게 이 위험스런 장난을 가르쳐 준 사람은 어머니와 고모이며 자신이 그런 짓을 그 여자들 앞에서 해 보이자 재미있어 했다고 말했다. 이런 일은 아이를 두 여자 사이에 재울 때도 가끔 일어났다. 아이의 말로 미루어 보건대 어머니는 한 번인가 아이에게 접근하여 관계를 가졌던 것 같고, 그때 아이의 고환이 부어올라 지금까지도 붕대로 싸매져 있는 것 같다. 어머니는 아이한테 이 일은 결코 말하지 말라고 단단히 일러두었다. 그 뒤에도 이런 행위가 몇 번이고 되풀이되었다 한다. 그리고 아이는 미쇼니와 다른 몇몇이 어머니와 이상하게 가깝게 이야기를 주고받았다는 사실도 고백했다."

이 끔찍스런 사건 조서에는 일고여덟 사람의 서명이 되어 있다. 이 조서가 정당하다는 것, 사리에 어두운 아이가 실제로 이런 말이 안되는 진술을 했다는 사실은 부인할 수 없다. 기껏해야 여덟 살 반짜리와의 근친상간을 다룬 탄핵이 포함된 부분이 본디 본문에는 들어있지 않고 나중에 귀퉁이에 써 넣은 것이라는 이의를 제기할 수 있을 뿐이다. 심문관들 스스로도 이런 추행을 문서로 남겨 놓기가 꺼려졌던 것이다. 그러나 한 가지만은 명백하게 남아 있다. 그것은 진술 밑에 애써 크게 쓴 어린애 글씨 "루이 샤를 카페"라는 서명이다. 친자식이 낯선 사람들 앞에서 제 어머니를 가장 비열하게 비난을 한 셈이다.

그러나 광란은 충분치 않아 예심 판사들은 그 보고서를 철저하게 처리하고자 했다. 소년에 이어 열다섯 살 된 그의 누이가 소환되었다. 쇼메트가 소녀에게 물었다. "동생하고 놀 때 만지면 안 되는 곳을 동생이 만지지나 않았느냐? 그리고 어머니와 고모가 동생을 가운데다 재우지는 않았느냐?" 어린 소녀는 "아니오"라고 대답했다. 이제 아홉 살짜리와 열다섯 살짜리 두 아이가 재판관 앞에서 어머니의 명예를 두고 논쟁을 벌이게 되었다. (끔찍스런 장면이 아닐 수 없었다) 어린 태자는 자기주장을 고집했고, 열다섯 살 소녀는 무서운 남자들 앞에서 겁을 집어먹고 그 파렴치한 질문에 당황해서 "아무것도 모릅니다. 아무것도 못 보았습니다" 이렇게 발뺌할 뿐이었다.

세 번째 증인으로 왕의 누이동생 마담 엘리자베트가 소환되었다. 힘에 넘치는 스물아홉 아가씨를 심문하기는 순진하고 어린 아이들을 심문하는 것처럼 쉬운 일이 아니었다. 그녀는 태자의 진술 조서를 보자마자 모욕감에 두 뺨이 붉게 달아올라 경멸하듯 서류를 내던졌다. 이런 치사한 짓은 있을 수 없으며 대답조차 하기 싫다고 말했다. 그러자 그녀와 소년을 대면시켜 심문하였고—또다시 지옥 같은 장면이었다—태자는 뻔뻔스럽게 주장을 굽히지 않으며 그녀와 어머니가 자기를 유혹하여 음탕한 짓을 저질렀다고 말했다. 마담 엘리자베트는 참을 수가 없었다. 뻔뻔스런 거짓말을 하는 어린 녀석이 그녀에게 수치스러운 누명을 씌우자 분노에 사로잡혀 "오, 지독한 괴물"이라 소리쳤다. 그러나 위원들은 듣고자 했던 것을 이미 모두 들은 뒤였다. 신중하게 조서는 서명이 끝났다. 에베르는 개가를 올리면서 서류 세 통을 예심 판사에게 가지고 갔다. 이제 왕비의 가면이 벗겨졌으니 그녀는 현대는 물론 후대, 시간을 초월해 영원히 비웃음을 받게 되리라는 기대를 품고서 그는 애국자답게 가슴을 펴고 마리 앙투아네트가 저지른 근친상간의 추행을 법정 증언대 앞에서 진술하겠다고 했다.

어린아이가 자신을 낳아준 어머니에 대해 이런 진술을 하였다는 사실은 역사의 연대기에 그 예를 찾아보기 힘든 경우로서 마리 앙투아네트의 전기 작가들에게 큰 수수께끼로 남아있다. 이 골치 아픈 걸림돌을 피하기 위해 왕비의 정열적인 변호자들은 번거로운 설명이나 사실 왜곡으로 도망치려 했다. 그들은 인간의 거죽을 쓴 악마, 에베르와 시몽이 이 불쌍하고 가련한 소년을 압박하여—왕당파들이 가장 많이 하던 주장처럼—비스킷을 주거나 또는 매를 가하기도 했으며 때로는—마찬가지로 비심리적인 두 번째 주장으로—브랜디로 아이를 취하게 만들어 놓았다고 설명했다. 그의 진술은 취한 상태에서 한 것이기 때문에 무효라고 그들은 주장했다. 그러나 이 장면의 목격자인 서기 당쥬가 쓴 확실하고 비당파적인 기록은 이러한 증거도 없는 두 주장과는 매우 상반된다. 그는 조서에 이렇게 썼다. "어린 왕자는 팔걸이의자에 앉았다. 다리가 바닥까지 닿지 않은 채 다리를 흔들거리며 앉아 있었다. 왕자가 알 만한 일을 물으면 그는 '바로 그거예요' 이렇게 대답했다……" 태자의 이런 태도에는 몹시 도전적이며 장난스런 뻔뻔스러움이 섞여 있었다. 다른 두 조서의 원문을 보아도 이 소년이 어떤 외적인 강요 때문에 그렇게 행동했던 게 아니라 반대로 어린애 같은 반항심—어떤 악의와 복수심까지도 섞여 있었다—으로 고모에 대해 터무니없는 비난을 되풀이했으리라는 것이 확실하다.

이것을 어떻게 설명해야 할까? 우리 세대로서는 그것이 그다지 힘들지 않다. 우리는 성적인 문제에 대한 아이들의 진술이란 거짓이 많다는 사실을 옛날보다는 훨씬 근본적이고 과학적으로, 그리고 재판 심리적으로 알고 있으므로, 이러한 미성년자의 심적 과오에서 비롯된 어긋난 발언도 이해를 갖고 대하는데 익숙하다. 우리는 태자가 구두장이 시몽에게 넘겨졌을 때 끔찍스런 굴욕감을 느꼈을 것이며 어머니를 그리워했으리라는 감상적인 판단은 버리는 게 좋다. 아이들이란 낯선 환경에 너무나 빨리 적응한다. 여덟 살 반의 소년에게는 온종일 공부해라, 책을 읽어라, 프랑스 왕으로서의 위엄과 태도를 갖추도록 해라 이렇게 떠들어대는 슬픔에 잠긴 두 여자 곁에 있는 것보다는 거칠지만 늘 즐거워보이는 시몽 곁에 있는 게 마음이 더 편했는지도 모른다. 구두장이 시몽과 함께 있으면 어린 왕자는 매우 자유로웠다. 공부로 괴로워할 일도 없고 걱정하거나 고민할 필요도 없이 원하는 만큼 뛰어놀 수 있었을 것이다. 경건하고 지루한 마담 엘리자베트와 함께 묵주를 쥐고 기도하는 것보다는 군인들과 함께 카르마뇰을 노래하는 게 아이는 더 재미있었으리라. 왜냐하면 아이들이란 하나같이 본능적으로 낮아지려는 경향이 있어서 교양이나 예절에 거스르려 들기 마련이며 강요된 교육보다는 교양 없는 사람들 가운데에서 더 기분 좋게 지낼 수가 있기 때문이다. 더 많은 자유와 더 많은 솔직함, 그리고 어떤 구속도 없는 곳에서 아이들은 천성적인 무모함을 더욱 키워나갈 수가 있다. 사회적 상승에 대한 소망은 지성의 깨우침과 함께 비로소 시작된다. 좋은 집안 아이들은 열 살, 또는 열다섯 살까지는 프롤레타리아 집안 친구들을 부러워한다. 철저한 교육을 받아야 하는 자신들은 할 수 없는 모든 것이 그들에게는 허용되기 때문이다.

　이러한 급격한 감정의 변화는 아이들에게는 너무나 당연한 일로서 태자도 마찬가지였다. 감상적인 전기 작가들은 이 자연스런 사실을 조금도 인정하려 들지 않지만, 아이는 어머니의 감상적인 분위기를 벗어나서 속박이 적고 비록 수준은 낮지만 그에겐 즐거움을 주는 구두장이 시몽과 잘 어울렸던 듯하다. 태자의 누나조차도 그가 큰 소리로 혁명가를 불렀다는 사실을 고백했다. 또 다른 믿을 만한 증인은 태자가 어머니와 고모에게 아주 야비한 말을 했다고 한다. 그것은 너무나도 야비한 말이어서 여기에 다시 옮기기가 힘들 정도다. 태자에게 공상적인 표현을 잘하는 특별한 소질이 있다는 점에는 반박의 여지가 없는 확실한 증거가 있다. 그것은 어머니 자신이 그 애가 네 살 반밖에 안됐을 때 가정교사에게 했던 말이다. "그 애는 수다스럽고 들은 말을 되풀이하기를 좋아합니다. 그리고 거짓말을 할 생각에서 그러는 것은 아니지만 그 말에다 자기의 상상력을 더하여 말을 꾸며내기를 좋아합니다. 그것이 가장 큰 결점이므로 어떻게 해서든지 고쳐 주어야만 합니다."

　위의 성격 묘사를 통해 마리 앙투아네트는 수수께끼를 해결할 결정적인 실마리를 준다. 그리고 이 암시는 마담 엘리자베트의 발언으로 충분히 보완된다. 모두 알다시피 아이들이란 금지된 행동을 하다가 현장에서 붙잡히면 죄를 누군가에게 떠넘기려고 하는 법이다. 본능적인 방어법을 사용하여(아이들은 어른들이 자신들한테 책임을 묻기를 꺼린다는 점을 잘 알고 있다) 그들은 누군가의 "유혹을 받아" 그렇게 되었다고 대답한다. 마담 엘리자베트의 조서를 보아도 상황은 명백하다. 그녀는 이렇게 말했다—이상하게도 이 사실은 완전히 무시되었다—자기 조카가 아주 오래전부터 그런 악습에 빠져 있어서 그의 어머니는 물론 자신도 심하게 야단을 친 적이 있다는 말이었다. 이것으로 올바른 흔적이 드러난다. 아이는 전부터 고모나 어머니에게 현장을 목격당해 크게 벌을 받았던 것이다.

누가 그런 못된 짓을 가르쳐 주었냐고 시몽이 묻자 아이는 그 행위로부터 매우 자연적인 실마리를 더듬어 처음 현장을 들켰던 때의 일을 생각해낸 것이다. 그리고 그 일로 자기한테 벌을 주었던 사람들을 떠올릴 게 뻔하다. 그는 무의식중에 자기가 받은 벌에 대해 복수를 한 셈이다. 자기의 발언이 어떤 결과를 가져오는지에 대해서는 아무 생각도 없이 아이는 벌을 준 사람들을 선동자로 만들어 버렸거나, 유도심문에 빠져 주저 없이 사실이라 대답했을 것이다. 그 뒤는 뻔하다. 한번 거짓말을 하기 시작하면 끝내기가 무척 어렵다. 더구나 이 경우는 자신의 말을 기꺼이, 심지어는 기뻐하며 들어주고 있지 않은가! 거짓말을 해도 괜찮다는 생각이 들자 이어지는 위원들의 모든 질문에 그렇다고 대답을 했다. 그렇게만 말하면 벌을 받지 않게 되리라는 것을 눈치챈 아이는 자신의 말을 고집하게 마련이다. 학식 있는 심리학자라면 이렇게 분명하게 기록된 발언에도 현혹되지 않도록 신기료장수, 전 연극배우, 페인트공, 서기보다는 훨씬 많은 노력을 기울였을 것이다.

그러나 이 사건의 취조자들은 하나같이 날마다 〈페르 뒤셴〉지를 읽는 독자들이다. 이들은 일종의 집단 최면에 걸려 있었기 때문에, 아이의 그 무서운 비난이 어머니의 악마 같은 천성에 너무나도 잘 어울리는 행동이라고 생각했다. 프랑스에 퍼져 있는 모든 음란한 팸플릿이 그녀를 온갖 악덕의 화신으로 만들었다. 암시에 걸린 그들은 마리 앙투아네트가 어떤 말도 안 되는 죄를 지었다 해도 전혀 놀라지 않았으리라. 그래서 그들은 별로 오래 끌지도 잘 생각해 보지도 않은 채, 아홉 살짜리 아이와 함께 그의 어머니를 모함한 가장 비열한 서류에 사인을 했다.

마리 앙투아네트는 콩시에르쥬리 감옥에 갇혀 완전히 바깥 세계로부터 차단되어 있었기에 자식의 이런 터무니없는 공소 사실에 대해 전혀 듣지 못했다. 생애의 마지막 이틀 전에야 그녀는 비로소 기소장을 통해 이 끔찍한 수모에 대해 알게 된 것이다. 몇십 년 동안이나 그녀는 입을 다문 채 자신의 명예에 대한 모든 비난, 비열하기 이를 데 없는 비방을 참아왔다. 그러나 자식에게 이런 끔찍한 비난을 받았음을 알자 그녀는 곧 말할 수 없는 고통으로 영혼 깊이 상처를 입었다. 죽음의 문턱을 밟을 때까지 그녀는 그 고통에서 헤어나지 못했다. 기요틴에 서기 3시간 전, 평소엔 침착하기 그지없던 그녀는 함께 죄를 뒤집어쓴 마담 엘리자베트에게 이렇게 썼다. "그 아이가 당신께 얼마나 큰 고통을 주었는지 전 압니다. 그렇지만 아이를 용서해 주세요. 아직 어리다는 것을 생각해 주세요. 그리고 아이들이란 손쉽게 남들의 꼬드김에 넘어가 의미도 모르는 말을 되풀이한다는 사실을 잊지 마세요. 그 애가 당신의 사랑과 착한 마음씨의 가치를 알게 될 날이 오기를 나는 빕니다."

에베르의 계획은 성공하지 못했다. 그는 죄상을 퍼트려 왕비의 명예를 떨어뜨릴 생각이었다. 그러나 반대로 재판이 진행되는 동안 휘두르던 도끼가 도리어 그 자신의 목을 치고 말았다. *2 그러나 한 가지는 에베르가 성공한 셈이었다. 마리 앙투아네트의 영혼에 치명적인 상처를 입혀서 죽음으로 인도된 최후의 순간 독배를 마시게 한 사실이다.

---

*2 에베르는 왕비가 죽은 지 5개월 뒤 기요틴에서 처형당한다.

심문이 시작되다

이제 프라이팬 안에 버터는 충분히 발라졌다. 검사는 고기를 굽기만 하면 되었다. 10월 12일 마리 앙투아네트는 최초 심문을 받기 위해 대회의실로 호출되었다. 그녀의 맞은편에는 푸키에 탱빌, 배석 판사 에르망, 서기 몇 명이 앉아 있었지만 그녀의 옆에는 아무도 없었다. 변호사, 보호인도 없이 그저 감시병뿐이었다.

그러나 혼자 지내는 몇 주 동안 마리 앙투아네트는 스스로 힘을 모았다. 위험은 그녀에게 생각을 정리하는 법, 잘 말하는 법 그리고 그보다 효과적인 침묵하는 법을 가르쳐 주었다. 대답 하나하나가 놀라울 정도로 설득력 있고 조심스럽고 현명하였다. 그녀는 한 순간도 흔들리지 않았다. 아무리 어리석고 악의가 있는 질문에도 그녀는 당황하지 않았다. 마지막 순간, 정말 마지막 순간이 되어서야 마리 앙투아네트는 자신의 이름에 지워진 무거운 책임을 실감할 수 있었다. 베르사유의 호사스런 홀에서는 완전한 왕비라고 할 수 없었지만 이제 이 어둠침침한 심문실에서는 왕비가 되지 않으면 안 되었다.

자신이 대답해야 할 상대는 고발자로 나선, 배가 고파 혁명에 뛰어든 초라한 변호사나 재판관으로 분장한 경관이나 서기 따위가 아닌 오직 하나뿐인 진정한 재판관, 곧 역사였던 것이다. "언제가 되어야 너는 진짜 네가 될 작정이냐?" 20년 전 절망에 빠진 어머니 마리아 테레지아는 딸에게 이런 편지를 보낸 적이 있었다. 이제 죽음을 눈앞에 두고 마리 앙투아네트는 자기에게 이제까지 외적으로만 부여된 존엄을 스스로 찾았다. 이름을 묻는 형식적인 질문에 대해서 그녀는 큰 소리로 똑똑히 대답했다. "오스트리아 로트링겐 집안의 마리 앙투아네트. 38세. 프랑스 국왕의 미망인" 정당한 법 절차를 빠뜨리지 않으려는 심문자 푸키에 탱빌은 형식을 지켜 체포되었을 때 어디에 살았었느냐고 물었다. 비웃는 표정도 없이 마리 앙투아네트는 검사에게 자신은 결코 체포당한 것이 아니라 탕플 탑으로 옮겨 달라는 국민의회의 요구를 받았을 뿐이었다고 대답한다. 그러자 본격적인 질문과 탄핵이 시작되었다. 그녀가 혁명 이전에 "보헤미아와 헝가리의 왕"*1과 정치적인 관계를 맺고 있었으며 "끔찍스런 방법으로 백성의 땀의 열매인 프랑스 재정을 자신의 쾌락과 음모를 위해서 비열한 대신들 동의하에" 낭비했으며, 황제에게 "수백만금을 보내 자기를 키워 주고, 섬긴 백성을 공격하려 했다"는 내용이었다.

그녀가 혁명 이후 프랑스에 맞서 외국 밀사와 거래를 성사하였고 남편인 국왕을 선동해서 거부권을 발동하도록 했다는 것이다. 이런 모든 비난에 대해 마리 앙투아네트는 냉정하고 강력하게 부인했다. 에르망의 너무나 어설픈 심문 때문에 대화는 활기를 띠어갔다.

"지독한 위장술을 루이 카페에게 가르친 사람은 바로 당신이다. 그 덕택에 그는 선량한 백성들을 오래 동안 기만하였다. 어찌나 비열하고 악의에 찬 것인지 선량한 백성들은 그 정도를 헤아리지 못한다."

그의 장황한 말에 마리 앙투아네트는 조용히 대답했다.

"그렇습니다. 백성은 기만당했습니다. 그것도 아주 끔찍하게. 그러나 그것은 남편이나 내 탓은 아닙니다."

"그렇다면 누구에 의해 백성이 기만을 당했다는 말인가?"

"그런 것에 관심 있는 사람들입니다. 우리는 국민을 기만할 생각은 조금도 없었습니다."

이 모호한 대답을 듣자 에르망은 바로 물고늘어졌다. 그는 지금이야말로 왕비에게 일격을 가해 그녀가 공화국에 대해 적대감을 가졌음을 폭로할 때라고 생각했다.

"그렇다면 당신 생각에는 누가 백성을 기만했다는 뜻인가?"

그러나 마리 앙투아네트는 그 질문에 대한 대답을 노련하게 회피했다. 자기는 그런 것은 모른다고 하며 자신의 관심은 백성을 기만하는 게 아니라 오직 계몽하려 했을 뿐이었다고 대답했다.

에르망은 이 대답이 비꼬는 것임을 눈치채고 이렇게 비난했다. "당신은 내 질문에 대해 명확한 대답을 하지 않았습니다."

---

*1 오스트리아 국왕을 말함.

그러나 왕비는 방어의 자세를 흐트러뜨리지 않았다.

"그 사람들 이름을 안다면 둘러대지 않고 금방 대답해줄 텐데요……." 이 말다툼 뒤에 심문은 다시 이어졌다. 바렌 탈출 경위가 질문되었다. 왕비는 신중히 대답하면서 검사가 법정에 끌어내려 하는 비밀 조력자들을 숨겼다. 에르망이 연속적으로 고발을 계속했다.

"당신은 한순간도 프랑스를 멸망시키려는 시도를 멈춘 적이 없다. 당신은 어떻게 해서든지 스스로 통치하고 애국자들의 시체를 넘어 왕좌에 오를 생각만을 하고 있었다." 이러한 허풍에 대해서 왕비는 거만하고도 예리한 대답을 했다. (저렇게 아둔한 자를 왜 질문자로 데려왔을까) 그녀는 자신과 왕은 이미 왕좌에 올라 있었기 때문에 왕좌에 오르고자 할 필요가 없었으며 오로지 프랑스의 행복만을 바랐다고 말했다.

그러자 에르망은 더 공격적이 되었다. 마리 앙투아네트가 신중하고 안전한 태도를 무너뜨리지 않은 채 공판을 위한 어떤 '자료'도 내놓지 않자 그는 혐의 사실을 더욱 많이 쌓아 올렸다. 그녀가 플랑드르 연대를 술에 취하게 만들고 외국 궁정과 교신하여 전쟁을 일으키고 필니츠 조약*2에 영향을 끼쳤다는 것이다. 그러나 마리 앙투아네트는 사실에 맞게 그의 주장을 정정했다. 전쟁 결정을 내린 것은 그녀의 남편이 아니라 국민의회였으며 자기는 연회가 있었을 때 두 번 홀을 지나간 것뿐이었다고 대답했다. 그러나 에르망은 맨 마지막에 가장 위험스런 질문을 남겨 두고 있었다. 그 질문은 왕비가 자신의 감정을 거역하게 만들거나 공화국에 반역하게 만드는 질문이었다. 국법에 대한 교양 문답식 질문이 행해졌다.

"당신은 공화국의 군사적 운명에 대해 관심을 갖고 있는가?"

"나는 다른 무엇보다도 프랑스의 행복을 바랍니다."

"당신은 백성들의 행복을 위해 국왕이 필요하다고 생각하는가?"

"그 질문은 한 사람이 결정 내릴 만한 문제가 아닙니다."

"당신은 물론 당신 아들이 왕좌를 빼앗긴 것을 유감스럽게 생각하고 있겠지. 국민이 자기 권리를 깨달아 왕좌를 부수어 버리지만 않았더라면 당신 아들은 왕좌에 올랐을 게 아닌가?"

---

*2 오스트리아와 프로이센이 프랑스 혁명에 무력행사를 할 뜻이 있음을 선언함.

"그의 나라에 이익이 되는 것이라면 유감으로 생각지는 않습니다."

이때 예심 판사가 잠시 머뭇거리는 걸 알 수 있었다. "그의 나라에 이익이 되는 것이라면" 유감으로 생각지는 않다는 마리 앙투아네트의 대답은 아주 교묘하고 교활한 것이었다. 왜냐하면 왕비는 소유를 말하는 "그의" 라는 말을 통해서 공화국을 부정하지 않으면서도 공화국의 예심 판사 눈앞에서 프랑스가 자기 아들의 것임을 똑똑히 밝혔기 때문이다. 그녀는 가장 귀중한 아들의 왕위 계승권을 위험 속에서도 포기하지 않았다. 마지막 논쟁이 끝나자 심문은 서둘러 마무리되었다. 그녀는 공판을 위한 변호인을 지명하겠느냐는 질문을 받았다. 마리 앙투아네트는 자기는 아는 변호사가 없으니 자기와 개인적으로 알지 못하는 한두 사람을 당국에서 지명해 줄 것에 동의했다. 그녀는 변호사가 아는 사람이든 아니든 아무 상관이 없으리라는 것을 알고 있었다. 왜냐하면 옛 왕비를 변호할 만한 용기 있는 사람이라고는 온 프랑스에서 한 사람도 찾아볼 수 없기 때문이었다. 그녀에게 유리한 말을 공개적으로 할 수 있는 사람이 한 사람이라도 있다면 그 사람은 변호인석에서 피고석으로 자리를 바꿔야만 하리라.

이제―어디까지나 겉으로는 합법적인 심리 형식을 따르고―형식주의자인 푸키에 탱빌은 기소장을 작성하기 시작했다. 그의 펜은 서류 위에서 재빨리 굴러가고 있었다. 날마다 산더미처럼 많은 기소장을 쓰다 보니 손이 가벼워진 것이다. 촌뜨기 법률가는 이런 특별한 사건에는 시적인 분위기를 북돋을 의무가 있다고 생각했다. 왕비를 기소하는 것은 "루이 왕 만세"를 외친 하녀의 목덜미를 잡을 때보다는 훨씬 더 멋지고 비장하지 않으면 안 된다고 생각한 그는 소장을 어마어마하게 작성해 나가기 시작했다.

"검사가 제출한 증거 서류를 검토한 결과 다음과 같은 사실이 명확해졌다. 한때 프랑스 왕비로 불렸지만 역사 속에서 영원히 멸시받게 된 이름들 메살리나, 브룬힐트, 프레데군트 카탈리나 폰 메디치와 마찬가지로, 루이 카페의 미망인 마리 앙투아네트 또한 프랑스에 온 뒤로 끊임없이 프랑스인들의 채찍, 흡혈귀 노릇을 해 왔다." 이러한 자그마한 역사적 오류를―프레데군트나 브룬힐트 시대에는 아직 프랑스 왕국이 존재하지도 않았다―범한 뒤 모두에게 익숙한 고발 내용이 이어졌다. 마리 앙투아네트가 "보헤미아와 헝가리의 왕"이라는 남자와 정치적 거래를 하면서 수백만금을 황제에게 주었고, 호위 부대의 "술판"에도 끼어들었을 뿐만 아니라 내란을 부추겨 수많은 애국자들을 학살하고 외국의 손에 작전 계획서까지 넘겨주었다는 것이었다. 에베르의 고발도 둘러댄 형태로 채택되었다. "그녀는 인류를 저버리고 모든 악과 결탁하여 어머니로서 자기 위치와 자연의 법칙을 비웃기라도 하는 듯 제 자식인 루이 샤를과 불륜 관계를 저지르고도 태연했는데, 그 행위는 상상하기에도, 입에 올리기에도 무서운 행위였다." 이 뒤에 이어진 고발은 생소하고도 뜻밖의 내용이었다. 그녀는 자기가 프랑스에서 학대받고 있음을 열강들이 믿도록 만들기 위해 비열하고 기만적인 행위를 하였는데, 바로 자신을 비방하는 글이 쓰인 책을 스스로 인쇄하고 널리 퍼트렸다는 것이다. 푸키에 탱빌의 주장을 따르자면 마리 앙투아네트는 드 라 모트 부인을 비롯 수많은 사람들이 쓴 동성애 팸플릿을 준비했다는 것이다. 이 모든 죄의 결과로 마리 앙투아네트는 피감시인에서 피고인 신분이 되었다.

법적으로는 그리 훌륭한 작품이라고 할 수 없는 이 보고서는 잉크도 아직 마르지 않은 채 10월 13일 변호인 쇼보 라가르드의 손에 넘겨졌고, 그는 그것을 들고 곧장 마리 앙투아네트에게로 갔다. 피고와 그녀의 변호인은 함께 그 기소장을 읽었다. 그러나 악의에 찬 구절에 놀라 전율한 사람은 그녀가 아니라 변호인이었다. 그런 일방적인 심문에서 이보다 나은 결과를 이미 기대하지 않았던 마리 앙투아네트는 아주 태연했다. 그러나 이 양심적인 법률가는 그렇지가 않았다. "안 됩니다. 이렇게 난잡한 기소장과 보고서 무더기를 하룻밤에 읽고 조사하여 이 종이의 혼란 속에서 진짜 변호를 할 수 있도록 만든다는 것은 불가능합니다." 그래서 그는 왕비에게 사흘만 말미를 얻을 수 있다면 자기가 자료를 정리하고 증거물을 재검토해 변론 기초 준비를 하겠다고 말했다.

"누구에게 부탁을 한단 말입니까?" 마리 앙투아네트가 물었다.

"국민공회입니다."

"안 돼요. 안 됩니다…… 절대로."

"그렇지만." 쇼보 라가르드는 다그쳤다. "쓸데없는 자존심 때문에 이익을 포기해서는 안 됩니다. 당신에겐 의무가 있습니다. 당신이 아닌 아이들을 위해서라도 목숨을 소중히 해야만 합니다." 아이들이란 말에 왕비는 양보를 했다. 그녀는 국민공회 의장 앞으로 다음과 같은 편지를 썼다.

"시민 의장 귀하, 국민공회가 나의 변호를 맡긴 시민 트롱송과 쇼보가 오늘 처음으로 직무를 위임받았음을 알게 되었습니다. 나는 내일 판결을 받도록 되어 있습니다. 그렇지만 그렇게 짧은 기간 동안에 소송 서류를 읽고 조사하기란 불가능합니다. 나는 아이들에게 그들의 어머니가 완전 무죄임을 입증할 기회를 포기할 수 없습니다. 나의 변호인은 사흘만 시간을 주시기 바라고 있습니다. 국민공회가 동의해 주기를 나는 희망하는 바입니다."

이 편지를 보면 마리 앙투아네트의 정신적 변화에 놀라지 않을 수 없다. 평생토록 형편없는 편지만 쓰던 엉터리 외교관에 불과했던 그녀가 이제는 왕비답게 쓰고, 책임감 있게 사고하기 시작한 것이다. 무서운 생명의 위험 속에서도 그녀는 국민공회에 탄원하지 않았다. 그녀는 자기 이름으로 소망한 것이 아니라—그러느니 차라리 죽는 게 나았다—제삼자의 요청을 중개했을 뿐이었다. "나의 변호인은 사흘만 시간을 주시기 바라고 있습니다"라고 쓰여 있을 뿐이다. "국민공회가 동의해 주기를 나는 희망하는 바입니다"라고 썼을 뿐이다. "나는 그러기를 바랍니다"라고 하지 않은 것이다.

국민공회는 대답하지 않았다. 왕비의 죽음은 이미 오래 전에 결정된 사항인데 무엇 때문에 법정에서의 형식적 절차에 시간을 끈단 말인가? 모든 주저함이 끔찍스럽긴 마찬가지였다. 다음 날 아침 8시 공판이 시작되었다. 공판이 어떻게 끝이 날지, 그 결과는 너무나도 뻔했다.

공판

콩시에르쥬리에서 지낸 70일은 마리 앙투아네트를 늙고 병든 여자로 만들어 버렸다. 햇빛을 전혀 볼 수 없었던 그녀의 눈은 충혈되어 아팠고, 입술은 수 주일 동안 많은 출혈로 고통당했기 때문에 눈에 띄게 창백해졌다. 이제는 늘 피로와 싸워야만 했다. 의사는 몇 번이고 강심제를 처방했다. 그러나 그녀는 이제야말로 역사적인 날이 시작됨을 알고 있었다. 오늘이야말로 지쳐서는 안 되었고 법정의 누구에게도 왕비이며 황제의 딸인 자신의 연약함을 드러내어 비웃음을 받아서는 안 되었다. 지친 육체로부터, 이미 무디어진 감정으로부터 다시 한번 모든 힘을 모아야만 했다. 이 일만 끝나면 육체는 영원히 긴 휴식에 들어갈 수 있으리라. 마리 앙투아네트는 아직 이 세상에서 해야 할 일이 두 가지 있었다. 의연하게 대답하고, 의연하게 죽는 것이었다.

마음속으로 결심을 굳힌 마리 앙투아네트는 겉으로도 위엄을 보여 주면서 재판을 받아야겠다는 생각을 했다. 오늘 법정에 나타난 여자가 합스부르크의 딸이며, 아무리 폐인이 되었을망정 왕비임이 틀림없음을 백성들에게 알려주지 않으면 안 되었다. 그녀는 보통 때보다 더 정성스레 희어진 머리를 손질했다. 풀이 빳빳한 흰 리넨 모자를 쓰고, 모자 양쪽에 상중(喪中)을 나타내는 베일을 늘어뜨렸다. 프랑스 마지막 국왕 루이 16세의 미망인으로서 마리 앙투아네트는 혁명의 법정에 나아갈 생각이었다.

8시에 재판관과 배심원이 대법정에 모여들었다. 로베스피에르와 한 고향 출신인 에르망이 재판장이었고 푸키에 탱빌이 검사였다. 배심원은 전 후작, 외과의사, 레몬 소매상, 음악가, 인쇄업자, 가발 제조업자, 전 신부, 목수 등 여러 계층으로 구성되었다. 공판 진행을 감시하기 위해 공안위원회 위원 여럿이 검사 옆에 자리를 잡았다. 법정은 꽉 차 있었다. 왕비가 사형수 자리에 앉는 것을 볼 기회는 1세기에 한번밖에 없는 일이었기 때문이다.

마리 앙투아네트는 태연히 법정으로 들어와 조용히 자리에 앉았다. 남편에겐 특별히 등의자가 마련되었지만 그녀에게는 형편없는 나무의자만이 기다리고 있었다. 재판관들도 엄숙했던 루이 16세의 공개 재판 때처럼 국민의회가 뽑은 대표자들이 아닌 사무를 보는 배심원에 불과했다. 그들은 그 음울한 의무를 매우 사무적으로 간단하게 처리했다. 지치기는 했으나 흐트러지지 않은 그녀의 얼굴에서 구경꾼들은 흥분과 불안의 빛을 찾으려 했으나 헛수고였다. 떳떳한 태도로 그녀는 공판 개정을 기다렸다. 그녀는 침착하게 재판관 쪽을 보고 침착한 태도로 법정을 돌아보며 힘을 집중하고 있었다.

맨 먼저 푸키에 탱빌이 일어나서 기소장을 낭독했다. 왕비는 전혀 귀를 기울이지 않았다. 그녀는 이미 이 비난에 대해서는 모두 알고 있었다. 그 전날 변호사와 함께 하나하나 검토하였기 때문이다. 아주 심한 탄핵을 받았으나 그녀는 한 번도 머리를 들지 않았다. 그녀의 손가락은 "마치 피아노를 치는 것처럼" 의자 팔걸이 위에 무심히 놓여 있을 뿐이었다.

그 뒤 증인 41명이 잇달아 등장했다. 그들은 "미워하지 않고 겁내지 않고 진실을, 모든 진실을, 그리고 진실만을" 진술하겠다고 선서하였다. 재판이 서둘러 열렸기 때문에—가엾은 푸키에 탱빌은 이 며칠 동안 참으로 바빴다. 마담 로랑을 비롯한 지롱드파 수백명의 차례가 돌아왔기 때문이다—여러 가지 공소 사실이 아무런 시간적, 논리적 관련도 없이 마구 제출되었다. 증인들은 베르사유의 10월 6일 사건에 대해 진술하다가 파리의 8월 10일 사건을 이야기하기도 하고, 혁명 전의 사건을 설명하다가 혁명 동안에 일어난 일을 말하기도 했다. 그들의 진술은 거의 쓸모없는 것이었고, 그 가운데는 아주 우스꽝스러운 것들도 있었다.

예를 들어 하녀 미로의 증언이 바로 그러한데, 그녀는 왕비가 오빠한테 2억의 돈을 보냈다며 1788년에 쿠아니 공작이 어떤 사람한테 말하는 것을 들었다고 했다. 더 우스꽝스러운 것은 마리 앙투아네트가 오를레앙 공을 살해하기 위해서 늘 피스톨 두 자루를 지니고 다녔다는 증언이었다. 왕비가 발행한 어음을 봤다는 증인이 둘 있었지만 결정적인 증거를 제시하지는 못했다. 마리 앙투아네트가 스위스 근위병 사령관에게 보냈다는 "당신네 스위스 군인을 완전히 믿어도 좋을 수 있나요? 필요한 경우에 용감히 싸워 줄까요?"라는 편지도 손에 넣을 수 없었다. 마리 앙투아네트가 쓴 편지는 단 한 장도 제출되지 못했고, 탕플 탑에서 압수되어 봉인된 그녀의 소지품을 담은 보따리 속에서도 그녀에게 불리한 물건은 하나도 나오지 않았다. 머리카락은 남편과 아이들 것이었고 작은 초상화는 랑발 공비와 그녀의 어린 시절 친구인 헤센 다름슈타트 백작 부인을 그린 것이었다. 수첩에 적힌 이름은 그녀의 세탁부와 의사 이름뿐이었다. 기소에 필요할 만한 것은 하나도 없었다. 그래서 검사는 몇 번씩이나 일반적인 죄상으로 되돌아가는 수밖에 없었다. 왕비도 이번에는 준비가 되어 있어서 예심 때보다는 더 확실하고 자신 있게 대답할 수 있었다. 문답은 다음과 같이 전개되었다.

"당신은 그 프티 트리아농을 개축하고, 가구를 들여놓은 뒤, 연회를 열며 여신처럼 지냈는데 그 돈은 어디서 난 것인가?"

"그 비용을 위한 준비금이 마련되어 있었습니다."

"그 준비금은 상당한 액수였겠군. 프티 트리아농은 거액의 돈이 필요했을 테니 말이오."

"프티 트리아농에 거액의 돈이 필요했다는 것은 옳은 말씀입니다. 스스로 생각했던 것보다도 훨씬 더 많이 든 것 같습니다. 점점 끌려들어가서 비용이 늘어났습니다. 그 모든 일을 분명하게 짚고 넘어가는 것은 그 누구보다도 내가 더 원하는 바입니다."

"당신이 처음 라 모트 부인을 만난 것은 프티 트리아농에서의 일이지요?"

"그 사람을 만난 일은 없습니다."

"악명 높은 목걸이 사건으로 그녀는 당신에게 희생되지 않았는가?"

"그럴 리 없습니다. 나는 그녀를 모르니까요."

"그러면 그녀와 아는 사이임을 끝내 부인하는 것인가?"

"나는 모두 다 부인하려는 것은 아닙니다. 나는 진실을 말해 왔고 앞으로도 진실을 말할 것입니다."

아직 희망이 남아 있다면 마리 앙투아네트는 희망을 버리지 않아도 좋을 정도였다. 증인 대부분이 전혀 쓸모가 없었기 때문이었다. 그녀가 두려워하던 사람 가운데 누구 하나 정말로 불리한 증언을 하는 사람은 없었다. 그녀의 반격은 점점 더 강력해졌다. 그녀가 그 영향력으로 전 국왕을 마음대로 움직였다는 검사의 주장에 그녀는 말했다. "조언하는 것과 행동하도록 하는 것은 전혀 별개의 일입니다." 공판 진행 중에 재판장이 그녀의 진술은 아들의 말과 상반된다고 지적하자 그녀는 경멸하듯이 말했다. "여덟 살 난 아이에게 듣고 싶은 말을 모두 대답하도록 하기는 아주 쉽지요." 정말 위험한 질문이 나오면 그녀는 주의 깊게 "모릅니다. 기억이 나지 않습니다"라고 대답을 회피했다. 그래서 에르망은 단 한 번도 그녀에게 명백한 허위를 말하게 한다든가 모순을 말하게 하는 개가를 올릴 수가 없었다. 오랜 시간 긴장하며 귀를 기울인 청중들은 한 번도 분노의 소리를 외치거나 악의에 찬 행동을 보이거나, 애국심에 불타는 박수갈채를 보내지 않았다. 공판은 흐르는 모래처럼 공허하게, 천천히 진행되었다.

탄핵의 흐름을 크게 뒤바꾸기 위해서는 결정적인, 참으로 결정적인 증언이 나와야 할 시간이었다. 에베르는 근친상간이라는 무서운 죄를 들고 나와 그러한 변화를 일으키려고 했다.

그는 앞으로 나왔다. 단호하게 확신에 찬 태도로, 그는 큰 소리로 터무니없는 탄핵을 되풀이했다. 그러나 그는 얼마 뒤 도저히 믿을 수 없는 이 탄핵은 예상대로 터무니없다는 인상만을 준 채, 법정 안 그 누구도 분노의 외침으로 이 못된 어머니, 사람도 아닌 여자에게 혐오스런 마음을 일으키게 하지 못하고 있음을 깨달았다. 모두 묵묵히, 창백하게, 당황한 듯이 앉아 있을 뿐이었다. 그래서 가련한 이 남자는 다른 특별한 심리적, 정치적 해석을 들고 나서지 않으면 안 되겠다고 생각했다. "이렇게 생각할 수도 있습니다." 이 바보는 말했다. "이 범죄적 향락은 쾌락을 바라는 욕구 때문이 아니고 이 어린아이의 육체적인 힘을 빼 버리려는 정치적인 의도에서 나온 것입니다. 미망인 카페*1는 아들이 언젠가 왕좌에 오를 것이라 생각하고 이런 계획으로 아이의 행동방법을 지배하는 권리를 확보하려 했던 것입니다."

그러나 이상한 것은 이런 세계사적 망발에 청중은 놀랄 만큼 조용하기만 했다는 것이다. 마리 앙투아네트는 대답하지도 않고 경멸하듯이 에베르로부터 눈을 돌렸다. 바보가 알아듣지 못할 중국어로 떠들고 있다는 듯 무관심하게, 낯빛 하나 바뀌지 않고 그녀는 의연하게 꼼짝 않고 앉아 있었다. 재판장 에르망도 이 고발을 전혀 못 들은 체했다. 그는 중상당한 어머니에게 반박할 말이 있느냐고 묻지 않았다. 이 근친상간 고발이 모든 청중, 특히 여자들에

---

*1 Widow Capet : 그녀를 더 이상 왕비라고 부르기 싫었던 시민들은 폐위되고 처형된 루이 16세의 이름 '루이 카페(Louis Capet)'에서 미망인 카페라고 불렀다.

공판 429

게 불쾌한 인상을 주었음을 알았기 때문에 허둥지둥 이 곤란한 고발을 무시해 버렸다. 그러나 그때 불행히도 배심원 한 사람이 참견을 하면서 재판장에게 주의를 환기했다. "재판장, 시민 에베르가 그녀와 그 아들 사이에 연출되었다고 주장하는 사건에 대해 피고가 의견을 진술치 않았다는 사실에 유의하기를 요구합니다."

이렇게 되자 재판장도 더는 피할 수 없었다. 그는 하는 수 없이 가슴속 감정에 거스르며 피고에게 질문했다. 마리 앙투아네트는 자신 있게 벌떡 머리를 들고—"이때 피고는 몹시 흥분했던 것 같다"라고, 보통 때는 매우 무관심했던 〈모니퇴르〉지가 보도했다—큰 소리로, 이루 말할 수 없는 경멸을 드러내며 답했다. "내가 대답하지 않은 것은 어머니를 모독하는 그런 탄핵에 대답하는 것을 자연이 거부하기 때문입니다. 나는 여기 있는 모든 어머니에게 묻고자 합니다."

그 순간 정말 땅울림 같은 강한 동요가 법정을 휩쓸고 갔다. 여성 노동자, 생선장수 여자, 뜨개질 하면서 듣고 있던 여자들은 숨소리마저 죽였다. 신비스런 연대 감정에 이 한 여자와 더불어 모든 여자들이 모욕감을 느꼈다. 재판장은 입을 다물었고, 호기심 많은 배심원들도 눈을 내리감았다. 중상당한 여인의 목소리에 담긴 비통한 분노의 어조가 모두의 마음을 감동시켰다. 말없이 에베르는 증인대를 물러났다. 자기의 일을 뽐내지 못한 채 그의 탄핵이 최악의 사태를 맞이한 왕비를 도와 위대한 도덕적 승리를 가져다 준 결과가 되었다는 사실을 모든 사람, 그리고 그 자신도 깨닫고 있었다. 그녀를 욕보이려는 계획이 반대로 그녀를 높이 추어올리고 만 셈이었다.

그날 밤, 사건을 안 로베스피에르는 에베르에 대한 노여움을 누를 수가 없었다. 큰 소리로 떠들어 대는 민중 선동가들 가운데 오직 하나뿐인 정치적 정신이라고 할 수 있는 그는 아직 아홉 살도 못 되는 소년이 불안이나 죄의식으로 진술한 어머니에 대한 이 바보스러운 비난을 세상에 들고 나온다는 것이 얼마나 미치광이 같은 어리석은 짓인가를 꿰뚫어 보았다. "에베르라는 바보가" 그는 화를 내며 친구들에게 말했다. "그녀에게 또 한 번 승리를 주고 말았다." 로베스피에르는 이미 이 야비한 친구에게 짜증이 나 있었다. 에베르는 품위 없는 선동과 터무니없는 행동으로 그의 신성한 혁명에 먹칠을 했던 것이다. 이날 그는 마음속으로 그 오점을 말살하기로 결심했다. 에베르가 마리 앙투아네트에게 던진 돌은 그 자신에게 돌아와 치명타가 되었다. 그 몇 달 뒤 그도 같은 수레를 타고 같은 길을 가게 된다. 그러나 그의 태도는 그녀처럼 훌륭하지 못했고 너무도 용기를 잃고 있었으므로 친구 롱생은 이렇게 외쳤다.

"행동해야 할 때 그렇게도 떠들어대더니…… 이젠 죽는 거나 배우도록 해라."

마리 앙투아네트는 자신의 승리를 직감했다. 그러나 그녀는 방청석에서 놀랄 만한 소리를 들었다 "아주 거들먹거리는군." 그래서 그녀는 변호인에게 물었다. "답변하는 방법이 너무 거만하지 않은지요?" 그러나 변호인은 그녀를 안심시켰다. "마담, 끝까지 그렇게 하십시오. 그러면 됩니다." 그 다음 날도 마리 앙투아네트는 싸워야만 했다. 심리는 질질 끌었다. 방청자도 관계자도 모두 지쳤다. 그러나 그녀는 출혈로 지치고, 쉬는 시간에 수프 한 접시밖에 먹지 않았으나 태도나 정신은 힘에 넘치고 의연했다. "그 모든 정신력을 상상해 보십시오." 그녀의 변호인은 자기 회상록에 이렇게 쓰고 있다. "그렇게도 길고 끔찍한 재판 시간의 긴장을 견디기 위해서 왕비는 대단한 정신력이 필요했던 것입니다. 많은 사람들에게 둘러싸인 무대 위에서 잔인한 적과 싸우면서 자신에게 던져지는 그물을 피하고, 확실한 태도와 바른 절도를 지켜 비굴하게 굴어서는 안 되는 것이었습니다." 그녀는 첫날 15시간 싸웠다. 이튿날도 12시간이 넘어서야 간신히 재판장은 심문이 끝났음을 선언하고 죄를 가볍게 하기 위해서 무언가 더 할 말이 없는가 물었다. 마리 앙투아네트는 자각하여 이렇게 대답했다. "어제, 나는 증인을 알지도 못했고 그들이 내게 무슨 말을 할 것인지도 몰랐습니다. 그러나 그 누구도 내게 불리한 사실을 지적하지 못했습니다. 나는 나 자신이 루이 16세의 아내에 지나지 않았다는 것, 따라서 남편의 결정에 따를 수밖에 없었다는 말밖에 이야기할 것이 없습니다."

그러자 푸키에 탱빌이 일어서서 기소 이유를 하나로 묶어 설명했다. 할당된 두 변호사는 매우 무성의하게 반박했을 뿐이다. 아마도 루이 16세의 변호인이 너무나 열심히 왕의 편을 든 나머지 단두대 처형을 요구 당했다는 사실을 기억했던 것 같다. 그래서 그들은 왕비의 무죄를 주장하기보다는 백성들의 관용에 호소하는 편을 택했다. 재판장 에르망이 배심원에게 유죄인가 아닌가를 묻기 전에 마리 앙투아네트는 법정에서 퇴장 당해 재판장과 배심원만이 남게 되었다. 뻔한 이야기들이 모두 끝나자 재판장 에르망은 명석하고 객관적인 자세로 분명치 않은 수백 가지의 죄상은 다 떼어버리고 질문을 간단하게 정리했다. 마리 앙투아네트를 기소한 것은 다름 아닌 프랑스 국민이다. 왜냐하면 5년 전부터 일어난 모든 정치적인 사건이 그녀의 유죄를 증언 하고 있기 때문이다. 그는 배심원에게 네 가지 질문을 했다.

첫째, 공화국의 적인 외국 열강에게 자금 원조를 중개했고 프랑스 영토의 침입을 승낙했으며 그들의 군사적 승리를 지원하기 위해서 그들과 음모를 꾸미고 합의했다는 사실은 증명되었는가?

둘째, 오스트리아의 마리 앙투아네트, 미망인 카페는 이 음모에 관여하고 협력한 죄를 졌는가?

셋째, 내란을 선동하기 위한 공모, 모반이 있었다는 사실은 증명되었는가?

넷째, 오스트리아의 마리 앙투아네트 즉 루이 카페 미망인이 이 모반에 관여한 죄를 인정할 수 있는가?

배심원들은 묵묵히 일어나 옆방으로 옮겨갔다. 이미 한밤이었다. 사람들의 열기로 더워진 법정 안에서 촛불이 불안하게 흔들렸다. 그리고 사람들 마음 또한 촛불과 함께 긴장과 호기심으로 전율하고 있었다.

중간 질문 : 배심원들은 법률상 어떤 결정을 내려야 하는 것인가? 재판장은 마지막 제안에서 재판에 남긴 정치적 장식을 모두 제쳐두고 여러 죄목들을 사실상 하나로 묶었다. 배심원들에게 질문은 마리 앙투아네트가 자연의 섭리를 거스르는 음탕한 여자. 근친상간을 저지른 여자, 씀씀이가 헤픈 여자나 아니냐를 결정하는 게 아니라 오직 전 왕비가 외국과 손을 잡고 적군의 승리와 국내 봉기를 원하고 그것을 도운 죄가 있는지 없는지를 밝히는 것뿐이었다.

마리 앙투아네트는 법적으로 이 범죄에 책임이 있고 유죄로 보아야 하는가? 이런 양면적인 질문에 대해서는 두 가지로 대답을 준비할 수밖에 없다. 물론 마리 앙투아네트는—그리고 이것이 재판상의 강점이다—공화국의 관점에서 볼 때 유죄일 수밖에 없다. 그녀가 늘 외국과 손을 잡고 있었음은 부정할 수 없다. 우리는 그것을 잘 알고 있다. 그녀는 프랑스의 군사적 공격계획을 오스트리아 대사에게 넘겨주었으니 기소장에서처럼 사실 반역죄를 범한 것이다. 그녀는 자기 남편의 왕위와 자유를 회복하려는 수단이면 합법이든 비합법이든 가리지 않고 어떤 수단이라도 무조건 이용하고 자원했으며 앞으로도 그럴 생각을 가지고 있었다.

따라서 기소는 정당하다. 그러나—이것이 재판상의 약점이다—증거가 없다. 지금은 마리 앙투아네트가 공화국에 대한 반역죄를 저질렀음을 증명할 기록이 세상에 알려져 출판되어 있다. 빈의 기록 보관소와 페르센의 유품에 들어있다. 그러나 이 재판은 1793년 10월 16일에 파리에서 열렸기 때문에 그때 이들 기록은 전혀 검사의 손에 들어가지 못했다. 실제로 그녀가 저지른 반역죄에 유효한 증거는 하나도 재판 내내 배심원에게 제출되지 못했다.

이런 까닭에 성실하고, 공평한 배심원단이라면 몹시 당황했으리라. 본능에 따른다면 이 공화주의자 12명은 무조건 마리 앙투아네트에게 유죄를 선고해야만 했다. 이 여자가 공화국의 원수이며, 아들을 위하여 왕권을 완전한 모습으로 되찾으려 하고 있음은 그들 가운데 누구도 의심할 수가 없었다. 그러나 글자 그대로 정의는 왕비 쪽에 있었다. 사실의 입증만이 모자랄 뿐이다. 공화주의자로서는 왕비에게 유죄 선고할 수도 있으나 법을 지키기로 선서한 배심원으로서는 입증되지 않은 죄를 인정할 수는 없었다. 그러나 다행히도 이들 소시민들은 내적 양심의 갈등을 맛보지 않아도 좋았다. 국민공회가 공평한 판결을 전혀 요구하고 있지 않음을 그들은 이미 알고 있었기 때문이었다. 국민공회는 결단을 내리기 위해 그들을 뽑은 것이 아니라 국가에 위험한 여자에게 유죄 판결을 내리도록 불러 모았을 뿐이었다. 그들은 마리 앙투아네트의 목을 넘겨주거나 자신의 목을 내미는 두 가지 중에서 하나를 선택해야만 했다. 그래서 배심원 12명은 형식적으로 토론하는 체 꾸밀 뿐이지, 질질 끌면서 숙고하는 듯 보이는 것도 사실 이미 모두 결정을 내려놓고 체면치레나 하는 것이었다.

새벽 4시에 배심원들은 묵묵히 법정으로 돌아왔다. 죽음과도 같은 고요가 그들의 판결을 기다리고 있었다. 배심원들은 마리 앙투아네트에게 만장일치 유죄 판결을 선언했다. 재판장 에르망은 방청객에게—한밤이 지나 남아 있는 사람은 적었다. 거의가 지쳐서 집으로 돌아갔던 것이다—찬성의 신호는 삼가 달라고 경고했다. 마리 앙투아네트가 연행되어 들어왔다. 이틀 동안 아침 8시부터 줄곧 싸워 온 그녀였지만 아직 지친 기색은 없었다. 배심원의 표결이 낭독되었다. 푸키에 탱빌은 사형을 구형했고 이는 만장일치로 승인되었다. 재판장은 그녀에게 이의가 있느냐고 물었다.

마리 앙투아네트는 꼼짝도 하지 않고 매우 태연하게 배심원들의 말과 판결에 귀를 기울이고 있었다. 그녀는 불안도, 분노도, 약한 기색도 보이지 않았다. 재판장의 질문에 그녀는 아무 대답없이 머리를 저어 부인했을 뿐이었다. 돌아다보거나 다른 사람들의 얼굴을 쳐다보지도 않은 채 그녀는 정적만이 감도는 법정을 나와 계단을 내려갔다. 그녀는 자신의 삶과 주변 모든 사람들에게 이미 몸서리가 났으며 이 고통이 이젠 끝나리라는 데 깊이 만족했다. 이제는 최후의 순간을 잘 견디는 일만이 남아 있었다.

어두침침한 복도를 지나는 동안 지치고 약해진 눈이 한순간 전혀 보이지 않게 되었다. 그녀는 계단을 찾을 수 없었고 머뭇거리며 비틀거렸다. 넘어지기 직전 감시 장교 드 비슨 중위가 부축해 주려고 팔을 내밀었다. 그는 재판이 진행되는 동안 그녀에게 물을 한 잔 가져다 준 용기를 보여 주었던 인물이다. 그는 죽음의 선고를 받은 여자를 부축하며 모자를 벗어 손에 들었기 때문에 다른 감시병에게 지적을 당했다. 그는 이렇게 자신을 변호해야 했다. "쓰러지는 것을 막기 위해 그렇게 한 것뿐이다. 건전한 이성을 가진 사람이라면 거기에 다른 이유가 없음을 이해할 것이다. 만약 왕비가 쓰러졌더라면 사람들은 음모니 반역이니 하고 떠들었으리라."

판결 뒤 왕비 변호인 두 사람은 체포되었다. 그리고 왕비가 몰래 무슨 쪽지라도 전해 주지 않았나 몸수색을 당했다. 한심스런 법률가 정신이었다. 판사들은 무덤 한발 앞까지 다가선 이 여자의 끈질긴 열정을 두려워했다.

그러나 이러한 모든 불행과 염려의 주인공, 피를 다 쏟아내고 지쳐 버린 여자는 이런 쓸모없는 번거로움에 아무런 관심도 없었다. 그녀는 조용히 그리고 태연하게 감옥으로 돌아갔다. 이제 그녀의 생명은 쉽게 헤아릴 수 있을 만큼 짧은 시간만이 남게 되었다.

작은 방 책상 위에는 촛불 두 자루가 타고 있다. 사형을 선고받은 사람에게 영원한 밤을 맞이하기 전날 하룻밤을 어둠속에서 보내지 않도록 배려해 준 마지막 은총이었다. 이제까지 지나치게 신중했던 간수 또한 오늘은 그녀의 부탁을 거절하지 않았다. 마리 앙투아네트는 편지 쓸 종이와 잉크를 요구했다. 최후의, 음울한 고독 속에서 그녀는 자신을 걱정하는 사람들에게 한 번 더 말을 전하고 싶었다. 간수는 잉크와 펜과 접힌 종이를 한 장 갖다 주었다. 창살이 쳐진 창 너머로 아침 햇살이 비춰 오기 시작할 때 마리 앙투아네트는 마지막 힘을 다해 최후의 편지를 써 내려갔다.

괴테는 죽음의 직전에 대해서 다음과 같은 멋진 말을 하고 있다. "삶의 마지막 순간에 이르러 각오를 다진 사람의 머릿속에는 이제껏 불가능했던 생각이 떠오르게 된다. 마치 그 옛날 산봉우리 위로 찬란한 빛줄기와 함께 하늘의 영이 내려왔듯이." 죽음을 선고받은 왕비의 편지에도 이러한 신비스러운 작별의 햇살이 빛을 발했다. 시누이며 이제는 자기 아이들의 보호자가 된 마담 엘리자베트에게 이별의 편지를 쓰는 이 순간만큼 마리 앙투아네트의 영혼이 결연한 각오로 맑게 빛난 적은 일찍이 없었다. 감옥의 초라한 책상 위에서 쓰인 이 편지는 트리아농의 도금한 책상에서 흐트러진 필적으로 썼던 어떤 편지들보다도 확실하고, 단호하였으며, 남성적이었다. 언어는 훨씬 더 순수했고 담긴 감정도 솔직했다. 마치 죽음이 일으킨 내면의 폭풍우가 불안한 구름을 깨끗이 휩쓸어 버린 것만 같았다. 이 비극적인 여인은 숙명적으로 오랫동안 구름에 가려 있어서 자기 마음속 깊은 곳을 들여다보지 못하고 지내왔던 것이다. 마리 앙투아네트는 이렇게 썼다.

"시누, 이것은 마지막 편지입니다. 나는 선고를 받았습니다. 그러나 범죄자들에게 내려지는 치욕적인 죽음의 선고가 아닌 당신의 오빠를 다시 만나볼 수 있게 되리라는 기회입니다. 그분은 결백합니다. 나도 그분처럼 마지막 순간을 맞이하기를 바라고 있어요. 양심에 거리낄 게 없는 사람은 다 그렇겠지만, 내 마음은 무척 평온합니다. 그러나 불쌍한 아이들을 남기고 가야 한다는 사실이 참으로 마음에 걸리는군요. 당신도 아시다시피 나는 아이들과 나의 귀중한 시누, 당신만을 위해서 살아왔습니다. 우리와 함께 지내려는 다정한 마음씨로 모든 것을 희생해 온 당신을 이런 험한 세상에 두고 떠나게 되다니! 재판 변론을 통해서 나는 내 딸이 당신과 떨어져 있음을 비로소 알았습니다. 아, 불쌍한 어린 것! 그 애한테는 편지를 쓰지 않으려 합니다. 쓰더라도 전해지지 않을 테니까요. 이 편지가 당신에게 전해질지조차 알 수 없습니다. 부디 그 애들에게 나의 축복을 전해 주십시오. 애들이 자란 뒤에 당신을 다시 만나게 되어 당신의 착한 마음씨를 느낄 수 있게 되기를 기원합니다. 신념을 지키고 의무를 충실히 따르는 것이야말로 삶의 가장 중요한 요소라는 나의 가르침을 아이들이 잊지 않았으면 좋겠습니다. 그리고 우애와 신뢰가 그 아이들을 하나로 만들어 주기를 바랍니다. 딸은 누나로서 경험과 사랑에서 우러나오는 충고를 동생에게 해 줄 수 있기를 바랍니다. 아들은 누나를 따스한 마음으로 배려하고 모든 일에 힘껏 도우며 살길 바랍니다. 두 아이가 어떤 처지에 놓이더라도 서로 힘을 합하면 행복하게 지낼 수 있음을 알게 되기를 바랍니다. 아이들이 우리를 본보기로 삼았으면 좋겠습니다. 괴로움 가운데에서 나눈 우리의 우정은 얼마나 큰 위로가 되었는지 모릅니다. 행복이란, 친구와 함께 나누어 가질 때 배가 될 수 있는 것입니다. 가정이 아니라면 어디에서 그처럼 온화하고 친밀한 친구를 구할 수 있겠습니까? 아들이 아버지의 마지막 유언을 결코 잊지 말아 주었으면 합니다. 나도 그 말을 되풀이합니다. 우리의 죽음에 복수할 생각은 절대로 하지 말기를.

　이제 내 마음을 크게 아프게 하는 일을 당신에게 이야기하지 않으면 안 되겠군요. 아이가 당신을 괴롭게 했다는 것을 나는 압니다. 그를 용서해 주세요. 그 애는 아직 어리니까요. 아이들한테 자신도 이해 못하는 말을 하도록 만드는 것은 아주 쉬운 일이니까요. 언젠가 그 아이가 당신의 사랑과 부드러운 마음씨의 가치를 깨닫게 되기를 나는 기원합니다.

　당신에게 이제 내 마지막 걱정을 털어놓지 않으면 안 되겠습니다. 재판이 시작될 때부터 편지를 쓰고 싶었지만 쓸 수도 없었거니와 재판이 너무나도 빨리 진행된 탓에 그럴 만한 시간도 없었습니다.

　나는 로마 가톨릭 신앙 가운데에서 죽습니다. 그것은 내가 자라나며 언제나 믿음을 고백해온 조상 대대로 이어진 신앙입니다. 이곳에서는 어떤 종교적 위안도 기대할 수 없기 때문에 내 종교의 신부가 계시는지조차 알 수 없습니다. 그런 분이 내가 있는 이 장소에 오신다는 것은 무척 위험스러운 일이지요. 나는 살아오면서 지은 모든 죄를 뉘우치고 하느님께 용서받고자 합니다. 살아온 동안 하느님께서 그래 오신 것처럼 내 마지막 기도를 들어

주시고 자비와 은혜로 나의 영혼을 받아들여 주시기를 바라고 있습니다.

알지 못하는 사이에 내가 가한 모든 괴로움을 용서해 주기를 나는 모든 사람, 그리고 당신께 간절히 바랍니다. 나 또한 내게 고통을 안겨준 모든 적들을 용서합니다. 나는 이제 고모, 형제, 자매에게 안녕을 고하려 합니다. 내겐 벗들이 있었습니다. 그 사람들과 영원히 헤어져야 한다는 생각과 남겨진 그들의 고통에 대한 생각이야말로 내가 지금 죽으면서도 떨쳐 버릴 수 없는 가장 큰 괴로움입니다. 내가 마지막까지 그들을 생각했었다는 것만이라도 그들이 알아주었으면 좋겠습니다.

안녕히 계세요, 다정한 시누. 이 편지를 받을 수 있기를 바랍니다. 나를 잊지 마세요. 불쌍한 아이들과 함께 당신을 온 마음을 다해서 포옹합니다. 당신이나 아이들과 영원히 헤어져야 하다니 끔찍스런 일이 아닐 수 없습니다. 안녕히, 안녕히! 이제는 종교적인 절차만이 남아 있습니다. 나는 결정을 내릴 수 있는 자유의 몸이 아니므로 아마 신부 한 사람을 임의로 데려오겠지요. 그러나 나는 그에게 아무 말도 하지 않을 것이고 완전히 낯선 사람처럼 행동할 것입니다."

여기에서 편지가 갑자기 끊겼다. 인사말도, 서명도 없이. 아마 편지를 쓰다가 피로가 몰려 왔으리라. 책상 위에는 초 두 자루가 아직도 활활 타올랐다. 아마도 그 불꽃이 여기 지금 살아 있는 사람보다도 더 오래 살아남을지도 모를 일이었다.

어둠 속에서 쓴 이 편지는 결국 받는 사람 손에 전해지지 못했다. 마리 앙투아네트는 형리가 들어오기 직전에 간수 볼에게 그 편지를 주면서 시누이에게 전해 달라고 부탁하였다. 볼은 그녀에게 편지지와 펜을 줄 만한 인정은 있었지만 허가 없이 이 편지를 전해 줄 만한 용기는 없었다. (남의 머리가 베어지는 걸 많이 보면 볼수록 자기 머리는 더 겁을 내며 소중히 하기 마련이다) 그래서 그녀는 왕비의 편지를 규칙대로 검사 푸키에 탱빌에게 넘겨주었고 검사는 편지에 도장을 찍어 보관했다. 2년 뒤 콩시에르쥬리의 수많은 사람을 단두대로 보낸 마차를 푸키에 자신이 탈 수밖에 없게 되었을 때 이 쪽지는 이미 사라져 버리고 말았다. 정말 보잘것없는 남자인 쿠르투와 한 사람을 빼놓고는 이 세상 그 누구도 그런 편지가 있으리라는 것을 상상하지도, 알지도 못하였다. 신분도 재능도 별 볼일 없었던 이 의원은 로베스피에르의 체포 뒤에 국민공회로부터 그가 남긴 서류를 정리해서 발간하라는 요청을 받았다. 그러자 나막신 제조업자에 불과했던 이 남자의 머릿속에 비밀 관공 서류를 손에 넣기만 한다면 굉장한 권력을 쥐게 될지도 모른다는 생각이 번 개처럼 스치고 지나갔다. 왜냐하면 얼마 전까지만 해도 자기에게 아는 체도 하지 않던 의원들이 이제는 굽실거리며 아첨을 했기 때문이었다. 그러고는 로베스피에르에게 보낸 자기 편지를 돌려주기만 한다면 무엇이든 하겠다며 어리석기 그지없는 약속들을 마구 하는 게 아닌가. 수단 좋은 그 장사꾼은 이상한 편지들을 될 수 있는 대로 많이 서랍에 모아 두기만 하면 좋은 일이 생기리라는 것을 곧 알아차렸다. 그는 혼란을 틈타 혁명재판소의 모든 서류 를 몰래 빼내어 그것을 미끼로 장사를 했다. 다만 그 기회에 우연히 손에 넣 게 된 마리 앙투아네트의 편지만은 교활하게도 잘 챙겨두었다. 언제 다시 역 풍이 불어 옛 세상으로 돌아갈지 모를 노릇이다. 이 문서가 얼마나 귀중한지 요즘 사람들은 아무도 알아보지 못하지만 말이야! 그는 20년 동안 이 약탈 물을 숨겨 두었다.

그런데 정말 바람이 바뀌었다. 부르봉가의 루이 18세가 프랑스 국왕이 되 자 그의 형 루이 16세 처형에 동의했던 '역적'들의 모가지가 위태로워진 것 이다. 잘 보이기 위해서 쿠르투와는(서류를 훔친 일은 잘한 짓이었다) 능청 스런 편지를 써서 자기가 "구출해낸" 마리 앙투아네트의 편지를 루이 18세 에게 보냈다. 그러나 이런 악랄한 계교는 그에게 아무런 도움도 주지 못했 다. 쿠르투와도 다른 사람과 마찬가지로 추방되었다. 어쨌든 편지는 빛을 보 게 되었다. 왕비가 쓴 이 아름다운 이별의 편지는 쓰인 지 21년 뒤에야 빛을 보게 된 것이다. 그러나 때는 이미 늦었다! 마리 앙투아네트가 죽음의 순간 에 작별의 말을 보내려 했던 사람들은 거의 그녀의 뒤를 따라 세상을 떠난 뒤였다.

마담 엘리자베트는 기요틴에서 죽었고, 아들은 탕플에서 죽었는지 어쩌면 그때에도(오늘날까지도 진실은 알 수 없다) 낯선 이름을 써 가며 신분이 밝 혀지는 일 없이, 자신의 신분과 운명에 대해 아무것도 모른 채 세상을 방황 하고 있었는지도 모른다. 페르센 또한 사랑에 찬 인사말을 듣지 못했다. 편 지에 그의 이름은 한 번도 등장하지 않았다. 그러나 "내겐 벗들이 있었습니 다. 그 사람들과 영원히 헤어져야 한다는 생각과 남겨진 그들의 고통에 대한 생각이야말로 내가 죽으면서도 떨쳐 버릴 수 없는 가장 큰 괴로움입니다."
이 감동적인 말은 그에게 보내는 말이 아니고 무엇일까! 의무는 마리 앙투
아네트로 하여금 이 세상에서 가장 소중한 사람의 이름을 입에 올리지 못하
게 만들었다. 그러나 그녀는 자신이 사랑한 남자가 언젠가는 이 글귀를 읽게
되어 자기가 마지막 순간에까지도 변치 않는 영원한 헌신 속에서 그를 생각
했다는 사실을 알게 되기를 바랐으리라. 마지막 순간에 그를 곁에 두고 싶어
했던 마리 앙투아네트의 소망을 느끼기라도 했던 것처럼―정말 신비스러운
텔레파시가 아닐 수 없다―죽음의 소식을 들은 그의 일기에도 다음과 같은
말이 적혀 있다. "그녀가 아무런 위안도 없이, 함께 이야기할 만한 사람도
하나 곁에 없이 최후의 순간에 홀로 있어야만 했다는 사실은 나의 모든 고통
가운데 가장 무시무시한 고통이었다." 그녀가 그 무서운 고독 속에서 그를
생각했듯이 그 또한 그녀를 생각했다. 먼 거리와 장벽으로 막혀 있어 다른
한쪽을 보지도 듣지도 못하면서도 두 사람의 영혼은 같은 순간에 같은 소망
을 품었다. 시간과 공간을 넘어 그의 생각과 그녀의 생각은 입을 맞추는 입
술들처럼 서로 맞닿아 있었다.

마리 앙투아네트는 펜을 놓았다. 홀로 모든 사람들에게 작별 인사를 전하
는 가장 괴로운 일도 이젠 지나가 버리고 말았다. 이제 조금 누워 쉬면서 힘
을 모으기만 하면 되었다. 이 세상에 그녀가 해야 할 일은 거의 없었다. 오
직 한 가지 남은 일은 죽는 일, 훌륭하게 죽는 일뿐이었다.

마지막 여행

새벽 5시, 마리 앙투아네트가 마지막 편지를 계속 쓰고 있을 즈음 48구 모든 지역에서는 북소리가 울리기 시작했다. 7시에는 무장한 군인들이 행동을 개시했다. 발사 준비를 끝낸 대포가 다리와 통합로를 차단했고, 총검을 든 보초병이 시내를 돌고 기병이 도로 옆에 울타리를 만들며 늘어섰다. 죽음 밖에 생각할 수 없는 한 여자 때문에 수많은 군대가 모이고 있었다. 희생자가 권력을 겁내는 이상으로 권력이 희생자를 겁내는 일은 흔히 있는 일이다.

7시, 간수의 하녀가 살그머니 감방으로 들어왔다. 책상 위에는 아직 초 두 자루가 타고 있었다. 구석에는 감시를 늦추지 않는 감시병이 그림자처럼 앉아 있었다. 처음엔 왕비가 보이지 않았다. 잠시 뒤 그녀의 모습을 본 로잘리는 깜짝 놀랐다. 앙투아네트는 검은 상복을 입고 침대에 누워 있었다. 왕비는 자고 있지 않았다. 계속 피를 쏟아 지쳐 있을 뿐이었다.

착하고 어린 시골 처녀는 죽음을 선고받은 왕비에게 깊은 동정을 느끼며 몸을 떨었다. "마담." 그녀는 왕비에게 다가갔다. "어제 낮부터 잡수신 게 거의 없으세요. 낮에도 거의 안 드셨고요. 무얼 좀 갖다 드릴까요?"

"아무것도 필요 없어. 나는 이제 다 끝났어." 왕비는 누워서 꼼짝도 하지 않으며 대답했다. 그러나 하녀가 특별히 준비해 온 수프를 거듭 권하자 지친 왕비가 대답했다. "수프를 이리 줘." 왕비가 몇 숟갈 뜨자 로잘리는 옷 갈아입는 것을 도와주었다. 단두대에 갈 때에는 검사 앞에서 입었던 검은 상복을 입을 수 없었다. 상복은 너무 눈에 띄어서 백성들을 흥분시킬지도 모른다는 이유로 금지당했기 때문이다. 앙투아네트는 말없이—이제 와서 어떤 옷을 입든 무슨 상관일까—가볍고 흰 드레스를 입었다.

하지만 마음을 비우고자 애쓴 보람도 없이 그녀는 마지막까지 굴욕을 당해야 했다. 왕비는 계속 피를 쏟고 있었기 때문에 속옷이 피투성이였다. 그녀는 마지막 길만큼은 깨끗한 모습으로 가고 싶었다. 속옷을 갈아입고자 했던 그녀는 감시병에게 잠시만 자리를 비켜달라고 부탁했다. 그러나 감시병은 한 순간도 왕비에게서 눈을 떼지 말라는 명령을 받았다며 이를 거절했다. 왕비는 침대와 벽 사이에 쪼그려 앉아 속옷을 갈아입어야만 했고 이를 안타깝게 여긴 하녀가 그녀의 벗은 몸을 가려주었다. 하지만 피 묻은 속옷을 처리할 방법이 없었다. 더럽혀진 속옷을 낯선 남자 앞에 두고 가는 것은 왕비로서, 여자로서 수치라 여기지 않을 수 없었다. 왕비의 유품을 가져가고자 올 수많은 사람들의 파렴치하고 호기심 어린 눈빛들이 걱정되었다. 하는 수 없이 그녀는 속옷을 작게 말아 난로 뒤 움푹 파인 곳에 밀어 넣었다.

그녀는 공을 들여 옷을 입었다. 거리에 나가 본 지도, 자유롭게 펼쳐진 넓은 하늘을 바라본 지도 벌써 1년이 넘었다. 이 마지막 길을 그녀는 단정하고 깨끗한 차림으로 가고 싶었다. 여자의 허영이 아니라 역사로 남게 될 이 시간을 존중하고자 하는 마음에서 우러나온 감정이었다. 그녀는 가벼운 모슬린 천으로 목을 감싸고, 가장 좋은 구두를 신었다. 백발이 된 머리는 모자로 감추며 옷차림을 바로했다.

8시가 되자 노크 소리가 들렸다. 형리는 아니었다. 그는 공화국에 선서를 한 신부였다. 참회를 정중히 거절한 왕비는 선서를 거절한 신부만을 하느님의 심부름꾼으로 생각한다고 했다. 마지막 가는 길을 따라가 주길 바라느냐는 신부의 질문에도 마음대로 하라는 냉정한 대답만 남겼다. 이런 차가운 외면은 마지막 길을 가야 할 결심을 굳힌 앙투아네트의 방패와도 같은 것이었다. 10시가 되자 거인처럼 크고 젊은 형리 상송이 그녀의 머리카락을 자르러 들어왔다. 손이 뒤로 묶일 때까지 그녀는 아무런 저항도 하지 않았다. 목숨을 건질 도리가 없음을, 구할 수 있는 것은 이제 명예뿐임을 그녀는 잘 알고 있었다. 누구에게도 연약함을 보여선 안 된다. 의연한 모습으로 사람들에게 마리아 테레지아 딸의 죽음을 보여주어야 한다.

11시쯤 되자 감옥 문이 열렸다. 밖에는 박피공(剝皮工) 마차가 기다리고 있었다. 크고 힘센 말이 끄는 사다리 마차였다. *¹ 루이 16세는 의장마차에 올라 장엄하고 위엄 있는 모습으로 인도되어 사람들의 난폭한 호기심이나 날카로운 증오심에서 몸을 지킬 수 있었다. 그러나 그 뒤, 공화국의 불길은

---

*1 양쪽에 사다리가 달린 싸구려 마차.

꺼지지 않았고 수많은 변화를 맞이했다. 공화국은 기요틴에서조차 평등을 요구했다. 왕비라고 해서 시민보다 편한 죽음을 맞이해야 할 이유가 없었다. 미망인 카페에게는 사다리 마차면 충분했다. 사다리 사이에 놓인 널빤지가 의자 구실을 하고 있었을 뿐 깔개도 없었다. 그러나 앙투아네트를 죽음으로 몰아 간 사람들도 이를 피해갈 수는 없었다. 마담 로랑, 당통, 로베스피에르, 푸키에, 에베르 또한 뒷날 이 딱딱한 널빤지에 앉아 마지막 길을 가게 되었다. 그녀는 그들보다 한발 먼저 간 것뿐이다.

콩시에르쥬리의 어두운 복도에서 장교들이 걸어 나왔다. 총을 든 감시병들이 뒤를 따랐고 그 뒤에 앙투아네트가 침착하고 당당한 걸음걸이로 나타났다. 형리 상송은 그녀의 손을 뒤로 묶은 긴 끈을 잡고 있었다. 수많은 감시병과 군인들에게 둘러싸인 제물이 도망칠지도 모른다는 생각이라도 한 것일까. 사람들은 그녀의 이런 모습에 깜짝 놀란 듯했다. 조롱이나 야유소리는 전혀 들리지 않았다. 왕비는 조용히 마차까지 걸어갔다. 상송이 손을 내밀어 왕비를 태웠고 곁에는 기라르 신부가 자리를 잡았다. 형리는 손에 끈을 쥔 채 무표정한 얼굴로 서 있었다. 카롱*²이 죽은 자의 영혼을 실어 나르듯 그는 날마다 무감각한 얼굴로 짐을 삶의 저편으로 실어 나르곤 했다. 그러나 이번만은 그도 조수도 삼각모를 겨드랑에 낀 채, 고개를 숙였다. 그들이 형장으로 끌고 가는 불쌍한 여자에게 자기들의 슬픈 임무에 대해 마치 용서를 구하는 것처럼.

마차는 천천히 앞으로 나아가기 시작했다. 모두가 이 볼거리를 구경할 수 있도록 고의적으로 시간을 늦추었다. 딱딱한 자리에 앉은 왕비는 초라한 마차가 흔들릴 때마다 뼛속까지 흔들리는 기분을 맛보았다. 그러나 창백한 얼굴은 무표정했고, 충혈된 눈은 똑바로 앞을 바라보았다. 앙투아네트는 고통과 불안을 보이지 않기 위해 신경을 곤두세우고 의연한 모습을 유지하려 했다. 사람들은 절망하고 힘이 빠진 왕비의 모습을 놓치지 않으려고 몰려 들었으나 허사였다. 생 로쉬 성당 근처에 모여든 여자들이 언제나처럼 그녀를 조롱하며 소리쳤지만 그녀는 당황하지 않았다. 배우 그라몽은 황량한 분위기

---

*2 Charon : 그리스 신화에서 죽은 자를 저승으로 건네준다는 뱃사공. 그리스어로 '기쁨'이라는 뜻이다. 예술작품에서는 긴 수염을 늘어뜨린 초라한 모습이지만 고집이 세고 성미가 까다로운 노인으로 묘사된다. 프랑스에서는 프랑스어 발음으로 '샤롱'이라 발음했다.

에 흥을 돋궈보고자 제복을 입고 말에 올라 마차 앞을 오가며 칼을 휘둘렀다. "저 여자가 악명 높은 마리 앙투아네트다! 벗들이여, 드디어 저 여자가 세상을 떠나려 한다!" 그의 이런 외침에도 그녀는 흔들리지 않았다. 딱딱하게 굳어진 그녀의 표정은 마치 아무것도 보이지도, 들리지도 않는 것 같았다. 묶여 있는 손은 목을 더 뻣뻣하게 만들고, 그녀는 그저 앞만 바라보았다. 마음속으로 이미 죽음을 맞이한 그녀에게 요란하고 시끄러운 거리의 모습은 눈에 들어오지도 않는 듯했다. 경련이나 작은 떨림조차 없이 그녀는 자신을 완전히 잊어버린 채, 당당하게 앉아 있었다. 이 모습을 에베르는 다음 날 자신의 신문 〈페르 뒤셴〉에 이렇게 표현했다. "그 창녀는 죽을 때까지도 대담하고 뻔뻔스러웠다."

생 오노레 거리 모퉁이에 한 남자가 연필과 종이를 든 채 누군가를 기다리고 있었다. 그가 바로 비열하고 그 시대 가장 위대한 예술가였던 루이 다비드*3이다. 혁명이 일어나는 동안에는 권력자들 밑에 있었지만, 그들이 위험에 처하자 바로 등을 돌렸으며, 〈마라의 죽음*4〉을 그린 것으로도 유명하다. 테르미도르*5 제8일, 로베스피에르에게 "마지막까지 함께 잔을 비우겠다"며 비장하게 맹세를 하고, 제9일 공회가 열리자 영웅으로의 갈증이 사라져버린 그는 몰래 집에 숨어버리는 비겁함을 보이며 기요틴을 피해버렸다. 새 독재자가 나타나자 그는 귀족을 증오했던 지난날을 잊었다는 듯 가장 먼저 나폴레옹의 대관식을 그림으로 그려 '남작' 칭호를 받기도 했다. 승자에게 아부하고 패자에게 무자비한 권력을 숭배하여 끊임없이 배신을 반복하는 변절자의 전형이라 할 수 있다. 그는 그렇게 승자의 대관식과 패자의 마지막을 그렸다.

---

*3 프랑스의 혁명 예술가. 〈마라의 죽음〉을 그렸다. 마라가 살해당하고 사흘 뒤 의뢰를 받아 3개월에 걸쳐 완성했다.

*4 Jean Paul Marat : (1743~1793) 프랑스의 정치가·저널리스트. 프랑스 대혁명의 지도자로 목욕하던 중 샤를로트(Charlotte Corday d'Armont)에게 칼을 맞아 죽었다. 지롱드당의 열렬한 지지자였던 샤를로트가 자코뱅당의 지도자 마라가 지롱드당을 공격하는데 앞장섰다는 이유로 그를 죽인 것이다. 사흘 뒤 샤를로트는 처형당했다.

*5 Thermidor : 혁명 때 제정된 프랑스 혁명력(후에 나폴레옹에 의해 폐지) 중 11번째 달을 의미한다. 테르미도르의 반동(Thermidorian Reaction) : 프랑스 혁명 이후 권력을 잡게 된 막시밀리앙 로베스피에르가 반대파를 무자비하게 숙청하는 공포정치 끝에 결국 살해당한 사건. 이 사건으로 프랑스 혁명은 실질적으로 끝나게 되고, 시민 혁명은 종말을 고했다.

뒷날 마리 앙투아네트가 탄 박피공 마차에 오르게 된 당통은 이미 그의 교활함을 알고 있었다. 사람들 속에서 그의 모습을 발견한 그는 "못된 종놈 근성 같으니"라고 경멸을 퍼부었다.

그는 종놈 근성을 지닌 비겁한 남자였지만 뛰어난 눈과 정확한 손을 갖고 있었다. 그는 형장으로 가는 왕비의 모습을 단숨에 그려냈다. 아름다움을 잃고 약간의 자부심만이 남아 있는 늙은 여자 모습을 적나라하게 보여주는 훌륭한 스케치였다. 거만하게 다문 입은 소리없는 외침을 담고, 차가운 눈빛으로 앞을 응시하며, 뒤로 손이 묶인 채 왕좌에 앉아있는 것처럼 꼿꼿하게 앉아있는 여자. 돌처럼 굳어진 얼굴에는 경멸이, 솟아 오른 가슴에는 흔들림 없는 결심이 어려 있었다. 인내는 고집이 되고, 고통은 힘이 되어 고통받는 여인에게 어마어마한 위엄을 갖추게 해주었다. 증오도 박피공 마차의 굴욕도, 앙투아네트의 품위를 무너트릴 수는 없었다.

지금은 드 라 콩코르드 광장이 된 거대한 혁명 광장은 몰려든 사람들로 발 디딜 틈이 없었다. 수많은 사람들이 새벽부터, 에베르의 품위 없는 말을 빌려 보자면, 왕비가 '국민의 면도날에 잘려' 죽는 다시없을 구경거리를 보고자 몰려들었다. 호기심 많은 몇몇 사람은 몇 시간 전부터 와서 기다렸다. 지루함을 달래기 위해 옆에 앉은 아름다운 여자와 웃으며 수다를 떨기도 하고 신문과 만화를 사 보기도 했다. "왕비, 애인과 이별"이나 "옛 왕비의 대광란" 같은 기사가 쓰인 팸플릿을 보는 사람도 있었다. 오늘은 누구 머리가 잘릴지, 내일은 누가 잘릴지 내기를 하거나 의논하면서 길거리 상인에게서 레몬이나 빵, 호두를 사먹기도 했다. 이 역사적인 장면을 보기 위해 조금의 지루함은 견뎌야 했다. 호기심 많은 무리들의 거대한 파도 위로 생기 없는 두 그림자가 모습을 드러냈다. 저세상으로 이어지는 다리 기요틴과 날카롭게 갈린 도끼였다. 기요틴은 서글픈 신에게 잊힌 장난감처럼 회색빛 하늘을 그어대고, 이 음산함의 의미도 모르는 새들은 그 위에서 천진하게 날갯짓하고 있었다. 예전에 루이 15세 동상이 서 있던 자리에는 이제 자유의 여신상이 자리 잡고 있다. 르보네 프리지안*6을 쓰고 칼을 든 자유의 여신상은 돌처럼 단단한 모습으로 발밑의 불안한 무리들과 죽음의 기구 너머, 알 수 없는 어

---

*6 1789년 프랑스 대혁명 전후 프로코프에서 처음 선보인 붉은 모자. 자코뱅 당원들이 자유의 상징으로 즐겨 썼다.

떤 곳을 가만히 바라보고 있다. 꿈을 꾸는 듯한 여신의 눈은 인간들의 삶과 죽음은 거들떠보지도 않는다. 사람들의 비명도 듣지 않고, 무릎에 놓인 화환도, 대지를 물들이는 피도 모르는 체한다. 입을 다물고 멀리, 보이지 않는 곳만을 바라보는 영원한 사상의 여신은 사람들에게 이질적 존재일 뿐이었다. 여신은 자신의 이름 아래 무슨 일이 일어나고 있는지 알지도 못한 채 침묵을 지켰다.

갑자기 사람들이 술렁대기 시작했으나 곧 조용해졌다. 고요한 가운데 생오노레로부터 소리가 들려오더니 기병의 선두가 보이기 시작했고, 프랑스 왕비였던 여자를 태운 마차가 모퉁이를 돌아 모습을 드러냈다. 그녀의 뒤에는 한 손에는 끈을, 다른 손에는 모자를 쥔 형리 상송이 자랑스럽게 서 있었다. 쥐 죽은 듯이 조용한 광장에 말 발소리와 바퀴 소리만이 울렸다. 조금 전까지만 해도 유쾌하게 떠들며 웃던 수만 군중은 가슴을 졸인 채, 결박당한 여자를 바라보았다. 하지만 그녀는 결코 그들을 바라보지 않았다. 그녀는 이 마지막 시련만 참으면 모든 게 끝나리라는 것을 알았다. 5분만 지나면 불멸이 기다리고 있음을.

마차가 기요틴 앞에 도착했다. 누구의 도움도 받지 않고 침착하게, 감옥을 나올 때보다 훨씬 더 굳어진 얼굴로 왕비는 기요틴 계단을 올라갔다. 그녀는 베르사유의 대리석 계단을 오를 때처럼 굽이 높은 검은색 비단 구두를 신고 가벼운 걸음걸이로 이 마지막 계단을 올라갔다. 그녀는 사람들 위로 저 멀리 하늘을 바라보았다. 가을 안개 속에서 말할 수 없는 고통을 당했던 튈르리궁이 보였는지도 모른다. 마지막 순간, 지금처럼 군중이 이곳에서 자신을 왕위 계승자로서 열광하며 맞아들이던 때를 떠올렸는지도 모른다. 알 수 없다. 죽어가는 사람들이 마지막에 무엇을 생각하는지는 아무도 모른다. 끝이었다. 형리가 그녀를 잡아끌어 내던진 뒤 그녀의 목을 기요틴의 날 아래로 밀어넣었다. 끈을 잡아당기자 날이 번쩍이며 둔탁한 소리를 냈고 상송은 피가 흐르는 머리를 집어 모두가 볼 수 있게 광장 위로 들어올렸다. 숨을 죽이고 전율한 채 앉아 있던 수만 군중은 함성을 질렀다. "공화국 만세!" 억눌려 있던 소리가 터져나오는 듯한 소리였다. 사람들은 한순간에 흩어져 버렸다. 어느새 12시 15분, 딱 점심시간이었다. 어서 집에 가야지. 더 돌아다녀 봤자 이젠 별것 없다. 내일, 아니 주일마다, 또 달마다 같은 구경거리를 볼 수 있을 텐데…….

점심때였다. 남아있는 사람들은 아무도 없었다. 형리가 작은 손수레에 시체를 올리고 머리는 두 다리 사이에 놓고 어디론가 끌고 갔다. 몇몇 감시병만이 기요틴을 지키고 있었다. 그러나 땅속으로 스며 들어가는 피에 관심을 보이는 사람은 아무도 없었다. 광장은 다시 텅 비었다.

단지 하얗게 빛나는 자유의 여신만이 꼼짝도 하지 않은 채 그 자리 서서 알 수 없는 곳을 바라볼 뿐이다. 그녀는 아무것도 보지 않았고 듣지도 않았다. 인간의 거칠고 어리석은 행위 너머 머나먼 곳을 바라보고 있었을 뿐이다. 자신의 이름 아래 무슨 일이 일어났는지 알지 못했으며, 알려고도 하지 않았다.

진혼가

몇 달 동안 파리에는 너무나 많은 사건이 일어났다. 고작 한 사람의 죽음을 언제까지고 생각해 주지 않았다. 시간이 빨리 흐르면 흐를수록 사람들의 기억이란 희미해지기 마련이다. 몇 주일이 지나자 마리 앙투아네트가 처형당해 땅에 묻힌 일은 완전히 잊힌 듯했다. 처형 다음 날 에베르는 〈페르 뒤셴〉에 다음과 같이 떠들어댔다. "나는 그 여자 머리가 자루 속에 떨어지는 것을 보았다. 빌어먹을! 36개의 막대기와 함께 그 암호랑이가 수레에 실려 파리 시내를 끌려 다니는 것을 보고 상퀼로트들은 얼마나 만족해했을까! 저 주스런 창녀의 머리가 떨어져 버렸다. 꼴 좋다. 온 나라가 공화국 만세를 부르짖는 소리로 진동했다." 그러나 그의 말에 귀 기울이는 사람은 거의 없었다. 공포 정치시대에는 누구나 자기 목숨만 걱정했다. 그녀의 관은 매장되지 않은 채 묘지에 방치되어 있었다. 겨우 한 사람을 위해 돈을 들여 묘를 만드는 것은 사치스런 일이었다. 열심히 일하는 기요틴이 또 잔뜩 시체를 만들어 내고서야 앙투아네트 관에 생석회가 뿌려지고 새로 온 관들과 함께 합동묘지에 묻혔다. 이제 모든 것이 끝난 셈이었다.

감옥에서는 왕비의 강아지가 며칠 동안 불안하게 짖으며 주인을 찾아 이리저리 돌아다녔으나 끝내 포기하고 말았다. 그런 개를 불쌍하게 생각한 간수가 자기 집으로 데리고 갔다. 그리고 시청에 묘지 파는 일꾼이 나타나 계산서를 제출했다. "카페 미망인의 관 값 6리브르, 묘와 매장 비용 15리브르 35수." 재판소 직원이 왕비의 몇 벌 안 되는 초라한 옷을 모아 서류를 첨부한 뒤 양로원으로 보냈다. 불쌍한 노인들은 그 옷이 누구 것이었는지도 모르는 채 입었다. 이제 마리 앙투아네트라는 인물은 시대와 완전히 작별한 셈이었다. 몇 년 뒤 한 독일인이 파리에 와서 왕비의 무덤에 대해 물었을 때, 프랑스 왕비였던 사람이 어디에 묻혔는지 말해 줄 수 있는 사람은 아무도 없었다.

국경 밖에서도 앙투아네트의 처형은 관심조차 끌지 못했다. 이는 이미 예상했던 바였다. 겁이 많아 그녀를 구출할 기회를 놓친 코뷔르 공은 군대에 명령을 내리며 복수를 선언했고 뒷날 루이 18세 때에는 용감하게 대응할 수 있었다. 프로방스 백작은 감동받은 척하며 장례 미사를 올렸다. 빈 궁정에서는 앙투아네트를 구하기 위해 편지 한 장 쓰는 걸 귀찮아했던 프란츠 황제가 엄격하게 장례를 치렀다. 귀부인들은 모두 검은 상복을 입었다. 황제는 몇 주일 동안 극장 구경을 가지 않았으며 신문은 명령대로 화가 난다는 듯 자코뱅당을 비난하는 기사를 실었다. 왕실은 앙투아네트가 메르시에게 맡겼던 다이아몬드를 정중하게 받아주었다. 그리고 시간이 지난 뒤 코뮌의 위원과 교환하여 그녀의 딸 마리 테레즈를 구출했으나 이 때 들어간 비용이나, 왕비를 구하기 위해 들였던 비용에 대한 이야기가 나오면 왕실 사람들은 하나같이 못들은 척 고개를 돌렸다. *¹ 왕비의 처형을 떠올리게 하는 것은 좋지 못한 일로 간주되었다. 자신의 혈연을 그렇게도 무참하게 처형 당하도록 내버려둔 일에 황제는 양심의 가책을 느꼈다. 몇 년 뒤 나폴레옹은 이렇게 말한다. "프랑스 왕비에 대해 침묵을 지키는 것이 오스트리아 왕가의 철칙이었다. 마리 앙투아네트라는 이름만 나오면 그들은 눈을 감고는 귀찮고 괴로운 문제를 피하려는 듯이 화제를 다른 곳으로 돌려 버린다. 가문 전체가 이 철칙을 따르고 있으며 외국에 있는 사절들 또한 마찬가지다."

오직 한 사람만 이 소식에 마음 아파했다. 그는 누구보다 그녀에게 충실했

---

* 1 Madame Royale Marie Thérèse Charlotte : (1778~1851) 마리 앙투아네트와 루이 16세의 맏딸. 프랑스 공주이자 마지막 왕세자비이다. 1789년 혁명이 일어나고 10월, 그녀는 왕실가족들과 함께 튈르리 궁에 격리, 탕플 탑에 갇혀, 가족들을 모두 단두대로 보내야 했다. 혁명정부에서도 어린 여자 아이인데다가, 딸이라 살리카법에 따라 프랑스 왕위를 계승할 수는 없어 정치적 가치가 없는 그녀를 죽이는 것은 망설였기 때문에 목숨은 건질 수 있었지만 긴 시간을 탕플에 홀로 갇힌 채 세월을 보내야 했다. 바깥소식을 전혀 알려주지 않았던 탓에 마리 테레즈는 탕플에서 풀려날 때까지 어머니, 고모가 모두 죽었다는 사실을 전혀 몰랐다. 결국 마리 테레즈는 혁명 정부와 오스트리아 황실 사이 계약에 의해 포로가 된 혁명당원 몇 명과 교환되기로 결정되었다. 메르시 아르장토 백작의 지속적인 청원에도 불구하고 마리 앙투아네트가 처형당할 때까지 그녀에게 무관심했던 합스부르크 황족들은 마리 앙투아네트와 관련된 이야기나 그녀를 상기시키는 것들을 몹시 꺼려했는데, 마리 테레즈는 바로 그녀의 딸이었던 탓에 그들에게 매우 불편한 존재였다.

던 페르센이었다. 그는 끔찍한 소식이 들려올까봐 날마다 불안해했다. "나는 마음의 준비가 되어 있다. 어떤 소식을 듣는다 해도 충격받지 않을 것이다." 그러나 사건이 실린 신문이 브뤼셀에 도착하자 그는 엄청난 충격을 받았다. 그는 누이에게 편지를 썼다. "내 인생과도 같은 사람, 내가 사랑할 수밖에 없었던 그녀, 결코 한 순간도 빼놓지 않고 사랑해 온 그녀, 그녀를 위해서라면 내 모든 걸 희생해도 아깝지 않았던 그녀, 그녀가 내게 어떤 존재인가 이제야 알게 되었는데 그녀는 이미 이 세상에 없다. 아, 하느님, 어찌하여 당신은 이런 벌을 내리시는 겁니까? 제가 무슨 잘못을 했단 말입니까? 그녀가 세상에 없다. 나의 고통이 절정에 달했다. 앞으로 어떻게 살아가야 할지, 이 고통을 견뎌낼 수 있을지, 아무 것도 알 수가 없다. 괴로움은 시간이 지나도 사라지지 않고 끝없이 깊어지기만 한다. 앞으로도 나는 그녀를 기억하며 그녀를 위해 눈물 흘릴 것이다. 나의 소중한 동생이여, 나는 왜 그녀 옆에서 함께 죽지 못했을까? 그 6월 20일에 죽었더라면 영원한 고통 속에서 목숨만 붙어 있는 지금보다 훨씬 더 행복했을 텐데. 이 죄는 목숨이 끊어질 때까지 나를 괴롭힐 것이다. 사랑하는 그녀의 모습은 내 기억 속에서 영원히 사라질 수 없기 때문이다." 그는 그녀의 죽음을 슬퍼하며 그녀 생각에 잠겨 있어야만 자기가 살 수 있음을 알고 있었다.

"나를 가득 채웠던 단 한 사람, 내 모든 것을 의미했던 사람은 이제 존재하지 않는다. 지금에서야 나는 내가 얼마나 그녀에게 빠져 있었던가를 깨달았다. 그녀는 나를 잡은 채 놓아주지 않는다. 어디든 계속 따라온다. 나는 그녀에 대해서만 말하고 내 생애 가장 아름다웠던 순간에 대해서만 생각해야 한다. 나는 그녀를 떠오르게 하는 물건이라면 무엇이든 사다줄 것을 부탁했다. 그녀의 손이 닿은 건 모두 신성하며, 영원한 찬미의 대상이 될 것이다." 그러나 그 무엇도 페르센의 마음을 채울 수는 없었다. 몇 달 뒤 그는 일기에 이렇게 썼다. "아, 나는 날마다 내가 얼마나 많은 것을 잃어버렸는지 생각한다. 그리고 그녀가 얼마나 완벽했는지를 생각한다. 그녀 같은 여자는 이전에도 없었고 앞으로도 나타나지 않으리라." 몇 년이 지나도 그가 받은 충격은 전혀 줄어들지 않았다. 세상의 모든 것이 먼저 떠난 그녀를 떠오르게 했다.

1796년 빈 궁정에서 앙투아네트의 딸을 보았을 때 그는 감정이 복받쳐 올라 눈물을 참을 수 없었다. "계단을 내려오는 동안 다리가 후들거렸다. 고통과 기쁨을 동시에 느꼈고 깊은 감동을 받았다."

딸을 볼 때마다 그는 그녀의 어머니를 떠올리며 눈물을 흘렸다. 그는 그녀의 피를 이은 딸에게 마음이 끌렸다. 그러나 페르센이 그녀에게 말을 건네는 것은 허용되지 않았다. 희생된 마리 앙투아네트를 잊으려 하는 궁중의 비밀 명령 때문이었는지 아니면 어머니의 '벌 받아 마땅한' 관계를 알고 있는 고해 신부의 엄명 때문이었는지는 알 수 없다. 오스트리아 궁정은 페르센을 달가워하지 않았고, 그가 떠나자 기뻐했다. 이 충성스런 인물은 합스부르크 집안으로부터 고맙다는 인사 한 마디도 듣지 못했다.

앙투아네트가 죽은 뒤 페르센은 무뚝뚝하고 독한 사람이 되고 말았다. 세상이 불의에 가득 차 있는 것 같았고 삶은 무의미하게만 여겨졌다. 정치적, 외교적 야심도 사라졌다. 전쟁을 하는 동안 그는 외교사절로 유럽을 두루 돌면서 빈, 카를스루에,*2 라슈타트,*3 이탈리아, 스웨덴 등지를 돌아다녔다. 다른 여자들을 사귀기도 했지만 그 무엇도 그의 마음을 달래주지 못했다. 그의 일기는 사랑에 빠진 그가 사랑하는 여자의 그림자 속에서만 살아왔음을 증명해 주었다. 그녀가 죽은 10월 16일에는 몇 년이 지난 뒤에도 다음과 같이 적혀 있다. "오늘은 두렵고도 조심스러운 날이다. 나는 내가 잃어버린 것을 결코 잊을 수 없으리라. 이 비통한 마음은 내 목숨이 다하는 날까지 계속될 것이다." 6월 20일 또한 그의 생애에 운명적인 날이 되었다. 그는 자신이 바렌로 도망친 그날 루이 16세 명령을 지키느라 위험 속에 앙투아네트를 혼자 내버려 둔 자신을 결코 용서할 수 없었다. 그는 이날을 자신이 해결하지 못한 책임을 져야 하는 날로 마음에 깊이 새겼다. 이렇게 살아남아 그녀보다 오래 목숨을 부지한 채 아무런 기쁨도 없이 자책 속에 사느니 그날 백성들의 손에 조각조각 찢겨 죽는 편이 더 용감하고 영웅다웠으리라고 그는 몇 번이나 탄식했다. "왜 나는 6월 20일에 그녀를 위해 죽지 못했을까!" 이렇게 자신을 비난하는 말이 일기 곳곳에 쓰여 있다.

---

*2 Karlsruhe : 독일 남서부 바덴뷔르템베르크주(州)에 있는 도시.
*3 Rastatt : 15세기 이래로 바덴 변경백(邊境伯, Markgraf)에 귀속되고, 1705년부터 1771년까지 바덴-바덴 가문이 거주하는 성 소재지.

그러나 운명은 우연과 신비로운 숫자 놀이를 좋아하는 것일까. 몇 년 뒤 운명은 그의 바람을 이루어 주었다. 바로 그 6월 20일, 페르센은 꿈꾸어 온 죽음을 맞이했다. 그는 높은 직위를 원하지 않았지만 고국에선 힘 있는 지위를 가진 인물이었다. 명예 원수이자, 왕의 고문으로서 권력을 지녔지만 독하고 엄격한 18세기 군주와도 같은 사람이었다. 그는 바렌 사건이 있고부터 자기에게서 왕비를 빼앗아 간 백성들을 증오했으며 그들을 악의에 찬 천민으로, 자신의 이득만 생각하는 비천한 사람들로 생각했다. 그리고 백성들 또한 이 귀족을 증오했다. 적들은 이 뻔뻔스러운 귀족이 프랑스에 복수를 하기 위해 스웨덴 왕이 되어 나라를 전쟁에 휘말리게 할 작정이라는 소문을 퍼뜨렸다.

1810년 6월 스웨덴의 왕위 계승자가 갑자기 세상을 떠나자 스톡홀름에는 왕위를 차지하기 위해 페르센이 그를 독살했다는 무서운 소문이 퍼졌다. 이 순간부터 페르센의 목숨은 혁명 때 앙투아네트와 마찬가지로 백성들의 분노에 그대로 드러나게 되었다. 그를 해치려는 자들이 있다는 소문을 들은 친구들은 페르센에게 장례식에 가지 말고 집에 숨어 있으라고 충고했다. 하지만 그날은 6월 20일이었다. 어두운 의지가 그를 사로잡아 전부터 꿈꿔왔던 숙명을 이루고자 했다. 6월 20일, 스톡홀름에서 18년 전 군중이 마차 속에 마리 앙투아네트와 함께 앉아 있던 페르센을 발견했다면 벌어졌을 일이 그날 일어났다. 마차가 성을 출발하자마자 분노한 폭도들이 군대 경계선을 뛰어넘어 맨손으로 백발의 남자를 마차에서 끌어내렸다. 그리고 자신을 지킬 그 무엇도 갖지 못한 그를 막대기와 돌멩이로 때려눕혔다. 6월 20일의 환상은 이렇게 현실이 되었다. 앙투아네트를 단두대로 끌고 간 광포하고 맹렬한 폭도들에게 밟히고 얻어맞은 왕비의 마지막 기사 '아름다운 페르센'의 시체는 피를 흘리며 무참한 모습으로 시청 앞에 누워 있었다. 그의 삶은 그녀와 이어지지 않았지만 적어도 같은 운명의 날에 그녀를 위한 상징이 될 죽음을 맞이할 수 있었다.

마리 앙투아네트를 사랑해 주었던 마지막 사람이 세상을 떠나고 말았다. 누군가에게 진심으로 사랑받는 한, 어떤 인간도, 어떤 혼도 완전히 세상을 떠났다고 말할 수 없다. 아무도 사랑해주는 이가 없을 때 비로소 죽음을 맞이하게 된다. 페르센의 진혼가는 마지막 사랑의 노래가 되고 말았다. 그 뒤에는 침묵만이 남았다. 그리고 다른 진실한 사람들마저 그녀 뒤를 따랐다.

트리아농은 쓸쓸해졌고 아름답던 정원은 황폐해졌으며 아름답고 우아하게 방을 꾸며주던 그림이나 가구는 경매로 처분되었다. 그녀가 살았던 흔적은 완전히 사라져 버렸다. 시간이 흘러 세상이 변해가며 많은 사람이 피를 흘렸다. 혁명정부는 총재정부로 바뀌었고, 보나파르트가 황제 나폴레옹으로 불리게 되었으며 그가 합스부르크 집안의 황녀와 결혼식을 올렸다. 황녀 마리 루이즈는 마리 앙투아네트와 같은 혈통이었다. 그녀는 자기보다 먼저 트리아농에서 살았으며 이 방에서 괴로워했던 여자가 지금 어디에서 고통스러워하며 영원한 잠을 자고 있는지 한 번도 물어본 적이 없었다. 죽은 지 얼마 지나지도 않아 왕비는 가장 가까운 혈연이며 후계자인 여자에게서조차 잔혹하고 냉담하게 잊히고 말았다.

그러나 마침내 사태는 달라졌다. 양심의 가책은 기억을 되살리게 해주었다. 프로방스 백작은 삼백만 시체를 넘어 루이 18세가 되어 프랑스 왕좌에 올랐다. 그림자를 벗고 목표를 이룬 그는 자신의 야망을 오랫동안 방해한 루이 16세와 마리 앙투아네트와 그녀의 불쌍한 아들 루이 17세를 깨끗하게 제거했다. 죽은 자가 일어나서 억울하다고 호소하는 일은 없을 테니 무덤쯤은 만들어 주어도 상관없지 않을까. 그제야 그들의 묘를 찾으라는 명령이 내려졌다(그 전에는 동생이 자기 형 무덤에 대해 물어본 적이 단 한 번도 없었다). 22년 동안 철저한 무관심에 가려져 있던 그들의 묘는 쉽게 찾을 수 없었다. 왜냐하면 공포 정치로 수천의 시체를 묻으며 살을 찌운 마드렌 교회 근처 악명 높은 수도원 뜰에는 서둘러 일을 처리해야 됐기 때문에 묘 파는 사람들이 표시를 해 둘 만한 여유가 없었다. 그들은 지칠 줄 모르는 단두대가 날마다 잘라 보내는 시체를 재빨리 묻어 버려야만 했다. 십자가도 왕관도 없는 묘를 찾기란 매우 어려운 일이었다. 국민공회가 왕가 시체에는 생석회를 뿌리라는 명령을 내린 게 그나마 다행이다. 사람들은 파고 또 팠다. 드디어 삽이 단단한 층에 부딪치는 소리가 들렸다. 반쯤 썩은 가터벨트를 보고 사람들은 무서움에 떨며 젖은 흙 속에서 한 줌의 하얀 먼지를 퍼냈다. 지금은 사라졌지만 한 때 우아하고 세련된 여신이었으며 그 뒤 모든 고뇌와 시련을 참으며 괴로워해야만 했던 마리 앙투아네트의 마지막 흔적이었다.

Brief einer Unbekannten

모르는 여인의 편지

모르는 여인의 편지

이름난 소설가 R은 사흘 동안 가벼운 산악지대 여행을 마치고 아침 일찍 빈(Wien)으로 돌아와 역에서 산 신문을 들춰보고 있었다. 날짜를 힐끔 보니 오늘이 바로 자신의 생일이었다. 마흔 번째 생일이라는 생각이 불현듯 떠올랐지만, 그렇다고 이를 새삼스레 확인하는 것은 그에게 기쁨도 슬픔도 주지 않았다.

그는 바스락거리는 신문을 서둘러 훑어보고는 택시를 잡아타고 집으로 향했다. 하인은 그가 외출했던 동안 방문객 두 사람과 전화 서너 통이 왔었음을 알려주고, 그동안 모아 둔 우편물을 쟁반에 담아 가져왔다. 그는 귀찮다는 듯이 편지들을 건성으로 보다가 발신인 가운데서 흥미를 끄는 몇 통만을 뜯기 시작했다.

그중에서도 낯선 글씨체에 지나치게 두툼해 보이는 편지 한 통을 그는 먼저 옆으로 밀쳐놓았다. 그러는 사이 하인이 차를 날라 왔다. 그는 안락의자에 몸을 편히 기대고 앉아 다시 한번 신문과 인쇄물 몇 가지를 대충 훑어보았다. 그러고는 입담배 하나를 피워 물고서야 비로소 밀쳐 두었던 편지를 손에 집어 들었다.

그것은 어림잡아 20장쯤 되는 것으로, 급히 써 내려간 듯 불안하게 보이는 여인네 글씨체였는데, 편지라기보다는 수기라고 하는 편이 옳을 듯했다. 그는 혹시 함께 보낸 다른 글이 없는지 무의식적으로 편지봉투를 흔들어 보았다. 그러나 봉투 속에는 편지 말고는 아무것도 들어 있지 않았으며, 안에 든 편지의 내용물에도 발신인 주소나 서명은 없었다. 그는 이상히 여겨 편지를 다시 손에 집어 들었다. 편지 윗부분에 이름을 대신하여 '결코 저를 모르시는 당신께'라고 씌어 있었다.

그는 놀라움을 금치 못하며 잠시 생각에 잠겼다. 이것이 정말 나에게 온 편지인가? 아니면 꿈꾸는 사람에게 온 것인가? 그는 호기심이 점점 커져 서둘러 편지를 읽기 시작했다.

2

제 아이는 어제 죽었답니다. 사흘 낮과 사흘 밤 동안 저는 이 조그마하고 연약한 생명을 두고 죽음과 격렬한 싸움을 벌였습니다. 독감이 아이의 가련한 몸뚱이를 무섭도록 뜨겁게 달구었던 40여 시간 내내 저는 침대 옆에 앉아 있었습니다. 저는 불같이 뜨거운 아이의 이마에 차가운 것을 올려주면서 불안해하는 작은 손을 온 하루를 꼭 잡고 있었습니다.

사흘째 되던 날 저녁에는 저도 쓰러질 정도였답니다. 저도 모르게 제 눈은 뜰 수 없는 상황에 이르렀습니다. 3시간인지 4시간인지 모르겠지만 제가 딱딱한 의자에 앉아 깊게 잠들어 있던 동안 아이는 죽음의 부름을 받았습니다.

지금 그 아이, 상냥하고 가엾은 그 아이는 죽었을 때와 똑같은 모습으로 저기 누워 있습니다. 총명하고 까맣던 눈동자는 감겨 있지만, 하얀 속옷 위의 두 손은 그대로 모아진 채이고 촛불 4개가 침대 네 귀퉁이에서 타오르고 있습니다. 저는 감히 그 아이를 바라볼 수도, 몸을 움직일 수도 없습니다. 왜냐하면 촛불이 움직일 때마다 촛불의 그림자가 그 아이 얼굴과 꼭 다문 입술 위로 흔들리고 있어서, 마치 그 아이가 살아 움직이는 듯하기 때문입니다. 그래서 저는 그 애가 죽지 않고 다시 깨어나, 어린애다운 귀엽고 해맑은 목소리로 제게 말을 건넬 것만 같습니다. 그 애가 죽었다는 것을 잘 알고 있으면서도 말입니다.

저는 그 애를 다시는 쳐다보지 않을 것입니다. 다시 희망을 품었다가 마음을 상하지 않기 위해서라도 말입니다. 저는 그걸 잘 알고 있습니다. 제 아이는 어제 죽었습니다. 이제 저는 이 세상에 오로지 당신만을, 저에 대해 아무것도 모르는 당신만을, 아무런 내막도 모르고 주변의 유희에만 빠져 즐기던 당신만을 이 지상에 유일한 존재로 알고 있습니다. 저는 제 존재를 전혀 알지 못하는 당신만을 유일한 존재로 가슴에 품어왔고, 언제나 사랑해 왔습니다.

저는 다섯 번째 초를 집어 당신께 편지를 쓰고 있는 이 책상 위에 세워 두었습니다. 실컷 소리치듯 제 영혼의 진실을 털어놓지 않고서는 죽은 아이 곁에 홀로 있을 수 없군요. 이 무서운 시간에 저의 모든 것이었고, 지금도 그런 당신 말고는 어느 누구에게도 편지를 할 수 없었습니다. 이렇게 말씀드려도 제 마음을 당신께 분명히 전할 수 없을 것 같고, 당신 또한 제 말을 이해하지 못할 것입니다.

저는 거의 정신이 없습니다. 관자놀이 부위가 깨어질 듯하고 온몸은 고통으로 달아오릅니다. 제 생각엔 열이 있는 것도 같고, 잘은 모르지만 지금 집집마다 돌고 있는 무서운 독감에 걸린 것 같기도 합니다. 어쩌면 잘된 일인지도 모르겠습니다. 저는 제 아이와 함께할 것이고, 제게 아무 의미도 없는 일에 신경 쓰지 않아도 될 테니까요. 이따금 눈앞이 깜깜해집니다. 어쩌면 이 편지를 끝내지 못할지도 모르겠습니다. 하지만 있는 힘을 다해 당신께 단 한 번, 이번만은 기필코 말을 해야겠습니다. 저를 전혀 모르시는 당신께 마지막으로.

당신에게만 오로지 제 이야기를 할까 합니다. 당신께만 제 생애 처음으로 모든 것을 말씀드리려는 것입니다. 늘 당신의 것이면서도 당신이 전혀 알지 못했던 제 인생의 모든 것을 이제는 당신도 아셔야 할 때입니다. 하지만 당신이 제 비밀을 아실 때면 저는 아마도 이 세상에 없을 것입니다. 그러니 답장을 보내실 필요도 없을 것입니다. 제 팔다리를 이처럼 차갑고도 뜨겁게 뒤흔드는 이 병도 사실 그때쯤이면 끝이 나겠지요. 만일 제가 계속 살게 된다면, 저는 이 편지를 찢어버리고, 제가 이제껏 침묵했듯이 앞으로도 그렇게 살아갈 것입니다. 그러나 이 편지가 당신 손에 들어간다면, 여기 죽음 앞에 선 한 여인이 자신의 일생을 말하는 것이라고 여겨 주십시오.

이것은 맨 처음 순간부터 숨을 거두는 마지막 순간까지 당신의 것이었던 한 여인의 삶에 대한 고백입니다. 제 말을 두렵게 생각하지는 말아 주세요. 죽음을 눈앞에 둔 여자가 더 이상 바랄 게 무엇이 있겠습니까. 저는 사랑도 동정도 위안도 바라지 않습니다. 오로지 이 한 가지, 제 고통스러운 모든 말을 당신께서 믿어 줄 것을 바랄 뿐입니다. 제 모든 고백을 믿어주세요. 오로지 이것만을 당신께 부탁드립니다. 하나밖에 없는 자식이 죽은 마당에 거짓을 말할 사람은 아무도 없을 테니까요.

솔직히 제 삶의 전부를 당신께 말씀드리고 싶습니다. 제 삶은, 당신을 알게 된 바로 그날부터 시작됩니다. 이제 와서 되돌아보면 그 이전의 삶은 어던지 혼란스럽게 엉클어져 있을 따름입니다. 먼지가 자욱하고, 뒤엉켜 있는 거미줄처럼 희미한 사물들과 사람들이 오가는 그 어느 지하실에 대한 기억은 더는 남아 있지 않습니다.

당신이 오셨을 때 저는 겨우 13살이던 아이였습니다. 저는 지금 당신이 살고 계신 바로 그 집에 살고 있었습니다. 당신이 지금 저의 마지막 숨결인 이 편지를 읽고 계신 곳, 저는 그곳과 복도를 사이에 두고 마주보는 방에 살았습니다. 당신은 물론 우리 집안과 가난한 서기의 미망인(어머니는 늘 상복 차림이셨습니다)과 덜 자란 깡마른 소녀를 기억하지 못할 것입니다.

우리는 아주 소리 없는 존재였고, 가난과 궁핍에 빠져 있는 모습으로 살았지요. 당신은 아마 우리 이름을 들어보지도 못했을 것입니다. 그럴 수밖에 없는 게 우리 집엔 문패라는 것도 없었고, 우리를 찾아오는 사람도, 우리 안부를 묻는 사람도 없었으니까요. 이는 정말 오래전 일, 15년이나 16년, 아니 당신이 기억할 수 없는 먼 옛날이야기입니다.

하지만 저는 그 모든 일들을 빠짐없이 기억합니다. 처음 당신 이야기를 듣던 날, 처음 당신 모습을 보던 날, 그 시간까지도 아직 생생하게 기억합니다. 저에게 있어서 진정한 세계는 그때부터 시작됐는데, 어찌 그것이 제 기억에서 지워질 수 있겠습니까. 사랑하는 이여, 부디 제가 하려는 이 모든 이야기를 끝까지 참고 들어주세요. 청컨대 단 15분 정도, 한평생 당신만을 사랑하게 된 저 자신의 이야기를……

당신이 우리 집에 이사 오기 전만 해도 당신 방에는 흉하고 고약한 왈패들이 세 들어 살았습니다. 그들은 자신들도 가난하면서 이웃사람들의 가난을, 특히 우리 같은 사람들의 가난을 너무나 혐오했습니다. 똑같이 가난한 주제에 우리가 자신들처럼 천박하고 프롤레타리아적 난폭함을 보이지 않는다는 것이 이유였습니다.

주정뱅이였던 그 집 남자는 자기 아내를 마구 두들겨 패곤 했습니다. 한밤중에 의자가 넘어지고 접시가 깨지는 소란 때문에 잠을 깬 적이 한두 번이 아니었습니다. 언젠가는 그의 아내가 피가 나도록 얻어맞고 머리카락이 온통 흐트러진 채 계단을 뛰어내려갔는데, 술이 잔뜩 취한 그 남자가 그녀를 쫓아가며 고래고래 소리를 질러 마침내 이웃사람들이 모여 그를 경찰서로 끌고 가겠다고 으름장을 놓기도 했었지요.

제 어머니는 처음부터 그들과 상대하는 것을 피했고, 제게는 그 집 아이들과 이야기도 하지 말라고 하셨죠. 때문에 그 아이들은 틈만 나면 저를 못살게 굴었습니다. 거리에서 저를 만나면 쫓아와 욕설을 해대기 일쑤였고, 심지어 언젠가는 딱딱한 눈뭉치를 던져 제 이마에서 피가 난 적도 있었습니다. 같은 건물에 사는 사람들은 모두가 비슷한 감정으로 그 사람들을 싫어했습니다.

그런데 갑자기 어떤 사건이 일어나서 그 남자가 절도죄로 구속되었던 것 같습니다. 그들이 잡동사니 같은 살림을 끌고 이사를 가게 되었을 때, 우리 모두는 안도의 숨을 내쉬었답니다. 그러고 나서 세를 놓는다는 쪽지가 며칠 동안 방문 앞에 걸려 있더니 어느새 없어졌습니다. 집주인 입에서 나온 말을 들으니 새로 방을 얻은 사람은 작가이자 독신인 조용한 분이라더군요. 그때 처음으로 저는 당신의 이름을 알게 되었습니다.

며칠 뒤 칠장이가 왔습니다. 곧이어 미장이와 목수, 도배장이 사들이 줄줄이 와서 먼저 사람들이 살던 지저분한 방을 말끔하게 꾸몄습니다. 망치질하고 두드리고 닦고 벗기는 소리가 시끄럽게 들려왔지만, 어머니는 마냥 흡족해 하셨습니다. 어머니는 이제 그 지저분한 건넛집 살림이 끝났다고 말씀하셨습니다.

당신이 이사 오는 동안에도 저는 당신을, 당신의 얼굴을 볼 수 없었습니다. 이 모든 일들을 당신의 하인이 감독하셨지요. 몸집이 작고 진지해 보이는 회색 머리의 집사 양반이 말입니다. 그분은 침착하고 꼼꼼하게 이런저런 일들을 처리하셨습니다. 우리 모두는 그분에게 아주 감탄했어요. 그 이유는 첫째로 이 근방의 공동주택에서 집사라는 존재는 꽤나 호기심을 불러일으키는 것이기 때문이었고, 둘째로 그가 우리 모두에게 공손하면서도 심부름꾼들과 모여 쓸데없는 소리를 하지도 않았기 때문이었습니다. 그는 제 어머니께는 첫날부터 귀부인으로 대하며 인사했고, 저 같이 못생긴 어린애에게도 늘 친절하고 진지하게 대했습니다.

또한 그는 당신 이름을 부를 때면 언제나 위엄 있고 존경심 어린 태도를 보였습니다. 누가 봐도 그가 성심성의껏 당신께 봉사하고 있음을 이내 알 수 있었습니다. 그래서 저는 항상 친절하고 나이든 그 요한을 얼마나 좋아했는지 모릅니다. 그러나 그가 항상 당신 곁에 머물며 당신께 시중드는 것에는 질투가 났었습니다.

　사소하고 우스꽝스런 이 모든 일들을 저는 사랑하는 당신께 전부 이야기
하고자 합니다. 이는 당신이 저처럼 수줍고 겁 많은 계집애에게 처음부터 얼
마나 커다란 영향을 미쳤는지 이해시켜 드리기 위해서입니다. 당신은 제 삶
에 들어오시기 전부터 당신 주변에는 어떤 빛의 형체가, 이를테면 풍요로움
과 독특함, 신비함의 세계 같은 것이 감도는 듯했습니다. 이 근방의 보잘것
없는 아파트 주민들인 우리 모두는 당신의 이사를 벌써부터 초조하게 기다
렸습니다. 가난한 삶을 사는 사람들이란 언제나 자기 집 문 앞에서 일어나는
새로운 일을 호기심에 가득 차서 기다리는 법이니까요.

　제가 당신에 대해 호기심이 무르익었던 순간은, 어느 날 오후 학교에서 집
으로 돌아오는 길에 가구를 잔뜩 실은 마차를 집 앞에서 보았을 때였습니다.
짐꾼들은 무거운 물건을 옮기고 있었습니다. 저는 그 광경을 구경하기 위해
문 앞에 멈춰 섰는데, 그도 그럴 것이 당신의 모든 물건은 제가 지금까지 한
번도 본 적이 없는 아주 독특하고 특이한 것들이었기 때문입니다. 그 물건들
중에는 인도의 불상, 이탈리아의 조각품, 아주 화려하고 커다란 그림, 그리
고 저로서는 상상도 할 수 없었던 수많은 양장본 책들이 있었습니다. 그 모
든 물건을 문간에 층층이 쌓아 놓으면 하인이 그걸 받아 하나씩 꼼꼼하게 먼
지를 털어내는 것이었어요. 저는 점점 더 높이 쌓여 가는 책 더미 주변을 신
기한 마음으로 왔다 갔다 했었는데, 하인은 그런 저를 쫓아내지도, 아는 척
하지도 않았습니다.

　저는 그 많은 책 표지의 부드러운 가죽을 어루만져 보고 싶었지만 감히 손
을 대지는 못했습니다. 곁에서 그저 책 제목만 바라보았을 뿐입니다. 그것들
은 프랑스어, 영어, 그 밖에 제가 모르는 외국어들로 되어 있었습니다. 그때
어머니가 저를 불러들이지 않았다면, 아마도 저는 몇 시간이고 마냥 그 책들
을 들여다보고 있었을 것입니다.

　그날 저녁 내내 저는 아직 보지 못한 당신만을 생각했습니다. 제가 갖고
있던 책은 겨우 12권, 다 해져 가는 두꺼운 표지의 값싼 책들로, 저는 그것
을 무엇보다 아끼면서 되풀이해 읽어 왔습니다. 그런데 그렇게 많은 훌륭한
책을 가지고 그것을 읽는 사람은 대체 어떤 사람일까, 그 생각에 저는 몹시
도 흥분했습니다. 그 많은 외국어를 다 알고 있고, 그토록 넉넉하며, 또 학

식이 그렇게 높은 분에 대한 생각에 말입니다.

그 많은 책들을 생각하니 일종의 신성에 가까운 존경심이 마음속에서 생겨났습니다. 저는 상상력을 동원하여 당신을 그려보았습니다. 하얀 수염을 기르고 안경을 쓴 나이 지긋하신 분, 우리 학교의 지리 선생님과 비슷하지만 그보다 더 자애롭고 더욱 잘생긴 용모에 더 부드러운 분. 그런데 제가 무엇 때문에 당신을 나이든 분이라 생각했으면서도 잘생겼을 것이라고 상상했는지는 모르겠습니다. 그날 밤, 저는 알지도 못하면서 당신 꿈을 꾸었지요.

당신은 바로 다음날 이사 왔습니다. 그러나 아무리 살펴도 당신 얼굴을 볼 수가 없었습니다. 그럴수록 호기심만 더욱 커져갔습니다. 마침내 사흘째 되던 날 당신을 보았을 때 저는 너무나도 놀랐습니다. 당신은 제가 어린 마음으로 상상했던 성자와는 아주 다른 모습이었으니까요.

저는 안경을 쓴 자애로운 모습의 노인을 꿈꾸었는데, 그때 제 앞에 나타난 당신은 화려한 연갈색 운동복을 입고 젊은이 특유의 가벼운 발걸음으로 한 번에 두 계단씩 껑충거리며 오르고 계셨습니다. 당신이 그때 모자를 손에 들고 계셔서 저는 나부끼는 머리카락과 함께 환하게 빛나는 얼굴을 보게 되었는데, 정말로 너무도 젊고 아름다우며 날씬한 당신의 고상한 모습에 놀라 멍하니 서 있었습니다.

그렇다고 해서 제 태도가 유별났던 것은 아니었습니다. 그 순간, 저뿐만 아니라 당신을 본 사람이면 누구나 받는 일종의 놀라움을 저도 그대로 받았을 뿐이니까요. 이는 아마도 당신이 유희와 모험에 몰입하는 열정적이고 발랄한 젊은이인 동시에 예술에 대해서는 준엄하고 박식하며 의무감이 강하고 교양을 쌓은 남자, 말하자면 어딘지 이중적인 삶을 살아가는 사람처럼 보이는 첫인상을 갖고 있기 때문일 것입니다. 누구나 당신을 볼 때 느끼는 인상을 저는 무의식적으로 감지했던 것입니다.

제가 볼 때 당신은 이중의 삶을 살고 계셨습니다. 세계를 자유롭게 열어 나가는 발랄한 면의 삶과, 이와 반대로 당신만이 알고 계시는 어두운 면의 삶 말입니다. 당신 존재의 비밀과도 같은 이 깊은 양면성을 13살 된 제가 당신을 처음 보았을 때 느꼈던 것입니다.

사랑하는 이여, 이젠 이해하시겠죠. 어린아이였던 제게 당신이 얼마나 놀라운 존재였고 유혹적인 수수께끼였는지를! 작가로서, 우리는 생각할 수도 없는 저 넓은 세계에서 유명한 어떤 분, 사람들이 경애해 마지않는 어떤 분을 갑자기 스물다섯 살의 젊고 고상하며, 발랄하고 쾌활한 청년으로 맞이하다니요!

저는 또 한 번 당신께 털어놓아야겠습니다. 그날부터 저의 가엾은 어린 세계 안에는 오로지 당신만이 전부였습니다. 저는 13살짜리의 고집스러움과 혹독한 인내심으로, 당신의 삶과 존재의 주변을 집요하게 맴돌았습니다. 저는 당신을 관찰하였습니다. 그러나 당신에 대한 저의 호기심은 줄어들지 않고 갈수록 커져만 갔습니다. 당신이라는 존재의 완전한 양면성이 여러 부류의 방문객들 속에서 그대로 드러났기 때문입니다.

젊은 친구들이 올 때면 당신은 웃고 활기에 넘쳐 있었습니다. 때로는 찢어지게 가난한 대학생들이 당신을 찾는가 하면, 자동차로 달려온 여성들도 있었고, 한번은 멀리서 본 적이 있는 그 유명한 오페라 지휘자도 온 적이 있었습니다. 또 때로는 고등학교에 다니면서 수줍은 기색으로 당신 방문을 밀치고 들어가는 어린 아가씨들도 있었습니다, 정말이지 많은 여성들이 당신을 찾아왔지요.

저는 그런 것을 별로 이상하게 생각하지 않았습니다. 어느 날 아침 학교에 가려고 문을 나서다가 베일로 얼굴을 완전히 가린 부인이 당신의 방에서 떠나는 것을 보기도 했지만, 저는 그리 이상하게 여기지 않았습니다. 저는 그때 겨우 13살이었고, 더욱이 당신 주변을 살피고 몰래 엿듣던 그 불타는 호기심이 사랑이었음을 미처 알지 못했습니다.

그러나 사랑하는 이여, 저는 당신에게 완전히 빠져 버린 그날, 그때를 아직까지도 또렷이 기억하고 있습니다. 저는 학교 친구와 걸어가면서 문 앞에서 그 친구와 잡담을 나누며 서 있었습니다. 그때 자동차 한 대가 달려와 멈춰 섰습니다. 당신은 매우 탄력 있는 날렵한 동작으로, 지금도 제 마음을 사로잡는 그 방법으로 차에서 뛰어내려 문으로 들어가려던 참이었습니다. 저는 무의식적으로 당신께 문을 열어드리려 했고, 그 때문에 하마터면 우리는 서로 부딪칠 뻔했습니다.

당신은 부드럽고 따뜻하며, 유연한 무언가를 간직한 듯한 눈초리로 저를 바라보았습니다. 그래요. 다정했다고밖에는 표현할 도리가 없습니다. 그때 당신은 속삭이듯 나지막한 목소리로 친숙한 사이처럼 말했지요. "고마워요,

아가씨."

사랑하는 사람이여, 그것이 전부였습니다. 그러나 그 순간부터, 그 부드럽고 다정한 눈길을 받은 뒤부터 저는 당신에게 완전히 빠져 버렸습니다. 그렇지만 얼마 지나지 않아 당신은 그 포옹하듯 잡아끄는 매혹의 눈빛을 어느 여인에게나 보낸다는 사실을 알게 되었습니다. 당신은 감싸는 듯하면서 동시에 옷을 벗기는 듯한, 그 타고난 유혹의 눈빛을 길가에서 스쳐가는 어느 여인에게나, 심지어 물건을 파는 상점아가씨나 문을 열어주는 안내양에게도 보내는 것이었습니다.

물론 당신의 그 눈빛은 애정 표현이나 의지에서 비롯된 것이 아니었습니다. 여인들을 마주칠 때의 그 눈길은 여인에 대한 당신의 타고난 친절함 때문에 아주 무의식적으로 부드럽고도 따뜻하게 우러나는 것이었습니다. 하지만 겨우 13살이었던 저는 그것을 꿈에도 생각하지 못했습니다. 저는 그 부드러움이 저에게만, 저 한 사람에게만 보내지는 것이라 생각했습니다. 저는 뜨거운 불길에 휩싸인 것만 같았습니다. 그리하여 짧은 순간에 미성숙한 제 안에 있던 여성은 잠에서 깨어났고 당신에게 영원히 바쳐진 것이었습니다.

"저분이 누구야?" 제 학교 친구가 제게 물었지요. 저는 바로 대답을 하지 못했습니다. 저는 당신 이름을 입 밖에 낼 수가 없었습니다. 그토록 짧은 순간에 이미 당신 이름은 제게 신성한 의미를 지니게 되었고, 저만의 비밀이 되어 버렸기 때문입니다. "응, 여기 같이 사는 어떤 분이셔." 저는 더듬거리며 말을 얼버무렸습니다.

"그런데 그 남자가 너를 쳐다볼 때 넌 왜 그렇게 얼굴을 붉혔니?" 친구는 계집애다운 호기심을 보이며 저를 심술궂게 놀려댔습니다. 그런데 그 애가 제 비밀을 비웃듯 치근거리는 바람에 제 얼굴은 한층 더 후끈 달아올랐습니다. 저는 너무나 당황해서 화를 발끈 내고 말았습니다. "이 망할 계집애가!" 저는 사납게 욕을 퍼부었습니다. 정말로 그때는 그 애를 죽이고 싶은 심정이었습니다. 그런데도 그 애는 점점 더 크게 웃으며 놀려대는 것이었습니다. 저는 너무도 분한 나머지 눈물을 흘릴 지경에 이르러 그 친구를 멀거니 세워 둔 채 저희 집 계단을 뛰어올라가 버렸습니다.

그 순간부터 저는 당신을 사랑했습니다. 저는 많은 여인이 '사랑한다'는 말에 만성이 된 당신에게 그 말을 되풀이했으리라는 것을 알고 있습니다. 그러나 저만큼 그렇게 노예나 개처럼 맹목적으로 당신을 사랑했고 또 영원히 사랑하는 존재는 아마도 없으리라 생각합니다. 이 세상의 어떤 사랑도 어둠 속에서 남몰래 누군가를 바라보는 소녀의 사랑만은 못한 것이랍니다.

그것은 너무나 절망적이고 헌신적이며, 너무나 순종적이고 애타게 기다리는 열정적인 사랑이기 때문입니다. 그것은 성숙한 여인의 욕정적이고 충동적인, 따라서 자기 만족에 머무는 사랑과는 전혀 다릅니다. 고독한 소녀들만이 뜨거운 사랑의 열정을 간직할 수 있답니다.

고독을 모르는 사람들은 그들의 감정을 여러 사람과 떠들어 없애고, 허물없는 사교로 그것을 마모시킵니다. 그들은 많은 사랑 이야기를 듣거나 책에서 읽고 이를 통해 사랑을 그렇고 그런 사람들의 운명으로 이해합니다. 그들은 사랑을 장난감을 갖고 놀듯 즐기며, 아이들이 처음으로 담배 피우는 것을 뽐내듯 자랑합니다.

그러나 저는 어느 누구에게도 그런 것을 배울 수 없었고, 충고를 받거나 경험을 나누며 앞을 헤아려 본 적이 없었습니다. 저는 그래서 어두운 심연 속으로 떨어지듯 제 운명 속으로 미끄러져 들어갔습니다. 모든 것은 제 마음속에서 자라나 꽃피었고, 오로지 당신, 꿈에서 만난 당신만을 유일하게 믿었습니다.

제 아버지는 일찍 돌아가셨고, 어머니는 항상 우울한 압박감과 셋방살이 신세에 시달리고 계셔서 제게는 모든 것이 낯설기만 했지요. 이런 상태에서 저는 제 마지막 열정이었던 사랑을 가지고 타락한 여학생들이 경솔하게 장난치는 것을 볼 때 격분하곤 했습니다. 그래서 저는 이제껏 분열되고 조각난 모든 것을 당신에게 몽땅 내던졌지요. 억눌리면서도 늘 다시 끓어오르는 저의 전부를 당신께 내던진 것입니다.

당신은 제게, 아, 그걸 어떻게 말씀드려야 할까요? 어떤 비유로도 너무나 부족합니다. 당신은 제게 모든 것, 제 생명 전부였습니다. 저의 모든 것은 당신과 연결되는 것에 한해서만 존재하고, 당신과 관계있는 것만이 의미를 지녔지요.

당신은 제 삶을 완전히 바꾸어 놓았습니다. 이제껏 학교에선 평범하고 성적도 중간이었던 제가 갑자기 최고가 되었지요. 저는 밤늦도록 수많은 책을 읽었는데, 그것은 오로지 당신이 책을 좋아한다는 걸 알았기 때문입니다. 저는 또 갑자기 어머니가 놀라실 만큼 지독히 떼를 써서 피아노를 배우기 시작했는데, 이 또한 당신이 음악을 좋아한다고 생각했기 때문이지요. 제가 예쁜 옷을 차려 입고 바느질했던 것도 오로지 당신 마음에 들고 당신에게 깨끗한 모습을 보여 드리기 위해서였습니다.

어머니의 실내복을 잘라 만든 낡은 교복 왼쪽 귀퉁이에 네모나게 기운 자리가 있었는데, 저는 그것이 정말 끔찍이도 싫었습니다. 그래서 저는 계단을 오를 때면 언제나 가방으로 거기를 가렸습니다. 당신이 그걸 보고 저를 경멸하지나 않을까 두려웠기 때문입니다. 하지만 그건 얼마나 어리석기 짝이 없는 짓이었는지요. 당신은 저를 쳐다보기는커녕 거들떠보지도 않으셨는데 말입니다.

그런데도 불구하고 저는 온종일 당신만을 기다리고, 당신 동정을 남몰래 살피는 것에 열중했습니다. 우리 집 문에는 작은 놋쇠로 만들어진 열쇠 구멍이 있었지요. 그 둥그런 열쇠 구멍으로 저는 건너편에 있는 당신의 문을 엿볼 수 있었습니다. 그 열쇠 구멍은 아, 제발 비웃지는 마세요, 오늘 이 시간까지도 저는 그 일을 부끄럽게 생각하지 않습니다. 바로 세상을 들여다보는 저의 유일한 눈이었지요.

그곳, 얼음처럼 차가운 문간방에서 저는 어머니의 의심을 살까 두려워하며 해가 가고 달이 가는 긴 세월을 앉아 있었습니다. 손에는 책을 들고, 당신 모습을 그리며 노래하는 현악기의 줄처럼 신경을 팽팽하게 곤두세우고, 저는 오후 내내 당신을 기다리며 그렇게 엿보고 있었답니다.

저는 항상 긴장과 감동을 번갈아 맛보며 당신을 찾아 헤맸습니다. 그러나 당신은 조금도 눈치채지 못하고 있었습니다. 마치 당신 주머니 속에 들어 있는 시계가 초조하게 어둠속에 들어앉아 시간을 세고 또 재고 있는데도, 그 시곗바늘의 떨림을 전혀 느끼지 못하는 것처럼 그렇게 당신은 무심했습니다. 그렇지만 저는 당신이 가는 길에서 언제나 작은 가슴을 두방망이질 치고, 몇백만 번의 초침을 똑딱거려도 단 한 번의 가벼운 눈길도 거의 받지 못하는 시곗바늘처럼 그렇게 긴장하고 있었습니다.

저는 당신에 관해 모든 것을 알고 있었습니다. 당신의 모든 습관, 당신 넥타이들, 당신의 양복 하나하나에 이르기까지 저는 구석구석 알고 있었습니다. 당신 친구들을 한 사람 한 사람 다 알고 구별할 수 있었으며, 그리하여 그들을 마음에 드는 사람과 거슬리는 사람으로 나누기도 했지요.

13살부터 16살까지 저는 매 순간을 당신 속에서 살았습니다. 아, 얼마나 어리석은 일에 뛰어들었던가요! 저는 당신 손이 닿았던 문손잡이에까지 입 맞춤하였습니다. 그런가 하면 당신이 집 안으로 들어갈 때 던져 버린 담배꽁초를 몰래 주워가기도 했습니다. 당신 입술이 닿았던 물건이어서 제게는 성스러운 것이었지요. 헤아릴 수는 없지만, 저녁이면 어떤 핑계를 대서라도 골목길로 뛰쳐나가, 당신 방의 어느 창에 불이 켜져 있는지 알아보곤 했습니다. 그렇게도 당신 존재를, 눈에 보이지 않는 당신 존재를 가깝게 느껴 보려고 애썼답니다.

당신이 여행을 떠나는 날 착한 요한이 당신의 노란 여행 가방을 가지고 내려오는 것을 보았을 때, 제 심장은 끊임없는 불안으로 멈추는 듯했습니다. 제 삶은 마치 죽은 거나 다름없었고 넋조차 빠져 버린 듯했으니까요.

저는 짜증스럽고 지루해했고 아주 불안한 마음으로 이리저리 돌아다녔습니다. 그러면서도 저는 어머니가 너무 울어 부어오른 제 눈을 보고 저의 절망을 알아채지 못하도록 조심해야 했습니다.

저는 잘 압니다. 제가 지금 당신께 말씀드리는 이 모든 것이 상식을 벗어난 기이한 이야기이며, 너무나 어리석은 이야기라는 것을. 저는 이를 부끄럽게 여겨야겠지요. 하지만 저는 부끄럽지 않습니다. 왜냐하면 당신에 대한 사랑이 그토록 어리석게 격렬했을 때만큼 순수하고 열정적이었던 때도 없었으니까요.

제가 당신과 함께 살았던 그때 일을 저는 당신에게 몇 시간이건 몇 날이건 말씀드리고 싶습니다. 당신은 그때 제 얼굴을 볼 수 없었습니다. 계단에서 당신을 만나 당신과 마주치는 것을 피할 수 없을 때면, 저는 당신의 불타는 눈길이 무서워 고개를 숙이고 당신 곁을 슬쩍 지나쳤기 때문입니다. 그건 마치 불 속에 빠지지 않으려고 물속으로 뛰어드는 사람과도 같은 것이었지요.

저는 몇 시간이고 며칠이고 이미 지나가 버린 세월에 대해 당신께 말씀드릴 수도, 그리고 당신 인생을 수놓은 캘린더를 펼쳐 보일 수도 있습니다. 그러나 더 이상 당신을 지루하게 하고 당신을 괴롭히고 싶지는 않습니다. 다만 제 어린 시절의 가장 아름다웠던 추억거리만을 당신께 털어놓고 싶습니다. 그러나 그것이 아주 하찮은 일이라고 해서 비웃지는 말아 주세요. 그것은 어린 소녀였던 제게는 무한한 꿈이었으니까요.

어느 일요일이었을 겁니다. 당신은 여행 중이었고, 당신 하인은 활짝 펼쳐 놓은 두꺼운 양탄자를 문으로 질질 끌고 들어갔었지요. 마음씨 좋은 노인 요한은 그것을 몹시 무거워했으며, 저는 그때 대담하게 그분에게 다가가서 도와드려도 되겠느냐고 물었습니다. 그는 놀란 것 같았으나 제 도움을 받아 주었습니다. 저는 그 통에 당신 방을 보게 됐습니다. 제가 얼마나 경외한 마음으로, 정말이지 얼마나 경건한 존경심을 갖고 그곳에 들어갔는지, 말로는 설명할 도리가 없습니다.

저는 당신 방 안을, 당신 세계를, 늘 당신이 앉아 있던 책상과 그 책상 위에 놓인 꽃이 몇 송이 꽂힌 푸른색 유리 꽃병을, 당신 옷장이며 사진들을, 그리고 당신 책들을 보았던 것입니다. 그것은 당신 삶을 도둑질하듯 재빨리 훔쳐보는 것에 지나지 않았습니다. 충직한 요한이 제가 방을 자세히 관찰하도록 놔두질 않았으니까요. 하지만 그 짧은 순간만으로도 저는 방 전체의 분위기를 빨아들여 그것을 밤낮 없는 무한한 꿈의 뿌리로 삼았습니다.

바로 그 짧은 몇 분이 제 소녀 시절 가운데 가장 행복한 시간이었습니다. 저는 그 순간을 이야기함으로써, 저를 알지 못하는 당신께서 한 여인이 얼마나 당신에게 기댔고 또 어떻게 쓰러졌는지 헤아리게 하고 싶습니다. 아울러 당신께 드릴 말씀은 다른 이야기이면서 유감스럽게 앞서 드린 것과 비슷한 가장 끔찍한 순간의 이야기입니다.

앞서도 말씀드렸듯 저는 당신에게 빠져서 제 주변 일들을 모두 잊고 지냈습니다. 때문에 인스부르크에서 장사를 하고 있는, 어머니와는 먼 친척뻘 되는 어느 중년 신사가 가끔 집에 들러서는 꽤 오랫동안 집에 머무는 것도 전혀 신경을 쓰지 않았습니다. 아니, 오히려 저는 좋다고 생각했습니다. 왜냐하면 그분은 가끔 어머니를 극장에 데리고 갔었는데, 그 사이에 저는 집에 혼자 남아 당신 생각도 하고, 당신 동정도 엿볼 수도 있었으니, 그것이 제게는 최고로 행복한 시간이었습니다.

그러던 어느 날 무슨 일이 있었는지 어머니가 저를 방으로 부르셨습니다. 제게 진심을 이야기하시겠다는 것이었습니다. 저는 파랗게 질려 가슴이 갑자기 쿵쿵 뛰는 소리를 들었습니다. 엄마가 낌새를 챈 것은 아닐까? 퍼뜩 떠오르는 생각은 바로 당신이었지요. 당신 세계와 맺고 있던 제 비밀의 문제였습니다.

그런데 어머니는 어머니대로 당황하여 제게 두 번씩이나 입맞춤을 하는 것이었습니다. 좀처럼 없던 일이었습니다. 어머니는 저를 소파로 끌어 앉히고는 부끄러운 듯이 머뭇거리며 이야기를 시작했습니다. 홀아비로 지내는 먼 친척뻘 되는 분이 어머니께 청혼을 했는데, 결정적으로 저 때문에 그 청혼을 받아들이기로 결심했다는 말씀이셨습니다.

순간 심장으로 피가 뜨겁게 거꾸로 흐르기 시작했습니다. 그럼에도 불구하고 오로지 하나의 생각, 당신에 대한 생각이 이런 대답을 하게 만들었습니다. "하지만 우린 여기서 그대로 사는 거지요?" 저는 이 말을 할 때도 더듬거렸습니다. "아니야. 우리는 인스부르크로 이사를 가게 될 거야. 페르디난트 씨는 거기에 아주 멋진 별장을 갖고 계신단다." 저는 더 이상 한 마디도 듣지 않았습니다. 눈앞이 캄캄했거든요. 나중에 알았지만 저는 그때 기절하고 말았습니다.

나중에야 어머니가 문 뒤에 서서 의붓아버지에게 나직막이 말하는 소리를 들을 수 있었습니다. 갑자기 두 손을 벌리더니 뒷걸음질치며 무거운 납덩이처럼 벌렁 쓰러지더라는 것입니다. 그런 일이 있은 뒤 며칠 동안, 순종적인 아이였던 제가 어머니의 막강한 의지와 맞서 얼마나 싸웠는지를 지금 당신께 자세히 설명할 수는 없습니다. 당신 일을 생각만 해도 지금 글을 쓰는 제 손이 덜덜 떨리는 듯합니다. 제 진심을 털어놓을 수 없었으므로 저의 그와 같은 반항은 어리석고 심술궂은 고집으로만 여겨졌습니다. 아무도 저와는 이야기하지 않았고, 모든 일이 뒤에서 비밀리에 진행되었습니다.

그분들은 제가 학교에 간 시간을 이용해 이사 준비를 했습니다. 학교에서 돌아와 보면, 가구들이 치워져 있거나 이미 팔려 버렸습니다. 저는 집과 함께 제 삶이 허물어지는 것을 보았습니다.

어느 날인가는 제가 점심을 먹기 위해 집에 왔을 때 짐꾼들이 이미 모든 것을 다 가져가 버린 뒤였습니다. 텅 비어 버린 방에는 챙겨 놓은 트렁크와 어머니와 제가 쓰던 간이침대만 덜렁 남아 있었습니다. 거기서 우리는 하룻밤만, 마지막 밤만을 더 지내고 다음날이면 인스부르크로 떠나야 했던 겁니다.

그 마지막 날, 저는 당신 곁이 아니면 살 수 없다고 새삼 느꼈습니다. 당신 말고는 다른 구원의 길이 없음을 깨달은 것입니다. 제가 도대체 그런 절망의 순간에 다른 것을 생각할 여유라도 있을 수 있었을까, 그것을 저는 말씀드릴 수 없습니다. 하지만 우연히도 어머니는 마침 외출 중이었습니다.

저는 여느 때처럼 교복을 입은 채 서 있다가 당신이 계신 쪽으로 달려갔습니다. 아니, 제가 간 것이 아니었습니다. 저의 빳빳한 다리와 와들와들 떨고 있는 관절이 어떤 힘에 이끌려 당신 방문 앞으로 갔던 것입니다.

말씀드렸듯이 저는 제가 무엇을 원하는지도 제대로 알지 못했습니다. 다만 당신의 발아래 엎드려 저를 하녀로, 아니 노예로라도 써달라고 사정하고 싶은 마음뿐이었습니다. 그리고 저는 열다섯 살짜리 소녀의 그 순진무구한 환상을 당신이 비웃지나 않을까 걱정했습니다. 그러나 사랑하는 분이여, 만일 제가 그날 밤 차가운 복도 밖에 서서 긴장된 몸으로 뭔지 모를 힘에 떠밀려 앞으로 걸어나갔던 것을 아신다면, 더 이상 비웃지는 못하실 것입니다.

저는 덜덜 떨리는 팔을 제 몸에서 억지로 떼어냈습니다. 그런 행동은 물론 영원히 계속될 듯한 무서운 몇 초간의 투쟁이었습니다. 드디어 저는 문에 달린 초인종을 눌렀습니다. 오늘날까지도, 그때 날카롭게 울렸던 그 초인종 소리가 귓가에 생생합니다. 이어서 제 심장은 고요함 속에서 멈추었습니다. 당신이 나오실 것인가에만 귀 기울이며 온몸을 순환하는 피도 동작을 멈추었습니다.

그러나 당신은 나오지 않았습니다. 아무도 나오지 않았지요. 당신은 그날 오후에 외출했고, 요한도 일 보러 나갔었나 봅니다. 그래서 저는 시끄러운 초인종 소리의 무감각한 여운을 들으며 흐트러지고 휑하니 비워져 있는 우리 집으로 되돌아 왔습니다. 저는 오랫동안 아득한 눈길을 걸은 것처럼 몇 발 못가 피로에 지친 상태로 담요 위에 몸을 뉘었습니다.

그렇게 지친 상태에서도 떠나기 전에 당신을 만나서 이야기를 해야겠다는 결심은 꺼지지 않고 타올랐습니다. 당신께 맹세컨대, 그때 어떤 육체적인 생각은 전혀 없었습니다. 전 아직 그런 것은 몰랐습니다. 저는 그저 당신을 생각하다 보니 그런 것에는 무지했습니다. 저는 그저 당신이 보고 싶었을 따름이었습니다. 그저 한 번 더 뵙고 당신께 매달려 보고자 했던 것입니다.

사랑하는 이여, 저는 그날 밤 내내 무섭도록 애절하게 당신을 기다렸습니다. 어머니가 침대에 들어가 잠들자마자, 저는 문간방으로 몰래 빠져나와 당신이 언제 집으로 돌아오는지를 귀 기울여 기다렸습니다. 그리하여 밤새 당신을 기다렸습니다.

지독히 추운 1월의 밤이었습니다. 저는 피곤했고 온몸이 쑤셨으나, 앉아 쉴 만한 의자가 없어서 문 사이로 차가운 바람이 스며드는 땅바닥에 그대로 누웠습니다. 덮을 이불도 없었지만, 혹시라도 잠이 들어 당신 발소리를 듣지 못할까 두려워 몸이 따뜻해지길 바라지 않았던 거죠. 두 발은 경련이 일어 오그라들었고, 팔은 부들부들 떨렸습니다. 그 무서운 어둠 속에서의 추위는 너무나 혹독했습니다. 하지만 저는 당신을 기다리고 또 기다리고, 저의 운명을 기다리듯, 당신을 애타게 기다렸습니다.

마침내 새벽 두세 시쯤 됐을 때 아래층 문이 열리고, 이어 계단을 오르는 발걸음 소리가 들렸습니다. 추위는 순식간에 사라지고, 대신 뜨거운 어떤 것이 제 몸으로 밀려 왔습니다. 저는 가만히 문을 열고 당신께 달려가, 당신 발치에 몸을 던지려 했습니다. 아, 그때 멍청한 제가 도대체 무슨 짓을 하려 했는지 저는 알지 못했습니다. 발걸음은 무겁게 점점 다가왔고, 촛불은 흔들거리며 타올랐습니다. 전 몸을 덜덜 떨며 손잡이를 잡았습니다. 그렇게 오고 있던 분이 진정 당신이었을까요?

그랬습니다. 사랑하는 이여, 그분은 진정 당신이었습니다. 그러나 당신은 혼자가 아니었습니다. 저는 농담 섞인 나직한 웃음소리를, 비단 옷깃을 스치는 사각거림을, 그리고 나지막한 당신 목소리를 들었습니다. 아, 당신은 어떤 여인을 집으로 데려왔더군요.

그날 밤 제가 어떻게 살아서 넘겼는지 지금도 알 수가 없습니다. 저는 다음날 아침 8시에 인스부르크로 끌려갔습니다. 전 더 이상 저항할 힘이 없었습니다.

3

제 아이는 어젯밤에 죽었습니다. 앞으로도 정말 살아가야 한다면 저는 너무나 외로울 겁니다. 내일이면 그들 낯선 이들, 검은 옷을 입은 흉측한 남자들이 관을 가져와 제 불쌍한 아이를 넣고, 제 유일한 핏줄인 아이를 매장할 겁니다. 혹시 친구들이 와서 꽃다발을 줄지도 모릅니다. 그러나 관 위에 꽃다발이 놓인들 무슨 소용이 있겠습니까? 저는 또다시 외로움에 떨어야 하리라는 것을 알고 있습니다. 사람들 틈에서 홀로 된 존재라는 사실보다 더 무서운 것은 없습니다.

지난날 저는 그런 일을 겪었습니다. 그때, 17살부터 18살까지 인스부르크에서 보낸 저 그지없는 2년 동안 저는 그것을 철저히 겪었습니다. 거기서 저는 가족 사이에서 어두운 감방의 죄수처럼, 마치 유배된 사람처럼 살았습니다.

조용하고 말이 없는 새아버지는 제게 매우 친절하셨고, 제 어머니 또한 당신의 부당함을 속죄라도 하려는 듯 제가 바라는 것은 무엇이든 들어주셨습니다. 게다가 주변의 여러 젊은이들이 제 비위를 맞추려고 애썼지만, 저는 그들을 아주 단호하게 뿌리쳤습니다.

저는 당신과 떨어져서는 도무지 행복할 수도 만족할 수도 없었습니다. 저는 스스로 자학과 고독의 어두운 세계로 파묻혀 들어갔습니다. 그분들이 화려한 새 옷을 사주셨지만 입어 보지도 않았습니다. 음악회나 극장에 가자는 것도 마다했으며, 명랑한 친구들 틈에 끼여 나들이하는 것도 모두 거부했습니다. 그 도시의 골목길도 제대로 밟아보질 않았습니다.

사랑하는 이여, 이 조그만 도시에서 2년 동안이나 살면서 길거리를 10개도 채 알지 못했다면 당신은 그걸 믿을 수 있겠는지요? 저는 마냥 슬픔에 잠겨들 뿐이었습니다. 그리고 오직 가슴속의 고통에 귀 기울이고 당신의 눈빛을 끝없이 찾아 헤매는 것을 제 의무로 삼았습니다. 저는 어떤 일이 있어도 당신 속에서만 살자는 열정을 버리지 않겠다고 결심했습니다.

저는 혼자 집에 있으면서 몇 시간이고 몇 날이고 오로지 당신 생각에만 몰두했습니다. 그런 행동을 언제까지나 계속했습니다. 당신과 관계된 수많은 세세한 기억들에 잠기고, 당신과 만나던 일로부터 당신을 기다리던 일들을 새로이 되새겨 보았습니다. 그런 작은 기억들을 눈앞에 그리는 것은 극장에서 연극을 보는 것과도 같았습니다.

지나간 나날의 일 분 일 초까지 몇천 번 되새겼기에, 제 어린 시절 전체는 지금도 생생히 타오르는 기억으로 남아 있고, 그랬기에 지금도 지나간 세월의 순간순간을 마치 바로 어제 일처럼 뜨겁게 느끼고 있습니다.

저는 그때 당신의 내부에서만 살았습니다. 당신 책은 모두 사서 읽었습니다. 당신 이름이 신문에 나면, 그날은 축제일이었습니다. 제가 당신 책의 구절구절을 암기할 수 있다는 것을, 그토록 수없이 그걸 읽었다는 사실을 믿으시겠는지요? 누군가 한밤중에 갑자기 저를 깨워 당신 책에서 뽑아 낸 몇 줄을 읽어준다면, 저는 그걸 오늘이라도, 13년이 지난 오늘이라도, 꿈속에서처럼 그 다음 구절을 따라 읽을 겁니다.

당신의 말 한 마디 한 마디가 그처럼 제게는 복음이고 기도였습니다. 이 세계, 이 모든 세계도 당신과의 관계 속에서만 존재했습니다. 저는 빈(Wien) 신문에서 당신의 흥미를 끌 만한 음악회나 공연 기사를 열심히 읽었습니다. 저녁이 되면 멀리서 당신을 뒤따라갔습니다. 지금쯤 연주회장에 들어가셨겠지, 지금쯤이면 자리에 앉으셨겠지. 수없이 그런 꿈을 꾸었습니다. 저는 당신이 연주회장에 들어가시는 걸 딱 한 번 본 적이 있기 때문입니다.

하지만 이 모든 것을 저는 무엇 때문에 이야기하는 걸까요? 미친 듯하면서 비극적이고 절망에 찌들어 버려진 여자애 이야기를, 저는 무슨 까닭에 알지도, 상상조차도 못 하시는 무정한 분에게 알리는 걸까요? 그때는 정말 어린애였나요? 저는 17살이 되고 또 18살이 되었습니다. 거리에 나가면 젊은 이들이 저를 힐끗힐끗 뒤돌아볼 나이가 됐지만, 저는 그것이 불쾌할 뿐이었습니다. 그럴 수밖에 없는 것이, 제게는 사랑이든 사랑 놀음이든 당신 말고는 다른 사람에 대해 그런 생각을 한다는 자체가 있을 수 없고 도무지 낯선 일이었기 때문입니다.

유혹이라는 말은 제게는 범죄처럼 여겨졌습니다. 당신에 대한 저의 열정은 언제나 같은 것이었습니다. 달라진 게 있다면 제 몸이 성숙해지고, 관능이 일깨워지면서 한층 더 육감적이고 여성스러워진 것뿐입니다. 그래서 당신의 어리석기만 하던 어린애, 당신의 방문 앞에서 초인종을 울렸던 어린애로선 상상도 할 수 없었던 행동, 바로 당신께 저를 바치고 헌신하려는 생각을 하게 됐습니다.

주변 사람들은 제가 수줍음이 많고 소심한 아이라고 말하곤 했습니다(저는 한 번도 제 비밀을 입 밖에 낸 적이 없었습니다). 하지만 저의 내면에서는 강철 같은 의지가 자라고 있었습니다. 저의 모든 생각과 열망은 한 가지에만 온통 쏠렸습니다. 그건 빈에 계신 당신에게로 돌아가는 것이었습니다. 다른 사람에게는 그게 도무지 생각하기 힘든 일이었을 것입니다. 그러나 저는 제 의지를 철저히 다져 나갔습니다.

제 새아버지는 재력이 있는 분으로, 저를 친딸처럼 대해주셨습니다. 그러나 저는 스스로 돈을 벌겠다고 완강히 고집했고, 마침내 어느 큰 양장점 점원으로 취직하여 빈에 있는 친척집에 오게 되었습니다.

안개 낀 어느 가을날 저녁, 마침내 빈에 도착했을 때 제가 맨 처음 어디를 향해 걸었는지 당신에게 말씀드릴 필요도 없겠지요? 저는 트렁크를 역에 맡기고 무작정 전차에 올라탔습니다. 그때 그 전차가 얼마나 느릿느릿 더디게 가던지, 그리고 역마다 서는 게 왜 그렇게 짜증이 나던지.

저는 당신이 계신 집 앞으로 달음질쳐 갔습니다. 당신의 창에 불이 밝혀진 것을 보는 순간 제 심장은 마구 쿵쾅댔습니다. 그토록 낯설고 북적대던 도시가 그제야 비로소 생기를 되찾았습니다. 이는 물론 당신을, 제 영원한 꿈인 당신을 가깝게 예감했기 때문입니다.

그런데도 그런 예감은 꿈일 뿐이었습니다. 당신 창의 반짝거리는 얇은 유리를 사이에 두고 당신과 저의 불타는 눈길이 마주하고 있는 바로 그 순간에도, 전 사실 당신 의식에서 멀리 떨어진 어느 골짜기나 산악, 강 건너에 떨어져 있었으니 말입니다. 저는 그저 올려다보고 또 올려다볼 뿐이었습니다.

그곳에는 불빛이 있으며, 집이 있고 당신이 계시며, 또한 저의 세계가 있었습니다. 2년 동안 이 순간만을 꿈꾸었고, 이제 꿈의 실현을 눈앞에 둔 것입니다. 안개가 부드럽게 감싸 안은 가을 저녁 내내, 저는 당신 방에 불이 꺼질 때까지 창 밑에 서 있었습니다. 그러고 나서야 제가 머물 곳을 찾기 시작했습니다.

그런 뒤로 저는 매일 저녁 당신 집 앞에 서 있었습니다. 저녁 6시까지 상점에서 힘들고 고된 일을 했지만 일은 마음에 들었습니다. 일을 함으로써 불안 자체를 그리 고통스럽게 여기지 않게 됐기 때문입니다.

영업시간이 끝나고 상점의 철제 셔터가 무겁게 닫히는 그 길로 저는 사랑의 목적지를 향해 달려갔지요. 단 한 번만이라도 당신을 보는 것, 단 한 번만이라도 당신을 만나는 것, 그것이 저의 오로지 하나뿐인 바람이었습니다. 멀리서나마 다시 한 번 당신 얼굴을 볼 수 있을까 하는 것, 그것이 제 간절한 소망이었습니다.

일주일쯤 지나서 드디어 저는 당신을 뵙게 되었습니다. 정말이지 예측하지 못했던 한 순간에 일은 이루어졌습니다. 제가 당신 방의 창을 기웃거리며 올려다보고 있는데, 당신이 길을 건너오셨습니다. 갑자기 저는 다시 13살짜리 어린애가 되었습니다. 저는 얼굴이 화끈거리는 것을 느꼈습니다. 당신의 눈길을 느껴보고자 열망했던 내면의 강렬한 충동을 거슬러, 저는 저도 모르게 그만 고개를 폭 숙이고 쫓기듯 당신 곁을 슬며시 지나쳐 버렸습니다.

나중에는 제가 여학생처럼 수줍어하며 달아난 것을 무척 부끄럽게 생각했습니다. 그도 그럴 것이 그때 제 마음은 너무나 분명했기 때문입니다. 저는 당신을 만나고자 했기에 당신을 찾아갔던 것입니다. 그리하여 오랜 갈망으로 저물어 버린 세월을 뒤로하고 당신에게 인정받고자 했습니다. 저는 당신에게 존중받고, 사랑받고자 했습니다.

하지만 당신은 그 뒤로도 오래도록 저를 알아차리지 못했습니다. 제가 저녁마다, 눈보라 치는 날이나 살을 에는 듯한 바람 부는 날에도 당신 집 골목을 서성거렸다는 사실을 말입니다. 어느 때는 몇 시간이고 헛되이 기다린 적도 있었습니다. 그때 저는 제가 어른임을, 전과는 다른 성숙한 여인의 감정이 생겨남을 느꼈답니다. 당신이 낯선 여인과 팔짱을 끼고 가는 모습을 보는 순간, 제 영혼을 갈기갈기 찢는 심장의 돌연한 격동이 있었기에 그렇습니다.

물론 놀라지는 않았습니다. 어린 시절부터 이런 여인들의 방문을 줄곧 보아 왔기 때문입니다. 다만 지금은 갑자기 육체적으로 어딘가 곤란하고, 내부에서 무엇인가가 팽팽히 솟구치며, 그처럼 다른 여자와 공공연하게 육체적 친밀함을 보이는 데 대해 적개심과 질투를 동시에 느꼈습니다.

어느 날인가, 저는 아직까지도 남아 있는 어린 시절의 저항감을 가지고 당신 집에서 멀리 떨어져 본 적도 있었습니다. 그러나 저항과 반항의 대가로 받은 그날 밤의 공허는 너무도 무서웠습니다. 다음날 저녁에는 어느새, 다시 당신 집 앞에서 비굴하게 당신을 애절히 기다리고 있었던 것입니다. 그렇게 저는 제 운명을 다 바쳐 당신의 굳게 닫힌 인생의 문 앞을 지키고 서 있었습니다.

마침내 어느 날 저녁 당신이 저를 알아보았습니다. 저는 저 멀리서 당신이 오시는 것을 보았고, 이번에는 당신을 피하지 않으리라 굳게 마음먹었습니다. 우연인지 짐차가 길에다 짐을 내리는 바람에 길이 좁아지고 당신은 제 곁에 바짝 붙어서 길을 지나가야 했습니다.

은연중에 당신은 저를 무심한 눈길로 바라보았습니다. 당신의 그런 눈길이 제 관심어린 눈과 부딪치자마자, 지난날 추억으로 전 얼마나 놀랐는지! 그 즉시 당신 눈길은 여성을 바라보는 눈길, 부드럽게 포옹하는 동시에 살며시 옷을 벗기는 그런 유혹의 눈길로 변했지요. 그것은 저라는 어린애를 처음 여인으로 만들어 주었고 사랑을 일깨워 준, 너그럽지만 포승줄같이 꽁꽁 묶는 듯한 눈길이었습니다.

1, 2초 동안 그 눈길이 제 눈 위에 머물렀습니다. 저는 그 눈을 피할 수도 없었고, 피하려 하지도 않았습니다. 당신은 제 곁을 스쳐 지나갔습니다. 제 심장은 두근거렸고, 저는 저도 모르게 가던 걸음을 천천히 멈추고 있었습니다.

억누를 수 없는 호기심에 돌아다보니 당신도 멈춰선 채 저를 바라보고 계시는 것이었습니다.

그것도 적잖은 관심을 가진 표정으로 저를 또렷이 바라보는 것이었습니다. 저는 당신의 표정으로 알 수 있었습니다. 당신이 제 정체를 알아차리지 못했음을.

당신은 그때 제가 누구인지 알아보지 못했습니다. 그때도 그랬듯 당신은 그 뒤로도 계속 그랬습니다. 사랑하는 이여, 그 순간 제가 느꼈을 절망이 어땠는지 말로는 표현할 수 없습니다. 당신이 저를 알아보지 못하는 운명을 고통스럽게 감수했던 것은 그때가 처음이었습니다. 그 운명을 저는 살아 있는 동안 겪었고 죽어서도 가져갈 것입니다. 당신께 저를 알리지 못하고, 아니 앞으로도 영원히 알리지 못한 채 죽어야 한다는 것, 그것이 제 운명이라면 말입니다.

그때의 절망감을 어떻게 당신께 설명할 수 있을까요? 정말이지 저는 2년 동안 인스부르크에 머물면서 한시도 쉬지 않고 당신을 생각했습니다. 그동안 저는 빈에서 당신과 다시 만나는 생각만으로 세월을 보냈습니다. 저는 가장 행복한 순간뿐 아니라 가장 불행한 순간도 상상해 보곤 했습니다. 모든 가능성을 미리 꿈꾸었던 것입니다.

우울했던 순간에 상상해 본 것은 제가 너무 하찮고 흉하며 뻔뻔스럽게 굴어서, 당신이 저를 밀치며 무시하는 꿈이었습니다. 불친절하고 냉정한 당신의 모습, 무관심한 모습, 그 모든 것을 저는 열정의 환상 속에서 모조리 꿈꾸어 보았습니다. 그러나 저의 존재 자체가 당신에게 전혀 의식되지 않았다는 가장 무서운 사실만은 어떤 최악의 감정 상태에서도, 아무리 저 자신을 나쁘게 생각했을 때에도 미처 생각지 못했었습니다.

오늘에 와서야 저는 그걸 잘 이해하고 있습니다. 아, 당신이야말로 저로 하여금 그걸 잘 이해하도록 가르쳐 준 셈이죠! 전 잘 알고 있습니다. 한 남자에게 있어 어떤 소녀, 아니 어떤 여인의 얼굴이란 늘 변하는 어떤 것입니다. 여인의 얼굴은 열정적이었다가도 어느새 순수해지고, 그런가 하면 권태를 보이는 거울일 뿐이어서 거울 속의 상처럼 이런저런 모습으로 쉽게 바뀌는 법입니다.

그래서 남자가 한 여인의 얼굴을 쉽게 잊어버리는 것도 무리는 아닙니다. 여인의 얼굴에 비치는 나이는 명암에 따라 묘하게 변하고, 입는 옷에 따라 저마다 다른 얼굴이 나타나기 때문입니다.

하지만 그때 저는 소녀티를 완전히 벗지 못했었기에 당신의 망각을 이해할 수 없었습니다. 제가 당신을 끊임없이, 그리고 쉼없이 생각하고 있으니 당신 또한 조금은 저를 생각하고 기다려야 하지 않겠는가 하는 헛된 마음을 품었기 때문일 겁니다. 당신께 제가 아무런 존재도 아니며, 저에 대한 기억의 한순간도 당신의 마음에 와 닿는 것이 전혀 없음을 알았더라면, 제가 어찌 살아 숨쉴 수 있었겠습니까?

제게 보내신 당신 눈길에 저는 어두운 잠에서 불현듯 깨어났습니다. 저는 당신에게 전혀 알려지지 않은 존재였고, 당신 삶의 거미줄 같은 회상 안에는 제 삶이 파고들 조그만 여지조차 없었던 것입니다. 그것이 제가 현실의 나락으로 떨어지는 최초의 추락이자 제 운명의 먹구름을 예감하는 최초의 순간이었습니다.

당신은 그때도 저를 알아보지 못했습니다. 이틀 뒤 제 눈길이 당신의 눈길과 다시 마주치자 당신은 알 수 없는 호의를 보이며 제게 감싸는 듯한 눈길을 보내셨습니다. 그러면서도 여전히 당신은 저를 알아보지 못했습니다. 당신은 저를 자신을 사랑하고 자신이 잠에서 깨워놓은 여인으로 본 것이 아니라, 이틀 전 같은 곳에서 우연히 마주친 귀여운 18살 소녀로만 보았지요.

당신은 다정한 표정에 얼마쯤 놀라움을 떠올리며 저를 바라보고는, 입가에 가벼운 미소를 머금고 계셨습니다. 당신은 저를 지나쳐 가다가 지난번과 같이 다시 발걸음을 늦추셨습니다. 저는 몸을 떨며 감격했습니다. 당신이 부디 저에게 말을 걸어주시길 기도했습니다. 생전 처음으로 저는 당신에게 살아 있는 존재로 부각되었습니다.

저도 발걸음을 천천히 늦추고 당신을 피하지 않았습니다. 뒤돌아보지는 않았지만, 저는 등 뒤에서 당신을 감지했습니다. 이제 당신의 사랑스런 목소리가 처음으로 저를 향해 들려오리라 생각했습니다. 벅찬 희망에 부풀어 온 몸은 마비되는 것 같았고, 저는 멈춰 서지 않을 수 없었습니다. 제 심장이 방망이질 치고 있었을 때, 당신은 제 옆으로 다가오셨습니다. 당신은 제게 마치 오랜 친구 사이였던 것처럼 가볍고 명랑하게 말을 걸어왔습니다.

아, 당신은 제가 누군지 도통 감을 잡지 못하셨습니다. 당신은 제 삶에 대해 조금도 알지 못하셨던 것입니다. 그러나 당신 말소리는 너무도 매혹적이고 은근해서 저 같은 겁쟁이도 쉽게 응수할 수 있을 정도였습니다. 우리는 그 골목 끝까지 함께 걸었습니다. 그러자 당신은 함께 식사하지 않겠느냐고 물으셨지요. 저는 승낙했습니다. 제가 어떻게 당신을 거절할 수 있겠습니까?

우리는 작은 레스토랑에서 함께 식사했습니다. 그곳이 어딘지 기억하시는지요? 아, 물론 모르시겠지요. 틀림없이 당신은 그날의 저녁식사 자리를 다른 비슷한 만남과 구분하지 못하시겠지요. 제가 당신께 무슨 의미가 있었겠습니까? 수많은 여자들 가운데 하나, 끝없이 맺어진 연애 관계의 그물 가운데 걸린 하나였으니 말입니다. 저에 대한 기억을 불러일으킬 만한 그 무엇이라도 있으신가요?

저는 거의 말이 없었습니다. 당신을 가까이 대하고, 당신 목소리를 듣는 것만으로도 너무나 행복했기 때문입니다. 우리 만남의 단 한 순간도 부질없는 질문이나 어리석은 말로 낭비하고 싶질 않았습니다. 저는 그때 함께 보낸 시간에 대해 당신에게 감사하는 마음을 결코 잊지 않을 겁니다. 당신이 저의 열광하는 존경심을 얼마나 가득 채워 주었는지, 그 얼마나 부드럽고 경쾌하며 또한 센스 있는 태도를 보였는지 저는 잊지 못합니다.

당신은 조금도 무례하지 않고, 지나친 희롱을 내보이는 법이 없었습니다. 또한 처음부터 끝까지 친절한 신뢰감을 잃는 법이 없어서, 설령 제 모든 의지와 존재의 본질이 일찍부터 당신에게 속해 있지 않았더라도 당신은 저를 얻을 수 있었을 것입니다. 아, 당신은 아마 모르실 겁니다. 5년 동안의 천진한 기대감을 조금도 저버리지 않으면서 당신이 제게 얼마나 커다란 환희를 안겨주셨던가를 말입니다.

시간이 늦어서 우리는 자리에서 일어났습니다. 레스토랑 입구에서 당신은 바쁘지 않으면 시간을 더 낼 수 없겠느냐고 제게 물었습니다. 저는 마다할 수가 없었습니다. 따라 나설 마음의 준비가 되어 있었으니 어찌 마다할 수 있겠습니까! 저는 아직 시간이 있다고 말했습니다. 그러자 당신은 얼마간 망설이던 기색을 재빨리 바꾸며 자기 집에 들러 잠깐 이야기를 나누지 않겠느냐고 물으셨습니다.

저는 "그러겠어요"라고 제 느낌을 아주 확실하게 말했습니다. 그러자 곧 뭔가 잘못됐음을 깨달았습니다. 당신은 저의 너무 빠른 승낙에 고통스러운 것 같기도 하고 기뻐하는 것 같기도 한, 묘한 표정이 되었으니까요. 그러나 아무튼 매우 당황한 것은 틀림없어 보였습니다.

지금의 저는 당신이 놀란 이유를 잘 알고 있습니다. 제가 알기에 여자들이란 자신의 내면에서 몸을 허락하려는 욕망이 불타는 경우라도 응낙의 자세를 부인하며, 일단은 몹시 놀라는 듯한 태도를 꾸미든지 아니면 화를 내는 척하는 것이 보통이기 때문입니다. 그리하여 거짓 약속이나 맹세를 확인하고서야 비로소 그 가장된 분노를 푸는 법이지요.

이제는 저도 알고 있습니다. 남자의 청에 그토록 쉽게 응하는 것은 대체로 직업적인 여성들, 매춘부이거나 아니면 아주 순진하고 덜 자란 어린애뿐이란 것을 말입니다. 당신이 그걸 어찌 헤아릴 수 있었겠습니까. 그러나 그것은 제 마음속에서 꿈틀대고 있던, 오로지 말하고 싶어 하는 의지, 수많은 그리움의 하루하루가 공처럼 한데 뭉쳐 튀어나온 것이었습니다.

아무튼 당신은 저의 특이함에 놀랐고 제게 흥미를 갖기 시작했습니다. 나란히 서서 이야기를 나누며 가는 동안에도, 당신은 뭔가 놀라워하는 기색으로 저를 유심히 살펴보셨습니다. 인간적인 모든 것 중에서도 아주 마성적인 특질을 갖추고 있는 당신의 뛰어난 감각은 이 귀엽고 유혹에 들뜬 소녀에게서 아주 특이하고도 예사롭지 않은 점을 곧바로 발견했던 것입니다. 당신 마음속에 일렁이는 호기심의 발동과, 당신이 슬며시 던지는 질문의 은근함을 보며 저는 당신이 제 비밀을 캐내려 한다는 것을 알 수 있었지요. 하지만 저는 당신을 피했습니다. 당신께 제 비밀을 들키기보다 차라리 어리석게 보이고 싶었습니다.

우리는 당신 방으로 함께 올라갔습니다. 그 집의 복도와 계단이 제게 얼마나 값진 의미를 지녔던지! 또 저는 얼마나 황홀하고 또 얼마나 혼란스러웠던지, 얼마나 미칠 듯이 고통스럽고 거의 죽을 듯이 행복했던지! 이 기분을 당신께 말씀드리는 것을, 사랑하는 이시여, 부디 용서해 주십시오. 그때의 일을 생각하면, 지금도 눈물이 앞을 가립니다. 전, 그 이상 아무것도 바랄 게 없습니다.

그렇지만 거기 있는 모든 사물이 제 열정과 연관되고, 그 하나하나가 제 소녀 시절 상징이자 동경 대상이었던 것만은 부디 알아주십시오. 몇천 번이나 그 앞에 선 채 당신을 기다렸던 그 문, 당신 발소리를 듣고자 언제나 귀기울였던 그 계단, 그곳에서 저는 처음으로 당신을 보았습니다.

그 밖에 추억을 되살리는 것들은 많았습니다. 제 영혼의 대상이었던 당신을 남몰래 내다본 문구멍, 언젠가 무릎을 꿇었던 문 앞의 발판, 그리고 남몰래 숨어 있던 중에 언제나 저를 깜짝 놀라 일어서게 했던 열쇠의 달그락거리는 소리…… 실로 제 어린 시절 전부가, 제 모든 열정이 불과 몇 미터 안 되는 그 공간에서 보금자리를 꾸몄던 것입니다. 바로 거기에 제 인생 전부가 깃들어 있었습니다.

그런데 이제 바야흐로 모든 소망이 이루어져, 당신과 함께 당신 방으로, 아니 우리 둘의 방으로 들어가려는 그 순간에, 폭풍처럼 제게 몰아닥치는 세찬 꿈이 소용돌이치는 것이었습니다. 제 이야기를 깊이 들어주세요. 진부하게 들릴지 모르지만 달리 표현할 길이 없네요. 당신 문 앞에 이르기 전까지의 모든 현실은 제겐 흐릿한 날의 연속이었습니다. 그런데 그 안에 들어서면서부터 아이들이 꿈꾸는 동화의 마술세계, 알라딘 왕국이 펼쳐지기 시작했습니다.

제가 불타는 눈동자로 수없이 바라보았던 그 문을 환상에 취해 비틀거리며 지났음을 생각해 보십시오. 사랑하는 이여, 당신은 어렴풋이나마 헤아릴 수 있을 겁니다. 하지만 헤아릴 수는 있어도 결코 이해하시지는 못합니다. 뿐만 아니라 이 돌발적인 기쁨이 제 인생으로부터 무엇을 빼앗아 갔는지 결코 이해하시지는 못할 겁니다.

그날 밤 내내 전 당신 곁에 있었습니다. 당신은 제가 당신을 만나기 전에는 어떤 남자도 저를 건드려 보거나 제 육체에 손대 본 적이 없고, 심지어 제 몸을 본 적조차 없다는 것을 상상하지 못하셨습니다. 사랑하는 이여, 어찌 그걸 당신이 상상이라도 할 수 있었겠습니까? 정말이지 저는 아무런 저항도 하지 않았고, 수치심 때문에 망설이는 기색도 없었던 것입니다. 오로지 당신께서 제 사랑의 비밀을 알게 되어 경악할까 두려울 뿐이었습니다.

왜냐하면 당신은 그저 가벼운 것만을, 유희적이고 심각하지 않은 것만을 좋아하셨고, 어떤 운명에 휘말리는 일을 꺼렸기 때문입니다. 당신, 당신이라는 분은 세상만사를 가볍게 즐겨 보려고 하셨지, 희생할 마음은 조금도 없었습니다.

사랑하는 그대여, 제가 지금 당신께 순결을 바쳤다고 말씀드려도, 제발 제 마음을 오해하지는 말아주세요! 당신을 원망할 생각은 눈곱만큼도 없답니다. 당신이 저를 유혹하거나 속인 것도, 절 끌고 가신 것도 아니니까요. 바로 저 자신이 당신께 달려들어, 당신 가슴에 제 운명을 스스로를 던진 것이니까요. 절대로 저는 당신을 원망하지 않습니다. 아니, 오히려 당신께 영원히 감사할 겁니다.

당신과 보낸 그날의 풍요로움, 찬란한 쾌락의 불꽃, 천상을 떠도는 듯한 행복감은 이루 말할 수 없었습니다. 제가 어둠속에서 문득 눈을 떠 제 옆에 누워 계시는 당신을 느꼈을 때, 저는 머리 위에 별들이 없다는 것이 이상할 정도였습니다. 그토록 저는 하늘에 떠 있는 듯했습니다.

아, 사랑하는 이여, 저는 결코 후회한 적이 없습니다. 아니, 저는 그 순간을 후회한 일이 단 한 번도 없습니다. 지금도 생생하게 기억합니다. 잠든 당신 곁에서 당신 숨소리에 귀 기울인 순간, 그리고 당신 몸을 느끼면서 제가 당신 곁에 있음을 새삼 확인한 순간, 저는 너무나 행복한 나머지 어둠속에서 흐느껴 울고 말았습니다.

다음날 아침 일찍 저는 그 집에서 서둘러 떠나기 위해 준비했습니다. 가게에 나가봐야 하기도 했지만, 무엇보다 하인이 오기 전에 떠나고 싶었습니다. 그가 저를 보면 안 되니까요. 제가 옷을 입고 당신 앞에 섰을 때, 당신은 저를 껴안고 오랫동안 제 얼굴을 들여다보았습니다. 그것은 당신 눈동자에 안

개처럼 아득히 어른거리는 어떤 기억 때문이었을까요, 아니면 정말 제가 그저 아름답게만 보였기 때문이었을까요? 그 뒤 당신은 저에게 입을 맞추었습니다.

저는 당신 품에서 살짝 빠져나가려고 했습니다. 그때 당신은 이렇게 물었지요. "꽃을 몇 송이 가져가지 않으시겠습니까?" 저는 그러겠다고 대답했습니다. 당신은 책상 위에 있는 파란 유리 화병에서 흰 장미 네 송이를 뽑아 제게 주셨습니다. 아, 그때 저는 어린 시절 단 한 번 훔쳐보았던 그 꽃병을 기억해냈지요. 저는 그 뒤 며칠 동안 두고두고 그 꽃송이에 입을 맞추었습니다.

헤어지기 전에 우리는 다른 날 저녁 또 만나기로 약속했습니다. 그리고 약속한 날 당신과 다시 멋진 밤을 보냈습니다. 그 뒤 당신은 제게 세 번째 밤도 선사하셨습니다. 그러고 나서 당신이라는 분은 여행을 떠나야겠다고 말씀하시는 것이었습니다. 아, 저는 어린 시절부터 그 여행을 얼마나 미워했던지! 당신은 돌아오자마자 연락하겠다고 약속하셨습니다. 저는 그때 제 사서함 주소만을 드렸는데, 그것은 당신께 제 이름을 알리고 싶지 않아서였습니다. 저는 끝까지 비밀을 간직하고 싶었거든요. 그때도 당신은 장미 몇 송이를 작별인사로 주셨습니다.

두 달 동안 저는 날마다 당신을 애타게 그리워했습니다. 그런데, 아, 저는 지금 무엇 때문에 기대와 절망이 교차하던 지옥 같은 그 고통을 당신께 이야기하려는 걸까요? 저는 당신을 원망하지 않습니다. 저는 당신을 그 모습 그대로 사랑합니다. 타오르다가는 곧 식어 버리고 열중하다가는 금방 불성실해지는 당신의 모습, 그것을 그대로 사랑합니다. 늘 그래왔고 지금도 그리신 당신 그 자체를 사랑합니다.

하지만 당신은 벌써 오래 전에 돌아와 계셨습니다. 저는 불 켜진 당신의 창을 보고 그것을 알았습니다. 그런데 당신은 제게 편지 한 장 보내지 않으셨습니다. 저는 이 마지막 순간에 이르도록 당신에게서 편지 한 줄 받지 못했습니다. 제 평생을 다 바친 당신에게서 글 한 줄 받아 읽지 못했습니다. 저는 기다렸습니다. 절망한 여인처럼 간절히 기다렸습니다. 그러나 당신은 끝내 저를 부르지 않았습니다. 편지 한 통도…… 소식 한 줄도……

4

제 아이는 어제 죽었습니다. 그 아이는 물론 당신 아이이기도 합니다. 사랑하는 그대여, 맹세컨대 그 아이는 그 3일 동안에 생긴 우리의 분신입니다. 죽음의 그림자를 마주한 사람은 거짓말을 하지 못하는 법이랍니다. 제가 당신께 몸을 바친 그 순간부터 아이가 생길 때까지, 저는 어느 남자와도 잔 적이 없었습니다. 저는 당신과의 만남을 통해 스스로를 신성시하게 되었습니다. 제 모든 것을 바친 당신이 계신데 어찌 제가 아무런 관계 없이 스치고 지나가는 다른 남자와 몸을 나눌 수 있었겠습니까?

사랑하는 그대여, 그 아이는 우리 아이였습니다. 그 아이는 저의 사무친 사랑과 당신의 경솔하고 방종한, 거의 무의식적인 애욕 사이에서 태어난 우리 핏줄, 우리의 오로지 하나뿐인 자식이었습니다. 그러나 당신은 아마도 놀라워하며, 얼굴이 핼쑥해져서 물어 보실 겁니다.

사랑하는 이여, 당신은 이제 이렇게 물으시겠지요. 무엇 때문에 지금까지 그 아이를 감추었으며, 무엇 때문에 그 아이가 어둠 속에서 잠들어 버린 오늘에 와서 새삼스럽게 그 이야기를 하느냐고. 어째서 아이가 영원한 잠에 빠져 있는 이 순간에 와서야, 죽음 여행을 떠나버렸고 다시는 돌아오지 못할 이 지경에 이르러서야 비로소 그 아이 이야기를 하느냐고 말입니다.

그렇군요, 아이는 이제 돌아오지 못하지요! 하지만 그때 말씀드려봤자 무슨 소용이 있었을까요? 제가 이야기했더라도 당신은 믿지 않으셨을 겁니다. 낯선 여인, 그 3일 밤 동안 아무런 저항 없이 당신을 열망하며 몸을 허락한 저라는 여인의 말을, 당신은 길거리에서 만난 이름도 없는 여인이 정조를, 그것도 자신에게 불성실한 남자였던 당신을 위해 정조를 지켜왔다고는 결코 믿지 않으셨을 겁니다. 당신은 조금의 의심도 없이 그 아이가 당신의 아이가 아니라고 하셨을 것입니다. 제 말이 아무리 그럴듯하다 해도, 제가 딴 남자 아이를 재산가인 당신께 슬쩍 떠넘기려 한다는 의심을 결코 버리지 않으셨을 테니까요.

요컨대 제가 아이 이야기를 했다면 당신은 저를 의심하셨을 것이고, 당신과 저 사이에는 불신의 꺼림칙한 그림자가 남아 있었을 것입니다. 저는 그걸 바라지 않았던 것입니다. 그 밖에도 저는 당신이라는 분을 알고 있습니다.

당신 자신보다 제가 당신을 더 잘 알고 있을 것입니다. 애정 문제에 있어서는 걱정없는 것, 홀가분하면서 유희적인 것을 좋아하는 게 당신의 천성인데, 갑자기 아버지라는 어떤 운명에 대해 책임져야 한다면 당신은 아마 너무나 고통스러워했을 것입니다. 자유로운 분위기에서만 숨 쉴 수 있는 당신이 어떤 식으로든 저와 구속의 끈으로 묶여 있다고 느낀다면, 그것은 얼마나 끔찍한 고통일까요?

저는 잘 압니다. 당신은 자신의 깨어 있는 의지를 거역하고서라도 그 구속감에 못 이겨 저를 증오했을 겁니다. 당신에게 제가 오로지 몇 시간, 아니 단 몇 초만이라도 성가신 존재였다면, 당신은 저를 증오했을 겁니다. 저는 제 자존심을 지키며 살고 싶었습니다. 그럼으로써 당신 주변에 있는 수많은 여인 가운데 당신이 언제나 사랑과 감사로써 생각할 수 있는 유일한 여자이기를 바랐던 것입니다. 그러나 당신은 저를 전혀 생각하지 않았고, 저를 잊고 말았습니다.

나의 사랑이여, 저는 당신을 원망하지 않습니다. 아니, 무슨 일이 생겨도 당신을 원망하지 않을 겁니다. 만일 제가 쓰는 펜으로부터 더러 원망 섞인 한 방울의 잉크가 종이에 번지더라도, 제발 용서하시기 바랍니다. 아, 부디 용서해 주세요! 저기 이리저리 흔들리는 촛불 아래 제 아이이며 당신 아이가 죽음의 잠에 빠져 있습니다. 저는 하느님을 향해 주먹을 불끈 쥐고 살인자라고 외쳐 보기도 했습니다. 제 이성은 그토록 흐려져 있고 혼란스럽습니다. 저의 몰지각한 한탄을 부디 용서해 주십시오!

저는 잘 알고 있습니다. 당신은 선량하고 마음속 깊이 뜨거운 감정을 지니고 계십니다. 당신은 누구에게나 친절하고, 당신에게 도움을 청하는 사람에게 너그러운 마음을 아끼지 않는 분입니다. 그러나 당신의 호의는 매우 특별합니다. 그것은 애써 붙잡으려는 사람에게는 얼마든지 열려 있으며, 그만큼이나 한없이 위대합니다.

그러면서도 당신의 호의는, 이런 말을 용서하세요, 어떤 타성에 젖어 있습니다. 그것은 다른 이의 희생으로만 촉발되고, 또 그럴 때만 보상을 받는 너그러움입니다. 누군가 당신을 부르고 당신에게 청하면, 당신은 도움을 줍니다. 그러나 당신은 부끄러운 명예심, 아니면 유약함 때문에 도움을 주는 것이지 자발적인 호의에서 그렇게 하는 것이 아닙니다.

솔직히 말씀드리면, 당신은 궁핍과 고난에 빠진 사람들보다는 행복한 친구들을 더 좋아합니다. 당신 같은 분들, 어느 누구보다도 너그러운 분들이 사실은 가장 청하기 까다로운 분들입니다.

제가 어린아이였던 그 시절, 저는 열쇠 구멍을 통해 어느 거지가 당신 방 초인종을 누르고 당신께 무엇인가 받는 것을 본 일이 있습니다. 당신은 그 거지가 청하기도 전에 그에게 얼른 무엇인가를 주셨습니다. 거지의 청을 듣지도 않고 그야말로 재빨리 무엇을 주셨습니다. 그렇지만 당신이 그렇게 하신 것은 그에게서 일종의 불안과 초조를 느끼고 그가 어서 빨리 떠나주기만을 원했기 때문이었죠. 제가 보기에 당신은 그의 눈을 피하는 것 같았습니다.

저는 그 같은 불안과 수줍음, 도움을 주면서도 감사의 마음을 받기를 두려워하던 당신 태도를 결코 잊을 수 없습니다. 바로 당신의 이런 면을 알아차렸기에 저는 당신에게 도움을 청하지 않았던 것이지요. 물론 저는 잘 압니다. 당신은 그때 그 아이가 당신 아이라는 확증이 없어도 제 말을 들어주셨을 겁니다. 그리고 당신은 저를 위로해주는 것은 물론, 돈을, 그것도 상당히 많은 돈을 주셨겠죠. 그러면서 알 수 없는 초조감, 불편한 심정에서 빨리 벗어나고자 하셨을 겁니다. 심지어 아이가 태어나기 전에 미리 해결하라고 권했을지도 모릅니다.

무엇보다도 저는 그것을 걱정했습니다. 당신이 그렇게 하라고 하시면, 저는 그렇게 하지 않을 수가 없었을 테니까요. 제가 당신의 어떤 부탁을 거부할 수 있었겠습니까! 그러나 그 아이는 제 삶의 모든 것이었습니다. 그 아이는 당신에게서 온 또 하나의 당신이지만, 저로서는 도저히 붙잡을 수 없었던 행복하고 게으른 당신이 아니라, 영원히 제게 주어진 또 다른 당신이었습니다. 저의 보잘것없는 생각인지는 모르겠지만, 그 아이는 제 몸을 꼭 붙들고 있으면서 제 인생을 좌우하는 생명줄이었습니다. 저는 마침내 그 아이를 통해 당신을 붙잡았던 것이죠. 저는 제 혈관 속에서 당신 생명이 무럭무럭 자라나는 것을 느꼈습니다.

저는 마치 당신에게 하듯 당신 아이를 키우고 젖먹이고, 애무할 뿐만 아니라 입맞춤할 수도 있다는 기쁨에 온몸을 떨었습니다. 제 영혼은 그리하여 이 아이를 향해 불타올랐습니다. 사랑하는 그대여, 당신은 이것을 상상하실 수 있나요? 그래서 당신 아이를 가진 것을 알았을 때 저는 축복받은 여인이었고, 그 때문에 저는 당신께 아무 말도 하지 않았습니다. 이제 당신은 저에게서 도저히 떠나버릴 수 없게 된 것입니다.

사랑하는 이여, 그러나 그런 몇 달은 제가 미리 생각했던 것처럼 그렇게 행복한 세월만은 아니었습니다. 그것은 또한 두려움과 고통, 인간의 비천함에 대한 구토로 채워진 몇 달이기도 하였습니다. 제게는 정말로 고통스런 나날들이었습니다.

혹시 친척들 눈에라도 띄어 집에 소식이 전해질까 봐 해산할 때까지 몇 달 동안은 상점에도 나가지 못했습니다. 어머니로부터 돈 한 푼도 받고 싶지 않았던 저는 제가 지니고 있던 얼마간의 보석을 팔아 아이를 낳는 날까지 근근이 연명하였습니다. 그런데 해산일을 일주일 앞두고 장롱 속에 넣어 둔 마지막 몇 크로네를 세탁부에게 도둑맞는 바람에 시립병원 분만실로 가야만 했습니다.

그곳은 정말 찢어지게 가난한 사람들, 쫓겨난 사람들이나 부랑자들이 마지못해 들어오는 곳이었습니다. 이 비참한 쓰레기 더미 같은 곳에서 아이가, 당신 아이가 태어났습니다. 저는 거기서 거의 죽음의 위기에 시달렸습니다. 모든 것이 낯설기만, 너무도 낯설기만 했습니다. 거기 누워 있던 사람들은 서로가 서로에게 낯선 존재였습니다. 서로가 고독하게 누워 있으면서도, 상대를 미워하는 마음으로 가득 차 있었습니다. 그들은 오로지 비참함과 고통에 싸여 답답한 병실에, 소독약과 피 냄새, 비명과 신음으로 가득 찬 병실에 처박혀 있었습니다.

가난한 이들이 겪지 않으면 안 되는 굴욕, 영혼과 육체의 수치를 저는 거기서 겪으면서 참아내야 했습니다. 저는 같은 처지에 있다는 이유로 숙명적으로 매춘부들이나 찢어지게 가난한 환자들을 겪어야 했고, 그런가 하면 비아냥거리는 미소를 지으며 무력한 여인들의 이불을 마구 들추거나 엉터리 과학을 운운하며 그들의 몸을 만져대는 젊은 의사들의 추잡함, 간호사들의 게걸스러운 물욕 따위를 견뎌내야 했습니다.

아, 그곳은 의사들의 눈빛만으로도 인간 수치심이 십자가에 못 박히고, 말 몇 마디로 채찍질을 당하는 곳이었습니다. 오로지 당신의 성함이 적혀 있는 이름표만이 당신을 대신했습니다. 그럴 수밖에 없는 것이 침대에 누워 있는 몸뚱어리는 그저 호기심 가득한 자들의 손에서 멋대로 꿈틀거리는 고깃덩어리이거나, 관찰자 내지 수련의들의 연구대상에 불과했기 때문입니다.

아, 친절하게 기다리는 남편이 있는, 자기 집에서 아기를 낳는 여인들은 그것이 어떤 건지 절대로 알 수 없을 겁니다. 아, 그들은 혼자 실험대 같은 곳에서 방어할 아무 힘도 없이 아이를 낳는 일이 무엇을 의미하는지 진정 알지 못합니다! 그래서 지금도 저는 지옥이라는 말을 책에서 읽으면, 언제나 제 의지와 상관없이 한숨과 웃음과 피의 절규로 가득 찼던 온통 악취를 내뿜던 분만실, 제 고통의 산실을 떠올립니다. 굴욕과 치욕의 도살장 같았던 곳을 말입니다!

제가 그때 일에 대해 말하는 것을 부디 용서하세요. 오직 한 번만 그것에 대해 이야기하고, 절대로 다시는 말씀드리지 않겠습니다. 11년 동안이나 저는 그 일을 입 밖에 내지 않았고 이제 곧 영원히 입을 다물게 될 테니까요. 그렇지만 한 번만 큰 소리로 외치겠습니다. 지금은 저기 숨이 끊긴 채 누워 있는 그 아이를 제가 얼마나 큰 대가를 치르고 얻었는지, 한 번만 큰 소리로 외치겠습니다.

저는 어느새 그 산고의 순간을 잊었습니다. 아이의 미소와 그 귀여운 목소리 속에서 뿌듯한 행복감에 젖어 그것을 잊었습니다. 그러나 아이가 죽은 이 시점에 오니 고통이 다시 물밀듯 밀려옵니다. 그래서 그 고통을 단 한 번만이라도 영혼의 절규로 소리치지 않을 수 없는 것입니다. 그렇다고 당신을 원망하지는 않습니다. 오로지 하느님만을, 무자비한 고통을 내리신 신만을 원망할 따름입니다.

저는 맹세코 당신을 원망하지 않습니다. 아무리 노여움에 몸을 떨어도 저는 당신을 미워한 적이 한 번도 없었습니다. 심지어 제 몸이 아픔에 찢겨 나가던 순간에도, 알몸을 더듬듯 바라보는 수련의들의 눈초리 아래서 수치심으로 온몸이 뜨겁게 달아오르던 순간에도, 저는 맹세코 당신을 원망하지 않았습니다.

당신과 하나가 되었던 그 밤을 저는 결코 후회하지도, 당신을 원망하지도 않았습니다. 저는 언제나 당신을 사랑했고, 당신과 만났던 그 시간을 항상 축복이라 생각했습니다. 다시 한 번 그 지옥의 시간을 통과하거나 그래야 할 시간이 닥쳐온다면, 저는 다시 한 번 그렇게 하겠습니다. 사랑하는 분이시여, 한 번만이 아니라 수천 번이라도 다시 그랬을 겁니다!

5

우리 아이는 어제 죽었습니다. 당신을 한 번도 보지 못한 그 아이가 죽은 것입니다. 어떤 우연이 기적적인 해후의 순간을 만들어냈더라도 당신은 아이를 결코 알아보지 못했을 것입니다. 꽃처럼 피어나던 이 어린 생명, 당신 피를 유일하게 이어받은 그 아이는 당신 눈빛을 타인의 것인 양 스쳐 지나갔을 것입니다.

저는 그 아이를 가진 뒤로 당신 앞에 나타나지 않고 오랫동안 숨어 지냈습니다. 당신을 향한 그리움도 그 아이 덕분에 덜 고통스럽게 느껴졌습니다. 적어도 그 아이가 생긴 뒤로 사랑 때문에 고통 받는 일은 분명히 줄었습니다. 저는 당신과 그 아이에게 저 자신을 나누어 바칠 수가 없었습니다. 그래서 저는 행복한 분이신 당신, 제게는 지나가는 사랑만을 보내주신 당신을 포기하고 오로지 그 아이에게 모든 것을 바치기로 마음먹었습니다.

저는 제가 키워야 하고, 그리고 입 맞추고 껴안아 줄 수 있는 그 아이를 선택했습니다. 당신의 분신인 그 아이를 통하여 저는 사랑에 대한 불안, 그 저주에서 구원받은 듯했습니다. 그래도 당신은 참으로 저의 모든 것이었습니다. 왜냐하면 가끔, 물론 드물긴 했지만 제 감정은 자신도 모르게 당신 집 근처로 저를 달려가게 하곤 했으니까요.

그러나 당신을 위해 오로지 한 가지만은 꼭 해 드렸습니다. 당신 생일날이면 언제나 하얀 장미 한 다발을 당신께 보내드렸습니다. 그것은 우리가 처음 사랑의 밤을 보내고 난 뒤 당신이 제게 선물한 것과 똑같은 꽃입니다. 당신은 지난 10여 년, 정확히는 11년 동안 매번, 누가 그 꽃을 보냈는지 궁금히 여겨보기라도 했는지요?

혹시라도 자신이 언젠가 그 꽃을 선물했던 여인을 기억하시는지요? 저는 그것을 알 수 없고 앞으로도 당신 대답을 듣지 못할 것입니다. 그저 어둠속에서 1년에 한 번 그 꽃을 당신께 살며시 건네고, 그럼으로써 그 시간의 추억을 아름답게 꽃 피우는 일, 제겐 그것으로 충분했습니다.

당신은 그 아이를, 우리 가엾은 아이를 한 번도 보지 못했습니다. 당신이 그 아이를 사랑해 주셨을지 모른다고 생각하니 그 아이를 당신께 숨긴 일이 이제야 처음 후회도 됩니다.

아, 안타깝게도 당신은 그 가엾은 아이를, 그 아이의 밝게 미소 짓는 모습을 한 번도 보지 못하신 것입니다. 그 아이가 조용히 눈까풀을 올려 뜨고, 까맣고 영리한 눈, 바로 당신 눈으로 맑고 행복한 빛을 저뿐만 아니라 온 세상에 던지던 사랑스런 모습을 말입니다. 아, 그 아이는 너무도 명랑하고 귀여운 아이였습니다.

당신의 본질인 경쾌함이 그 아이 내부에도 천진스럽게 반영되어 있었지요. 재빠르게 움직이는 당신의 상상력까지도 그 아이에게서 찾을 수 있었습니다. 당신이 삶과 유희하듯 그 아이도 여러 시간 무언가에 푹 빠져 놀다가, 어느 순간이 지나면 곧바로 눈썹을 치켜올리고 책 앞에 침착하게 앉는 것이었습니다.

그 아이는 점점 당신을 닮아갔습니다. 그 아이의 내면에서도 이미 당신의 모습인 진지함과 유희의 이중성이 눈에 띌 만큼 뚜렷하게 자랐습니다. 그리하여 그 아이가 당신을 닮아가면 닮아갈수록 아이에 대한 제 사랑도 그만큼 깊어갔습니다.

아이는 공부를 잘했고, 어린 까치처럼 귀여운 입술로 프랑스어를 연신 재잘대기도 했습니다. 그 애의 노트는 반에서 가장 깨끗했으며, 그 애 모습은 너무나 귀여웠습니다. 새까만 비단양복과 하얀 세일러 재킷을 입고 있는 모습이 얼마나 우아했는지 말로는 설명할 도리가 없습니다.

아이는 어디를 가든지 언제나 가장 우아한 모습을 보였습니다. 저와 함께 스페인의 그라도 바닷가에 갔을 때는 귀부인들이 걸음을 멈추고 그의 금발을 쓰다듬어 주었고, 알프스의 제메링에서 스키를 탔을 때는 여러 사람들이 그를 둘러싸고 찬사를 아끼지 않았습니다. 너무나 귀엽고 유순하며, 붙임성이 있었지요.

작년에 테레지아눔 기숙사로 들어갔을 때, 그 아이는 18세기의 궁중 소년처럼 멋진 제복에 단검을 차고 있었습니다. 하지만 지금은 속옷밖에는 입고 있지 않습니다. 아, 이 가엾은 아이는 지금 파랗게 질린 입술에 손을 가지런히 모은 채 저기 누워 있습니다.

혹시 당신은 제가 그 아이에게 어떻게 그런 사치스런 교육을 시키고, 밝고 쾌활한 상류사회 생활을 접하게 할 수 있었는지 의문을 품을 수도 있을 것 같네요. 사랑하는 그대여, 저는 어둠 속에서 당신께 모든 것을 말씀드리겠습니다. 저는 전혀 부끄럽다고 생각하지 않는답니다. 제발 놀라지는 말아주세요. 실은 사랑하는 그대여, 전 몸을 팔았답니다. 물론 매춘부나 창녀라고 불리는 그런 부류의 인간이 된 것은 아니지만, 아무튼 전 몸을 팔았습니다.

저는 돈 많은 남자친구들, 아니 돈 많은 애인들과 사귀었습니다. 처음에는 제가 그들을 찾았고, 다음에는 그들이 절 찾았습니다. 당신은 그걸 느꼈는지 모르겠지만, 저는 매우 아름다웠기 때문입니다. 제가 몸을 맡긴 남자는 누구든 저를 사랑했고, 감사해하면서 제게 매달렸습니다. 그들 모두가 저를 사랑하였습니다. 사랑하는 그대여, 그런데 당신만이, 오로지 당신만이 절 사랑하지 않았습니다.

제가 몸을 팔았다고 솔직하게 털어놓았으니 이제 저를 경멸하실는지요? 아니겠지요. 그렇다고 저를 경멸하지는 않으시겠지요. 저는 잘 압니다. 당신은 모든 일을 이해하고, 또 이해하실 겁니다. 제가 그렇게 살았던 것도 전적으로 당신을 위해서였음을, 당신의 다른 존재인 바로 저 아이를 위해서였다는 걸 말입니다.

저는 시립병원 분만실에서 가난의 끔찍함을 톡톡히 맛보았습니다. 그때 저는 이 세상에서 가난한 자는 언제나 짓밟힌 자, 비참하게 억눌린 자이며 희생양이라는 걸 알았습니다. 그래서 저는 무슨 일이 있어도 당신의 아이, 밝고 아름다운 그 아이만은 가난의 비참한 밑바닥에서 자라게 하고 싶지 않았습니다. 지저분한 길바닥의 쓰레기나 더럽고 비천한 곳, 전염병이 가득한 으슥한 뒷골목에서 키우고 싶지 않았습니다.

저는 아이의 가냘픈 입술이 하수도 배관공의 더러운 말투를 배운다거나, 그의 깨끗한 몸이 가난뱅이의 불결하고 구겨진 속옷을 알지 못하게 하리라고 굳게 마음먹었습니다. 당신 아이에게 모든 것을 갖게 하고, 세상의 모든 풍요와 안락을 누리게 하리라, 그리하여 당신 위치까지 자유롭게 상승하여 당신 생활영역에 진입토록 하리라 결심했던 것입니다.

사랑하는 이여! 그래서, 바로 그 때문에 저는 몸을 팔았던 것입니다. 이런 것은 제게 아무런 희생도 아니었습니다. 사람들이 흔히 명예니 수치이니 부르는 것은 제게 아무런 의미가 없었기 때문입니다. 당신은 저를 사랑하지 않았지만, 당신, 당신만이 제 몸의 소유자였습니다. 다른 남자와의 육체 관계는 무감동할 뿐이었습니다. 남자들의 애무는 말할 것도 없고, 그들의 깊은 내면에서 우러나오는 열정조차도 제 마음속 깊은 곳까지 건드리지는 못했습니다.

물론 저는 그들 가운데 몇몇은 깊이 존경하고 있고, 더욱이 저 자신의 운명을 생각할 때 보답할 수 없는 애정 어린 동정심이 제 마음을 사로잡기도 했습니다. 제가 알고 있던 모든 사람은 제게 친절하였습니다. 그들 모두가 제 뜻을 기꺼이 따라주었고, 모두가 저를 존중해 주었습니다.

그중에서도 한 분, 부인과 사별한 나이 지긋한 백작은 아버지 없이 자라는 당신 아이를 테레지아눔에 입학시키려고 수없이 교문을 드나들었습니다. 그분은 저를 딸처럼 사랑해 주셨고 제게 청혼을 서너 번씩이나 하셨습니다. 그분과 결혼했더라면, 저는 지금쯤 백작 부인이 되었을 터이고 티롤 지방에 있는 꿈처럼 아름다운 성의 여주인으로 근심 없이 살고 있었을지도 모릅니다. 다른 무엇보다도 아이가 자신을 잘 돌보아 주는 자상한 아버지를 가질 수 있었을 것이고, 저 또한 조용하고 고상하며 친절한 남편을 곁에 둘 수 있었겠지요.

그런데도 저는 그렇게 하지 않았습니다. 그분은 그토록 제게 열성이셨건만, 저는 그분의 청을 거절했고 그분은 마음의 상처를 입으셨습니다. 어쩌면 제가 아주 어리석었는지도 모르겠습니다. 그때 만일 제가 청혼을 받아들였더라면, 전 지금 어딘가에서 조용하게 숨어 살고 있겠지요.

그러나 당신께 고백하지 않을 수 없습니다. 저는 누군가에게 얽매이지 않고 당신을 위해 언제까지나 자유롭게 남아 있으려 했습니다. 저의 가장 깊은 구석 어느 곳에, 제 본질의 무의식 속에 그 옛날 어린 시절의 꿈이 살아 있었던 것입니다. 설령 한 순간만을 위한 것이라도 혹시나 당신이 다시 한 번 저를 불러주실지 모른다는 기대감을 버리지 않고 있었던 것입니다.

저는 그 조그만 가능성을 위해 모든 것을 내던졌고, 당신이 부르시면 곧바로 당신께 훨훨 날아가려고 했습니다. 어린 시절 잠에서 깨어난 이래로 제 인생은 오로지 기다림, 당신의 부름을 따르려는 기다림 말고는 아무것도 아니었습니다.

그런데 정말 그렇게 고대하던 시간이 찾아왔습니다. 그러나 사랑하는 그대여, 또다시 당신은 그런 저를 알아보지도, 헤아리지도 못하셨습니다. 그때도 당신은 절 알아보지 못하셨습니다. 결코, 결코 당신은 절 알아보지 못하셨던 것입니다! 저는 그 이전에도 가끔 당신을 만났습니다. 극장이나 음악회에서, 그리고 프라터 공원이나 길거리에서, 그때마다 제 심장이 두근거렸지만, 당신의 눈길은 그저 저를 무심히 스쳐 지나갔습니다.

물론 겉보기에 저는 아주 다른 여자가 되어 있었지요. 수줍어하는 소녀에서 어느덧 귀부인이 되어 있었으니까요. 사람들 말에 따르면 저는 아름다웠고, 값비싼 옷을 입고, 사랑하는 남자들에게 둘러싸여 있었습니다. 이런 저의 모습에서 당신이 어떻게 당신 침실의 어슴푸레한 불빛 속에서 부끄러워하던 한 소녀를 연상할 수 있었을까요!

저와 함께 걸었던 남자들 가운데 간혹 당신께 인사하는 사람들이 있었습니다. 당신은 인사를 받고 제게 눈길을 돌리셨습니다. 당신 눈길은 초면이어서 그런지 더욱 공손함과 예의를 갖추고 있었으나, 결코 저를 알아보지 못했지요.

언젠가 한번은 이런 일이 있었지요. 당신의 무심한 눈빛은 아직도 제 눈에 생생하고, 이미 그런 것에는 익숙해져 있었지만, 그때 일어난 일은 저에게 속이 타들어가는 듯한 고통을 주었습니다. 저는 남자친구와 오페라를 구경하며 자리에 앉아 있었는데, 마침 당신이 제 옆자리에 앉아 계셨습니다. 서곡이 울리며 불이 꺼지자 전 당신 얼굴을 더이상 볼 수 없었습니다. 마치 그때 그날 밤처럼 당신의 숨소리를 옆에서 느낄 수 있었을 뿐입니다.

그때 당신은 우리 자리를 갈라놓은 칸막이 난간 위에 그 섬세하고 부드러운 손을 걸쳐놓고 계셨습니다. 그런데 저는 자꾸만 밀려오는 갈망에 사로잡혔습니다. 그것은 지난날 저를 그토록 부드럽게 안아주던 그 낯설고도 사랑스러운 손에 입 맞추고 싶은 갈망이었습니다. 음악은 사방에서 끓어오르듯 파동치고 있었고, 제 갈망은 점점 열정을 이기지 못하게 되었습니다. 제 입술은 강한 충동에 떨며 당신의 사랑스런 손에 이끌렸습니다.

저는 마침내 경련을 일으키듯 벌떡 일어나야 했습니다. 1막이 끝난 뒤 저는 제 남자친구에게 그만 나가자고 간청하고 말았습니다. 어둠 속에서 당신과 그토록 낯선 관계로 가까이 있는 것을 더는 참을 수 없었습니다.

하지만 그 시간은 오고야, 다시 한 번 오고야 말았습니다. 암흑에 묻혀 있던 제 삶에 그 시간이 마지막으로 오고야 말았습니다. 1년쯤 전에 일어난 일이었는데, 그날은 당신 생일 바로 다음날이었습니다. 저는 이상하게도 온종일 당신 생각에서 헤어날 수가 없었습니다. 물론 당신 생일이 오면 저는 언제나 그날을 축제일처럼 기쁘게 맞이했습니다. 저는 아주 이른 아침에 나가서 하얀 장미를 샀습니다. 저는 해마다 그 꽃을 당신은 잊고 있는 그 시간을 기념하기 위해 당신께 보내 드렸지요. 그날 오후 아이를 데리고 데멜 다과점에 다녀왔고, 저녁때는 극장에 갔습니다.

저는 우리 아이 또한 이날의 의미를 알지는 못해도, 왠지 이날만은 어린 시절부터 신비스러운 축제일로 느끼게 해주고 싶었습니다. 그렇게 보낸 다음날, 저는 제 남자 친구와 함께 있었습니다. 젊고 돈 많은 공장주인 그와 저는 2년 전부터 함께 지냈습니다.

이 남자 또한 저를 더없이 떠받들고 위하며 다른 남자들과 마찬가지로 저와 결혼하기를 간절히 바라고 있었습니다. 저는 별다른 이유도 없이 다른 남자들에게 그랬듯이 그 청을 거절해왔습니다. 그는 저와 아이에게 지나치게 많은 것을 선물했고, 때로는 그것이 지나쳐 좀 둔하고 머슴 같은 친절을 베풀 때도 있을 만큼 호의적이었습니다.

우린 함께 음악회에 참석하여 쾌활한 사교계 인사들과 만났으며, 광장 식당에서 저녁식사도 했습니다. 거기서 한바탕 웃고 떠들다가 제가 '타바린'이라는 댄스홀에 가자고 제안했습니다. 본디 저는 알코올 기분에 들뜬 그런 종류의 클럽을 매우 싫어했으며, 평소에 그런 제안을 받았다면 거절했을 것입니다. 그런데 이번에는 알 수 없는 마법에라도 걸린 듯 저 자신이 무의식적으로 불쑥 그런 제안을 했고, 다른 사람들도 흔쾌히 동의했습니다. 사실 저는 그곳에서 특별한 어떤 것이 저를 기다리고 있는 듯한, 설명하기 힘든 욕망에 불현듯 빠졌습니다.

늘 제 비위를 맞춰 주던 합석자 모두 흔쾌히 자리에서 일어나, 우리 모두는 그쪽으로 갔습니다. 우리는 거기서 샴페인을 마셨으며, 그런 중에 갑자기 제가 이제껏 알지 못했던 아주 미칠 듯한 쾌감, 거의 고통에 가까운 쾌감이

제 몸을 감싸는 것이었습니다. 저는 술을 계속해서 들이켰습니다. 그리고 유행가 가사를 흥겹게 따라 불렀고, 한데 어울려 춤추고 마음껏 소리 지르고 싶은 충동을 누를 수 없었습니다.

그런데 갑자기, 무엇인가 차가운, 아니 아주 뜨거운 것이 가슴에 강렬히 밀려와 저는 몸을 벌떡 일으켰습니다. 바로 옆자리에 당신이 친구 몇 분과 앉아 계시는 것이었습니다. 당신은 저를 감동과 욕망의 눈길로, 언제나 제 몸 가장 깊숙한 곳에서부터 저를 뒤흔들어 놓는 당신만의 그 눈길로 저를 바라보고 계셨습니다.

당신은 10년이 지난 그날에 와서야 비로소 무의식적인 열정의 본능으로 저를 바라보는 것이었습니다. 저는 몸이 떨렸습니다. 하마터면 저는 들고 있던 술잔을 바닥에 떨어뜨릴 뻔했습니다. 다행이도 함께 있던 친구들이 웃음 바다와 음악 물결에 빠져 제가 혼란스러워하는 기미를 알아채지 못했습니다.

당신 눈빛은 갈수록 점점 더 뜨겁게 타올랐고, 저는 그 유혹의 불길 속에 완전히 빠져버렸습니다. 저는 알지 못했습니다. 과연 당신이 저를 알아보았는지, 아니면 저를 다른 낯선 여인으로 새롭게 원하고 계셨는지를. 제 뺨은 피가 몰려 벌겋게 달아올랐고, 친구들 물음에 저는 딴소리만 하고 있었습니다.

당신은 제가 당신 눈빛에 얼마나 당황하고 있는지를 분명히 알아차렸습니다. 당신은 곧 저에게 다른 사람들 모르게 슬며시 머리를 끄덕임으로써, 잠시 홀 입구로 나올 수 없느냐는 신호를 보내셨으니까요. 당신은 이어서 보란 듯이 술값을 지불하고 친구들과 작별인사를 나누더니 밖으로 나가셨지요.

그 직전에 당신은 또 한 번 저에게 밖에서 기다리겠다는 신호를 보내는 걸 잊지 않으셨습니다. 제 몸은 추위를 참을 수 없는 듯, 열병에 걸린 듯 덜덜 떨렸습니다. 저는 대답할 겨를이 없었습니다. 솟구쳐 오르는 흥분을 가라앉힐 도리도 없었습니다.

바로 그 순간 우연히도 흑인 댄서 한 쌍이 따닥따닥 구두소리를 내며 이제껏 보지 못한 괴상한 춤을 추기 시작했습니다. 저는 모든 사람이 흑인 댄서에 정신이 팔려 있는 그 틈을 이용했습니다. 몸을 일으켜 세우면서 춤에 열중해 있는 친구에게 금방 돌아오겠다고 말하고는 당신 뒤를 따라갔습니다.

당신은 홀 입구의 옷 맡기는 곳에 계셨습니다. 저를 기다리고 계신 것이 틀림없었습니다. 제가 그리로 갔을 때 당신의 눈빛이 환히 빛나고 있었으니까요. 당신은 서둘러 미소 지으며 저를 맞아 주셨습니다. 저는 금세 당신이 절 알아보지 못한다는 사실을 깨달았습니다. 당신은 그야말로 저를 지난날 어린애나 그 뒤의 처녀로 인식하지 못하고, 처음 보는 낯선 여인으로 다시 붙잡은 셈이지요.

당신은 제게 "실례지만, 1시간쯤 시간 좀 내실 수 있겠습니까?" 하고 친근하게 물으셨습니다. 저는 당신의 침착하기만 한 태도에서 당신이 저를 그렇고 그런 여자 가운데 하나, 하룻밤 즐길 매춘부 정도로 여긴다는 것을 뚜렷이 느낄 수 있었습니다. "예"라고 저는 대답했어요.

이런 대답은 몸을 벌벌 떨면서도 기꺼이 승낙하는 대답, 그러니까 벌써 10여 년 전 어둑어둑한 거리에서 한 소녀가 대답했던 것과 같은 종류의 대답이었습니다. "그럼 언제 만날 수 있을까요?"라고 당신은 물었고, 저는 "당신이 원할 때 언제라도 좋아요"라고 대답했습니다. 당신 앞에서 저는 조금도 부끄럽지 않았습니다.

그러자 당신은 어느 정도 놀란 듯 잠시 저를 바라보고는, 너무 빠른 승낙에 몹시 놀랐던 예전과 똑같이, 불신과 호기심어린 이상한 표정을 지으셨습니다. 당신은 얼마간 망설이는 기색으로 "그렇다면 지금 뵐 수 있을까요?"라고 물으셨고, 저는 흔쾌히 "좋아요, 우리 나가죠"라고 대답했습니다.

저는 옷 맡기는 곳에서 제 외투를 찾으려 했으나 제 남자친구가 우리 외투를 함께 맡기고 보관증을 갖고 있다는 사실을 생각해 냈습니다. 다시 돌아가 그것을 달라고 하려면, 반드시 그에 합당한 핑계를 대야 했지요. 하지만 그토록 여러 해 동안 열망한 당신과 함께하는 시간을 포기할 수는 없었습니다. 그래서 저는 잠시도 망설이지 않고, 이브닝드레스 위에 숄만을 걸친 채 안개가 촉촉이 깔린 거리로 나섰습니다.

외투를 걸치지 않았다거나, 몇 년 동안 동거한 착하고 친절한 친구를 말없이 남겨 놓았다는 사실을 걱정하지도 않았습니다. 그의 친구들 면전에서 그를 우스꽝스런 바보로 짓밟아 놓을 수 있다는 우려도 없었습니다. 그의 애인이 함께 지낸 지 몇 년도 되지 않아 웬 낯선 남자의 휘파람 한 번에 달아나

버렸다는 오명이 그에게 남겨질지도 모를 일이었지만, 저는 그런 것을 걱정할 겨를이 없었습니다.

아, 그렇지만 제가 성실한 친구에게 제가 했던 천박하고 배은망덕한 짓, 그 파렴치한 짓을 마음속 깊이 새겨 놓았습니다. 저는 제가 어리석은 짓을 했으며, 저의 망상 때문에 선량한 친구 하나가 영원히 지워지지 않을 상처를 입었음을 느꼈습니다. 저의 인생이 그 한복판에서부터 갈라져 나간다는 느낌을 저는 떨쳐 버리지 못했습니다.

하지만 다시 한 번 당신 입술을 느끼면서 제게 가만히 속삭이는 당신의 목소리를 듣고 싶은 조바심에 비한다면, 제게 우정이 무엇이고 실존이 무엇이었겠습니까? 그토록 저는 당신을 사랑했습니다. 그 모든 것이 지나가고 사라져 버린 지금 이 순간에도 당신을 사랑했노라는 말을 서슴지 않고 할 수 있습니다. 그리고 이제 죽음의 침대 위에 누워 있는 이 순간에라도 당신이 만일 저를 불러 주시면, 저의 마지막 힘을 다해 당신께로 달려갈 것입니다.

마침 자동차 한 대가 홀 입구에 서 있어서, 우리는 그것을 타고 당신 집으로 갔습니다. 저는 다시 당신 목소리를 들으면서 당신의 부드러운 감촉을 느꼈습니다. 지난날과 마찬가지로 저는 황홀감에 넋을 잃을 지경이었습니다. 어린애 같은 행복감에 젖어 어찌할 바를 몰랐습니다.

10년도 더 지난 뒤, 똑같은 계단을 새롭게 밟고 올라가는 기분은 한마디로 표현할 수 없을 정도였습니다. 아니, 그게 아닙니다! 그 순간 모든 것은 영원히 계속 이어지는 것처럼 느껴졌습니다. 그 영원의 순간순간 속에서 제가 얼마나 당신이라는 존재만을 절대자로 느꼈는지, 그것은 말로는 도저히 형용할 수가 없습니다.

당신 방 내부는 그다지 달라진 점이 없었지요. 몇 폭의 그림이 더 걸려 있고, 책이 전보다 많아졌으며, 낯선 가구들이 듬성듬성 눈에 띨 따름이었습니다. 그러나 모든 게 여전히 저를 친숙하게 맞이하였습니다. 더욱이 책상 위에는 장미가 꽂힌 꽃병이 놓여 있었습니다.

제가 어제 잊힌 어느 여인을 회상해 주십사 당신께 생일선물로 보내 드린 바로 그 하얀 장미였습니다. 바로 그 여인이 당신 곁에서, 손을 마주잡고, 입술을 맞대고 있는 그 순간에도, 당신은 그 여인의 존재를 조금도 알아채지 못했습니다. 그러나 당신이 그 꽃을 간직하고 계시다는 것만도 제겐 커다란 기쁨이었습니다. 저의 가장 깊은 내부에서 우러나온 입김이 그 꽃이었고, 당신을 그리는 제 사랑의 호흡이 그 꽃이었으니……

　당신은 저를 두 팔로 안아주셨습니다. 다시금 저는 당신 곁에서 황홀한 하룻밤을 보냈습니다. 당신은 벌거벗은 제 몸을 보고도 저를 전혀 알아보지 못했습니다. 저는 당신의 능숙한 애무를 받고 행복에 겨워 어쩔 줄 몰랐습니다. 당신의 불타는 정열은 애인과 매춘부 사이에 아무런 구별도 없다는 것을 저는 알았습니다. 당신은 열망이 원하는 대로 쫓아가 아무런 생각도 없이 끓어오르는 본성을 다 태워버리는 분이셨습니다.

　밤거리에서 우연히 데려온 저에게까지 당신은 섬세하고 부드러웠습니다. 여자를 사랑할 때 당신은 너무나 은근하고 정중했고, 동시에 너무나 정열적이었습니다. 다시금 저는 지난날 맛본 행복감에 겨워 당신 본질의 독특한 이중성을 느꼈습니다. 그것은 일찍이 어린 여자애를 당신의 수중에 넣었던 관능의 배후에 숨어 있는 지적이고도 정신적인 열정이었습니다.

　이제껏 제가 접해 본 여러 남자들 중에서 당신만큼 부드러움 속에서 그토록 몰두하는 분을 본 일이 없으며, 가장 깊은 본질에 그토록 돌발적이고 번쩍이는 힘으로 다가가는 사람도 본 일이 없습니다. 물론 그런 폭발의 순간을 보내면 곧바로 무한의 어떤 곳, 거의 비인간적이라 할 만한 망각의 늪 속으로 꺼져 들어가 버리는 것도 당신의 열정이었습니다.

　하지만 저 자신도 스스로를 망각하는 존재가 아닌가하는 생각을 했습니다. 그때 당신 곁의 어둠속에서 존재하던 저라는 사람은 누구였을까요? 저는 지난날 언젠가 불타는 그리움으로 애달파하던 어린 소녀였던가요, 아니면 당신 아이를 키우는 어머니였던가요? 그도 저도 아니면 결국 하룻밤을 즐기는 낯선 여인이었나요?

　아, 이 모든 것은 그토록 제게 친숙했고, 또한 체험을 통해 익숙하였습니다. 모든 것은 이 정열의 하룻밤을 보내며 새롭게 출렁이는 물결로 저를 또다시 스쳐 지나고 있었습니다. 저는 창문을 통해 하늘을 보며 그 밤이 제발 끝나지 않기를 빌었습니다.

　그러나 아침은 찾아오고야 말았습니다. 우리는 조금 늦게 일어났지요. 당신은 제게 아침식사를 함께 하자고 했습니다. 우리는 어느 틈에 하인이 눈에 띄지 않게 식당에 준비해 놓은 차를 함께 마시며 이런저런 얘기를 나누었지요. 당신은 이번에도 아주 거리낌없이 당신만의 진심 어린 친밀감을 보이며 말씀하셨습니다.

그러나 당신은 예전처럼 지나치게 사적인 질문을 던진다거나 제 신분을 캐묻는 법이 없었습니다. 당신은 제 이름이나 주소도 묻지 않았습니다. 저는 또다시 당신이 즐기는 성적 모험의 대상에 불과했고, 망각의 어렴풋한 연기 속에서 덧없이 사라지는 이름 없는 존재일 뿐이었습니다.

이번에도 당신은 멀리 북아프리카로 두세 달 동안 여행을 떠나신다고 말하는 것이었습니다. 저는 행복의 한가운데서 고통으로 몸을 부들부들 떨었습니다. 귓속에서 어떤 절규의 소리가 윙윙 울리고 있었기 때문입니다. "모든 것은 스쳐간다! 스쳐 지나가 잊힌다!"

저는 당신 무릎에 쓰러져 이렇게 소리치고 싶었습니다. "저를 데려가 주세요. 그리고 그토록 수많은 세월 뒤에 숨어 지낸 저를 이젠 제발, 이젠 제발 알아주세요!" 그러나 저는 당신 앞에서 너무나 수줍어했고 비겁하며, 노예처럼 천하고 마음이 여렸습니다. 저는 그저 "그것 참 유감이네요"라는 말밖에 할 수 없었지요. 당신은 은근한 미소를 머금고 저를 바라보면서 말했습니다. "정말로 유감스럽게 생각합니까?"

이때 알 수 없는 어떤 격한 감정이 불쑥 저를 사로잡았습니다. 저는 자리에서 일어나 당신을 한동안 뚫어지게 바라보았습니다. 그러고 나서 이렇게 말을 던졌습니다. "제가 사랑했던 남자도 언제나 여행을 떠나곤 했었죠." 저는 당신을 똑바로 쳐다보면서, 당신의 빛나는 눈동자 한가운데를 뚫어지게 바라보며 이렇게 말을 던졌습니다. "이제 날 알아보겠지!"라고 생각하니 몸이 떨렸습니다. 저는 마음속의 격랑을 진정시킬 수 없었습니다.

그러나 당신은 제게 빙긋 미소를 보내며 위로의 말을 전할 따름이었습니다. "떠난 사람은 다시 돌아오기 마련입니다." 저는 곧 대답했습니다. "그렇겠지요, 떠난 사람은 돌아오게 마련이지요. 하지만 모든 것을 잊는답니다."

당신께 말씀드리는 제 태도에는 어딘지 모르게 이상하고 열정적인 점이 보였음에 틀림없습니다. 왜냐하면 당신 또한 자리에서 일어나 놀라움과 애정 어린 눈길로 저를 바라보셨기 때문입니다. 당신은 이어서 제 어깨를 잡고 이렇게 말했습니다. "좋은 추억은 잊히지 않아요. 나는 당신을 잊지 못할 것입니다." 이때 당신의 눈길은 저의 모습을 확실히 새겨 놓으려는 듯 깊숙이 제게 파고드는 것이었습니다.

저는 당신의 눈길이 저의 내부 깊숙이 파고 들어와, 무엇인가를 찾아내고 추적하여 저의 본질 자체를 남김없이 빨아들이는 것을 느꼈습니다. 그래서 저는 마침내 당신을 눈멀게 한 마법이 풀리는구나 하고 생각했습니다. "이젠 정말 나를 알아볼 거야, 이제는!" 제 영혼의 온 숨결은 이런 간절한 생각에 온통 덜덜 떨리고 있었습니다.

그러나 당신은 끝내 저를 알아보지 못했습니다. 아니, 그 정도가 아닙니다. 당신은 저를 알아보지 못했을 뿐만 아니라, 그 순간만큼 제가 당신에게 낯선 존재였던 적은 결코 없었습니다. 그때처럼 행동하신 적은 아마도 그 이전에는 결코 없었을 것입니다. 당신은 제게 키스를 하셨고, 다시 한 번 열정적으로 키스를 하셨습니다. 저는 헝클어진 머리를 다시 매만져야 했습니다. 그런데 거울 앞에 서 있는 동안, 저는 거울을 통해 믿지 못할 광경을 보았던 것입니다. 저는 수치심과 분노로 쓰러질 것만 같았습니다.

거울을 통해 저는 당신이 제 장갑 속에 고액 지폐 몇 장을 살짝 밀어넣는 모습을 보았습니다. 그걸 보고도 왜 큰 소리를 지르며 당신 뺨을 후려치지 못했는지 도무지 알 수 없습니다. 어린 시절부터 줄곧 당신을 사랑했고, 더욱이 당신 아이의 엄마인 저에게 하룻밤의 대가로 돈을 지불하다니요! 당신에게 저는 결국 '타바린' 댄스홀에서 데려온 창녀, 그 이상은 아니었습니다. 당신에게 저는 몸을 판 대가로 돈을 받는 여자에 불과했습니다! 저는 당신께 잊힌 것만으로도 모자라 그런 굴욕까지 당해야 했습니다.

저는 재빨리 제 소지품을 이리저리 더듬어 챙겼습니다. 서둘러 이곳에서 떠나려고 하였습니다. 마음이 너무나 괴로웠습니다. 저는 모자를 손에 들었습니다. 그런데 모자는 책상 위 하얀 장미를 꽂아 둔 푸른 꽃병 옆, 바로 제가 보낸 장미 옆에 놓여 있었습니다.

그 꽃을 보는 순간 저는 강렬한 어떤 힘, 거부할 수 없는 어떤 힘에 이끌렸습니다. 다시 한 번 당신의 기억을 일깨워 보자는 것이었죠. "이 하얀 장미 가운데 한 송이만 주시지 않겠어요?"라고 저는 물었고, 당신은 "기꺼이 드리죠"라고 말하며 곧바로 장미 한 송이를 제게 집어 주었습니다. "그런데 이 꽃은 아마도 어떤 여인으로부터, 당신을 사랑하는 여인으로부터 받으셨 겠죠?" 그러자 당신은 "아마 그렇겠지요"라고 대답했습니다. "그걸 잘 모르 고 있습니다. 내게 오긴 했어도 누가 보냈는지는 모르겠어요. 그래서 전 이 꽃을 더 좋아하지요." 저는 당신 얼굴을 쳐다보면서 이런 말을 던져 보았습 니다. "어쩌면 당신에게 잊힌 어떤 여인이 그걸 보냈는지도 모르죠!"

당신은 놀란 듯이 저를 바라보았습니다. 저는 당신 눈을 정면으로 들여다 보았습니다. 제 눈빛은 "절 모르시겠어요? 제발 절 알아봐 주세요!"라고 울 부짖었답니다. 그러나 당신 눈은 친절하게 미소 지으면서도 아무것도 알아 차리지 못하는 기색이었습니다. 당신은 제게 다시 한 번 키스를 했습니다. 그 러나 당신은 끝내 저를 알아채지 못하였습니다. 저는 황급히 문 쪽으로 갔습 니다. 눈물이 흐르는 꼴을 보이고 싶지 않았기 때문입니다.

현관에서 너무 급히 서둘러 나가다가 하마터면 당신의 하인 요한과 부딪 칠 뻔했습니다. 그는 부끄러운 듯 황급히 옆으로 비켜서더니 문을 열고 제가 나가도록 해주었습니다. 그런데 그때, 그때 말입니다! 눈물을 흘리며 그분 을 힐끗 쳐다보는 그 짧은 순간에, 나이 드신 그분의 눈길에 갑자기 번쩍하 는 광채가 비쳤습니다. 그토록, 그토록 짧은 순간에, 어린 시절 이래로 저를 한 번도 보지 못한 그분이 저를 알아보았던 겁니다.

만일 자리만 허락했다면, 저를 알아보신 데 대한 감사의 뜻으로 그분 앞에 무릎을 꿇고, 그의 손에 키스라도 해드리고 싶은 심정이었습니다. 저는 장갑 에서 재빨리 그 혹독한 수모의 대가인 지폐를 꺼내 그분께 슬쩍 쥐어주었습 니다. 나이 드신 그분은 몸을 부르르 떨면서 놀란 눈으로 제 얼굴을 올려다 보았습니다.

짧은 순간이었지만 그분은 저에 대해 아마도 당신이 평생 예감하는 것보 다 더 많은 것을 예감했는지 모릅니다. 어떤 사람이든 모두가 저를 떠받들어 주었고, 모두가 제게 한결같이 너그러웠습니다. 오로지 당신, 당신이라는 분, 당신 한 분만이 저를 잊어버렸습니다. 오로지 당신, 당신 한 분만이 저 를 알아보지 못한 것입니다!

6

제 아이는 죽었습니다. 우리 아이는 죽었습니다. 이제 사랑할 사람이라고는 이 세상에서 그 아이의 아버지이신 당신밖에는 더 이상 아무도 없습니다. 그러나 저를 한 번도, 정말 한 번도 알아보지 못하는 당신이 제게 무슨 소용이 있겠습니까! 물가를 스쳐 지나듯 제 곁을 스쳐 지나가는 당신, 거리의 돌을 밟고 지나가듯 저를 무심히 밟고 지나가는 당신, 언제나 앞으로만 걸어갈 뿐 영원히 저를 뒤에 남겨 놓고 기다리게 하는 당신은 도대체 제게 어떤 존재입니까?

지난날 저는 당신을 붙잡을 수 있다고 생각했지요. 언제나 사뿐히 달아나는 당신을 저는 우리 아이를 통해 붙잡을 수 있으리라 잘못 생각했습니다. 하지만 아이는 진정 당신 아이였습니다. 무정하게도 그 아이는 하룻밤이 채 지나기도 전에 저로부터 달아나 긴 여행길로 떠나 버렸으니까요. 아이는 저를 잊어버리고 다시는 돌아오지 않는 곳으로 떠나버렸습니다.

저는 다시 혼자입니다. 그 어느 때보다 훨씬 더 외롭습니다. 저는 아무것도, 당신으로부터 받은 것이라고는 아무것도 없습니다. 어린아이는 말할 것도 없고, 말 한 마디, 편지 한 줄, 단편적인 추억거리 하나조차 당신으로부터 받은 게 없습니다. 만일 누군가가 당신 앞에서 제 이름을 부른다 해도, 당신은 그 이름을 낯설다고 생각하며 그냥 지나치겠죠.

제가 당신에게 죽은 존재인데, 어찌 죽기를 꺼리겠습니까? 당신으로부터 길가에 버림받은 존재인데, 어찌 제 인생길을 계속 걸어갈 수 있겠습니까? 아, 사랑하는 그대여, 저는 당신을 원망하지 않습니다. 당신의 유쾌한 집에 저의 슬픔을 보내고 싶지도 않습니다.

제가 당신을 계속 괴롭힐까 두려워하지 마세요. 다만 이 점만은 부디 용서해 주세요. 아이가 죽어 저기 아무렇게나 버려져 누워 있는 이 절박함 속에서, 저는 제 영혼의 울부짖음을 토로하지 않을 수 없었습니다. 오로지 이번 한 번만 당신께 저의 심정을 말씀드려야겠습니다. 그리고 나서 이제까지 당신의 곁에서 침묵을 지켜 왔듯이 제 자리인 어둠 속으로 말없이 돌아가 침묵할 겁니다.

당신은 제가 살아 있는 한 이 부르짖음을 듣지 못하실 겁니다. 제가 죽은 뒤에야 이 유언 편지를 받아 보실 테니까요. 당신은 어느 누구보다 당신을 사랑했던 한 여인, 그렇지만 당신은 결코 알아보지 못했던 한 여인으로부터 이 편지를 받을 것입니다. 그녀는 당신을 영원히 기다려 왔는데, 당신은 그 여인을 한 번도 부른 적이 없었습니다. 어쩌면 이 편지를 받고서 당신이 저를 부를지도 모르겠습니다. 하지만 저는 처음이자 마지막으로 당신의 뜻에 따르지 못하겠지요. 죽은 다음에는 당신이 부르는 소리를 더 이상 듣지 못할 테니까요.

당신이 제게 아무것도 남겨놓지 않았듯이, 저 또한 당신께 사진이나 징표 한 장 남기지 않을 겁니다. 이로써 당신은 끝내 저를 알아보지 못하게 될 것입니다. 그것이 바로 제 운명, 죽어서도 제가 껴안아야 할 운명입니다. 저는 마지막 임종의 순간에도 당신을 부르지 않겠습니다. 저는 그저 떠나갈 따름이고, 당신은 여전히 제 이름과 얼굴을 모르는 채 세상에 남아 있을 것입니다. 제가 쉽게 죽을 수 있는 까닭은 낯선 그 먼 곳에서는 당신이 그것을 느끼지 못하시기 때문입니다. 저의 죽음이 당신을 괴롭히는 일이라면 제가 어찌 죽을 수 있겠습니까.

더 이상 글을 써내려 갈 수가 없군요…… 머리가 너무나 흐릿하고, 온몸이 고통스럽습니다. 저는 지금 열에 들떠 있습니다.…… 곧 쓰러져 잠이 들고 말 것 같습니다. 아마도 이 모든 고통은 얼마 뒤엔 사라지고, 운명이 자비로운 미소를 보내며 찾아들겠지요. 그리하여 아이가 그 사람들에게 끌려 나가는 것을 제발 보지 않았으면 합니다…… 더 이상 글을 쓸 수가 없습니다. 부디 안녕히 계세요. 부디 안녕히. 아, 사랑하는 나의 님이시여! 그동안 고마웠습니다. 그 모든 일에도 불구하고 행복했으니……

마지막 숨을 내쉬는 순간까지 당신께 감사를 드리고자 합니다. 그 모든 것을 다 말씀드리고 나니, 저는 이제 후련합니다. 당신은 이제 아시겠지요. 아니, 어렴풋이 짐작이라도 하시겠지요. 제가 얼마나 당신을 사랑했으며, 저의 이런 사랑이 당신께 얼마나 부담 없는 사랑이었는지를. 저는 당신께 부담을 드리지 않을 것입니다. 그것이 저의 마지막 위안입니다. 결국 당신의 아름답고 밝은 생활에 달라지는 것은 아무 것도 없을 테니…… 저의 죽음조차도 당신께 폐가 되지 않도록 하렵니다…… 사랑하는 그대여, 그것이 제 마지막 위안입니다.

하지만 누가…… 앞으로 어느 누가 당신 생일에 하얀 장미를 잊지 않고 보내 드릴까요? 아, 그 꽃병은 앞으로는 텅 비겠지요. 1년에 한 번 당신의 주변을 감돌던 그 가냘픈 숨결, 제 삶의 여린 입김도 영원히 없어져 버리겠지요! 사랑하는 그대여, 제발 제 청을 들어주세요. 이것은 제가 당신께 드리는 처음이자 마지막인 간청입니다. 부디 생일마다 생일이란 본디 자신을 기념하는 날이기도 하니까요 저기 저 하얀 장미를 구해 당신의 꽃병에 꽂아주세요.

사랑하는 임이시여, 부디 그렇게 해주세요. 다른 사람들이 1년에 한 번 죽은 여인을 위해 미사를 올리듯 말입니다. 제발 그렇게 해주세요. 저는 하느님을 믿지 않으며 미사도 제겐 의미가 없습니다. 저는 오로지 당신만을 믿고, 당신만을 사랑합니다. 저는 오로지 당신 마음속에서만 살아가려 합니다 …… 아, 1년에 오로지 하루만이라도 조용히, 당신 곁에 살았던 시절처럼 아주 조용히 당신 마음속에 머물고 싶습니다.

사랑하는 그대여, 제발 그렇게 해 주세요. 그것이 당신께 드리는 처음이자 마지막 부탁입니다…… 당신께 감사드립니다…… 저는 당신을 사랑하고 또 사랑하고…… 부디 행복하세요!

7

그는 떨리는 손으로 편지를 내려놓았다. 그러고는 오랫동안 지난날을 곰곰이 되새겨 보았다. 어렴풋한 기억, 이웃집 한 소녀에 대한 기억이라든가 어떤 아가씨에 대한 기억, 술집에서 만난 한 여인에 대한 기억이 서로 뒤얽혀 떠오르는 것 같았다. 그러나 그 기억은 너무나 흐릿하고 혼란스러웠다. 그것은 마치 흐르는 물살의 맨 밑바닥에서 돌 하나가 간간이 그리고 깊이 꿈꾸었지만, 그렇다고 해서 어떤 형태를 붙잡은 것도 아닌 그런 아련한 꿈을 꾼 것만 같았다.

그때 그의 눈길이 문득 책상 위에 놓인, 바로 자기 앞에 놓인 푸른 꽃병에 머물렀다. 꽃병은 텅 비어 있었다. 지난 몇 년 이래 처음으로 그의 생일날 꽃병에 아무것도 꽂혀 있지 않았던 것이다. 그는 깜짝 놀랐다. 갑자기 아무도 모르게 문이 활짝 열리며, 다른 세계로부터 차가운 기류가 그의 평온한 공간으로 밀려오는 듯했다. 그는 한 여인의 죽음을, 그리고 불멸의 사랑을 느꼈다.

그는 자신의 영혼 깊은 곳에서 무엇인가가 무너져내리는 것을 느꼈다. 그는 눈에 보이지 않는 여인을 멀리서 들려오는 음악 소리에 귀 기울이듯 마음으로 애틋하게 그리고 있었다.

예술로 승화한 인간과 역사의 본질
슈테판 츠바이크 연보

예술로 승화한 인간과 역사의 본질

혁명 소용돌이 그녀의 운명

폭도들의 물결이 몰아친다. 거대한 쓰나미다. 위기를 느낀 프랑스 국왕 루이 16세와 왕비 마리 앙투아네트는 1791년 스웨덴 귀족 페르센의 도움으로, 경비가 삼엄한 튈르리 궁을 빠져나와 도주 길에 오른다. 그러나 목적지를 눈앞에 남겨둔 채 시골마을 바렌느에서 그 정체가 드러나고 굴욕적인 체포, 증오 속의 호송이라는 끔찍한 결말을 맞는다. 이것이 바로 세상에서 말하는 '바렌느 도주사건'이다.

'프랑스 혁명'이라는 말을 들으면 많은 이들이 1789년 여름에 벌어진 바스티유 습격 사건을 떠올릴 것이다. 이 사건이 너무나 인상적이어서 그때부터 곧바로 왕정이 무너지고 왕과 왕비가 기요틴 앞에 서게 되었다고 생각하기 쉬우나, 실제로 일어난 일들은 그처럼 간단하지 않다. 눈치 빠른 귀족들이 값나가는 물건을 싸들고 나라 밖으로 달아나거나, 군주제와 공화제가 함께하는 이중구조로 변질되기는 했지만 베르사유 궁전의 삶 자체는 사람 수가 좀 줄었을 뿐 놀랄 만큼 그대로였다. 왕은 날마다 사냥을 나섰고, 왕비는 프티 트리아농에서 여느 때처럼 휴식을 즐겼다. 이와는 반대로 서민들의 삶은 여전히 참담하기만 했다.

그로부터 석 달이 지나자, 아무런 변화도 없는 고요한 상황을 참다못한 파리 거리의 여인들이 빵을 내놓으라며 베르사유로 몰려들게 된다. 이를 시작으로 반왕당파 무리가 벌인 근위병 참살사건, 뒤이어 몇몇 폭도들이 앙투아네트의 목숨을 노리는 큰 소동으로 혁명의 불길은 점점 커져만 갔다. 국민위병대 지휘관 라파예트 후작이 가까스로 사태를 바로잡았으나, 사람들은 이제 더 이상 왕과 귀족들이 베르사유에 모여 노는 꼴을 가만히 두고 보려 하지 않았다. 군중은 "파리로! 파리로!" 입을 모아 구호를 외쳤다.

루이 왕 가족들의 튈르리 궁전 생활은 2년 가까이 계속되었으며, 처음에는 그리 불편하지 않았다. 지금껏 그래왔듯이 수많은 신하와 시종의 수발을 받으며 호화로운 식사를 즐겼다. 앙투아네트는 화가인 쿠차르스키를 불러 자기 초상화를 그리게 하였고, 미용사 레오나르가 정기적으로 머리를 꾸며 주었으며 베르탱 부인이 만드는 옷도 계속 주문했다. 밤마다 파티나 내기판을 벌일 수는 없었으나 가족끼리 생 크루 성으로 피서를 떠나는 일은 허락되었다. 왕은 그곳에서도 사냥을 즐겼다. 그러나 왕권을 제한하려던 혁명파 세력에 루이 16세는 철저히 저항하며 거부권을 내세워 의회 일을 방해하고 몰래 오스트리아, 프로이센, 스페인, 러시아, 스웨덴 등 외국에 도움을 요청했다. 시간이 흐를수록 그들은 자유를 하나하나 빼앗겼다.

왕비의 조언대로 왕은 망명을 결심한다. 혁명파들은 왕이 외국군을 불러들여 프랑스를 공격하려 한다는 전단지를 뿌려대며 시민들의 불안감을 부채질했다. 1791년 4월, 지난해처럼 생 크루 성으로 떠나려던 왕의 마차가 성난 군중에게 가로막히는 사태가 벌어진다. 이로써 프랑스 국왕이 궁전에 갇힌 포로 신세에 지나지 않다는 사실이 명백히 드러났다. 앙투아네트와 페르센이 구상한 탈출 계획에 루이가 매달리기 시작한 것도 바로 이때였다. 그러나 혁명파가 꾸민 전단지가 현실로 흘러가며 마리 앙투아네트 운명의 순간은 시시각각 다가왔다.

축복받은 문학적 출발

슈테판 츠바이크(Stefan Zweig)는 1881년 11월 28일, 주데텐란트 지방 라이헨베르크(현재 체코의 리베레츠 시)에서 직물공장을 운영하던 부유한 유대인 모리츠 츠바이크의 둘째 아들로, 빈(Wien)에서 태어났다. 그의 집안은 오랜 세월 동안 사회적 성공을 차근차근 다져왔으므로 후손에게 안정적이고 넉넉한 미래를 보장해 줄 수 있었다. 아버지 모리츠는 유대인 강제거주구역에서 벗어나 체코의 모라비아 유대인 공동체에서 태어났다. 그는 좋은 교육을 받으며 자랐고 글쓰기와 피아노 연주에 뛰어났으며, 프랑스어와 영어도 유창하게 구사했다. 그는 보헤미아에 작은 직조 공장을 세웠는데 이것이 차츰 성공을 거두어, 뒷날 큰 섬유기업으로 성장해 대단한 재산가가 되었다.

어머니 이다는 남편의 집안보다 훨씬 부유하고 유명한 브레타우어 집안에서 태어났다. 독일은 물론 유럽 전역과 미국에도 지점이 있는 은행가 집안이었다. 이다는 독일어는 물론 이탈리아어도 잘했으며 자식들에게도 이탈리아어를 가르친 지식인 여성이었다.

츠바이크가 태어났을 무렵, 빈은 여전히 대제국 수도이며 문화 중심지였다. 빈은 전유럽 예술의 아이디어와 운동을 제때에 흡수해 내는 오랜 전통을 가지고 있었다. 츠바이크는 일생동안 빈에서 받은 이런 은혜에 대해 언제나 감사해 했다.

"이 도시는 문화성취의욕을 강하게 품고, 수용력에 대한 각별한 감각의 혜택을 받아, 이질적인 여러 힘을 자신에게

츠바이크(1881~1942)

끌어들여 이들의 긴장을 풀어 느슨히 하고 화해시켰다. 이런 정신적 융화의 분위기 속에서 산다는 것은 감미로운 일이었다. 그리고 자기도 모르는 사이에 이 도시의 시민 한 사람 한 사람을 초국민적이고 코스모폴리탄적인 세계시민으로 길러냈다."

많은 유대인들은 빈 사회에서 훌륭한 역할을 담당했는데, 츠바이크의 가족도 그러했다. 츠바이크는 번영하는 중류 계급 상부 가정에서 태어났고, 방직 제조업자인 그의 아버지는 상당한 재산을 모았다. 여기서 한 가지 기억해야 할 사실은, 그동안 빈 음악도시의 창달을 위해서 귀족들이 후견인 역할을 했었지만, 19세기 후반부터는 신흥계급 재산가인 유대인들이 주로 후원자가 되었다는 것이다.

슈테판의 어린 시절은 행복하다고는 할 수 없었다. 가정교육은 엄격했고 늘 가정교사의 감시가 뒤따랐다. 학교 생활은 학교 생활대로 괴롭기만 한 나날이었다. 그는 싫은 일을 억지로 시키는 학교 교육에 치를 떨었으며 때로는

드러내 놓고 반항을 하기도 했다. 학생의 창의성과 재능을 발전시키기보다는 오히려 억누르며, 천편일률적인 교육과 위선이 가득한 엄격한 학교와 사회 분위기는 그를 숨 막히게 했다. 그는 자서전에서 "학생 시절 내가 학교에 고마움을 느끼고 행복했던 유일한 순간은 학교를 떠나던 바로 그날이었다"고 썼다.

이런 슈테판에게 예술의 세계는 둘도 없는 도피처였다. 그 시절 빈은 연극, 문학, 미술, 음악을 사랑하는 열정이 넘쳤고, 김나지움 학생들도 그 열기에 자연스레 물들곤 했다. 그의 말에 따르면 어떤 작품이 처음 공개하는 날 오후가 되면, 학생 가운데 3분의 2 정도는 꾀병을 부려 학교를 빠져나가 극장의 입석표를 얻기 위해 몇 시간 동안 줄지어 서 있었다고 한다.

츠바이크보다 일곱 살 많았던 후고 폰 호프만스탈은 또래보다 조숙했던 천재로, 학생 때부터 뛰어난 시인으로 이름 높았다. 그런 호프만의 삶은 츠바이크에게 이상적으로 비추었고, 그로 인해 머지않아 그도 시나 단편소설을 쓰고 외국어 작품을 옮기게 되었다. 츠바이크가 열일곱 살 되던 1898년, 처음으로 그의 시가 베를린의 잡지 〈독일문학 Deutsche Dichtung〉에 발표되었다. 아울러 이 무렵부터 츠바이크는 유명한 예술가들의 사인과 친필 원고를 모으기 시작했다.

비록 아슬아슬한 점수이긴 했지만 마침내 막시밀리안 김나지움의 졸업시험을 통과한 그는 상으로 아버지한테서 돈을 받아 오스트리아를 여행하였다. 그 길에 그는 브르타뉴 지방까지 두루 돌아보았다. 여행을 좋아하는 그의 성향은 이때부터 벌써 드러나기 시작했던 것이다.

1899년 빈 대학에 입학한 츠바이크는 독일 문학과 낭만주의 문학을 전공하였다. 이제 학교를 강제로 다닐 필요가 없어졌으므로 강의는 제대로 출석하지 않은 채 문학동아리 사람들과 어울려 논쟁하며 즐겁게 지냈다. 게다가 그동안 써 두었던 시들을 한데 모아 《은빛 현(絃), Silberne Saiten》이라는 제목을 붙여 베를린의 출판사로 보냈더니 1901년 2월, 그것이 책으로 나와 큰 호응을 얻게 되었다. 그의 문학적 출발은 정말 축복받았다고 표현할 수밖에 없다.

츠바이크는 이 첫 시집을 부모님께 드리면서 앞으로도 문학을 하며 살아가도록 허락해 달라고 부탁드리려 할 즈음 뜻밖에도 유력한 신문이었던 〈신

빈 대학교 이미 문단에서 알려진 츠바이크는 1904년 이 대학교를 졸업하였다.

자유신문〉에 보낸 원고가 뽑혔다는 소식이 날아왔다. 이로써 그의 소망은 부모님께 인정받게 되었다.

슈테판은 둘째 아들이었는데 이것이 어찌 보면 그에게는 행운이었다. 그의 형 알프레드가 아버지 사업을 물려받았으므로, 슈테판은 가족의 전폭적인 지원을 받으며 마음껏 문학에 열중할 수 있었다.

미술과 문학에 심취하고 특히 시 쓰기를 즐긴 것은 당시 그와 그의 동급생 사이의 일반적인 관행이었다. 고등학교 학생 시절에 일류 잡지에 문학작품을 발표할 수 있었다는 것은 대견한 일이었다. 그러나 츠바이크는 이러한 성공에 현혹되지 않았다. 츠바이크는 베를린에서 발행되는 잡지 〈사회〉나 〈미래〉에도 기고하였는데, 그 인연으로 1902~03년 겨울 한 학기를 베를린 대학에서 보내게 되었다. 그러나 뛰어난 작가, 시인들과 교류하며 스스로를 돌아보게 된 그는 이제까지 쓴 자신의 시에 의문을 품게 된다. 츠바이크는 이에 대해 자서전에 적고 있다. "이제부터의 세월 동안 걸어갈 길이 나의 마음속에 확실해졌다. 많은 것을 보고 많은 것을 배우고, 그리고 나서 비로소 정말로 시작하는 것이다. 너무 성급한 출판으로 세상에 나갈 필요가 없다. 우선 이 세상의 본질적인 것을 알아야 한다."

문필생활에 전적으로 몸을 바치려면 아직도 작가로서의 원숙함이 부족하다는 것을 그는 알고 있었다. 그는 자기의 문학적 상상력을 풍부하게 하려면 글쓰기를 더 배워야 하고, 무엇보다 더 넓은 세상에서 경험을 얻기 위해서는 여러 해가 필요하다고 생각했다. 이것을 실천에 옮기기 위해서는 고향 빈의 분위기에서 벗어나 자유로운 독립생활을 해야 했다.

그는 창작 활동을 멈추고 주로 프랑스어와 영어로 된 외국 문학작품들을 모국어인 독일어로 번역하는 작업을 했다. 이 일을 통해 언어를 다루는 데 있어서 모국어의 표현력을 한층 더 유연하고 유창하게 할 수 있었다. 여기에는 선배 시인인 데멜의 충고가 큰 몫을 했다.

"나는 그 무렵 데멜의 충고에 따라 나의 시간을 외국어 번역에 이용했다. 지금도 데멜에게 감사하는 마음을 늘 지니고 있다. 이 일은 젊은 시인이 모국어를 더 깊이 있게, 더 창조적으로 파악하기 위한 가장 좋은 길이라고 나는 생각한다." 그가 번역한 외국 시인들은 보들레르, 베를렌, 키츠, 윌리엄 모리스였다.

번역하기에 알맞은 대상을 찾고 있던 츠바이크는 벨기에의 시인 에밀 베르하렌(1855~1916)을 발견하였다. 고등학교 시절 이미 베르하렌의 시를 번역하려고 시도했던 적이 있는 츠바이크는 무엇보다 이 시인의 소박한 인간성에 더 큰 매력을 느꼈다. 이 벨기에 시인이 그에게 깊은 인상을 준 것은, 그가 그의 시에서 택한 동시대적이고 현대적인 것이었다. "모든 것을 찬미하라"는 현대 세계에 대한 그의 사랑의 정신은, 창조적인 작가가 되어 보려는 츠바이크에게 미래에 대한 목표와 방향을 제시해 주었다. 1902년 여름, 그는 베를린에서 빈으로 돌아오는 길에 벨기에에 들러 마침내 베르하렌을 만났다. 둘 사이의 우정은 1차 세계대전이 일어나기까지 이어졌다. 츠바이크는 매우 현대적이고 유럽적인 그의 작품에 매료되어 독일에 그를 알리는 일에 전념했다. 그는 이 시기부터 그가 높이 평가한 유럽 작가들의 작품을 번역하고 소개하는 일에 사명감을 느꼈다. 이런 갖가지 만남과 체험으로 츠바이크는 점점 인생의 여러 가치를 깨달아 나갔다.

전쟁의 참상 평화의 갈망

1904년은 츠바이크에게 매우 뜻 깊은 해였다. 먼저 그는 빈 대학교에서 학위를 받았다. 이폴리트 텐에 대해 학위논문을 썼는데, 이미 이름을 날리던 츠바이크인지라 교수들도 별말 없이 논문을 통과시켜 주었다. 학위를 딴 것도 츠바이크가 자신이 좋아하는 일을 마음껏 하기 위한 구실 가운데 하나였다. 그리고 4년 동안 쓴 단편 넷을 모은 첫 소설집 《에리카 에발트의 사랑 *Die Liebe der Erika Ewald*》(1904)을 출간하여 명실상부하게 문학적 데뷔를 하였다.

아내 프리데리케와 츠바이크(1935)
두 사람은 1938년 이혼하게 된다.

대학을 마친 뒤 그는 프랑스 파리로 갔다. 이 무렵부터 사람 사귀기 좋아하고 여행 좋아하는 성향이 뚜렷이 드러나기 시작한다. 1904년부터 1905년에 걸쳐 6개월 동안 파리에 머물며 국립도서관에서 공부를 하면서도 베르하렌과 자주 어울렸고, 릴케와 로댕과도 친분을 쌓았다. 베르하렌의 소개로 전기 작가 레옹 바잘게르를 알게 되어 그 뒤로도 우정을 이어 나갔다. 그는 파리를 떠나 런던을 방문하고, 뒤이어 이탈리아, 스페인, 네덜란드까지 여행했다. 이렇게 2년을 보내고 빈으로 돌아와서 자신의 집을 마련했으나, 지긋이 눌러앉아 있을 생각은 없었는지 늘 밀라노나 라이프치히 등으로 여행을 다녔다.

1907년에는 베를린에 관한 수필과 새로운 시집 《때 이른 화환 Die Frühen Kränze》을 독일의 인젤출판사에서 출간했다. 츠바이크는 나치당 집권 전까지 모든 작품을 이 출판사에서 펴냈고, 동시에 출판사 대표 안톤 키펜베르크와 아주 가까운 사이가 되었다.

1910년부터 그 이듬해까지 그는 잇달아 작품을 내놓았다. 이 시기에 그는 평전 《에밀 베르하렌》, 3권으로 이루어진 《베르하렌 선집》(전설 및 시와 희곡 번역), 단편집 《첫 경험, 네 편의 어린 시절 이야기 *Erstes Erlebnis. Vier Geschichten aus Kinderland*》, 희곡 《테르시테스 *Thersites*》(1907), 희곡 《바닷가 집 *Das Haus am Meer*》(1912) 등을 발표하면서 소설, 평론, 희곡 등으로 점점 분야를 넓혀 간다.

그는 또 유럽을 벗어나 더욱 먼 곳으로 여행을 떠났다. 1910년에는 인도로, 1912년에는 아메리카와 쿠바 아바나를 거쳐, 파나마를 찾아 아직 개통하지 않은 파나마 운하도 보았다.

1912년 츠바이크는 우연한 기회에 한 여인을 알게 되었다. 어느 날 그는 식당 정원에서 아는 사람이 어떤 여인에게 그가 번역한 베르하렌의 《생의 찬가 *Hymnes de la vie*》를 건네주는 모습을 보게 된다. 그 여인이 바로 프리데리케 마리아 부르거(Friderike Maria Burger)로 뒷날 츠바이크 부인이 될 사람이었다. 그녀는 평생 그의 친구이자 동반자였으며, 최후의 순간에도 속내를 털어놓을 수 있었던 동지였다.

얼마 뒤 두 사람 사이에는 사랑이 싹텄으나 그녀는 이미 결혼했으며 딸이 둘이나 있는 몸이었다. 그렇기에 그들은 헤어질 수밖에 없었다. 그녀는 곧 남편과 이혼했지만 그 시절 법률로는 곧바로 재혼할 수가 없었다. 그로부터 8년이 지나서야 부르거는 츠바이크와 정식으로 결혼했다. 츠바이크는 매우 행복했다. 문학적 명성을 얻었으며 물질적 부족함도 없었고 사랑하는 여인이 곁에 있었다. 그는 평화로운 유럽연합을 꿈꾸었다.

그러나 세계정세는 날로 험악해지고, 끝내 제1차 세계대전이 터졌다. 참혹했던 세계대전은 츠바이크에게도 지울 수 없는 상처를 남겼다. 그는 끔찍하고 비극적인 전쟁의 결과에 대해 처음에는 그리 뚜렷하게 인식하지 못했다. 전쟁을 찬성하지는 않았지만 굳이 반대 의사를 드러낸 것도 아니었다. 전쟁 초반 독일군의 승전에 경의를 표하거나, 오스트리아 국민과 독일 군인 사이의 동지애를 찬양하기도 했다. 그러나 그간 우정을 쌓아 온 베르하렌과 이 일로 사이가 틀어지고 말았다. 베르하렌이 독일에 대한 츠바이크의 우호적인 태도를 비난했기 때문이다. 두 사람은 1916년 베르하렌이 세상을 떠나기 한 달 전에야 겨우 화해할 수 있었다.

츠바이크와 두 번째 부인 알트만

　건강 문제로 병역에 복무할 수 없었던 츠바이크는 국방부 기록물보관소에서 준위로 근무한다. 이곳에서의 일은 시인으로서는 아무런 의미가 없었으며, 마찬가지로 뒷날 이곳에서 일하게 된 릴케로부터 "작가활동을 무책임하게 낭비하고 있다"는 말을 듣게 된다.

　츠바이크는 1915년 공무로 갈리시아와 폴란드를 방문하여 전쟁의 비참함을 목격했다. 충격을 받은 그는 평화를 바라는 마음을 담아 반전 연극《예레미야 Jeremias》를 썼다. 미켈란젤로가 바티칸 궁 시스티나 성당 안 천장에 그린 천지창조 벽화를 보면, 신의 소명을 받고 고민하는 예언자 예레미야의 모습이 있다. 1917년에 간행된 이 희곡은 많은 극장이 공연을 희망했음에도 전쟁 중인 독일과 오스트리아에서 상연되지 못하였다. 다만 중립국인 스위스만이 이 희곡을 무대에 올렸을 뿐이다.

　《예레미야》가 세상에 나왔을 때의 반응을 츠바이크는 이렇게 적고 있다.

　"1917년 부활절, 나의 비극《예레미야》가 출판되어 세상에 나왔을 때, 나는 예기치 않았던 일을 맛보았다. 나는 마음속으로 시대에 대한 강한 분노와 저항 정신을 갖고 그것을 썼기 때문에, 그만큼 세상의 분노와 저항을 기대해야만 했다. 그러나 이와는 정반대의 현상이 일어났다. 초판 2만 부가 곧 다 팔려 버렸다. 소설과는 달리 희곡책으로는 예상 외의 부수였다. 로맹 롤랑과 같은 친구들이 공공연하게 이에 찬동해 주었을 뿐만 아니라, 이전에는 오히려 다른 쪽에 서 있었던 라테나우나 데멜과 같은 사람들도 그러했다. 이 희곡을 전혀 입수할 수 없었던 나라의 극장 감독들은 나에게 편지를 보내, 평화가 다시 돌아오면 세계 초연을 자기가 맡도록 해 달라고 부탁해 왔다. 나는 모든 일을 기대하였지만, 이런 일만은 기대하고 있지 않았다.”

스위스 취리히 시립극장에서 《예레미야》가 상연되자 츠바이크는 공연에 참석하기 위해 휴가를 받아 스위스로 갔다. 공연은 매우 성공적이었으나 츠바이크에게 이보다 더 중요한 사건은 적십자본부에서 일하던 로맹 롤랑을 만나 남은 생애 동안 변함없는 친교를 맺은 일이다.

츠바이크는 다른 많은 동료 작가와는 달리 맹목적인 애국주의의 유혹에 현혹되지 않고 ‘유럽의 심장부’인 적십자사를 위해 일하는 로맹 롤랑과 함께 개인적인 호소를 통해 지성인들의 공동체 복구에 힘썼다. 평화주의와 인도주의는 츠바이크와 롤랑과 같은 사람들에 의해 설교되고 실천되었다. 1915년 노벨문학상을 받은 롤랑은 중립국 스위스의 제네바에서 지내면서 국제적 십자사의 가장 활동적인 원조자의 한 사람이 되었다. 전쟁포로들에게 편지를 쓰고 교전국 사이의 포로를 교환하는 위원회를 돕는 사람 가운데 하나였다. 전쟁이 치러지는 동안 각국에서 행방불명된 사람을 찾는 일도 이 위원회의 일이었다.

츠바이크는 롤랑에게 《예레미야》의 참뜻을 이렇게 말했다.

“예레미야는 우리의 예언자입니다. 그는 우리를 위해, 우리 유럽을 위해 말했습니다. 다른 예언자들은 각각 그 시대에 나타났습니다. 모세는 말했고, 그 효과가 있었습니다. 그리스도는 죽어, 그 효과가 있었습니다. 예레미아는 말했습니다. 그러나 소용이 없었습니다. 그의 민중은 그를 이해 못했습니다. 그 시대는 성숙해 있지 않았습니다. 그는 아무것도 막을 수 없었습니다. 우리와 마찬가지로 말입니다.”

이에 답하여 롤랑은 이렇게 적고 있다.

“그러나 승리보다 더 풍요로운 패배가 있습니다. 그리고 기쁨보다 더 빛나는 괴로움이. 츠바이크의 연극이, 위대함을 갖고 이것을 나타내고 있습니다. 이 연극 끝부분에서 때려눕혀진 이스라엘은 폐허로 변해 버린 거리를 출발하여 유형(流刑)의 길로 들어가지만, 그들은 전에 맛본 일이 없는 내면의 환희에 가득 차, 그들에게 자기의 사명을 자각시키기에 이른 몇 개의 희생에 강화되어, 시대를 뚫고 지나가 미래로 향해 걸어가는 것입니다.”

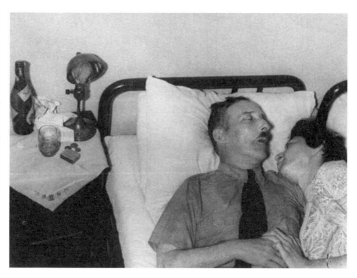

평화주의자였던 츠바이크는 스위스에 머무르며 평화를 위해 여러 활동을 하는 편이 더 좋겠다는 생각을 하게 된다. 그래서 곧 기록물보관소 근무를 그만둘 수 있도록 사람들에게 도움을 요청하는 글을 〈신 자유신문〉 문예란에 실었다. 계획은 순조롭게 성공하였고 그는 전쟁이 끝날 때까지 오스트리아로 돌아가지 않았다. 이즈음 그의 작품 활동은 뜸했다. 그는 〈신 자유신문〉과 롤랑의 친구들이 스위스에서 창간한 〈카르멜 Carmel〉이라는 잡지에 도스토옙스키에 대한 에세이와 〈세 번째 비둘기에 대한 전설 *Die Legende der dritten Taube*〉 등 몇 편의 글을 발표했다.

전쟁이 끝나고 오스트리아로 돌아간 츠바이크는 잘츠부르크로 이사했다. 스위스로 떠나기 전에 잘츠부르크 산 중턱에 들렀다가 카푸치너베르크에 세워진 트럼페터 저택을 보고는 마음에 쏙 들어 사들였던 것이다. 그는 멀리 떨어진 방에서도 라디오를 틀지 못하게 했고 신문도 집에서 받지 않았다. 그저 날마다 언덕 아래에 있는 카페까지 내려와 신문을 읽었다. 차분하고 안정된 생활이었다. 그러나 그는 잘츠부르크가 유럽으로 다시 도약하는 절호의 발판이라는 것을 깨달았다. 인플레이션으로 허덕이고 정치적으로도 불안정한 오스트리아로부터 '유럽인의 인생'을 살기 위해, 그의 일상생활 중심이념인 '유럽의 지적인 통합'을 위해 세계 속으로 다시 나가야 했다.

쥘 로맹이 '유럽의 별장'이라 불렀던 그의 저택에는 순례의 길을 걷는 사람들이 꼬리를 물고 찾아왔다. 말 그대로 유럽과 세계 문화 엘리트들이 만나는 메카였다. 잘츠부르크는 모차르트가 태어난 곳인데다, 후고 폰 호프만슈탈, 리하르트 슈트라우스 그리고 막스 라인하르트가 협력하여, 이미 세계적으로 알려진 '잘츠부르크 음악 축제'가 만들어진 곳이기도 하다. 1920년부터 매년 7월 20일부터 8월 31일 사이에 여러 예술가들이 인상적인 그의 집에 묵으면서 서로 돈독한 우정을 나눴다. 작가로는 토마스 만·로맹 롤랑·H.G, 웰즈·발레리·제임스 조이스·타고르, 음악가로는 라벨·리하르트 슈트라우스·바르토크·부르노 발터·토스카니니 같은 거장들이다. 또 츠바이크는 젊은 무명작가들을 자기 집에 초대해 그들의 창작을 격려하고 출판사를 소개하면서 경제적인 원조도 아끼지 않았다.

세계 일류 개인 장서가로 알려진 그는 청년 시절부터 유명한 예술가들의 자필 필적과 유품을 수집하는 취미를 가지고 있었는데, 잘츠부르크의 저택에는 모차르트·베토벤의 오리지널 자필 악보 일부, 레오나르도 다 빈치의 수기 1페이지, 괴테 만년의 마지막 시편의 자필 필적 등 수많은 귀한 문학·예술 사료들이 보관되어 있었다. 츠바이크는 이 수집품들에서 자신의 문학적인 영감과 미학적인 기쁨을 얻었다. 그러면서도 이 '인류의 창조적 문화 재산'을 임시로 보관하고 있을 뿐이라고 늘 겸손하게 말했다.

그러나 본질적으로 행복에 대한 개념이 없는 그에게 성공은 오히려 우울증을 가져오고 말았다. 사실 츠바이크는 내심 자신이 거둔 문학적 성공의 정당성을 의심하고 있었다.

"나는 어떤 영광도 감당할 수 없다. 왜냐하면 나는 나 자신에게 만족할 수 없기 때문이다."

게다가 성공과 함께 그에게서 익명성이 사라진 것이 큰 부담이 되었다. 가는 곳마다 그를 보려고 사람들이 몰려들었고, 머무는 호텔마다 수많은 사람들이 그를 기다렸다. 츠바이크는 로맹 롤랑에게 보내는 편지에 이렇게 썼다. "우리는 사생활을 포기한 대가로 영광이란 것을 얻지. 어떤 성공도 우리 것이 아니네."

츠바이크는 끝내 여행의 즐거움을 저버릴 수 없었다. 1922년에는 프랑스·이탈리아 여행을 했고, 1928년에는 톨스토이 탄생 100주년 기념제에서 강연하기 위해 모스크바로 초대받아 갔다. 그 무렵 소련 관리들은 앙드레 지드에

슈테판 츠바이크 하우스 브라질 페트로폴리스에 있는 이 건물은 현재 츠바이크 박물관으로 보존되고 있다.

게 그랬던 것처럼, 츠바이크에게도 공산주의 혁명의 정당성을 설득하려고 온갖 수단을 동원했다. 츠바이크는 처음에는 그 환대를 받아들이며 공산주의에 긍정적이었으나, 어느 날 "24시간 감시와 도청이 이루어지고 있으니 언행에 조심하라"는 익명의 제보를 받고는 크게 동요한다.

소련에서 돌아온 뒤 그는 공산주의에 대해 매우 신중한 태도를 보였고, 1936년 앙드레 지드가 《소련 기행 *Retoue de l'URSS*》에서 폭로한 소련의 실상과 소련 지도자들에 대한 실망에 깊이 공감을 드러냈다. 이처럼 소련 체제에 대한 그의 미온적인 태도는 공산주의를 열렬히 지지했던 롤랑과의 관계가 멀어지는 이유의 하나가 되었다. 소련에 대한 츠바이크의 침묵은 어느 한쪽에 치우침 없이 지식인의 독립성을 유지하려는 그의 성향을 여실히 보여준다. 그는 나치즘을 비롯하여 어떤 정치적 이념에도 기울어지지 않았다.

스스로 마감한 자유의 삶

그러는 사이 이탈리아에서는 파시스트가, 독일에서는 나치 정권이 들어섰고, 평화주의자 츠바이크에게는 또다시 불안한 나날이 시작되었다. 나치당

세력이 급속도로 커지는 것에 대해 츠바이크는 처음에는 개의치 않았다. 그는 이것이 과도기적 현상이며, 오히려 독일 사회에 자유에 대한 관심이 더욱 드높아질 것이라고 여겼다. 그러나 1933년 1월 30일 마침내 히틀러가 독일 수상 자리에 오르자 츠바이크는 이미 때가 늦었음을 깨달았다. 오스트리아 또한 그 죄악에서 오랜 세월 자유로울 수 없으리라 예상했다.

츠바이크의 친구이며 그간 그의 책을 펴냈던 인젤출판사 대표 키펜베르크는 츠바이크 작품 출판을 금지당했다. 1933년 5월 10일 베를린 광장에서 토마스 만, 아인슈타인의 저서를 비롯하여 츠바이크의 책들이 공개적으로 불태워졌다. 또 그의 《불타는 비밀 Brennendes Geheimnis》(1913)을 바탕으로 제작된 영화가 개봉했을 때 제국의회 건물에 불이 났다. 사람들이 이 사건을 두고 농담을 주고받으며 극장에 몰려들자, 게슈타포는 상영을 금지했다. 그러자 츠바이크는 이제 더 이상 오스트리아에 머물 수 없음을 깨달았다. 이것은 츠바이크에게는 이때까지 몸과 마음을 바쳤던 모든 것의 종말을 의미했다. 세상은 점점 더 잔인하고 비열해져 갔다. 히틀러가 그에게 행한 처사는 그의 영혼에는 저주였다.

처음에 츠바이크는 외국으로 아주 망명하려는 생각은 아니었다. 그저 혼란한 사회상황에서 멀리 떨어져 마음 편히 자유롭게 창작활동을 하고 싶었을 뿐이었다. 조국에서의 박해보다 더 나쁜 것은, 모국어를 사용할 수 있는 고향으로부터 내쫓긴다는 것이었다. 이처럼 정신적으로 가혹한 처사를 받는다면 나중에 창조의 붓을 들고 작품을 생산한다는 것은 그로서는 상상조차 할 수 없는 일이었다. 그러나 빈은 물론 잘츠부르크도 이젠 조용할 날이 없었다. 1934년 2월, 자치단과 사회주의자들이 거리에서 싸움을 벌였다. 그 며칠 뒤 새벽, 경찰이 츠바이크의 집에 들이닥쳐 그를 침대에서 끌어내고, 숨겨 둔 무기를 찾는다며 집 안을 샅샅이 들쑤셨다. 찾아낸 건 고작해야 예전에 그가 선물 받은 낡은 권총뿐이었다. 이 사건으로 크게 모욕감을 느낀 츠바이크는 파시스트의 득세와 전쟁이 가까워졌음을 느끼고, 오스트리아를 떠나기로 한다. 그는 곧 영국으로 이주했다.

아내 프리데리케가 잘츠부르크 집을 처분하며 그 밖의 일로 바삐 보내는 동안 츠바이크는 런던에서 지냈다. 그는 마리 스튜어트의 전기를 쓰기로 마음먹고, 그때 스물여섯 살이었던 로테 알트만(Charlotte Elisabeth Altmann)

을 비서로 고용했다. 교양이 있고 고급 영어를 구사했던, 그녀는 뒷날 그의 두 번째 아내가 된다.

이 무렵 츠바이크는 무의식적으로 자신의 과거, 그의 나라, 심지어 아내와의 인연까지도 끊으려 했다. 프리데리케가 맡았던 카푸치너베르크 저택 처분은 여의치 않았고, 매각이 늦어지자 츠바이크는 아내에게 화를 냈다. 로테 알트만이 직접적인 이유는 아니었지만, 그때 츠바이크는 아내와의 이별을 서둘렀다. 4년 동안 두 사람의 이별은 지연되었고, 아내 프리데리케는 안타까움과 회한으로 고통스러워했다.

두 사람은 1938년 12월에야 이혼에 이르렀다. 그러나 아주 남남이 된 것은 아니었다. 이혼 뒤에도 계속 만났고, 정기적으로 편지를 주고받았다.

런던에서 알트만과 함께 정착하면서 츠바이크는 활력을 되찾는 듯했다. 그러나 천성적으로 우울한 성격인데다, 긴장이 고조되는 유럽 상황은 오래지 않아 그를 다시 깊은 우울의 수렁으로 몰아넣었다.

오스트리아 합병 무렵, 카푸치너베르크의 저택이 마침내 헐값에 팔렸다. 게슈타포는 오스트리아에 남아 있던 츠바이크의 재산을 모두 압수한 뒤 경매로 팔아넘겼다. 게다가 그는 조국이 없어졌으므로 무국적자가 된 셈이었다. 츠바이크는 몹시 절망했다. 그는 영국 국적을 취득하려 했으나 당국의 결정이 늦어졌다. 그러는 사이에 제2차 세계대전이 일어났고, 그는 '적국의 국민'으로 분류되었으나 다행히 구금은 면했다.

이 무렵 로테는 병으로 고생하고 있었으며, 게다가 영국 여권을 압수당하고 수용소에 갇히고 만다. 츠바이크는 사랑보다는 연민을 느껴 그녀와 결혼식을 올린다.

그는 왕래의 제한을 받아, 런던에 갈 때에도 당국의 허가를 받아야 했다. 1939년 9월 25일 프로이트의 장례식에 추도사를 하러 갈 때에도 마찬가지였다. 그의 마음이 거의 유럽에서 떠난 상태였던 1940년 3월에야 영국 국적을 얻을 수 있었다.

망명 생활 중에도 츠바이크는 여행에 대한 열정을 포기하지 않았다. 그는 영국 배스에 집을 마련하였으나 프랑스 니스, 벨기에 오스탕트, 브라질, 아르헨티나, 이탈리아 나폴리, 밀라노, 포르투갈로 여행을 이어나가다가 미국으로 옮겨갔고, 마지막에는 브라질의 수도 리우데자네이루에서 가까운 페트로폴리스에 정착했다. 정말 정신없이 떠돌아다닌 뜨내기 망명생활이었다.

브라질은 그가 1936년 처음 방문했을 때부터 마음에 드는 곳이었다. 자서
전을 집필하고 강연을 하면서, 평온하고 목가적인 나날이 이어졌다. 망명생
활이면 으레 따라붙는 금전 문제도 그에게는 거의 없었다. 다른 독일어권 작
가들과는 달리 그의 책은 전세계 여러 나라에서 번역 출간되었으므로, 독
일에서 인세를 받지 못한다는 것이 그에게는 그리 큰 문제가 되지 않았다.
그뿐 아니라 브라질에서 그의 인기는 영화배우 못지않았다. 《체스 이야기
Schachnovelle》(1942), 《아메리고, 역사적 과오에 대한 이야기 *Amerigo.
Geschichte eines historischen Irrtums*》(1942), 《세 거장 *Drei Meister*》(1920),
《어제의 세계 *Die Welt von Gestern*》와 같이 그의 작품 세계에서 중요한
위치를 차지하는 작품들을 잇따라 내놓을 만큼 창작력도 왕성했다. 그런데
어째서 그는 1942년 2월 22일, 젊은 아내 알트만과 함께 자살해야만 했을
까. 이는 아무도 쉽게 풀 수 없는 수수께끼이다. 그의 유서에는 이렇게 쓰
여 있다.

'스스로의 의지로, 또렷한 의식 속에서 삶과 작별하기 전에 마지막 의무를
다하고자 합니다. 그것은 이 멋진 나라인 브라질에 진심으로 감사의 말을 전
하는 일입니다. 브라질은 저와 제가 하는 일에 기꺼이 큰 배려를 해주었습니
다. 나날이 저는 이 나라를 사랑하는 법을 배웠습니다.

이제 제게 있어서 모국어를 쓰는 세계는 멸망해 버린 것과 마찬가지입니
다. 그리고 정신적 고향 유럽도 스스로를 파괴해 버렸지요. 그러니 이제 더
는 브라질 말고 다른 곳에서 제 생활을 새로이 시작할 곳이 남아 있지 않습
니다. 그러나 60세가 넘은 저에게 새로운 삶을 시작하기란 아주 큰 힘이 필
요할 테지요. 그리고 저는 오랜 시간 고향 없이 떠돌아다니며 모든 기력을
다 써 버리고 말았습니다. 그러므로 저는 알맞은 때를 보아 제 손으로 깔
끔하게 삶을 마감하는 것이 좋다고 생각합니다. 제 삶에서 정신노동은 가장
순수한 기쁨이었고, 개인의 자유는 가장 값진 보물이었습니다.

저의 모든 친구들에게도 안부를 전하고자 합니다. 모두 긴 밤이 끝나고 찾
아올 새벽을 보아 주십시오. 너무 성급한 저는 먼저 떠나려 합니다.'

이 유언에 거짓은 없으리라. 리우데자네이루에서 카니발 축제가 열릴 무렵 전해진 싱가포르 함락 소식은 츠바이크에게 큰 충격을 주었다. 쉼 없이 이어진 망명생활로 신경증 증세를 보이기 시작했던 그는 지금이라도 바로 추축국(독일·이탈리아·일본)이 승리하여 브라질마저 전쟁의 불길에 휩싸일지 모른다는 망상에 사로잡혀 있었다. 한편 브라질 신문의 악의로 가득한 비방과 중상이 신경 쓰인 것도 사실이다. 그가 미래의 희망을 잃은 것은 아니지만 정신적으로나 육체적으로나 너무 지쳐 버린 것이다. 츠바이크가 꿈 같은 기분으로 소망

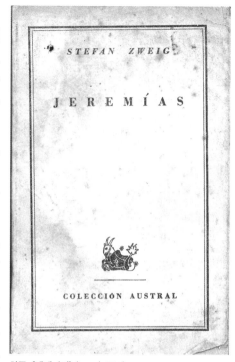

희곡 《예레미야》(1917) 표지

한 세상은 미래에 찾아올 이상적 평화의 세계가 아닌 그를 낳고 기른 빈의 화사한 세상, 그가 쓴 회고록의 제목처럼 《어제의 세계》였다. 투쟁하는 평화주의자가 아닌 휴머니즘의 옹호자로서, 그 어떤 폭력도 미워했던 츠바이크는 더는 야만성이 지배하는 세상을 살아갈 힘이 남아 있지 않았던 것이다.

생전에 츠바이크는 자신이 죽은 뒤에 장례를 간소하게 치르기를 바랐으나, 브라질 정부는 국장으로 그를 기렸다. 평생 자기 작품의 가치를 의심했던 츠바이크는 오늘날 세계 문학 거장의 반열에 당당히 서 있다.

츠바이크의 작품들

그가 60년 생애 동안 써 내려간 작품의 수는 꽤 많다. 시를 비롯해서 희곡, 번역, 단편소설, 장편소설, 평론, 전기, 오페라 대본에 이르기까지 문학의 거의 모든 장르를 아우른다. 오늘날 우리에게 츠바이크는 《마리 앙투아네트, 평범한 여인의 초상 *Marie Antoinette. Bildnis eines mittleren Chara-*

kters》(1932), 《조제프 푸셰, 어느 정치적 인간의 초상 *Joseph Fouché. Bildnis eines politischen Menschen*》(1929), 《마젤란, 그 사람과 그의 행동 *Magellan. Der Mann und seine Tat*》(1938)을 쓴 전기 작가로 널리 알려져 있지만, 그가 이들 전기 작품을 쓰기 위해 펜을 든 것은 비교적 뒷날의 일이다. 그는 먼저 시인이자 번역가였고, 뒤이어 극작가가 되었다가 소설가로 이름을 알렸다.

그의 문학세계에서 두드러지는 현상은 무엇보다도 인간 내면의 감정과 심리, 사람과 사람 사이의 관계에서 포착되는 섬세한 심리작용들을 날카롭게 관찰하고 그려낸 것이다. 이러한 인간 내면의 탐구는 같은 오스트리아인이자 지인이었던 프로이트 영향을 받은 것임을 부정할 수 없다. 그는 자전적 회고록이자 그 시대를 기억하는 유럽문화사이기도 한 저작 《어제의 세계》에서 프로이트를 '인간 영혼에 관한 지식을 우리 시대의 누구보다도 뛰어나게 심화, 확대한 사람'으로 회고했다. 츠바이크의 작품에서 읽을 수 있는 인간 심리에 대한 상상과 묘사는 프로이트적이라 해도 과언이 아니다.

조숙했던 츠바이크는 스무 살도 되기 전에 벌써 시집 《은빛 현》을 출판했으나 그것은 그의 체험이 바탕이 된 시가 아닌 언어적 정열에서 태어난 시였다. 말하자면 인공적인 산물이었던 이들 시는 뒷날 《때 이른 화환》에서 조금 다루었을 뿐 그의 전집에는 실리지 않았다. 작가 스스로 자신이 없어진 것이다. 시라는 영역에서 츠바이크가 이룬 공적은 오히려 베르하렌 시를 옮긴 일이라고 하는 것이 적합하다. 그는 진정 온 마음을 다해 베르하렌이란 시인에게 빠져들었고, 그 시를 좇아 몸소 체험하며 여느 번역가들은 결코 이루지 못할 번역을 완성했다. 본디 시에 깊게 파고들어 그 정신의 감추어진 의미까지 찾아낸 그는 막힘없이 흐르는 아름다운 독일어로 재현해 냈다. 여기에 번역의 기색은 전혀 찾아볼 수 없다. 몇 년 뒤 다른 영역에서 발휘될 뛰어난 감정이입 능력이 이미 이곳에서 엿보인 것이다.

극작가 츠바이크는 참 묘한 운명에 휘둘렸다. 첫 희곡 《테르시테스》는 베를린 왕립극장 상연이 결정되어 이미 연습까지 들어갔지만, 주인공을 연기할 배우 매트코스키가 갑자기 죽는 바람에 중지되었다. 뒷날 오스트리아 빈의 부르크 극장에서는 명배우 카인츠를 초청하여 《테르시테스》의 첫 상연을 계획했지만 간부가 바뀌는 통에 흐지부지되었다. 못내 아쉬워하던 카인츠는 츠바이크에게 단막극 한 편을 부탁했고 그는 《변모한 희극배우》를 썼다. 그리고 이번에야말로 부르크 극장에서 상연하게 되어 배역을 다 정해 놓자 이번엔 카인츠가 암으로 죽었다. 몇 년 뒤, 다시 부르크 극장은 츠바이크의 평화주의적인 희곡 《바닷가 집》을 상연하려 하였으나 연출 담당인 벨가가 죽고 만다.

괴담은 아직 더 남았다. 1931년 배우 모이시는 나폴레옹에게 아내를 빼앗긴 장군들의 이야기를 다룬 츠바이크의 새 희곡 《가난뱅이의 양 *Das Lamm des Armen*》의 주연을 하고 싶다는 부탁을 전했다. 그러나 이제껏 좋지 않은 일만 일어났던 게 신경 쓰였던 츠바이크는 정중히 거절했다. 그렇게 4년이 지나자 모이시는 자신의 희곡을 독일어로 번역해 달라는 피란델로의 부탁을 전하려고 츠바이크를 찾았다. 주연은 물론 모이시였다. 번역이 완성되고 연습을 시작하는 데까지는 좋았으나 이번에도 어김없이 불행은 찾아왔고, 주연배우 모이시가 유행성 독감으로 죽고 말았다.

이런 불행을 겪으면서도 츠바이크의 희곡은 《예레미야》나, 벤 존슨의 풍자극을 다시 쓴 《볼포네 *Volpone*》와 같이 큰 성공을 거두었다. 다만 약자의 정신적 우월성이나 평화주의를 주제로 한 작품이 많았던 그의 희곡은 참된 극적 긴장이 부족했다. 이는 그에게 극작가의 소질이 없었음을 증명한다.

츠바이크의 소설은 '사슬'이라 불리는 세 단편집 《첫 경험》, 《아모크 *Amok*》(1922), 《감정 혼란 *Verwirrung der Gefühle*》(1927)에 거의 모두 수록되어 있다. 이들 작품에는 제1차 세계대전이 일어나기 전 화려했던 빈의 정서가 뿌리 내려 있는데, 그런 점에서 아르투어 슈니츨러의 작품과 닮았다고도 할 수 있다. 그러나 프로이트의 심리분석법을 활용하면서도 그 바탕에는 슈니츨러처럼 싸늘한 사회비판의 눈길이 아닌 따스한 인간애 넘치는 눈길이 느껴진다. 여기에서도 그는 약자, 특히 어린이를 그렸다. 단편작가 츠바이크는 큰 성공을 거두었고 1931년 앞뒤로 《첫 경험》이 5만 부, 《아모크》가 7만 부, 《감정 혼란》은 9만 부나 팔리게 된다.

이들 작품이 세계적으로 번역되어 그의 이름이 널리 알려졌으나, 오늘날 우리의 눈에는 화려한 문체가 좀 늘어지는 느낌이 든다. 따라서 전쟁의 비인간성을 소박한 어조로 호소한 《책벌레 멘델》이나 《레만 호 비극》, 나치 피해자와 체스 선수의 체스경기를 그려내어 긴장감을 준 《체스 이야기》 등 단편소설 두세 편과 유대인의 운명을 서정적으로 그려내 감동을 주는 《레겐데》를 빼 놓고는 그다지 독자들의 마음을 끌지 못할 것이다. 그의 유일한 장편소설인 《감정 혼란》도 예외는 아니다.

평론 분야에서 츠바이크의 활동은 소설 분야와 마찬가지로, 아니 어쩌면 그보다 더 중요하다. 《세 거장》이나 《정신 치료 *Die Heilung durch den Geist*》(1932)는 본디 평론에 속해야 하지만 지금은 편의상 전기에 넣기로 하자. 이런 작가 연구를 뺀다면 그의 평론활동은 주로 평화주의 활동을 증명하는 것과, 자전적 회고록 《어제의 세계》가 있다. 평소 타인의 전기를 쓰면서 방대한 자료를 인용하는 그였지만, 이 《어제의 세계》를 쓰는 동안은 망명생활을 하고 있어서 자신의 이야기임에도 편지나 메모와 같은 자료, 자기 저서조차 활용할 수 없었다. 그러나 그랬기 때문에 도리어 자서전이라기보다는 자신의 시대, 제1차 세계대전이 터지기 전 안정된 유럽 세계가 두 차례 세계대전을 거치며 어떻게 변해 갔는지 그려낼 수 있었는지도 모른다. 그토록 남들 이야기를 파헤치기 좋아했던 그가 자기 사생활은 무엇 하나 제대로 밝히고 있지 않았다는 사실도 흥미를 끈다.

츠바이크의 문학세계가 인간의 내면으로만 파고든 것은 아니다. 그는 늘 역사에 대한 심도 깊은 탐구를 게을리하지 않았다. 전기야말로 츠바이크가 그 뛰어난 소질을 충분히 발휘할 수 있었던 영역이다. 《조제프 푸셰》, 《마리 앙투아네트》, 《메리 스튜어트》 등 역사 인물들에 대한 전기의 경우가 그렇다. 츠바이크가 이처럼 전기물 연구에 매혹되었던 이유는 무엇 때문이며, 또 어째서 그의 많은 전기물들이 그처럼 성공을 거둘 수 있었을까? 그는 먼저 자신이 다루는 주인공들이 어떻게 살아왔는가를 알고 싶어 하는 초심자의 심정으로 돌아갔다. 영어와 프랑스어는 물론 스페인어와 라틴어에 능했던 츠바이크는 풍부한 역사 기록물과 편지 등을 광범위하게 조사하고 탐구하여 그 시대와 인물에 다각도로 접근해 재구성했다. 그 과정에서 역사적으로 밝혀지지 않은 부분에 대해서는 주변 자료를 충분히 검토하고 풍부한 심리학적 이해를 바탕으로 상상력을 발휘하여 설득력 있게 추론했다.

"마리 앙투아네트와 같은 전기소설의 경우에 나는 실제로 그녀의 개인적인 소비 행태를 확인하기 위해, 하나하나 어떠한 계산도 검토했고 그 시대의 모든 신문이나 소책자를 연구하였고, 모든 소송 서류를 한 줄도 빠트리지 않고 철저하게 파고들었다."

츠바이크는 《마리 앙투아네트》를 맺는 글에서 전기소설의 자기 임무라고 생각하는 것을 다음과 같이 요약하여 말했다. "주인공을 신격화하지 않고 오로지 인간화하는 것이 창조적인 심리학 연구의 최후의 임무다"라고.

또 츠바이크는 평전, 전기소설, 그리고 단편소설에서 마신적(魔神的)인 것과의 관련성을 일생의 주제로 다루었는데, '조제프 푸셰'가 그에게는 둘도 없는 좋은 소재였다. 푸셰는 프랑스 혁명의 소용돌이 속에서 당통, 로베스피에르, 나폴레옹과 같은 중심인물들의 배후에 있으면서

《체스 이야기》(1942) 표지

냉철한 타산과 불타는 에너지를 갖고, 모든 음모에 가담하고, 또 모든 당파를 배반하면서 어려운 동란 시대를 극복한 카멜레온 같은 변절자였다. 츠바이크는 남몰래 그를 커튼 뒤로부터 들춰내고 있는데, 철저한 무성격자를 오히려 하나의 강렬한 개성의 소유자로 그려내었다. 프랑스혁명 정변 시대를 변신과 음모에 의해 끝까지 살아남아 언제나 정치계의 흑막으로서 왕정, 혁명, 왕정복고 등의 전환기를 조종한 푸셰 파란 생애를 츠바이크는 독특한 심리분석을 섞어 그리고 있다.

이야기되는 시간과 공간, 그것을 재구성하며 개입하는 서술자의 시간과 공간, 그리고 그것을 읽는 사람이 서 있는 시간과 공간의 상호작용 가능성이 츠바이크 작품을 더욱 흥미로운 경험의 공간으로 만들고 있다. 번역분야에서 이미 증명된 감정이입 능력, 그리고 다독으로 다져진 해박한 지식, 자기 집을 작은 박물관으로 만들어 버리고 마는 수집벽, 그리고 좋은 의미에서 남들 일에 관심이 많은 그의 성격은 이렇듯 전기를 쓰는 데 가장 적합했다. 그

러므로 그 많은 책에 써 넣은 서문들이 작가 연구로, 전기적 평론으로 발전했다. 먼저 《세 거장(발자크, 디킨스, 도스토옙스키)》(1920)이 지어졌고, 《악령과의 투쟁 *Der Kampf mit dem Dämon*(횔덜린, 클라이스트, 니체)》(1925), 《세 작가의 인생 *Drei Dichter ihres Lebens*(카사노바, 스탕달, 톨스토이)》(1928)이 뒤를 이었다. 《정신 치료(메스머, 에디, 프로이트)》(1932)도 이 계열에 속한다.

그러나 뒤로 잇따라 걸작들을 탄생시키게 된 전기소설의 선구는 오히려 시대는 명확치 않으나 레닌, 스콧, 나폴레옹 등 역사상 결정적 순간들을 다룬 《인류의 별의 시간》일 것이다. 그리고 《조제프 푸셰》를 앞세워 《마리 앙투아네트》, 《에라스무스의 승리와 비극 *Triumph und Tragik des Erasmus von Rotterdam*》(1934), 《메리 스튜어트》, 《마젤란》, 《발자크》 등 츠바이크의 대표작들이 줄줄이 쏟아져 나오기 시작한 것이다. 이들 전기소설은 결코 역사기술이 아니다. 츠바이크가 이들 인물을 선택한 것은 역사적 사실에 흥미가 있어서가 아닌 그 개인에게 관심이 있었기 때문이었다. 《에라스무스》나 《칼뱅 대 카스텔리오 *Castellio gegen Calvin oder Ein Gewissen gegen die Gewalt*》(1936)는 폭력을 미워하고 평화를 사랑하는 츠바이크의 마음을 끌 만한 소재였으며, 《메리 스튜어트》도 《마리 앙투아네트》도 문헌에 따라 뒤섞이고 엇갈리는 설명 탓에 그 본모습이 보이지 않게 된 비극의 여왕 모습을 자신이 납득할 수 있을 때까지 가다듬어 보자는 시도였다. 또한 《마젤란》은 간결하고 솔직한 문체로 썼고, 마지막 《아메리고》에 이르러서는 거의 소설다움의 흔적이 보이지 않게 되었다. 《조제프 푸셰》에서 《아메리고》에 이르는 여러 전기소설에서 츠바이크는 처음으로 자기 힘을 마음껏 발휘할 수 있는 곳을 찾았고, 앞서 아무도 이르지 못한 경지에 자신의 이정표를 세워 나간 것이다.

《마리 앙투아네트》

수없이 변하여 무상한 시대를 살아남은 괴물의 전기 《조제프 푸셰》를 쓴 뒤, 츠바이크는 프랑스 혁명의 왕비인 마리 앙투아네트의 성격에 마음이 끌렸다. 프랑스 혁명에 관한 책이나 마리 앙투아네트의 전기는 이미 많았으나 왕당파의 입장에서 본 마리, 혁명파의 눈으로 본 마리는 정반대로 기술되어

있어서 어느 쪽이 진실인지 알
수 없었다. 츠바이크는 무엇보다
먼저 이 점에 흥미를 느꼈다. 그
리고 여러 기록들을 찾아다니며
그 하나하나에 츠바이크만의 날
카롭고 독특한 시선으로 비판을
더하여 진위를 판단한 결과, 그
는 마리 앙투아네트가 성녀도 아
니며 탕녀도 아닌 그저 너무나도
평범한 여인에 지나지 않았다는
결론을 내리게 되었다. 《마리 앙
투아네트》의 부제인 '평범한 여
인의 초상'은 바로 그런 의미를
담고 있는 것이다.

츠바이크가 그려내고자 한 것
은 프랑스 혁명이 어떻게 진행되
었는지가 아니라, 우연히 이 시

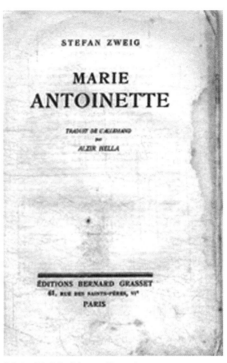

《마리 앙투아네트》(1932판) 표지

대에 왕비가 되어야만 했던 평범한 한 여성의 성격상이었다. 따라서 혁명 이
야기는 마리 앙투아네트가 관련되어 있을 때만 등장하며, 어디까지나 주인
공은 왕비 개인으로 혁명은 그저 조연에 지나지 않는다. 그러니 이 책을 통
해 혁명에 대한 츠바이크의 생각을 비판하려는 것은 방향부터 잘못되었다고
할 수 있으리라. 츠바이크가 마리 앙투아네트에게 동정적이었다는 사실은
부정할 수 없지만 혁명에 대해서도 결코 부당한 판단을 내리지 않았다는 점
에 주목해야 한다. 가끔 혁명파 사람들이 나쁘게 그려지기도 했으나 그것은
어디까지나 인간적인 관점에서 나왔을 뿐, 그 태도는 왕당파 사람들에게도
엄정하게 지켜졌다.

츠바이크는 《마리 앙투아네트》에 다음과 같이 써 놓았다.

"의심할 여지없이 마리 앙투아네트는 공화국에서는 유죄였다. 그녀는 줄
곧 외국과 손을 잡고 내통하고 있었음을 부정할 수 없기 때문이다. 우리도
잘 알고 있다. 그녀는 프랑스의 군사적 공격 계획을 오스트리아 대사에게 넘

겨주었기 때문에 기소장대로 그녀는 반역죄를 저지른 죄인이다. 자신의 남편에게 왕위와 자유를 돌려주기 위해서 합법적이든 비합법적이든 아무 거리낌 없이 이용하고 조장했으며 계획했다. 따라서 공화국의 기소는 정당하다. 그러나 그 실증은 전혀 없었다. 오늘날에는 마리 앙투아네트가 공화국에 반역죄를 저지른 것을 증명하는 기록이 세상에 널리 알려져 인쇄되기도 하였다. 그것들은 빈 기록보관소나 페르센의 유품 가운데서도 찾아볼 수 있다. 그러나 이 재판은 1793년 10월 16일 파리에서 열린 것이다. 위의 기록들 가운데 그때 검사가 손에 넣을 수 있었던 것은 없었다. 재판 내내 반역죄를 증명할 유효한 증거를 배심원에게 제시할 수 없었던 것이다.”

츠바이크는 왕비가 무고하게 사형을 당했다고 말하지 않았다. 아니, 뿐만 아니라 확실히 유죄라고 써 놓지 않았는가.

그러나 위에서도 짚고 넘어간 것처럼, 츠바이크의 관심사는 역사보다 개인의 성격 조명에 맞추어져 있었음이 분명하다. 따라서 혁명사에서 중요한 일들도 마리 앙투아네트 개인과 관계가 없다면 그냥 넘어가 버렸으니 그 반대되는 경우도 물론 있을 수 있다. 그리고 그러한 부분이야말로 츠바이크의 소설가로서 뛰어난 재능이 발휘되어 있다고 할 수 있다. 카네이션 사건부터 시작된 탈출 계획에서 바렌느로의 도주, 페르센과의 관계, 미라보의 인간해부와 같은 이야기들은 역사서 기술에서는 맛볼 수 없는 소설만의 묘미가 아닐까. 츠바이크의 《마리 앙투아네트》는 프랑스 혁명사론이나 혁명해설서가 아닌 급변하는 혁명 시대를 소재로 한 인간연구서, 즉 소설로 읽어야 바르게 이해할 수 있다.

《마리 앙투아네트》의 첫 부분을 보면, 앙투아네트 왕비가 결혼을 위해 아름다운 마차 행렬을 이끌고 프랑스로 들어오는 광경이 그려진다. 빈에서 출발한 행렬은 국경 마을 스트라스부르에서 프랑스 사람들의 마중을 받기로 되었기에, 마을에서는 왕비를 맞이하기 위한 건물을 서둘러 세웠다. 왕비가 마을에 이르기 며칠 전, 세워진 손님맞이 건물을 구경하러 스트라스부르 대학 학생 몇몇이 찾아온다. 그런데 그들 학생 가운데 하나가 벽에 걸린 벽걸이 장식을 보고 따지기 시작했다. 이 장식의 그림은 결혼식에 어울리지 않는 불길한 전설을 소재로 한 것이라는 이유였다. 친구들은 당황해서 그 학생을 붙잡아 억지로 끌고 돌아간다.

프랑스 혁명 1789년 7월 14일, 성난 군중들이 왕의 폭정을 상징하는 바스티유를 점거하였다.

앙투아네트의 불행한 결혼과 그 비극적 삶을 기가 막히게 예언했다고도 할 수 있는 이 학생은 다름 아닌 괴테였다고, 츠바이크는 말하고 있다. 《마리 앙투아네트》를 읽기 시작한지 얼마 되지도 않아 무릎을 탁 치게 만드는 명장면이다.

츠바이크의 전기소설이 재미있는 이유는 여럿 있지만, 그 가운데 하나는 바로 이처럼 역사적 인물들의 '운명적 만남'에 있으리라. 너른 우주를 떠도는 별들이 우연에 이끌림으로 서로 스쳐 지나가는 순간 뿜어 나오는 눈부신 빛을 정확하게 잡아내는 솜씨는 츠바이크만의 독특한 기법이다. 츠바이크 자신도 이 같은 별들의 엇갈림에서 역사의 본모습을 엿보았음이 틀림없다. 역사에 이러한 '별의 시간'이 없다면 따분한 과학적 서술들에 삼켜져 버릴 것이다.

츠바이크의 《마리 앙투아네트》에 나오는 젊은 괴테와 앙투아네트의 만남은 괴테의 자전적 작품 《시와 진실》에서 따 온 이야기이다. 그러나 츠바이크가 빼놓은 부분도 몇몇 눈에 띈다. 앙투아네트가 마을에 도착하기에 앞서 마을의 관리는 '장애가 있거나 이상하게 생긴 사람, 징그럽고 끔찍한 병자들은 결코 왕비가 지나가는 길에 나와서는 안 된다'며 으름장을 놓았는데, 이 때문에 마을 사람들은 하나같이 투덜거리며 흥을 보았다는 이야기가 《시와 진실》에 쓰여 있다. 괴테 자신도 짤막한 프랑스어 시를 지어, 병자와 앉은뱅이를 위해 세상 곳곳을 찾아다녔던 그리스도의 방문과, 이들 불행한 사람들을 내몰아가며 나타난 왕비의 방문을 대조했다.

그리고 츠바이크의 묘사가 조금 어긋난 부분도 한 군데 있다. 츠바이크의 글에서는 괴테가 탄식한 벽걸이 장식이 라파엘로 작품을 밑그림으로 짠 것으로 되어 있다. 그 소재는 모두가 잘 아는 이아손과 메데이아, 글라우케의 이야기였다는 것이다.

그러나 괴테가 남긴 《시와 진실》에 따르면 라파엘로의 그림은 직물을 놓아둔 대기실에 걸려 있었으며 '더할 나위 없이 멋지고 편안하게' 느껴졌다고 한다. 불길한 그림이 수놓인 고블랭 벽걸이가 걸린 곳은 넓은 홀이었으며, 그림도 라파엘로가 그린 게 아닌 '프랑스 근대화'의 모작이었다. 젊은 괴테는 라파엘로의 그림도 결혼에 썩 어울리지는 않다고 여겼으나, 홀에 걸린 프랑스 근대화를 보고는 이해할 수 없는 짓이라며 화를 내었던 것이다.

츠바이크는 왜 이런 실수를 했을까. 어쩌면 일부러 그런 것은 아닐까. 라파엘로, 괴테, 앙투아네트 이 세 사람이 한 곳에서 만나게 되는 이 장면은 더없이 매력적이니 말이다.

마들렌 성당 옆길을 지나 오스만 거리로 나가면 왼편으로 조금 떨어진 곳에 작은 공원이 있다. 그곳에는 거무튀튀한 어떤 건물이 토치카처럼 휑하고 쓸쓸하게 서 있어서, 높게 솟은 나무 사이로 어렴풋이 보이곤 한다. 파리 거리의 다른 건축물과 비교해 보면 너무 초라해 보이는 건물이다. 하지만 일부러 남겨둔 만큼 더없이 깊은 의미를 지니고 있을 것이다. 건물 정면에는 자유·평등·우애의 세 단어가 적혀 있고, 그 위에 간단하게 건물의 유래를 설명해 두었다.

'1816년 2월 1일, 생 드니 왕실 묘지로 옮겨진 루이 16세와 왕비 마리 앙투아네트의 유해가 21년 동안 잠들어 있었던 장소를 기념하기 위해 루이 18세가 이 건축물을 세웠다. 샤를 10세가 즉위한지 2년, 특사의 해에(1826)에

콩코드 광장의 처형대에 오른 마리 앙투아네트

완성되었다.'

주변의 집들은 깨끗하게 씻기어 있고 오스만 거리 골목마다 차로 가득하건만, 이 거무튀튀한 건물만이 홀로 고요히 남겨져 있다. 나란히 서 있는 묘들은 한때 화려함을 뽐냈던 루이 왕조와 귀족들을 애도하기에는 너무나 쓸쓸하다. 가까운 콩코드 광장에서 처형된 사람들의 시신이 잇따라 이곳으로 옮겨져 아무렇게나 묻혔으리라.

센 강을 걷다 보면 오른편의 시커멓고 긴 건물에 마치 움푹 들어박힌 모양의 두 둥근 탑이 눈에 띈다. 아무것도 모르는 상태에서는, 이 탑이 바로 마리 앙투아네트가 처형되기까지 유폐되어 있었던 곳이라고는 상상하기 어렵다. 루이 16세, 마리 앙투아네트를 비롯하여 많은 사람의 피를 머금은 콩코드 광장은 이제 차와 관광객들로 붐빈다. 밤이면 헤아릴 수 없이 많은 거리의 불빛이 아롱대며 눈부신 아름다움을 뽐낸다. 너무나 평화로운 이곳에서 혁명의 모습을 상상하기 어렵다. 하지만 광장에서 얼마 떨어지지 않은 재판소 건물을 바라보고 있다 보면 군중의 외침, 피로 흥건한 기요틴, 아름다운 마리 앙투아네트의 얼굴, 혁명, 왕정복고, 나폴레옹의 출현으로 크게 요동쳤던 프랑스 18세기말의 모습이 이리저리 뒤섞인 이미지가 되어 머릿속을 헤집어 놓는다.

베르사유 궁은 오늘날 몽파르나스 역에서 서남쪽, 전차로 20분 거리다. 현란한 베르사유와 그것을 둘러싼 인공적인 대정원의 호화스러움은 마음에 들고 나쁘고를 떠나 한 번쯤은 볼 가치가 있다. 부르봉 절대 왕정이 누린 영화와 권력의 결정인 이 궁전을 바라보면 왜 프랑스에서 피비린내 나는 혁명이 일어났는지 알 것만 같다.

앙투아네트가 혁명이 일어나기까지 십 수년을 살았던 프티 트리아농 궁전은 베르사유 궁정 서북쪽에 서 있는 별궁이다. 앙투아네트는 이곳 한 모퉁이에 소박한 전원의 아름다움을 즐기기 위한 정원을 꾸몄다. 그녀의 손으로 꾸며진 정원은 지금도 일부가 남겨져 있다. 물레방아, 헛간 따위가 여기저기 흩어져 있는 이 영국식 정원은 베르사유 정원이 보여 주는 기하학적인 인공미와는 묘한 대비를 이룬다. 왕비 자신이 배우로 출연했던 보마르셰의 《세비야의 이발사》가 상연된 곳도, 그녀가 혁명의 소식을 처음 들은 곳도 바로 이 정원이다. 혁명 재판에 선 앙투아네트 자신도 이 프티 트리아농 궁을 유지하는 데 막대한 비용이 필요했다는 사실을 인정했듯이, 베르사유 궁전에서 겨우 몇 마일 떨어진 이 별세계에서 환락의 생활을 마음껏 누린 탓에 그녀는 궁정과 백성들로부터 버림받은 것이라고 츠바이크는 말한다.

《모르는 여인의 편지》

보석 같은 걸작 《모르는 여인의 편지 *Brief einer Unbekannten*》(1922)는 〈신 자유신문〉에 발표되었다. 열세 살 때부터 평생 한 남자만을 남몰래 사랑해 온 한 여자의 고백이다. 어느 날 한 유명 작가에게 누가 보냈는지 모를 편지가 온다. 그 편지를 쓴 여인은 평생 그를 지켜보며 짝사랑해 왔지만, 남자는 그녀를 기억조차 하지 못한다. 자신을 끝내 알아보지 못하고 그저 수많은 세상의 여자 가운데 하나로만 여기는 남자에게 여자는 고집스럽게 자기의 정체를 밝히지 않는다. 일편단심 순정을 지키며 살다가 아들의 죽음과 더불어 자신도 죽음을 눈앞에 두고 이렇게 편지로써 사랑을 고백한다. 그러나 편지를 다 읽은 작가는 애석하게도 그녀를 기억해 내지 못한다. 그러나 문득 그녀가 늘 보내 준 꽃이 꽂혀 있던, 지금은 비어 버린 꽃병을 바라보며 새삼스레 한 여인의 죽음을, 그리고 불멸의 사랑을 느낀다.

이 작품은 섬세한 시적 감각을 바탕으로 한 프로이트적 성애와 심리 묘사가 돋보인다. 바로 이 점이 츠바이크가 대중적인 인기를 끌게 된 이유였지만, 평론가들 사이에서는 오히려 비난 대상이 되기도 했다. 그러나 토마스 만 같은 거장들은 에로티시즘으로 독특하게 표현되는 예술성의 진수, 사랑과 자유정신의 분출로서 이 작품을 높이 평가했다.

이러한 대중성이 더욱 빛을 발한 것은 1948년 막스 오퓔스 감독의 영화에서였다. 영화평론가 폴린 케일에

막스 오퓔스 감독의 영화 〈모르는 여인의 편지〉(1948)의 한 장면

의해 지금껏 만들어진 것 가운데 가장 고상한 '여성 영화'라는 평을 받은 이 작품은 큰 이유 없이 과소 평가되기 쉬운 멜로드라마 장르의 최고 걸작이며, 세심한 부분까지 완벽하다고 장담할 수 있는 그리 많지 않은 영화 가운데 하나이다. 소설을 영화화하는 과정에서 내용이 각색되기도 하였다. 이를테면 이름이 밝혀지지 않았던 주인공들에겐 이름이 붙여졌고, 평생 독신으로 지냈던 여주인공은 부유한 귀족과 결혼을 한다.

영화는 1900년 무렵의 비엔나를 흑백으로 비추며 시작된다. 비가 내리는 심야에 집에 도착한 스테판 브란드는 그의 하인에게 새벽에 일찍 떠날 거라고 이른다. 그는 3시간 뒤로 예정된 결투를 피하기 위해 비엔나를 떠나려고 하는 것이다. 그 때 하인이 편지 하나를 그에게 전해준다. 편지는 어떤 여인이 보낸 것으로, 그 첫머리를 읽던 그는 저도 모르게 그 자리에 멈춰서고 만다. '당신이 이 편지를 읽을 무렵엔 이미 저는 죽고 없을 테지요.' 편지에는 한때 촉

망받던 음악가였던 스테판을 사랑한 여인, 리자 베른들의 일생이 담겨 있었다.

영화는 '운명적 사랑'을 이야기한다. 여자를 그저 유혹의 대상으로밖에 보지 않았던 냉담한 스테판에게 존경과 사랑을 바치는 그녀의 순수한 사랑이 통할 리 없었고 이야기는 희망 없는 비극으로 치닫는다. 냉철하게, 마치 최면술과 같은 오필스의 연출은 리자를 감싼 환상의 베일을 벗겨내고, 이렇게 영화는 남녀의 불평등과 로맨틱한 사랑이라는 신화를 통렬하게 비판한다.

영화의 관찰적, 분석적 시선에서 볼 수 있듯이 이 소설은 단순한 연애소설과는 다르다. 작품의 소재나 주인공의 성격, 궁금증과 호기심을 유발하는 빠른 사건 전개와 심리 분석 방법은 프로이트식 영혼의 해부학에 근거하고 있기 때문이다. 말하자면 현실에서는 좀처럼 볼 수 없는 특이한 인간 이야기라 할 수 있는데, 어느 날 비밀스런 편지를 보내는 이 소설의 여주인공도 일반적으로는 상상하기 어려운 강렬한 개성과 행위를 드러낸다. 요즘 말로 스토커라 해도 될 정도로 집요하고 끈질기게 문틈이나 열쇠 구멍, 창문을 통해 한 남자의 행동을 훔쳐보고, 그의 머리끝에서 발끝까지 알아내려고 노력한다. 그러나 기나긴 세월을 헌신적인 사랑으로 자신의 모든 것을 바치면서도 남자의 기억 속에는 전혀 없는 낯선 여인은 망각의 존재일 뿐이다. 이것이 츠바이크가 날카롭게 잘라내는 인간 심리의 단면이다. 한 사람의 절대적 관심과 절대적 사랑이 타인이라는 대상으로부터는 절대적 무관심으로 되돌아오는 기묘한 인간관계는 우리 모두가 되새겨 볼 만한 사랑의 문제를 제기한다.

진실로 사랑하여 좋아하는 남자 앞에서 고집스러우리만치 자신의 순정한 마음을 밝히지 않은 채 그가 스스로 알아내기를 바랐던 여인의 정결을 쉽사리 공감하기는 어렵다. 오늘날에는 물론이요, 츠바이크의 시대에도 과연 그런 여인들이 있었을까 의문스럽다. 그러나 오히려 그런 점에서 그 여인의 사랑은 더없는 순수로 빛난다. 그 순수성은 단순한 에로티시즘을 넘어서 '사랑과 자유정신'으로 승화하리라.

슈테판 츠바이크 연보

1881년   11월 28일 오스트리아 빈에서 섬유공장 사장인 아버지 모리
       츠 츠바이크와 어머니 이다 브레타워 사이에서 둘째아들로
       태어나다.

1887년(6세) 빈에 있는 초등학교 입학.

1891년(10세) 막시밀리안 김나지움(오늘날 바자 김나지움) 입학, 고등학교
       과정을 마침(1900년). 후고 폰 호프만슈탈과 라이너 마리아
       릴케의 영향으로 시를 쓰기 시작. 1897년부터 잡지 《독일시》
       와 《사회》 등에 시를 발표하기 시작하다.

1899년(18세) 고교 졸업시험이자 대학 입학시험인 마투라를 보고 난 뒤 첫
       프랑스 여행을 떠남.

1900년(19세) 빈과 베를린 대학 입학. 독일 문학과 프랑스 문학을 전공함.

1901년(20세) 첫 시집 《은빛 현 Silberne Saiten》을 베를린에서 출간하다.

1902년(21세) 벨기에 여행. 빈의 〈신자유신문〉 문예란에 첫 기고. 베를렌
       과 보들레르의 시 번역.

1904년(23세) 프랑스 문학사가인 이폴리트 텐 연구로 빈 대학 철학 박사학
       위를 취득하고 노벨레 모음집 《에리카 에발트의 사랑 *Die
       Liebe der Erika Ewald*》 베를린에서 출간. 파리와 런던에서
       장기간 머묾.

1906년(25세) 두 번째 시집 《어린 화관들 *Die frühe Kränze*》을 라이프치히
       에서 출간. 이탈리아, 스페인, 런던 여행하다.

1907년(26세) 첫 번째 희곡 《테르지테스 *Tersites*》 출간. 베를린에서 상연
       을 준비하다 배우가 죽어서 중지됨.

1908년(27세) 11월 드레스덴과 카셀에서 《발자크 *Honoré de Balzac*》 초연
       됨.

1910년(29세) 5개월 동안 인도, 실론, 버마, 인도차이나 여행. 프랑스어로 시를 쓴 벨기에 시인 에밀 베르하렌의 시선집을 번역하여 라이프치히에서 출간하다.

1911년(30세) 미국, 캐나다, 쿠바, 푸에르토리코 여행. 《첫 경험, 네 편의 어린 시절 이야기 *Erstes Erlebnis. Vier Geschichten aus Kinderland*》를 라이프치히에서 출간함.

1912년(31세) 북미, 파나마, 쿠바 여행. 희곡 《바닷가의 집 *Das Haus am Meer*》출간. 빈의 호프부르크 극장에서 초연. 첫 번째 부인이 될 프리데리케 마리아 폰빈터니츠를 만나다. 함부르크에서 상연하기 위해 프리데리케와 뉴베른에 감. 베르하테의 시 번역.

1913년(32세) 파리 여행. 《첫 경험, 네 편의 어린 시절 이야기》에 실렸던 노벨레 〈불타는 비밀 *Brennendes Geheimnis*〉를 따로 출간. 프랑스 작가 로맹 롤랑을 만나다. 〈도스토옙스키〉를 쓰다. 시칠리아 여행. 빈 대학에서 도스토옙스키 강연.

1914년(33세) 만하임과 베를린에서 강연. 제1차 세계대전이 발발하자 육군 전쟁문서실에 입대함. 2주 뒤 빈의 국방부 아카이브에 배치되어 릴케와 함께 근무. 군 신문 〈도나우란트〉 기자로 활동. 참전 시기를 거치며 점점 더 반전주의자(反戰主義者)가 되었는데 평화주의자 로맹 롤랑의 영향이 컸음.

1915년(34세) 공무로 갈리시아 여행.

1916년(35세) 베르하렌이 죽자 《에밀 베르하렌에 대한 회상 *Erinnerungen an Emile Verhaeren*》을 빈에서 출간하다. 평화주의적 희곡 〈에레미야〉 씀.

1917년(36세) 군에서 제대한 후 프리데리케와 함께 빈 근처 칼크스부르크로 이주. 희곡 《예레미야 *Jeremia*》를 라이프치히에서 출간하다. 헝가리의 독일어 신문 〈페스터 로이트〉에 기고. 정당이나 힘의 정치적 이해관계와는 무관한 자신의 휴머니즘 시상을 표현함.

1918년(37세) 취리히에서 〈예레미야〉 초연. 3막으로 구성된 소극장용 실내극 〈어떤 인생의 전설 *Legende eines Lebens*〉을 함부르크에서 초연함. 스위스 취리히로 가서 빈의 〈신자유신문〉 특파원으로 활동.

1919년(38세) 오스트리아로 돌아와 잘츠부르크에 거주. 《어떤 인생의 전설》을 라이프치히에서 출간함. 로맹 롤랑에 대한 강연을 함. 작품 출판 문제로 안튼 교수 방문 〈여행과 풍견과 마을〉 간행.

1920년(39세) 프리데리케와 결혼. 독일을 여행하며 강연을 함. 노벨레 《강요 *Der Zwang*》와 발자크, 디킨스, 도스토옙스키에 대한 에세이 《세 거장 *Drei Meister*》을 라이프치히에서 출간함. 노벨레 《두려움 *Angst*》을 베를린에서 출간하다.

1921년(40세) 프리데리케와 이탈리아 여행. 스위스, 독일 여행. 《로맹 롤랑, 그 남자와 작품 *Romain Rolland, Der Mann und das Werk*》을 프랑크푸르트암마인에서 출간.

1922년(41세) 빈의 〈신자유신문〉에 단편 〈낯선 여인의 편지 *Brief einer Unbekannten*〉 발표. 《아모크 *Amok. Novelle einer Leidenschaft*》와 《영원한 형제의 눈 *Die Augen des ewigen Bruders*》 출간하다. 폴 베를렌의 작품들을 선별하여 번역 출간함.

1923년(42세) 독일 여행. 빈 국립도서관에서 강연. 〈목판화가 마세릴〉 공저.

1924년(43세) 파리 여행. 프랑스 출판사와 만남. 파리 라디오에서 강연. 〈전시집〉 간행. 〈로맨틱한 이야기〉〈아름다운 여자〉 서문을 쓰다.

1925년(44세) 클라이스트, 횔덜린, 니체에 대한 에세이 《악마와의 투쟁 *Der Kampf mit dem Dämon*》 출간하다. 독일에서 강연 여행. 〈추억〉 서문을 씀. 〈정신세계의 건축가〉 시리즈 2권 《데몬과 전쟁》.

1926년(45세) 아버지 모리츠 츠바이크 사망. 영국의 극작가 벤 존슨의 3막 희곡 《볼포네 *Volpone*》를 자유로이 각색, 번안하여 빈의 부르크 극장에서 초연. 로맹 롤랑 생일을 맞아 〈친구들의 편지〉 간행. 독일에서 강연.

1927년(46세)   산문집 《감정의 혼란 *Verwirrung der Gefühle*》과 《어느 마음
의 몰락 *Untergang eines Herzens*》을 라이프치히에서, 희곡
《신으로의 도피 *Die Flucht zu Goff*》를 베를린에서 출간함.
소련에서 막심 고리키가 서문을 쓴 츠바이크 전집(10권)이
출간되다. 뮌헨 국립극장에서 강연. 단편집 《아모크》.

1928년(47세)   파리, 벨기에 여행. 톨스토이 탄생 100주년을 맞아 소련 여
행. 카사노바, 스탕달, 톨스토이에 대한 에세이 《세 작가의
인생 *Drei Dichter ihres Lebens*》 출간. 〈신으로의 도피〉를 킬
에서 초연. 3막 희비극 〈가난한 자의 양 *Das Lamm des
Armen*〉이 브레슬라우, 하노버, 뤼벡, 프라하에서 공연되다.

1929년(48세)   《작은 연대기》, 《가난한 자의 양》 출간. 전기소설 《조제프
푸셰 : 어느 정치적 인간의 초상 *Joseph Fouché: Bildnis eines
politischen Menschen*》 출간하다. 벨기에와 독일 강연 여행.

1930년(49세)   이탈리아 여행. 아인슈타인의 초대로 베를린에 감. 소렌토에
머물고 있던 막심 고리키를 방문하다. 성서이야기 〈라헬의
사랑〉.

1931년(50세)   프랑스 여행. 오스트리아 작가 요셉 로트를 만남. 《정신의
탐험가들 *Die Heilung durch den Geist*》을 펴내고 이 책을 미
국에 망명 중인 앨버트 아인슈타인에게 헌정함. 파리와 스페
인 여행.

1932년(51세)   라디오 방송에서 강연. 역사전기소설 《마리 앙투아네트
Marie Antoinette》 출간하다.

1933년(52세)   리하르트 슈트라우스의 오페라 〈과묵한 여인 *Die
Schweigsame Frau*〉 대본 작성. 스위스 강연 여행. 런던에서
장기 체류. 나치의 분서갱유 때 츠바이크의 작품들도 포함
됨. 독일에서는 출판이 금지되고 빈에서만 1938년까지 출판
가능.

1934년(53세)   나치 집권 후 오스트리아에서도 평화주의자들 가택수색 등
그 영향이 감지되자 아내 프리데리케는 동반하지 않은 채 런

던으로 피신. 뒷날 프리데리케와 스위스로 감. 〈에라스무스의 승리와 비극〉 간행.

1935년(54세) 남아메리카로 여행. 프랑스, 스위스, 미국 여행. 오페라 〈과묵한 여인〉이 드레스덴 오페라 극장에서 초연. 전기 소설 《메리 스튜어트 *Maria Stuart*》를 빈에서 출간함.

1936년(55세) 브라질 여행. 《카스텔리오 대 칼뱅 또는 폭력에 대항하는 양심 *Castellio gegen Calvin oder Ein Gewissen gegen die Gewalt*》을 빈에서 출간하다. 〈과묵한 여인〉 취리히에서 상연. 브라질 대통령 방문. 유럽으로 돌아옴.

1937년(56세) 《사람, 책 그리고 도시와의 만남 *Begegnungen mit Menschen, Büchern, Städten*》을 빈에서 펴내다. 밀라노 도서관에서 일함. 런던으로 돌아옴.

1938년(57세) 북미에서 강연. 프리데리케와 이혼. 반 다이케 감독이 《마리 앙투아네트》를 영화화. 《마젤란, 그 사람과 그의 행동 *Magellan, Der Mann und seine Tat*》을 빈에서 출간함.

1939년(58세) 영국 시민권 신청. 비서 샤를로테 앨트먼과 재혼. 소설 《연민 *Ungeduld des Herzens*》을 스톡홀름과 암스테르담에서 출간함. 어머니 이다 브레타워 사망.

1940년(59세) 영국 시민권 획득. 뉴욕, 아르헨티나, 파라과이를 거쳐 브라질로 여행. 파리 대극장에서 강연. 여러 나라를 여행하며 라디오 강연.

1941년(60세) 브라질 리우데자네이루 근교 페트로폴리스에 정착하다. 자전적 회고록 《어제의 세계 *Die Welt von Gestern*》 완성. 《브라질, 미래의 나라 *Brazilien, Ein Land der Zukunft*》를 스톡홀름에서 출간. 소설 〈체스 이야기 *Schachnovelle*〉 완성함.

1942년(61세) 고향 상실과 정신적 고향인 유럽의 자멸로 우울해함. 히틀러 정부에 절망하다가 2월 22일 '자유의지와 맑은 정신으로 먼저 세상을 떠난다'는 유서를 남기고 부인 샤를로테와 함께 페트로폴리스의 집에서 약물 과다복용으로 스스로 생을 마침.

옮긴이 양원석
함흥 성진에서 태어나다. 도쿄아테네프랑세스 수학
국제대학 교수. 외국어대 강사 역임
지은책 시집《달에게》에세이《마음》
옮긴책《베를렌 시집》《하이네 시집》

World Book 240
Stefan Zweig
MARIE ANTOINETTE
BRIEF EINER UNBEKANNTEN
마리 앙투아네트/모르는 여인의 편지
슈테판 츠바이크/양원석 옮김
1판 1쇄 발행/2015. 1. 30
1판 2쇄 발행/2018. 7. 1
발행인 고정일
발행처 동서문화사
창업 1956. 12. 12. 등록 16-3799
서울 중구 다산로 12길 6(신당동 4층)
☎ 546-0331~6 Fax. 545-0331
www.dongsuhbook.com
＊
사업자등록번호 211-87-75330
ISBN 978-89-497-0893-5 04080
ISBN 978-89-497-0382-4 (세트)